2026 부동산 세금의 생각지도

2026 부동산 세금의 생각지도

박남석 지음

부동산 양도세 · 취득세
상속세 · 증여세 · 종부세 사용설명서

한 권에 다 있다

좋은땅

이 책에는 부동산 세금에 대한 생각지도 못한 생각지도가 있다. 그 생각지도를 따라가다 보면 부동산 세금에 대한 실수와 위험은 줄이고 절세 금액은 늘려서 경제적 자유라는 목적지에 안전하게 도착할 수 있을 것이다.

이 책에는 세금에 대한 이정표가 세워져 있다. 세법에 대한 구조와 내용을 설명하고 중요한 것은 핵심포인트로 다시 한번 강조하였다. 실무상 쟁점이 될 수 있는 사항은 예규, 판례뿐만 아니라 집행기준, 통칙 등의 내용을 근거로 설명하고 생각정리 노트로 정리하였으며, 조금 더 깊은 내용의 예규나 판례 등은 생각지도를 통하여 살펴보고 있다.

세금은 법적 근거의 정확성이 절대적인 영역이므로 법률과 시행령과 시행규칙의 조문, 예규 및 판례의 번호를 함께 수록하였다.

이 책의 내용 중 과세관청과 쟁점이 될 수 있는 부분이 있을 수 있다. 실무에 적용 시 전문가와 구체적으로 상의하여야 하며, 이 책의 출판 이후 세법개정 내용이나 정오표는 선유재 홈페이지(www.syjpns.com)에 게시할 예정이다.

이 책은 부동산 관련 세금 중 실무에서 많이 다루는 순서로 구성하였다. 먼저 양도소득세에 대해 살펴본다. 그다음 양도의 상대방은 취득자이므로 취득세에 대해 알아본다. 그리고 부동산 등을 무상으로 취득하는 경우 부담하는 상속세와 증여세를 다룬 후 보유단계에서 부담하는 재산세와 종합부동산세를 살펴본다.

양도소득세, 취득세, 상속세 및 증여세, 재산세와 종합부동산세의 순서로 정리하였고, 주택, 조합원입주권, 분양권, 업무용 부동산, 토지 등 부동산의 종류별로 구분하여 설명하고 있다. 이 책 한 권으로 부동산 세금에 대한 사용설명서가 될 수 있도록 내용을 구성하였다.

이 책은 총 4PART와 12장으로 구성되어 있다.

PART 1은 양도소득세에 대한 내용을 다루고 있으며, 총 여섯 개의 장으로 구성되어 있다.

제1장에서 양도소득세의 개요와 양도소득세의 납부할 세액을 계산하는 구조를 5단계로 나누어 각 단계에 관련된 세법의 내용을 설명한다.

제2장에서는 주택을 양도하는 경우 보유하는 주택 수에 따른 비과세 요건을 체계적으로 살펴본다. 1세대 1주택 비과세 요건뿐만 아니라 1세대가 2주택 이상을 소유하다 1주택을 양도하는 경우 비과세 특례 요건을 예규, 판례 등과 함께 설명한다.

제3장에서는 주택을 양도하여 세금이 과세되는 경우 세금계산 구조와 다주택자 중과세에 대한 내용을 다루고 있다.

제4장에서는 재개발·재건축사업 관련 양도소득세에 대한 내용을 살펴본다.

조합원입주권을 양도하는 경우, 주택과 조합원입주권을 소유하다 주택을 양도하는 경우, 대체주택을 양도하는 경우, 재개발·재건축사업으로 완성된 주택을 양도하는 경우 적용되는 비과세 특례 요건을 살펴본다.

조합원입주권 또는 재개발·재건축사업으로 완성된 주택을 양도하여 과세되는 경우 납부할 세액의 계산구조를 실무에서 바로 적용할 수 있도록 도표화하여 설명한다. 그리고 주택과 분양권을 소유하다 주택을 양도하는 경우 적용되는 비과세 특례 요건을 살펴본다.

제5장에서는 조세특례제한법의 감면 또는 과세특례 주택에 대한 감면 또는 과세특례 요건을 요약하여 살펴본다.

제6장에서는 토지를 양도하는 경우 적용되는 농지의 비과세, 자경농지의 감면, 비사업용토지와 사업용토지의 구분에 대한 내용을 살펴본다.

PART 2에서는 취득세에 대한 내용을 다루고 있으며, 두 개의 장으로 구성되어 있다.

제7장에서는 취득유형별 취득세 과세표준에 대해 살펴본다. 증여 취득 시 시가인정액에 대한 내용을 함께 다루고 있다.

제8장에서는 주택을 매매로 취득하는 경우 주택 수 산정 방법, 취득 시 중과되지 않는 주택, 다른 주택 취득 시 주택 수 산정에서 제외되는 주택 등에 대한 내용을 설명하고 있다. 그리고 주택 수에 따른 세율에 대해 알아본다.

PART 3에서는 부동산을 무상으로 이전받는 경우 과세되는 상속세 및 증여세에 대한 내용을 다루고 있으며, 두 개의 장으로 구성되어 있다.

　제9장에서는 상속세의 납부할 세액을 계산하는 구조를 각 단계별로 살펴보고, 각 단계와 관련된 세법의 내용을 설명한다.

　제10장에서는 증여세의 납부할 세액을 계산하는 구조를 각 단계별로 살펴보고, 각 단계와 관련된 세법의 내용을 설명한다. 그리고 재산취득자금 등의 증여 추정, 가족 간 차입거래와 증여, 가족 간 부동산거래와 증여, 상속·증여재산의 평가에 대한 내용을 다루고 있다.

　PART 4에서는 부동산을 보유하는 경우 과세되는 보유세에 대한 내용을 살펴보고 있으며, 두 개의 장으로 구성되어 있다.

　제11장에서 재산세에 대해 알아보고 종합부동산세와 비교하여 설명한다.

　제12장에서는 주택에 대한 종합부동산세의 납부할 세액을 계산하는 구조를 각 단계별로 살펴보고, 각 단계와 관련된 세법의 내용을 설명한다. 그리고 합산배제주택에 대해 살펴본다.

　별첨에서는 정부에서 지금까지 발표한 부동산대책 중 세금과 관련된 내용을 일자별로 요약 정리하였으며, 2026년 적용되는 세목별 세율표도 함께 수록하였다.

　독자들이 경제적 자유와 풍요로운 삶을 성취하는 데 이 책이 조금이나마 도움이 되었으면 하는 바람을 가져 본다. 책이 출판되기까지 많은 분들이 도움을 주셨다. 공인중개사 여러분에게 지면을 통해서나마 진심으로 감사드리며, 저자를 항상 응원하고 격려해 주는 선유재 대표 임선아와 우리 집 문화유산을 잘 지키고 있는 박윤재, 박현유에게 사랑하는 마음을 전한다.

2026년 2월 仙由材에서

세무사 박남석

PART 2　부동산의 취득과 취득세

● 세금공부를 하기 전에 알아야 할 조세법률주의 ●

우리나라의 모든 세금은 법률에 근거가 없으면 국가는 조세를 부과·징수할 수 없고, 국민은 조세의 납부를 요구받지 않는다. 「헌법」 제38조에서 '모든 국민은 법률이 정하는 바에 의하여 납세의 의무를 진다'고 규정하고 있고, 「헌법」 제59조에서 '조세의 종목과 세율은 법률로 정한다'고 규정하고 있기 때문이다. 이를 조세법률주의라 한다. 이에 따라 국가는 조세의 부과·징수권이 있고, 국민은 납세의무를 진다.

조세법률주의는 국민의 예측가능성과 법적 안정성을 보장하여 국민의 재산권을 보호하는 데 목적이 있으며, 과세요건 법정주의, 과세요건 명확주의를 핵심내용으로 하고 있다.

과세요건법정주의란 조세는 국민의 재산권을 침해하는 것이므로, 납세의무를 성립시키는 과세대상(과세물건)·납세의무자·과세표준·과세기간·세율 등의 과세요건과 조세의 부과·징수절차는 모두 국민의 대표기관인 국회가 정한 법률로써 규정해야 한다는 것을 말한다.

과세요건명확주의란 과세요건을 법률로 규정하고 있더라도 그 규정 내용이 지나치게 추상적이고 불명확하면 자의적인 해석과 집행의 우려가 있으므로 그 규정 내용이 명확하고 일의적이어야 한다는 것을 말한다.

과세요건법정주의와 과세요건명확주의를 핵심내용으로 하는 조세법률주의의 이념은 과세요건을 법률로 명확하게 규정함으로써 국민의 재산권을 보장함과 동시에 국민의 경제생활에 법적 안정성과 예측가능성을 보장함에 있다 할 것이다.

국가가 조세를 부과·징수하고 국민의 납세의무가 성립하기 위해서는 국회에서 과세대상, 납세의무자, 과세표준, 세율 등 세금의 부과·징수에 관한 기본적인 사항을 법률로서 규정하여야 한다. 구체적이고 세부적인 사항은 법률에서 위임한 범위 내에서 대통령에게 위임할 수 있다. 이러한 법률의 위임에 따라 대통령령으로 규정한 것을 시행령이라 한다. 신고서식 등 보다 세부적이고 실무적인 사항은 장관에게 다시 위임하여 규정할 수 있다. 이를 시행규칙이라 한다. 따라서 세법은 법률, 시행령(대통령령), 시행규칙(부령)으로 구성되어 있다. 예를 들어 소득세법은 소득세법 법률, 소득세법 시행령, 소득세법 시행규칙으로 이루어져 있다.

　참고로 부칙이란 본칙에 부수하여 그 법령의 시행일과 그 법령의 시행에 따르는 과도적인 조치, 그 법령의 시행에 따라 필요한 다른 법령의 개정 사항 등을 규정한 부분을 말한다. 그리고 통칙, 집행기준, 예규란 행정사무의 통일을 기하기 위하여 행정사무의 처리기준을 제시하는 문서로서 과세관청이 제시하는 세법해석과 집행의 통일적·공통적 기준을 말한다. 과세관청의 세부적인 업무처리 지침이라 할 수 있다.

　위에서 살펴보았듯이 과세요건에는 과세대상, 납세의무자, 과세표준, 세율 등이 있다.

　과세대상이란 세법이 과세의 목표나 목적으로 정하고 있는 소득·수익·재산·행위·거래 사실 등을 말한다. 과세대상을 과세물건이라고도 한다.

　납세의무자란 법률의 규정에 따라 세금을 납부할 의무가 있는 개인 또는 단체를 말한다. 즉, 조세를 납부해야 할 지위에 있는 조세채무자를 의미한다.

　과세표준은 세법에 의하여 직접적으로 세액산출의 기초가 되는 과세대상의 가액 또는 수량을 의미한다.

　세율은 세액의 계산을 위하여 과세표준에 적용하는 법률이 정한 비율을 말한다. 과세표준이 수량이 되는 경우 가액으로 정하기도 한다. 세율에는 과세표준과 세액의 관계에 따라 비례세율, 누진세율 등이 있다. 비례세율이란 과세표준의 금액이나 수량의 크기에 관계없이 세율이 일정한 것을 말하며, 누진세율이란 과세표준을 몇 개의 구간으로 나누어 과세표준이 커질수록 높은 세율을 적용하는 것을 말한다.

　앞으로 부동산 세금의 생각지도에서 살펴볼 내용은 과세요건 등에 대한 공부라 할 수 있다. 세금의 종류는 다양하지만 세금계산의 공통적인 구조는 과세표준에 세율을 곱하여 세액을 산출하는 것이다.

부동산 양도와
양도소득세

법령 명칭 요약

- 소득세법: 소법
- 소득세법 시행령: 소령
- 소득세법 시행규칙: 소칙

제1장

양도소득세에 대하여

제1장에서는 다음과 같은 내용을 살펴보기로 한다.

제1절 | 양도소득세의 개요

1. 소득세와 양도소득세

소득세는 소득의 귀속자가 개인인 경우 적용하는 개인소득세와 소득의 귀속자가 법인인 경우 적용하는 법인소득세로 나누어진다. 개인소득세는 줄여서 소득세라 하여 소득세법에서 규정하고 있으며, 법인소득세 줄여서 법인세라 하여 법인세법에서 규정하고 있다. 이 책에서는 소득세법에 대한 내용을 다루고 있다.

소득세법에서는 개인의 소득을 종합소득, 퇴직소득, 양도소득으로 분류하고 종합소득은 다시 이자소득, 배당소득, 사업소득, 근로소득, 연금소득, 기타소득으로 구분하고 있다(소법 제4조). 소득세는 종합소득에 과세하는 종합소득세, 퇴직소득에 과세하는 퇴직소득세, 양도소득에 과세하는 양도소득세로 분류할 수 있다.

종합소득세는 개인별로 매년 1월 1일부터 12월 31일까지(과세기간)의 소득에 대해 소득의 귀속자가 세금을 계산하여 국가에 신고·납부하는 세금이다. 따라서 종합소득세는 1년 동안 발생한 개인의 소득에 대해 과세한다. 종합소득세 납부할 세금을 계산할 때는 수입금액에서 지출한 비용인 필요경비를 공제하여 계산한다. 수입과 필요경비의 범위는 종합소득으로 구분된 소득 원천별로 법령에서 열거하고 있다.

양도소득세는 소득세법에서 규정하고 있는 소득세의 한 종류로서 과세기간에 발생한 양도소득에 대해 과세하는 세금이다. 종합소득세와 유사한 점은 수입금액(양도가액)에서 지출한 비용을 공제하는 것과 소득의 범위와 수입금액에서 공제하는 필요경비 등을 법령으로 열거하고 있다는 것이다. 종합소득세와 다른 점은 종합소득세는 종류가 다른 소득을 합산하여 과세하지만 양도소득세는 다른 소득을 합산하지 않고 별도로 분류하여 과세한다. 그리고 종합소득세는 과세기간인 1월 1일부터 12월 31일까지 발생한 소득에 대해 세금을 과세하지만 양도소득세는 장기간에 걸쳐 형성된 소득이 양도라는 행위가 발생할 때 몰아서 한 번에 세금을 과세한다는 것이다. 양도소득세에서는 이러한 현상을 완화하기 위해서 장기보유특별공제제도를 두고 있다.

2. 양도소득세와 조세법률주의

세금을 공부하기 전 알아야 할 조세법률주의에서 살펴보았듯이 세금을 정하여 그것을 내도록 의무를 지우기 위해서는 법률에서 과세요건과 부과·징수 절차를 정하여야 한다. 법률의 근거 없이 명령인 시행령이나 시행규칙에서 새로이 과세요건을 정할 수 없다. 법률에 위배된 명령은 효력이 없다. 이러한 조세법률주의에 따라 양도소득세를 규정하고 있는 소득세법에서는 양도소득세를 내도록 의무를 지우기 위해 과세요건인 과세대상, 납세의무자, 과세표준, 세율과 양도소득세를 부과·징수하기 위한 절차 등을 규정하고 있다. 앞으로 공부할 내용은 이에 대한 것들이라 할 수 있다.

3. 과세대상

과세대상이란 세법이 과세의 목표나 목적으로 정하고 있는 소득·수익·재산·행위·거래사실 등을 말한다. 양도소득세는 개인이 부동산 등의 자산을 양도했을 때 발생하는 소득을 과세대상으로 한다. 이에 대한 구체적인 내용은 다음 절에서 설명하기로 한다.

4. 납세의무자

납세의무자란 세법에 따라 국가나 지방자치단체에 세금을 납부할 의무가 있는 개인 또는 단체를 말한다. 양도소득세는 개인이 자산을 양도하여 발생하는 소득에 과세하는 세금이므로 납세의무자는 개인이다. 공동소유 자산을 양도함으로써 발생하는 양도소득에 대하여는 그 소유지분에 따라 분배되었거나 분배될 소득금액에 대하여 각 개인별로 납세의무가 있다. 따라서 각 개인은 자신의 납세지 관할세무서에 각자의 소득금액을 신고·납부하여야 한다.

소득세법에서는 개인을 주소 또는 거소를 기준으로 거주자와 비거주자로 구분한다(소법 제1조의 2). 거주자는 국내·외 소득에 대하여 납세의무가 있고, 비거주자는 국내원천소득에 대하여만 납세의무가 있다(소법 제2조 제1항). 아래에서는 거주자와 비거주자의 구분에 대해 살펴보기로 한다.

(1) 거주자

소득세법에서 거주자란 국내에 주소를 두거나 183일 이상의 거소居所를 둔 개인을 말한다(소법 제1조의2 제1항 제1호).

1) 주소 또는 거소의 판정

주소는 생활의 근거가 되는 곳으로, 국내에서 생계를 같이하는 가족 및 국내에 소재하는 자산의 유무 등 생활관계의 객관적 사실에 따라 판정한다. 거소는 주소지 이외의 장소에 상당기간에 걸쳐 거주하여도 주소와 같이 밀접한 일반적 생활관계가 발생하지 아니하는 장소를 말한다. 국내에 거주하는 개인이 다음 중 어느 하나에 해당하는 경우에는 국내에 주소를 가진 것으로 보아 거주자로 본다(소령 제2조).

① 계속하여 183일 이상 국내에 거주할 것을 통상 필요로 하는 직업을 가진 때
② 국내에 생계를 같이하는 가족이 있고, 그 직업 및 자산상태에 비추어 계속하여 183일 이상 국내에 거주할 것으로 인정되는 때. 이 경우 국내에 생계를 같이하는 가족이란 국내에서 생활자금이나 주거 장소 등을 함께하는 가까운 친족을 의미하고, 직업 및 자산상태에 비추어 계속하여 183일 이상 국내에 거주할 것으로 인정되는 때란 183일 이상 국내에서 거주를 요할 정도로 직장관계 또는 근무관계 등이 유지될 것으로 보이거나 183일 이상 국내에 머물면서 자산의 관리 · 처분 등을 하여야 할 것으로 보이는 때와 같이 장소적 관련성이 국내와 밀접한 경우를 의미한다(판례 서울행법2019구단-70202, 2020. 11. 4.).

2) 해외현지법인 등의 임직원 등에 대한 거주자 판정

거주자나 내국법인의 국외사업장 또는 해외현지법인(내국법인이 발행주식총수 또는 출자지분의 100%를 직접 또는 간접 출자한 경우에 한정한다) 등에 파견된 임원 또는 직원이나 국외에서 근무하는 공무원은 거주자로 본다(소령 제3조). 이 경우 거주자 또는 내국법인의 국외사업장 또는 해외현지법인(100% 직 · 간접 출자법인)에 파견된 임원 또는 직원이 생계를 같이 하는 가족이나 자산상태로 보아 파견기간의 종료 후 재입국할 것으로 인정되는 때에는 파견기간이나 외국의 국적 또는 영주권의 취득과는 관계없이 거주자로 본다. 그리고 이에 준하여 국내에 생활의 근거가 있는 자가 국외에서 거주자 또는 내국법인의 임원 또는 직원이 되는 경우에는 국내에서 파견된 것으로 본다(집행기준 1의2-3-1).

(2) 비거주자

비거주자란 거주자가 아닌 개인을 말한다(소법 제1조의2 제1항). 국외에 거주 또는 근무하는 자가 외국국적을 가졌거나 외국법령에 의하여 그 외국의 영주권을 얻은 자로서 국내에 생계를 같이하는 가족이 없고 그 직업 및 자산상태에 비추어 다시 입국하여 주로 국내에 거주하리라고 인정되지 아니하는 때에는 국내에 주소가 없는 것으로 보아 비거주자로 판정한다(소령 제2조 제4항). 이와 관련된 판례를 살펴보면 미국에서 계속 거주하려는 목적이 아니라고 하더라도 출국 이후 양도 당시까지 계속하여 미국에 체류하였고, 국내에 생계를 같이 하는 가족이 없으므로 양도 당시 국내에 주소를 둔 거주자가 아닌 것으로 판단하고 있다(대법원2018두-60847, 2019.3.14.). 하지만 계속하여 183일 이상 국외에 거주할 것을 통상 필요로 하는 직업을 가지고 출국하거나, 국외에서 직업을 갖고 183일 이상 계속하여 거주하는 때에도 국내에 가족 및 자산의 유무 등과 관련하여 생활의 근거가 국내에 있는 것으로 보는 때에는 거주자로 볼 수 있다. 이와 관련된 판례를 살펴보면 주택의 양도 당시 국내에 생계를 같이하는 가족이 있었고, 국내에 대부분의 자산을 보유하였으며, 외국국적을 취득하거나 영주권을 취득하지 않은 채 매년 일정기간을 국내에 체류하면서 자산을 관리하여, 생활의 근거가 국내에 유지되고 있었으므로 거주자에 해당된다고 판단하고 있다(서울행정법원2009구단-3821, 2009.8.18.).

1) 비거주자와 비과세 및 장기보유특별공제

국내원천 부동산 등 양도소득이 있는 비거주자에게 과세할 경우에 제89조 제1항 제3호(주택 양도에 대한 비과세)·제4호(조합원입주권 양도에 대한 비과세) 및 제95조 제2항 표 외의 부분 단서(1세대 1주택 장기보유특별공제 표2)는 적용하지 아니한다(소법 제121조 제2항). 다만, 법 제89조 제1항 제3호를 적용할 때에는 제154조 제1항 제2호 나목(해외이주법에 따른 해외이주로 세대전원 출국 시 보유기간 및 거주기간 특례) 및 다목(1년 이상 국외거주를 필요로 하는 취학 또는 근무상 형편으로 세대전원 출국 시 보유기간 및 거주기간 특례)의 요건을 충족하는 비거주자는 제외한다(소령 제180조의2 제1항). 즉, 비거주자라 하더라도 해당 규정을 적용한다.

2) 비거주자가 거주자로 되는 시기

비거주자가 거주자로 되는 시기는 국내에 주소를 둔 날이나 국내에 주소를 가지거나 국내에 주소가 있는 것으로 보는 사유가 발생한 날 또는 국내에 거소를 둔 기간이 183일이 되는 날로 한다 (소법 제2조의2 제1항).

💡 생각정리 노트

위의 내용을 살펴보면 거주자와 비거주자의 구분은 국적이나 영주권 취득 여부보다는 거주기간, 직업, 국내에 생계를 같이하는 가족 및 국내 소재 자산의 유무 등 생활관계의 객관적인 사실을 종합하여 판단할 사항이다.

5. 과세표준과 세율 및 부과 · 징수 절차

과세표준은 세법에 의하여 직접적으로 세액산출의 기초가 되는 과세대상의 가액 또는 수량을 의미한다. 세율은 세액의 계산을 위하여 과세표준에 적용하는 법률이 정한 비율을 말한다. 양도소득세 세율에는 과세표준과 세액의 관계에 따라 비례세율, 누진세율 등이 있다. 세금 계산의 공통적인 구조는 과세표준에 세율을 곱하여 세액을 산출하는 것이다. 이렇게 산출한 양도소득세를 세법에서 정하는 부과 · 징수 절차에 따라 신고 · 납부하게 된다.

지금까지 양도소득세의 개요에 대해 살펴보았다. 다음 절부터는 양도소득세 과세요건 중 과세대상, 과세표준, 세율, 부과 · 징수 절차 등에 대한 내용을 구체적으로 설명하기로 한다.

제2절 │ 양도의 개념과 과세대상 자산

1. 양도의 개념

양도소득세는 개인이 부동산 등의 자산을 양도했을 때 발생하는 소득에 대해 과세하는 세금이다. 여기서 양도란 자산에 대한 등기 또는 등록과 관계없이 매도, 교환, 법인에 대한 현물출자 등을 통하여 그 자산을 유상으로 사실상 이전하는 것을 말한다. 또한 부담부증여 시 수증자가 인수하는 채무액에 해당하는 부분도 양도로 본다. 다만, 도시개발법이나 그 밖의 법률에 따른 환지처분으로 지목 또는 지번이 변경된 경우에는 양도로 보지 않는다(소법 제88조 제1호).

(1) 자산의 유상 이전

양도소득세는 부동산 등 자산을 이전하고 유상으로 대가를 받는 경우 과세하는 세금이다. 대가란 현금으로 받는 것은 물론 조합원의 지위를 취득하거나 채무가 소멸되는 등의 경우도 포함된다. 따라서 대가를 금전으로 받는 경우뿐만 아니라 그 외 대가를 받는 경우에도 양도소득세가 과세될 수 있다. 거래유형별 대가를 예시하면 다음과 같다.

[거래유형별 대가]

거래유형	대가
매매	금전
교환	부동산 또는 동산
법인에 대한 현물출자	주식 또는 출자지분
공동사업에 현물출자	조합원의 지위
협의매수 · 수용	현금 · 채권 또는 대토
경매 · 공매, 위자료, 대물변제, 부담부증여, 물납	채무의 감소

아래에서는 거래별 대가 유형 중 부동산을 현물출자하는 경우, 이혼위자료 또는 재산분할청구로 부동산을 이전하는 경우 양도에 해당하는지 여부에 대해 조금 더 살펴보기로 한다.

1) 부동산의 현물출자

현물출자란 회사나 조합에 부동산 등 금전 이외의 재산을 출자의 목적으로 하는 것을 말한다. 그러면 부동산을 공동사업, 지역주택조합, 재개발·재건축사업 및 소규모재건축사업등 정비사업조합에 현물출자하는 것은 양도소득세가 과세되는 양도에 해당하는 것일까?

① 공동사업에 현물출자하는 경우

2인 이상이 출자하여 공동사업을 경영할 것을 약정하는 조합계약에 따라 조합원이 출자한 재산은 그 출자자의 개인재산과 구별되는 조합재산을 구성하게 되어 조합원의 합유로 되고, 그 출자는 출자자가 취득하는 조합원의 지위와 대가관계(조합원으로서 출자자산에 대하여 지분을 취득한다)에 있는 것이므로, 조합원의 조합에 대한 부동산 현물출자는 양도에 해당한다 할 것이고 이로 인하여 발생하는 소득은 양도소득세의 과세대상이다(국심2003서-2615, 2003. 11. 17.). 이 경우 현물출자하는 날 또는 등기접수일 중 빠른 날에 당해 자산 전체가 사실상 유상으로 양도된 것으로 보아 양도소득세가 과세된다(예규 서면4팀-2953, 2007. 10. 15.). 공동사업 현물출자와 관련된 양도소득세에 대해서는 제8절에서 구체적으로 다루기로 한다.

② 지역주택조합에 현물출자하는 경우

주택법에 따른 주택건설사업을 시행하는 지역주택조합에 조합원이 소유 토지를 이전하고 사업시행계획에 따라 공사완료 후 조합으로부터 신축주택을 분양받는 것은 소득세법상 환지처분에 해당하지 않는 것으로, 이 경우 조합원이 소유 토지를 지역주택조합에 이전하는 것은 양도에 해당한다(예규 서면법규재산2022-3520, 2023. 4. 19., 판례 조심2017서-601, 2017. 3. 6.). 따라서 지역주택조합에 멸실 전 주택을 현물 출자하는 경우 소득세법상 제88조 제1호에 따라 양도로 보지 아니하는 환지처분에 해당하지 않아 멸실 전 주택을 지역주택조합에 현물 출자하는 시점에 양도소득세 과세대상이 된다(판례 조심 2024인-5986, 2025. 3. 7.).

③ 재개발·재건축사업 또는 소규모재건축사업등 정비사업조합에 현물출자하는 경우

「도시 및 주거환경정비법」에 따른 재개발사업, 재건축사업 또는 「빈집 및 소규모주택 정비에 관한 특례법」에 따른 자율주택정비사업, 가로주택정비사업, 소규모재건축사업 또는 소규모재개발사업(소규모재건축사업등)을 시행하는 경우 조합원이 소유한 토지·건물을 정비사업조합에 현물출자하고 사업시행완료 후 관리처분계획에 따라 재개발·재건축한 건물을 조합측으로부터 분양받은 것은 환지로 보아 양도에 해당하지 않는 것이나, 환지청산금을 교부받은 부분은 양도에 해당하여 양도소득세 과세대상이 된다(예규 부동산거래관리-106, 2011.2.8.).

💡 생각정리 노트

위 세법의 내용, 예규 및 판례에 따르면 공동사업이나 지역주택조합에 현물출자하는 경우에는 사실상 유상으로 양도된 것으로 보아 양도소득세가 과세되며, 재개발·재건축사업 또는 소규모재건축사업등 정비사업조합에 현물출자하는 경우에는 환지처분으로 보아 양도에 해당되지 않아 양도소득세가 과세되지 않는다. 환지처분과 관련된 내용은 제4장 재개발·재건축과 양도소득세편에서 구체적으로 살펴보기로 한다.

2) 이혼위자료 또는 재산분할청구

이혼하는 경우에는 그 이혼을 하게 된 것에 책임이 있는 배우자인 유책배우자에게 이혼으로 인한 정신적 고통에 대한 배상인 이혼위자료를 청구할 수 있다. 유책배우자가 이혼위자료로 부동산의 소유권을 이전하는 경우에는 그 부동산을 이전한 대가로 위자료 지급의무의 소멸이라는 경제적 이익을 얻은 것으로서 자산의 유상 이전에 해당하여 양도소득세가 과세된다.

반면에 재산분할청구권으로 부동산의 소유권을 이전하는 경우 재산분할은 혼인 중 부부가 공동으로 모은 재산에 대해 본인의 기여도에 따른 상환을 청구하는 것을 목적으로 하는 것이므로 대가관계가 없다. 따라서 유상 이전에 해당하지 않아 양도소득세가 과세되지 않는다(서면인터넷방문상담5팀-1184, 2006.12.12.).

(2) 자산의 사실상 유상 이전

양도소득세 과세대상 자산이 등기 또는 등록 원인과 다르게 유상으로 사실상 이전된 경우에도 양도에 해당한다. 이와 관련된 예규를 살펴보면 증여를 원인으로 소유권이전등기가 된 경우라도

그 실질 내용이 매도·교환·법인에 대한 현물출자 등으로 자산이 사실상 유상으로 이전된 경우에는 양도에 해당한다고 해석하고 있다(재산46014-199, 2000. 2. 21.). 따라서 등기부등본상에 등기원인이 상속, 증여 등으로 되어 있다 하더라도 실제 유상으로 이전된 경우에는 상속이나 증여가 아니라 양도에 해당되어 양도소득세가 과세될 수 있다.

|참고| 국세부과의 실질과세원칙

세법 중 과세표준의 계산에 관한 규정은 소득, 수익, 재산, 행위 또는 거래의 명칭이나 형식과 관계없이 그 실질 내용에 따라 적용한다(국세기본법 제14조). 따라서 국세에 해당하는 양도소득세에서도 형식적인 내용보다는 사실관계를 중요시하는 실질과세 원칙이 적용된다.

---

(3) 양도의 개념과 과세대상

양도의 개념에서 양도는 자산을 이전하고 유상으로 대가를 받는 경우에 해당한다고 하였다. 따라서 양도소득세 과세대상은 개인이 자산을 유상으로 이전하고 받는 대가인 소득을 말한다.

소득세법에서는 양도소득세 과세대상 소득이 발생하는 원천인 자산이 어떤 자산인지를 열거하고 있다. 따라서 개인이 벌어들이는 소득이라 하더라도 소득세법에서 열거하지 않은 자산을 유상으로 이전하고 대가를 받는 경우에는 양도소득세를 과세하지 않는다. 예를 들어 소득세법에서 열거하지 않은 자동차를 매매로 이전하고 대가를 받아 소득이 발생하는 경우에는 양도소득세를 과세하지 않지만 열거된 자산인 부동산을 매매로 이전하고 대가를 받아 소득이 발생하는 경우에는 양도소득세를 과세한다. 아래에서는 과세대상인 소득을 발생시키는 자산에는 어떤 종류가 있는지 살펴보기로 한다.

2. 과세대상 자산

양도소득세는 소득세법에서 열거된 자산을 양도하여 발생하는 소득(양도소득)을 과세대상으로 한다(소법 제94조, 소령 제157조~제161조의2, 소칙 제76조). 열거된 자산의 종류는 토지·건물, 부동산에 관한 권리, 기타자산, 주식, 금융투자상품, 신탁의 이익을 받을 권리가 있다. 따라서 양도소득세 과세대상인 양도소득은 열거된 자산인 토지·건물 등의 양도로 발생하는 소득을 말한다. 법령에서 열거되지 않은 자산의 양도소득에 대해서는 양도소득세로 과세하지 않는다.

(1) 토지 또는 건물

토지란 「공간정보의 구축 및 관리 등에 관한 법률」에 따라 지적공부에 등록하여야 할 지목에 해당하는 것을 말한다.

건물은 건물에 부속된 시설물과 구축물을 포함한다(소법 제94조 제1항 제1호). 건축물이라 함은 건물의 준공 여부와 관계없이 건축법 제2조 제1항 제2호의 규정에 해당하면 건축물로 본다(예규 재일01254-2295, 1992.9.9.). 건축법 제2조 제1항 제2호에서 건축물이란 토지에 정착된 공작물 중 지붕과 기둥 또는 벽이 있는 것과 이에 딸린 시설물, 지하나 고가의 공작물에 설치하는 사무소·공연장·점포·차고·창고 등을 말한다.

(2) 부동산에 관한 권리

부동산에 관한 권리로 열거된 자산에는 부동산을 취득할 수 있는 권리, 지상권, 전세권과 등기된 부동산임차권이 있다(소법 제94조 제1항 제2호).

1) 부동산을 취득할 수 있는 권리

부동산을 취득할 수 있는 권리란 부동산의 취득시기가 도래하기 전에 당해 부동산을 취득할 수 있는 권리를 말하는 것으로 그 예시는 다음과 같다(기본통칙 94-0…1).

① 건물이 완성되는 때에 그 건물과 이에 부수되는 토지를 취득할 수 있는 권리
② 지방자치단체·한국토지주택공사가 발행하는 토지상환채권 및 주택상환사채
③ 부동산매매계약을 체결한 자가 계약금만 지급한 상태에서 양도하는 권리

부동산을 취득할 수 있는 권리와 관련된 예규를 살펴보면 부동산의 분양계약을 체결한 자가 분양계약에 따라 당해 아파트가 완공되어 분양회사 명의로 소유권보존등기된 부동산을 소득세법 규정에 의한 취득시기가 도래하지 않은 상태, 다시 말해 대금을 청산하지 않은 상태에서 양도하는

경우에는 부동산을 취득할 수 있는 권리의 양도로 본다고 해석하고 있다(재재산-1415, 2004. 10. 25.).

💡 생각정리 노트

위 예규에 따르면 아파트가 준공되어 분양회사 명의로 소유권보존등기가 되었다 하더라도 분양계약을 체결한 자가 분양 잔금을 완납하기 전에 양도하는 경우에는 부동산을 취득하기 전이므로 부동산을 양도하는 것이 아니라 부동산을 취득할 수 있는 권리를 양도하는 것이라 할 수 있다.

그 외에도 아파트당첨권(추첨에서 뽑힌 것을 증명하는 표), 분양권, 조합원입주권 등이 부동산을 취득할 수 있는 권리에 해당한다.

| 참고 | **지역주택조합의 조합원과 부동산을 취득할 수 있는 권리**

「주택법」에 따른 지역주택조합의 조합원의 지위는 같은 법에 따른 사업계획승인일 이후에 한하여 신규 주택을 취득할 수 있는 권리에 해당한다(예규 기획재정부재산-40, 2022. 1. 7., 재일46014-1857, 1994. 7. 7.).

양도소득세에서 양도 또는 취득하는 자산이 부동산인지 부동산을 취득할 수 있는 권리인지 구분하는 것은 매우 중요하다. 왜냐하면 비과세, 장기보유특별공제, 세율 등에 대한 세법 규정이 다르게 적용되기 때문이다.

2) 지상권

지상권이란 다른 사람의 토지에서 건물·기타 공작물이나 수목을 소유하기 위하여 그 토지를 사용할 수 있는 권리를 말한다.

3) 전세권과 등기된 부동산임차권

전세권이란 전세금을 지급하고 다른 사람의 부동산을 빌린 사람이 그 부동산을 이용할 수 있는 권리를 말한다. 부동산임차권이란 임대차 계약에 기하여 임차인이 부동산을 사용하거나 수익할 권리를 말한다. 전세권은 민법상 물권이지만 부동산임차권은 채권에 해당한다. 부동산 임차권은 등기된 경우에만 양도소득세 과세대상 자산에 해당한다.

(3) 주식

양도소득세 과세대상 자산 중 주식이란 상장·코스닥·코넥스의 대주주 등이 양도하는 주식과 비상장법인 주식을 말한다(소법 제94조 제1항 제3호). 주권상장법인의 주식은 대주주가 소유한 주식 등을 양도하는 경우에는 단 1주만 양도하여도 양도소득세 과세대상 자산이다. 따라서 주권상장법인의 소액주주가 소유한 주식을 증권시장을 통해서 양도하는 경우에는 과세대상 자산이 아니지만 장외에서 양도하는 경우에는 과세대상 자산이다.

비상장법인의 주식을 양도하는 경우에는 대주주·소액주주의 구분 없이 모두 양도소득세 과세대상 자산이다.

(4) 기타자산

기타자산으로 열거된 자산에는 사업에 사용하는 토지·건물 및 부동산에 관한 권리와 함께 양도하는 영업권, 특정시설물 이용권·회원권, 특정법인 과점주주의 주식, 부동산과다보유법인의 주식이 있다(소법 제94조 제1항 제4호).

1) 사업에 사용하는 토지·건물 및 부동산에 관한 권리와 함께 양도하는 영업권

영업권이란 고객이나 거래처와의 관계, 영업상의 비결, 판매의 기회, 경영의 내부적 조직 등 다년의 영업 활동에서 생기는 영업상 재산적 가치를 말한다. 실무에서는 권리금이라고도 한다. 양도소득세 과세대상 자산에 해당하는 영업권이란 사업에 사용하는 토지·건물 및 부동산에 관한 권리와 함께 양도하는 것을 말한다. 그 외 영업권은 기타소득으로 과세한다.

| 참고 | 영업권(권리금)과 세금

양도소득세 과세대상이 아닌 영업권을 양도하는 경우 양수자는 영업권 대가를 지급할 때 기타소득으로 소득세 및 지방소득세를 원천징수(영업권가액의 8.8%)하여 지급한 달의 다음 달 10일까지 신고·납부하여야 한다. 영업권의 양도는 부가가치세 과세대상이므로 양도자는 세금계산서를 발급하고 부가가치세를 거래징수하여야 한다. 다만, 사업의 포괄양도에 해당하는 경우에는 세금계산서 발급 및 부가가치세 거래징수 의무가 없다. 또한 양도자는 5월에 종합소득세 확정신고를 하여야 한다.

---

2) 특정시설물 이용권 · 회원권

특정시설물 이용권 · 회원권이란 이용권 · 회원권 및 그 밖에 그 명칭과 관계없이 시설물을 배타적으로 이용하거나 일반이용자보다 유리한 조건으로 이용할 수 있도록 약정한 단체의 구성원이 된 자에게 부여되는 시설물이용권(법인의 주식 등을 소유하는 것만으로 시설물을 배타적으로 이용하거나 일반이용자보다 유리한 조건으로 시설물이용권을 부여받게 되는 경우 그 주식 등을 포함한다)을 말한다.

3) 특정법인 과점주주의 주식

특정법인 과점주주의 주식이란 법인의 자산총액 중 부동산 등 가액의 합계액이 차지하는 비율이 50% 이상인 법인의 과점주주가 그 법인 주식의 50% 이상을 양도하는 경우 해당 주식을 말한다.

|참고| 과점주주

과점주주란 주주 또는 그의 특수관계인의 소유주식 합계가 해당 법인의 발행주식 총수의 50%를 초과하면서 그 법인의 경영에 대하여 지배적인 영향력을 행사하는 자들을 말한다. 과점주주가 되면 과점주주의 간주취득세 과세 문제, 국세 등에 대한 연대납세의무 문제가 발생한다. 과점주주의 간주취득세 과세 문제는 제8장 취득세편에서 살펴보기로 한다.

---

4) 부동산과다보유법인의 주식

부동산과다보유법인의 주식이란 골프장, 스키장, 휴양시설, 부동산 및 부동산개발 사업을 하는 법인으로서 자산총액 중 부동산 등 가액의 합계액이 차지하는 비율이 80% 이상인 법인의 주식을 말한다.

[특정법인 과점주주의 주식과 부동산과다보유법인의 주식 비교]

구분	특정법인 과점주주의 주식	부동산과다보유법인의 주식
업종	모든 업종	골프장, 스키장, 휴양시설, 부동산 및 부동산개발업
소유비율	50% 초과	제한없음
부동산비율	50% 이상	80% 이상
양도비율	50% 이상	1주 이상
요건충족	기타자산으로 과세	기타자산으로 과세
요건미충족	주식으로 과세	주식으로 과세

법인을 설립하여 부동산에 투자하는 부동산 가족법인의 경우 그 법인의 주주가 보유하는 주식을 양도하면 기타자산으로 과세되는지 주식으로 과세되는지 구분하여야 한다. 왜냐하면 기타자산으로 과세되는 경우에는 양도소득세의 기본세율이 적용되고, 주식의 양도로 보는 경우에는 주식에 과세되는 세율이 적용되기 때문이다. 따라서 가족법인을 설립하여 부동산에 투자한 상태에서 그 법인의 주식을 양도하는 경우 주식에 적용되는 세율이 아니라 기타자산의 초과누진세율(기본세율)이 적용되어 납세자에게 불리한 경우가 생길 수 있으므로 유의하여야 한다.

구분		세율
중소기업	대주주(주1)	과세표준 3억원 초과: 25% (누진공제 1,500만원) 과세표준 3억원 이하: 20%
	소액주주	10%
중소기업 외	대주주(주1) 1년 이상 보유	과세표준 3억원 초과: 25% (누진공제 1,500만원) 과세표준 3억원 이하: 20%
	대주주(주1) 1년 미만 보유	30%
	소액주주	20%

(주1) 대주주: 지분비율 4% 이상 혹은 시가 총액 50억원 이상

5) 토지·건물과 함께 양도하는 이축권

이축권이란 개발제한구역 내의 소유자가 인근의 다른 지역에 건축 허가를 받아 주택을 옮겨 지을 수 있는 권리를 말한다. 양도소득세 과세대상 자산인 이축권이란 토지·건물과 함께 양도하는 「개발제한구역의 지정 및 관리에 관한 특별조치법」에 따른 이축을 할 수 있는 권리를 말한다. 다만, 해당 이축권 가액을 감정평가법인 등이 감정한 가액으로 별도로 평가하여 신고하는 경우는 제외한다(소령 158조의2). 이 경우에는 필요경비 60%를 인정하는 기타소득으로 과세된다.

위의 과세대상 자산 중에서 이 책에서는 부동산(토지 또는 건물), 부동산에 관한 권리(조합원입주권, 분양권)에 대해서 살펴보기로 한다.

1. 양도소득세 계산구조

세금의 종류는 다양하지만 공통적인 세금계산 구조는 과세표준에 세율을 곱하여 세액을 산출하는 것이다. 양도소득세 과세표준 계산 방법과 관련된 세법의 내용 및 세율 등에 대해서는 다음 절부터 알아보기로 하고 여기서는 양도소득세 계산구조의 단계별 흐름을 요약정리하기로 한다.

양도소득세 과세표준을 계산하기 위해서는 먼저 양도차익을 산정해야 한다. 양도차익은 양도가액에서 취득가액 등 필요경비를 공제하여 산정한다.

양도소득세의 개요에서 살펴보았듯이 양도소득세는 소득세의 한 종류다. 소득세는 과세기간 동안 발생한 소득에 대해 과세하는 것이 원칙이다. 그런데 양도차익은 장기간 형성된 소득이다. 장기간에 누적된 소득이 양도라는 사실이 있을 때 한꺼번에 과세되는 현상이 발생한다. 이를 완화시켜 주는 제도가 필요하다. 장기보유특별공제제도를 두고 있는 이유다.

양도차익에서 장기보유특별공제액을 차감한 금액을 양도소득금액이라 한다. 양도소득금액에서 기본공제 금액을 차감하면 과세표준이 계산된다.

과세표준에 세율을 곱한 금액을 산출세액이라 한다.

산출세액에서 조세정책적 목적 등으로 감면해 주는 세액을 공제한 금액을 결정세액이라 하고, 여기에 세법의 의무불이행에 대한 제재인 가산세를 더하면 납부할 세액을 계산하게 된다.

양도소득세는 납세의무자가 스스로 신고·납부하는 세금이다. 신고·납부 절차를 알아야 한다. 그렇지 않으면 가산세 등의 불이익이 생길 수 있다.

이처럼 양도소득세의 납부할 세액은 다섯 단계를 거쳐 계산한다.

첫 번째 단계는 양도가액에서 필요경비를 차감하여 양도차익을 계산하는 단계다.

두 번째 단계에서는 양도차익에서 장기보유특별공제액을 차감하여 양도소득금액을 계산한다.

세 번째 단계에서는 양도소득금액에서 기본공제 금액을 차감하여 과세표준을 계산한다.

네 번째 단계에서는 과세표준에 세율을 곱하여 산출세액을 계산한다.

마지막 다섯 번째 단계에서 산출세액에 감면세액을 차감하여 결정세액을 계산하고 여기에 가산세를 더하여 납부할 세액을 계산한다. 그리고 신고·납부 절차를 이행하게 된다.

[양도소득세 계산구조]

양도가액	· **부동산 등의 양도당시 실지거래가액**
(-) 필요경비	① 취득가액(매입가격 + 매입부대비용) ② 자본적지출액 등 ③ 양도비
(=) 양도차익	· **양도가액 - 필요경비**
(-) 비과세양도차익	· 고가주택인 경우: 양도차익 × (12억원 ÷ 양도가액)
(=) 과세양도차익	· **고가주택인 경우: 양도차익 × [(양도가액 - 12억원) ÷ 양도가액]** · **양도차익 - 비과세양도차익**
(-) 장기보유특별공제액	· 과세양도차익 × 장기보유특별공제율 · 일반공제율[표1]: 토지·건물로서 3년 이상 보유 · 특례공제율[표2]: 1세대 1주택으로서 3년 이상 보유 + 2년 이상 거주
(=) 양도소득금액	· **양도차익 - 장기보유특별공제액**
(-) 기본공제	· 250만원
(=) 과세표준	· **양도소득금액 - 기본공제**
(×) 세율	· 기본세율, 중과세율, 단기양도세율, 미등기양도세율
(=) 산출세액	· **과세표준 × 세율**
(-) 감면세액	· 조세특례제한법상 감면세액
(=) 결정세액	· **산출세액 - 감면세액**
(+) 가산세	· 무(과소)신고가산세 · 납부지연가산세
(=) 납부할 세액	· **결정세액 + 가산세**

2. 양도차익 산정의 원칙

양도소득세의 납부할 세액을 계산하기 위한 첫 번째 단계는 양도차익을 계산하는 것이다. 양도차익은 양도가액에서 취득가액 등 필요경비를 공제하여 계산한다.

양도차익 = 양도가액 - 필요경비

양도차익을 산정할 때 동일기준 적용 원칙, 자산별·소유자별 계산 원칙, 부동산 일괄취득 또는 일괄양도 시 안분 계산 원칙에 따라 산정한다.

(1) 동일기준 적용 원칙

동일기준 적용 원칙이란 양도차익을 산정할 때 양도가액을 실지거래가액(매매사례가액·감정가액 등이 적용되는 경우 그 매매사례가액·감정가액 등을 포함한다)에 따를 때에는 취득가액도 실지거래가액(매매사례가액·감정가액·환산취득가액 등이 적용되는 경우 그 매매사례가액·감정가액·환산취득가액 등을 포함한다)에 따르고, 양도가액을 기준시가에 따를 때에는 취득가액도 기준시가에 따른다는 원칙을 말한다(소법 제100조 제1항).

핵심포인트 동일기준 적용 원칙

양도가액	실지거래가액	기준시가
	↓	↓
취득가액	실지거래가액	기준시가

(2) 자산별·소유자별 계산 원칙

자산별·소유자별 계산 원칙이란 양도차익은 과세대상 자산별·소유자별로 구분하여 계산한다는 원칙을 말한다.

1) 자산별 계산 원칙

토지·건물 등을 함께 취득하고 양도한다 하더라도 원칙적으로 토지·건물의 각 자산별로 양도차익을 계산하여야 한다(소법 제97조 제1항 제1호 가목, 소법 100조 제2항). 관련 예규에서도 자산별 양도차익을 실지거래가액으로 계산함에 있어서 양도가액에서 공제하는 취득가액 및 필요경비는 소득세법의 규정에 열거된 항목으로 각각의 자산별로 객관적인 자료에 의하여 확인된 가액을 공제하는 것이며, 당해 자산별 취득가액이 확인되지 않는 경우에는 매매사례가액, 감정가액, 환산가액을 순차적으로 적용하는 것이라고 해석하고 있다(서면인터넷방문상담4팀-565, 2008.3.6.).

이러한 자산별 계산 원칙은 양도차익이 발생한 자산과 양도차손이 발생한 자산을 일괄양도하는 경우 장기보유특별공제를 어떻게 적용해야 하는지에 대한 기준이 될 수 있다. 예를 들어 토지부분에서는 양도차익이 발생하고 건물부분에서는 양도차손이 발생하는 경우 토지부분의 양도차익과 건물부분의 양도차손을 통산한 금액에 대하여 장기보유특별공제를 적용하는 것인지 아니면 각 자산별로 계산하여 양도차익이 발생한 토지부분의 양도차익에 대해서는 장기보유특별공제를 적용하고 양도차손이 발생한 건물부분에서는 장기보유특별공제를 적용하지 않을 것인지에 대한 판단기준이 될 수 있다.

이와 관련된 예규를 살펴보면 토지와 건물을 함께 양도하는 경우에는 각각 자산별로 양도차익을 산정할 수 있는 것이며, 장기보유특별공제액도 양도자산별로 계산하여 그 양도차익에서 각각 공제하는 것이라고 해석하고 있다(서면4팀-3620, 2007.12.21.). 따라서 위에서처럼 양도차익이 발생한 토지부분에서는 토지의 양도차익에서 토지의 장기보유특별공제액을 차감하여 토지의 양도소득금액을 계산하고, 건물부분에서는 건물의 양도차손에서 장기보유특별공제액은 없는 것으로 하여 양도차손 전체 금액으로 건물의 양도소득결손금으로 계산한 후 건물의 양도소득결손금을 토지의 양도소득금액과 통산하여 과세표준을 계산하게 된다. 납세자에게 유리하게 적용되는 해석이다.

2) 소유자별 계산 원칙

공동소유한 자산을 양도하는 경우에는 공동소유자별로 자기 지분에 해당하는 양도차익을 계산하여 각각 신고·납부하여야 한다. 따라서 공동소유한 부동산을 양도하는 경우 양도차익이 소유자별로 분산되어 단독소유한 경우보다 양도소득세가 줄어드는 효과가 있다.

(3) 안분계산 원칙

안분계산 원칙이란 양도차익을 산정할 때 양도가액 또는 취득가액을 실지거래가액에 따라 산정하는 경우로서 토지와 건물 등을 함께 취득하거나 양도한 경우에는 이를 각각 구분하여 기장하되 토지와 건물 등의 가액 구분이 불분명할 때에는 양도 또는 취득당시의 기준시가 등으로 안분하여 양도차익을 계산한다는 원칙을 말한다(소법 제100조 제2항).

위 규정에서 토지와 건물 등의 가액 구분이 불분명한 때에는 토지와 건물 등을 구분기장한 가액이 기준시가 등으로 안분계산한 가액과 30% 이상 차이가 있는 경우를 포함한다. 따라서 납세자가 계약서에 토지와 건물을 구분기장하여 신고한 가액이 기준시가 등에 따라 안분한 가액과 30% 이상 차이가 나는 경우에는 기준시가 등으로 안분계산한 금액을 토지와 건물의 가액으로 본다. 다만, 다른 법령에서 정하는 바에 따라 가액을 구분한 경우 등 대통령령으로 정하는 사유에 해당하는 경우는 제외한다(소법 제100조 제3항, 2024.12.31. 단서 신설). 대통령령으로 정하는 사유란 ① 다른 법령에서 정하는 바에 따라 토지와 건물 등의 가액을 구분한 경우 ② 토지와 건물 등을 함께 공급받은 후 건물 등을 철거하고 토지만 사용하는 경우를 말한다(소령 제166조 제8항).

아래에서는 안분계산 기준과 순서, 안분계산 관련 예규 및 판례의 내용을 조금 더 살펴보기로 한다.

1) 안분계산 기준과 순서

토지와 건물 등 가액의 구분이 불분명하여 안분계산하는 때에는 다음의 기준과 순서로 안분계산한다(소령 제166조 제6항, 부가가치세법 시행령 제64조 제1항).

① 감정평가가액이 있는 경우

감정평가가액(부가가치세법에 따른 공급시기가 속하는 과세기간의 직전 과세기간 개시일부터 공급시기가 속하는 과세기간의 종료일까지 감정평가법인 등이 평가한 감정평가가액을 말한다)이 있는 경우에는 그 가액에 비례하여 안분계산한 금액으로 한다.

② 토지와 건물에 대한 기준시가가 모두 있는 경우

감정평가가액은 없지만 토지와 건물에 대한 기준시가가 모두 있는 경우에는 공급계약일 현재의 기준시가에 따라 계산한 가액에 비례하여 안분계산한 금액으로 한다. 이 경우 기준시가의 산정 시점은 양도 계약일을 말한다(예규 기획재정부재산-1077, 2022.8.31.).

③ 토지와 건물 중 어느 하나 또는 모두의 기준시가가 없는 경우

토지와 건물 중 어느 하나 또는 모두의 기준시가가 없는 경우에는 장부가액(장부가액이 없는 경우에는 취득가액)에 비례하여 안분계산한 후 기준시가가 있는 자산에 대해서는 그 합계액을 다시 기준시가에 의하여 안분계산한 금액으로 한다.

2) 안분계산 관련 생각지도

아래에서는 안분계산과 관련된 내용을 예규 및 판례 통하여 조금 더 살펴보기로 한다.

① 은행 대출 목적의 감정가액을 안분기준으로 할 수 있는지 여부

감정평가업자가 평가한 감정평가가액에 비례하여 안분계산하는 경우 양도자가 부동산을 감정평가한 것이 아니고 은행이 대출 목적으로 평가한 감정평가가액을 안분기준으로 사용할 수 있을까? 이와 관련된 판례를 살펴보면 은행이 대출목적으로 감정한 감정가액이 있는 경우 그 감정가액을 안분기준으로 할 수 있는 것으로 판단하고 있다(국심2000광-1328, 2000.12.22., 조심2010구-3276, 2011.3.23.).

② 매수자가 건물을 멸실할 예정인 경우 건물가액을 영(0)으로 할 수 있는지 여부

매매계약 당시에 건물의 철거가 예정되어 있었고 실제로 철거되어 새로운 건물이 신축되었을 경우 매도자와 매수자 간에 체결된 계약 내용에 따라 건물의 가액을 영(0)으로 하여 양도차익을 산정할 수 있을까? 다시 말해 건물과 부수토지를 일괄양도하는 계약을 체결하면서 특약으로 '매수자가 매수 후 건물을 철거할 예정이므로 건물가액은 없는 것으로 한다'라고 정한 경우 건물의 양도가액을 영(0)으로 할 수 있는 것일까?

이와 관련된 소득세법 제100조 제3항에서는 토지와 건물 등을 함께 취득하거나 양도한 경우로서 그 토지와 건물 등을 구분 기장한 가액이 기준시가 등에 따라 안분계산한 가액과 30% 이상 차이가 있는 경우에는 토지와 건물 등의 가액 구분이 불분명한 것으로 보아 기준시가 등으로 안분계산하도록 규정하고 있었다. 그런데 2024.12.31. 세법을 개정하여 토지와 건물 등을 함께 공급받은 후 건물 등을 철거하고 토지만 사용하는 경우에는 이에 대한 예외 규정을 신설하였다(소령 제166조 제8항). 예외 규정에 따르면 건물가액이 없는 것으로 구분 기장한 경우 건물의 양도가액을 영(0)으로 할 수 있다. 그러면 건물의 취득가액을 양도가액에서 공제할 수 있는지가 쟁점이 될 수 있다. 만약 건물의 취득가액을 인정한다고 하면 건물에서는 양도차손이 발생하게 된다. 하지만 과세관청에서는 건물의 가액을 영(0)으로 계약했다는 것은 건물의 가치를 인정하지 않았다는 것으로 해석하여 건물의 취득가액을 인정하지 않을 수 있으므로 주의하여야 한다.

③ 다세대주택의 일괄양도 시 각 호별로 양도가액을 안분해야 하는지 여부

납세자가 구분 기장한 다세대주택의 각 호별 양도가액이 기준시가(공동주택가격)로 안분계산한 가액과 30% 이상 차이가 나는 경우 관련 판례에서는 소득세법 제100조 제2항, 제3항 규정(기준시가 등으로 안분계산하는 규정)에 따라 건물의 양도가액을 산정해야 한다고 판결하고 있다(서울고등법원2021누-64117, 2022. 3. 31.).

💡 생각정리 노트

위 판례에 따르면 다세대주택을 일괄양도(통매)한 경우 납세자가 구분한 각 세대별 양도가액이 총양도가액을 감정가액, 기준시가(공동주택가격) 등으로 안분계산한 각 세대의 양도가액과 30% 이상 차이가 나는 경우 과세관청에서는 양도가액이 불분명한 경우로 보아 총양도가액을 각 세대별 감정가액, 기준시가(공동주택가격) 등으로 안분하여 양도가액을 산정할 수 있다.

■ 부동산의 일괄양도 또는 일괄취득 시 안분계산하는 경우

❶ 실지거래가액 중 토지·건물 가액의 구분이 불분명한 경우

❷ 납세자가 구분한 토지·건물의 실지거래가액이 감정평가가액, 기준시가 등에 따라 안분계산한 금액과 30% 이상 차이가 있는 경우

■ 안분계산 기준 및 순서

안분계산 기준 및 순서	내용
❶ 실거래가액이 모두 있는 경우	·구분된 건물 등의 실지거래가액 ·구분한 실지거래가액이 아래(❷~❺)의 방법으로 안분계산한 금액과 30% 이상 차이가 있는 경우 아래의 방법으로 안분계산
❷ 감정평가가액이 모두 있는 경우	·감정평가업자가 평가한 감정평가가액에 비례하여 안분계산
❸ 기준시가가 모두 있는 경우	·공급계약일 현재 기준시가에 비례하여 안분계산
❹ 기준시가가 일부 있는 경우	·먼저 장부가액(장부가액이 없는 경우 취득가액)에 비례하여 안분계산 ·기준시가가 있는 자산에 대하여는 그 합계액을 다시 기준시가에 비례하여 안분계산
❺ 기준시가가 모두 없는 경우	·장부가액(장부가액이 없는 경우 취득가액)에 비례하여 안분계산

■ 안분계산 예외

❶ 다른 법령에서 정하는 바에 따라 토지와 건물 등의 가액을 구분한 경우

❷ 토지와 건물 등을 함께 공급받은 후 건물 등을 철거하고 토지만 사용하는 경우

　　지금까지 양도소득세의 계산구조와 양도차익을 산정하는 경우 적용되는 원칙에 대해서 살펴보았다. 다음 절부터는 양도차익 계산 단계, 양도소득금액 계산 단계, 과세표준 계산 단계, 산출세액 계산 단계, 신고·납부하는 단계와 관련된 세법의 내용을 예규, 판례 등과 함께 알아보기로 한다.

제4절 │ 양도가액 및 필요경비의 범위

1. 양도가액의 범위

양도소득세의 납부할 세액을 계산하는 첫 번째 단계는 양도차익을 계산하는 것이다. 양도차익은 양도가액에서 필요경비를 공제하여 계산한다.

양도가액은 원칙적으로 실지거래가액으로 결정하며 예외적으로 기준시가에 의하여 결정한다. 실지거래가액이란 자산의 양도 당시에 양도자와 양수자가 실제로 거래한 가액으로서 해당 자산의 양도와 대가관계에 있는 금전과 그 밖의 재산가액을 말한다(소법 제88조 제5호). 다시 말해 해당 자산의 객관적인 가액을 가리키는 것이 아니라 구체적인 거래에 있어서 양도인이 해당 자산을 양도하는 대가로 취득하는 모든 수입을 말한다. 이와 관련된 판례에서도 양도차익을 계산할 때 기준이 되는 실지거래가액이란 객관적인 교환가치를 반영하는 일반적인 시가가 아니라 실지의 거래대금 자체 또는 거래당시 급부의 대가로 실지 약정된 금액으로, 매매계약 또는 기타 증빙 자료에 의하여 객관적으로 인식되는 가액을 말한다고 판결하고 있다(창원지방법원2021구단-11440, 2022. 4. 27.).

(1) 양도가액에 포함하는 사례

양도가액에는 매매대금뿐만 아니라 양도 거래와 관련하여 매도인이 부담하여야 할 것을 매수인이 부담하는 아래의 금액도 포함한다.

1) 매수인이 부담하는 양도소득세

양도로 인하여 매도인이 부담하여야 할 양도소득세 등을 매수인이 부담하기로 부동산 매매계약의 특약 내용으로 정하여 그대로 이행되었다면 그 세액 상당액은 부동산의 양도와 대가관계에 있다고 볼 것이어서 양도가액은 매매대금과 세액 상당액을 합산한 금액이라고 보아야 한다(판례 부산지방법원2020구합-25688, 2021. 11. 11.). 그러면 매수자가 부담하는 양도소득세를 양도가액에 합산하는 경우 다시 양도소득세가 변경되는데 이 경우에도 매수자가 부담하기로 한 경우 1회만 양도가액에 가산하는 것일까?

이와 관련된 예규 및 판례를 살펴보면 매매계약서상 매매금액은 매수인이 부담하는 1차 양도소득세를 포함한 금액으로 되어 있고 특약사항으로 1차 양도소득세에 대한 2차 양도소득세 또한 매수인이 부담하기로 되어 있으며, 양도인은 2차 양도소득세를 포함한 매매대금을 수령하였으므로 양도가액은 매매계약서상의 매매가액과 양도소득세를 합한 금액으로 보는 것이 타당하다고 판단하고 있다(예규 기획재정부조세정책-2048, 2024. 11. 7., 판례 조심2023부-7240, 2023. 8. 8.). 즉, 매수자가 부담하는 양도소득세는 횟수와 관계없이 모두 양도가액에 합산한다.

하지만 매매약정 내용에 관계없이 매매계약을 체결한 후 매수자가 매도자의 양도소득세를 아무런 조건 없이 대신 납부한 때에는 양수자가 대신 납부한 양도소득세액을 양도자에게 증여한 것으로 보아 별도로 증여세가 과세되는 것으로서, 양도소득세가 양도가액에 포함되는지 여부는 매매약정 내용, 양도소득세 지급 여부 등 사실관계를 확인하여 판단할 사항이다(예규 서면인터넷방문상담4팀-2093, 2007. 7. 9.).

2) 매수인이 부담하기로 한 연체이자

예를 들어 매수인이 분양권 취득의 대가로서 매도인의 분양대금 지급 지연으로 발생한 연체이자를 부담하기로 하였다면 매도인은 연체이자 상당의 채무를 면하게 되는 양도차익을 얻은 것으로 그 연체이자는 양도가액에 포함된다(판례 조심2017중-527, 2017. 3. 23.).

| 참고 | **영업손실보상금의 소득 구분**

사업자가 사업을 영위하다가 그 사업장이 수용 또는 양도됨으로 인하여 사업시행자로부터 지급받는 보상금은 그 내용이 양도소득세 과세대상이 되는 자산 등에 대한 대가보상금인 경우는 양도소득으로 구분한다. 그 외의 자산의 손실에 대한 보상이나 영업보상, 휴·폐업보상, 이전보상 등 당해 사업과 관련하여 감소되는 소득이나 발생하는 손실 등을 보상하기 위하여 지급되는 손실보상금인 경우는 사업소득으로 보아 그 총수입금액에 산입한다(판례 조심2012부-5279, 2013. 3. 7., 서울고등법원2012누-8368, 2012. 8. 22.).

---

(2) 가족 간 저가로 부동산을 양도하는 경우 양도가액

가족 간에 부동산을 거래할 때 시가와 거래가액의 차액이 3억원 이상이거나 시가의 5%에 상당
하는 금액 이상인 경우 양도가액은 거래가액이 아니라 시가로 하여야 한다. 이에 대한 구체적인
내용은 제12절 양도소득의 부당행위계산 부인에서 살펴보기로 한다.

(3) 양도가액을 사실과 다르게 기재한 경우 불이익

부동산 및 부동산에 관한 권리의 양도 시 매매계약서의 양도가액을 실제와 다르게 낮은 가액이
나 높은 가액으로 기재하는 경우 양도자 및 양수자 모두 비과세 및 감면 규정이 배제되어 양도소
득세가 과세된다(소법 제91조 제2항, 조특법 제129조 제1항, 부칙 법률 제10408호 2011.7.1. 이후 최초로 매매계약
하는 분부터 적용). 가산세는 부당과소신고가산세 40%가 적용된다. 또한 「부동산 거래신고 등에 관
한 법률」에 따라 지방자치단체로부터 취득가액의 5% 이하에 해당하는 과태료가 부과된다.

2. 필요경비의 범위

양도차익을 계산할 때 양도가액에서 공제되는 필요경비는 취득가액, 자본적지출액 등, 양도비
를 말한다(소법 제97조, 소령 제163조). 취득가액은 매입가격과 매입부대비용으로 구성되어 있으며, 자
본적지출액 등과 양도비를 합하여 기타필요경비라 한다. 이러한 필요경비는 소득세법에서 열거
한 종류만 해당한다.

> 필요경비 = 취득가액 + 기타필요경비
> ・취득가액 = 매입가격 + 매입부대비용
> ・기타필요경비 = 자본적지출액 등 + 양도비
> 필요경비 = 매입가격 + 매입부대비용 + 자본적지출액 등 + 양도비

양도차익을 계산할 때 동일기준 적용 원칙에 따라 양도가액을 실지거래가액으로 하는 경우 취
득가액도 실지거래가액으로 하여야 하고, 취득당시 실지거래가액을 인정 또는 확인할 수 없거나

불분명한 경우에는 매매사례가액, 감정가액 또는 환산취득가액(환산취득가액 등)을 순차적으로 적용한 가액을 취득가액으로 한다(소법 제97조 제1항). 양도가액을 기준시가로 하는 경우 취득가액도 기준시가로 한다.

취득가액을 실지거래가액으로 하는 경우 매입가격과 매입부대비용, 자본적지출액 등, 양도비 모두 실제로 지출한 비용을 양도가액에서 공제한다. 하지만 취득당시 실지거래가액을 인정 또는 확인할 수 없거나 불분명하여 환산취득가액 등을 순차적으로 적용한 가액을 취득가액으로 하는 경우 기타필요경비인 자본적지출액 등과 양도비는 원칙적으로 실제 지출한 비용이 있다 하더라도 그 금액을 공제하는 것이 아니라 법에서 정하는 금액(필요경비개산공제액)을 공제한다. 다만, 실제 지출한 자본적지출액 등과 양도비의 합계액이 환산가액 등을 순차적으로 적용한 가액과 필요경비개산공제액을 합계한 금액보다 큰 경우에는 실제 지출한 자본적지출액 등과 양도비의 합계액을 공제할 수 있다.

이번 절에서는 양도가액과 필요경비의 범위에 대해 살펴보았다. 다음 절부터는 양도가액에서 공제하는 필요경비에 대해 먼저 실지거래가액을 알 수 있는 경우 취득가액, 자본적지출액 등, 양도비에 대한 내용을 살펴보고 그다음 실지거래가액을 인정 또는 확인할 수 없거나 불분명한 경우의 취득가액 및 필요경비개산공제액에 대해 알아보기로 한다.

제5절 | 실지거래가액과 취득가액

1. 실지거래가액

거주자의 양도차익을 계산할 때 양도가액에서 공제할 취득가액은 양도소득세 과세대상 자산의 취득에 든 실지거래가액을 말한다. 다만, 실지거래가액을 확인할 수 없는 경우에 한정하여 매매사례가액, 감정가액 또는 환산취득가액을 순차적으로 적용한 금액을 취득가액으로 한다(소법 제97조 제1항 1호).

이번 제5절과 다음 제6절에서는 실지거래가액을 확인할 수 있는 경우 필요경비에 대해 살펴보고 제7절에서 실지거래가액을 확인할 수 없는 경우 필요경비에 대해 알아보기로 한다.

위에서 취득가액이란 양도소득세 과세대상 자산의 취득에 든 실지거래가액이라 했으므로 취득가액 등 필요경비의 구체적 범위를 살펴보기 전에 실지거래가액에 대한 내용을 먼저 살펴보기로 한다.

실무에서 보면 납세자가 실지거래가액으로 신고한 것을 과세관청에서 그 실지거래가액을 확인할 수 없다 하여 부인하고 환산취득가액 등으로 과세하는 경우 또는 납세자가 실지거래가액을 알 수 없어 환산취득가액 등으로 신고하였으나 과세관청에서 실지거래가액을 확인하여 실지거래가액으로 과세하는 경우가 발생한다. 따라서 실지거래가액에 대한 내용은 실지거래가액이 무엇인지에 대한 쟁점이 생길 경우 판단 기준을 마련할 수 있으며, 실지거래가액을 입증해야 하는 경우 어떤 증빙 자료로 입증해야 하는지에 대한 단서가 될 수 있다.

(1) 실지거래가액의 의미

실지거래가액이란 취득당시에 양도자와 양수자가 실제로 거래한 가액으로서 해당 자산의 취득과 대가관계에 있는 금전과 그 밖의 재산가액을 말한다(소법 제88조 제5호). 이와 관련된 판례를 살펴보면 매매계약서에 기재된 취득가액이 당시 시세에 비하여 다소 낮은 가격이라 하더라도 양도차익의 산정에 있어서 기준이 되는 실지거래가액이라 함은 객관적인 교환가치를 반영하는 일반적인 시가가 아니라 실지의 거래대금 그 자체 또는 거래 당시 급부의 대가로 실지 약정된 금액을 의미한다고 판단하고 있다(부산지방법원2015구합-20863, 2015.8.27.). 다시 말해 실지거래가액이란 거래당사자간에 매매대가로 수수한 금액으로 매매계약서 등 객관적인 증빙서류에 의하여 확인되는 가액을 말한다.

아래에서는 실지거래가액의 입증책임이 납세자에게 있는지 과세관청에 있는지, 실지거래가액을 입증할 수 있는 증빙 자료는 무엇이 있는지에 대해 살펴보기로 한다.

(2) 실지거래가액의 입증책임

필요경비에 대하여 과세관청과 다툼이 발생하는 경우 입증책임이 누구에게 있는지가 쟁점이 될 수 있다. 이와 관련된 판례를 살펴보면 필요경비는 납세의무자에게 유리한 것일 뿐만 아니라 필요경비를 발생시키는 사실관계의 대부분은 납세의무자가 지배하는 영역 안에 있는 것이어서 과세관청으로서는 그 입증이 곤란한 경우가 있으므로, 그 입증의 곤란이나 당사자 사이의 형평 등을 고려하여 납세의무자로 하여금 입증하게 하는 것이 합리적인 경우에는 납세의무자에게 입증의 필요성을 인정하는 것이 공평의 관념에 부합한다고 판단하고 있다(춘천지방법원2020구합-594, 2021.3.30.). 즉, 실지거래가액에 대한 입증책임은 납세의무자에게 있다고 할 수 있다.

(3) 실지거래가액 관련 증빙 자료

위의 판례에 따르면 납세의무자가 취득가액에 대한 실지거래가액을 입증하여야 한다. 입증하지 못하는 경우에는 실지거래가액을 인정 또는 확인할 수 없거나 불분명한 경우로 보아 환산취득가액 등으로 양도차익을 계산할 수 있어 납세의무자에게 불리한 경우가 생길 수 있다. 그러면 취득가액이 실지거래가액임을 입증하는 신빙성 있는 증거자료에는 어떤 것이 있을까?

1) 매매계약서

일반적인 매매거래에서 실지로 수수한 거래대금 그 자체가 기재된 매매계약서는 실지거래가액을 입증할 수 있는 증빙 자료에 해당한다. 그러나 과세관청에서는 매매계약서상의 실지거래가액과 금융증빙 등으로 입증한 금액이 차이가 있는 경우 납세자가 제출한 취득 관련 매매계약서를 실제 계약서가 아닌 것으로 보아 실지거래가액을 부인하고 환산취득가액으로 과세할 수 있다(판례 조심2022중-6078, 2022.8.10.). 따라서 매매계약서에 기재된 금액을 실지거래가액으로 인정받으려면 부동산을 매수할 때 거래 대금을 전 소유자에게 금융거래를 통하여 지급하고 관련 자료를 잘 보관하여야 입증에 어려움을 겪지 않을 수 있다.

2) 검인계약서

검인계약서란 부동산 소유권이전계약을 체결한 자가 거래 사항을 기재한 계약서에 시·군·구청의 검인을 받아 등기신청 시 의무적으로 제출하는 계약서를 말한다. 이처럼 소유권이전등기 때 지방자치단체에 제출한 검인계약서가 실지거래가액에 대한 입증 자료가 될 수 있는지 여부가 쟁점이 될 수 있다.

이와 관련된 판례를 살펴보면 매매 당사자들이 작성하여 시장, 군수 등의 검인을 받은 검인계약서는 특별한 사정이 없는 한 당사자 사이의 매매계약 내용대로 작성되었다고 추정되고, 그 계약서가 실제와 달리 작성되었다는 점은 주장하는 자가 입증하여야 한다고 판단하고 있다(서울행정법원 2020구단-63309, 2022.2.11.).

3) 건물 신축비용 증빙자료와 도급계약서

① 건물 신축비용 증빙자료

신축한 건물을 양도하여 실지거래가액으로 양도차익을 계산하는 경우 영수증, 도급계약서, 대금 지급 자료 등의 객관적인 증빙서류에 의하여 실제로 지출된 사실이 확인되는 경우에 해당 비용은 필요경비로 공제한다(예규 부동산거래관리과-0856, 2011.10.11.). 따라서 건물을 신축한 후 양도하는 경우 실제 공사비를 필요경비로 인정받기 위해서는 도급계약서, 세금계산서, 계산서, 신용카드매출전표, 현금영수증 등의 거래 자료와 공사대금을 도급계약서의 계약자 명의의 통장으로 입금하고 이에 대한 금융거래 증빙을 잘 보관하여야 한다.

② 지방자치단체에 취득세 신고를 위하여 제출된 도급계약서

납세자가 신축비용 관련 증빙을 확인하지 못하여 건물의 취득가액을 환산취득가액으로 신고하는 경우 과세관청이 건물의 취득가액을 도급계약서의 공급가액 등으로 인정하여 실지거래가액으로 양도소득세를 부과할 수 있다. 이 경우 건축물 신축 시 지방자치단체에 취득세 신고 등을 위하여 제출된 도급계약서상의 공급가액이 실지거래가액에 해당하는지 여부가 쟁점이 될 수 있다.

이와 관련된 판례를 살펴보면 도급계약서상 공급가액을 실지거래가액으로 볼 수 있다고 판단하고 있다(조심2021부5036, 2021. 12. 7.). 또한 유사 판례에서도 청구인이 지방자치단체장에게 제출한 신축건물의 공사계약서, 수급인의 세금계산서 발급 및 각종 대금지급 증빙이 대부분 확인되는 경우 이를 실지취득가액으로 적용한 것은 잘못이 없다고 판단하고 있다(조심2023서-9225, 2023. 10. 5., 조심2023구-6983, 2023. 5. 31.).

💡 생각정리 노트

위 판례에 따르면 건축허가 시 지방자치단체에 제출하는 도급계약서 등은 실지거래가액으로 추정될 수 있으므로 실제 건축비용에 대한 증빙자료가 없다 하더라도 지방자치단체에 제출된 자료가 존재하는지 여부는 확인할 필요가 있다.

4) 장부가액

개인사업자가 부동산을 취득하여 부동산임대사업이나 자가사업장으로 사용하면서 장부에 기재된 부동산가액이 있는 경우 그 장부가액을 실지취득가액으로 볼 수 있을까? 그리고 장부가액이 실지취득가액이라는 것은 누구에게 입증책임이 있는 것일까?

이와 관련된 판례를 살펴보면 복식부기의무자는 「소득세법」 제160조에 따라 증명서류 등을 갖춰 놓고 이에 따라 복식부기로 장부를 기록·관리하여 보관해야 하고, 장부는 거래 당시 각종 증빙자료 등에 따라 입증된 실제 거래가액을 기재하여 작성하는 것이므로 특별한 사정이 없다면 장부에 기록된 내용은 진실한 것으로 추정된다. 따라서 장부에 기록된 것이 사실과 다르다면 이는 사실과 다르다는 것을 주장하는 자가 입증해야 할 것으로 보이고, 만약 장부가 사실과 다르다는 주장을 장부를 작성한 납세자가 한다면, 장부를 작성한 당사자인 납세자가 여러 입증서류 등에 따라 장부가 사실과 다르다는 점을 입증하도록 하는 것이 합당하다고 판단하고 있다(제주지방법원2024-구합-5159, 2025. 1. 13., 조심2023부10189, 2023. 12. 27.).

이와 유사한 판례에서도 양도인은 부동산임대업을 영위하는 복식부기의무자로 양도소득세 신고를 하면서 부동산의 취득시기가 오래되어 취득가액을 증명할 수 있는 서류를 찾지 못하여 불가

피하게 그 부동산의 취득가액을 환산취득가액으로 하여 양도소득세 신고하였는데 과세관청에서는 조사 과정에서 건물의 장부가액을 확인한 후, 양도인이 신고한 환산취득가액을 부인하고 장부가액을 실지취득가액으로 하여 양도소득세를 계산하여야 한다는 사안에 대하여 건물을 취득하면서 그 건물의 취득가액을 장부에 스스로 기재하였고, 위 취득가액을 기초로 총수입금액에서 공제되는 필요경비인 감가상각비 등을 계상하는 방식으로 세무처리를 해 온 점, 장부가액을 실지취득가액과 다르게 기재할 특별한 사정을 밝히지 못하고 있는 점을 들어 장부가액을 실지취득가액으로 판단하고 있다(조심2025부-945, 2025.6.12.).

💡 생각정리 노트

위 세법의 규정과 예규 및 판례를 종합해 보면 납세자가 취득가액에 대하여 실제로 거래한 금액이라는 것을 주장하는 경우 객관적인 증빙 자료로 입증해야 한다. 이 경우 신빙성 있는 증빙 자료의 종류는 일반적인 계약서 양식에 하자가 없는 각종 계약서, 거래대금 관련 금융거래자료, 관공서 제출 자료, 거래 관련자의 사실확인서, 사업자와 거래인 경우 세금계산서, 계산서, 신용카드매출전표, 현금영수증 및 거래 관련 각종 장부, 입금표, 무통장입금증, 거래명세표, 견적서, 기타 영수증 등을 예로 들 수 있다.

이러한 증빙서류가 없거나 그 중요한 부분이 미비한 경우 또는 증빙서류의 내용이 매매사례가액, 감정가액 등에 비추어 거짓임이 명백한 경우에는 실지거래가액을 인정 또는 확인할 수 없거나 불분명한 경우로 보아 매매사례가액, 감정가액 또는 환산취득가액을 순차적으로 적용한 가액을 취득가액으로 할 수 있다.

2. 취득가액

아래에서는 타인으로부터 매입하거나 신축한 자산의 취득가액, 상속 또는 증여받은 자산의 취득가액, 의제취득일 전에 취득한 자산의 취득가액, 매입부대비용의 범위, 감가상각비에 대한 세법의 내용을 예규 및 판례 등과 함께 살펴보기로 한다.

(1) 타인으로부터 매입하거나 신축한 자산

취득가액이란 양도소득세 과세대상 자산의 취득에 든 실지거래가액을 말한다(소법 제97조 제1항 제1호 가목). 이 경우 취득에 든 실지거래가액이란 타인으로부터 매입한 자산은 매입가액에 취득세·등록면허세 기타 부대비용을 가산한 금액으로 하고, 자기가 행한 제조·생산 또는 건설 등에 의하여 취득한 자산은 원재료비·노무비·운임·하역비·보험료·수수료·공과금(취득세와 등록 면허세를 포함한다)·설치비 기타 부대비용의 합계액으로 한다(소법 제89조 제1항). 즉, 타인으로부터 매입하거나 신축한 자산의 취득가액이란 자산의 취득에 소요된 실지거래가액으로서 매입가격 또는 신축비용과 매입부대비용의 합계를 말한다. 다만, 종합소득세 신고 시 비용으로 계상한 감가 상각비가 있는 경우 그 감가상각비 누계액은 취득가액에서 차감한다.

취득가액 = 매입가격 또는 신축비용 + 매입부대비용 또는 신축부대비용 - 감가상각누계액

(2) 상속 또는 증여받은 자산

상속 또는 증여(부담부증여의 채무액에 해당하는 부분도 포함)받은 자산의 양도 시 취득가액은 상속개시일 또는 증여일 현재「상속세 및 증여세법」제60조부터 제66조까지의 규정에 따라 평가한 가액을 취득당시의 실지거래가액으로 본다. 다만, 세무서장 등이 결정·경정한 가액이 있는 경우 그 결정·경정한 가액을 취득당시 실지거래가액으로 본다(소령 제163조 제9항). 다시 말해 상속이나 증여로 취득한 자산을 양도하는 경우에는 무상으로 취득하여 실지거래한 취득가액이 없음에도 불구하고 법령의 규정으로「상속세 및 증여세법」에 따라 평가한 가액을 실지거래가액으로 인정한다는 것이다. 따라서 상속 또는 증여 등기 시 지출한 취득세·등록세, 법무사 수수료 등 매입부대비용, 상속인이나 수증자가 지출한 자본적지출액 등, 양도비로서 실제 지출한 필요경비는 양도가액에서 공제할 수 있다.

아래에서는 상속·증여재산의 평가와 취득가액, 상속·증여재산가액을 과세관청에서 결정·경정한 경우 취득가액, 기준시가가 최초로 고시되기 전에 상속 또는 증여받은 부동산의 취득가액 결정 방법에 대해 살펴보기로 한다.

1) 상속·증여재산의 평가와 취득가액

상속이나 증여받은 재산은「상속세 및 증여세법」제60조부터 제66조까지의 규정에 따라 평가하게

된다. 이에 대한 내용은 제10장 부동산의 무상이전과 증여세편에서 구체적으로 살펴보기로 한다. 이렇게 평가한 상속이나 증여받은 재산을 양도하는 경우 양도차익 계산 시 양도가액에서 공제하는 취득가액은 「상속세 및 증여세법」에 따라 평가한 가액을 실지취득가액으로 본다. 즉, 상속이나 증여로 취득한 자산을 양도하는 경우에는 무상으로 취득하여 실지거래한 취득가액이 없음에도 불구하고 법령의 규정으로 「상속세 및 증여세법」에 따라 평가한 가액을 실지거래가액으로 인정한다는 것이다.

예를 들어 상속받은 아파트를 감정가액으로 평가하여 상속세를 신고한 후 그 아파트를 양도하는 경우 양도가액에서 공제하는 취득가액은 감정평가가액이 된다.

이와 관련된 판례에서도 상속 또는 증여로 취득한 부동산을 양도하는 경우, 상속개시일 또는 증여일 현재 「상속세 및 증여세법」 제60조부터 제66조까지의 규정에 따라 적법하게 평가한 가액을 취득 당시의 실지 거래가액으로 본다고 판단하고 있다(대법원2025두-33529, 2025.7.17., 대법원2025두-32918, 2025.5.15.).

따라서 상속이나 증여가 발생하여 상속·증여재산 평가 시 상속세나 증여세뿐만 아니라 상속이나 증여받은 재산을 양도할 경우 양도소득세에 미치는 영향을 고려하여 평가하여야 한다.

2) 상속 또는 증여재산가액을 과세관청에서 결정·경정한 경우 취득가액

상속세나 증여세는 상속인이나 수증인이 신고한 금액으로 세금이 확정되는 것이 아니라 과세관청에서 조사하여 결정해야 확정되는 세금이다. 즉, 상속인이나 수증인이 신고하거나 신고하지 않은 경우 모두 과세관청에서 상속재산 또는 증여재산 금액을 결정하게 된다. 이에 따라 상속세 및 증여세법에 따라 세무서장 등이 결정·경정한 가액이 있는 경우에는 그 결정·경정한 가액을 취득가액에 포함하도록 규정하고 있다(소령 제163조 제9항, 2020.2.11. 개정).

예를 들어 상속 또는 증여세를 신고하지 않아 과세관청에서 상속 또는 증여재산가액을 기준시가로 결정한 부동산을 양도하는 경우 양도차익 계산 시 그 기준시가를 실지취득가액으로 하여야 한다.

이와 관련된 판례를 살펴보면 소득세법 시행령 제163조 제9항은 상속 또는 증여받은 자산으로서 상속세 및 증여세법에 따라 세무서장 등이 결정·경정한 자산 가액이 있는 경우 그 결정·경정한 가액을 실지거래가액으로 보도록 규정하고 있는 점을 들어 과세관청이 청구인의 증여세를 결정하면서 증여받은 자산인 토지의 가액을 개별공시지가로 평가하여 결정하였기 때문에 해당 토지 양도 시 취득가액은 개별공시지가로 보아야 한다고 판단하고 있다(심사양도2021-38, 2021.7.21.).

따라서 상속세나 증여세를 신고하지 않아 과세관청에서 상속이나 증여받은 재산을 평가하여 결정한 경우 그 재산 양도 시 취득가액은 과세관청에서 결정한 가액이 될 수 있으므로 상속이나 증여받는 부동산이 있는 경우 그 부동산의 양도를 대비하여 신고 여부 및 평가방법을 반드시 고려하여야 한다.

3) 기준시가가 최초로 고시되기 전에 상속 또는 증여받은 부동산의 취득가액

기준시가가 최초로 고시되기 전에 상속 또는 증여받은 부동산의 취득가액은 다음 각각의 경우 ⓐ와 ⓑ의 금액 중 큰 금액으로 한다(소령 제163조 제9항 단서). ⓑ의 경우는 최초로 고시한 기준시가가 있는 경우 이를 취득당시로 역산한 가액을 말한다. 기준시가에 대한 내용은 이후에 살펴보는 환산취득가액 부분의 참고에서 알아보기로 한다.

① 토지를 1990.8.30. 개별공시지가가 고시되기 전에 상속 또는 증여받은 경우

ⓐ 상속개시일 또는 증여일 현재 「상속세 및 증여세법」 제60조 내지 제66조의 규정에 의하여 평가한 가액

ⓑ 1990.1.1. 기준으로 한 개별공시지가 $\times$ $\dfrac{\text{취득 당시의 시가표준액}}{(1990.8.30. \text{ 현재의 시가표준액} + \text{그 직전에 결정된 시가표준액}) \div 2}$

※ 시가표준액은 토지대장과 토지등급표를 통하여 확인할 수 있다.

② 개별주택, 공동주택을 개별주택가격 또는 공동주택가격이 공시되기 전에 상속 또는 증여받은 경우

ⓐ 상속개시일 또는 증여일 현재 「상속세 및 증여세법」 제60조 내지 제66조의 규정에 의하여 평가한 가액

ⓑ 최초로 공시한 주택가격 $\times$ $\dfrac{\text{취득당시 토지 기준시가} + \text{건물 기준시가}}{\text{해당 주택에 대하여 국토교통부장관이 최초로 공시한 주택가격 공시 당시 토지 기준시가} + \text{건물 기준시가}}$

※ 토지기준시가는 개별공시지가, 건물기준시가는 제곱미터당 금액(건물신축가격기준액 × 구조지수 × 용도지수 × 위치지수 × 경과연수별잔가율) × 평가대상 건물의 면적(제곱미터)으로 계산할 수 있다.

③ 오피스텔, 상업용 건물, 아파트, 연립주택을 국세청장이 고시한 기준시가가 고시되기 전에
　 상속 또는 증여받은 경우

　ⓐ 상속개시일 또는 증여일 현재 「상속세 및 증여세법」 제60조 내지 제66조의 규정에 의하여
　　 평가한 가액

$$\text{ⓑ 최초로 고시한 기준시가} \times \frac{\text{취득 당시의 시가표준액}}{\text{해당 자산에 대하여 국세청장이 최초로 고시한 기준시가 고시 당시의 토지 기준시가 + 건물 기준시가}}$$

④ 건물을 2001.1.1. 건물의 기준시가가 고시되기 전에 상속 또는 증여받은 경우

　ⓐ 상속개시일 또는 증여일 현재 「상속세 및 증여세법」 제60조 내지 제66조의 규정에 의하여
　　 평가한 가액

　ⓑ 국세청장이 해당 자산에 대하여 최초로 고시한 기준시가 × 해당 건물의 취득연도·신축
　　 연도·구조·내용연수 등을 고려하여 국세청장이 고시한 기준율

💡 생각정리 노트

위 세법의 규정과 예규 및 판례의 내용을 종합해 보면 상속이나 증여로 취득한 부동산의 경우 다음의 내용을 고려하여야 한다.

첫째, 상속이나 증여로 취득한 부동산을 양도하는 경우 취득가액은 상속세 및 증여세법에 따라 평가한 가액이 된다. 따라서 상속세나 증여세 신고 시 상속·증여재산 평가 방법에 대한 결정을 할 때 양도소득세에 미치는 영향을 고려하여 결정하여야 한다.

상속재산가액이나 증여재산가액을 높게 평가하면 그 자산 양도 시 양도차익이 줄어들게 된다. 다만, 상속세나 증여세는 증가할 수 있다. 따라서 상속세나 증여세 신고 시 재산평가 때문에 상속세나 증여세가 늘어나는 효과와 양도소득세가 줄어드는 효과를 고려하여 신고하여야 한다.

둘째, 상속세 신고기한(상속개시일이 속하는 달의 말일로부터 6개월) 또는 증여세 신고기한(증여등기 접수일이 속하는 달의 말일로부터 3개월) 이내 상속 또는 증여받은 부동산의 매매계약을 체결하는 경우 해당 부동산의 매매가액이 상속재산이나 증여재산가액으로 평가될 수 있다. 그러면 해당 자산의 양도가 액과 취득가액이 동일하여 양도차익이 발생하지 않는다. 또한 상속세 결정기한(상속세 신고기한으로부터

9개월)이나 증여세 결정기한(증여세 신고기한으로부터 6개월) 이내 매매계약을 체결하는 경우에는 재산평가심의위원회에 시가인정심의신청하여 승인받은 경우에도 양도가액과 취득가액이 동일하여 양도차익이 발생하지 않는다.

셋째, 상속세나 증여세를 신고하지 않는 경우 상속재산가액 또는 증여재산가액은 과세관청에서 결정한 가액이 되므로 해당 재산 양도 시 취득가액에 불리한 경우가 생길 수 있으므로 유의하여야 한다.

넷째, 상속세나 증여세 신고 자료는 상속이나 증여받은 부동산을 양도할 경우 취득가액에 대한 자료가 되므로 잘 보관하여야 한다. 자료를 분실하거나 무신고한 경우에는 국세청 홈택스나 관할세무서 재산세과에서 상속세 또는 증여세 결정내역서 등을 확인하여 취득가액을 결정하여야 한다.

(3) 의제취득일 전에 취득한 자산

의제취득일이란 부동산을 1984. 12. 31. 이전에 취득한 경우 1985. 1. 1.을 취득시기로 하는 것을 말한다. 의제취득일 전에 취득한 자산(상속 또는 증여받은 자산을 포함한다)의 의제취득일 현재의 취득가액은 다음의 가액 중 많은 것으로 한다(소법 제97조 제2항 제1호 나목, 소령 176조의2 제4항).

① 의제취득일 현재 매매사례가액·감정가액·환산취득가액을 순차로 적용한 가액
② 취득당시 실지거래가액이나 매매사례가액 및 감정가액에 따른 가액이 확인되는 경우로서 해당 자산의 실지거래가액이나 매매사례가액 및 감정가액에 따른 가액과 그 가액에 취득일부터 의제취득일의 직전일까지 보유기간 동안의 생산자물가상승률을 곱하여 계산한 금액을 합산한 가액

따라서 의제취득일 전에 취득한 부동산의 경우 취득가액은 의제취득일 현재의 기준시가로 환산한 환산취득가액을 적용할 수 있다(예규 재재산46014-276, 2000. 9. 28.).

(4) 취득가액의 의제 및 추정

1) 취득가액의 의제

거주자가 부동산 취득 시 「부동산 거래신고 등에 관한 법률」에 따른 부동산의 실제거래가격을

관할 세무서장이 확인하는 방법으로 확인한 사실이 있는 경우에는 이를 그 거주자의 취득 당시의 실지거래가액으로 본다. 다만, 실제거래가격이 전소유자의 부동산양도소득과세표준 예정신고 또는 확정신고시의 양도가액과 동일한 경우에 한한다(소법 제97조 제7항, 소령 제163조 제11항).

2) 취득가액의 추정

토지·건물의 양도로 양도가액 및 취득가액을 실지거래가액에 따라 양도소득 과세표준 예정신고 또는 확정신고를 하여야 할 자(신고의무자)가 그 신고를 하지 아니한 경우로서 양도소득 과세표준과 세액 또는 신고의무자의 실지거래가액 소명여부 등을 고려하여 납세지 관할 세무서장 또는 지방국세청장은 「부동산등기법」에 따라 등기부에 기재된 거래가액(등기부 기재가액)을 실지거래가액으로 추정하여 양도소득과세표준과 세액을 결정할 수 있다. 다만, 납세지 관할 세무서장 또는 지방국세청장이 등기부 기재가액이 실지거래가액과 차이가 있음을 확인한 경우에는 그러하지 아니하다(소법 제114조 제5항).

3. 매입부대비용의 범위와 증빙서류

실지거래가액으로 양도차익을 계산하는 경우 취득가액에 포함되는 매입부대비용의 종류에는 취득세·등록세, 법무사 수수료, 인지대, 부동산 취득 중개수수료 등이 있다. 양도소득세신고 시 이러한 지출에 대한 증빙을 첨부하여야 한다. 증빙의 종류는 취득세와 등록세는 납부영수증(납부영수증을 분실한 경우에는 주민센터에서 발급한 취득연도의 지방세세목별과세증명서), 인지대는 납부영수증, 법무사 수수료 및 부동산중개수수료는 세금계산서, 현금영수증, 신용카드매출전표 등이 있다. 다만, 증빙이 없는 경우로서 거래 관련 자료와 금융거래 자료를 제출하여 입증되는 경우에는 예외로 인정 가능하다.

실무에서 이러한 증빙들은 부동산등기권리증에 첨부되어 있는 경우가 많으므로 부동산 매도 시 매수자에게 등기권리증을 전달하기 전에 반드시 확인하여야 한다.

아파트 분양권을 취득한 자가 해당 아파트 공사 중 아파트 공급자와 체결한 옵션계약에 따라 아파트 구조와 일체가 된 내장비품 등을 시공받고 해당 공급자에게 지불한 비용은 필요경비에 해당한다(예규 법규 재산2013-198, 2013.5.31.). 따라서 재개발·재건축사업의 조합원, 일반분양자가 옵션계약에 의하여 지출하는 비용도 필요경비에 해당할 수 있다. 다만, 분양가액과는 별도로 소유자가 개별적으로 시행한 추가비용인 경우에는 그 비용이 자본적지출액 등에 해당하는 경우 필요경비에 산입할 수 있다.

4. 감가상각비

양도자산 보유기간에 그 자산에 대한 감가상각비로서 각 과세기간의 사업소득금액을 계산하는 경우 필요경비에 산입하였거나 산입할 금액이 있을 때에는 이를 공제한 금액을 취득가액으로 한다. 예를 들어 부동산임대소득으로 종합소득세 계산 시 건물의 감가상각비를 비용처리한 경우 해당 부동산 양도 시 감가상각비누계액은 취득가액에서 차감하여야 한다. 이는 비용을 이중으로 공제받는 것을 방지하기 위한 규정이다.

조세특례제한법에 따라 소득세를 감면받은 경우에는 실제로 감가상각비를 장부에 계상하지 않은 경우에도 감가상각한 것으로 보게 된다. 예를 들어 종합소득세 신고 시 소형주택에 대한 소득세를 세액감면받은 경우 장부에 계상했는지 여부에 상관없이 감가상각한 것으로 보게 된다. 따라서 종합소득세를 감면받은 주택을 양도하는 경우 감가상각비 상당액을 취득가액에서 차감하여야 한다.

이번 절에서는 취득당시 실지거래가액과 취득가액에 해당하는 매입가격 및 매입부대비용 등에 대해 살펴보았다. 다음 절에서는 기타부대비용에 해당하는 자본적지출액 등 및 양도비에 대해 알아보기로 한다.

제6절 │ 자본적지출액 등 및 양도비

1. 자본적지출액 등

(1) 자본적지출액 등의 범위와 증빙서류

1) 자본적지출액 등의 범위

실지거래가액으로 양도차익을 계산하는 경우 양도가액에서 공제되는 자본적지출액 등이란 다음의 어느 하나에 해당하는 것으로서 그 지출에 관한 증명서류를 수취·보관하거나 실제 지출사실이 금융거래 증명서류에 의하여 확인되는 경우를 말한다(소법 제97조 제1항 제2호, 소령 제163조 제3항, 소칙 제79조). 자본적지출액 등은 소득세법에서 열거된 항목만 공제한다.

① 자본적 지출액
② 양도자산을 취득한 후 쟁송이 있는 경우에 그 소유권을 확보하기 위하여 직접 소요된 소송비용·화해비용 등의 금액으로서 그 지출한 연도의 각 소득금액의 계산에 있어서 필요경비에 산입된 것을 제외한 금액
③ 「공익사업을 위한 토지 등의 취득 및 보상에 관한 법률」이나 그 밖의 법률에 따라 토지 등이 협의 매수 또는 수용되는 경우로서 그 보상금의 증액과 관련하여 직접 소요된 소송비용·화해비용 등의 금액으로서 그 지출한 연도의 각 소득금액의 계산에 있어서 필요경비에 산입된 것을 제외한 금액. 이 경우 증액보상금을 한도로 한다.
④ 양도자산의 용도변경·개량 또는 이용편의를 위하여 지출한 비용(재해·노후화 등 부득이한 사유로 인하여 건물을 재건축한 경우 그 철거비용을 포함한다)
⑤ 토지이용의 편의를 위하여 지출한 장애철거비용
⑥ 토지이용의 편의를 위하여 해당 토지 또는 해당 토지에 인접한 타인 소유의 토지에 도로를 신설한 경우의 그 시설비

⑦ 토지이용의 편의를 위하여 해당 토지에 도로를 신설하여 국가 또는 지방자치단체에 이를 무상으로 공여한 경우의 그 도로로 된 토지의 취득당시 가액

⑧ 「개발이익환수에 관한 법률」에 따른 개발부담금(개발부담금의 납부의무자와 양도자가 서로 다른 경우에는 양도자에게 사실상 배분될 개발부담금상당액을 말한다)

⑨ 「재건축초과이익 환수에 관한 법률」에 따른 재건축부담금(재건축부담금의 납부의무자와 양도자가 서로 다른 경우에는 양도자에게 사실상 배분될 재건축부담금상당액을 말한다)

⑩ 「하천법」·「댐건설 및 주변지역지원 등에 관한 법률」 그 밖의 법률에 따라 시행하는 사업으로 인하여 해당 사업구역 내의 토지소유자가 부담한 수익자부담금 등의 사업비용

⑪ 사방사업에 소요된 비용

⑫ 기타 위 ① ~ ⑪의 비용과 유사한 비용

아래에서는 자본적지출액, 소유권 관련 소송비용·화해비용, 용도변경·개량 또는 이용편의를 위하여 지출한 비용, 토지이용의 편의를 위하여 지출한 장애철거비용, 멸실된 기존건물의 취득가액에 대한 내용을 조금 더 살펴보기로 한다.

2) 자본적지출액

자본적지출이란 소유하는 감가상각자산의 내용연수를 연장시키거나 해당 자산의 가치를 현실적으로 증가시키기 위해 지출한 수선비를 말하며, 다음에 해당하는 지출을 포함하는 것으로 한다(소령 제163조 제3항, 소령 제67조 제2항).

① 본래의 용도를 변경하기 위한 개조

② 엘리베이터 또는 냉난방장치의 설치

③ 빌딩 등의 피난시설 등의 설치

④ 재해 등으로 인하여 건물·기계·설비 등이 멸실 또는 훼손되어 해당 자산의 본래 용도로의 이용가치가 없는 것의 복구

⑤ 기타 개량·확장·증설 등 ① ~ ④와 유사한 성질의 것

자본적지출 이외 지출한 수선비를 수익적지출이라 한다. 자본적지출은 필요경비로 양도가액에

서 공제하지만 수익적지출은 공제하지 않는다. 자본적지출과 수익적지출에 대한 구분 및 기타 예시를 요약하여 살펴보면 다음과 같다.

[자본적지출과 수익적지출]

구분	자본적지출	수익적지출
분류 기준	자산의 내용연수를 연장시키거나 해당 자산의 가치를 현실적으로 증가시키기 위하여 지출한 수선비	자산의 가치를 상승시킨다기보다는 본래의 기능을 유지하기 위하여 지출한 수선비
필요경비 해당 여부	해당함	해당하지 않음
예시	① 베란다·발코니 샷시비 ② 거실 확장공사비 ③ 방 확장 등의 내부시설 개량공사비 ④ 인테리어 비용 ⑤ 건물의 난방시설 교체비 ⑥ 보일러 교체비 ⑦ 자바라 및 방범창 설치비 ⑧ 홈오토설치비	① 벽지, 장판 교체비용 ② 싱크대, 주방기구 교체비용 ③ 화장실공사비 ④ 마루공사비 ⑤ 문짝이나 조명 교체비용 ⑥ 보일러 수리비용 ⑦ 옥상 방수공사비 ⑧ 하수도관 교체비 ⑨ 오수정화조설비 교체비 ⑩ 파손된 유리 또는 기와의 대체비용 ⑪ 재해를 입은 자산의 외장복구 및 도장, 유리의 삽입 ⑫ 외벽 도색작업비용

3) 소유권 관련 소송비용·화해비용 등

양도자산을 취득한 후 소유권을 확보하기 위하여 직접 소요된 소송비용·화해비용 등은 필요경비에 산입한다. 따라서 소유권 확보와는 관계없이 지출한 소송비용·화해비용은 필요경비에 해당하지 않는다. 예를 들어 임대차와 관련된 소송비용·화해비용은 필요경비에 해당하지 않는다.

4) 용도변경·개량 또는 이용편의를 위하여 지출한 비용

건물을 구입한 후 건물 전체의 용도를 변경하거나, 대수선 공사를 한 경우 지출한 비용, 재해·노후화 등 부득이한 사유로 인하여 건물을 재건축한 경우 그 철거비용 등 양도자산의 용도변경·개량 또는 이용편의를 위하여 지출한 비용은 필요경비에 산입한다.

5) 토지의 이용편의를 위하여 지출한 장애철거비용 등

토지의 이용편의를 위하여 지출한 장애철거비용, 토지 소유자가 토지를 양도하면서 불법 건축되어 있던 무허가건물을 매수·철거하는 데 지출한 비용, 자기 토지에 도로를 신설하여 국가 또는 지방자치단체에 이를 무상으로 기부한 후 잔여 토지를 양도하는 경우 그 기부한 토지의 취득가액 및 도로공사비용 등은 필요경비에 산입한다.

6) 멸실된 기존건물의 취득가액

토지와 건물을 함께 취득한 후 토지의 이용편의를 위하여 해당 건물을 철거하고 토지만을 양도하는 경우로서 그 양도차익을 산정하는 경우 철거된 건물의 취득가액과 철거비용의 합계액에서 철거된 잔설처분가액을 차감한 잔액을 양도자산의 필요경비로 산입한다. 이 경우 토지의 이용편의라 함은 토지와 건물의 취득이 당초부터 건물을 철거하여 토지만을 이용하려는 목적이었음이 명백한 것으로 인정될 때를 말한다(예규 사전-2021-법규재산-1832, 2022. 3. 10.).

> **핵심포인트** **멸실된 구건물의 취득가액을 양도가액에서 공제할 수 있는 요건**
>
> ❶ 즉시 철거
> ❷ 토지만을 이용하려는 목적이 명백한 경우

그러면 사용하던 기존건물을 철거하고 신축하여 사용하다 양도하는 경우 멸실된 기존건물의 취득가액은 필요경비에 산입할 수 없는 것일까?

이와 관련된 판례를 살펴보면 건물을 상당 기간 사용하다가 이를 철거하고 다시 새로운 건물을 신축 후 양도한 경우 구건물의 취득가액은 양도하는 부동산의 양도소득과 직접 대응하는 필요경비에 해당한다고 보기 어렵다고 판단하고 있다(강릉지원2024-구합-83, 2025. 5. 28., 조심 2024부4542, 2024. 11. 13., 서울행정법원2021구단-54609, 2022. 1. 14.).

예를 들어 5억원에 취득한 단독주택을 상당기간 사용하다가 기존건물을 멸실하고 다가구주택을 신축하여 보유하다 양도하는 경우 다가구주택 양도 시 양도가액에서 공제하는 취득가액은 얼마일까? 위 판례에 따르면 단독주택 매입가격 5억원에 토지가격과 건물가격이 포함되어 있는 경우 토지의 매입가격은 필요경비로 공제할 수 있지만 기존건물의 매입가격은 필요경비로 공제할 수 없다. 따라서 단독주택 취득당시의 기준시가 등으로 안분하여 건물의 매입가격과 토지의 매입가격을 구분하여야 하며, 기존건물의 매입가격은 제외하고 토지의 매입가격만 필요경비로 공제할 수 있다.

(2) 증빙서류

양도소득세 계산 시 필요경비내역 중 자본적지출액 등에 대한 입증책임은 납세자에게 있고 이를 실제 지출한 금액 등 객관적인 자료로 입증하여야 한다(판례 대전지방법원-2021-구단-100771, 2022.8.25.). 자본적지출액 등을 필요경비로 인정받기 위해서는 그 지출에 대한 증빙서류를 수취·보관하거나 또는 실제 지출 사실이 금융거래증빙으로 확인되어야 한다. 증빙서류의 예를 들면 금융거래증빙, 세금계산서, 계산서, 신용카드매출전표, 현금영수증, 계약서, 견적서, 기타영수증 등이 있다.

2. 양도비

(1) 양도비의 범위

자산을 양도하기 위하여 직접 지출한 것으로서 그 지출에 관한 증명서류를 수취·보관하거나 실제 지출 사실이 금융거래 증명서류에 의하여 확인되는 다음의 비용은 양도가액에서 공제한다(소법 제97조 제1항 제3호, 소령 제163조 제5항). 양도비는 소득세법에서 열거된 항목만 공제한다.

1) 자산을 양도하기 위하여 직접 지출한 비용

① 양도소득세과세표준 신고서 작성비용(양도소득세 신고 수수료) 및 계약서 작성비용(공인중개사 수수료)
② 공증비용, 인지대, 소개비
③ 매매계약에 따른 인도의무를 이행하기 위하여 양도자가 지출하는 명도비용(2018. 2. 13. 신설)
④「증권거래세법」에 따라 납부한 증권거래세

2) 자산을 취득함에 있어서 법령 등의 규정에 따라 매입한 국민주택채권 및 토지개발채권을 만기 전에 양도함으로써 발생하는 매각차손

(2) 명도비용

양도자가 매매계약을 이행하기 위하여 임차인에게 지급한 퇴거합의금이 양도비 중 명도비용에 해당하여 양도가액에서 공제할 수 있을까?

이와 관련된 예규를 살펴보면 양도자가 양수자와 주택을 양도하는 계약을 체결하면서 해당 주택의 현 세입자가 임대기간 만료 후 계약갱신청구권을 행사하지 않는 조건의 특약을 체결하고 양도자가 그 특약사항을 이행하기 위해 현 세입자에게 지출한 비용은 양도자의 양도소득세 계산 시 양도가액에서 공제되는 필요경비에 해당한다고 해석하고 있다(사전2021법령해석재산-1106, 2021.8.17., 사전2021법령해석재산-573, 2021.6.16.).

이와 관련된 판례에서도 부동산 매매계약서에 건물의 상태가 공가일 것을 계약조건으로 하고 있어 임차인에게 지급한 금액은 부동산 매매계약상 인도의무를 이행하기 위해 부득이하게 지출한 것으로 보이는 점, 양도계약에 기인하여 임차인에게 지급한 사실이 금융증빙에 의해 확인되는 점 등에 비추어 볼 때 임차인에게 지급한 금액은 양도자가 매매계약상 인도의무를 이행하기 위하여 부득이하게 지출한 비용으로 보이므로 이를 필요경비로 공제함이 타당한 것으로 판단하고 있다(조심2018중-4923, 2019.4.29.).

|참고| 경매로 취득 시 지출한 명도비용

부동산을 법원경매로 취득하면서 해당 부동산을 점유받기 위하여 소요된 명도비용은 소유권확보를 위한 직접비용으로 볼 수 없으므로 부동산의 취득가액에 포함되지 아니한다(집행기준 97-163-18, 조심2008서-1018, 2008.11.6.). 앞에서 살펴보았듯이 소유권을 확보하기 위하여 직접 소요된 비용은 필요경비에 산입하지만 경매로 취득하면서 지출하는 명도비용은 해당 부동산을 점유받기 위해서 취득자가 지출하는 비용이고, 매매계약에 따른 인도의무를 이행하기 위하여 양도자가 지출하는 비용이 아니므로 필요경비로 공제하지 않는다.

---

(3) 컨설팅 비용

　컨설팅 비용을 필요경비로 인정받기 위해서는 부동산을 양도하기 위하여 직접 지출한 양도비 중 부동산 중개 내지 소개와 관련된 용역으로서 일반적으로 용인되는 통상적인 비용이어야 한다. 그러한 비용에 해당하는지 여부는 지출의 경위와 목적, 형태, 액수, 효과 등을 종합적으로 고려하여 객관적으로 판단할 사항이다. 또한 부동산컨설팅용역 관련 사실관계를 확인할 수 있는 객관적이고 구체적인 증빙 자료, 컨설팅 비용 입금 관련 금융거래증빙 등을 갖추고 있어야 할 뿐만 아니라 컨설팅용역 제공자가 관련 세금 신고를 하여야 사실관계를 종합적으로 판단함에 있어서 유리할 것으로 판단된다.

　이와 관련된 예규 및 판례를 살펴보면 부동산 매도를 위해 상권조사, 지가상승요소 분석, 매도가격 타당성 분석, 매매진행컨설팅 등을 의뢰하고 지급한 비용은 양도비 등에 포함되지 않는 것으로 판단하고 있다(법규재산2013-217, 2013. 7. 23., 서울행정법원2024구합-69951, 2025. 1. 21., 조심2021서-5798, 2021. 12. 27., 조심2021인-3013, 2021. 11. 16.).

　지금까지 실지거래가액을 알 수 있는 경우 취득가액, 자본적지출액 등, 양도비에 대해 살펴보았다. 다음 절에서는 실지거래가액을 알 수 없는 경우 필요경비에 대해 알아보기로 한다.

<table><tr><td>제7절</td><td>실지거래가액을 확인할 수 없는 경우
필요경비</td></tr></table>

1. 개요

양도차익을 계산함에 있어서 양도가액에서 공제하는 필요경비는 장부나 그 밖의 증명서류에 의하여 해당 자산의 취득당시의 실지거래가액을 알 수 있는 경우에는 실지거래가액으로 한다. 그러나 취득당시 실지거래가액을 장부나 그 밖의 증빙서류에 의하여 인정 또는 확인할 수 없거나 불분명한 경우 취득가액은 매매사례가액, 감정가액 또는 환산취득가액을 순차적으로 적용한 금액으로 한다.

취득당시의 실지거래가액을 인정 또는 확인할 수 없는 경우란 취득당시의 실지거래가액의 확인을 위하여 필요한 장부·매매계약서·영수증 기타 증빙서류가 없거나 그 중요한 부분이 미비된 경우 또는 장부·매매계약서·영수증 기타 증빙서류의 내용이 매매사례가액, 감정가액 등에 비추어 거짓임이 명백한 경우를 말한다(소령 제176조의2 제1항).

아래에서는 취득당시 실지거래가액을 장부나 그 밖의 증빙서류에 의하여 인정 또는 확인할 수 없거나 불분명한 경우 적용하는 취득가액, 필요경비개산공제, 감정가액 또는 환산취득가액 적용에 따른 가산세에 대한 내용을 살펴보고 참고에서 기준시가에 대해 알아보기로 한다.

2. 취득가액

취득당시 실지거래가액을 장부나 그 밖의 증빙서류에 의하여 인정 또는 확인할 수 없거나 불분명한 경우 취득가액은 매매사례가액, 감정가액 또는 환산취득가액을 순차적으로 적용한 금액으로 한다(소법 제97조 제1항 1호 나목, 소령 제163조 제12항, 소령 제176조의2).

(1) 매매사례가액

매매사례가액이란 양도일 또는 취득일 전후 각 3개월 이내에 해당 자산과 동일성 또는 유사성이 있는 자산의 매매사례가 있는 경우 그 가액을 말한다.

(2) 감정가액

감정가액이란 양도일 또는 취득일 전후 각 3개월 이내에 해당 자산에 대하여 둘 이상의 감정평가법인 등이 평가한 것으로서 신빙성이 있는 것으로 인정되는 감정가액이 있는 경우에는 그 감정가액의 평균액을 말한다. 다만, 기준시가가 10억원 이하인 자산의 경우에는 하나의 감정평가법인 등이 평가한 것으로서 신빙성이 있는 것으로 인정되는 경우에는 그 감정가액으로 한다.

(3) 환산취득가액

환산취득가액이란 취득당시 실지거래가액을 인정 또는 확인할 수 없거나 불분명하여 양도당시의 실지거래가액을 취득당시와 양도당시의 기준시가 비율로 환산하여 취득가액을 계산하는 방법을 말한다(소령 제176조의2 제2항 제2호).

1) 환산취득가액 계산 방법

$$\text{환산취득가액} = \text{양도당시의 실지거래가액} \times \frac{\text{취득당시의 기준시가}}{\text{양도당시의 기준시가}}$$

양도당시 기준시가	취득당시 기준시가
▼	▼
양도가액 ⇨	환산취득가액

2) 기준시가가 최초 고시되기 전에 취득한 부동산의 취득당시 기준시가 계산 방법

위의 산식에서 분자의 취득당시 기준시가 적용 시 기준시가가 최초 고시되기 전에 부동산을 취득한 경우에는 아래의 방법으로 계산한 가액(이 책에서는 역산기준시가라 한다)을 취득당시 기준시가로 한다.

① 개별주택 및 공동주택

위에서 살펴본 환산취득가액 계산 방법 산식에서 주택의 기준시가인 개별주택가격 및 공동주택가격이 최초로 공시되기 이전에 취득한 주택과 부수토지를 함께 양도하는 경우 취득당시의 기준시가는 다음과 같이 계산한 가액으로 한다(소령 제164조 제7항).

$$\text{국토교통부장관이 해당 주택에 대하여 최초로 공시한 주택가격} \times \frac{\text{취득당시의 토지 기준시가 + 건물 기준시가}}{\substack{\text{해당 주택에 대하여 국토교통부장관이 최초로 공시한} \\ \text{주택가격 공시 당시의 토지 기준시가 + 건물 기준시가}}}$$

2005. 4. 30. 전에 취득한 주택의 취득당시 개별주택공시가격은 2005. 4. 30. 최초 공시된 개별주택공시가격을 취득일의 토지 기준시가 및 일반건물 기준시가와 2005. 4. 30. 현재의 토지 기준시가와 일반건물 기준시가를 이용하여 역산한 값으로 계산한다(판례 심사양도2009-307, 2010. 2. 8.).

환산취득가액은 토지·건물 개별자산별로 계산한다. 다만, 주택의 경우는 합계금액을 기준으로 먼저 계산한 후 개별자산별로 안분한다. 이와 관련된 판례를 살펴보면 개별주택가격 공시 전에 취득한 경우의 취득가액 환산은 주택의 경우만큼은 양도자산별(주택, 부수토지)로 그 양도가액이 각각 확인되거나 안분한 양도실가를 계산할 수 있을지라도 양도가액의 합계금액을 주택의 기준시가인 양도당시 개별주택공시가격(공동주택은 공동주택공시가격)으로 나누어 취득당시 개별주택공시가격을 곱하여 얻은 전체의 환산취득가액을 양도자산별로 안분한 금액이 각각의 양도자산별 환산취득가액이 된다(심사양도2009-307, 2010. 2. 8.). 즉, 총액으로 환산취득가액을 계산한 후 그 금액을 주택 및 부수토지로 안분한다. 왜냐하면 주택의 기준시가는 개별주택공시가격이고, 개별주택공시가격에는 토지가격이 포함되어 있기 때문이다.

위의 판례에 따르면 개별주택가격(공동주택은 공동주택공시가격)이 공시되기 전에 취득한 주택의 환산취득가액 계산 순서는 다음과 같이 정리할 수 있다.

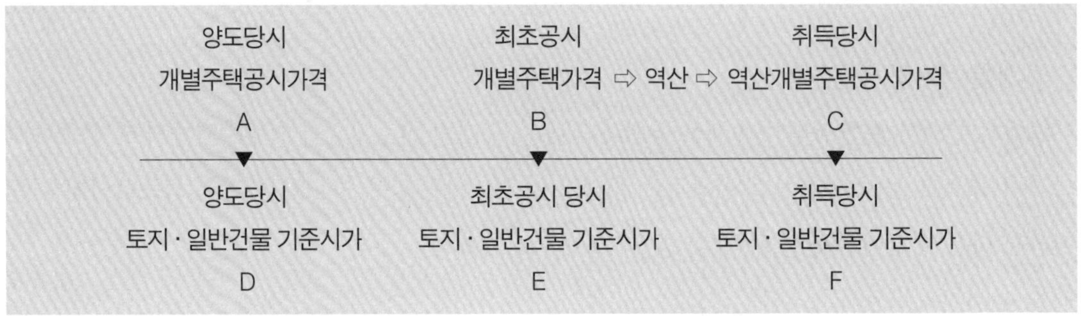

❶ 취득당시 역산개별주택공시가격을 역산기준시가 공식을 이용하여 계산한다.

최초공시된 개별주택공시가격(B)을 취득당시의 토지 개별공시지가 및 일반건물 기준시가(F)와 최초공시일 현재의 토지 개별공시지가 및 일반건물 기준시가(E)의 비율로 취득당시 역산개별주택공시가격(C)을 계산한다.

$$C = B \times \frac{F}{E}$$

❷ 취득당시 역산개별주택공시가격(C)을 양도당시 개별주택공시가격(A)으로 나눈 비율에 총양도가액을 곱하여 총환산취득가액(G)을 계산한다.

$$총환산취득가액(G) = 총\ 양도가액 \times \frac{C}{A}$$

❸ 취득당시 역산개별주택공시가격(C)을 취득당시의 토지 개별공시지가와 일반건물 기준시가(F) 비율로 안분하여 역산한 토지 기준시가와 건물 기준시가를 계산한다.

❹ 총환산취득가액(G)을 ❸의 역산한 토지 기준시가와 건물 기준시가의 비율로 토지 환산취득가액과 건물 환산취득가액을 계산한다.

② 오피스텔 및 상업용 건물

기준시가가 최초 고시되기 전에 취득한 오피스텔(이에 딸린 토지를 포함한다), 상업용 건물(이에 딸린 토지를 포함한다)의 취득당시의 기준시가는 다음 산식에 따라 계산한 가액으로 한다(소령 제164조 제6항).

$$\text{국세청장이 해당 자산에 대하여 최초로 고시한 기준시가} \times \frac{\text{취득당시의 토지 기준시가 + 건물 기준시가}}{\text{해당 자산에 대하여 국세청장이 최초로 고시한 기준시가 고시 당시의 토지 기준시가 + 건물 기준시가}}$$

③ 토지

1990.8.30. 개별공시지가가 최초 고시되기 전에 취득한 토지의 취득당시의 기준시가는 다음 산식에 의하여 계산한 가액으로 한다. 이 경우 다음 산식 중 시가표준액은 「지방세법」상 시가표준액을 말한다(소령 제164조 제4항).

$$\text{1990.1.1. 기준 개별공시지가} \times \frac{\text{취득당시의 시가표준액}}{(1990년 8월 30일 현재의 시가표준액 + 그 직전에 결정된 시가표준액) \div 2}$$

④ 기타건물

기준시가가 최초 고시되기 전에 취득한 기타건물의 취득당시의 기준시가는 다음 산식에 의하여 계산한 가액으로 한다(소령 제164조 제5항).

국세청장이 해당 자산에 대하여 최초로 고시한 기준시가 × 해당 건물의 취득연도 · 신축연도 · 구조 · 내용연수 등을 고려하여 국세청장이 고시한 기준율

3. 필요경비개산공제

부동산의 취득가액을 매매사례가액, 감정가액, 환산가액이나 기준시가로 계산하는 경우 기타필요경비는 다음의 금액을 양도가액에서 공제한다(소령 제163조 제6항). 이를 필요경비개산공제액이라 한다. 따라서 취득가액을 확인할 수 없어 취득가액을 매매사례가액, 감정가액, 환산가액으로 하

거나 취득가액을 기준시가로 하는 경우에는 기타필요경비의 실제 지출내역이 확인된다 하더라도 원칙적으로 인정받지 못한다.

　이와 관련된 예규를 살펴보면 양도소득세를 실지거래가액으로 계산함에 있어서 양도가액에서 공제하는 취득가액이 확인되지 않는 경우 매매사례가액, 감정가액, 환산취득가액을 순차적으로 적용하며, 이때 필요경비는 필요경비개산공제액을 공제한다고 해석하고 있다(부동산납세과-403, 2014.6.9.). 다만, 환산취득가액과 필요경비개산공제액의 합계액이 실제 지출한 자본적지출액 등과 양도비의 합계액보다 적은 경우 실제 지출한 자본적지출액 등과 양도비의 합계액을 공제할 수 있다(소법 제97조 제2항 제2호).

(1) 토지

취득당시 개별공시지가 × 3%(미등기양도자산의 경우에는 0.3%)

(2) 건물

1) 오피스텔 및 상업용 건물(그 부수토지를 포함한다)

취득당시 공시가격 × 3%(미등기양도자산의 경우에는 0.3%)

2) 그 외의 건물

취득당시 기준시가 × 3%(미등기양도자산의 경우에는 0.3%)

(3) 주택

취득당시 「부동산 가격공시에 관한 법률」에 따른 개별주택가격 및 공동주택가격 × 3%(미등기 양도자산의 경우에는 0.3%)

4. 감정가액 또는 환산취득가액 적용에 따른 가산세

거주자가 건물을 신축 또는 증축(증축의 경우 바닥 면적 합계가 85제곱미터를 초과하는 경우에 한정한다)하고 그 건물의 취득일 또는 증축일부터 5년 이내에 해당 건물을 양도하는 경우로서 감정가액 또는 환산취득가액을 그 취득가액으로 하는 경우에는 해당 건물의 감정가액(증축의 경우 증축한 부분에 한정한다) 또는 환산취득가액(증축의 경우 증축한 부분에 한정한다)의 5%를 가산세로 적용한다. 양도소득 산출세액이 없는 경우에도 적용한다(소법 제114조의2).

|참고| **기준시가**

기준시가란 국세청에서 양도소득세, 상속세, 증여세, 종합부동산세, 종합소득세, 부가가치세 등 국세에 대한 세금을 부과하는 경우 사용하는 가액을 말한다. 한편, 지방자치단체에서 재산세 등 지방세에 대한 세금을 부과하는 경우 사용하는 가액을 시가표준액이라고 한다.
기준시가에 대한 명칭을 부동산 종류별로 살펴보면, 토지는 「부동산가격공시 및 감정평가에 관한 법률」에 의한 개별공시지가, 주택의 경우에는 「부동산가격공시 및 감정평가에 관한 법률」에 의한 공동주택공시가격 및 개별단독주택공시가격, 건물·오피스텔 및 상업용 건물은 건물의 신축가격·구조·용도·위치·신축연도 등을 참작하여 매년 1회 이상 국세청장이 산정·고시하는 가액을 말한다.

부동산 종류	기준시가 명칭	최초 고시일	매년 고시일
토지	개별공시지가	1990.8.30.	4월 말
주택	공동주택공시가격	2006.4.28.(주1)	4월 말
	개별단독주택공시가격	2005.4.30.	
비주거용 건물	상업용 건물·오피스텔 고시가격	2005.1.1.	12월 말
	기타건물 기준시가	2001.1.1.	
	(지방세)시가표준액	1945.1.1.	

(주1) 2006.4.27. 이전 공동주택가격은 국세청에서 고시하였음

■ 기준시가 조회 방법
▶ 토지·주택
　·국토교통부 부동산공시가격 알리미(www.realtyprice.kr)
▶ 2006.4.27. 이전 공시된 아파트 등 공동주택가격
　공동주택가격은 2006.4.28. 이후에는 국토교통부에서 고시하지만 2006.4.27. 이전에는 국세청에서 고시하였다. 따라서 2006.4.27. 이전에 고시된 공동주택가격은 국세청 홈택스 > 상담·불복·고충·제보·기타 항목 > 기타의 기준시가 조회에서 공동주택 기준시가를 확인할 수 있다.

▶ 상업용건물·오피스텔

　국세청 홈택스 > 상담·불복·고충·제보·기타 항목 > 기타의 기준시가 조회에서 확인할 수 있다.
　고시된 제곱미터당 금액에는 토지가격이 포함되어 있다.

▶ 기타건물 기준시가

　국세청 홈택스 > 상담·불복·고충·제보·기타 항목 > 기타의 기준시가 조회에서 계산할 수 있다.
　기타건물 기준시가를 계산하는 기본 계산식은 다음과 같다(국세청 건물 기준시가 고시).

❶ 기준시가 = 평가대상 건물의 면적(제곱미터) *1) × 제곱미터당 금액
❷ 제곱미터당 금액 = 건물신축가격기준액 × 구조지수 × 용도지수 × 위치지수 × 경과연수별잔가율 ×
　개별 건물의 특성에 따른 조정률 *2)

*1) 평가대상 건물의 면적이란 연면적을 말하며, 집합건물의 경우 전용면적과 공용 면적을 포함한 면적
　　을 말한다.
*2) 개별건물의 특성에 따른 조정률은 양도소득세에서는 적용하지 않지만 상속·증여세에서는 적용한
　　다. 구조·용도·위치지수, 경과연수별잔가율, 개별건물의 특성에 필요한 자료는 건축물대장, 토지대
　　장, 개별공시지가 자료에서 확인하여 적용한다.

　지금까지 살펴본 내용은 일반적인 경우의 양도차익을 계산하기 위한 양도가액에 대한 내용 및 양도가
액에서 공제하는 필요경비를 실지거래가액을 확인할 수 있는 경우와 확인할 수 없는 경우로 나누어 살펴
보았다. 그러나 일반적인 양도차익 계산과 다르게 특수한 방법으로 양도차익을 계산하는 규정이 있다. 부
담부증여, 현물출자, 교환, 고가주택, 재개발·재건축사업 등의 양도차익 계산이 이에 해당한다. 다음 절에
서는 부담부증여, 현물출자, 교환의 경우 양도차익 계산 방법에 대해서 살펴보기로 한다. 그 외 고가주택
에 대한 양도차익 계산 방법은 제3장에서, 재개발·재건축사업의 양도차익 계산 방법은 제4장에서 살펴
보기로 한다.

<table>
<tr><td>제8절</td><td>부담부증여 · 현물출자 · 교환과
양도차익의 산정</td></tr>
</table>

1. 부담부증여

부담부증여란 수증자가 재산을 무상으로 받으면서 증여자의 채무를 부담하거나 인수하는 증여를 말한다. 부담부증여를 하는 경우에는 증여재산가액 중 수증자가 인수한 증여자의 채무액에 상당하는 부분은 양도로 보고, 채무액을 제외한 부분만 증여로 본다(소법 제88조 제1호, 소령 제151조 제3항). 따라서 양도로 보는 채무액은 유상거래이므로 증여자에게 양도소득세가 과세되고, 증여재산가액 중 채무액을 제외한 금액은 무상거래이므로 수증자에게 증여세가 과세된다. 수증자는 취득세도 부담하게 된다.

핵심포인트 **부담부증여 관련 세금**

■ 양도소득세 · 증여세

구분	채무인수액	증여재산가액 - 채무인수액
거래유형	유상거래	무상거래
관련세금	양도소득세	증여세
납세의무자	증여자	수증자

■ 취득세

구분	채무인수액	증여재산가액 - 채무인수액
과세표준	채무인수액	시가인정액 - 채무인수액
세율	매매 취득세율	증여 취득세율
납세의무자	수증자	

부담부증여에서 수증자가 인수한 증여자의 채무액이란 국가·지방자치단체 및 금융회사 등에 대한 채무는 해당 기관에 대한 채무임을 확인할 수 있는 서류 및 그 외의 자에 대한 채무는 채무부담계약서, 채권자확인서, 담보설정 및 이자지급에 관한 증빙 등에 의하여 그 사실을 확인할 수 있는 서류로 인정되는 객관적 채무를 말한다(소령 제151조 제3항, 상증령 제10조). 이러한 서류로 입증되는 채무를 수증자가 사실상 인수하고 수증자의 이자지급 사실이 확인되는 경우에는 증여계약서 등에 채무인수 약정이 없는 경우 또는 부담부증여 조건이 없는 경우에도 부담부증여가 성립한다. 하지만 사실관계를 정확히 하기 위해서는 증여계약서에 인수하는 채무액 등 부담부증여 조건을 기재하여야 한다. 부담부증여계약서는 증여세편에 수록하였다.

아래에서는 부담부증여와 관련된 세금 중 양도소득세에 대한 내용을 살펴보고 증여세는 제10장에서 취득세는 제7장에서 살펴보기로 한다.

(1) 비과세 및 감면

부담부증여의 경우에도 일반적인 경우와 동일한 비과세·감면 규정을 적용한다. 따라서 부담부증여하는 주택이 1세대 1주택 비과세 요건을 충족한 경우에는 비과세 규정을 적용한다.

(2) 부담부증여 시 고가주택 판정

주택을 부담부증여하는 경우 증여하는 주택 전체 증여재산평가액이 12억원을 초과하면 고가주택으로 본다. 예를 들어 부담부증여하는 주택의 전세보증금 7억원, 증여재산평가액이 14억원인 경우 고가주택에 해당한다.

(3) 양도차익의 산정

부담부증여의 경우 양도로 보는 부분에 대한 양도차익을 계산할 때 그 양도가액 및 취득가액은 다음과 같다(소령 제159조). 아래의 사례와 함께 살펴보기로 한다.

▶ 사례

취득가액 6억원, 보증금 7억원인 아버지 소유 아파트를 아들이 보증금 7억원을 인수하기로 하고 증여계약을 체결하였다. 증여재산평가액은 14억원이다.

1) 양도가액

$$\text{양도가액} = \text{「상속세 및 증여세법」에 따라 평가한 가액} \times \frac{\text{채무액}}{\text{증여가액}}$$

위 산식을 살펴보면 「상속세 및 증여세법」에 따라 평가한 가액이란 제60조부터 제66조까지의 규정에 따라 평가한 가액을 말한다. 일반적으로 그 가액이 증여가액이 되므로 양도가액은 채무액이 된다. 「상속세 및 증여세법」 제60조부터 제66조까지의 규정에 따른 평가방법은 제10장에서 구체적으로 살펴본다. 앞의 사례에서 양도가액은 아들이 인수하기로 한 보증금 7억원이다.

2) 취득가액

$$\text{취득가액} = \text{취득당시 실지거래가액} \times \frac{\text{채무액}}{\text{증여가액}}$$

위 산식을 살펴보면 증여재산가액을 시가(감정가액, 유사매매사례가액 등 시가로 인정되는 가액 포함)로 평가한 경우 취득가액도 실지취득가액으로 하고, 증여재산가액을 기준시가로 평가한 경우 취득가액도 취득당시의 기준시가로 한다. 이 경우 증여재산가액을 기준시가로 평가하는 경우(「상속세 및 증여세법」 제61조 제1항, 제2항)에는 임대료 등 환산가액으로 평가하는 경우(「상속세 및 증여세법」 제61조 제5항) 및 저당권 등 평가특례로 평가하는 경우(「상속세 및 증여세법」 제66조)를 포함한다(소령 제159조 제1항 제1호). 부담부증여에도 앞에서 살펴본 양도차익 산정 원칙 중 동일기준 적용 원칙이 적용된다.

앞의 사례에서 취득가액은 3억원[6억원 × (7억원 ÷ 14억원)]이다.

3) 양도차익

양도차익은 양도가액에서 필요경비를 공제하여 산정하므로 앞의 사례에서 양도차익은 4억원(7억원 - 3억원)이다.

(4) 양도시기 또는 취득시기

부담부증여의 경우 양도로 보는 부분에 대한 양도시기는 증여등기접수일이고, 취득시기는 증여하는 자산의 취득일이 취득시기가 된다.

(5) 부담부증여와 양도소득세 신고ㆍ납부기한

일반적인 경우 양도소득세 신고ㆍ납부기한은 양도일이 속하는 달의 말일로부터 2개월이다. 하지만 부담부증여 시 양도소득세 신고ㆍ납부기한은 증여등기접수일이 속하는 달의 말일로부터 3개월이다. 증여세 신고ㆍ납부기한과 일치시키기 위한 것이다.

(6) 부담부증여 관련 생각지도

아래에서는 부담부증여와 관련된 내용을 예규를 통하여 조금 더 살펴보기로 한다.

1) 1주택을 소유한 거주자가 동일세대원에게 부담부증여하는 경우 비과세 규정 적용 여부

양도소득세가 비과세되는 1주택을 소유한 거주자가 동일세대원인 가족에게 부담부증여를 하는 경우에는 1세대 1주택 비과세규정을 적용한다(재산46014-1544, 2000.12.27.).

2) 일시적 2주택의 종전주택을 동일세대원에게 부담부증여하는 경우 비과세 특례규정 적용 여부

국내에 1주택을 소유한 거주자가 다른 주택을 취득하고 종전의 1주택을 동일세대원에게 부담부증여하는 경우에는 1세대 1주택 비과세 특례규정이 적용되지 않는다(서면인터넷방문상담5팀-1191, 2007.4.11.). 하지만 일시적 2주택자가 다른 주택의 취득일로부터 3년 이내에 종전주택을 동일세대원이 아닌 자에게 부담부증여하는 경우 1세대 1주택 비과세 특례규정이 적용된다(서면인터넷방문상담4팀-1993, 2004. 12. 7.).

3) 다가구주택을 부담부증여하는 경우 비과세 규정 적용 여부

다가구주택은 하나의 매매단위로 양도하는 경우 그 전체를 하나의 주택으로 보아 1세대 1주택 비과세 규정을 적용한다. 그러면 다가구주택을 부담부증여하는 경우에도 1세대 1주택 비과세규정을 적용할 수 있을까? 다시 말해 부담부증여는 부담하는 채무액은 유상거래로 보고, 증여재산가액에서 인수하는 채무액을 공제한 금액은 무상거래로 보는 것이므로 하나의 매매단위가 아니라서 전체를 하나의 주택으로 볼 수 없기 때문에 1세대 1주택 비과세 규정을 적용할 수 없는 것일까 하는 것이다.

이와 관련된 예규를 살펴보면 다가구주택을 부담부증여하여 수증자가 부담하는 채무액에 해당하는 부분을 양도로 보는 경우에도 동일하게 적용된다고 해석하고 있다(기획재정부 조세법령운용과-340, 2022. 4. 1.). 즉, 다가구주택을 부담부증여하는 경우에도 하나의 매매단위로 양도하는 것으로 보아 1세대 1주택 비과세규정을 적용한다.

4) 부담부증여의 증여재산가액을 임대보증금으로 평가한 경우 취득가액을 기준시가로 해야 하는지 여부

부담부증여의 증여재산가액을 「상속세 및 증여세법」 제61조 제5항(임대료 등의 환산가액)에 따라 평가하여 양도가액을 기준시가로 산정한 경우 취득가액도 기준시가로 산정한다(사전2021법령해석재산-735, 2021. 6. 23.). 따라서 기타필요경비도 실제 지출한 비용이 아니라 필요경비개산액을 공제한다.

5) 부담부증여의 증여재산가액을 기준시가로 평가하는 경우 취득가액에서 감가상각비를 차감해야 하는지 여부

증여재산가액을 기준시가로 평가한 부담부증여의 경우로서 양도차익을 계산할 때 취득가액도 기준시가로 계산하는 경우 필요경비에 해당하는 취득가액은 감가상각비를 차감하지 않은 금액으로 한다(서면2015법령해석재산-5, 2015. 4. 10.).

2. 공동사업 현물출자

　공동사업이란 민법상의 조합계약에 의하여 2인 이상의 거주자가 서로 출자하여 사업을 공동으로 경영하는 것을 말한다. 이러한 공동사업에는 민법상의 조합계약에 따라 영위하는 사업은 물론이고 공동사업자 등으로 보는 법인격 없는 단체가 영위하는 사업까지 포함한다.

　현물출자란 부동산 등 금전 이외의 재산을 출자의 목적으로 하는 것을 말한다. 공동사업에 현물출자하는 조합원은 현물출자의 대가로 조합원의 지위를 부여받아 공동사업 결과 완성되는 부동산을 취득하게 된다.

　공동사업(주택신축판매업 등)을 경영할 것을 약정하는 계약에 따라 토지 등의 자산을 해당 공동사업체에 현물출자하는 경우에는 등기에 관계없이 현물출자한 날 또는 등기접수일 중 빠른 날에 해당 토지 등이 그 공동사업체에 유상으로 양도된 것으로 보아 양도소득세가 과세된다(소득세법 기본통칙 88-0…2). 하지만 「도시개발법」이나 그 밖의 법률에 따른 환지처분으로 지목 또는 지번이 변경되거나 보류지로 충당되는 경우는 양도로 보지 않는다(소법 제88조 제1호 가목). 따라서 「도시 및 주거환경정비법」의 규정에 의한 재개발·재건축사업 또는 「빈집 및 소규모주택정비에 관한 특례법」의 규정에 의한 자율주택정비사업, 가로주택정비사업, 소규모재건축사업, 소규모재개발사업(소규모재건축사업등)의 정비사업조합이 정비사업을 시행하는 경우 조합원이 토지·건물을 정비사업조합에 현물출자하고 조합으로부터 관리처분계획에 따라 재건축한 건물을 분양받은 것은 환지로 보아 양도에 해당하지 않는다. 다만, 환지청산금을 교부받은 부분은 양도에 해당한다(예규 서면 2021부동산-2530, 2022.7.4.).

　「도시 및 주거환경정비법」의 규정에 의한 재개발·재건축사업 또는 「빈집 및 소규모주택정비에 관한 특례법」의 규정에 의한 소규모재건축사업등의 정비사업조합에 현물출자하는 경우 양도소득세에 대한 내용은 제4장 재개발·재건축사업등과 양도소득세에서 살펴보기로 한다.

　아래에서는 주택신축판매업 관련 공동사업 현물출자에 따른 양도소득세 내용을 공동사업에 부동산을 현물출자하는 경우와 신축한 주택을 양도하는 경우로 나누어 살펴보기로 한다.

(1) 공동사업에 부동산을 현물출자하는 경우

1) 비과세 및 감면

공동사업 현물출자인 경우에도 일반적인 경우와 동일한 비과세·감면 규정을 적용한다. 따라서 공동사업에 현물출자하는 주택이 현물출자하는 날 또는 등기접수일 중 빠른 날 현재 1세대 1주택 비과세 요건을 충족한 경우에는 비과세 규정을 적용한다.

2) 양도차익의 산정

공동사업에 현물출자하는 경우 양도차익은 아래의 양도가액에서 취득가액 등 필요경비를 공제하여 계산한다.

① 양도가액

양도가액은 현물출자 시 실지거래가액으로 산정한다. 다만, 실지거래가액을 인정 또는 확인할 수 없거나 불분명한 경우에는 매매사례가액, 감정가액, 기준시가를 순차적으로 적용한 가액으로 한다.

② 취득가액

취득가액은 현물출자 전 당초 취득한 가액으로 한다.

3) 양도시기 또는 취득시기

① 양도시기

현물출자하는 부동산의 양도시기는 현물출자한 날 또는 등기접수일 중 빠른 날이 된다. 이 경우 현물출자한 날이란 공동사업약정서(동업계약서)가 작성된 경우에는 계약일을 말한다. 다만, 동업계약서가 작성되지 아니하였거나 그 작성일이 객관적으로 확인되지 않음으로써 현물출자일이 불분명한 경우에는 당사자 간에 묵시적 합의가 성립한 날 또는 사실상 공동사업을 개시한 날이 된다.

② 취득시기

현물출자하는 부동산의 현물출자 전 당초 취득일이 취득시기가 된다.

(2) 신축한 주택을 양도하는 경우

1) 비과세 및 감면

현물출자하여 신축한 부동산을 양도하는 경우 일반적인 비과세·감면 규정을 적용한다.

2) 양도차익의 산정

현물출자하여 신축한 주택을 양도하는 경우 양도차익은 아래의 양도가액에서 취득가액 등 필요경비를 공제하여 계산한다.

① 양도가액

현물출자하여 신축한 주택을 양도하는 경우 양도가액은 양도당시 실지거래가액으로 한다.

② 취득가액

공동사업에 토지 등을 현물출자하고 공동으로 건축물을 신축하여 자가사용하는 건축물의 취득가액은 현물출자일 현재 토지 등의 가액과 공사비의 합계액으로 한다(판례 심사양도2012-90, 2012.7.20.).

3) 양도시기 또는 취득시기

① 양도시기

공동사업에 토지 등을 현물출자하고 공동으로 건축물을 신축하여 자가사용하는 부동산을 양도하는 경우 양도시기는 잔금청산일과 등기접수일 중 빠른 날이 된다.

② 취득시기

공동사업자가 공동으로 주택을 신축하여 본인들이 자가사용하는 새로운 주택을 양도하는 경우 그 주택 취득시기는 사용승인서 교부일(사용승인서 교부일 전에 사실상 사용하거나 임시사용승인을 받은 경우에는 그 사실상의 사용일 또는 임시사용승인일)로 하고, 그 부수토지의 취득시기는 현물출자일로 한다(예규 서면4팀-271, 2007. 1. 19.).

4) 보유기간의 계산

공동사업자 본인들이 자가 사용하는 신축주택에 대한 1세대 1주택 비과세를 판정함에 있어 보유기간 기산일은 사용검사필증교부일(사용검사 전에 사실상 사용하거나 사용승인을 얻은 경우에는 그 사실상의 사용일 또는 사용승인일)로 한다(예규 부동산거래관리-850, 2010. 6. 24). 따라서 현물출자로 신축하여 자가사용하는 주택의 1세대 1주택 비과세 요건 중 보유기간이 2년 이상인지 여부는 현물출자 전 주택의 취득일이 아니라 신축 주택의 사용승인서교부일(준공일)로부터 계산하여야 한다.

💡 생각정리 노트

주택과 그 부수토지를 현물출자하여 20세대 미만의 주택을 신축하고 해당 신축주택 중 본인들이 1주택을 사용하는 경우 해당 신축주택에 대한 1세대 1주택 비과세 보유기간은 종전주택 보유기간과 통산하지 않는다(예규 사전법령해석재산2020-13, 2020. 6. 24.).

(3) 양도소득세 신고 · 납부 방법

앞의 내용을 종합해 보면 공동사업에 현물출자하는 경우 현물출자할 때 양도소득세를 신고 · 납부하고(1회), 신축한 자가소유 주택을 양도하는 경우 양도소득세를 신고 · 납부 하여야(2회) 한다. 예를 들어 10명의 주민들이 소유한 연립주택 10호 및 토지를 현물출자하여 신축주택 15호를 건설하고, 10호는 주민들이 자가소유하고, 나머지 5호는 일반분양하여 건축비를 충당할 계획이다. 이 경우 당초 연립주택 소유자는 그 주택을 현물출자하는 경우 현물출자한 날 또는 등기접수일 중 빠른 날에 양도한 것으로 보아 양도소득세를 신고 · 납부 한다. 그리고 재건축한 자가소유 주택을 양도하는 경우 토지는 현물출자일, 신축주택(건물)은 준공일부터 양도일까지의 양도차익에 대하여 양도소득세를 신고 · 납부해야 한다. 다만, 1세대 1주택 비과세 요건을 충족한 경우 비과세 규정을 적용한다.

3. 교환

부동산을 서로 교환하는 것도 유상양도에 해당하므로 교환하는 자 모두 양도에 해당한다. 교환에 대한 양도차익 산정 관련 내용을 먼저 교환 당시의 양도가액, 취득가액, 양도시기 및 취득시기에 대해 살펴보고, 그다음 교환으로 취득한 자산을 양도하는 경우 양도가액 및 취득가액에 대한 내용을 살펴보기로 한다.

(1) 교환 당시 양도차익의 계산

1) 비과세 · 감면

교환의 경우에도 일반적인 양도와 동일한 비과세 · 감면 규정을 적용한다. 교환하는 주택이 1세대 1주택 비과세 요건을 충족한 경우에는 비과세 규정을 적용한다.

2) 양도가액

부동산을 교환으로 양도하는 경우 해당 부동산의 양도가액은 부동산의 정당한 가치를 평가하여 거래 당사자 간에 합의된 가액이 있는 경우 그 교환계약서에 표시된 실지거래가액에 따른다. 다만, 교환계약서에 표시된 가액이 없거나 또는 표시된 가액을 실지거래가액으로 인정 또는 확인할 수 없는 경우에는 매매사례가액, 감정가액, 기준시가를 순차적으로 적용한다(예규 부동산납세과-46, 2013. 9. 16.).

① 실지거래가액을 알 수 있는 경우

거래가 교환인 경우에는 교환대상 목적물에 대한 시가감정을 하여 그 감정가액의 차액에 대한 정산절차를 수반하는 등으로 목적물의 객관적인 금전가치를 표준으로 하는 가치적 교환을 한 경우에는 실지양도가액을 확인할 수 있다고 하겠다(판례 대법2010두-27592, 2012. 2. 9.) 교환으로 양도되는 목적물의 소유자가 교환으로 취득하는 목적물의 감정가액과의 차액을 현금으로 지급받는 경우에는 교환으로 취득하는 목적물의 감정가액과 그 현금을 합한 금액이 교환으로 양도되는 목적물의 실지양도가액이 된다(판례 대법96누-860, 1997. 2. 11., 조심2010서-2681, 2011. 2. 10.).

② 실지거래가액을 알 수 없는 경우

교환대상 부동산에 대한 감정평가법인 등의 객관적인 교환가치에 의해 그 감정가액의 차액에 대한 정산절차를 수반한 교환인 경우에는 실지거래가액을 확인할 수 있다고 할 것이며, 그렇지 아니한 단순한 교환은 실지거래가액을 확인할 수 없는 경우에 해당된다(소득세법 집행기준 96-0-2). 이는 교환계약 당사자들이 교환대상 목적물의 가액을 임의로 평가하여 정한 다음 그 차액을 산정한 경우에도 마찬가지라 할 수 있다(판례 대법2010두-27592, 2012.2.9.).

교환계약에서 교환의 목적물의 시가감정을 하지 않아 실지거래가액을 확인할 수 없는 경우에는 매매사례가액, 감정가액, 기준시가를 순차적으로 적용한 가액을 양도가액으로 할 수 있다(판례 대법2016두-36949, 2016.7.22.). 따라서 양도자산의 시가감정 없는 단순교환은 교환의사의 합치가 있을 뿐 교환계약서에 구체적 평가액 표시가 없으므로 실지양도가액을 확인할 수 없다고 보아 추계조사의 방법을 적용하며(매매사례가액, 감정가액, 기준시가를 순차적으로 적용) 이때 추계조사의 평가대상 자산은 교환에 의하여 취득하는 자산이 아니라 양도하는 자산이다(판례 서울고등법원2009누-31528, 2010.5.11.). 해당 판례에 따르면 양도자산의 시가감정 없는 단순교환의 양도가액은 매매사례가액이나 감정가액이 없는 경우 기준시가로 할 수 있다는 것을 알 수 있다.

양도가액을 기준시가로 산정하는 경우 양도가액을 교환으로 양도하는 부동산의 기준시가로 해야 하는지 아니면 취득하는 부동산의 기준시가로 해야 하는지가 쟁점이 될 수 있다. 이와 관련된 판례를 살펴보면 양도의 원인이 교환이라고 하더라도 양도한 것은 엄연히 교환에 의하여 양도되는 부동산이므로 그 양도가액은 양도되는 부동산의 기준시가에 의하여야 하며 교환에 의하여 양도받는 부동산의 기준시가에 의할 것은 아니라고 판단하고 있다(대법94누-4127, 1994.6.10.).

3) 취득가액

교환으로 양도하는 자산의 취득가액은 교환으로 양도하는 자산의 양도가액을 실지거래가액으로 하였으면 그 자산의 취득가액도 취득 당시의 실지거래가액으로 하고, 교환으로 양도하는 자산의 양도가액을 기준시가로 하였으면 그 자산의 취득가액도 취득 당시의 기준시가로 한다. 다시 말해 취득 당시에 실지거래가액이 있는 부동산이라 하더라도 교환 당시 양도가액을 기준시가로 결정하였으면 그 자산의 취득가액도 취득 당시의 기준시가로 하여야 한다. 교환에도 앞에서 살펴본 양도차익 산정 원칙 중 동일기준 적용 원칙이 적용된다.

4) 양도시기 또는 취득시기

교환으로 인한 양도시기 또는 취득시기는 교환가액에 차이가 없는 경우에는 교환 성립일, 차액의 정산이 필요한 경우에는 차액을 정산한 날, 교환 성립일이나 차액을 정산한 날이 불분명한 경우에는 교환등기접수일이 된다(소득세 집행기준 98-16-22).

(2) 교환으로 취득한 자산을 양도하는 경우

1) 비과세·감면

일반적인 양도와 동일한 비과세·감면 규정을 적용한다. 교환으로 취득한 주택이 1세대 1주택 비과세 요건을 충족한 경우에는 비과세 규정을 적용한다.

2) 양도가액

교환으로 취득한 자산을 양도하는 경우 양도가액은 교환으로 취득한 자산을 양도하는 당시의 실지거래가액으로 한다.

3) 취득가액

교환으로 취득한 자산을 양도할 때 양도가액을 실지거래가액으로 한 경우 그 자산의 취득가액도 실지거래가액으로 해야 한다. 다시 말해 교환으로 취득할 당시의 상황에도 불구하고 교환으로 취득한 자산을 양도하는 당시 양도가액의 유형에 따라 동일 기준 적용 원칙을 적용하여, 양도가액을 실지거래가액으로 결정하였으면 취득가액도 실지거래가액을 적용하고, 취득 당시의 실지거래가액을 인정 또는 확인할 수 없거나 불분명한 경우에는 매매사례가액, 감정가액 또는 환산취득가액을 순차적으로 적용하여 양도차익을 산정해야 한다.

4) 양도시기 또는 취득시기

교환으로 취득한 자산을 양도하는 경우 양도시기는 일반적인 경우 잔금일과 등기접수일 중 빠른 날로 하고 취득시기는 교환가액에 차이가 없는 경우에는 교환 성립일, 차액의 정산이 필요한 경우에는 차액을 정산한 날, 교환 성립일이나 차액을 정산한 날이 불분명한 경우에는 교환등기접수일로 한다.

$$\diamond \qquad \diamond \qquad \diamond$$

지금까지 양도소득세의 납부할 세액을 계산하는 구조에서 양도차익을 특수하게 산정하는 부담부증여, 현물출자, 교환에 대해 살펴보았다. 다음 단계는 양도소득금액을 계산하는 단계로서 양도소득금액은 양도차익에서 장기보유특별공제액을 차감하여 계산한다. 장기보유특별공제액을 계산하기 위해서는 보유기간을 산정해야 한다. 보유기간이란 취득일(취득시기)부터 양도일(양도시기)까지의 기간을 말한다. 다음 절에서 양도시기 또는 취득시기에 대한 내용을 먼저 살펴보기로 한다.

제9절 │ 양도시기 또는 취득시기

양도시기(양도일) 또는 취득시기(취득일)는 양도소득의 귀속연도, 비과세 및 감면요건, 장기보유특별공제, 세율, 신고·납부기한 등에 중요한 기준이 된다. 아래에서는 양도시기 또는 취득시기를 일반적인 거래, 특수한 거래, 의제취득일로 나누어 살펴보기로 한다.

1. 일반적인 거래

일반적인 매매거래에서 양도자의 양도시기는 양수자의 취득시기가 된다. 이 경우 양도시기 또는 취득시기는 대금청산일이 분명한 경우와 분명하지 않은 경우로 나누어 볼 수 있다. 대금청산일을 잔금청산일 또는 잔금일이라고도 한다.

(1) 대금청산일이 분명한 경우

일반적인 매매거래에서 대금청산일이 분명한 경우 양도시기 또는 취득시기는 원칙적으로 해당 자산의 대금을 청산한 날로 한다(소법 제98조). 다만, 대금을 청산하기 전에 소유권이전등기를 한 경우에는 등기접수일로 한다(소령 제162조 제1항 제2호). 따라서 대금청산일이 분명한 경우에는 대금청산일과 등기접수일 중 빠른 날이 양도시기 또는 취득시기가 된다.

양도시기 또는 취득시기는 양도소득세 규정의 많은 부분에서 중요한 영향을 미치기 때문에 대금을 청산한 날의 개념이 중요하다. 대금청산일은 거래대금의 전부를 지급한 날을 의미한다. 하지만 소득세법 집행기준에서는 거래대금의 전부를 이행하지 않았어도 사회통념상 거의 지급되었다고 볼 만한 정도의 대금 지급이 이행된 날을 대금청산일에 포함하고 있다(집행기준 98-162-3). 그리고 이와 관련된 판례에서도 매매대금의 대부분이 지급되어 미미한 금액만이 남아 있어 사회통념상 거의 지급되었다고 볼 만한 사정이 있는 경우에도 청산에 해당한다고 보고 있으며, 그와 같은 해석이 확장·유추해석금지의 원칙에 어긋나지 않는다고 판단하고 있다(서울고등법원2020누-57969, 2021. 11. 5., 대구고등법원2008누-1338, 2009. 2. 13.).

(2) 대금청산일이 분명하지 않은 경우

대금을 청산한 날이 분명하지 않은 경우에는 등기접수일을 양도시기 또는 취득시기로 한다(소령 제162조 제1항 제1호).

핵심포인트 **일반적인 거래의 양도시기 또는 취득시기**

① 잔금일 분명: 빠른 날(❶ 잔금일 ❷ 등기접수일)
② 잔금일 불분명: 등기접수일

2. 특수한 거래

(1) 장기할부조건

장기할부조건이란 자산의 양도로 인하여 해당 자산의 대금을 월부·연부 기타의 부불방법에 따라 수입하는 것 중 계약금을 제외한 해당 자산의 양도대금을 2회(계약금 포함 3회) 이상으로 분할하여 수입하고, 양도하는 자산의 소유권이전등기접수일·인도일·사용수익일 중 빠른 날의 다음 날부터 최종 할부금의 지급기일까지의 기간이 1년 이상인 것을 말한다(소칙 제78조).

장기할부조건의 양도시기 또는 취득시기는 소유권이전등기접수일·인도일·사용수익일 중 빠른 날로 한다(소령 제162조 제1항 제3호).

(2) 상속 또는 증여로 취득한 자산의 취득시기

상속에 의하여 취득하는 자산은 상속이 개시된 날(사망일), 증여에 의하여 취득한 자산은 증여를 받은 날(증여등기접수일)을 취득시기로 한다(소령 제162조 제1항 제5호).

(3) 수용되는 경우 양도시기

「공익사업을 위한 토지 등의 취득 및 보상에 관한 법률」이나 그 밖의 법률에 따라 공익사업을 위하여 수용되는 경우 대금을 청산한 날, 수용의 개시일 또는 소유권이전등기접수일 중 **빠른 날**을 양도시기로 한다(소령 제162조 제1항 제7호).

1) 토지보상법 등에 따른 수용으로 보상금 공탁 시 수용된 토지의 양도시기

「공익사업을 위한 토지 등의 취득 및 보상에 관한 법률」이나 그 밖의 법률에 따른 공익사업을 위하여 수용되는 경우로서 보상금이 공탁된 경우에는 공탁일, 수용의 개시일 또는 소유권이전등기접수일 중 **빠른 날**이 양도시기가 된다(예규 사전2021법령해석재산-192).

2) 증액보상금 수령 시 양도시기 및 수정신고

수용 보상금에 관한 이의재결신청에 따라 증액보상금 수령 시에도 양도시기는 대금을 청산한 날, 수용의 개시일 또는 소유권이전등기접수일 중 빠른 날이 된다. 따라서 법정신고기한까지 양도소득과세표준신고서를 제출한 이후 토지 보상가액에 대한 이의신청으로 보상금이 증액된 경우, 해당 증액된 보상금은 증액된 보상금의 수령일이 속하는 달의 말일부터 2개월 이내에 수정신고하여야 한다. 납세자가 수정신고기한 이내에 신고하고 납부하는 경우 신고불성실가산세·납부지연가산세는 적용되지 않는다(예규 부동산납세과-269, 2014. 4. 17.).

핵심포인트 수용의 양도시기

빠른 날[(❶ 대금청산일(공탁일) ❷ 수용개시일 ❸ 등기접수일)]

(4) 자기가 건설한 건축물의 취득시기

자기가 건설한 건축물의 취득시기는 「건축법」에 따른 사용승인서 교부일(준공일)이 된다. 다만, 사용승인서 교부일 전에 사실상 사용하거나 임시사용승인을 받은 경우에는 그 사실상의 사용일 또는 임시사용승인을 받은 날 중 빠른 날로 하고 건축 허가를 받지 아니하고 건축하는 건축물에 있어서는 그 사실상의 사용일로 한다(소령 제162조 제1항 제4호).

자기가 건설하는 건축물에는 일반적인 신축(임의재건축), 「도시 및 주거환경정비법」에 따른 재개발·재건축사업 및 「빈집 및 소규모주택정비에 관한 특례법」에 따른 자율주택정비사업, 가로주택정비사업, 소규모재건축사업, 소규모재개발사업의 승계조합원이 취득하는 부동산, 지역주택조합의 조합원이 취득하는 부동산, 공동사업에 현물출자하여 신축한 자가사용주택 등의 취득시기에도 동일하게 적용된다.

핵심포인트 자기가 건설한 건축물의 취득시기

빠른 날[❶ 사용승인서 교부일(준공일) ❷ 임시사용승인일 ❸ 사실상 사용일]

(5) 환지처분으로 취득한 토지

「도시개발법」 또는 그 밖의 법률에 따른 환지처분으로 취득한 토지의 취득시기는 환지 전 토지의 취득일로 한다. 다만, 교부받은 토지의 면적이 환지처분에 의한 권리면적보다 증가 또는 감소된 경우에는 그 증가 또는 감소된 면적의 토지에 대한 취득시기 또는 양도시기는 환지처분의 공고가 있은 날의 다음 날로 한다(소령 제162조 제1항 제9호).

> **핵심포인트** **환지처분으로 취득한 토지**
>
> ① 권리면적: 환지 전 토지의 취득일
> ② 증환지 또는 감환지 취득시기 및 양도시기: 환지처분 공고일 다음 날

|참고| 환지와 권리면적

환지란 토지구획정리사업인 도시개발사업이나 정비사업 또는 농지개량사업을 함에 있어서 종전의 권리관계를 변동시키지 않고 토지구획정리사업을 한 후 각 토지의 위치·면적·토지이용상황 및 환경 등을 고려하여 토지구획정리사업 시행 후 새로이 조성된 대지를 재분배하여 해당 소유권을 이전시키는 것을 말한다. 일반적으로 환지의 종류는 토지만을 대상으로 하는 평면환지와 건축물과 토지를 모두 환지의 대상으로 하는 입체환지로 구분된다.
권리면적이란 종전 토지의 소유면적을 기준으로 산정한 환지 이후 가질 수 있는 권리에 해당하는 토지면적을 말한다. 환지면적이 권리면적을 초과하여 환지징수금을 납부하는 증가된 면적 부분(증환지)은 환지 전 토지와는 별도로 환지 시에 새로이 취득한 토지에 해당되며, 환지면적이 권리면적에 미달하여 환지청산금을 교부받은 감소된 면적 부분(감환지)은 토지가 유상으로 이전되는 것으로 본다.

(6) 재개발·재건축사업 또는 소규모재건축사업등의 취득시기

「도시 및 주거환경정비법」에 따른 재개발·재건축사업 및 「빈집 및 소규모주택정비에 관한 특례법」에 따른 자율주택정비사업, 가로주택정비사업, 소규모재건축사업, 소규모재개발사업(소규모재건축사업등)의 조합원이 취득하는 부동산의 취득시기는 원조합원인 경우와 승계조합원인 경우로 나누어 살펴볼 수 있다.

1) 원조합원

 양도소득세에서 원조합원이란 「도시 및 주거환경정비법」에 따른 재개발·재건축사업의 관리처분계획인가일 또는 「빈집 및 소규모주택정비에 관한 특례법」에 따른 소규모재건축사업등의 사업시행계획인가일 이전에 부동산을 취득한 조합원을 말한다.

 원조합원의 「도시 및 주거환경정비법」에 따른 재개발·재건축사업 또는 「빈집 및 소규모주택정비에 관한 특례법」에 따른 소규모재건축사업등의 정비사업으로 취득한 부동산의 취득시기는 종전부동산의 취득일로 본다. 「도시 및 주거환경정비법」에 따른 재개발·재건축사업 또는 「빈집 및 소규모주택정비에 관한 특례법」에 따른 소규모재건축사업등의 원조합원에게는 입체환지 개념이 적용되기 때문이다.

2) 승계조합원

 양도소득세에서 승계조합원이란 「도시 및 주거환경정비법」에 따른 재개발·재건축사업의 관리처분계획인가일 또는 「빈집 및 소규모주택정비에 관한 특례법」에 따른 소규모재건축사업등의 사업시행계획인가일 이후에 원조합원으로부터 조합원 지위를 양수받아 새롭게 입주자로 선정된 지위를 취득한 조합원을 말한다.

 승계조합원이 「도시 및 주거환경정비법」에 따른 재개발·재건축사업 또는 「빈집 및 소규모주택정비에 관한 특례법」에 따른 소규모재건축사업등의 정비사업으로 취득한 부동산의 취득시기는 「건축법」에 따른 해당 주택의 사용승인서 교부일(준공인가일)이며, 사용승인 전에 사실상 사용하거나 임시사용승인을 받은 경우에는 그 사실상의 사용일 또는 임시사용승인일이 된다(집행기준 98-162-15).

핵심포인트 **재개발·재건축 주택의 취득시기**

① 원조합원
  재개발재건축 전 종전부동산 취득일
② 승계조합원
  빠른 날 [❶ 사용승인서 교부일(준공일) ❷ 임시사용승인일 ❸ 사실상 사용일]

(7) 지역주택조합 조합원의 취득시기

지역주택조합이란 무주택자 또는 85제곱미터 이하 주택 1채 소유자가 모여 「주택법」에 의하여 조합을 설립하고, 사업대상지의 토지를 확보하여 등록사업자와 협약을 맺고 공동으로 아파트 건설을 추진하는 사업을 말한다.

① 부동산을 취득할 수 있는 권리

「주택법」에 따른 지역주택조합의 조합원의 지위는 같은 법에 따른 사업계획승인일 이후에 한하여 신규주택을 취득할 수 있는 권리에 해당한다(예규 기획재정부재산-40, 2022.1.7., 재일46014-1857, 1994.7.7.).

② 완성주택

「주택법」에 따른 지역주택조합의 조합원 자격으로 취득하는 조합아파트(완성주택)의 취득시기는 사용승인서 교부일(준공일)로 한다. 다만, 사용승인서 교부일 전에 사실상 사용하거나 임시사용승인을 받은 경우에는 그 사실상의 사용일 또는 임시사용승인을 받은 날 중 빠른 날로 한다(예규 서면2015부동산-1854, 2015.10.26.).

> **핵심포인트** **지역주택조합 조합원의 완성주택 취득시기**
>
> 빠른 날 [❶ 사용승인서 교부일(준공일) ❷ 임시사용승인일 ❸ 사실상 사용일]

(8) 완성 또는 확정되지 아니한 자산의 양도 · 취득시기

완성 또는 확정되지 아니한 자산을 양도 또는 취득한 경우로서 해당 자산의 대금을 청산한 날까지 그 목적물이 완성 또는 확정되지 아니한 경우에는 그 목적물이 완성 또는 확정된 날을 양도 · 취득시기로 한다(소령 제162조 제8호). 즉, 해당 자산의 대금을 청산한 날까지 그 목적물이 완성 또는 확정되지 아니한 미완성 건축물의 경우에는 그 목적물이 완성 또는 확정된 날을 양도시기 또는 취득시기로 한다. 이 경우 건설 중인 건물이 완성 또는 확정된 날이라 함은 해당 건물에 대한 사용승인서교부일, 사실상 사용일, 임시사용승인일 중 빠른 날로 한다.

일반분양 받은 아파트(분양권을 승계취득한 경우 포함)의 경우 잔금청산일을 취득시기로 보는 것이며, 잔금을 청산하기 전에 소유권이전등기를 한 경우에는 소유권 이전등기 접수일을 취득시기로 본다. 다만, 분양받은 아파트가 잔금청산일까지 완성되지 아니한 경우에는 해당 아파트의 완성일(사용승인일을 말하며, 사용승인 전에 사실상 사용하거나 임시사용승인을 얻은 경우에는 그 사실상의 사용일 또는 임시사용승인일 중 빠른 날)이 취득시기가 된다(부동산거래관리-1113, 2010.8.31.). 즉, 아파트가 준공되기 전에 잔금을 지급하는 경우 취득시기는 사용승인서교부일, 사실상의 사용일 또는 임시사용승인일 중 빠른 날이 되며, 준공 후에 잔금을 지급하는 경우 취득시기는 잔금일과 등기접수일 중 빠른 날이 된다. 임시사용승인을 받고 잔금을 청산한 수분양자의 아파트 취득시기도 잔금청산일과 소유권이전등기 접수일 중 빠른 날이 된다(예규 서면2021부동산-602, 2023.5.18.).

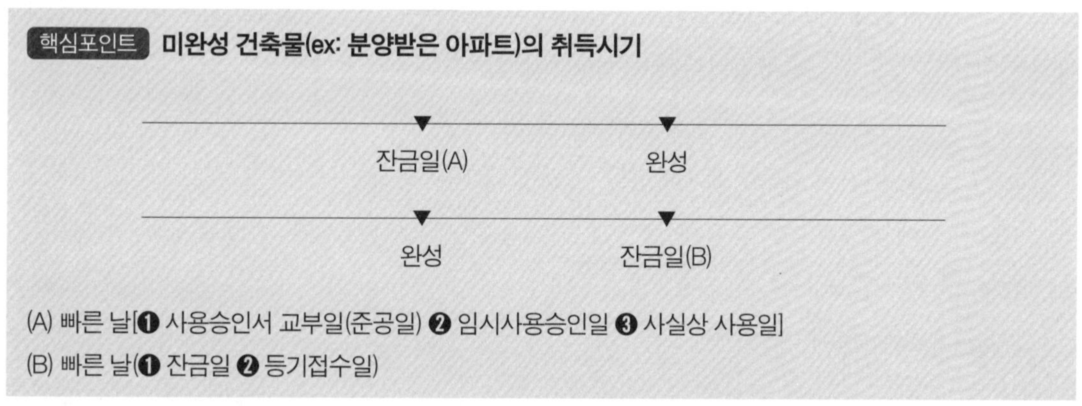

(9) 부동산에 관한 권리의 취득시기

부동산의 분양계약을 체결한 자가 해당 계약에 관한 모든 권리를 양도한 경우에는 그 권리에 대한 취득시기는 해당 부동산을 분양받을 수 있는 권리가 확정되는 날(아파트당첨권은 당첨일)이고 타인으로부터 그 권리를 인수받은(전매) 때에는 전매잔금청산일이 취득시기가 된다(소득세법 기본통칙 98-162…2).

 분양권의 취득시기

① 분양받은 경우 취득시기: 당첨일
② 전매의 경우 양도 또는 취득시기: 전매잔금일

💡 생각정리 노트

위의 내용을 토대로 전매로 취득한 분양권과 분양아파트의 취득시기를 구분해 보면, 전매로 취득한 분양권의 취득시기는 전매잔금일이고, 전매로 취득한 아파트가 완공되고 분양 잔금을 지급한 경우 완공아파트의 취득시기는 분양대금에 대한 잔금일과 소유권이전등기접수일 중 빠른 날이 된다.

3. 의제취득시기

의제취득시기란 앞에서 살펴본 취득시기에 불구하고 다음과 같은 경우에는 법령에서 정하는 취득일을 취득시기로 보는 것을 말한다(소령 제162조 제7항).

① 1984. 12. 31. 이전에 취득한 토지·건물·부동산에 관한 권리

　 1985. 1. 1. 에 취득한 것으로 본다.

② 1985. 12. 31. 이전에 취득한 주식

　 1986. 1. 1. 에 취득한 것으로 본다.

| 참고 | 「부동산소유권이전등기등에 관한 특별조치법」에 따라 취득한 부동산의 취득시기**

「부동산소유권 이전등기 등에 관한 특별조치법」이란 부동산등기법에 따라 등기하여야 할 부동산으로서 소유권보존등기가 되어 있지 아니하거나 등기부의 기재가 실제의 권리관계와 일치하지 않는 부동산을 용이한 절차에 따라 등기할 수 있는 법률을 말한다. 이 법률에 따라 취득하는 부동산의 취득시기는 등기원인에 불구하고 사실상의 취득원인에 따라 앞에서 살펴본 취득시기에 따른다.

이와 관련된 예규를 살펴보면「부동산소유권 이전등기 등에 관한 특별조치법」에 따라 부동산에 대한 소유권이전등기를 하는 경우에는 사실상의 취득 원인에 따라 증여재산은 증여등기접수일, 상속재산은 상속개시일을 취득시기로 하는 것으로서 이에 해당하는지 여부는 사실판단사항이라고 해석하고 있다(서면2015부동산-56, 2015. 3. 26.).

[부동산소유권 이전등기 등에 관한 특별조치법 연혁]

구분	1차 특별조치법	2차 특별조치법	3차 특별조치법	4차 특별조치법
법률	1977.12.31. 법률 제3094호	1992.11.30. 법률 제4502호	2005.5.26. 법률 제7500호	2020.2.4. 법률 제16913호
시행 기간	1977.3.1.~1981.2.28. 1982.4.3.~1984.12.31.	1993.1.1.~1994.12.31.	2006.1.1.~2007.12.31.	2020.8.5.~2022.8.4.
적용 대상	1974.12.31. 이전 매매, 증여, 교환, 상속 부동산	1985.12.31. 이전 매매, 증여, 교환, 상속 부동산	1995.6.30. 이전 매매, 증여, 교환, 상속 부동산	1995.6.30. 이전 매매, 증여, 교환, 상속 부동산

|참고| 비과세·장기보유특별공제·세율 적용 시 보유기간 계산 원칙과 예외

구분	비과세	장기보유특별공제	세율
원칙	양도자의 취득일 ~ 양도일	좌동	좌동
예외(주1)	동일세대 보유기간의 제한을 받지 않는 경우 보유기간의 통산	배우자등 증여에 대한 이월과세	상속 배우자등 증여에 대한 이월과세

(주1) 예외에 대한 구체적인 내용은 해당 주제에서 살펴보기로 한다.

지금까지 양도시기 또는 취득시기에 대한 내용을 일반적인 거래, 특수한 거래, 의제취득일로 구분하여 살펴보았다. 양도차익을 계산한 후 양도소득세의 납부할 세액을 계산하는 두 번째 단계는 양도차익에서 장기보유특별공제액을 차감하여 양도소득금액을 계산하는 것이다. 다음 절에서는 장기보유특별공제액에 대한 내용을 살펴보기로 한다.

제10절 | 장기보유특별공제액

1. 장기보유특별공제의 개요

양도소득세 납부할 세액을 계산하는 두 번째 단계는 양도차익에서 장기보유특별공제액을 차감하여 양도소득금액을 계산하는 것이다.

장기보유특별공제란 3년 이상 장기 보유한 토지·건물에 대한 양도소득금액을 계산할 때 양도차익에서 일정 금액을 공제하는 제도를 말한다.

장기보유특별공제 제도의 취지는 소득세는 원칙적으로 1년 단위의 소득에 초과누진세율을 적용하는 세금인데 양도소득은 다년간 형성된 소득이 일시에 과세되어 과도한 세금 부담이 발생하게 되고, 부동산의 양도차익은 전액 실질소득이라기보다는 물가 상승에 따른 명목소득이 반영되어 있어 이를 완화할 필요성이 있으며, 일정액의 공제를 통하여 부동산의 건전한 투자 및 장기보유를 유도하기 위한 것이다.

양도차익에서 공제하는 장기보유특별공제액은 양도차익에 장기보유특별공제율을 곱하여 계산한다.

2. 공제대상 자산과 보유기간

(1) 공제대상 자산

장기보유특별공제는 토지·건물로서 보유기간이 3년 이상인 것 및 조합원입주권으로서 「도시 및 주거환경정비법」에 따른 관리처분계획인가 및 「빈집 및 소규모주택 정비에 관한 특례법」에 따른 사업시행계획인가 전 토지분 또는 건물분의 양도차에 대해 적용한다.

장기보유특별공제는 원칙적으로 자산별로 적용한다. 다만, 미등기양도자산, 중과대상인 주택, 조합원입주권 중 승계조합원의 입주권에 대해서는 적용하지 않는다(소법 제95조 제2항).

(2) 보유기간

장기보유특별공제율 적용대상 자산의 보유기간은 그 자산의 취득일부터 양도일까지로 한다. 다만, 배우자 등으로부터 증여받은 자산의 이월과세의 경우에는 증여한 배우자 또는 직계존비속이 해당 자산을 취득한 날부터 기산起算한다(소법 제95조 제4항). 보유기간 계산 시 민법에서 정하는 초일불산입의 규정에 불구하고 그 기간의 초일을 산입한다(관련 예규 서면인터넷방문상담4팀-2482, 2006.7.27.).

3. 장기보유특별공제액

양도차익에서 공제하는 장기보유특별공제액은 양도차익에 장기보유특별공제율을 곱하여 계산한다.

> 장기보유특별공제액 = 양도차익 × 장기보유특별공제율

장기보유특별공제액은 양도자산별로 계산한다. 예를 들어 토지와 건물을 함께 양도하는 경우 각각 자산별로 양도차익을 산정할 수 있는 것이며, 장기보유특별공제액도 양도자산별로 계산하여 그 양도차익에서 각각 공제한다(예규 서면4팀-3620, 2007.12.21.). 따라서 토지부분에서는 양도차익이 발생하고 건물부분에서는 양도차손이 발생하는 경우 양도차익이 발생한 토지부분에서는 토지의 양도차익에서 토지의 장기보유특별공제액을 차감하여 토지의 양도소득금액을 계산하고, 건물부분에서는 건물의 양도차손에서 장기보유특별공제액은 없는 것으로 하여 양도차손 전체 금액으로 건물의 양도소득결손금으로 계산한 후, 건물의 양도소득결손금을 토지의 양도소득금액과 통산하여 과세표준을 계산하게 된다. 납세자에게 유리하게 적용되는 해석이다.

4. 장기보유특별공제율

장기보유특별공제율은 [표1]의 공제율과 [표2]의 공제율로 나누어져 있다. 이 책에서는 양도차

익에 적용하는 장기보유특별공제율 중 [표1]을 일반공제율, [표2]를 특례공제율로 구분하여 설명하기로 한다.

토지·건물로서 보유기간이 3년 이상인 것 및 조합원입주권으로서 「도시 및 주거환경정비법」에 따른 관리처분계획인가 및 「빈집 및 소규모주택 정비에 관한 특례법」에 따른 사업시행계획인가 전 토지분 또는 건물분의 양도차익에 해당하면 과세양도차익에 아래 [표1]의 일반공제율을 적용할 수 있다(소법 제95조 제2항 본문). 다만, 1세대 1주택으로서 보유기간 중 거주기간이 2년 이상인 것은 아래 [표2]의 특례공제율을 적용한다(소법 제95조 제2항 단서).

(1) [표1] 일반공제율

일반공제율이란 보유기간이 3년 이상인 토지·건물 및 조합원입주권 양도 시 「도시 및 주거환경정비법」에 따른 관리처분계획인가 및 「빈집 및 소규모주택 정비에 관한 특례법」에 따른 사업시행계획인가 전 토지분 또는 건물분의 양도차익에 대해 적용되는 아래의 [표1]에 따른 보유기간별 공제율을 말한다(소법 제95조 제2항 본문).

일반공제율은 보유기간에 2%를 곱한 율을 말하며, 15년 이상 보유한 경우 30%를 공제율로 한다.

[표1] 일반공제율

보유기간	공제율
3년	6%
4년	8%
5년	10%
6년	12%
7년	14%
8년	16%
9년	18%
10년	20%
11년	22%
12년	24%
13년	26%
14년	28%
15년	30%

(2) [표2] 특례공제율

　[표2]의 특례공제율이란 양도일 현재 국내에 1주택을 보유하고 있는 1세대가 3년 이상의 보유기간 중 거주기간이 2년 이상인 주택을 양도하는 경우 적용하는 장기보유특별공제율을 말한다.

　1세대 1주택에 대해 최대 80%에 이르는 고율의 공제율을 적용하는 취지는 1세대 1주택이 국민의 주거생활 안정에 필수적인 요건임을 감안하여 1세대 1주택의 장기보유자에 대한 양도소득세 부담을 해소하는 데 목적이 있다.

1) 1세대 1주택의 범위

　[표2]의 특례공제율을 적용할 때 1세대 1주택이란 1세대가 양도일(주택 매매계약일 이후 해당 계약에 따라 주택을 주택 외의 용도로 용도변경하여 양도하는 경우에는 매매계약일) 현재 국내에 1주택을 보유하고 보유기간 중 거주기간이 2년 이상인 것을 말한다. 이 경우 1주택에는 소득세법 시행령 제155조(일시적 2주택 등 1세대 1주택의 특례), 제155조의2(장기저당담보주택에 대한 1세대 1주택의 특례), 제156조의2(주택과 조합원입주권을 소유한 경우 1세대 1주택의 특례), 제156조의3(주택과 분양권을 소유한 경우 1세대 1주택의 특례) 및 그 밖의 규정에 따라 1세대 1주택으로 보는 주택을 포함한다. 이 경우 해당 1주택이 공동상속주택인 경우 거주기간은 해당 주택에 거주한 공동상속인 중 그 거주기간이 가장 긴 사람이 거주한 기간으로 판단한다(소령 제159조의4).

2) [표2]의 특례공제율 적용 대상 여부 판정 요건

　위의 세법 내용을 살펴보면 1세대 1주택에 대해 [표2]의 특례공제율을 적용하기 위해서는 해당 주택을 취득할 당시 조정대상지역인지 여부에 상관없이 보유기간 중 거주기간이 2년 이상이 되어야 한다. 다만, 상생임대주택 요건을 충족한 경우에는 거주기간 요건을 면제하여 [표2]의 특례공제율을 적용할 수 있다. 상생임대주택 요건에 대해서는 제2장에서 살펴보기로 한다.

　1세대 1주택에 대해 장기보유특별공제율을 [표1]의 일반공제율을 적용할 것인지 [표2]의 특례공제율을 적용할 것인지 여부를 판단하기 위한 기준이 거주기간 요건이다. 이 경우 보유기간 및 거주기간을 계산할 때 양도일 전후로 동일세대인 경우 동일세대원의 보유기간 및 거주기간을 통산할 수 있다. 하지만 양도차익에 적용하는 공제율 선택 시 보유기간 및 거주기간은 양도자의 보유기간 및 거주기간만으로 계산한다. 이에 대한 내용은 생각지도에서 다시 구체적으로 설명하기로 한다.

3) 양도차익에 적용하는 공제율

[표2]의 특례공제율 적용 요건을 충족한 경우 적용하는 공제율은 보유기간에 4%를 곱한 율(10년 이상 보유한 경우 40% 공제율)과 거주기간에 4%를 곱한 율(10년 이상 거주한 경우 40% 공제율)을 합산한 공제율을 말한다(소법 제95조 제2항). 다시 말해 1세대 1주택(이에 딸린 토지를 포함한다)에 해당하는 자산의 경우 장기보유특별공제액은 그 자산의 과세양도차익에 아래의 [표2]에 따른 보유기간별 공제율과 거주기간별 공제율을 합산한 공제율을 곱하여 계산한 금액으로 한다. 10년 이상 보유 및 거주한 경우에는 과세양도차익에 80%를 곱하여 계산한 금액을 장기보유특별공제액으로 한다.

[표2] 특례공제율

보유기간	공제율	거주기간	공제율
		2년	8%
3년	12%	3년	12%
4년	16%	4년	16%
5년	20%	5년	20%
6년	24%	6년	24%
7년	28%	7년	28%
8년	32%	8년	32%
9년	36%	9년	36%
10년	40%	10년	40%

① 보유기간의 계산

장기보유특별공제율을 적용함에 있어 보유기간은 그 자산의 취득일부터 양도일까지로 한다. 다만, 배우자 등으로부터 증여받은 자산의 이월과세를 적용하는 경우에는 증여한 배우자 또는 직계존비속이 해당 자산을 취득한 날부터 기산起算한다(소법 제95조 제4항).

취득유형		기준일
상속받은 부동산		상속개시일
증여받은 부동산		증여등기일
도시 및 주거환경정비법에 따른 재개발재건축	원조합원	종전 주택을 취득한 날
	승계조합원	신축완성주택의 취득시기(사용승인서교부일 등)
재산분할 부동산		이혼 전 배우자의 취득한 날
이월과세 대상 부동산		당초 증여자가 취득한 날
부당행위계산 대상 부동산		당초 증여자가 취득한 날
가업상속공제 적용 대상 자산		당초 피상속인이 취득한 날

② 거주기간의 계산

[표2]의 특례공제율을 적용할 때 거주기간은 주민등록 전입일부터 전출일까지로 한다. 다만, 이 기간이 실제 거주한 기간과 다른 경우 실제 거주한 기간으로 계산할 수 있다.

4) 주택이 아닌 건물을 주택으로 용도변경한 경우

주택이 아닌 건물을 사실상 주거용으로 사용하거나 공부상의 용도를 주택으로 변경하는 경우로서 그 자산이 1세대 1주택(이에 딸린 토지를 포함한다)에 해당하는 자산인 경우 장기보유특별공제액은 그 자산의 양도차익에 아래의 ①에 따른 보유기간별 공제율을 곱하여 계산한 금액과 ②에 따른 거주기간별 공제율을 곱하여 계산한 금액을 합산한 것을 말한다.

주택으로 보유한 기간은 해당 자산을 사실상 주거용으로 사용한 날부터 기산한다. 사실상 주거용으로 사용한 날이 분명하지 아니한 경우에는 그 자산의 공부상 용도를 주택으로 변경한 날부터 기산한다(소법 제95조 제5항).

① 보유기간별 공제율

주택이 아닌 건물로 보유한 기간에 해당하는 [표1]에 따른 보유기간별 공제율
+ 주택으로 보유한 기간에 해당하는 [표2]에 따른 보유기간별 공제율

다만, 위의 계산식에 따라 계산한 공제율이 40%보다 큰 경우에는 40%로 한다.

② 거주기간별 공제율

핵심포인트 **장기보유특별공제**

■ 일반공제율 [표1]
❶ 토지 · 건물
❷ 보유기간 3년 이상
❸ 공제율: 보유기간 × 2%(15년 30% 한도)

■ 1세대 1주택 특례공제율 [표2]
❶ 토지 · 건물
❷ 보유기간 3년 이상
❸ 거주기간 2년 이상
❹ 공제율: 거주기간 × 4%(10년 40% 한도) + 보유기간 × 4%(10년 40% 한도)

| 참고 | **고가주택 및 재개발 · 재건축사업 또는 소규모재건축사업등의 장기보유특별공제**

고가주택 및 재개발 · 재건축사업 또는 소규모재건축사업등의 장기보유특별공제액 계산은 일반적인 경우와 조금 다르게 계산한다. 고가주택의 경우는 제3장에서, 재개발 · 재건축사업 또는 소규모재건축사업등의 조합원입주권 및 완성주택의 경우는 제4장에서 살펴보기로 한다.

---

5. 장기보유특별공제 관련 생각지도

아래에서는 장기보유특별공제와 관련된 내용을 예규 및 판례를 통하여 조금 더 살펴보기로 한다.

(1) 부득이한 사유로 거주하지 못한 경우 거주기간 계산

장기보유특별공제의 거주기간별 공제액 계산 시 거주자가 취학, 질병의 요양, 근무상 또는 사업상의 형편, 학교폭력으로 전학 등 부득이한 사유로 본래의 주소 또는 거소에서 일시 퇴거한 경우 나머지 세대원이 양도대상 주택에 거주한 기간을 거주기간에 포함할 수 있다. 또한 동일세대가 공동 소유 주택에서 공동소유자 1인만 거주한 경우에도 적용한다. 예를 들어 부부가 공동 소유로 취득한 주택에서 배우자가 근무상 형편 등 부득이한 사유로 인해 양도하는 주택에 거주하지 못한 경우에는 나머지 세대원이 거주한 기간을 해당 1세대가 거주한 것으로 거주기간을 산정한다(예규 사전법령해석재산2020-1054, 2020. 12. 7.). 부득이한 사유에 사업상 형편은 포함(예규 기획재정부 재산세제과-942, 2022. 8. 10.)되지만 경제적 형편은 포함하지 않으며(판례 부산지방법원2023구합-20998, 2023. 8. 18., 예규 기획재정부재산-942, 2022. 8. 10.), 부득이한 사유로 세대 전부가 거주하지 못한 기간은 공제대상 거주기간에 포함하지 않는다(예규 서면2022부동산-1685, 2022. 4. 14.).

(2) 동일세대원으로부터 상속 또는 증여받은 경우

1) 동일세대원으로부터 상속받은 경우

① [표2]의 특례공제율 적용대상 여부 판정 시 보유기간 및 거주기간의 통산 여부

동일세대원으로부터 상속받은 1세대 1주택(고가주택)의 장기보유특별공제 적용 시 [표2]의 적용대상 여부를 판정함에 있어 보유기간 및 거주기간을 통산하는지가 쟁점이 될 수 있다.

이와 관련된 예규의 사실관계를 살펴보면 2006. 3. 16. 갑의 배우자가 아파트를 취득하여 2006. 4. 20. 갑과 갑의 배우자가 해당 아파트에 전입하여 거주를 시작하였는데, 2011. 5. 5. 갑의 배우자가 사망하여 동일세대원인 갑이 해당 아파트를 상속받았다. 그 후 갑은 2011. 8. 21.까지 거주하고 이후는 보유만 하였다.

거주기간은 상속개시(2011.5.5.) 전 5년 15일, 상속개시 후 3월 17일, 통산 5년 4월 2일이다. 2020.7.31. 일시적 2주택 상태에서 해당 아파트(고가주택)를 양도하였다.

위와 같은 상황에서 갑은 동일세대원으로부터 상속받은 1세대 1주택(고가주택)의 장기보유특별공제 적용 시 소득세법 제95조 제2항 [표2]의 적용대상 여부를 판정함에 있어, 피상속인인 갑의 배우자와 상속인 갑이 동일세대원으로서 보유 및 거주한 기간을 통산할 수 있는지 여부를 질의하였다.

이에 대한 회신 내용을 살펴보면, 소득세법 시행령 제159조의4에 따른 보유기간 중 거주기간 2년 이상 해당 여부를 판정함에 있어, 피상속인과 상속인이 동일세대원으로서 보유 및 거주한 기간은 통산한다고 해석하고 있다(기획재정부 재산세제과-720, 2021.8.10.).

② [표2]의 특례공제율 적용 시 보유기간 및 거주기간의 통산 여부

동일세대원으로부터 상속받은 주택의 장기보유특별공제 [표2] 적용 시, 상속개시 전 상속인과 피상속인이 동일세대로서 보유 및 거주한 기간은 상속개시 이후 상속인이 보유 및 거주한 기간과 통산할 수 없다(예규 사전2022법규재산-32, 2023.1.17., 2023년 국세청 세법해석사례집 양도소득세 분야 14번). 이와 관련된 판례에서도 상속받은 주택으로 소득세법 제95조 제2항의 장기보유특별공제를 적용함에 있어 보유기간은 그 취득일인 상속개시일부터 양도일까지가 된다고 판단하고 있다(조심2015서-876, 2015.4.15.).

앞의 예규 사례를 살펴보면 동일세대원으로서, [표2]의 특례공제율 적용대상인지 여부 판단 시 보유기간 및 거주기간을 통산하여 보유기간은 3년 이상, 거주기간은 2년 이상이므로 [표2]의 특례공제율 적용대상이 가능하지만, 장기보유특별공제액을 계산하기 위해 양도차익에 곱하는 공제율 결정 시 보유기간은 상속개시일인 2011.5.5.부터 양도일인 2020.7.31.까지 계산하고, 거주기간은 상속개시일인 2011.5.5.부터 양도일인 2020.7.31.까지 보유기간 중 실제 거주기간으로 계산한다. 따라서 [표2]의 특례공제율 적용 시 보유기간은 9년에 해당하여 36%의 공제율 적용하며, 거주기간은 3개월 17일에 해당하여 2년 미만이므로 0%의 공제율을 적용하여 과세양도차익에 적용할 장기보유특별공제율은 합계 36%(36% + 0%)가 되어야 할 것으로 판단된다.

2) 동일세대원으로부터 증여받은 경우

양도일 전후로 동일세대인 배우자로부터 증여받은 주택에 대한 장기보유특별공제 적용 시 보유기간 및 거주기간 계산은 다음의 2단계로 나누어 볼 수 있다(예규 사전법규재산2025-506, 2025.6.25.).

① 장기보유특별공제율 [표2] 적용여부 판단 시 동일세대원으로서 보유하고 거주한 기간을 통산한다.

② 장기보유특별공제율 적용 시 보유기간·거주기간은 증여자의 보유기간·거주기간을 통산하지 않는다. 즉, 증여등기접수일부터 양도일까지의 보유기간에 해당 공제율을 적용한다.

💡 생각정리 노트

장기보유공제율 [표2]의 규정을 적용할 때 동일세대로부터 상속 또는 증여받은 경우 [표2]의 특례공제율 적용대상이 되는지 여부를 판정하는 경우 동일세대원은 보유기간 및 거주기간을 통산한다. 이렇게 판단하여 [표2]의 특례공제율 적용대상이 되는 경우 장기보유특별공제액을 계산하기 위해 공제율을 결정할 때 적용되는 보유기간 및 거주기간은 통산하지 않고 상속받은 경우는 상속개시일, 증여받은 경우는 증여등기접수일부터 보유기간 및 거주기간을 계산한다.

(3) 임의재건축한 주택과 장기보유특별공제

단독주택(A주택)을 취득하여 해당 주택에 거주하다 멸실한 후 임의재건축하였으나, 완공된 주택(B주택)에서는 거주하지 않고 완공된 주택(B주택)을 양도하는 경우 장기보유특별공제는 어떻게 적용해야 할까? 아래에서 그 내용을 살펴보기로 한다.

1) [표2]의 특례공제율 적용 대상인지 여부 판단

위 사례와 관련된 예규를 살펴보면 소득세법 시행령 제159조의4에 따른 1세대 1주택의 거주기간을 산정할 때, 노후 등으로 인하여 멸실되어 임의로 주택을 재건축한 경우 그 멸실된 주택에 거주한 기간을 통산하여 계산한다고 해석하고 있다(기획재정부 재산세제과-1007, 2022.9.5.).

2) 장기보유특별공제율의 결정

① 신축한 주택

1세대가 양도일 현재 국내에 1주택을 소유하고 있는 경우로서 그 주택이 기존주택을 멸실하고 신축한 주택에 해당하는 경우 장기보유특별공제율 적용을 위한 보유기간은 신축한 주택의 사용승인서 교부일부터 계산한다(집행기준 95-159의4-1). 따라서 신축한 주택 건물의 보유기간은 종전주택의 보유기간과 통산하지 않는다.

이와 관련된 예규에서도 1세대가 양도일 현재 국내에 1주택을 소유하고 있는 경우로서 기존주택을 멸실하고 임의재건축한 주택을 양도함에 있어, 해당 주택 중 건물부분의 양도차익에 대하여 소득세법 제95조 제2항의 [표2]에서 정하는 공제율 계산 시, 보유기간 및 거주기간은 멸실 전 주택의 보유기간 및 거주기간을 통산하지 않고 신규주택 취득일인 주택(건물)의 사용승인서 교부일(사용승인서 교부일 전에 사실상 사용하거나 임시사용승인을 받은 경우에는 그 사실상의 사용일 또는 임시사용승인일 중 빠른 날)부터 기산한다고 해석하고 있다(서면2021법규재산-2385, 2023.6.28.).

② 주택부수토지

노후 등으로 인하여 종전주택을 멸실하고 재건축한 주택으로서 고가주택을 양도하는 경우, 해당 고가주택의 부수토지에 대한 장기보유특별공제액을 계산할 때 소득세법 제95조 제2항 [표2]에 따른 공제율은 종전주택의 부수토지였던 기간을 포함한 보유기간별 공제율을 적용한다(예규 기획재정부 재산세제과-34, 2017.01.16.). 또한 관련 판례에서도 종전주택을 멸실하고 신축한 경우 1세대 1주택 부수토지의 장기보유특별공제액 산정 시 종전주택 보유기간을 통산한다고 판단하고 있다(대법원2014두-36921, 2015.4.23.).

(4) 1세대 1주택의 부수토지와 건물의 보유기간이 다른 경우

예를 들어 토지를 5년 보유한 후 주택을 신축하여 3년 보유·거주하다 양도하는 경우 토지와 건물의 보유기간이 다르게 된다. 토지의 보유기간은 8년이며, 건물의 보유기간은 3년이 된다. 이때 토지·건물에 대하여 장기보유특별공제율을 어떻게 적용해야 할까?

이와 관련된 판례를 살펴보면 건물의 장기보유특별공제는 3년의 보유기간에 [표2]의 공제율을 적용하고, 토지는 주택부수토지로서 보유기간에 해당하는 3년의 보유기간에 [표2]의 공제율을 적용한 금액과 일반토지로서 보유기간에 해당하는 8년의 보유기간에 [표1]의 공제율을 적용한 금액 중 큰 금액으로 한다고 판단하고 있다(심사양도2021-24, 2021.6.9.).

(5) 용도변경과 장기보유특별공제

1) 주택에서 주택이 아닌 건물로 용도변경한 경우

① 1주택 보유자가 주택을 근린생활시설로 용도변경한 경우

1주택자인 상태에서 그 주택을 근린생활시설로 용도변경하고 이후에 양도하는 경우 그 건물의 취득일부터 양도일까지 보유기간에 따른 [표1]의 공제율을 적용한다(예규 사전2021법령해석재산-971, 2021.8.31.).

② 중과대상 주택을 근린생활시설로 용도변경한 경우

1세대가 조정대상지역에 2주택을 보유한 상태에서 양도소득세가 중과되는 1주택을 근린생활시설로 용도변경하여 사용하다 이를 양도하는 경우, 장기보유특별공제액을 계산함에 있어 보유기간은 근린생활시설로 용도변경한 날을 기산일로 하여 계산한다(예규 사전2022법규재산-881, 2022.12.28.).

③ 중과대상주택을 중과유예기간 중 근린생활시설로 용도변경하여 양도하는 경우

중과세율적용대상 주택으로서 보유기간이 2년 이상인 주택을 2026년 5월 9일까지(중과유예기간) 양도하는 경우 그 해당 주택은 중과대상에 해당하지 않고 장기보유특별공제를 적용한다. 이에 해당하는 주택을 근린생활시설로 용도변경하여 양도하는 경우는 용도변경일 당시 장기보유특별공제가 적용되는 주택을 근린생활시설로 용도변경한 경우에 해당하므로 장기보유특별공제율 적용을 위한 보유기간 기산일은 그 건물 및 토지의 취득일로 한다(서면2024법규재산-393, 2024.8.14.).

2) 주택에서 상가로 용도변경하여 사용하다 다시 주택으로 용도변경한 경우

장기보유특별공제액을 계산함에 있어 주택을 용도변경하여 음식점으로 사용하다가 다시 주택으로 용도변경하여 주택으로 사용하는 중 양도 시 주택의 보유기간은 해당 건물의 취득일부터 양도일까지의 기간 중 주택으로 사용한 기간을 통산한다(예규 재산세과-2591, 2008.9.2.).

3) 다세대주택에서 다가구주택으로 용도변경한 경우

장기보유특별공제액을 계산함에 있어 다가구주택을 가구별로 분양하지 아니하고 하나의 매매단위로 하여 양도하는 경우로서 양도일 현재 그 다가구주택만을 소유하고 있는 경우 이를 단독주택으로 보아 제95조 제2항 [표2]의 장기보유특별공제액을 적용한다. 이 경우 다세대주택을 다가구주택으로 용도변경한 후 양도하는 때에는 다가구주택으로 용도변경한 날부터 양도일까지의 보유기간을 계산하여 [표2]의 보유기간별 공제율을 적용한다(예규 재산세과-1412, 2009.7.10.).

|참고| 장기보유특별공제 요건과 1세대 1주택 비과세 요건의 비교

장기보유특별공제 [표2]의 특례공제율을 적용하기 위해서는 보유기간이 3년 이상이고 보유기간 중 거주기간이 2년 이상이어야 한다. 그런데 이와 유사한 규정이 1세대 1주택 비과세 요건(보유기간 2년 이상, 2017.8.2. 이후 조정대상지역에서 취득한 주택의 경우 거주기간 2년 이상)에도 있어서 혼동하는 경우가 발생할 수 있다. 장기보유특별공제 요건은 소득세법 제95조 제4항과 소득세법 시행령 제159조의4에서 규정하고 있고, 1세대 1주택 비과세 요건은 소득세법 제89조 및 소득세법 시행령 제154조에서 규정하고 있다. 따라서 각각 다른 법령의 규정이므로 요건도 각각으로 판단하여 적용하여야 한다.

구분	장기보유특별공제	1세대 1주택 비과세
적용대상자산	토지, 건물, 조합원입주권으로서 관리처분계획인가일 전 토지·건물	주택, 조합원입주권
보유기간	3년 이상	2년 이상
거주기간	2년 이상	취득당시 조정대상지역인 경우 2년 이상
근거 법령	소법 제95조 제4항, 소령 제159조의4	소법 제89조, 소령 제154조

◇　　　◇　　　◇

지금까지는 양도소득세의 납부할 세액 계산구조의 2단계인 양도소득금액 계산 시 양도차익에서 공제하는 장기보유특별공제에 대한 내용을 살펴보았다. 일반적인 경우 양도소득금액은 양도자의 실제 양도가액에서 실제 지출한 필요경비를 공제한 양도차익에서 장기보유특별공제액을 공제하여 계산한다. 하지만 특수하게 양도소득금액을 계산하는 경우가 있다. 제11절에서는 배우자 등으로부터 증여받은 자산의 이월과세에 대한 내용을 살펴보고, 제12절에서는 부당행위계산 부인 규정에 대해 다루기로 한다.

<table><tr><td>제11절</td><td>배우자 등으로부터 증여받은
자산의 이월과세</td></tr></table>

1. 이월과세의 개념

이월과세란 배우자(양도 당시 혼인관계가 소멸된 경우를 포함하되, 사망으로 혼인관계가 소멸된 경우는 제외한다) 또는 직계존비속(양도 당시 사망한 경우는 제외한다)으로부터 증여받은 토지·건물, 부동산을 취득할 수 있는 권리, 시설물이용권, 주식(2025.1.1. 이후 증여분)을 증여받은 날로부터 10년(주식은 1년 이내) 이내 양도하여 양도차익을 계산하는 경우 취득가액 등을 증여한 배우자 또는 직계존비속의 취득가액 등으로 하는 필요경비계산의 특례규정을 말한다(소법 제97조의2 제1항).

배우자 등으로부터 증여받은 자산에 대한 이월과세 규정은 증여자가 직접 양도하는 경우 발생하는 고액의 양도차익에 대한 세부담을 회피하기 위하여 먼저 배우자에게 증여(배우자 증여재산공제 6억원)하여 증여받은 배우자의 취득가액을 높인 후 양도하는 것을 방지하기 위한 취지로 신설되었으며, 직계존비속으로부터 증여받는 경우까지 확대하였다.

(1) 적용대상 가족의 범위

이월과세가 적용되는 가족의 범위는 배우자 및 직계존비속을 말한다. 배우자인 경우 증여받을 당시 혼인관계가 있었던 경우에는 양도 당시 혼인관계가 소멸된 경우에도 해당 규정을 적용한다. 즉, 양도 당시 이혼한 경우에도 해당 규정을 적용한다. 다만, 사망으로 혼인관계가 소멸된 경우에는 적용하지 않는다. 직계존비속의 경우에도 양도 당시 사망한 경우에는 적용하지 않는다.

이월과세가 적용되는 가족의 범위에 손자, 손녀는 포함되지만 사위나 며느리는 포함되지 않는다.

(2) 적용대상 자산의 범위

이월과세 적용대상 자산은 토지·건물, 부동산을 취득할 수 있는 권리, 시설물이용권, 주식(주식은 2025.1.1. 이후 증여분)을 말한다.

(3) 적용기간

수증자가 증여받은 날로부터 10년 이내에 증여받은 부동산 등을 양도하는 경우에 적용한다. 10년의 연수는 등기부에 기재된 소유기간에 따른다. 이 규정은 양도소득세 회피를 방지하고 조세형평을 제고하기 위하여 2023.1.1. 이후 증여분부터 이월과세 기간을 5년에서 10년으로 확대하였다. 다만, 경과부칙을 살펴보면 이 법 시행 전에 증여받은 자산을 시행 이후 양도하는 경우 개정규정에도 불구하고 종전의 규정에 따른다고 규정하고 있다(소득세법부칙 법률 제19196호 제18조, 2022.12.31.). 따라서 2022년 12월 31일 이전에 배우자 등으로부터 증여받은 자산은 해당 기간을 5년으로 적용한다. 다만, 2025.1.1. 이후 증여받은 주식의 경우는 증여받은 날로부터 1년 이내 양도하는 경우 적용한다.

(4) 이월과세 적용 시 필요경비의 범위 및 보유기간

1) 필요경비의 범위

이월과세 규정이 적용되는 경우 취득가액은 증여자의 취득당시 취득가액(매입가격 + 매입부대비용)으로 하고, 기타필요경비는 증여자가 지출한 자본적지출액 및 수증자가 지출한 자본적지출액, 양도비, 증여세로 한다. 다만, 수증자가 증여 취득당시 지출한 취득세·등록세, 법무사 수수료 등은 필요경비에 포함하지 않는다. 즉, 증여가 없었다고 가정하고 증여자가 취득하여 수증자가 양도할 때까지 지출한 필요경비를 공제한다는 것이다.

2) 보유기간

이월과세 규정이 적용되는 경우 장기보유특별공제 및 세율 적용을 위한 보유기간은 증여자가 해당 자산을 취득한 날부터 기산한다(소법 제95조 제4항, 소법 제104조 제2항).

(5) 이월과세 규정 적용이 배제되는 사유

다음 중 어느 하나에 해당하는 경우에는 이월과세 규정을 적용하지 아니한다(소법 제97조의2 제2항).

1) 사업인정고시일부터 소급하여 2년 이전에 증여받은 경우로서 「공익사업을 위한 토지 등의 취득 및 보상에 관한 법률」이나 그 밖의 법률에 따라 협의매수 또는 수용된 경우

2) 이월과세 규정을 적용할 경우 비과세 주택의 양도에 해당하게 되는 경우

이월과세 규정을 적용하는 경우 오히려 보유기간이 길어져 1세대 1주택 비과세요건을 충족하게 되는 경우가 발생할 수 있다. 이를 보완하기 위해 2014년 소득세법 제97조의2를 개정하여 이월과세 규정을 적용하는 경우 보유기간이 길어져 1세대 1주택 비과세 요건을 충족하게 되는 경우에는 이월과세 적용을 배제하도록 하였다(소법 제97조의2 제2항 제2호).

소득세법 제97조의2 제2항 제2호는 이월과세 규정의 적용으로 보유기간이 길어져 1세대 1주택 비과세 요건을 충족하게 되는 경우 이월과세 적용을 배제하도록 하는 규정이다. 다시 말해 이월과세를 통하여 비로소 1세대 1주택 비과세를 적용받게 되는 경우 이를 배제하여 비과세 규정을 적용하지 않도록 하는 규정이다.

3) 이월과세 규정을 적용하여 계산한 양도소득 결정세액이 이월과세 규정을 적용하지 아니하고 계산한 양도소득 결정세액보다 적은 경우

이월과세 규정을 적용하여 계산한 양도소득세 결정세액과 이월과세 규정을 적용하지 않고 일반적인 방법으로 계산한 양도소득세 결정세액을 비교하여 이월과세 규정을 적용하여 계산한 양도소득세 결정세액이 이월과세 규정을 적용하지 않고 계산한 양도소득세 결정세액보다 적은 경우 이월과세 규정을 적용하지 않는다. 이를 비교과세라 한다. 즉, 양도소득세 결정세액이 많은 방법으로 과세하겠다는 규정이다.

[비교과세 계산구조]

구분	이월과세 적용	이월과세 미적용
양도가액	양도 당시 실지거래가액	양도 당시 실지거래가액
(-) 필요경비	① 취득가액 ·증여자의 매입가격 + 매입부대비용 ② 자본적지출액 ·증여자가 지출한 자본적지출액 ·수증자가 지출한 자본적지출액 ③ 기타필요경비 ·수증자가 지출한 양도비, 증여세	① 취득가액 ·수증자의 증여재산가액 + 매입부대비용 ② 자본적지출액 ·수증자가 지출한 자본적지출액 ③ 기타필요경비 ·수증자가 지출한 양도비
(=) 양도차익	·양도가액 - 필요경비	·양도가액 - 필요경비
(-) 장기보유특별공제액	·보유기간: 증여자 취득일 ~ 양도일	·보유기간: 수증자 취득일 ~ 양도일
(=) 양도소득금액	·양도차익 - 장기보유특별공제액	·양도차익 - 장기보유특별공제액
(-) 기본공제	·250만원	·250만원
(=) 과세표준	·양도소득금액 - 기본공제	·양도소득금액 - 기본공제
(×) 세율	·보유기간: 증여자 취득일 ~ 양도일	·보유기간: 수증자 취득일 ~ 양도일
(=) 산출세액	·과세표준 × 세율	·과세표준 × 세율
(-) 세액공제·감면	·조특법 세액공제·감면	·조특법 세액공제·감면
(=) 결정세액	·산출세액 - 세액공제·감면	·산출세액 - 세액공제·감면

2. 이월과세 관련 생각지도

아래에서는 배우자 등으로부터 증여받은 자산의 이월과세에 대한 내용을 예규 및 판례를 통하여 조금 더 살펴보기로 한다.

(1) 1세대 1주택 비과세 규정과 이월과세

배우자 등으로부터 증여받은 주택을 증여받은 날로부터 10년 이내 양도하는 경우 1세대 1주택 비과세 규정에 대한 내용을 동일세대로부터 증여받은 경우, 별도세대로부터 증여받은 경우, 배우자와 이혼한 경우로 나누어 살펴보기로 한다.

1) 동일세대로부터 증여받은 경우

① 배우자로부터 증여받은 경우

소득세법 제89조 제1항 제3호에 따른 1세대 1주택에 해당하는 주택을 배우자로부터 증여받아 양도하는 경우에는 같은 법 제97조의2 제2항 제2호를 적용하지 아니하는 것이며, 신규주택 취득 후 3년 이내에 종전주택을 양도하는 경우에는 이를 1세대 1주택으로 보아 같은 법 시행령 제154조 제1항(1세대 1주택 비과세 규정)을 적용한다(서면2015부동산-603, 2015.6.4.). 즉, 일시적 2주택 비과세 특례규정이 적용된다.

② 직계존비속으로부터 증여받은 경우

증여받은 주택의 1세대 1주택 비과세 판정 시 동일세대원으로부터 증여받은 주택을 양도하는 경우에는 증여자와 수증자의 보유기간을 통산하는 것이나, 양도일 현재 증여자와 수증자가 동일세대원이 아닌 경우에는 증여받은 날부터 보유기간을 산정한다(재산-1176, 2009.6.15., 서면부동산2016-5213, 2016.12.30.).

💡 생각정리 노트

1세대 1주택 비과세 요건으로서 보유 및 거주요건은 1세대를 단위로 보아야 하고, 1세대를 구성하는 세대원 간에 증여 등을 원인으로 하여 그 주택의 소유권자가 다르게 되었다고 하더라도 그 양도 전후를 통하여 1세대를 구성하는 이상 소유권자별로 별도로 볼 것은 아니므로 동일세대로서 보유한 기간을 통산하는 것이 타당하다(판례 대법 94누15530, 1995.7.14., 예규 사전2017법령해석재산-279, 2018.9.10.). 따라서 양도일 현재에도 동일세대로서 동일세대로부터 주택을 증여받아 양도하는 경우 1세대 1주택 비과세 요건 중 보유기간 판단 시 수증자 기준으로 보유기간 요건을 충족하지 못한 경우라 하더라도 증여자의 보유기간과 수증자의 보유기간을 통산하여 보유기간 요건을 충족한 경우에는 1세대 1주택 비과세 규정을 적용한다(예규 서면부동산2016-5213, 2016.12.30.). 즉, 이월과세가 아니라 동일세대의 보유기간 통산으로 비과세요건을 충족한 경우에는 1세대 1주택 비과세 규정을 적용한다. 해당 주택이 고가주택인 경우에는 이월과세배제 규정에 해당하지 않으므로 이월과세를 적용하여 계산한 양도소득 결정세액이 이월과세를 적용하지 아니하고 계산한 양도소득 결정세액보다 적은 경우(비교과세)에는 이월과세를 적용하지 아니하여 양도소득세를 계산한다(예규 사전2016법령해석재산-374, 2016.11.15.).

2) 별도세대로부터 증여받은 경우

별도세대인 거주자가 직계존속으로부터 1주택을 증여받은 날부터 5년(현재는 10년) 이내 양도한 주택이 1세대 1주택 비과세 요건을 충족한 경우에는 소득세법 제101조(양도소득의 부당행위계산)가 적용된다. 다만, 해당 주택의 양도소득이 거주자에게 실질적으로 귀속된 때에는 그러하지아니한다(예규 서면부동산2016-4262, 2016.8.24., 부동산거래관리과-911, 2011.10.26.). 즉, 별도세대로서 주택을 증여받은 후 10년 이내 양도한다고 하더라도 수증자가 증여받은 후 1세대 1주택 비과세 요건을 충족하고 양도소득이 실질적으로 수증자에게 귀속되는 경우에는 1세대 1주택 비과세 규정을 적용할 수 있다. 이월과세 규정은 양도소득세가 과세되는 경우 적용되는 규정이기 때문이다.

3) 배우자와 이혼한 경우

증여받을 당시 혼인관계가 있었던 경우에는 양도 당시 혼인관계가 소멸된 경우 즉, 이혼한 경우에도 이월과세 규정을 적용한다. 증여일 현재 1세대 1주택에 해당하는 주택을 배우자로부터 증여받아 이혼 후 양도하는 경우에는 소득세법 제97조의2 제2항 제2호를 적용하지 않는다(예규 서면2016부동산-4434, 2016.8.23., 서면법령해석재산2016-3313, 2016.7.14.). 다시 말해 이월과세를 배제하는 규정은 이월과세 적용을 통해 비로소 1세대 1주택을 적용받게 되는 경우 이를 배제하도록 하는 규정으로 주택을 증여할 당시 1세대 1주택 요건을 충족하였기 때문에 이월과세 적용을 통해 새롭게 1세대 1주택을 적용받게 되는 것이 아니므로, 배우자로부터 증여받을 당시 이미 1세대 1주택 요건을 충족한 경우에는 소득세법 제97조의2 제2항 제2호를 적용하지 않고 1세대 1주택 비과세 요건을 적용할 수 있다(국세청 해석사례집 검토내용).

(2) 부담부증여로 취득한 부동산의 양도와 이월과세

부담부증여로 취득한 자산 중 양도로 보는 부분은 배우자 이월과세 규정이 적용되지 아니하는 것이며, 양도로 보는 부분의 취득가액은 상증법상 평가한 가액이 된다(예규 서면5팀-57, 2006.10.30.). 즉, 인수한 채무액에 대해서는 이월과세 규정이 적용되지 않고, 증여재산 평가액에서 인수한 채무액을 공제한 금액에 대해서만 이월과세 규정이 적용된다.

(3) 조합원입주권 또는 분양권의 증여받은 날

부동산을 취득할 수 있는 권리인 조합원입주권이나 분양권을 증여받은 날로부터 10년 이내 양도하는 경우 이월과세 규정이 적용된다. 그러면 조합원입주권이나 분양권을 증여받은 날이란 언제일까?

이와 관련된 예규 및 판례를 살펴보면 분양권을 증여로 취득한 경우의 취득시기는 권리의무승계일(분양계약서상의 명의변경일)이 된다고 해석하고 있으며(서일46014-11293, 2003.9.16.), 입주권에 대한 조합원의 지위는 수증자가 조합원명의 변경절차를 마침으로써 그 지위를 확보하는 것이므로 명의변경 신고일(권리의무승계일, 분양계약서상의 명의변경일)에 입주권을 증여받았다고 보아야 한다고 판결하고 있다(대법2008두-7472, 2008.8.21.),

지금까지 양도소득세의 납부할 세액을 계산하는 두 번째 단계인 양도소득금액을 특수하게 계산하는 배우자 등 증여에 대한 이월과세 규정에 대해 살펴보았다. 배우자나 직계존비속은 특수관계인에 해당한다. 특수관계인 간 증여 또는 매매 등으로 부동산 거래를 하는 경우 양도소득세에서는 부당행위계산 부인 규정이라는 것을 두고 있다. 다음 절에서는 이에 대한 내용을 살펴보기로 한다.

<h1>제12절 | 양도소득의 부당행위계산 부인</h1>

1. 부당행위계산 부인의 개념

부당행위계산 부인이란 납세지 관할 세무서장 또는 지방국세청장이 양도소득이 있는 거주자의 행위 또는 계산이 그 거주자의 특수관계인과 거래로 인하여 그 소득에 대한 조세 부담을 부당하게 감소시킨 것으로 인정되는 경우는 그 거주자의 행위 또는 계산과 관계없이 해당 과세기간의 소득금액을 세법에 따라 계산할 수 있도록 한 규정을 말한다(소법 제101조).

2. 부당행위계산 부인이 적용되는 양도소득세 규정

(1) 우회양도에 따른 부당행위계산 부인

거주자가 특수관계인(배우자 등 증여에 대한 이월과세 규정을 적용받는 배우자 및 직계존비속의 경우는 제외한다)에게 자산을 증여한 후 그 자산을 증여받은 자가 그 증여일부터 10년 이내에 다시 타인에게 양도한 경우로서 아래의 ①에 따른 세액이 ②에 따른 세액보다 적은 경우에는 증여자가 그 자산을 직접 양도한 것으로 본다. 다만, 양도소득이 해당 수증자에게 실질적으로 귀속된 경우에는 그러하지 아니하다(소법 제101조 제2항).

① 증여받은 자의 증여세와 양도소득세를 합한 세액
② 증여자가 직접 양도하는 경우로 보아 계산한 양도소득세

위 규정에 따라 증여자에게 양도소득세가 과세되는 경우에 당초 증여받은 자산에 대해서는 「상속세 및 증여세법」의 규정에도 불구하고 증여세를 부과하지 않는다.

(2) 부동산의 저가양도

부당행위계산 부인 유형 중에서 저가양도란 특수관계인과의 거래에 있어서 부동산을 시가에 미달하게 양도함으로써 조세의 부담을 부당히 감소시킨 것으로 인정되는 때에는 그 양도가액을 시가에 의하여 계산하는 것을 말한다(소령 제167조 제4항). 다만, 시가와 거래가액의 차액이 3억원 이상이거나 시가의 5%에 상당하는 금액 이상인 경우로 한정한다(소령 제167조 제3항).

$$(시가 - 거래가액) \geq Min(① \ 3억원 \ ② \ 시가의 \ 5\%)$$

1) 특수관계인과의 거래
거래행위 당시 해당 거주자와 특수관계가 있는 자여야 한다. 따라서 특수관계가 소멸된 후의 거래에 대해서는 이 규정을 적용할 수 없다. 거주자와 특수관계에 있는 자의 거래가 부당행위에 해당하는지 여부는 거래 당시, 즉 양도가액을 확정 지을 수 있는 시점인 매매계약일을 기준으로 판단한다.

2) 조세의 부담을 부당하게 감소시킨 것으로 인정되는 경우
부당행위계산 부인 규정이 적용되기 위해서는 특수관계인과의 거래로 조세의 부담을 부당하게 감소시킨 것으로 인정되는 경우에 해당되어야 한다. 조세의 부담을 부당하게 감소시킨 것으로 인정되는 경우란 특수관계인에게 시가보다 낮은 가격으로 자산을 양도(저가양도)한 때로서 시가와 거래가액의 차액이 3억원 이상이거나 시가의 5%에 상당하는 금액 이상인 경우를 말한다.

① 시가의 범위
시가는 「상속세 및 증여세법」의 재산평가 규정을 준용하여 평가한 가액에 따른다. 이 경우 평가기준일 전후 6개월(증여재산의 경우에는 평가기준일 전 6개월부터 평가기준일 후 3개월) 이내의 기간은 양도일 또는 취득일 전후 각 3개월의 기간으로 본다(소령 제167조 제5항).

「상속세 및 증여세법」의 재산평가 방법 중 시가로 인정할 수 있는 범위에는 해당 재산의 매매가액, 감정가액 등이 있으며, 해당 재산의 매매가액, 감정가액 등이 없는 경우에는 해당 재산과 유사한 재산의 매매사례가액을 시가로 볼 수 있다. 이러한 시가에 해당하는 가액이 없는 경우 해당 재산의 기준시가를 보충적으로 사용할 수 있다. 「상속세 및 증여세법」의 재산평가 규정은 제10장에서 살펴보기로 한다.

② 조세의 부담을 부당하게 감소시킨 것으로 인정되는 경우 사례

특수관계인에게 부동산을 시가보다 저가로 양도하는 경우라도 조세의 부담을 부당하게 감소시킨 것으로 인정되는 경우 거래가액이 아니라 시가를 양도가액으로 한다. 그러면 조세의 부담을 부당하게 감소시킨 경우란 어떤 경우일까?

예를 들어 취득가액이 5억원이고 양도 당시 시가가 10억원인 부ㆍ소유 아파트를 자ㆍ에게 7억원에 양도하는 경우 조세의 부담을 부당하게 감소시킨 것으로 볼 수 있을까?

이에 대한 판단을 하기 위해서는 먼저 시가와 거래가액의 차이를 계산해야 한다. 사례의 경우 3억원(10억원 - 7억원)이다.

그다음 3억원 혹은 시가의 5% 중 적은 금액을 계산해 보아야 한다. 사례의 경우 시가의 5%는 5천만원(10억원 × 5%)이므로 3억원 혹은 시가의 5% 중 적은 금액은 5천만원이다. 이를 기준금액이라 한다.

마지막으로 시가와 거래가액의 차이가 기준금액 이상인지 살펴보아야 한다. 사례의 경우 시가와 거래가액의 차이는 3억원이고 기준금액은 5천만원이므로 시가와 거래가액의 차이가 기준금액 이상이다. 따라서 사례의 경우는 조세의 부담을 부당하게 감소시킨 경우에 해당하여 부당행위계산 부인 규정이 적용된다.

③ 저가양도 시 양도차익 계산

저가양도 거래가 부당행위계산 부인 규정에 해당하는 경우 양도차익 계산 시 양도가액은 거래가액이 아니라 시가로 하여야 한다. 위 사례에서 부의 양도차익을 계산할 때 양도가액을 거래가액인 7억원으로 해야 할까? 아니면 시가인 10억원으로 해야 할까?

위 사례는 저가양도에 해당하여 부당행위계산 부인 규정이 적용된다. 따라서 부의 양도차익 계산시 양도가액은 거래가액 7억원이 아니라 시가에 해당하는 10억원이다. 취득가액은 양도자의 취득당시 실지취득가액 5억원이다. 부의 양도차익은 2억원(7억원 - 5억원)이 아니라 5억원(10억원 - 5억원)이다.

④ 양도소득세의 저가양도와 증여세의 저가양수 규정의 비교

특수관계인 간에 부동산을 시가보다 저가로 양도하는 경우 저가 양도인에게는 소득세법 제101조의 부당행위계산 부인 규정이 적용되고, 저가 양수인에게는 「상속세 및 증여세법」 제35조의 저가양수에 따른 이익의 증여 규정이 적용된다. 양도소득세의 저가양도에 따른 부당행위계산 부인 규정과 증여세의 저가양수에 따른 이익의 증여 규정을 요약정리하면 다음과 같다.

구분	양도소득세 저가양도	증여세 저가양수
시가	상증세법 60조 ~ 66조에 의하여 평가한 가액 (양도일 또는 취득일 전후 3개월)	상증세법 60조 ~ 66조에 의하여 평가한 가액 (증여일 전 6개월~후 3개월)
대가	거래가액	거래가액
차액	시가 - 거래가액	시가 - 거래가액
기준금액	Min(① 3억원 ② 시가 × 5%)	Min(① 3억원 ② 시가 × 30%)
판단기준	차액 ≥ 기준금액	차액 ≥ 기준금액
해당규정	양도가액: 시가(주1)	증여재산가액: (시가 - 대가) - 기준금액
납세의무자	양도자	양수자
관련 법령	소득세법 제101조, 시행령 제167조	상증세법 제35조, 시행령 제26조

(주1) 양도자의 양도가액을 실제 거래한 가액이 아니라 시가로 하여 양도차익을 계산한다.

|참고| 저가 양수자에게 적용되는 취득세 규정

양수자에게는 취득세도 과세된다. 이와 관련된 취득세 규정은 특수관계인 간 부당행위계산 부인 규정(양도소득세의 저가양도 규정과 유사)과 배우자 및 직계존비속 간 현저하게 낮은 가액으로 거래하는 경우 증여간주 규정(증여세의 저가양수 규정과 유사)이 적용된다. 이와 관련된 내용은 제7장에서 살펴보기로 한다.

💡 생각정리 노트

취득가액이 6억원인 부⚥ 소유 아파트를 자⚥에게 7억원에 양도하는 경우 양도소득세의 부당행위계산 부인 규정과 증여세의 저가양수에 따른 이익의 증여 규정을 정리해 보면 다음과 같다. 양도 시 해당 아파트를 감정평가를 받아 감정가액은 12억원인 것으로 한다.

구분	양도소득세 저가양도	증여세 저가양수
시가	12억원	12억원
거래가액	7억원	7억원
차액 (시가-거래가액)	12억원 - 7억원 = 5억원	12억원 - 7억원 = 5억원
기준금액	Min(① 3억원 ② 12억원 × 5%) = 6천만원	Min(① 3억원 ② 12억원 × 30%) = 3억원
판단기준	5억원 〉6천만원 부당행위계산 부인 해당함	5억원 〉3억원 저가양수 해당함
해당규정	양도가액 12억원	증여재산가액 (12억원 - 7억원) - 3억원 = 2억원
납세의무자	부父	자子

위 사례에서 양도소득세의 저가양도에 따른 부당행위계산 부인 규정이 적용됨으로 부父의 양도차익을 계산해보면, 양도가액은 거래가액인 7억원이 아니라 시가에 해당하는 감정가액 12억원이며, 취득가액은 6억원이므로 양도차익은 6억원(12억원 - 6억원)에 해당한다. 그리고 양수자인 자子에게는 증여세의 저가양수에 따른 이익의 증여 규정이 적용되어 증여재산가액은 2억원이 된다.

⑤ 저가양수자의 취득가액

저가양수자가 취득한 부동산을 양도하는 경우 취득가액은 취득 시 거래가액에서 증여재산가액을 가산한 금액으로 한다. 위 생각정리 노트 사례의 경우 저가 양수한 아들이 취득한 아파트를 양도하는 경우 양도차익 계산 시 양도가액에서 공제하는 취득가액은 거래가액인 7억원이 아니라 거래가액에서 증여재산가액을 가산한 금액이 된다. 즉 9억원(7억원 + 2억원)을 취득가액으로 한다.

지금까지 양도소득세의 납부할 세액을 계산하는 두 번째 단계인 양도소득금액 계산구조에 적용되는 양도시기 또는 취득시기, 장기보유특별공제, 특수하게 양도소득금액을 계산하는 배우자 등 증여에 대한 이월과세, 부당행위계산 부인 규정에 대해 살펴보았다. 다음 단계는 양도소득 과세표준을 계산하는 단계와 과세표준에 세율을 적용하여 산출세액을 계산하는 단계이다.

<table><tr><td>제13절</td><td>세율 및 신고 · 납부</td></tr></table>

1. 납부할 세액의 계산

양도소득세의 계산구조에서 양도소득금액을 계산했으면 그다음은 과세표준을 계산하는 단계이다. 과세표준이란 과세대상의 세액을 계산하기 위한 가격, 수량 등으로서 세액 계산의 기준이 되는 것을 말한다. 양도소득세에서 과세표준은 양도소득금액에서 양도소득기본공제 금액인 250만원을 차감하여 계산한다.

> 과세표준 = 양도소득금액 - 기본공제(250만원)

과세표준을 계산했으면 여기에 세율을 적용하여 산출세액을 계산한다. 실무에서는 산출세액을 간단하게 계산하기 위해서 과세표준에 세율을 곱하고 누진공제를 차감하여 계산한다.

> 양도소득 산출세액(속산법) = 과세표준 × 세율 - 누진공제

산출세액에서 공제감면세액을 차감하여 결정세액을 계산한 후 가산세를 더하면 양도소득세 납부할 세액을 구할 수 있다.

2. 양도소득세의 세율

아래에서는 양도소득세의 세율에 대해 살펴보기로 한다. 이때 하나의 자산에 둘 이상의 세율이 적용되는 경우에는 각각의 세율을 적용하여 계산한 양도소득 산출세액 중 큰 것을 그 세액으로 한다(소법 제104조).

(1) 기본세율

  토지·건물, 부동산에 관한 권리 및 기타자산 중 2년 이상 보유한 자산을 양도하는 경우에는 기본세율을 적용한다. 세율 적용 시 보유기간의 계산은 해당 자산의 취득일부터 양도일까지로 한다. 다만, 상속받은 자산은 피상속인이 그 자산을 취득한 날, 배우자 등 이월과세에 해당하는 자산은 증여자가 그 자산을 취득한 날을 그 자산의 취득일로 본다(소법 제104조 2항).

보유기간	과세표준	세율	누진공제
2년 이상	1,400만원 이하	6%	
	1,400만원 초과 5,000만원 이하	15%	1,260,000
	5,000만원 초과 8,800만원 이하	24%	5,760,000
	8,800만원 초과 1억5천만원 이하	35%	15,440,000
	1억5천만원 초과 3억원 이하	38%	19,940,000
	3억원 초과 5억원 이하	40%	25,940,000
	5억원 초과 10억원 이하	42%	35,940,000
	10억원 초과	45%	65,940,000

(2) 중과세율

구분	세율
2주택	기본세율 + 20%(중과유예기간 2022.5.10.~2026.5.9.)
3주택 이상	기본세율 + 30%(중과유예기간 2022.5.10.~2026.5.9.)
비사업용토지	기본세율 + 10%

2009. 3. 16. 부터 2012. 12. 31. 까지 취득한 자산을 양도함으로써 발생하는 소득에 대하여는 제104조 제 1항 제4호부터 제9호까지의 규정에도 불구하고 같은 항 제1호에 따른 세율(그 보유기간이 2년 미만 이면 같은 항 제2호 또는 제3호에 따른 세율)을 적용한다(소득세법부칙 제9270호, 2008. 12. 26., 법률 제11146호, 2012. 1. 1.). 따라서 2009. 3. 16. 부터 2012. 12. 31. 까지 취득한 토지를 양도하는 경우에는 비사업용토지에 적용되는 10% 가산세율을 적용하지 않는다.

또한 다주택자가 2009. 3. 16. 부터 2012. 12. 31. 까지의 기간 중 취득한 주택의 소재지가 추후 「주택법」에 따른 조정대상지역으로 지정된 경우로서, 해당 주택을 2018. 4. 1. 이후 양도하는 경우에는 법률 제9270 호 부칙 제14조 제1항에 따라 소득세법 제104조 제1항 제1호에 따른 세율(기본세율)을 적용한다. 동 해 석은 회신일 이후 결정·경정하는 분부터 적용한다(예규 기획재정부재산-1422, 2023. 12. 26.).

(3) 단기양도세율

구분	보유기간	세율
주택 및 조합원입주권	2년 이상	기본세율
	2년 미만	60%
	1년 미만	70%
주택 및 조합원입주권 외 (분양권 제외)	2년 이상	기본세율
	2년 미만	40%
	1년 미만	50%

(4) 분양권양도세율

1) 주택분양권

분양권이란 「주택법」 등의 법률에 따른 주택에 대한 공급계약을 통하여 주택을 공급받는 자로 선정된 지위(해당 지위를 매매 또는 증여 등의 방법으로 취득한 것을 포함한다)를 말한다. 주택을 공급받는 자로 선정된 지위에 해당하는 주택분양권에 적용되는 세율은 다음과 같다. 보유기간이 2년 이상인 경우에도 기본세율이 적용되지 않는다.

보유기간	세율
1년 이상	60%
1년 미만	70%

2) 업무용시설분양권

오피스텔 등 업무용시설분양권을 양도하는 것은 부동산을 취득할 수 있는 권리로 보아 다음과 같은 세율을 적용한다.

보유기간	세율
2년 이상	기본세율
1년 이상	40%
1년 미만	50%

(5) 미등기양도자산에 적용되는 세율

미등기양도자산이란 양도당시 그 자산의 취득에 관한 등기가 가능한 자산에 해당함에도 이를 취득자의 명의로 이전등기하지 아니한 상태에서 양도한 것을 말한다. 미등기양도자산에 적용되는 세율은 70%로 한다.

1) 미등기양도자산에서 제외되는 자산

다음의 경우에는 미등기 양도자산에 해당하지 않는다(소령 제168조).

① 장기할부조건으로 취득한 자산으로서 그 계약조건에 의하여 양도당시 그 자산의 취득에 관한 등기가 불가능한 자산
② 법률의 규정 또는 법원의 결정에 의하여 양도당시 그 자산의 취득에 관한 등기가 불가능한 자산
③ 비과세 규정에 해당하는 주택으로서 「건축법」에 따른 건축허가를 받지 아니하여 등기가 불가능한 자산

2) 미등기양도자산 관련 생각지도

① 준공된 재개발·재건축아파트를 소유권이전고시 전에 양도하는 경우

미등기양도자산이라 함은 부동산 등을 취득한 자가 그 자산의 취득에 관한 등기를 하지 아니하고 양도하는 것을 말하는 것이나, 법률의 규정 또는 법원의 결정에 의하여 양도 당시 그 자산의 취득에 관한 등기가 불가능한 자산의 경우에는 미등기양도자산으로 보지 않는다(예규 부동산거래관리과-10, 2010.1.5., 소득세 집행기준 91-168-4). 준공된 재개발·재건축아파트는 법률 규정에 따라 소유권이전고시 전에는 등기가 불가능하므로 준공일 후 소유권이전고시 전에 양도하는 경우 미등기양도자산에 해당하지 않는다.

② 신축건물의 사용승인 전에 사실상 사용 중인 건물을 양도하는 경우

신축건물의 준공검사 전에 사실상 사용하거나 가사용승인을 받은 경우에는 그 사실상의 사용일이나 가사용승인일을 해당 건물의 취득시기로 하는 것이며, 해당 건물을 양도한 경우에는 그 자산의 취득에 관한 등기가 불가능한 자산에 해당하여 미등기양도자산으로 보지 않는다(관련 예규 재일46014-1027, 1994.4.15., 소득세 집행기준 91-168-5).

③ 분양받은 아파트를 분양회사 명의로 소유권보존등기 후 잔금일 전에 양도하는 경우

분양받은 아파트는 준공되면 분양회사 명의로 소유권보존등기가 되고 분양대금의 잔금을 지급한 후 소유권이전등기를 한다. 이 경우 분양회사 명의로 소유권보존등기가 된 후 분양대금의 잔금을 지급하기 전에 양도하는 경우 미등기양도자산에 해당하는 것일까?

이와 관련된 예규를 살펴보면 분양회사 명의로 소유권보존등기 된 부동산을 취득시기가 도래하지 않은 상태에서 양도하는 경우에는 부동산을 취득할 수 있는 권리의 양도로 본다고 해석하고 있다(재재산-1415, 2004.10.25.). 또한 판례에서도 분양권에 대한 매매계약이 소유권보존등기 경료 이전이었고, 설령 소유권보존등기가 경료되었다 하더라도 매수인이 분양잔금을 인수하여 납부하기로 특약한 이상, 소유권이전등기가 불가능해 보이므로 미등기양도자산의 양도에 해당하지 않는다고 판단하고 있다(대법원2007두15865, 2007.9.21.).

④ 분양받은 아파트의 소유권보존등기 후 잔금의 일부 미미한 금액만 남긴 후 양도하는 경우

분양권 양도 당시 아파트 사용승인이 있었고 분양회사 명의로 소유권보존등기까지 마쳐진 상태였고, 미납한 분양대금은 전체 분양대금에 비추어 극히 미미하였으며, 계약금과 중도금뿐만 아니라 분양잔금 중 상당 부분까지 이미 지급되어 있어 잔금의 일부만을 완납하면 곧바로 그 취득에 관한 등기를 할 수 있었음에도 불구하고 양도소득세 중과세 적용 등을 회피할 의도로 일부 잔금만을 연체한 상태에서 아파트를 양도한 것이므로, 이때의 양도는 미등기양도자산의 양도에 해당한다(판례 대법원2013두-13563, 2015. 4. 23.).

(6) 지방소득세

양도소득세에 대한 개인지방소득세는 양도소득세 납부할 세액의 10%에 상당하는 세액을 납부하여야 한다.

3. 신고와 납부

(1) 납세지

납세지란 납세자가 양도소득세에 대한 신고·납부, 신청, 불복청구 등을 하는 관할세무서를 정하는 장소를 말한다. 또한 납세지는 정부에서 납세자의 세금을 결정·경정 등의 처분을 하는 기준 장소가 되기도 한다.

거주자의 납세지는 그 주소지로 한다. 양도시점의 주소지와 신고·결정·경정시점에서 주소지가 서로 다를 경우는 신고·결정·경정시점의 주소지를 납세지로 한다.

비거주자의 소득세 납세지는 국내사업장의 소재지로 한다. 다만, 국내사업장이 없는 경우에는 국내원천소득이 발생하는 장소로 한다(소법 제6조 제2항). 즉, 국내사업장이 없는 경우 양도자산 소재지를 납세지로 한다.

양도소득분 지방소득세의 납세지는 양도소득세의 납세의무성립 당시의 소득세법에 따른 납세지라고 규정하고 있다(지방세법 제89조). 양도소득세 예정신고의 경우 납세의무성립시기는 양도일이 속하는 달의 말일이다. 따라서 예정신고하는 양도소득분 지방소득세의 납세지는 양도일이 속하는 달의 말일의 주소지로 한다. 다만, 양도일이 속하는 달의 말일 전에 예정신고하는 경우에는 신고 당시 주소지에 신고할 수 있다.

(2) 신고 · 납부기간

1) 예정신고와 납부

양도소득세 과세대상 자산을 양도한 거주자는 양도일이 속하는 달의 말일로부터 2개월 이내에 신고 · 납부하여야 한다. 다만, 부담부증여의 경우에는 증여일(증여등기접수일)이 속하는 달의 말일로부터 3개월 이내에 신고 · 납부하여야 한다.

2) 확정신고와 납부

매년 1월 1일부터 12월 31일까지 양도소득이 있으면 그다음 해 5월 1일부터 5월 31일까지 주소지 관할 세무서에 양도소득세 확정신고 · 납부를 하여야 한다. 다만, 예정신고를 한 경우에는 확정신고를 하지 않아도 되지만 다음의 경우에는 확정신고를 하여야 한다.

① 2회 이상의 자산을 양도하고 이미 신고한 양도소득금액과 합산하여 신고하지 않은 경우
② 2회 이상의 자산을 양도한 경우로서 산출세액이 달라지는 경우
③ 2회 이상의 자산을 양도하고 양도소득세 비교과세 방식으로 예정신고하지 않은 경우

(3) 양도소득세의 부과제척기간

과세관청에서 세금을 부과할 수 있는 기간을 부과제척기간이라 한다. 양도소득세의 부과제척기간은 양도소득세를 부과할 수 있는 날부터 5년으로 한다. 다만, 양도소득세를 신고하지 아니한 경우에는 7년으로 하고, 사기나 부정행위로 양도소득세를 포탈하거나 환급 · 공제를 받은 경우에는 10년으로 한다(국세기본법 제26조의2).

(4) 가산세

가산세란 세법에서 정하는 의무를 이행하지 않은 경우의 제재를 말한다. 가산세의 종류는 다양하지만 아래에서는 신고불성실가산세와 납부지연가산세에 대해 알아보기로 한다.

1) 신고불성실가산세

① 무신고가산세
무신고 납부세액의 20%(부정무신고는 40%)

② 과소신고가산세
과소신고 납부세액의 10%(부정과소신고는 40%)

2) 납부지연가산세
무납부 또는 과소납부한 세액 × 미납일수 × 0.022%(연 8.03%)

3) 수정신고와 과소신고가산세의 감면
수정신고란 과세표준신고서를 법정기한까지 제출한 자 또는 기한후과세표준신고서를 제출한 자가 그 신고에 과소신고한 내용이 있는 경우에 수정하여 신고하는 것을 말한다(국세기본법 제45조). 일정 기한 내 수정신고하는 경우에는 과소신고가산세를 다음과 같이 감면한다.

수정신고 기한	감면율
1개월 내	90%
3개월 내	75%
6개월 내	50%
1년 내	30%
1년 6개월 내	20%
2년 내	10%

다만, 예정신고기한까지 예정신고를 하였으나 과소신고한 경우로서 확정신고기한까지 그 예정신고한 과세표준을 수정하여 신고한 경우에는 6개월이 경과한 경우에도 50%의 감면율을 적용할 수 있다(국세기본법 제48조 제2항 제3호 다목).

4) 기한후신고와 무신고가산세 감면

기한후신고란 법정신고기한까지 과세표준신고서를 제출하지 아니하고 법정신고기한 이후에 신고서를 제출하는 것을 말한다(국세기본법 제45조의3). 양도소득세의 경우 예정신고를 하지 아니하였다 하더라도 확정신고기한까지 신고하는 경우에는 무신고가산세의 50%를 감면한다(국세기본법 제48조 제2항 제3호 라목).

(5) 분할납부

거주자로서 납부할 세액이 각각 1천만원을 초과하는 자는 그 납부할 세액의 일부를 납부기한이 지난 후 2개월 이내에 분할납부할 수 있다. 분할납부할 세액은 납부할 세액이 2천만원 이하인 때에는 1천만원을 초과하는 금액, 납부할 세액이 2천만원을 초과하는 때에는 그 세액의 50% 이하의 금액으로 한다.

(6) 신고·납부 관련 생각지도

1) 예정신고분에 대한 경정청구 기산점

경정청구란 과세표준신고서를 법정신고기한까지 제출한 자(기한후과세표준신고서를 제출한 자 포함)가 과세표준신고서에 기재된 과세표준 및 세액이 세법에 따라 신고하여야 할 과세표준 및 세액을 초과할 때 또는 결손금액 또는 환급세액이 세법에 따라 신고하여야 할 결손금액 또는 환급세액에 미치지 못할 때에는 최초신고 및 수정신고한 과세표준 및 세액의 결정 또는 경정을 법정신고기한이 지난 후 5년 이내에 관할 세무서장에게 청구하는 제도를 말한다(국세기본법 제45조의2).

위 규정을 살펴보면 경정청구는 법정신고기한이 지난 후 5년 이내에 청구하여야 한다. 양도소득세 신고는 예정신고와 확정신고로 구분되어 있다. 그러면 경정청구기간 5년의 기산점이 되는 법정신고기한은 언제일까? 이와 관련된 예규를 살펴보면 법정신고기한은 양도소득세 과세표준 확정신고기한을 말한다고 해석하고 있다(징세-106, 2014.1.24.).

2) 예정신고 후 확정신고 전 경정청구 가능 여부

양도소득세 예정신고 또는 기한후신고 내용에 경정청구 사유가 발생한 경우 확정신고 전에 경정청구를 할 수 없는 것일까?

이와 관련된 예규를 살펴보면 양도소득 과세표준에 대한 예정신고 후 확정신고기한이 도래하기 전이라도 그 신고내용에 대하여 국세기본법의 규정에 의한 경정 등의 청구를 할 수 있다고 해석하고 있다(서면4팀-109, 2007. 1. 9.).

3) 납부는 하였으나 신고서를 제출하지 않은 경우 신고불성실가산세를 적용하는지 여부

양도소득세 과세표준 확정신고기간 내에 양도소득세는 납부하였더라도 그 신고서를 제출하지 아니한 경우에는 신고불성실가산세가 부과된다(예규 재일46014-451, 1996. 2. 16.).

4) 과세기간과 합산과세

양도소득세는 1월 1일부터 12월 31일까지의 과세기간에 발생한 양도소득에 대해 합산하여 누진세율을 적용한다. 따라서 연도를 달리하여 양도하는 경우 일반적으로 세금이 줄어들 수 있다. 다만, 하나의 단일거래를 형식적으로 2개의 과세기간에 걸쳐 나누어 양도한 경우 거래행위의 실질을 단일거래로 보아 합산하여 양도소득세를 과세할 수 있다.

지금까지 양도소득세 납부할 세액을 계산하는 마지막 단계로서 과세표준 계산과 이에 적용하는 세율, 신고·납부 절차에 관련된 내용을 살펴보았다. 다음 페이지에는 양도소득세 신고시 필요한 실무 서식과 작성 방법을 첨부하기로 한다.

※ 2010. 1. 1. 이후 양도분부터는 양도소득세 예정신고를 하지 않으면 가산세가 부과됩니다.　　　　　(4쪽 중 제1쪽)

관리번호	－

(　　년 귀속)양도소득(국외전출자)과세표준 신고 및 납부계산서
([ ]예정신고, [ ]확정신고, [ ]수정신고, [ ]기한 후 신고)

① 신고인 (양도인)	성명		주민등록번호		내·외국인	[ ]내국인, [ ]외국인	
	전자우편주소		전화번호		거주구분	[ ]거주자, [ ]비거주자	
	주소				거주지국		거주지국코드
					국적		국적코드

② 양수인	성명	주민등록번호	양도자산 소재지	지분	양도인과의 관계

③ 세율구분	코드	양도소득세 합계	국내분 소계	－	－	－	국외분 소계
④ 양도소득금액							
⑤ 기신고·결정·경정된 양도 소득금액 합계							
⑥ 소득감면대상 소득금액							
⑦ 양도소득기본공제							
⑧ 과세표준 (④+⑤-⑥-⑦)							
⑨ 세율							
⑩ 산출세액							
⑪ 감면세액							
⑫ 외국납부세액공제							
⑬ 원천징수세액공제							
⑭ 연금계좌세액공제							
⑮ 전자신고세액공제							
⑯ 가산세	무(과소)신고						
	납부지연						
	기장불성실 등						
	계						
⑰ 기신고·결정·경정세액, 조정공제							
⑱ 납부할 세액 (⑩-⑪-⑫-⑬-⑭-⑮+⑯-⑰)							
⑲ 분납(물납)할 세액							
⑳ 납부세액							
㉑ 환급세액							

농어촌특별세 납부계산서

㉒ 소득세 감면세액	
㉓ 세율	
㉔ 산출세액	
㉕ 수정신고가산세등	
㉖ 기신고·결정·경정세액	
㉗ 납부할 세액	
㉘ 분납할 세액	
㉙ 납부세액	
㉚ 환급세액	

신고인은 「소득세법」 제105조(예정신고)·제110조(확정신고), 「국세기본법」 제45조(수정신고)·제45조의3(기한 후 신고) 및 「농어촌특별세법」 제7조에 따라 신고하며, 위 내용을 충분히 검토하였고 신고인이 알고 있는 사실 그대로를 정확하게 적었음을 확인합니다.

　　　　　　　　　　　　　　　년　　　월　　　일

　　　　　　　신고인　　　　　　　(서명 또는 인)

환급금 계좌신고		세무대리인은 조세전문자격자로서 위 신고서를 성실하고 공정하게 작성하였음을 확인합니다.
		세무대리인　　　　　　(서명 또는 인)
㉛ 금융기관명		
㉜ 계좌번호		**세무서장** 귀하

붙임서류	1. 양도소득금액계산명세서(부표 1, 부표 2, 부표 2의2 중 해당하는 것) 1부 2. 매매계약서(또는 증여계약서) 1부 3. 필요경비에 관한 증빙서류 1부 4. 감면신청서, 세액공제 신청서 및 수용확인서 등 1부 5. 그 밖에 양도소득세 계산에 필요한 서류 1부	접수일 인
담당공무원 확인사항	1. 토지 및 건물등기사항증명서 2. 토지 및 건축물대장 등본	

세무대리인	성명(상호)		사업자등록번호	
	관리번호	생년월일	전화번호	

210mm×297mm[백상지80g/제곱미터 또는 중질지80g/제곱미터]

작 성 방 법

1. 관리번호는 작성자가 적지 않습니다.

2. ① 신고인(양도인)란: 성명란은 외국인이면 영문으로 적되 여권에 기록된 영문성명 전부(full name)를 적습니다. 주민등록번호란은 국내거소신고번호를 부여받은 재외국민 또는 외국국적동포이면 국내거소신고증상의 국내거소신고번호를 적고, 외국인이면 외국인 등록표상의 외국인등록번호를 적으며, 이를 부여받지 않은 경우에는 여권번호를 적습니다. 내·외국인 및 거주구분의 □안에 "√" 표시를 하고, 국제표준화기구(ISO)가 정한 국가별 ISO코드 중 국명 약어 및 국가코드를 참고하여 국적(국적코드)과 거주지국(거주지국코드)을 적습니다.

3. ② 양수인란: 양도물건별로 적되, 양수인이 공동으로 양수한 경우에는 양수인별 지분을 적고, 양수인이 다수인 경우에는 별지로 작성합니다. 양수인이 외국인인 경우 주민등록번호란에는 외국인등록표상의 외국인등록번호를 적으며, 이를 부여받지 않은 경우에는 여권번호를 적습니다.

   ※ 양도인과의 관계 예시: 타인, 배우자, 자, 부모, 형제자매, 조부모, 손자·손녀 등

4. ③ 세율구분란: 주식의 경우에는 주식양도소득금액계산명세서(별지 제84호서식 부표 2)의 ④ 주식등 종류코드란의 세율이 같은 자산(기타자산 주식은 제외합니다)을 합산하여 적습니다.

5. ④ 양도소득금액란: 양도소득금액 계산명세서(별지 제84호서식 부표 1)의 ⑱ 양도소득금액 합계액을 적습니다.

6. ⑥ 소득감면대상 소득금액란: 양도소득세액의 감면을 「소득세법」 제90조제2항(소득금액 차감방식)을 적용하여 계산하는 경우 양도자산의 감면소득금액을 적습니다.

7. ⑦ 양도소득기본공제란: 해당 연도 중 먼저 양도하는 자산의 양도소득금액에서부터 차례대로 공제하며, 미등기양도자산은 공제하지 않습니다(부동산 등, 파생상품, 신탁수익권은 각각 연 250만원을 공제하며, 주식은 '20.1. 1. 이후 양도분부터 국내·국외주식 양도소득금액 통산액에서 연 250만원을 공제합니다).

8. ⑩ 산출세액란: 해당 과세기간에「소득세법」제94조제1항제1호·제2호 및 제4호에 따른 자산을 둘 이상 양도하는 경우 양도소득 산출세액은 아래 '가'와 '나' 중 큰 금액이 계산되는 경우의 산출세액을 적습니다.

   가. 해당 과세기간의 양도소득과세표준 합계액에 대하여 「소득세법」 제55조제1항에 따른 세율을 적용하여 계산한 양도소득 산출세액에서 양도소득세 감면액을 차감한 금액

   나. 「소득세법」 제104조제1항부터 제4항까지 및 제7항에 따라 계산한 자산별 양도소득 산출세액 합계액에서 양도소득세 감면액을 차감한 금액

9. ⑪ 감면세액란 및 ⑫ 외국납부세액공제란: 해당 신고분까지 누계금액을 적습니다.

   ※ ⑪ 감면세액란은 「소득세법」 제90조제1항(세액감면방식)에 따라 계산한 세액을 적습니다.

10. ⑬ 원천징수세액공제란: 비거주자의 양도소득에 대하여 양수인이 원천징수한 세액을 적습니다.

11. ⑭ 연금계좌세액공제란: 「조세특례제한법 시행령」 제99조의13에 따른 요건을 충족한 납세자가 연금계좌에 납입한 부동산 양도금액의 10%를 적습니다.

12. ⑮ 전자신고세액공제란: 납세자가 직접 「국세기본법」 제5조의2에 따른 전자신고의 방법으로 신고를 하는 경우 「조세특례제한법」 제104조의8제1항에 따른 전자신고 세액공제 금액(20,000원)을 적되, 공제세액이 ⑩란의 세액에서 ⑪란부터 ⑭란까지의 세액을 뺀 후의 세액을 초과할 때에는 그 초과하는 세액은 공제되지 않습니다. 다만, 세무대리인이 대리신고한 경우에는 기재하지 않습니다.

13. ⑯ 가산세란: 산출세액에 기한 내 신고·납부 불이행에 따른 무(과소)신고(일반무신고 20%, 부당무신고 40%, 일반과소신고 10%, 부당과소신고 40%)·납부지연[1일 3/10,000(2019. 2. 12. 이후 1일 2.5/10,000, 2022. 2. 15. 이후 1일 2.2/10,000)]·기장불성실 등 가산세[감정가액 또는 환산취득가액 적용에 따른 가산세(감정가액 또는 취득가액의 5%), 국외전출자 국내주식등의 보유현황 미신고 가산세(주식 등의 액면금액 또는 출자가액의 2%)는 기장불성실 등 가산세란에 기재] 금액을 적습니다.

14. ⑰ 기신고·결정·경정세액, 조정공제란: 기신고세액(누계금액으로서 납부할 세액을 포함합니다), 무신고결정·경정 결정된 경우 총결정세액(누계금액을 말합니다)을 적고, 국외전출세의 경우에는 국외전출 후 양도에 따른 조정공제세액을 적습니다.

15. ⑱ 납부할 세액란부터 ㉑ 환급세액란까지: 계산 결과 신고·납부(또는 환급)할 세액 등을 적습니다.

16. 환급금 계좌신고(㉛·㉜)란: 송금받을 본인 예금계좌의 금융기관명과 계좌번호를 적습니다.

17. 관리번호란: 「세무사법」 제6조 또는 제20조의2에 따라 세무사등록부 또는 세무대리업무등록부에 등록 시 부여받은 관리번호를 적습니다. 다만, 2025년 12월 31일까지는 관리번호를 적지 않고 생년월일란에 생년월일을 적습니다.

18. 생년월일란: 관리번호가 없는 경우에만 세무대리인(세무대리인이 법인인 경우에는 이 신고업무를 담당하는 소속 세무사 등)의 생년월일을 적습니다.

210mm×297mm[백상지80g/제곱미터 또는 중질지80g/제곱미터]

관리번호	-

※ 관리번호는 적지 마십시오.

양도소득금액 계산명세서

□ 양도자산 및 거래일

① 세 율 구 분 (코 드)		합 계	(-)	(-)	(-)
② 소재지국	소 재 지				
	부동산고유번호		- -	- -	- -
③ 자 산 종 류 (코 드)			( )	( )	( )
거 래 일 (거래원인)	④ 양도일(원인)		( )	( )	( )
	⑤ 취득일(원인)		( )	( )	( )
거래자산 면적(제곱미터)	⑥ 총면적 (양도지분) 토 지		(/)	(/)	(/)
	건 물		(/)	(/)	(/)
	⑦ 양도면적 토 지				
	건 물				
	⑧ 취득면적 토 지				
	건 물				
1세대1주택 비과세대상	⑨ 보 유 기 간		년 이상 년 미만	년 이상 년 미만	년 이상 년 미만
	⑩ 거 주 기 간		년 이상 년 미만	년 이상 년 미만	년 이상 년 미만

□ 양도소득금액 계산

거래금액	⑪ 양 도 가 액				
	⑫ 취 득 가 액				
	취 득 가 액 종 류				
⑬ 기 납 부 토지초과이득세					
⑭ 기 타 필 요 경 비					
양도차익	전 체 양 도 차 익				
	비 과 세 양 도 차 익				
	⑮과세대상양도차익				
⑯ 장 기 보 유 특 별 공 제(코드)			( )	( )	( )
⑰ 장기보유특별공제적용대상거주기간			년 이상 년 미만	년 이상 년 미만	년 이상 년 미만
⑱ 양 도 소 득 금 액					
감면소득 금 액	⑲ 세 액 감 면 대 상				
	⑳소득금액감면대상				
㉑ 감 면 종 류	감 면 율				

□ 기준시가 (기준시가 신고 또는 취득가액을 환산취득가액으로 신고하는 경우에만 적습니다)

양 도 시 기 준 시 가	㉒ 건 물				
	㉓ 토 지				
	합 계				
취 득 시 기 준 시 가	㉔ 건 물				
	㉕ 토 지				
	합 계				

작 성 방 법

1. ① 세율구분란: 다음의 구분에 따라 적습니다. 하나의 자산에 둘 이상의 세율(단일세율, 누진세율)이 해당될 경우 해당 세율을 적용하여 계산한 양도소득 산출세액 중 큰 것(양도소득세 감면액이 있는 경우 해당 감면세액을 차감한 세액이 더 큰 경우의 산출세액)을 적용합니다. 다만, 하단 ( )내 세율은 '21.1.1. 이후 양도분부터 적용합니다.

[소재지]

소재지구분	코드
국내	1
국외	2

[토지·건물 / 비사업용토지] (세율구분)

구분	세율	코드
토지·건물 2년이상보유	6~42%(45%)	10
토지·건물 1년이상2년미만보유 (a)	40%	15
토지·건물 1년이상2년미만보유 (b)	6~42%(45%)	10
토지·건물 1년미만보유	50%	20
1년미만 보유주택 및 조합원입주권(~'21.5.31.양도분) (a)	40%	40
1년미만 보유주택 및 조합원입주권(~'21.5.31.양도분) (b)	6~42%(45%)	10
미등기	70%	30
비사업용토지 2년이상보유 (a)	16~52%(55%)	11
비사업용토지 2년이상보유 (b)	40%	35
비사업용토지 1년이상2년미만보유 (a)	16~52%(55%)	11
비사업용토지 1년이상2년미만보유 (b)	50%	36
비사업용토지 1년미만보유	16~52%(55%)	11
비사업용토지 지정지역내 2년이상보유 (a)	26~62%(65%)	31
비사업용토지 지정지역내 2년이상보유 (b)	40%	37
비사업용토지 지정지역내 1년이상2년미만보유 (a)	26~62%(65%)	31
비사업용토지 지정지역내 1년이상2년미만보유 (b)	50%	38
비사업용토지 지정지역내 1년미만보유	26~62%	31
'09.3.16~'12.12.31. 취득하여 양도분(2년이상보유)	6~42%(45%)	10

[토지·건물 / 부동산에 관한 권리 / 기타자산] (세율구분)

구분	세율	코드
다주택(~'18.3.31.양도분) 지정지역내 1세대3주택 1년이상보유	16~52%	71
다주택(~'18.3.31.양도분) 지정지역내 1세대3주택 1년미만보유 (a)	40%	73
다주택(~'18.3.31.양도분) 지정지역내 1세대3주택 1년미만보유 (b)	16~52%	71
다주택('18.4.1.~'21.5.31.양도분) 조정대상지역내 1세대2주택 1년이상보유	16~52%(55%)	51
다주택('18.4.1.~'21.5.31.양도분) 조정대상지역내 1세대2주택 1년미만보유 (a)	40%	53
다주택('18.4.1.~'21.5.31.양도분) 조정대상지역내 1세대2주택 1년미만보유 (b)	16~52%(55%)	51
1세대가 주택과 조합원입주권('21.1.1. 이후 분양권 포함)의 합이 2인 경우 해당 주택 1년이상보유	16~52%(55%)	52
1세대가 주택과 조합원입주권('21.1.1. 이후 분양권 포함)의 합이 2인 경우 해당 주택 1년미만보유 (a)	40%	54
1세대가 주택과 조합원입주권('21.1.1. 이후 분양권 포함)의 합이 2인 경우 해당 주택 1년미만보유 (b)	16~52%(55%)	52
조정대상지역내 1세대3주택 1년이상보유	26~62%(65%)	55
조정대상지역내 1세대3주택 1년미만보유 (a)	40%	57
조정대상지역내 1세대3주택 1년미만보유 (b)	26~62%(65%)	55
1세대가 주택과 조합원입주권('21.1.1. 이후 분양권 포함)의 합이 3이상인 경우 해당 주택 1년이상보유	26~62%(65%)	56
1세대가 주택과 조합원입주권('21.1.1. 이후 분양권 포함)의 합이 3이상인 경우 해당 주택 1년미만보유 (a)	40%	58
1세대가 주택과 조합원입주권('21.1.1. 이후 분양권 포함)의 합이 3이상인 경우 해당 주택 1년미만보유 (b)	26~62%(65%)	56
부동산에 관한 권리 2년이상보유	6~42%(45%)	10
부동산에 관한 권리 1년이상2년미만보유 (a)	40%	15
부동산에 관한 권리 1년이상2년미만보유 (b)	6~42%(45%)	10
부동산에 관한 권리 1년미만보유	50%	20
조정대상지역내 분양권(~'21.5.31.양도분)	50%	21
기타자산 비사업용토지 과다보유 법인주식	16~52%(55%)	11
기타자산 그 외 기타자산	6~42%(45%)	10

[토지·건물·부동산에 관한 권리('21.6.1. 이후 양도분)] (세율구분)

구분	세율	코드
다주택 조정대상지역내 1세대2주택 2년이상보유	26~65%	47
다주택 조정대상지역내 1세대2주택 2년미만보유 (a)	60%	82
다주택 조정대상지역내 1세대2주택 2년미만보유 (b)	26~65%	47
다주택 조정대상지역내 1세대2주택 1년미만보유	70%	84
1세대가 1주택과 조합원입주권 또는 분양권을 1개 보유한 경우 해당주택 2년이상보유	26~65%	48
1세대가 1주택과 조합원입주권 또는 분양권을 1개 보유한 경우 해당주택 2년미만보유 (a)	60%	83
1세대가 1주택과 조합원입주권 또는 분양권을 1개 보유한 경우 해당주택 2년미만보유 (b)	26~65%	48
1세대가 1주택과 조합원입주권 또는 분양권을 1개 보유한 경우 해당주택 1년미만보유	70%	85
1세대3주택 이상 2년이상보유	36~75%	49
1세대3주택 이상 2년미만보유 (a)	60%	86
1세대3주택 이상 2년미만보유 (b)	36~75%	49
1세대3주택 이상 1년미만보유 (a)	70%	88
1세대3주택 이상 1년미만보유 (b)	36~75%	49
1세대가 주택과 조합원입주권 또는 분양권('21.1.1. 이후 취득)을 보유한 경우로서 그 수의 합이 3 이상인 경우 해당 주택 2년이상보유	36~75%	50
1세대가 주택과 조합원입주권 또는 분양권('21.1.1. 이후 취득)을 보유한 경우로서 그 수의 합이 3 이상인 경우 해당 주택 2년미만보유 (a)	60%	87
1세대가 주택과 조합원입주권 또는 분양권('21.1.1. 이후 취득)을 보유한 경우로서 그 수의 합이 3 이상인 경우 해당 주택 2년미만보유 (b)	36~75%	50
1세대가 주택과 조합원입주권 또는 분양권('21.1.1. 이후 취득)을 보유한 경우로서 그 수의 합이 3 이상인 경우 해당 주택 1년미만보유 (a)	70%	89
1세대가 주택과 조합원입주권 또는 분양권('21.1.1. 이후 취득)을 보유한 경우로서 그 수의 합이 3 이상인 경우 해당 주택 1년미만보유 (b)	36~75%	50
2년미만 1년이상 보유주택 및 조합원입주권	60%	39
1년미만 보유주택 및 조합원입주권, 분양권	70%	46
1년 이상 보유 분양권	60%	23
신탁 수익권	20~25%	95

2. ② 소재지국의 부동산고유번호란: 양도자산이 토지 또는 건물인 경우에는 해당 등기사항전부증명서의 오른쪽 상단에 기재된 고유번호 14자리 숫자(0000-0000-000000)를 적습니다.

3. ③ 자산종류란: 다음의 자산종류 및 코드를 적습니다.

자산종류	토지·건물				부동산에 관한 권리						기타자산					신탁 수익권
	토지	고가주택	일반주택	기타건물	지상권	전세권	등기된 부동산임차권	부동산을 취득 할 수 있는 권리			특정주식	영업권	시설물 이용권	이축권	부동산 과다보유법인주식	
								조합원입주권	분양권	기타						
코드	1	2	3	4	5	6	7	24	25	8	14	15	16	23	17	26

작 성 방 법

4. ④,⑤ 양도·취득원인: 매매, 수용, 협의매수, 교환, 공매, 경매, 부담부증여(양도에 해당), 상속, 증여, 신축, 분양, 기타 등을 적습니다.

5. ⑥ 총면적란: 양도자산의 전체면적을 적고, 양도지분을 별도로 적습니다.

6. ⑦ 양도면적란: ⑥ 총면적 × 양도지분으로 산정한 면적을 적습니다.

7. ⑨ 보유기간란: 「소득세법」 제95조제4항에 따른 보유기간을 적습니다.

8. ⑩ 거주기간란: ⑨란의 보유기간 중 거주한 기간을 적습니다.

9. ⑫ 취득가액란: 아래와 같이 적습니다(상속·증여받은 자산은 상속개시일 및 증여일 현재의 나, 다, 기준시가 중 확인되는 가액을 적습니다).

  가. 실지거래가액으로 하는 경우: 취득에 실제 든 가액(별지 제84호서식 부표 3의 ⑤번란의 금액)

  나. 매매사례가액에 의하는 경우: 취득일 전후 3개월 이내의 매매사례가액을 적음

  다. 감정가액에 의하는 경우: 취득일 전후 3개월 이내의 감정평가법인등의 감정가액 2개 이상의 평균가액을 적음

  ('20.2.11. 이후 양도분부터 기준시가 10억원 이하 부동산의 경우 하나의 감정평가법인등의 감정가액도 인정)

  ※ 감정평가법인등: 「감정평가 및 감정평가사에 관한 법률」 제2조제4호에 따른 감정평가법인등을 의미합니다.

  라. 환산취득가액에 의하는 경우: 양도가액(⑨번) × [취득시기준시가(⑳+㉑)/양도시기준시가(⑱+⑲)]로 환산한 가액을 적음

  ※ 취득가액 종류란: 실지거래가액, 매매사례가액, 감정가액, 환산취득가액, 기준시가로 구분하여 적으며, 국외자산의 경우 실지거래가액, 해당정부평가액, 매매사례가액, 감정가액으로 구분하여 원화환산금액을 적습니다.

10. ⑬ 기납부토지초과이득세란: 해당 양도토지에 대하여 기납부한 토지초과이득세가 있는 경우 기납부한 토지초과이득세액을 적습니다.

11. ⑭ 기타 필요경비란: 취득당시 가액을 실가에 의하는 경우에는 자본적지출액 등(별지 제84호서식 부표 3의 ⑬란의 금액)을 적고, 취득당시 가액을 매매사례가액·감정가액·환산취득가액 또는 기준시가에 의하는 경우에는 「소득세법 시행령」 제163조제6항을 참조하여 적습니다.

12. ⑯ 장기보유특별공제(코드)란: 토지·건물의 ⑬양도차익에 다음의 보유 및 거주기간에 따른 공제율을 곱하여 계산하며, 국외자산은 해당되지 않습니다. ※ (코드)는 아래 표의 코드를 참조하여 적습니다.

구분	코드	내 용
1세대1주택	01	'21.1.1. 이후 양도분부터는 3년 이상 보유 12%부터 매년 4%씩 추가 공제하며 10년 이상은 40%한도로 공제하고, 3년 이상 거주 12%(다만 보유기간 3년 이상자 중 2년 이상 거주는 8%)부터 매년 4%씩 추가 공제하며 10년 이상은 40%한도로 공제 (「소득세법」 제95조제2항 표2) '20.12.31.까지 양도분은 3년 이상 보유 24%부터 매년 8%씩 추가 공제하며 10년 이상은 80%한도로 공제
1세대1주택 외	02	'19.1.1. 이후 양도분부터는 3년 이상 보유 6%부터 매년 2%씩 추가 공제하며 15년 이상은 30%한도로 공제(「소득세법」 제95조제2항 표1) '18.12.31.까지 양도분은 3년 이상 보유 10%, 4년 이상 보유 12%부터 매년 3%씩 추가공제하며 10년 이상은 30%한도로 공제
장기보유특별공제 적용배제	03	보유·거주기간 미충족 또는 미등기 양도자산, 중과대상 다주택 등에 해당되어 장기보유특별공제가 배제되는 경우
장기일반 민간임대주택 (「조특법」 97조의3)	04	10년 이상 계속 임대한 후 양도하는 경우 임대기간 중 발생한 소득의 70% 공제(8년 이상은 50%)
장기임대주택 (「조특법」 97조의4)	05	6년 이상 임대한 후 양도하는 경우 「소득세법」 제95조제2항 표1의 공제율에 임대기간 6년 이상 2%, 7년 이상 4%, 8년 이상 6%, 9년 이상 8%, 10년 이상 10%를 추가공제
지방미분양주택 취득 (「조특법」 98조의2)	06	'08.11.3.~'10.12.31.중 취득한 지방미분양 주택을 '08.12.26. 이후 양도할 경우 「소득세법」 제95조제2항 표2에 따른 공제율을 곱하여 계산한 금액을 공제

※ 「조특법」은 「조세특례제한법」을 의미합니다.

13. ⑰ 장기보유특별공제적용대상거주기간란: 「소득세법」 제95조제2항 표2의 장기보유 특별공제율이 적용되는 1세대1주택('21.1.1. 이후 양도분)은 해당 주택에 거주한 기간을 적습니다(전체 거주기간으로 ⑩의 거주기간과 다를 수 있습니다).

14. ⑲ 세액감면대상란: 양도소득세액의 감면을 「소득세법」 제90조제1항(세액감면방식)을 적용하여 계산하는 경우 양도자산의 감면소득금액을 적습니다.

15. ⑳ 소득금액감면대상란: 양도소득세액의 감면을 「소득세법」 제90조제2항(소득금액 차감방식)을 적용하여 계산하는 경우 양도자산의 감면소득금액을 적습니다.

16. ㉑ 감면종류 및 감면율란: 양도소득세 감면규정 및 감면율을 적습니다(감면신청서는 별도로 작성하여 제출해야 합니다).

17. ㉒ 건물란: 다음의 구분에 따라 양도 당시 금액을 적습니다.

  가. 일반건물: 국세청장이 고시한 금액(건물 제곱미터당 가액)에 건물면적(전용+공용)을 곱하여 계산한 금액

  나. 상업용·오피스텔: 국세청장이 고시한 금액(토지+건물)에 건물면적(전용+공용)을 곱하여 계산한 금액

  다. 개별·공동주택: 국토교통부장관이 고시한 금액(토지+건물)

18. ㉓ 토지란: 양도 시 개별공시지가에 면적을 곱하여 계산한 금액을 적습니다.

19. ㉔ 건물란: ㉒건물란의 작성방법에 따라 취득당시 금액을 적습니다(최초 고시일 전에 취득한 경우에는 최초 고시금액을 취득 시로 환산한 가액).

20. ㉕ 토지란: 취득 시 개별공시지가에 면적을 곱하여 계산한 금액을 적습니다(취득일이 '90.8.29. 이전인 경우에는 '90.1.1. 기준 개별공시지가를 토지등급에 의해 취득 시로 환산한 가액).

210mm×297mm[백상지80g/제곱미터 또는 중질지80g/제곱미터]

취득가액 및 필요경비계산 상세 명세서(1)

구 분			구분코드	거래상대방		지급일	지급금액	증빙종류(코드)
				상호	사업자등록번호			
취득가액	① 타인으로부터 매입한 자산	매 입 가 액	111					
		취 득 세	112					
		등 록 세	113					
		기타부대비용 / 법무사비용	114					
		기타부대비용 / 취득중개수수료	115					
		기타부대비용 / 기 타	116					
		소 계						
	② 자기가 제조·생산·건설한 자산		120					
			120					
	③ 가산항목	취득시 쟁송비 / 변호사비용	131					
		취득시 쟁송비 / 기 타 비 용	132					
		매 수 자 부 담 양 도 소 득 세	133					
		기 타	134					
		소 계						
	④ 차감항목	감 가 상 각 비	141					
	⑤ 계 (①+③-④ 또는 ②+③-④)							
기타필요경비	자본적지출액 등	⑥ 자본적지출액 / 용도변경·개량·이용편의를 위한지출	260					
		엘리베이터 냉난방설치	260					
		피 난 시 설 등 설 치	260					
		재해등으로인한자산의원상복구	260					
		개 발 부 담 금 재 건 축 부 담 금	261					
		자 산 가 치 증 가 등 수 선 비	260					
		기 타	260					
		소 계						
		⑦ 취득 후 쟁송비용 / 변 호 사 비 용	271					
		기 타 소 송, 화 해 비 용	272					
		⑧ 기타비용 / 수 익 자 부 담 금	281					
		토 지 장 애 철 거 비	280					
		도 로 시 설 비 등	280					
		사 방 사 업 소 요 비 용	280					
		기 타	280					
		소 계						
		⑨ 계 (⑥+⑦+⑧)							
	양도비 등	⑩ 양도 시 중개수수료등 직접 지출비용	290					
		⑪ 국민주택채권 및 토지개발채권 매각차손 등 기타경비	291					
		⑫ 계 (⑩+⑪)							
		⑬ 기타 필요경비 계 (⑨+⑫)							

210mm×297mm[백상지 80g/㎡ 또는 중질지 80g/㎡]

(음영표시란은 적으실 필요가 없습니다)

1. 증빙종류 코드

증빙종류	현금영수증	신용카드 영수증	세금계산서	계산서	계약서	기타
코드	01	02	03	04	05	10

2. ① 타인으로부터 매입한 자산란: 기타부대비용은 취득 시 지출한 법무사비용, 중개수수료 등을 적습니다.

3. ② 자기가 제조·생산·건설한 자산란: 원재료비, 노무비, 하역비, 보험료, 수수료, 공과금(취득세·등록세를 포함합니다), 설치비, 기타부대비용을 합하여 적습니다.

4. ③ 가산항목란: 취득 시 쟁송비용은 취득에 관한 쟁송이 있는 자산에 대하여 그 소유권 등을 확보하기 위하여 직접 소요된 소송비용·화해비용 등의 금액으로서 그 지출한 연도의 각 소득금액의 계산을 할 때 필요경비에 산입된 것을 제외한 금액을 적습니다.

5. ④ 차감항목란: 감가상각비는 양도자산 보유기간 중 그 자산에 대한 감가상각비로서 각 연도의 사업소득금액의 계산에 있어서 필요경비에 산입하였거나 산입할 금액을 적습니다.

6. ⑥ 자본적 지출액란

　가. 개발부담금, 재건축부담금: 「개발이익환수에 관한 법률」에 따른 개발부담금 또는 「재건축초과이익 환수에 관한 법률」에 따른 재건축부담금을 말하며, 개발부담금 또는 재건축부담금의 납부의무자와 양도자가 서로 다른 경우에는 양도자에게 사실상 배분될 금액을 적습니다.

　나. 자산가치 증가 등 수선비: 자산의 내용연수를 증가시키거나 가치를 현실적으로 증가시키기 위하여 지출한 수선비를 적습니다.

7. ⑦ 취득 후 쟁송비용란: 양도자산을 취득한 후 쟁송이 있는 경우에 그 소유권을 확보하기 위하여 직접 든 소송비용·화해비용 등의 금액으로서 그 지출한 연도의 각 소득금액의 계산을 할 때 필요경비에 산입된 것은 제외한 금액을 적습니다.

8. ⑧ 기타비용란

　가. 수익자부담금: 「하천법」·「댐건설 및 주변지역지원 등에 관한 법률」, 그 밖의 법률에 따라 시행하는 사업으로 인하여 해당 사업구역 내의 토지소유자가 부담한 수익자부담을 적습니다.

　나. 토지 장애 철거비: 토지이용의 편의를 위하여 지출한 장애 철거비용을 적습니다.

　다. 도로시설비 등: 토지이용의 편의를 위하여 해당 토지 또는 해당 토지에 인접한 타인 소유 토지에 도로를 신설한 경우의 그 시설비와 국가 또는 지방자치단체에 이를 무상으로 공여한 경우의 그 도로로 된 토지의 취득당시 가액을 적습니다.

9. ⑩ 양도 시 중개수수료 등 직접 지출비용란: 자산을 양도하기 위해 직접 지출한 계약서작성비용, 공증비용, 인지대, 부동산중개수수료 등을 적습니다.

10. ⑪ 국민주택채권 및 토지개발채권 매각차손등 기타경비란: 자산을 취득하는 경우 법령 등에 따라 매입한 국민주택채권 및 토지개발채권을 만기 전에 「소득세법 시행규칙」 제79조제3항으로 정하는 금융기관 등(증권회사 및 은행)에 양도함으로써 발생하는 매각차손을 적습니다. 다만, 「소득세법 시행규칙」 제79조제3항으로 정하는 금융기관 등(증권회사 및 은행) 외의 자에게 양도한 경우에는 같은 날에 「소득세법 시행규칙」 제79조제3항으로 정하는 금융기관 등(증권회사 및 은행)에 양도함으로써 발생하는 매각차손을 한도로 합니다.

1. 해당 항목의 금액을 적고 실제로 지출한 사실을 입증할 수 있는 증빙서류(예시: 계약서, 세금계산서 등)를 제출해야 합니다.

2. ⑤란 계의 금액은 양도소득금액계산명세서(별지 제84호서식 부표 1)의 ⑩ 취득가액란에 옮겨 적습니다.

3. 이 서식의 ⑬ 기타 필요경비 계란의 금액은 양도소득금액계산명세서(별지 제84호서식 부표 1)의 ⑫ 기타 필요경비란에 적습니다.

4. 해당 항목의 지출증빙이 다수인 경우에는 「사업자등록번호」란에 "별지 작성"으로 적고 「지급금액」란에 "합계액"을 적은 후 취득가액 및 필요경비계산 상세 명세서(2)에 상세 명세를 작성합니다.

210mm×297mm[백상지 80g/㎡ 또는 중질지 80g/㎡]

◇　　　◇　　　◇

　지금까지 제1장에서는 양도소득세 과세요건, 양도의 개념과 양도소득세 과세대상 자산을 살펴본 후 양도소득세가 과세되는 경우 양도소득세의 신고납부할 세액을 계산하기 위한 계산구조를 살펴보았다.

　계산구조의 첫 번째 양도차익을 계산하는 단계에서 먼저 양도차익 산정 원칙과 양도가액의 범위를 살펴보았다. 그런 후 양도가액에서 공제되는 필요경비의 범위를 실지거래가액을 알 수 있는 경우와 실지거래가액을 알 수 없는 경우로 나누어 살펴보았다. 그리고 특수하게 양도차익을 계산하는 부담부증여, 공동사업 현물출자, 교환에 대한 내용을 다루었다.

　두 번째 양도소득금액을 계산하는 단계에서는 먼저 양도시기 또는 취득시기에 대한 내용을 살펴본 후 장기보유특별공제액에 대한 내용을 살펴보았다. 그리고 특수하게 양도소득금액을 계산하는 배우자 등으로부터 증여받은 자산의 이월과세, 부당행위계산 부인 규정의 사례 중 우회양도에 따른 부당행위계산 부인 및 저가양도에 대해 살펴보았다.

　세 번째 단계에서는 양도소득금액에서 기본공제금액을 차감하여 과세표준을 계산하였다. 그리고 과세표준에 세율을 적용하여 산출세액을 계산하는 네 번째 단계에 대한 내용을 살펴보았다.

　마지막 다섯 번째 단계에서 산출세액에서 공제·감면세액을 차감하고 가산세를 더하여 납부할 세액을 계산하여 신고·납부하는 절차에 대해 알아보았다.

　다음 장부터는 주택의 양도와 관련하여 적용되는 비과세와 과세 및 중과세, 재개발·재건축사업과 양도소득세 비과세 및 과세, 분양권과 양도소득세에 대한 내용을 살펴보고 조세특례제한법의 감면 및 과세특례주택에 대한 내용을 살펴보기로 한다.

　마지막 장에서는 토지의 양도와 관련된 세법의 내용에 대해 알아보기로 한다.

제2장

양도소득세 비과세

제2장에서는 다음과 같은 내용을 살펴보기로 한다.

<table><tr><td>제1절</td><td>양도소득세 비과세 개요</td></tr></table>

1. 비과세 개념

제1장에서 살펴본 내용은 양도소득세가 과세되는 경우 세금계산구조 등에 대한 것이었다. 하지만 과세권자가 과세권을 포기하여 세금을 부과하지 않는 세법의 규정이 있는데 이를 비과세 규정이라고 한다. 비과세란 법률의 규정에 의하여 과세요건에서 제외하는 것으로서 국가 또는 지방자치단체가 과세권을 포기하고 과세하지 않는 것을 말한다. 일반적으로 비과세는 납세자의 신고나 신청 등의 절차와 세무서장의 행정처분 없이 당연히 과세되지 않는 것이다.

2. 비과세 법령체계

양도소득세의 비과세는 소득세법 제89조에서 비과세소득을 규정하고 있다. 제1항 제1호에서 파산선고에 의한 처분으로 발생하는 소득, 제2호에서 농지의 교환 또는 분합分合으로 인하여 발생하는 소득, 제3호에서는 주택(주택부수토지 포함)의 양도로 발생하는 소득, 제4호에서는 조합원 입주권 양도로 발생하는 소득을 비과세 소득으로 열거하고 있다.

제2항에서는 재개발·재건축사업 등 시행기간 중 거주를 위하여 취득하는 주택이나 그 밖의 부득이한 사유로 취득한 주택의 양도로 발생하는 소득을 비과세 소득으로 규정하고 있다.

이 책에서는 파산선고에 의한 처분으로 발생하는 소득에 대한 내용은 생략하고, 농지의 교환 또는 분합으로 인하여 발생하는 소득에 대한 비과세는 제6장에서 살펴보기로 한다.

소득세법 제89조 제1항 제3호의 주택의 양도로 발생하는 소득에 대한 비과세는 다시 가목에서 1세대가 1주택을 보유하는 경우 일정한 요건을 충족하는 주택과 나목에서 1세대 1주택의 특례로서 1세대가 2주택 이상을 보유하는 경우 일정한 요건을 충족하는 주택의 양도로 발생하는 소득에 대한 비과세 규정을 두고 있다.

소득세법 법률에서는 기본적인 비과세 내용을 규정하고 구체적인 비과세 요건은 대통령령인 시행령 및 기획재정부령인 시행규칙에 위임하고 있다.

소득세법 제89조 제1항 제3호 가목의 1세대 1주택에 대한 구체적인 비과세 요건은 소득세법 시행령 제154조에서 규정하고 있으며, 소득세법 제89조 제1항 제3호 나목의 1세대 1주택의 특례로서 1세대 2주택 이상의 주택에 대한 구체적인 요건은 소득세법 시행령 제155조에서 규정하고 있다.

조합원입주권 양도에 대한 비과세 요건은 소득세법 제89조 제1항 제4호의 가목과 나목에서 규정하고 있다.

소득세법 제89조 제2항의 재개발·재건축사업 등 시행기간 중 거주를 위하여 취득하는 주택과 그 밖의 부득이한 사유로 취득한 주택에 대한 구체적인 비과세 요건은 소득세법 시행령 제156조의2와 제156조의3에서 규정하고 있다.

주택과 조합원입주권의 양도와 관련된 비과세 규정에서 소득세법 제89조 제1항 제3호 가목인 1세대 1주택 규정이 원칙적인 규정이며 그 외 규정은 1세대 1주택 비과세 규정의 특례규정이라 할 수 있다

이 책에서는 소득세법 제89조 제1항 제3호의 주택의 양도로 발생하는 소득에 대한 비과세는 제2장에서 살펴보고, 소득세법 제89조 제1항 제4호의 조합원입주권과 동법 제2항의 재개발·재건축 등 및 그 밖의 부득이한 사유로 주택을 양도하여 발생하는 소득에 대한 비과세는 제4장에서 살펴보기로 한다.

법령에서 규정하고 있는 요건을 해석할 경우 조세법률주의의 원칙상 과세요건이거나 비과세요건 또는 조세감면요건을 막론하고 조세법규의 해석은 특별한 사정이 없는 한 법문대로 해석해야 할 것이고 납세자에게 유리하다고 하여 합리적 이유 없이 확장해석하거나 유추해석하는 것은 허용되지 않는다. 특히 비과세 또는 감면요건 규정 가운데 명백히 특혜규정이라고 볼 수 있는 것은 엄격하게 해석하는 것이 조세공평의 원칙에도 부합하다고 할 수 있다(판례 수원고등법원2020누-11110, 2020.10.7.).

3. 비과세 유형

앞의 소득세법 비과세 법령체계의 내용 중 주택과 조합원입주권 양도에 따른 비과세 규정을 유형별로 정리해 보면 다음과 같이 크게 다섯 가지로 나누어 볼 수 있다.

① 1세대 1주택 비과세

② 1세대 1주택의 비과세 특례

③ 조합원입주권을 소유한 경우 1세대 1주택의 비과세 특례

④ 주택과 조합원입주권을 소유한 경우 1세대 1주택의 비과세 특례

⑤ 주택과 분양권을 소유한 경우 1세대 1주택의 비과세 특례

제2장에서 1세대 1주택의 비과세 기본 요건인 1세대 요건, 1주택 요건, 보유기간 요건, 거주기간 요건에 대한 내용을 살펴본다. 그런 후 1세대 1주택 비과세 원칙을 확장하여 일시적 1세대 2주택, 상속주택, 동거봉양합가주택, 혼인합가주택, 문화재주택, 농어촌주택, 부득이하게 취득한 비수도권주택, 주택임대사업자의 임대주택 등(이 책에서는 특례주택이라 한다)을 보유한 상태에서 다른 주택(일반주택 등)을 양도하는 경우 적용할 수 있는 특례주택에 대한 요건을 살펴본다. 그리고 1세대 1주택 특례주택 또는 조세특례제한법의 감면·과세특례주택이 중첩되어 1세대가 3주택을 보유하다 양도하는 경우 적용되는 비과세 특례 유형을 살펴보기로 한다.

제4장에서는 1세대 1주택 비과세 원칙을 확장하여 재개발·재건축사업 또는 소규모재건축사업 등과 관련된 비과세 특례규정을 살펴본다. 먼저 조합원입주권을 양도하는 경우 적용되는 1세대 1주택 비과세 특례규정을 다룬다. 그다음 주택과 조합원입주권 또는 분양권을 소유하다 주택을 양도하는 경우 적용되는 1세대 1주택 비과세 특례규정을 살펴본다.

[주택 · 조합원입주권 · 분양권 관련 비과세 원칙 및 특례 유형]

비과세 원칙	비과세 특례 유형		
1세대 1주택	1세대 1주택 특례	조합원입주권 특례	분양권 특례
1세대 1주택 ⇨ 주택 양도 소법 제89조 제1항 제3호 가목 소령 제154조	일시적 1세대 2주택 등 ⇨ 주택 양도 소법 제89조 제1항 제3호 나목 소령 제155조	① 1조합원입주권 ⇨ 조합원입주권 양도 소법 제89조 제1항 제4호 가목 ② 조합원입주권 + 주택 ⇨ 조합원입주권 양도 소법 제89조 제1항 제4호 나목 ③ 주택 + 조합원입주권 ⇨ 주택 양도 소법 제89조 제2항 소령 제156조의2 제3항, 제4항 ④ 대체주택 + 조합원입주권 ⇨ 대체주택 양도 소법 제89조 제2항 소령 제156조의2 제5항	주택 + 분양권 ⇨ 주택 양도 소법 제89조 제2항 소령 제156조의3

위의 어느 경우에 해당하든지 양도하는 주택 또는 조합원입주권이 비과세가 되기 위해서는 기본적으로 제2절에서 살펴보는 1세대 1주택 비과세 요건을 충족하여야 한다.

부자가 되려면 수입은 늘리고 지출은 줄여야 한다. 부동산을 양도하여 수입은 늘리고 지출을 줄이는 방법 중 하나는 비과세 설계를 잘하는 것이다. 지혜로운 비과세 설계는 풍요로운 삶과 경제적 자유로 가는 첫걸음이다. 다음 절부터 살펴볼 비과세 요건을 정확하게 파악하여 부자로 가는 생각지도를 만들어 보자.

1. 1세대 1주택 비과세 개요

양도일 현재 1세대가 1주택을 보유하는 경우로서 그 주택(양도가액이 12억원을 초과하는 고가주택은 제외한다)과 주택부수토지의 양도로 발생하는 소득에 대해서는 양도소득세를 과세하지 아니한다(소법 제89조 제1항 제3호 가목).

1세대 1주택 양도소득에 대한 비과세 요건은 1세대가 양도일 현재 국내에 1주택을 보유하고 있는 경우로서 해당 주택의 보유기간이 2년 이상인 것(취득당시 조정대상지역에 있는 주택의 경우에는 해당 주택의 보유기간이 2년 이상이고 그 보유기간 중 거주기간이 2년 이상인 것)을 말한다(소령 제154조 제1항).

1세대 1주택에 대해 비과세하는 취지는 주택은 국민 주거생활의 기초가 되는 것이고, 헌법 제14조의 국민의 거주·이전의 자유를 보장하며, 1세대가 국내에 1개의 주택을 보유하다 양도하는 것은 양도소득을 얻거나 투기를 할 목적이 아니라고 보아 양도소득세를 과세하지 않으려는 것이다.

핵심포인트 **1세대 1주택 비과세 요건**

❶ 1세대
❷ 1주택
❸ 보유기간 2년 이상
❹ 거주기간 2년 이상(취득당시 조정대상지역인 경우)

아래에서는 1세대 1주택 비과세 요건을 1세대 요건, 1주택 요건, 보유기간 요건, 거주기간 요건으로 나누어 구체적으로 살펴보기로 한다.

2. 1세대 요건

(1) 1세대의 정의

1세대란 거주자 및 그 배우자가 그들과 같은 주소 또는 거소에서 생계를 같이 하는 자와 함께 구성하는 가족단위를 말한다. 양도소득세에서 세대라는 용어는 여러 규정에 영향을 미친다. 그중에서 주택 수, 보유기간, 거주기간, 주택부수토지의 비과세 포함 여부, 공동소유자 주택의 비과세 포함 여부 등은 세대별로 판단한다. 그리고 장기보유특별공제 규정에서 [표2]의 특례공제율 적용 요건인 거주기간도 세대별로 판단한다.

(2) 1세대의 범위

1세대에는 거주자 및 그 배우자(법률상 이혼을 하였으나 생계를 같이 하는 등 사실상 이혼한 것으로 보기 어려운 관계에 있는 사람을 포함한다)뿐만 아니라 그들과 같은 주소 또는 거소에서 생계를 같이 하는 가족을 포함한다. 이 경우 생계를 같이하는 가족에는 거주자 및 그 배우자의 직계존비속(그 배우자를 포함한다) 및 형제자매를 말하며, 취학, 질병의 요양, 근무상 또는 사업상의 형편으로 본래의 주소 또는 거소에서 일시 퇴거한 사람을 포함한다(소법 제88조 제6호).

아래에서는 1세대의 범위에 대한 세법의 내용 중 배우자의 범위, 배우자가 없어도 1세대로 보는 경우, 배우자 이외 생계를 같이하는 가족의 범위에 대한 내용을 예규 및 판례와 함께 조금 더 살펴보기로 한다.

1) 배우자의 범위

배우자란 혼인을 통해 법적으로나 사회적으로 인정된 부부 관계의 한쪽을 말하는데 우리나라 「민법」에서 혼인은 「가족관계의 등록 등에 관한 법률」에 따라 신고함으로써 그 효력이 생긴다고 규정하고 있다(민법 제812조). 양도소득세에서도 배우자의 범위는 원칙적으로 법률혼을 따른다. 다만, 법률상 이혼을 하였으나 생계를 같이하는 등 사실상 이혼한 것으로 보기 어려운 관계에 있는 사람은 배우자의 범위에 포함한다. 예를 들어 위장이혼인 경우에는 같은 세대로 본다.

그러면 부부가 법률상 이혼은 하지 않았으나 각각 단독세대를 구성하거나 가정불화 등으로 장기간 별거 중인 경우에도 동일세대로 보는 것일까? 이와 관련된 판례를 살펴보면 부부가 이혼절차 없이 사실상 별거하는 경우(해당 판례에서 청구인은 34여 년간 배우자와 사실상 이혼상태로 생계를 같이 하지 아니하고 별도세대를 구성함)에도 법률상 부부관계는 여전히 유지되는 것이고, 소득세법 제88조 제6호는 거주자의 배우자가 거주자와 1세대를 구성하는 데에는 배우자라는 것 외에 아무런 제한을 두지 아니하고 있으므로 거주자의 배우자는 배우자라는 사실만으로 거주자와 1세대를 구성하는 것이므로 배우자가 사실상 이혼상태라거나 동일한 주소 또는 거소에서 생계를 같이 하지 아니하였다 하여 달리 볼 것은 아니라고 판단하고 있다(조심2020서-8682, 2021. 3. 23.).

💡 생각정리 노트

법률상 배우자는 거주자와 생계를 같이하지 않는다 하더라도 항상 동일세대로 본다.

2) 배우자가 없어도 1세대로 보는 경우

1세대의 범위에서 보았듯이 1세대를 구성하기 위해서는 배우자가 있어야 한다. 이 말은 배우자가 없는 거주자는 다른 세대의 구성원이 될 수 있다는 것이다. 예를 들어 부모가 1주택을 소유하고, 별도로 살고 있는 미혼인 30세 미만의 자녀가 1주택을 소유하고 있는 경우 미혼인 30세 미만의 자녀는 별도세대를 구성하지 못하고 부모의 세대에 포함되어 1세대가 소유하는 주택 수는 2주택이 될 수 있다는 것이다. 다만, 다음에 해당하는 경우에는 배우자가 없어도 1세대로 본다(소령 제152조의3).

① 해당 거주자의 나이가 30세 이상인 경우
② 배우자가 사망하거나 이혼한 경우
③ 해당 거주자의 나이가 30세 미만이면서 소득이 「국민기초생활 보장법」에 따른 기준 중위소득을 12개월로 환산한 금액의 40% 이상이고 소유하고 있는 주택 또는 토지를 관리·유지하면서 독립된 생계를 유지할 수 있는 경우. 다만, 미성년자의 경우를 제외하되, 미성년자의 결혼, 가족의 사망 그 밖의 사유로 1세대의 구성이 불가피한 경우에는 1세대로 본다.
위 규정에서 소득의 종류는 근로소득, 사업소득, 기타소득(저작자 이외의 자가 받는 저작권 수입, 원고료, 강연료 등의 인적용역 대가) 등을 말한다. 이 경우 비과세소득은 제외한 금액으로 하고, 사업소득 및 기타소득은 필요경비를 공제한 금액으로 한다(소칙 제70조).

위 세법의 내용에 따르면 소득이 없는 미혼인 30세 미만의 자녀는 부모와 따로 거주한다고 하더라도 부모와 동일세대로 볼 수 있다. 따라서 부모가 1주택을 소유하고, 따로 거주하는 소득이 없는 미혼인 30세 미만의 자녀가 1주택을 소유하는 경우 1세대가 2주택을 소유하는 경우에 해당되어 부모 소유의 주택 또는 자녀 소유의 주택을 양도하는 경우 양도소득세가 과세될 수 있다.

|참고| 2026년 기준중위소득

구분	1인가구	2인가구	3인가구	4인가구	5인가구
금액(월)	2,564,238	4,199,292	5,359,036	6,494,738	7,556,719

※ 1인가구의 기준중위소득을 12개월로 환산한 금액의 40%는 12,308,343원에 해당한다.

핵심포인트 미혼인 30세 미만 자녀의 별도세대 요건

❶ 소득금액

기준 중위소득을 12개월로 환산한 금액의 40% 이상

❷ 소득의 종류

근로소득, 사업소득, 기타소득(저작자 이외의 자가 받는 저작권 수입, 원고료, 강연료 등 인적용역의 대가)

❸ 소유 주택을 관리·유지하면서 독립된 생계 유지

❹ 미성년자가 아닐 것

3) 배우자 이외 생계를 같이하는 가족의 범위

법률혼인 배우자는 거주자와 같은 주소에서 생계를 같이하는지 여부와 관계없이 항상 1세대로 본다. 반면 배우자 이외 가족은 같은 주소에서 생계를 같이하는 경우에 1세대로 본다. 배우자 이외 가족이란 거주자 및 그 배우자의 직계존비속(그 배우자를 포함한다), 거주자 및 그 배우자의 형제자매를 말한다. 여기에는 취학, 질병의 요양, 근무상 또는 사업상의 형편으로 본래의 주소에서 일시 퇴거한 사람을 포함한다(소법 제88조 제6호).

형제·자매의 배우자, 직계존속의 형제·자매는 거주자와 같은 주소에서 생계를 같이한다고 하더라도 1세대로 보지 않는다.

이 책에서는 1세대에 포함되는 가족을 동일세대, 그렇지 않은 가족을 별도세대라 하기도 한다.

[1세대의 범위]

형제 · 자매 (배우자 포함×)	직계존속 (배우자 포함)		직계존속 (배우자 포함)	형제 · 자매 (배우자 포함×)
	거주자	+ 배우자		
	직계비속 (배우자 포함)			

배우자 이외의 가족이 동일세대에 해당하기 위해서는 같은 주소에서 생계를 같이하여야하며, 일시퇴거자도 포함한다. 그러면 같은 주소의 판단은 어떻게 하며, 주민등록표 등본의 주소와 실제 거주하는 주소가 다른 경우 동일세대인지 여부는 어떻게 판단해야 할까? 그리고 생계를 같이한다는 것의 의미는 무엇일까? 아래에서는 이에 대한 내용을 살펴보기로 한다.

① 같은 주소의 판단

1세대의 범위에서 같은 주소의 판단은 주민등록표 등본의 주소에 불구하고 사실상 거주현황에 따라 판단한다. 즉, 주민등록표 등본의 현황과 사실상 거주현황이 다른 경우에는 사실상 거주현황에 따라 판단한다.

같은 주소에서 생계를 같이하는 동거가족인지 판단에는 국세부과의 실질과세 원칙이 적용된다.

② 주민등록은 분리되어 있지만 실제로 함께 거주하는 경우

주민등록표 등본에 함께 주소가 등재되어 있지 않다 하더라도 실제 함께 거주하고 있으면 동일세대에 해당한다. 이와 관련된 판례를 살펴보면 생계를 같이 하는 동거가족이란 현실적으로 생계를 같이 하는 동거가족을 의미하는 것이고, 반드시 주민등록표상 세대를 같이 함을 요하지는 않으나 일상생활에서 볼 때 유무상통하여 동일한 생활자금에서 생활하는 단위를 의미한다고 할 것이므로 생계를 같이 하는 동거가족인지는 그 주민등록지가 같은가의 여하에 불구하고 현실적으로 한 세대 내에서 거주하면서 생계를 함께 하고 동거하는가의 여부에 따른다고 판단하고 있다(조심2021서-2996, 2021.8.17.).

③ 주민등록은 함께 되어 있지만 실제로는 따로 거주하는 경우

주민등록표 등본에 함께 주소가 등재되어 있다 하더라도 실제 함께 거주하지 않으면 별도세대에 해당한다. 이와 관련된 판례를 살펴보면 편의상 주민등록전입은 하였으나 해당 주택에서 실제로 거주한 사실이 없음을 입증하는 경우에는 동일한 주소에서 생계를 같이하는 가족으로 볼 수 없다고 판단하고 있다(국심1996구529, 1996. 5. 15.).

④ 생계를 같이한다는 것에 관하여

앞에서도 살펴보았듯이 배우자의 경우에는 생계를 같이하는지의 여부와 관계없이 항상 동일세대로 본다. 하지만 배우자를 제외한 가족의 경우에는 같은 주소에서 생계를 같이하는 경우에 동일세대로 본다. 그러면 생계를 같이한다는 것은 어떤 의미일까?

이와 관련된 판례를 살펴보면 생계를 같이하는 동거가족이란 현실적으로 생계를 같이하는 것을 의미하며, 반드시 주민등록표 등본상 세대를 같이함을 요하지는 않으나 일상생활에서 볼 때 유무상통하여 동일한 생활자금으로 생활하는 단위를 의미한다고 판단하고 있다(조심2021서-2573, 2021. 7. 15.).

💡 **생각정리 노트**

생계를 같이한다는 것은 금전, 물품 등 있는 것과 없는 것을 서로 돌려쓰면서 경제적으로 동일한 생활자금으로 공동생활을 하고 있다는 뜻으로 볼 수 있다.

|참고| 취득세와 1세대의 판단

취득세에서 같은 주소에서 생계를 같이하는 가족인지의 판단은 주민등록표 등본에 함께 기재되어 있는지 여부에 따른다.

---

(3) 1세대의 판정시기

1세대 1주택 비과세요건을 판단할 때 1세대에 해당하는지 여부는 주택 양도일 현재를 기준으로 판정한다.

(4) 1세대 관련 생각지도

아래에서는 1세대 요건에 대한 내용을 예규 및 판례 등과 함께 조금 더 살펴보기로 한다.

1) 동일세대원간 소유권이 변동되는 경우

양도소득세 비과세 요건으로서 1세대 1주택의 소유 및 거주요건은 1세대를 단위로 보아야 한다. 그러므로 1세대를 구성하는 세대원 간에 증여 등을 원인으로 하여 주택의 소유권자가 다르게 되었다고 하더라도 그 양도 전후를 통하여 1세대를 구성하는 이상 소유권자별로 별도로 볼 것은 아니다(대법원94누-15530, 1995.7.14.). 이와 유사한 판례에서도 1세대 1주택의 범위나 1세대 1주택의 특례 등을 규정함에 있어서 세대원 개개인의 주택 소유를 서로 구분하여 달리 취급하는 것이 아니라 1세대가 보유하고 있는 전체 주택의 수를 기준으로 하여 비과세나 특례 해당 여부를 판정하고 있으므로 상속받은 농어촌주택을 동일 세대원인 처에게 증여하였더라도 결국 증여행위가 있은 후에도 동세대는 동일한 숫자의 주택을 보유하고 있다고 보는 것이 타당하다고 판단하고 있다(국심2001서3156-2001.3.19.).

💡 생각정리 노트

첫 번째, 동일세대원 간 소유권이 변동되는 경우 1세대의 주택 수는 변하지 않는다.

두 번째, 세대 단위로 보유기간 및 거주기간을 통산한다.

1세대를 구성하는 세대원 간에 증여 등을 원인으로 하여 주택의 소유권자가 다르게 되었다고 하더라도 그 양도 전후를 통하여 1세대를 구성하는 이상 소유권자별로 별도로 볼 것은 아니다(판례 대법원94누-15530, 1995.7.14., 예규 재일46014-1513,1995.6.23.).

2) 동일한 다가구주택에서 층을 달리하여 거주하는 경우

다가구주택에서 가족이 층을 달리하여 거주하는 경우 동일세대로 보아야 할까? 이와 관련된 판례를 살펴보면 거주주택은 다가구주택으로 2가구가 각각 독립적으로 생활을 영위할 수 있는 구조이고, 모친은 다가구주택 1층에서 거주하였으며 장남 및 그의 가족은 그 주택 2, 3층에서 거주하였고, 모친은 독립된 소득이 있어 봉양을 받으며 생계를 함께했다고 볼 수 없는 점 등으로 보아 모친과 장남은 생계를 달리하는 별도의 세대에 해당한다고 판단하고 있다(서울고등법원2010누-14444,

2010.10.7.). 하지만 주택의 구조로 보아 분리·독립하여 거주할 수 없어 독립적으로 생계를 유지할 수 없는 경우에는 동일세대에 해당한다는 판례도 있다(조심2019부-1614, 2019.7.8.).

3) 세대분리 후 단기간 내 다시 합가하는 경우

동일세대 판단 시 취학, 질병의 요양, 근무상 또는 사업상의 형편으로 본래의 주소에서 일시 퇴거한 사람은 포함한다. 그러면 생계를 같이하는 가족이 양도일 직전 세대를 분리하고 양도일 후 다시 합가하는 경우 양도일 현재 별도세대로 인정받을 수 있을까? 이와 관련된 판례를 살펴보면 양도일 전 세대분리한 후 단기간 내에 다시 합가한 경우 또는 독립적으로 생계를 유지할 수 없는 경우에는 일시 퇴거한 것으로 보아 동일세대로 판단하고 있다(조심2012서-1824, 2012.6.18., 국세청 해설 자료 부동산세금 체크포인트 1회).

4) 1주택을 양도한 날에 다른 1주택을 보유한 세대원이 분가한 경우

1세대 1주택 비과세 해당여부를 판정할 때 2주택을 보유하던 1세대가 1주택을 양도한 날에 다른 1주택을 보유한 세대원이 세대를 분가한 경우 먼저 세대를 분가하고 주택을 양도한 것으로 보는 것이나, 1주택 양도당시 다른 1주택을 보유한 세대원이 실제 별도세대인지 여부는 사실판단할 사항이다(예규 부동산납세-651, 2014.8.29.).

5) 거주자의 배우자와 1세대 요건을 갖춘 아들이 같은 세대원인 경우

주택을 소유한 부炏는 혼자 거주하고 주택을 소유하지 않는 모母는 주택을 소유한 아들과 함께 거주하면서 아들과 함께 1세대를 구성하는 상황에서 아들이 소유한 주택을 양도하는 경우 부가 소유한 주택을 아들 세대의 주택 수에 포함하여 1세대 1주택 여부를 판정해야 할까?

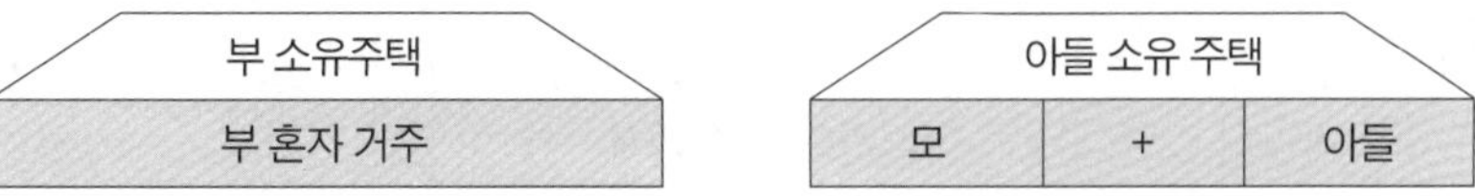

이에 대하여 소득세법 집행기준에서는 거주자가 단독으로 1세대를 구성하고 그 거주자의 배우자는 그들의 아들과 함께 1세대를 구성하여 생계를 같이하고 있는 경우에 거주자와 그 배우자는 세대 또는 생계를 달리하여도 같은 세대원으로 보는 것이나, 그 아들이 1세대 구성요건을 갖춘 경우에는 거주자와 그 아들은 같은 세대원으로 보지 않는다고 규정하고 있다(집행기준 88-152의3-9). 즉, 부와 아들이 생계를 달리하는 경우에는 동일세대로 보지 않는다.

3. 1주택 요건

(1) 주택의 정의 및 종류

1) 주택의 정의

양도소득세에서 주택이란 허가 여부나 공부公簿상의 용도구분과 관계없이 세대의 구성원이 독립된 주거생활을 할 수 있는 세대별로 구분된 각각의 공간마다 별도의 출입문, 화장실, 취사시설이 설치되어 있는 구조를 갖추어 사실상 주거용으로 사용하는 건물을 말한다. 용도가 분명하지 아니하면 공부상의 용도에 따른다(소법 제88조 제7호, 소령 제152조의4).

건물이 소득세법에서 정한 주택에 해당하는지 여부는 건물공부상의 용도구분에 관계없이 실제 용도가 사실상 주거에 공하는 건물인가에 의하여 판단하여야 하고, 일시적으로 주거가 아닌 다른 용도로 사용되고 있다고 하더라도 그 구조·기능이나 시설 등이 본래 주거용으로서 주거용에 적합한 상태에 있고 주거기능이 그대로 유지·관리되고 있어 언제든지 본인이나 제3자가 주택으로 사용할 수 있는 건물의 경우에는 이를 주택으로 보아야 한다(집행기준 89-154-9, 판례 대법원2004두-14960, 2005.4.28.).

> 💡 **생각정리 노트**
> 양도소득세에서 주택인지 판단에는 국세부과의 실질과세 원칙이 적용된다.

2) 주택의 종류

주택의 종류는 주택법에서 규정하고 있으며, 주택법에서 주택이란 세대의 구성원이 장기간 독립된 주거생활을 할 수 있는 구조로 된 건축물의 전부 또는 일부 및 그 부속토지를 말하며, 이를 단독주택과 공동주택으로 분류한다(주택법 제2조).

단독주택은 단독주택, 다중주택, 다가구주택으로 구분하고 있으며, 구체적인 종류와 범위는「건축법 시행령」별표 1 제1호를 따르고 있다(주택법 제2조 제2호). 공동주택은 아파트, 연립주택, 다세대주택으로 구분하고 있으며, 구체적인 종류와 범위는「건축법 시행령」별표 1 제2호를 따르고 있다(주택법 제2조 제3호).

|참고| 준주택과 건축물의 종류

주택법에서 준주택이란 주택 외의 건축물과 그 부속토지로서 주거시설로 이용가능한 시설 등을 말하며,「건축법 시행령」별표 1에 따른 기숙사, 다중생활시설, 노인복지시설 중「노인복지법」의 노인복지주택, 오피스텔로 구분하고 있다(주택법 제2조 제4호).

주택도 건축물에 해당한다. 건축물의 정의, 용도 및 세부용도는 건축법에서 규정하고 있다. 건축법에서 건축물이란 토지에 정착하는 공작물 중 지붕과 기둥 또는 벽이 있는 것과 이에 딸린 시설물, 지하나 고가의 공작물에 설치하는 사무소·공연장·점포·차고·창고 등을 말한다(건축법 제2조 제2호).

용도별 건축물의 종류는 건축법에서 29개 시설로 구분하고 있다. 이 중에서 몇 가지 주요 시설을 살펴보면 단독주택, 공동주택, 제1종 근린생활시설, 제2종 근린생활시설, 판매시설, 노유자(노인 및 어린이)시설, 업무시설, 숙박시설, 공장, 창고시설 등이 있다. 이러한 건축물의 세부용도별 종류는 건축법 시행령 별표1에서 구체적으로 규정하고 있다.

💡 생각정리 노트

주택법의 준주택 또는 건축법의 용도별 건축물의 종류에 불구하고 건축물을 사실상 주거용으로 사용하는 경우 양도소득세에서는 실질과세원칙에 따라 주택으로 볼 수 있다. 따라서 오피스텔이나 업무시설을 주거용으로 사용하는 경우 주택에 해당할 수 있다.

아래에서는 다가구주택, 오피스텔, 세법의 특수한 주택, 주택의 판정시기 등에 대해 구체적으로 살펴보기로 한다.

(2) 다가구주택

다가구주택이란 일반적으로 단독주택 내에 여러 가구가 독립적으로 거주할 수 있는 구조로 만들어진 주택 유형을 말한다. 여러 가구가 살 수 있도록 건축된 주택으로서 각 구획마다 방, 부엌, 출입구, 화장실이 갖춰져 한 가구씩 독립하여 생활할 수 있으나 건축법상 용도별 건축물의 종류가 단독주택이므로 각 가구를 분리하여 구분등기하는 것은 불가능하다.

다가구주택의 요건은「건축법 시행령」별표 1 제1호 다목에서 규정하고 있는데 그 내용은 아래와 같다.

① 주택으로 쓰는 층수(지하층은 제외한다)가 3개 층 이하일 것

　다만, 1층의 전부 또는 일부를 필로티 구조로 하여 주차장으로 사용하고 나머지 부분을 주택(주거 목적으로 한정한다) 외의 용도로 쓰는 경우에는 해당 층을 주택의 층수에서 제외한다.

② 1개 동의 주택으로 쓰이는 바닥 면적의 합계가 660제곱미터 이하일 것

③ 19세대(대지 내 동별 세대수를 합한 세대를 말한다) 이하가 거주할 수 있을 것

소득세법에 따라 1세대 1주택 비과세 규정을 적용할 때「건축법 시행령」별표 1 제1호 다목에 해당하는 다가구주택은 한 가구가 독립하여 거주할 수 있도록 구획된 부분을 각각 하나의 주택으로 본다. 다만, 해당 다가구주택을 구획된 부분별로 양도하지 아니하고 하나의 매매단위로 하여 양도하는 경우에는 그 전체를 하나의 주택으로 본다(소령 제155조 제15항).

주택법이나 건축법에서는 다가구주택을 단독주택으로 구분하지만 소득세법에서는 원칙적으로 공동주택으로 본다. 따라서 각 가구별로 주택 수를 계산하여야 한다. 예를 들어 5가구가 살고 있는 다가구주택을 양도하는 경우 원칙적으로 5채의 주택을 양도하는 것이다. 다만, 다가구주택을 구획된 부분별로 양도하지 아니하고 하나의 매매단위로 하여 양도(일괄양도)하는 경우에는 단독주택으로 보아 1채의 주택을 양도한 것으로 본다. 이 경우에도 다가구주택을 하나의 매매단위로 양도하여 1세대 1주택 비과세 규정을 적용하기 위해서는 앞에서 살펴본「건축법 시행령」별표 1 제1호 다목의 다가구주택 요건을 충족하여야 한다. 따라서 일괄양도한다고 하더라도 다가구주택 요건을 충족하지 못하는 경우에는 공동주택을 양도한 것으로 본다.

다가구주택 요건을 충족하지 못하여 공동주택의 양도로 보는 경우 납세자가 선택하는 1개의 호는 1세대 1주택 비과세 규정을 적용할 수 있으나 나머지 호는 모두 과세된다.

아래에서는 다가구주택의 요건 중 층수 요건, 다가구주택을 부담부증여하는 경우, 공동소유 다

가구주택에 대한 내용을 예규 및 판례와 함께 조금 더 살펴보기로 한다.

1) 다가구주택의 층수 요건

실무에서 다가구주택 요건을 충족하지 못하는 주택을 양도하고 전체를 1세대 1주택 비과세로 신고하였으나 과세관청에서 다세대주택으로 판정하여 비과세를 배제하고 세금을 추징하는 사례를 볼 수 있다. 주로 단독주택으로 보는 다가구주택의 요건 중 주택으로 쓰는 층수가 3개 층 이하일 것의 요건을 충족하지 못하는 경우가 대부분이다.

주택으로 쓰는 층수가 3개 층 이하인지 여부는 건축물대장 등 공부상 현황이 아니라 실제 사용현황으로 판단해야 한다. 이와 관련된 판례를 살펴보면 공부상 기재와 달리 실제 주택으로 사용하는 층수가 3개 층을 초과하는 주택은 소득세법에서 규정하는 다가구주택에 해당하지 아니한다고 보아야 하며, 이 경우 주택 수는 한 가구가 독립하여 거주할 수 있도록 구획된 부분을 각각 하나의 주택으로 보아 주택 수를 산정함이 옳다고 판단하고 있다(서울행정법원2019구단-63020, 2020.3.31., 조심2023서-755, 2023.4.12.).

💡 생각정리 노트

위의 판례에 따르면 다가구주택은 공부상의 내용보다는 사실상의 사용현황을 기준으로 실제 주택으로 쓰는 층수가 3개 층을 초과하는지 여부를 판단하여 건축법 시행령 별표 1 제1호 다목에서 정하는 다가구주택에 해당하지 아니하는 경우에는 하나의 매매단위로 양도한다고 하더라도 단독주택이 아니라 공동주택인 다세대주택으로 보아야 한다는 것을 알 수 있다. 실무에서는 특히 옥탑을 주택으로 사용하거나, 상가주택 중 상가의 일부를 주택으로 사용하여 주택으로 쓰는 층수가 3개 층을 초과하는 경우가 많으므로 이러한 주택의 경우에는 유의하여야 한다.

① 주택으로 쓰는의 의미

다가구주택의 층수 요건은 주택으로 쓰는 층수가 3개 층 이하여야 한다. 그러면 주택으로 쓰는 층수에서 '주택으로 쓰는'의 의미가 무엇일까? 이와 관련된 판례를 살펴보면 다가구주택의 요건 규정은 주택으로 쓰는 층수라고만 규정하고 있을 뿐이고, 그 주택을 한 세대가 독립하여 거주할 수 있는 요건을 갖춘 주택에 한정하고 있지 않다. 따라서 건물의 한 층이 세대가 독립하여 거주할 수 있는 요건을 갖추지 못하였더라도 일상적인 주거용으로 사용되는 이상 주택의 층수에 해당한다고 해석하는 것이 법령의 문언에 부합하다고 판단하고 있다(서울행정법원2019구단-69158, 2020. 3. 18.).

② 옥탑과 옥탑방의 구분

「건축법 시행령」 제119조 제1항 제9호는 승강기탑, 계단탑, 망루, 장식탑, 옥탑, 그 밖에 이와 비슷한 건축물의 옥상 부분으로서 그 수평투영면적의 합계가 해당 건축물 건축면적의 8분의 1 이하인 것과 지하층은 건축물의 층수에 산입하지 아니한다고 규정하고 있다. 여기서 옥탑은 주택이나 빌딩 따위의 건물 맨 꼭대기에 설치된 공간을 의미하여 건물 옥상에 사람이 거주할 수 있도록 만든 방을 의미하는 옥탑방과는 구별되고, 위 조문에 옥탑과 함께 열거되어 있는 승강기탑, 계단탑, 망루, 장식탑은 건축물 전체의 편익을 위한 보조적인 기능만을 담당하거나 장식을 위한 시설인 점 등을 고려하면 옥탑방은 비록 그 면적이 주택 면적의 8분의 1 이하라고 하더라도 그러한 사정만으로 층수 산정에서 제외되는 옥탑 등에 해당한다고 볼 수 없다(판례 조심 2024서-5964, 2025. 3. 13., 조심 2024중-5213, 2025. 3. 18., 대법2021두-3075, 2021. 4. 16.).

💡 생각정리 노트

앞에서 살펴본 판례에 따르면 옥탑을 승강기탑, 계단탑, 망루, 장식탑처럼 본래의 용도인 건축물 전체의 편익을 위한 보조적인 기능만을 담당하거나 장식을 위한 용도로 사용하지 않고 사람이 거주할 수 있는 용도로 사용하는 경우에는 그 면적이 해당 건축물 면적의 8분의 1 이하라 하더라도 주택으로 쓰는 층수에 포함된다는 것을 알 수있다. 또한 주택으로 쓴다는 것이 별도의 출입문, 화장실, 취사시설이 설치되어 있어 한 세대가 독립하여 거주할 수 있어야 한다는 것은 아니라는 것을 알 수 있다.

2) 다가구주택의 부담부증여

부담부증여에서는 수증자가 인수하는 채무액은 유상 양도 거래로 보고, 증여재산가액에서 채무 인수액을 차감한 금액은 무상 증여 거래로 본다. 따라서 다가구주택을 부담부증여하는 경우 일부는 유상 양도 거래, 일부는 무상 증여 거래로 거래 유형이 분할된다. 이러한 경우 유상 양도 거래에 대하여 하나의 매매단위로 하여 일괄양도하는 것으로 보아 1세대 1주택 비과세 규정을 적용할 수 있을까?

이에 대해 기존의 유권해석(서면부동산 2020-4396, 2021. 7. 20.)에서는 다가구주택을 부담부증여하는 경우에는 하나의 매매단위로 하여 일괄양도하는 것이 아니라 하여 공동주택으로 해석하였다. 그러나 유권해석을 변경하여 다가구주택을 구획된 부분별로 양도하지 아니하고 하나의 매매단위로 하여 일괄양도하는 경우에는 그 전체를 하나의 주택으로 보아 제154조 제1항(1세대 1주택 비과세 규정)을 적용하는 것이며, 이것은 다가구주택을 부담부증여하여 수증자가 부담하는 채무액에 해당하는 부분을 양도로 보는 경우에도 동일하게 적용된다고 해석하고 있다(기획재정부 조세법령운용과-340, 2022.4.1.).

💡 생각정리 노트

위의 예규에 따르면 다가구주택을 하나의 매매단위로 하여 부담부증여하는 경우 단독주택으로 보아 1세대 1주택 비과세 규정을 적용할 수 있다.

3) 공동소유 다가구주택

다가구주택을 공동소유하다 하나의 매매단위로 하여 일괄양도하지 않고 자기지분만 양도하는 경우에는 단독주택이 아니라 공동주택의 양도로 보아야 한다(예규 사전법령해석재산2017-89, 2017.2.30.).

(3) 오피스텔

건축법에서 오피스텔이란 업무를 주로 하며, 분양하거나 임대하는 구획 중 일부 구획에서 숙식을 할 수 있도록 한 건축물로서 국토교통부장관이 고시하는 기준에 적합한 것을 말한다고 정의하고 있으며(건축법 제2조 제2항 제14호), 단독주택, 공동주택과 병렬로 분류되는 일반업무시설에 속한다(건축법 시행령 제3조의5 별표 1 제14호). 주택법에서도 오피스텔을 단독주택, 공동주택과 병렬로 분류되는 준주택으로 분류한다(주택법 제2조 제4호).

건축법상 오피스텔의 정의에서도 알 수 있듯이 오피스텔은 분양하거나 임대하는 구획 중 일부 구획에서 숙식을 할 수 있도록 한 건축물로서 숙식이 가능할 뿐만 아니라 업무시설로도 사용할 수 있다.

양도소득세에서 오피스텔이 주택인지 여부는 건축물대장 등 공부상으로 판단하는 것이 아니라 실제 사용현황으로 판단한다. 따라서 오피스텔을 실제 주거용으로 사용하고 있다면 주택으로 볼 수 있다. 즉, 오피스텔 내부에 취사시설, 화장실 등 주거에 필요한 시설이 구비된 상태에서 실제 주거용으로 사용하는 경우에는 주택으로 볼 수 있다.

오피스텔을 지방자치단체에 주택임대사업자로 등록하거나 세무서에 주택임대사업자 등록을 하는 경우 또는 임차인이 전입신고를 한 경우에는 주거용으로 볼 가능성이 높다. 이러한 경우에는 부동산임대 과세사업자등록을 했는지, 임대차계약 시 업무용이라고 명시 했는지, 임대료에 대하여 세금계산서를 발행했는지, 부가가치세 신고를 했는지 여부에 불문하고 주택으로 볼 수 있다.

주택으로 보는 오피스텔 양도 시 1세대 1주택 비과세 적용을 받을 수 있다. 하지만 다른 주택을 양도할 때에는 해당 오피스텔이 주택 수에 포함되어 양도하는 다른 주택은 1세대 1주택 비과세 규정을 적용받을 수 없다.

오피스텔을 공부상 용도인 업무시설로 임대하면 주택에 해당하지 않는다. 이 경우에는 과세사업자로 사업자등록을 하여 세금계산서를 발급하고, 부동산임대공급명세서 등을 작성하여 부가가치세신고를 하여야 한다.

|참고| 오피스텔 분양광고와 주택 수

오피스텔 분양광고 중에서 오피스텔을 취득하는 경우 주택 수에 포함되지 않는다고 광고하는 경우를 볼 수 있다. 이는 오피스텔 취득당시 부담하는 취득세의 경우 주택에 대한 취득세가 아니라 업무용시설에 대한 취득세로 과세한다는 것이다. 하지만 오피스텔을 취득하여 주거용으로 사용하는 경우 주택으로 보아 주택 수에 포함될 수 있으므로 유의하여야 한다.

---

(4) 세법의 특수한 주택

1) 고가주택

고가주택이란 주택 및 이에 딸린 토지의 양도 당시 실지거래가액의 합계액이 12억원을 초과하는 주택을 말한다(소법 제89조 제1항 제3호). 1세대 1주택 요건을 충족하고 양도가액이 12억원 이하인 주택은 양도차익 전체에 대해 비과세한다. 하지만 고가주택은 전체 양도차익 중 일정 금액에 대해서만 비과세하고 나머지 양도차익에 대해서는 과세한다. 고가주택의 계산구조는 제3장에서 설명하기로 한다.

단독주택으로 보는 다가구주택의 고가주택 범위는 호별로 구분된 가액이 아닌 그 주택 전체양도가액으로 12억원 초과 여부를 판정한다(소령 제156조 제3항).

2) 겸용주택

겸용주택이란 하나의 건물이 주택과 주택 외의 부분으로 복합되어 있는 경우와 주택에 딸린 토지에 주택 외의 건물이 있는 경우를 말한다. 실무에서는 상가주택이라고도 한다. 이 책에서는 양도가액이 12억원 이하인 겸용주택을 일반겸용주택, 양도가액이 12억원을 초과하는 겸용주택을 고가겸용주택이라 하여 설명하기로 한다.

① 일반겸용주택

일반겸용주택은 1세대 1주택 비과세 규정을 적용할 때 그 전부를 주택으로 본다. 다만, 주택의 연면적이 주택 외의 부분의 연면적보다 적거나 같을 때에는 주택 외의 부분은 주택으로 보지 않는다(소령 제154조 제3항, 제4항). 즉, 일반겸용주택은 주택의 면적이 주택 외의 면적보다 큰 경우에는 전체 면적을 주택으로 보아 1세대 1주택 비과세 규정을 적용한다. 이때 주택부수토지는 전체 토지 면적 중에서 건물의 정착면적에 용도지역별 적용배율을 곱하여 계산한 기준면적 이내의 토지를 포함한다.

반면 주택의 면적이 주택 외의 면적보다 작거나 같은 경우에는 주택 면적만 주택으로 본다. 이때 주택부수토지는 전체 토지 면적에 주택의 연면적이 건물의 연면적에서 차지하는 비율을 곱하여 계산한 면적 중 기준면적 이내의 토지를 포함한다. 기준면적은 주택부수토지 부분에서 살펴보기로 한다.

[일반겸용주택의 1세대 1주택 범위]

구분	주택 면적 > 주택 외의 면적	주택 면적 ≤ 주택 외의 면적
건물	전체 면적이 주택	주택 면적만 주택
토지	전체 토지면적 중 기준면적 이내	전체 토지면적 × (주택연면적 ÷ 건물연면적) 중 기준면적 이내

겸용주택에서 주택의 면적과 주택 외의 면적을 비교할 때 공부상에는 없는 면적이라 하더라도 실제 주택전용 공간으로 사용되는 면적이 있는 경우에는 이를 실측하여 주택의 면적에 포함할 수 있을까? 예를 들어 공부상 면적에는 없지만 실제로 주택 전용으로 사용하는 베란다와 계단의 면적을 주택의 면적에 포함할 수 있을까? 이와 관련된 판례를 살펴보면 공부상에는 없는 면적이라 하더라도 실제로 주택전용 공간으로 사용되는 면적이 있는 경우에는 이를 입증하면 주택의 면적에 포함하는 것으로 판단하고 있다(조심2022서-7590, 2023.6.19.).

겸용주택의 상가 면적을 주택으로 용도변경하여 주택의 면적이 증가한 경우 주택부수토지의 비과세 범위에 유의해야 한다. 관련 예규에서는 주택의 면적이 주택 외의 건물부분의 면적보다 적은 복합건물을 3년(현재는 2년) 이상 보유하다가 주택 외의 건물부분을 주택으로 용도변경하여 전부를 1주택으로 양도한 것에 대하여 1세대 1주택 비과세를 적용함에 있어 증가된 주택부수토지에 대하여는 용도변경일 이후 3년(현재는 2년) 이상 경과하여야 비과세를 받을 수 있다고 해석하고 있다(재일46014-2644, 1996.11.28.).

② 고가겸용주택

고가겸용주택이란 하나의 건물이 주택과 주택 외의 부분으로 복합되어 있는 경우와 주택에 딸린 토지에 주택 외의 건물이 있는 경우로서 그 양도가액이 12억원 초과는 것을 말한다. 2022.1.1. 이후 양도하는 고가겸용주택은 주택 외의 부분은 주택으로 보지 않는다(소령 제160조 제1항). 즉, 2022.1.1. 이후 양도하는 고가겸용주택의 경우에는 면적 구분에 관계없이 주택 면적만 주택으로 본다. 따라서 고가겸용주택의 경우 주택의 면적이 주택 외의 면적보다 크다 하더라도 주택 면적만 주택으로 보아 1세대 1주택 비과세 규정을 적용한다. 이때 1세대 1주택이 고가주택인지의 여부는 총양도가액을 주택과 주택 이외의 가액으로 안분하여 주택으로 안분된 양도가액으로 판단한다. 예를 들어 겸용주택 전체 양도가액이 20억원이고, 안분한 주택 부분의 양도가액이 11억원, 상가부분의 양도가액이 9억원이라면 해당 겸용주택은 고가겸용주택에 해당하지만 주택의 양도가액은 고가주택이 아니다. 따라서 주택의 양도차익은 전액 비과세양도차익이 되고 상가부분의 양도차익에 대해서 양도소득세가 과세된다. 고가겸용주택의 계산구조는 제3장에서 설명하기로 한다.

펜션을 숙박용역 용도로만 제공하는 경우 주택에 해당하지 않으나 세대원이 해당 건물을 주택으로 사용하는 경우에는 겸용주택으로 본다(집행기준 89-154-11). 예를 들어 3층 건물의 펜션 중 1층은 주택으로 사용하고 2층과 3층은 펜션으로 사용하는 경우 겸용주택으로 볼 수 있다.

3) 공동소유주택

1주택을 여러 사람이 공동으로 소유하는 경우 소득세법에 특별한 규정이 있는 것 외에는 주택 수를 계산할 때 공동소유자 각자가 주택을 소유한 것으로 본다(소령 제154조의2). 소득세법에 특별한 규정이 있는 것의 예로는 공동상속주택이 있다. 이 경우 고가주택의 범위는 각자 지분에 해당하는 양도가액이 아니라 전체 주택의 양도가액으로 한다.

4) 주택의 지분 양도와 분할 양도

① 주택의 지분 양도

1세대 1주택에 해당하는 주택의 지분을 양도하는 경우에는 이를 1세대 1주택 양도로 보아 양도소득세를 비과세한다(소칙 제72조 제2항, 예규 사전법규재산2025-436, 2025.6.25.).

② 주택의 분할 양도

1주택을 2 이상의 주택으로 분할하여 양도한 경우에는 먼저 양도하는 부분의 주택은 1세대 1주택으로 보지 않는다. 이 경우 주택 및 그 부수토지의 일부가 「공익사업을 위한 토지 등의 취득 및 보상에 관한 법률」에 의한 협의매수ㆍ수용 및 그밖의 법률에 따라 수용되는 경우의 해당 주택(그 부수토지를 포함한다)과 그 양도일 또는 수용일부터 5년 이내에 양도하는 잔존토지 및 잔존주택(그 부수토지를 포함한다)은 1세대 1주택으로 보아 비과세 규정을 적용한다(소칙 제72조 제2항).

③ 고가주택의 범위

주택의 지분양도와 분할 양도 시 고가주택의 범위는 양도가액에 양도하는 부분의 면적이 전체 주택면적에서 차지하는 비율을 나누어 계산한 금액이 12억원을 초과하는 경우에는 고가주택으로 본다(소령 제156조 제1항).

5) 주택과 부수토지의 분할 양도

1세대 1주택에 해당하는 주택을 부수토지와 분할하여 양도하는 경우 그 주택은 비과세 규정을 적용한다. 하지만 주택에 부수되는 토지를 주택과 분할하여 양도하는 경우에 그 양도하는 부분의 토지는 1세대 1주택에 부수되는 토지로 보지 않는다(소칙 제72조 제2항). 따라서 양도소득세가 과세된다.

6) 주택과 부수토지 소유자가 다른 경우

주택과 부수토지의 소유자가 다른 경우에는 소유자가 동일세대인지 여부에 따라 다음과 같이 1세대 1주택 비과세 규정을 적용한다.

① 동일세대인 경우

1세대 1주택의 요건을 갖춘 대지와 건물을 동일세대원이 각각 소유하고 있는 경우에는 이를 1세대 1주택으로 본다.

② 동일세대가 아닌 경우

주택과 그 부수토지를 각각 다른 세대가 소유하는 경우 건물은 1세대 1주택으로 보지만 토지는 비과세되는 1세대 1주택 부수토지로 보지 않는다.

③ 주택의 부수토지만 소유한 경우 주택을 소유한 것으로 보는 것인지 여부

예를 들어 갑甲은 2주택자(서울 소재 A주택 1채, 전남 해남 소재 농가주택 B주택 1채)이며, 농가주택의 대지를 제외한 주택만을 결혼하여 별도세대로 분가한 아들乙에게 증여한 후 A주택을 양도하는 경우 1세대 1주택 비과세를 적용받을 수 있을까? 이와 관련된 예규를 살펴보면 주택과 그 부수토지의 소유자가 다른 경우에는 건물소유자를 기준으로 해당 주택의 소유자를 판단하는 것으로서 A주택 양도당시 B주택은 별도세대인 乙의 주택으로 보아 1세대 1주택 비과세 여부를 판정한다고 해석하고 있다(부동산거래관리과-395, 2012.7.25.). 따라서 1세대 1주택 비과세 규정을 적용할 때 주택과 그 부수토지를 동일세대가 아닌 자가 각각 소유하고 있는 경우 그 부수토지의 소유자는 주택을 소유하지 않은 것으로 본다. 다만, 주택을 실질적으로 소유하면서 공부상 명의만 달리한 경우에는 공부상의 명의에 관계없이 주택을 소유한 것으로 본다(부동산납세과-32, 2013.9.11.).

7) 조합원입주권과 분양권이 1세대 1주택 비과세 판단 시 주택 수에 미치는 영향

조합원입주권 및 분양권은 1세대 1주택의 주택 수 계산 시 포함한다. 「도시 및 주거환경정비법」의 재개발·재건축정비사업에 따른 조합원입주권은 2006.1.1. 이후 관리처분계획인가일분부터, 「빈집 및 소규모주택정비에 따른 특례법」의 소규모재건축정비사업에 따른 조합원입주권은 2018.2.9. 이후 사업시행계획인가분부터, 「빈집 및 소규모주택정비에 따른 특례법」의 자율주택정비사업·가로주택정비사업·소규모재개발정비사업에 따른 조합원입주권은 2022.1.1. 이후 사업시행인가분부터 주택 수에 포함한다.

분양권은 2021.1.1. 이후 공급계약, 매매 또는 증여 등의 방법으로 취득한 것부터 주택 수에 포함한다.

|참고| 1세대 1주택 비과세 판정 시 주택 수 포함 여부

구분	관련 조문	주택수
주택신축판매업자의 재고주택	소득세법 제19조	제외
부동산매매업자의 재고주택	소득세법 제19조	제외
인구감소(관심)지역주택	조특법 제71조의2	제외
장기임대주택	조특법 제97조	제외
신축임대주택	조특법 제97조의2	제외
지방미분양주택	조특법 제98조의2	제외
미분양주택	조특법 제98조의3	제외
수도권 밖의 준공후미분양주택	조특법 제98조의9	제외
신축감면주택	조특법 제99조, 제99조의3	포함
신축·미분양·1세대 1주택 매수자	조특법 제99조의2	제외
농어촌주택	조특법 제99조의4	제외
조합원입주권	소법 제89조 제2항	포함
분양권(2021.1.1. 이후 취득)	소법 제89조 제2항	포함
업무용시설분양권	소법 제88조 제10호	제외

(5) 주택의 판정시기

1세대 1주택 비과세요건을 판단할 때 주택에 해당하는지 여부는 양도일(잔금청산일) 현재를 기준으로 판정한다. 다만, 주택 매매계약일 이후 해당 계약에 따라 주택을 주택 외의 용도로 용도변경하여 양도하는 경우에는 매매계약일 현재를 기준으로 판정한다(소령 제154조 제1항).

1) 잔금청산 전 주택을 상가로 용도변경한 경우

주택에 대한 매매계약을 체결하고, 그 매매특약에 따라 잔금청산 전에 주택을 상가로 용도변경한 경우에는 매매계약일 현재 현황에 따라 주택인지 여부를 판정한다.

2) 잔금청산 전 주택을 멸실한 경우

주택에 대한 매매계약을 체결하고, 그 매매특약에 따라 잔금청산 전에 그 주택을 멸실한 경우 1세대 1주택 비과세, 장기보유특별공제(표1, 표2) 및 다주택자 중과세율 적용 여부 등 판정 시 양도물건의 판정 기준일은 양도일(잔금청산일)이며, 2022. 12. 20. 이후 매매계약을 체결한 분부터 적용한다(예규 기획재정부 재산세제과-1543, 2022. 12. 20.). 따라서 양도일 현재 주택이 없으므로 토지의 양도에 해당하여 1세대 1주택 비과세 적용을 받을 수 없게 된다.

(6) 주택부수토지

1세대 1주택의 비과세는 원칙적으로 주거용 건물인 주택의 전체 면적에 적용한다. 주택에 딸린 토지는 전체 면적을 비과세하는 것이 아니라 건물이 정착된 면적에 용도지역별로 일정한 배율을 곱하여 산정한 면적(기준면적) 이내의 토지인 주택부수토지에 대해 비과세한다. 이 경우 용도지역을 적용할 때 주택에 딸린 토지의 전부 또는 일부가 「공익사업을 위한 토지 등의 취득 및 보상에 관한 법률」에 따른 협의매수·수용 및 그 밖의 법률에 따라 수용되는 경우(사업인정 고시일 전에 해당 토지를 취득한 경우로 한정한다)에는 사업인정 고시일 전날 현재 해당 토지의 용도지역을 적용한다(소령 제154조 제7항). 용도지역별 적용배율은 아래 표와 같다.

[용도지역별 적용배율]

구분			적용 배율
도시지역 내	수도권 내	주거·상업·공업지역	3배
		녹지지역	5배
	수도권 밖		5배
도시지역 밖			10배

4. 보유기간 요건

1세대 1주택 비과세 규정을 적용하기 위해서는 1세대가 양도일(주택 매매계약일 이후 해당 계약에 따라 주택을 주택 외의 용도로 용도변경하여 양도하는 경우에는 매매계약일) 현재 국내에 1주택을 보유하고 있는 경우로서 해당 주택의 보유기간이 2년 이상이어야 한다(소령 제154조 제1항).

(1) 보유기간의 계산

보유기간의 계산은 그 자산의 취득일부터 양도일까지로 한다. 주택이 아닌 건물을 사실상 주거용으로 사용하거나 공부상의 용도를 주택으로 변경하는 경우 보유기간은 그 자산을 사실상 주거용으로 사용한 날(사실상 주거용으로 사용한 날이 분명하지 않은 경우에는 그 자산의 공부상 용도를 주택으로 변경한 날)부터 양도한 날까지로 한다(소령 제154조 제5항). 취득일 또는 양도일은 제1장의 양도시기 또는 취득시기에서 이미 살펴보았다(소법 제98조, 소령 제162조).

(2) 보유기간 요건 관련 생각지도

아래에서는 보유기간 요건 관련 내용을 예규 및 판례를 통하여 조금 더 살펴보기로 한다.

1) 동일세대원끼리 소유권이 변경된 경우 보유기간 계산

① 증여

증여받은 주택의 1세대 1주택 비과세 판정 시 동일세대원으로부터 증여받은 주택을 양도하는 경우에는 증여자와 수증자의 보유기간을 통산하는 것이나, 양도일 현재 증여자와 수증자가 동일세대원이 아닌 경우에는 증여받은 날부터 보유기간을 산정한다(예규 부동산거래관리-84, 2010. 1. 19.).

② 상속

상속받은 주택으로서 상속인과 피상속인이 상속 개시 당시 동일세대인 경우에는 상속개시 전에 상속인과 피상속인이 동일세대로서 거주하고 보유한 기간은 거주기간 또는 보유기간을 계산할 때 통산한다(소령 제154조 제8항 제3호).

2) 용도변경과 보유기간

① 주택이외의 건물을 주택으로 용도변경하는 경우

주택이외의 건물과 그 부수토지를 취득한 이후 그 주택이외의 건물을 주택으로 용도변경하여 양도하는 경우에는 용도변경일 이후 3년(현재는 2년)이 경과하면 1세대 1주택 비과세가 적용된다(예규 재일46014-654, 1997. 3. 20.). 따라서 1세대 1주택 비과세 규정을 적용할 때 주택이외의 건물을 주택으로 용도변경한 경우 보유기간의 계산은 용도변경일부터 양도일까지로 한다.

② 다세대주택을 다가구주택으로 용도변경하는 경우

다세대주택을 소유하고 있는 1세대가 다가구주택으로 용도를 변경하여 하나의 매매단위로 하여 양도하는 경우, 용도를 변경한 날로부터 3년(현재는 2년 이상)이상 보유하고 양도하는 경우에는 단독주택으로 보아 비과세 규정을 적용받을 수 있다(부동산거래관리-206, 2012. 4. 18.).

3) 조세특례제한법 특례주택의 보유기간 계산

일반주택(B)과 조세특례제한법 제99의2(신축주택 등 취득자에 대한 양도소득세의 과세특례)에 따라 다른 주택 양도 시 없는 것으로 보는 특례주택(A)을 보유하다 일반주택(B)을 먼저 비과세 양도한 후 남은 조세특례제한법 제99의2의 특례주택(A)을 양도하는 경우 비과세 보유기간은 특례주택(A) 취득일부터 기산한다(예규 서면2023부동산-1229, 2023. 5. 8., 기획재정부재산-236, 2023. 2. 10.). 일반주택을 보유한 1세대가「조세특례제한법」제99조의4에 따른 농어촌주택 등의 취득 후 일반주택과 농어촌주택 등을 양도하는 경우, 일반주택과 농어촌주택 등의 보유기간 기산일은 해당 주택의 취득일이다(기획재정부재산-1049, 2022. 8. 25.).

5. 거주기간 요건

1세대 1주택 비과세 규정을 적용할 때 취득당시 조정대상지역에 있는 주택의 경우에는 보유기간이 2년 이상이고 그 보유기간 중 거주기간이 2년 이어야 한다(소령 제154조 제1항). 공동상속주택인 경우 거주기간은 해당 주택에 거주한 공동상속인의 거주기간 중 가장 긴 기간으로 판단한다(소령 제154조 제12항). 이러한 거주요건은 2017.8.2. 발표된 부동산 대책인 실수요 보호와 단기 투기수요 억제를 통한 주택시장 안정화 방안에서 신설되었다.

아래에서는 거주기간의 계산, 2017.8.2. 부동산대책과 거주요건, 조정대상지역 공고와 거주요건에 대한 내용을 살펴보기로 한다.

(1) 거주기간의 계산

거주기간의 계산은 주민등록표 등본에 따른 전입일부터 전출일까지의 기간으로 한다(소령 제154조 제6항). 실제 전입일과 전출일이 주민등록표 등본과 다른 경우 실제 현황에 따라 거주기간을 계산한다.

(2) 2017.8.2. 부동산대책과 거주요건

　1세대 1주택 비과세 요건 중 거주요건은 2017.8.2. 정부의 실수요 보호와 단기 투기수요 억제를 통한 주택시장 안정화 방안(8.2.부동산대책)으로 도입되었다. 실수요 목적의 주택 구입을 유도하기 위하여 조정대상지역에 소재하는 주택의 경우에는 종전의 2년 이상 보유 요건에 더하여 2년 이상 실제 거주하여야 비과세 규정을 적용한다는 것이다. 다만, 2017.8.2. 이전에 취득한 주택이나 2017.8.2. 이전에 매매계약을 체결하고 계약금을 지급한 사실이 증빙서류에 의하여 확인되는 경우로서 해당 주택의 거주자가 속한 1세대가 계약금 지급일 현재 무주택세대인 경우에는 거주요건을 적용하지 아니하는 예외 사유를 두고 있다(부칙 대통령령 제28293호, 2017.9.19.).

| 참고 | **부칙 대통령령 제28293호, 2017.9.19.**

제2조【1세대 1주택 비과세 요건에 관한 적용례 등】
② 다음 각호의 어느 하나에 해당하는 주택에 대해서는 소득세법 시행령 제154조 제1항·제2항 및 같은
　조 제8항 제3호의 개정규정 및 이 조 제1항에도 불구하고 종전의 규정에 따른다.
1. 2017년 8월 2일 이전에 취득한 주택
2. 2017년 8월 2일 이전에 매매계약을 체결하고 계약금을 지급한 사실이 증빙서류에 의하여 확인되는
　주택(해당 주택의 거주자가 속한 1세대가 계약금 지급일 현재 주택을 보유하지 아니하는 경우로 한
　정한다)

　2017.8.2. 부동산대책과 거주요건에서 유의하여야 할 사항은 매매계약, 계약금 지급일의 판정, 계약금 지급일 현재 무주택세대의 판정에 대한 것이다.

1) 매매계약

　위 부칙에 따르면 해당 규정은 매매계약을 체결한 경우 적용되는 규정이라는 것을 알 수 있다. 그러면 무주택 세대가 2017.8.2. 이전에 증여계약을 체결하고 2017.8.3. 이후에 소유권이전등기접수한 경우에는 거주요건 적용 여부를 어떻게 판단해야 할까? 이와 관련된 예규의 사례를 살펴보면 무주택 1세대가 2017.8.2. 이전 별도세대원과 증여계약을 체결한 조합원입주권에 기해 취득한 주택(취득당시 조정대상지역)은 거주요건을 적용하는 것으로 해석하고 있다(서면부동산2021-4730, 2023.5.25.).

2) 계약금 지급일의 판정

실무에서 매매계약서 사례를 살펴보면 계약금을 한꺼번에 지급하는 것이 아니라 나누어서 지급하는 경우가 있다. 이 경우 2017.8.2. 이전에 계약하고 계약금을 나누어 지급하면서 계약금 일부는 2017.8.2. 이전에 지급하고 나머지는 2017.8.3. 이후에 지급하는 경우 거주요건이 적용되는지 여부가 쟁점이 될 수 있다. 이에 대해 관련 예규에서는 2017.8.2. 이전에 매매계약을 체결하고 1차 계약금을 지급하였으나 2017.8.3. 이후에 계약금을 완납한 사실이 증빙서류에 확인되는 주택은 소득세법 시행령 제154조 제1항의 거주요건이 적용되는 것이라고 해석하고 있다(기준법규재산2024-173, 2025.03.26., 서면2020부동산-4922, 2023.2.27., 서면2022부동산-430, 2022.3.11.). 즉, 계약금 지급일의 판정은 계약금 완납일을 기준으로 한다는 것이다.

3) 무주택세대의 판정

2017.8.2. 이전에 매매계약을 체결하고 계약금을 지급한 사실이 증빙서류에 의하여 확인되는 주택인 경우 해당 주택의 거주자가 속한 1세대가 계약금 지급일 현재 주택을 보유하지 아니하는 경우로 한정하여 거주요건이 없다. 앞의 예규에서 살펴본 바에 따르면 무주택세대인지 여부는 계약금 완납일을 기준으로 판단해야 할 것으로 보인다.

무주택세대의 판정에 대한 내용을 관련 예규 및 판례를 통하여 조금 더 살펴보기로 한다.

① 계약금 지급일 현재 보유하는 조합원입주권 또는 분양권

매매계약 계약금지급일 현재 주택 수에 포함되는 조합원입주권 또는 분양권을 보유하고 있는 경우 무주택 세대로 보는 것일까? 이와 관련된 예규를 살펴보면 조합원입주권을 보유한 세대가 2017.8.2. 이전에 매매계약을 체결하고 계약금을 지급하여 취득한 조정대상지역 내 주택분양권이 완공되어 해당 주택을 양도하는 경우 1세대 1주택 비과세 거주요건을 적용하지 않는다고 해석하고 있다(기획재정부재산-735, 2019.10.30.). 따라서 무주택세대 판정 시 조합원입주권이나 분양권은 주택으로 보지 않는다.

② 다른 주택 양도 시 없는 것으로 보는 조세특례제한법의 과세특례주택

다른 주택 양도 시 없는 것으로 보는 조세특례제한법의 과세특례주택은 계약금지급일 현재 무주택세대 판단 시에도 없는 것으로 볼 수 있을까? 이와 관련된 예규 및 조세심판원 판례에서는 계

약금 지급일 현재「조세특례제한법」제99조의2 적용대상 주택을 보유하고 있는 경우에는 1세대 1
주택 비과세 거주요건 적용 여부 판단 시 계약금 지급일 현재 무주택세대로 보지 않는다고 해석하
고 있다(기획재정부 재산세제과-941, 2018. 11. 1., 조심2022중-135, 2022. 04. 11.). 즉, 무주택세대 여부 판단 시
주택을 보유하고 있는 것으로 보아야 한다고 해석하고 있다. 하지만 대법원 판례를 살펴보면 조세
특례제한법 제99조의2 제1항을 적용받는 주택(특례주택)만을 소유하고 있는 사람이 2017. 8. 2.
이전 주택 매매계약을 체결했다면 그 주택은 구 소득세법 시행령 부칙 제2조 제2항 제2호의 적용
대상에 해당한다고 판결하고 있다(대법2024두-41861, 2024. 9. 13.). 즉, 주택이 없는 것으로 보아야 한다
고 판결하고 있다.

③ 공동상속주택 소수지분

계약금 지급일 현재 공동상속주택의 소수지분을 보유한 경우에는 주택을 보유하지 아니하는 경
우에 해당하지 않는다(예규 서면법령해석재산2020-6226, 2021. 4. 27.). 다시 말해 계약금 완납일 현재 1세
대가 공동상속주택의 소수지분을 소유하고 있는 경우에는 거주기간 요건이 적용된다.

④ 주거용 오피스텔

계약금 지급일 현재 주거용으로 사용하고 있는 오피스텔을 보유한 경우 무주택 세대로 보지 않
는다(예규 서면2022법규재산-4956, 2023. 6. 16.).

⑤ 신규주택의 계약금 지급당시 보유하고 있던 기존주택의 매도계약 체결 후 계약금, 중도금을 지급받고 잔금수령 전인 경우 무주택 세대 판단

2017. 8. 2. 이전에 조정대상지역에 있는 신규주택에 대한 매매계약을 체결하고 계약금을 지급한
사실이 증빙서류에 의하여 확인되는 주택으로서, 해당 주택의 거주자가 속한 1세대가 계약금 지
급일 현재 보유하고 있던 기존 주택의 매도계약 체결 후 계약금, 중도금을 지급받고 잔금수령 전
인 경우에는 신규주택의 계약금 지급일 현재 무주택 세대에 해당하지 않아 신규주택 양도 시 비과
세 거주요건을 적용한다(예규 사전법규재산2025-460, 2025. 6. 25., 판례 조심2022부-6755, 2022. 11. 14.).

예를 들어 갑은 2006. 12. 21. 기존주택(A)을 취득하여 보유하다가 2017. 6. 2. 자 양도계약을 체결하
였다. 갑은 기존주택(A)의 계약금, 중도금을 지급받은 후 잔금을 지급받기 전인 2017. 6. 8. 에 서울
시 강동구에 있는 신규주택(B) 취득계약을 하고 계약금을 지급하였다. 그런 후 기존주택(A)의 잔

금을 2017.8.24.에 받고 양도하였다. 그리고 갑은 2017.8.25. 신규주택(B)의 잔금을 지급하고 신규주택을 취득하였다. 갑은 신규주택(B)에서 거주하지 않고 보유하다 2019.8.28. 이를 양도하였다.

A주택 양도계약	B주택 취득계약	A주택 양도	B주택 취득	B주택 양도
2017.6.2.	2017.6.8.	2017.8.24.	2017.8.25.	2019.8.28.

갑이 양도한 신규주택(B)은 거주요건을 적용하는 것일까? 위의 예규 및 판례를 살펴보면 신규주택(B) 계약일인 2017.6.8. 현재 2017.8.24. 양도한 기존주택(A)을 보유하고 있기때문에 거주요건을 적용해야 한다고 판단하고 있다.

💡 생각정리 노트

2017.8.2. 이전에 매매계약을 체결하고 계약금을 지급한 사실이 증빙서류에 의하여 확인되는 주택으로서 해당 주택의 거주자가 무주택세대인 경우 거주요건이 없다. 여기서 무주택의 범위에는 조세특례제한법에서 다른 주택 양도 시 없는 것으로 보는 감면주택 또는 과세특례주택은 예규 및 조세심판원과 다르게 대법원 판례에서는 주택이 없는 것으로 본다. 하지만 그 외 주택의 경우에는 주택을 소유하고 있는 것으로 볼 수 있다. 예를 들어 1세대 1주택의 특례주택으로 열거하고 있는 소득세법 시행령 제155조 규정의 일시적 2주택, 상속주택 등을 소유한 경우에는 무주택세대가 아닌 것으로 볼 수 있다.

(3) 조정대상지역 공고와 거주요건

1세대 1주택 비과세요건 판단 시 거주요건은 취득당시에 조정대상지역에 있는 주택의 경우에 적용한다. 다만, 거주자가 조정대상지역의 공고가 있은 날 이전에 매매계약을 체결하고 계약금을 지급한 사실이 증빙서류에 의하여 확인되는 경우로서 해당 거주자가 속한 1세대가 계약금 지급일 현재 무주택인 경우에는 거주요건을 적용하지 않는다(소령 제154조 제1항 제5호). 이 경우 매매계약, 계약금 지급일의 판정, 무주택세대의 판정에 대한 내용은 앞에서 살펴본 2017.8.2. 부동산대책과 거주요건의 내용과 동일하다.

| 참고 | 규제지역 지정 현황(2025.10.16. 기준)

구분	기존(2023.1.6.~2025.10.15.)	개선(2025.10.16.~)
조정 대상 지역 투기 과열 지구	(서울) 4개구 - 강남구, 서초구, 송파구, 용산구	(서울) 25개구 전역 (경기) 12개 지역 - 과천시, 광명시, 수원시 영통구·장안구·팔달구, 성남시 분당구·수정구·중원구, 안양시 동안구, 용인시 수지구, 의왕시, 하남시
토지 거래 허가 구역	(서울) 4개구 등 - 강남구, 서초구, 송파구, 용산구 소재 아파트 및 압구정·여의도·목동·성수동, 신속통합기획 재건축·재개발 단지, 공공택지 개발지구, 용산 정비창 등	(서울) 25개구 전역 (경기) 12개 지역 - 과천시, 광명시, 수원시 영통구·장안구·팔달구, 성남시 분당구·수정구·중원구, 안양시 동안구, 용인시 수지구, 의왕시, 하남시 ⇨ (대상) 아파트 및 동일 단지내 아파트가 1개 동(棟)이상 포함된 연립·다세대 주택

(2025.10.15. 국토교통부 보도자료)

■ 조정대상지역 지정이 세금에 미치는 영향

구분	영향
양도소득세	·1세대 1주택 비과세 요건 중 거주기간 요건 있음 ·다주택자 중과세 ·2018.9.14. 이후 취득·등록한 임대주택 중과세
취득세	·매매취득 시 중과세율 적용 ·증여취득 시 중과세율 적용
종합부동산세	·2018.9.14. 이후 취득·등록한 임대주택 합산과세

(4) 거주요건 관련 생각지도

아래에서는 거주요건과 관련된 내용을 예규 및 판례를 통하여 조금 더 살펴보기로 한다.

1) 세대원의 일부가 부득이한 사유로 거주하지 못한 경우

세대원의 일부가 취학, 근무 또는 사업상의 형편, 질병의 요양, 동거봉양, 가정불화 등 부득이한 사유로 처음부터 본래의 주소에서 거주하지 않은 경우에도 나머지 세대원이 거주요건을 충족한 경우에는 1세대 1주택 비과세 규정을 적용한다(집행기준 89-154-22). 예를 들어 배우자가 부득이한 사유로 처음부터 본래의 주소에서 일시 퇴거하더라도 나머지 세대원이 거주요건을 충족한 경우에는 1세대 1주택의 비과세 규정을 적용한다(예규 사전2023법규재산-557, 2023. 8. 28.).

취학상 형편에는 「초·중등교육법」에 의한 학교(유치원·초등학교 및 중학교)는 해당하지 않는다(예규 재산-888, 2009. 12. 3.). 국외 학교에 취학하는 경우에도 동 규정을 준용하여 판단한다(예규 부동산거래관리과-851, 2010. 6. 25.).

2) 동일세대원 간 소유권이 변동되는 경우

1세대 1주택의 비과세 요건의 판정은 소유자 개인별로 판정하는 것이 아니라 1세대를 기준으로 판정하는 것으로 1주택이 동일세대원에게 상속 또는 증여된 경우 동일세대원인 그 상속인 또는 수증자가 이를 양도하는 경우에도 거주요건은 피상속인 또는 수증자를 기준으로 판정한다.

① 상속받은 주택의 거주요건

2017. 8. 2. 이전에 이미 신규주택을 취득하여 1세대 1주택 비과세 거주요건 적용 제외 요건을 충족한 상태에서 해당 신규 주택 지분 일부를 같은 세대를 구성하는 배우자가 상속받은 경우라면 여전히 동일세대(1세대)가 취득한 사실은 변함이 없어 당초의 1세대 1주택 비과세 거주요건을 면제받은 효력은 계속 유효하다(예규 사전법령해석재산2020-261, 2020. 5. 21.). 즉, 거주요건을 적용하지 않는다.

② 조정대상지역 지정 후 본인 지분을 배우자에게 증여한 경우

조정대상지역 공고일 이전에 부부 공동명의 주택을 취득한 1세대가 조정대상지역 공고일 후 본인 지분을 배우자에게 증여한 경우에는 거주요건을 적용하지 않는다(예규 서면2022부동산-1182, 2022. 3. 30.).

③ 조정대상지역 내 주택의 분양권 지분 1/2을 배우자에게 증여한 경우

조정대상지역 내 주택의 분양계약을 2017. 8. 2. 이전 체결하고 계약금을 지급하였으나, 이후에 그 지분 중 1/2을 배우자에게 증여한 경우에는 거주요건을 적용하지 않는다(예규 기획재정부재산-858, 2018. 10. 10.).

위 예규에 따르면 거주기간 요건은 소유자별로 적용하는 것이 아니라 1세대별로 적용한다. 따라서 1세대를 기준으로 2017.8.2. 이전 또는 조정대상지역공고일 이전에 취득하거나 무주택세대가 매매계약을 체결하여 계약금을 지급한 경우로서 취득일이나 매매계약 체결일 이후 1세대 내에서 상속이나 증여로 소유권 변동이 있는 경우에는 거주요건을 적용하지 않는다는 것을 알 수 있다.

④ 피상속인이 조정대상지역 내 취득한 주택이 동일세대인 배우자에게 상속되는 경우 1세대 1주택 비과세 거주요건 적용 여부

피상속인이 조정대상지역 내 취득한 주택이 동일세대인 배우자에게 상속되는 경우로서 상속개시일 당시 그 주택의 소재지가 조정대상지역에서 해제된 경우 1세대 1주택 비과세 적용 시 거주요건이 적용되는 것일까? 이와 관련된 예규를 살펴보면 상속인과 동일세대원인 피상속인이 취득한 조정대상지역 내 주택이 조정대상지역에서 해제된 이후 동일세대원인 상속인에게 상속된 경우로서 상속인이 상속받은 주택을 양도하는 경우에는 거주요건이 적용된다고 해석하고 있다(서면2024 부동산-2580, 2024.7.17.).

|참고| 배우자로부터 수증한 주택의 보유기간 및 거주기간 통산

1주택을 소유한 거주자가 동일세대원인 배우자에게 증여한 후 수증자가 양도하는 경우 1세대 1주택 비과세 규정을 적용할 때 증여자의 보유기간과 보유기간 중의 거주기간을 통산하여 비과세 여부를 판정한다(예규 부동산거래관리-166, 2010.2.3.).

---

3) 계약일 이후 세대를 분리한 경우 거주요건 판단 시 1세대 판단 시점

무주택인 갑이 1주택을 소유한 을과 동일세대인 상태에서 갑이 조정대상지역 공고 전에 아파트 분양권을 계약하고 계약금을 지급하여 취득하였으나 취득일 현재 조정대상지역으로 지정되었다. 그러면 아래의 사례처럼 조정대상지역 지정 후 갑이 을과 세대를 분리하여 1세대 1주택이 되는 경우 거주요건이 적용되는 것일까?

- 2006.10. 甲의 母는 서울 소재 A주택을 취득함
- 2016.12. 甲은 남양주 소재 B아파트 분양권을 계약하고 계약금을 지급함
- 2018.4. 甲은 B아파트를 취득함(조정대상지역)
- 2020.9. 甲은 母와 세대 분리함
- 2022.1. 甲은 B아파트를 양도할 예정임
※ 甲은 B아파트에서 거주하지 않았음

이와 관련된 예규를 살펴보면 거주자가 조정대상지역의 공고가 있은 날 이전에 매매계약을 체결하고 계약금을 지급한 사실이 증빙서류에 의하여 확인되는 경우로서 해당 거주자가 속한 1세대가 계약금 지급일 현재 주택을 보유하지 아니하는 경우와 관련한 1세대란 계약금 지급일 현재 주택을 보유하지 않은 1세대를 의미하는 것이라고 해석하고 있다(서면2021부동산-958, 2021.7.7.).

💡 생각정리 노트

위 예규에 따르면 갑은 거주요건이 있을 것으로 판단된다. 왜냐하면 세대분리 후에는 동일세대가 아닐지라도 아파트 분양권 매매계약을 체결하고 계약금 지급 당시에는 갑과 을은 동일세대이고 동일세대원 중 을이 1주택을 소유하고 있어 무주택세대가 아니기 때문이다. 즉, 계약일 이후 세대를 분리한 경우도 거주요건 판단 시 1세대 판단 시점은 계약금지급일을 기준으로 판단해야 한다는 것이다.

4) 용도변경과 거주요건

① 근린생활시설을 주택으로 용도변경하는 경우

조정대상지역에 소재한 오피스텔을 취득하여 근린생활시설로 사용하다가 해당 지역이 조정대상지역에서 해제된 후 주택으로 용도변경하여 양도한 경우 거주요건을 적용하지 않는다. 거주요건은 주택 취득시점을 기준으로 판단하기 때문이다(예규 서면2020부동산-5098, 2021.9.8.).

② 주택을 근린생활시설로 용도변경한 후 다시 주택으로 용도변경한 경우

취득당시 조정대상지역에 소재한 겸용주택(주택면적이 주택 외 면적보다 큰 겸용주택)의 주택부분을 근린생활시설로 용도변경하였다가, 해당 지역이 조정대상지역에서 해제된 후 다시 건물 전체를 주택으로 용도변경하여 양도하는 경우 거주요건을 적용한다(예규 서면2020법령해석재산-3906, 2021.8.26.).

③ 2017.8.3. 이후 다세대주택에서 다가구주택으로 용도변경한 경우

1세대가 2017.8.2. 이전에 취득한 조정대상지역에 있는 다세대주택을 2017.8.3. 이후에 사실상 공부상 용도만 다가구주택으로 변경하여 하나의 매매단위로 양도하는 경우로서 용도를 변경한 날로부터 2년 이상 보유하고 양도하는 경우에는 단독주택으로 보아 2년 이상 거주요건은 적용하지 않는다(예규 서면2019법령해석재산-2448, 2021. 3. 9.).

5) 분양권 또는 조합원입주권 취득과 거주요건

무주택세대가 조정대상지역 공고일 이전에 분양권 또는 조합원입주권 매매계약을 체결하고 계약금을 지급하여 취득한 주택(취득당시 조정대상지역에 소재함)을 양도하는 경우에는 거주요건을 적용하지 않는다(예규 서면2021부동산-6007, 2022. 8. 10., 기획재정부 재산세제과-1422, 2022. 11. 14.).

6) 지역주택조합과 거주요건

① 조정대상지역 공고 전 지역주택조합 조합원 가입계약을 체결하거나 사업계획승인을 받은 경우

지역주택조합에 조합원 가입계약을 체결하거나 사업계획승인을 받은 경우는 매매계약을 체결하고 계약금을 지급한 경우에 해당하지 않는다. 따라서 조정대상지역으로 지정되기 전에 지역주택조합 가입계약을 체결하거나 사업계획승인을 받고 조정대상지역으로 지정된 후에 주택을 취득(사용승인)한 경우에는 1세대 1주택 비과세 적용 시 거주요건을 적용한다(예규 사전2024법규재산-309, 2024. 6. 17., 서면2021부동산-5367, 2022. 7. 7.).

② 지역주택조합의 조합원 지위를 조정대상지역 공고 전 승계취득한 경우

무주택세대가 「주택법」에 따른 지역주택조합에 조합원 가입계약을 체결하고 같은 법에 따른 사업계획승인을 받은 조합원의 신규주택을 취득할 수 있는 권리에 대하여 조정대상지역 공고 이전 매매계약을 체결하고 계약금을 지급한 사실이 확인되는 경우에는 거주요건을 적용하지 않는다(예규 서면2022법규재산-3135, 2022. 12. 21.). 이와 유사한 예규에서도 조정대상지역 공고일 이전에 지역주택조합원의 신규주택을 취득할 수 있는 권리(주택법에 따라 사업계획승인을 받음) 또는 분양권을 취득하기 위한 매매계약을 체결하고 계약금을 지급한 경우는 거주요건을 적용하지 않는다고 해석하고 있다(서면2021법규재산-6441, 2023. 03. 29.).

7) 조정대상지역 공고 이전 오피스텔 분양계약 시 거주요건 적용 여부

무주택세대가 조정대상지역 공고 이전에 오피스텔 분양계약하였으나, 해당 오피스텔이 조정대상지역 공고 이후에 완공되어 주거용으로 사용할 경우 2022.10.19. 이후 양도분부터 비과세 거주요건을 적용한다(예규 기획재정부 재산세제과-1312, 2022.10.19.). 업무용시설인 오피스텔을 주거용으로 사용하면 주택에 해당한다. 해당 주거용 오피스텔을 양도하는 경우 거주요건 적용 여부는 주거용 사용일을 취득일로 보아 판단한다.

8) 조정대상지역 내 경매로 취득한 주택의 거주요건 적용 기준일

경매로 취득한 주택은 매각허가결정일을 매매계약 체결일로 보아 적용하는 것이며, 무주택 1세대가 매각허가결정을 받은 날이 조정대상지역의 공고가 있은 날 이전인 경우에는 거주요건을 적용하지 않는다(예규 서면2021부동산-1886, 2022.9.16.).

6. 보유기간 및 거주기간의 특례

지금까지 살펴본 내용은 보유기간 및 거주기간 요건에 대한 원칙적인 규정이었다. 하지만 2년 이상 보유, 2년 이상 거주하지 않은 경우에도 비과세를 적용할 수 있는 특례규정이 있다. 이러한 특례규정은 보유기간 및 거주기간의 제한을 받지 않는 경우, 거주기간의 제한을 받지 않는 경우, 보유기간 및 거주기간을 통산하는 경우로 나누어 볼 수 있다.

(1) 보유기간 및 거주기간의 제한을 받지 않는 경우

1세대가 양도일 현재 국내에 1주택을 보유하고 있는 경우로서 다음 중 어느 하나에 해당하는 경우에는 보유기간 및 거주기간의 제한을 받지 않는다(소령 제154조 제1항 단서).

1) 민간건설임대주택 등 분양전환임대주택

「민간임대주택에 관한 특별법」에 따른 민간건설임대주택이나 「공공주택 특별법」에 따른 공공건설임대주택 또는 공공매입임대주택을 취득하여 양도하는 경우로서 해당 임대주택의 임차일부터 해당 주택의 양도일까지의 기간 중 세대 전원이 거주(취학, 근무상의 형편, 질병의 요양, 그 밖에 부득이한 사유로 세대의 구성원 중 일부가 거주하지 못하는 경우를 포함한다)한 기간이 5년 이상인 경우에는 보유기간 및 거주기간의 제한을 받지 않는다(소령 제154조 제1항 제1호).

| 참고 | 분양전환임대주택과 장기보유특별공제 및 단기양도

장기보유특별공제를 적용함에 있어 보유기간의 계산은 해당 자산의 취득일부터 양도일까지로 하는 것이며, 「공공주택 특별법」에 따른 공공건설임대주택이 분양전환 이후 보유기간이 3년 미만인 경우에는 장기보유특별공제를 적용받을 수 없다(예규 사전법규재산2024-434, 2024.7.4.). 이 예규에 따르면 분양전환임대주택의 취득일부터 양도일까지 보유기간이 3년 미만이면 장기보유특별공제를 적용받을 수 없다.
세율을 적용함에 있어 보유기간의 계산도 취득일부터 양도일까지로 하는 것이며, 분양전환임대주택의 취득일 이후 보유기간이 2년 미만인 경우에는 단기양도세율이 적용될 수 있다.

---

2) 협의매수·수용되는 경우

사업인정 고시일 전에 취득한 주택 및 그 부수토지로서 주택 및 그 부수토지의 전부 또는 일부가 「공익사업을 위한 토지 등의 취득 및 보상에 관한 법률」에 의한 협의매수·수용 및 그 밖의 법률에 의하여 수용되는 경우에는 보유기간 및 거주기간의 제한을 받지 않는다. 이 경우에는 양도일 또는 수용일로부터 5년 이내 양도하는 잔존주택 및 그 부수토지를 포함하는 것으로 한다(소령 제154조 제1항 제2호 가목).

3) 해외이주법에 따른 해외이주 등으로 세대 전원이 출국하는 경우

「해외이주법」에 따른 해외이주 및 1년 이상 계속하여 국외거주를 필요로 하는 취학 또는 근무상 형편으로 세대 전원이 출국하는 경우에는 보유기간 및 거주기간의 제한을 받지 않는다.

① 「해외이주법」에 따른 해외이주

「해외이주법」에 따른 해외이주로 세대 전원이 출국하는 경우로서 출국일 현재 1주택을 보유하고 그 주택을 출국일부터 2년 이내에 양도하는 경우에는 보유기간 및 거주기간의 제한을 받지 않는다(소령 제154조 제1항 제2호 나목). 이 경우 출국일은 연고이주나 무연고이주의 경우에는 세대전원이 출국한 날, 현지이주의 경우는 영주권 또는 그에 준하는 장기체류 자격을 취득한 날을 말한다(집행기준 89-154-33).

해외이주법에 따른 해외이주의 종류는 다음과 같이 구분한다(해외이주법 제4조).

❶ 연고이주

　혼인·약혼 또는 친족 관계를 기초로 하여 이주하는 것

❷ 무연고이주

　외국기업과의 고용계약에 따른 취업이주, 해외이주알선업자가 이주대상국의 정부기관·이주알선기관 또는 사업주와의 계약에 따르거나 이주대상국 정부기관의 허가를 받아 행하는 사업이주 등 연고이주 및 현지이주 외의 사유로 이주하는 것

❸ 현지이주

　해외이주 외의 목적으로 출국하여 영주권 또는 그에 준하는 장기체류 자격을 취득한 사람이 이주하는 것

---

② 취학 또는 근무상의 형편

1년 이상 계속하여 국외거주를 필요로 하는 취학 또는 근무상의 형편으로 세대 전원이 출국하는 경우로서 출국일 현재 1주택을 보유하고 그 주택을 출국일부터 2년 이내에 양도하는 경우에는 보유기간 및 거주기간의 제한을 받지 않는다(소령 제154조 제1항 제2호 다목). 이 경우 출국일은 세대전원이 출국한 날을 말한다.

③ 해외이주 외의 목적으로 출국하여 해외이주법에 따른 현지이주하는 경우

취학 또는 근무상의 형편 등 해외이주 외의 목적으로 출국하여 해외이주법에 따른 현지이주하는 경우 위의 규정을 적용할 수 있을까? 이와 관련된 내용을 아래의 사례를 통하여 살펴보기로 한다.

- 2001.00. 갑, 서울 송파구 잠실동 소재 A아파트 취득
- 2008.09. A아파트 재건축 준공
- 2008.10. 갑, 회사에서 주재원 발령을 받고 미국으로 전세대원 출국
- 2011.12. 갑, 영주권 취득
- 2012.00. 갑, A아파트 양도 예정

※ 甲의 국내 주소는 을(갑의 동생)의 주소지로 되어 있고, 출국일 현재 다른 주택 없음

위 사례와 관련된 예규에 따르면 회사에서 해외 주재원 발령을 받고(근무상의 형편) 전세대원이 출국한 후 영주권을 취득한 경우 소득세법 시행령 제154조 제1항 제2호 나목(「해외이주법」에 따른 해외이주 규정)을 적용할 때 「해외이주법」에 따른 현지이주의 경우 출국일은 영주권 또는 그에 준하는 장기체류 자격을 취득한 날이라고 해석하고 있다(부동산거래관리과-330, 2012.6.15., 집행기준 89-154-34).

위 예규 및 소득세법 집행기준에 따르면 해외이주법에 따른 해외이주 외의 목적으로 출국하여 해외이주법에 따른 현지이주하는 경우 출국일 현재 국내에 1주택을 보유하고 있는 때에는 출국일인 영주권 또는 그에 준하는 장기체류 자격을 취득한 날로부터 2년 이내에 해당 주택을 양도하면 보유기간 및 거주기간의 제한없이 비과세 규정을 적용할 수 있다.

💡 생각의 확장

해외이주 외의 목적으로 세대전원이 출국한 후 그 출국일로부터 2년이 경과한 후 현지이주하는 경우 보유기간 및 거주기간 제한없이 비과세규정을 적용받을 수 있을까? 이와 관련된 예규 및 판례를 살펴보면 국내에 1주택을 소유하던 1세대가 1년 이상 계속하여 국외거주를 필요로 하는 취학 또는 근무상의 형편으로 세대전원이 출국하고 출국일로부터 2년이 경과한 후 세대전원이 영주권을 취득한 경우 1세대가 출국일 현재 국내에 1주택을 보유하고 있는 경우로서, 「해외이주법」에 따른 현지이주를 하고 영주권 또는 그에 준하는 장기체류 자격을 취득한 날부터 2년 이내에 1세대가 출국일 당시 보유하던 1주택을 양도하는 경우 1세대 1주택에 해당하는 것이라고 해석하고 있다(예규 사전법령해석재산2019-424, 2019.10.21., 부동산 납세-477, 2014.7.8., 판례 서울고법2012누-22227, 2013.1.9.).

④ 출국일 현재 1주택의 판단

보유기간 및 거주기간의 제한을 받지 않는 해외이주법에 따른 해외이주나 1년 이상 국외 거주를 필요로 하는 취학 또는 근무상 형편으로 세대전원이 출국하는 경우는 출국일 현재 1주택인 경우에만 적용한다. 이와 관련된 예규를 살펴보면 1세대 1주택 비과세요건을 갖춘 1주택을 소유하고 있던 거주자가 1주택을 상속받아 1세대 2주택자가 된 후 해외이민으로 세대 전원이 출국하여 비거주자가 된 상태에서 국내의 1주택을 양도하는 경우에는 양도소득세가 과세되는 것이라고 해석하고 있으며(서일46014-11527, 2002.11.14), 거주주택과 장기임대주택을 보유한 자는 출국일 현재 1주택을 보유한 자에 해당하지 않으며(사전2019법령해석재산-188, 2019.8.20.), 1세대가 「조세특례제한법」 제99조의3이 적용되는 감면주택(A)과 다른 1주택(B)을 보유하다 「해외이주법」에 따른 해외이주를 하고 영주권을 취득한 날부터 2년 이내에 비거주자인 상태에서 출국일 당시 보유하던 2주택 중 감면주택(A) 외의 1주택(B)을 양도하는 경우 1세대 1주택 비과세 특례는 적용되지 않는다고 해석하고 있다(사전2019법령해석재산-734, 2019. 12. 27.).

|참고| 세대전원이 출국하는 경우 장기보유특별공제 적용 방법

해외이주법에 따른 해외이주나 1년 이상 계속하여 국외거주를 필요로하는 취학 또는 근무상 형편으로 세대 전원이 출국하는 경우 보유기간 및 거주기간의 제한을 받지 않는다 하더라도 장기보유특별공제율은 [표2]의 특례공제율이 적용되는 것이 아니라 [표1]의 일반공제율을 적용한다. 왜냐하면 국내원천 부동산 등 양도소득이 있는 비거주자로서 그 비거주자에게 과세할 경우에 제89조 제1항 제3호(주택 비과세 규정) · 제4호(조합원입주권 비과세 규정) 및 제95조 제2항 표 외의 부분 단서(1세대 1주택 표2 특례공제율)는 적용하지 아니한다고 규정하고 있으며, 또한 판례를 살펴보면 양도 당시 비거주자인 이상, 그 비거주자의 주택은 「소득세법」 제95조 제2항 단서 규정상 1세대 1주택에 해당하지 아니하여 [표2]의 특례공제율을 적용하기가 어렵다고 판단하고 있기 때문이다(조심2021서-924, 2021. 8. 25.).

---

4) 부득이한 사유로 양도하는 주택

1년 이상 거주한 주택을 「초 · 중등교육법」에 따른 학교(초등학교 및 중학교를 제외한다) 및 「고등교육법」에 따른 학교에의 취학, 직장의 변경이나 전근 등 근무상의 형편, 1년 이상의 치료나 요양을 필요로 하는 질병의 치료 또는 요양, 「학교폭력예방 및 대책에 관한 법률」에 따른 학교폭력으로 인한 전학(같은 법에 따른 학교폭력대책자치위원회가 피해학생에게 전학이 필요하다고 인정하는 경우에 한한다) 등 그 밖에 부득이한 사유로 다른 시 · 군으로 주거를 이전하는 경우 양도하는 주택은 보유기간 및 거주기간의 제한을 받지 않는다(소령 제154조 제1항 3호).

💡 생각의 확장

해외파견 임직원의 경우 1년 이상 거주한 주택을 부득이한 사유로 양도하는 경우 보유 및 거주기간 특례규정을 적용할 수 있을까? 이와 관련된 판례를 살펴보면 1세대 1주택 보유기간 및 거주기간의 제한을 받지 아니하는 경우를 규정한 소득세법 시행령 조항은 전체 체계상 해외로의 주거이전(소령 제154조 제1항 제2호 다목)과 국내에서의 주거이전(소령 제154조 제1항 3호)이 각 호로 분명하게 구분되어 있으므로 다른 시·군으로 주거를 이전하는 경우에 국외이주는 포함되지 않는다고 판단하고 있다(대법원2012두-3972, 2012. 7. 5.).

(2) 거주기간의 제한을 받지 않는 경우

1세대 1주택 비과세 규정을 적용할 때 거주요건은 2017.8.2. 발표된 부동산 대책인 실수요 보호와 단기 투기수요 억제를 통한 주택시장 안정화 방안에서 신설된 것으로서 취득당시 조정대상지역에 있는 주택의 경우 적용되는 규정이다. 따라서 2017.8.2. 이전 또는 조정대상지역 지정공고 이전에 취득한 주택이나 계약금 지급일 현재 무주택 세대가 계약을 체결한 경우에는 거주기간의 제한을 받지 않는다. 즉, 거주요건을 적용하지 않는다. 이에 대한 내용은 앞에서 살펴보았으므로 여기서는 요약 정리하기로 하고, 그외 거주기간의 제한을 받지 않는 경우에 해당하는 1세대 1주택자가 조정대상 지역의 주택을 2019.12.16. 이전에 임대주택으로 등록한 주택, 상생임대주택에 대한 내용을 살펴보기로 한다.

1) 2017.8.2. 이전에 취득 또는 무주택 세대가 매매계약한 주택

2017.8.2. 이전에 취득한 주택 또는 2017.8.2. 이전에 매매계약을 체결하고 계약금을 지급한 사실이 증빙서류에 의하여 확인되는 주택으로서 계약금 지급일 현재 무주택세대인 경우에는 거주요건이 적용되지 않는다(부칙 대통령령 제28293호, 2017.9.19.).

핵심포인트 2017.8.2. 이전 취득 또는 계약한 주택과 거주요건

구분	무주택세대 여부	거주요건
8.2. 이전 취득	관계없음	×
8.2. 이전 계약	무주택세대 ○	×
	무주택세대 ×	○

2) 조정대상지역 지정공고 이전에 취득 또는 무주택 세대가 매매계약한 주택

조정대상지역 공고일 이전에 취득한 주택 또는 조정대상지역의 공고가 있은 날 이전에 매매계약을 체결하고 계약금을 지급한 사실이 증빙서류에 의하여 확인되는 경우로서 계약금 지급일 현재 무주택세대인 경우에는 거주요건이 적용되지 않는다(소령 제154조 제1항 제5호).

 조정대상지역의 지정공고와 거주기간 요건

구분	무주택세대 여부	거주요건
공고일 이전 취득	관계없음	×
공고일 이전 계약	무주택세대 ○	×
	무주택세대 ×	○

3) 2019.12.16. 이전에 임대주택으로 등록한 주택

1세대가 조정대상지역에 1주택을 보유한 거주자로서 2019.12.16. 이전에 해당 주택을 임대하기 위해 소득세법에 따른 사업자등록과 「민간임대주택에 관한 특별법」에 따른 임대사업자로 등록하고 임대료 등 5% 증액제한 규정을 준수한 경우에는 해당 주택을 이 영 시행 이후 양도하는 경우라도 해당 임대주택은 거주기간의 제한을 받지 않는다(부칙 제30395호 제38조 2항, 2020.2.11.).

4) 상생임대주택

상생임대주택이란 1년 6개월 이상 임대한 직전임대차계약 대비 임대보증금 또는 임대료의 증가율이 5%를 초과하지 않는 상생임대차계약을 체결하고 2년 이상 임대한 주택을 말한다. 국내에 1주택을 소유한 1세대가 상생임대주택 요건을 모두 갖춘 주택을 양도하는 경우에는 1세대 1주택 비과세 규정(소령 제154조 제1항), 주택임대사업자의 거주주택 비과세특례규정(소령 제155조 제20항 제1호) 및 1세대 1주택 장기보유특별공제율 표2 특례공제율 규정(소령 제159조의4)을 적용할 때 해당 규정에 따른 거주기간의 제한을 받지 않는다(소령 제155조의3).

아래에서는 상생임대주택이 거주기간의 제한을 받지 않는 요건에 대해 구체적으로 살펴보기로 한다.

① 직전임대차계약

직전임대차계약이란 주택을 취득한 후 임차인과 새로이 체결한 신규계약 또는 갱신계약을 말한다. 이를 주택 취득 후 임대차계약 요건이라 한다. 따라서 주택을 취득하기 전 체결한 임대차계약 또는 해당 주택의 취득으로 임대인의 지위가 승계된 경우의 임대차계약은 직전 임대차계약에 해당하지 않는다. 예를 들어 갑甲이 주택을 취득하기 전 종전 임대인 을乙과 임차인 병丙 사이에 체결된 계약을 갑이 승계받은 경우는 직전임대차계약에 해당하지 않는다. 왜냐하면 이미 임차인이 있는 주택을 구입하여 임대차계약을 승계받는 경우까지 세제지원을 하는 것은 상생임대주택의 취지에 적절하지 않기 때문이다.

1세대가 1주택을 취득한 날에 해당 주택에 대한 임대차계약을 체결하고 소득세법 시행령 제155조의3 제1항 제2호에 따른 임대기간 요건(직전임대차계약에 따라 임대한 기간이 1년 6개월 이상)을 충족하는 경우, 그 임대차계약이 전 소유자와 임차인간 임대차계약을 체결한 후 신 소유자와 같은 내용의 임대차계약을 체결하여 임대차계약 기간이 시작되는 경우가 아니라면 상생임대주택 특례의 직전임대차계약에 해당한다(예규 서면2022법규재산-4863, 2023. 3. 8.).

|참고| 취득일의 예시

- 매매: 빠른 날(잔금일, 등기접수일)
- 분양: 완성 후 잔금인 경우 빠른 날(잔금일, 등기접수일)
- 승계조합원: 빠른 날(사용승인서교부일, 임시사용승인일, 사실상 사용일)
- 원조합원: 재건축 전 주택 취득일(서면법규재산2022-4596, 2023. 3. 13.)

그러면 주택 취득 후 임대차계약 요건을 충족하지 못한 종전임대차계약을 해지하고 새로 계약한 임대차계약이 직전임대차계약에 해당할까? 이와 관련된 예규를 살펴보면 취득하기 전 해당 주택의 전소유자와 임차인이 체결한 임대차계약을 승계한 경우로서 직전임대차계약에 해당되지 않는 기존임대차계약을 종료하고 임대기간과 임대보증금을 변경하여 새로 계약을 체결한 경우에는 직전임대차계약에 해당하지 않는다고 해석하고 있다(서면2024법규재산-2648, 2025. 3. 27., 서면2023법규재산-343, 2023. 8. 16.).

② 상생임대차계약

상생임대차계약이란 2021. 12. 20.부터 2026. 12. 31.까지의 기간 중 신규계약 또는 갱신계약을 체결하고 임대를 개시한 임대차계약을 말하며, 계약금을 실제로 지급받은 사실이 확인되어야 상생임대주택으로 인정받을 수 있다. 계약갱신청구권 행사에 따른 계약도 상생임대차계약으로 인정된다.

직전임대차계약과 상생임대차계약의 임대인은 동일해야 하지만 임차인은 달라도 무방하며, 임차인이 변경되어도 임대료 5% 이하 인상을 준수하면 된다.

그러면 취득 후 임대차계약을 체결하여 직전임대차계약 요건을 충족한 직전임대차계약을 계약만료 전에 보증금과 임대기간을 변경하여 임대차계약을 체결하는 경우 상생임대차계약 해당할까? 이와 관련된 예규에서는 직전임대차계약 요건(주택 취득 후 임대계약요건)을 충족한 임대기간이 2년인 임대차계약을 1년 6개월로 단축하는 것으로 계약변경 후 동일 임차인과 다시 2년의 임대차기간으로 임대차계약을 새로 체결하는 경우, 각각 분리된 임대차계약을 직전임대차계약과 상생임대차계약으로 보아 상생임대주택특례를 적용할 수 있다고 해석하고 있다(서면법규재산2023-757, 2023.8.31.).

③ 의무임대기간의 계산

직전임대차계약의 의무임대기간은 1년 6개월 이상이어야 하며, 상생임대차계약의 의무임대기간은 2년 이상이어야 한다. 직전임대차계약 및 상생임대차계약에 따른 임대기간은 월력에 따라 계산하며, 1개월 미만인 경우에는 1개월로 본다(소령 제155조의3 제3항). 계약기간과 실제 임대기간이 상이한 경우 실제 임대기간을 기준으로 판정한다.

직전임대차계약 및 상생임대차계약에 따른 임대기간을 계산할 때 임차인의 사정으로 임대를 계속할 수 없어 새로운 임대차계약을 체결하는 경우로서 종전 임대차계약과 비교하여 새로운 임대차계약에 따른 임대보증금 또는 임대료가 증가하지 않은 경우에는 새로운 임대차계약의 임대기간을 합산하여 계산한다(소령 제155조의3 제4항).

④ 임대보증금 등의 증액제한

상생임대차계약은 직전임대차계약 대비 임대보증금 또는 임대료의 증가율이 5%를 초과하지 않아야 한다. 임대보증금과 월임대료를 서로 전환하는 경우에는 「민간임대주택에 관한 특별법」 제44조 제4항에서 정하는 기준에 따라 임대보증금 또는 임대료의 증가율을 계산한다. 임대보증금 또는 임대료 증가율은 렌트홈(https://www.renthome.go.kr) 임대료인상률계산기에서 계산할 수 있다.

그러면 상생임대주택에 대한 1세대 1주택 특례 적용 시 상생임대주택의 의무임대기간이 종료된 후에도 주택 양도 시까지 임대료 증액제한 요건을 준수해야 할까? 이와 관련된 예규에서는 소득세법 시행령 제155조의3 요건을 모두 충족한 상생임대주택은 상생임대차계약 임대기간 종료 후 새로운 임대차계약 체결 시 임대료의 증액 요건을 충족하지 않은 경우에도 특례를 적용받을 수 있다고 해석하고 있다(서면법규재산2024-1315, 2024.9.25.).

⑤ 다주택자 및 주택임대사업자와 상생임대주택

다주택자 및 등록임대주택사업자의 임대주택도 상생임대주택이 최종 1주택인 경우 거주요건의 제한을 받지 않는다.

⑥ 다가구주택 임대와 상생임대주택

다가구임대주택의 경우 상생임대주택으로 인정받기 위해서는 다가구주택 전체를 양도할 계획인 경우 모든 호와 상생임대차계약을 체결해야 한다(사전법규재산2025-373, 2025.5.21.).

핵심포인트 **상생임대주택**

구분		요건	
직전임대차계약		주택을 취득 후 임차인과 새로이 체결한 신규계약 또는 갱신계약 (해당 주택의 취득으로 임대인의 지위가 승계된 경우의 임대차계약은 제외)	
		임대차기간	1년 6개월 이상
상생임대차계약		적용기간 중 신규계약 또는 갱신계약을 체결한 임대차계약	
		적용기간	2021.12.20.~2026.12.31.
		임대차기간	2년 이상
		임대료 등 증액제한	직전임대차계약 대비 5% 초과하지 않을 것
적용 범위		임대개시 시점에 다주택자이나 향후 1주택자 전환 계획이 있는 임대인 및 주택임대사업자에게도 혜택 적용	
혜택	비과세	2년 거주요건 면제	
	장특공제	1세대 1주택 장기보유특별공제 [표2] 적용을 위한 2년 거주요건 면제	

(3) 보유기간 및 거주기간의 통산

1세대 1주택 비과세 규정에 따른 거주기간 또는 보유기간을 계산할 때 다음의 기간은 통산한다.

1) 재건축주택

거주하거나 보유하는 중에 소실·무너짐·노후 등으로 인하여 멸실되어 재건축한 주택인 경우에는 그 멸실된 주택과 재건축한 주택에 대한 거주기간 및 보유기간은 통산한다(소령 제154조 제8항 제1호).

2) 비거주자가 거주자로 전환된 주택

비거주자가 해당 주택을 3년 이상 계속 보유하고 그 주택에서 거주한 상태로 거주자로 전환된 경우에는 해당 주택에 대한 거주기간 및 보유기간은 통산한다(소령 제154조 제8항 제2호).

3) 상속받은 주택

상속주택의 보유기간 계산은 상속이 개시된 날부터 양도일까지로 한다. 다만, 상속받은 주택으로서 상속인과 피상속인이 상속개시 당시 동일세대인 경우에는 상속개시 전에 상속인과 피상속인이 동일세대로서 거주하고 보유한 기간은 통산한다(소령 제154조 제8항 제3호).

[보유기간·거주기간 원칙 및 특례]

구분		내용	시행령		
원칙		보유기간 2년 이상 거주기간 2년 이상(취득당시 조정대상지역)	제154조 본문		
특례	보유·거주기간 제한 없는 경우	❶ 분양전환임대주택	제154조 제1항	제1호	
		❷ 수용·협의매수		제2호	가목
		❸ 해외이주법에 따른 해외이주로 세대전원 출국			나목
		❹ 1년 이상 취학·근무상 형편으로 세대전원출국			다목
		❺ 1년 이상 거주주택 부득이한 사유로 양도		제3호	
	거주기간 제한이 없는 경우	❶ 2017.8.2. 이전 취득 또는 무주택세대의 매매계약	제154조 제1항 부칙		
		❷ 조정대상지역 공고 전 취득 또는 무주택세대의 매매계약	제154조 제1항 제5호		
		❸ 상생임대주택	제155조의3		
		❹ 2019.12.16. 이전 임대등록주택(1세대 1주택)	부칙30395 제38조 제2항		
	보유·거주기간 통산	❶ 재건축한 주택	제154조 제8항	제1호	
		❷ 비거주자의 거주자전환주택		제2호	
		❸ 상속받은 주택(동일세대)		제3호	

　　지금까지 거주자의 1세대 1주택 비과세 요건인 1세대 요건, 1주택 요건, 보유기간 요건 및 거주기간 요건에 대한 내용을 살펴보았다. 주택에 대한 비과세는 원칙적으로 1세대 1주택에 대해 적용한다. 그러나 1세대 1주택 비과세 요건 중 1주택 요건을 확장하여 1세대가 국내에 2주택 이상을 보유하다 양도하는 경우에도 비과세를 적용하는 특례주택이 있다. 다음 절에서는 그 내용에 대해 다루기로 한다.

1. 1세대 1주택 비과세 특례 개요

주택에 대한 비과세는 원칙적으로 양도일 현재 1주택을 보유한 1세대가 그 주택을 양도하는 경우에 적용한다. 하지만 거주 이전을 하는 과정에서 1세대가 1주택을 양도하기 전에 일시적으로 다른 신규주택을 취득하거나 주택을 상속받거나 노부모를 동거봉양하기 위하여 세대를 합가하는 경우 또는 혼인으로 세대를 합가하는 경우 1세대가 2주택을 보유하게 된다. 뿐만 아니라 문화재주택이나 농어촌주택, 취학 등 부득이한 사유로 주택을 취득하는 경우에도 1세대가 2주택을 보유하게 되는 경우가 발생할 수 있다. 주택임대사업자가 거주주택을 보유하는 경우에는 2주택 이상을 보유하는 경우가 생길 수 있다. 이러한 상황에서 1세대 1주택 특례로서 비과세를 적용하는 규정이 있다(소법 제89조 제1항 제3호 나목). 이 책에서는 일시적 1세대 2주택의 신규주택 등을 특례주택이라 하고 그 외의 주택을 일반주택(임대주택인 경우는 거주주택)이라 하여 설명하기로 한다.

비과세 적용대상 주택은 신규주택 등의 특례주택이 아니라 일반주택 혹은 거주주택을 양도하는 경우 그 일반주택 혹은 거주주택을 1세대 1주택으로 보아 비과세 규정을 적용한다. 즉, 일반주택 양도 시 특례주택은 없는 것으로 본다.

아래에서는 일시적 1세대 2주택 등 1세대 1주택의 비과세 특례주택에 대한 세법의 내용을 구체적으로 살펴보기로 한다.

2. 일시적 1세대 2주택

국내에 1주택을 소유한 1세대가 그 주택(종전주택)을 양도하기 전에 다른 주택(신규주택)을 취득(자기가 건설하여 취득한 경우를 포함한다)함으로써 일시적으로 2주택이 된 경우 종전주택을 취득한 날부터 1년 이상이 지난 후 신규주택을 취득하고, 신규주택을 취득한 날로부터 3년 이내에 종전주택을 양도하는 경우에는 이를 1세대 1주택으로 보아 비과세 규정을 적용한다(소령 제155조 제1항).

이처럼 일시적 1세대 2주택에 대해 1세대 1주택의 특례규정을 적용하는 취지는 1세대가 일시적으로 2주택이 된 경우는 양도소득을 얻거나 투기할 목적이 있다고 보기 어려우며, 국민의 주거생활 안정과 헌법 제14조의 거주·이전의 자유를 보장하기 위함이다.

아래에서는 일시적 1세대 2주택 비과세 요건을 신규주택 취득, 종전주택 양도 요건으로 나누어 예규 및 판례와 함께 살펴보기로 한다.

(1) 신규주택 취득

종전주택을 취득한 날부터 1년 이상이 지난 후 신규주택을 취득하여야 한다. 예를 들어 종전주택을 취득한 날이 2014.12.30.인 경우 신규주택은 1년 이상이 지난 후인 2015.12.31. 이후 취득하여야 한다(예규 법령해석재산2017-273, 2017.11.9., 판례 조심2020서-1405, 2020.6.29.). 즉, 종전주택을 취득한 날부터 1년 이상이 지난 후 신규주택을 취득하였는지 여부는 초일불산입하여 계산한다.
취득의 원인은 매매, 상속, 증여뿐만 아니라 자기가 건설하여 취득한 경우를 포함한다.

(2) 종전주택 양도

1) 양도기한

종전주택은 신규주택을 취득한 날로부터 3년 이내에 양도하여야 한다. 그러면 신규주택 취득일로부터 3년 이내 종전주택을 양도하는 경우 3년 이내의 기간은 어떻게 계산하는 것일까? 이와 관련된 예규를 살펴보면 다른 주택(신규주택)을 취득한 날부터 3년 이내에 종전주택을 양도하는 경우를 판단할 때의 기간 계산에는 다른 주택을 취득한 날인 초일은 산입하지 않는다(서면2018부동산-3033, 2018.10.17.). 즉, 신규주택을 취득한 날로부터 3년 이내에 종전주택을 양도하였는지 여부는 초일불산입하여 계산한다. 예를 들어 2011.6.21. 종전주택을 취득하고, 2016.10.31. 신규주택을 취득하여 종전주택을 2019.10.31. 양도하는 경우에는 신규주택을 취득한 날로부터 3년 이내에 양도하는 경우에 해당한다(사전법령해석재산2019-538, 2019.10.9.).

2) 1세대 1주택 비과세요건 충족

양도하는 종전주택은 앞에서 살펴본 1세대 1주택 비과세 요건을 충족해야 한다. 즉, 2년 이상 보유하고, 취득당시 조정대상지역인 경우에는 2년 이상 거주하여야 한다.

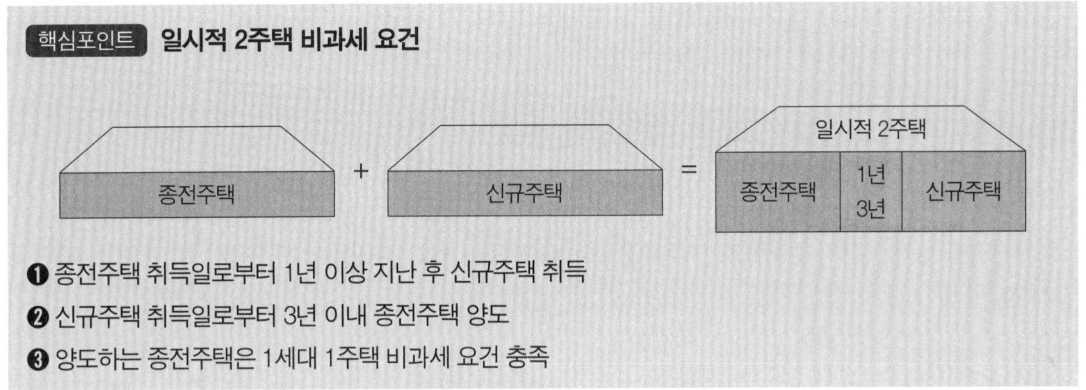

(3) 일시적 2주택 비과세 특례규정 관련 생각지도

아래에서는 일시적 2주택 비과세 특례규정 관련 내용을 예규 및 판례를 통하여 조금 더 살펴보기로 한다.

1) 신규주택을 증여로 취득하는 경우

1주택을 소유하고 있는 1세대가 그 주택을 양도하기 전에 별도세대원으로부터 다른 주택(신규주택)을 증여로 취득하는 경우 일시적 2주택 비과세 특례규정을 적용한다(예규 부동산거래관리과-95, 2012.2.13., 서면인터넷방문상담4팀-4148, 2006.12.22.). 예를 들어 1주택(종전주택)을 소유하고 있는 자녀가 종전주택 취득일로부터 1년 이상이 지난 후 별도세대인 부모로부터 다른 주택(신규주택)을 증여로 취득하고 증여받은 날로부터 3년 이내 종전주택을 양도하는 경우 일시적 2주택 비과세 특례규정을 적용할 수 있다.

2) 신규주택 취득 후 동일 세대원에게 종전주택을 양도하는 경우

일시적 2주택 비과세 특례규정은 신규주택의 취득과 종전주택의 양도 주체를 모두 1세대로 하고 있으므로 종전주택의 양도 후에 해당 세대는 종전주택을 보유하고 있지 않음을 당연한 전제로 하고 있다. 그러므로 신규주택 취득 후 동일 세대원에게 종전주택을 양도하는 경우는 종전주택 양도 후에도 해당 세대는 여전히 2주택을 보유하고 있는 것이므로 일시적 2주택 비과세 특례규정을 적용할 수 없다(판례 서울고등법원2013누-2589, 2013.7.3., 예규 서면인터넷방문상담5팀-1191, 2007.4.11.).

3) 종전주택을 상속받고 신규주택을 취득하는 경우

① 종전주택을 별도세대원으로부터 상속받은 경우

종전주택을 별도세대원으로부터 상속받고 1년 이상이 지난 후 신규주택을 취득하여 신규주택 취득일로부터 3년 이내 상속받은 종전주택을 양도하는 경우 일시적 2주택 비과세특례규정을 적용할 수 있다

② 종전주택을 동일세대원으로부터 상속받은 경우

아래의 사례와 같이 종전주택을 동일세대원으로부터 상속받은 후 신규주택을 취득한 경우 일시적 2주택 비과세 특례규정을 적용할 수 있을까?

- 1989.12.30. 甲, 대구 수성구 소재 A주택 취득
- 2012.06.23. 乙(甲의 배우자), A주택 상속
- 2012.10.00. 乙, 대구 북구 칠성동 소재 B아파트 취득
- 2014.07.00. 乙, A주택 양도 예정

위 사례와 관련된 예규를 살펴보면 일시적 2주택 특례규정을 적용할 때 양도하는 종전주택이 상속받은 주택으로서 상속인과 피상속인이 상속개시 당시 동일세대인 경우, 상속개시 전에 상속인과 피상속인이 동일세대로서 보유한 기간(❶) 및 상속개시일부터 다른 주택 취득일 전일까지의 기간(❷)을 합산(❶+❷)한 보유기간이 1년 이상이 지난 후 다른 주택을 취득하고 그 다른 주택을 취득한 날부터 3년 이내에 종전의 주택을 양도하는 경우에는 비과세 특례를 적용받을 수 있다고 해석하고 있다(부동산납세과-468, 2014.7.4., 서면인터넷방문상담5팀-274, 2006.9.28.). 다시 말해 일시적 2주택 요건 판단은 소유자별로 하는 것이 아니라 세대별로 판단하는 것으로서 종전주택은 동일세대원인 피상속인 갑이 취득한 A주택이며, 신규주택은 동일세대원인 을이 취득한 B아파트로서 종전

주택인 A주택 취득일로부터 1년 이상이 지난 후 신규주택인 B아파트를 취득하여 신규주택인 B아파트 취득일로부터 3년 이내 종전주택인 A주택을 양도할 예정이므로 일시적 2주택 비과세 특례규정을 적용할 수 있다.

그러면 아래의 사례처럼 상속 전 일시적 2주택을 보유하다 동일세대원이 피상속인의 주택을 상속받은 경우에도 일시적 2주택 비과세 특례규정을 적용할 수 있을까?

- 2006.2.21. 질의자(甲)의 배우자 명의로 주택A 취득
- 2012.3.19. 甲이 주택B 취득
- 2012.10.12. 甲의 배우자 사망, 甲은 그의 자녀 2인과 함께 주택A를 공동 상속 받음
- 2013.6월 주택A를 4억 9천만원에 양도할 예정

위 사례와 관련된 예규를 살펴보면 국내에 1주택을 소유한 1세대가 그 주택(종전주택)을 양도하기 전에 다른 주택을 취득함으로써 일시적으로 2주택이 된 경우로서, 상속으로 인하여 동일세대원이 종전주택을 상속받아 다른 주택을 취득한 날부터 3년 이내에 양도하는 경우에는 「소득세법 시행령」 제155조 제1항(1세대 1주택 비과세 규정)이 적용된다고 해석하고 있다(기획재정부재산-37, 2014.1.15.). 다시 말해 일시적 2주택 요건 판단은 소유자별로 하는 것이 아니라 세대별로 판단하는 것으로서 종전주택은 갑의 배우자명의로 취득한 주택A이며, 신규주택은 갑이 취득한 주택B로서 종전주택인 주택A 취득일로부터 1년 이상이 지난 후 신규주택인 주택B를 취득하여 신규주택인 주택B 취득일로부터 3년 이내 종전주택인 주택A를 양도할 예정이므로 일시적 2주택 비과세 특례규정을 적용할 수 있다.

4) 멸실과 일시적 2주택

일시적 2주택에 대한 양도세 비과세 특례규정을 적용할 때 기존주택을 멸실하고 재건축한 주택은 기존주택의 연장으로 본다(집행기준 89-155-3). 이와 관련된 내용을 사례를 통하여 살펴보면 1세대 2주택(A주택, B주택)자가 그중 1주택(A주택)이 재건축으로 새로이 준공된 이후에 재건축하지 않은 다른 주택(B주택)을 양도하는 경우 일시적 2주택으로 비과세 규정을 적용할 수 있을까?

A주택 취득	B주택 취득	A주택 멸실	A주택 준공	B주택 양도
▲	▲	▲	▲	▲
2016.5.1.	2021.1.6.	2021.3.1.	2023.1.5.	2023.5.10.

위 사례를 관련 예규와 판례를 통하여 살펴보면 A주택을 멸실 후 재건축한 경우에는 이를 기존주택의 연장으로 보아 B주택은 과세된다고 해석하고 있다(재산46014-10135, 2002.11.22., 부동산거래관리과-1387, 2010.11.19., 대법2009두-5527, 2009.6.11.). 그 이유를 다음의 순서에 따라 판단해 보기로 한다.

① 종전주택과 신규주택의 구분

먼저 종전주택과 신규주택을 구분해 보면, 재건축한 주택은 기존주택의 연장으로 본다고 하였기 때문에 종전주택은 재건축주택 A에 해당한다. 그리고 재건축주택 A의 취득일은 기존주택의 취득일인 2016.5.1.로 보아야 한다.

신규주택은 B주택에 해당한다.

② 종전주택 취득일로부터 1년 이상이 지나 신규주택을 취득하였는지 여부

종전주택(A) 취득일인 2016.5.1.로부터 1년 이상이 지난 2021.1.6. 신규주택(B)을 취득하였으므로 요건을 충족한다.

③ 신규주택 취득일로부터 3년 이내에 종전주택을 양도하였는지 여부

위의 사례에서는 종전주택(A)을 양도한 것이 아니라 신규주택(B)을 양도하였으므로 요건을 충족하지 못한다.

④ 비과세 판단

따라서 신규주택(B) 양도 시 비과세 특례규정을 적용받을 수 없다.

이번에는 다른 사례를 통하여 멸실과 일시적 2주택에 대한 내용을 살펴보기로 한다.

아래의 사례에서처럼 종전주택이 멸실된 상태에서 신규주택을 취득하고 종전주택을 재건축한 주택을 양도하는 경우 일시적 2주택 비과세 특례규정을 적용할 수 있을까?

A주택 취득	A주택 멸실	B주택 취득	A주택 준공	A주택 양도
2002.5.1.	2007.1.6.	2007.3.1.	2009.1.5.	2010.5.10

A주택의 양도가 일시적 2주택으로 비과세 적용이 가능한지 여부를 다음의 순서에 따라 판단해 보기로 한다.

① 종전주택과 신규주택의 구분

먼저 종전주택과 신규주택을 구분해 보면, 재건축한 주택은 기존주택의 연장으로 본다고 하였기 때문에 종전주택은 재건축주택 A에 해당한다. 그리고 재건축주택 A의 취득일은 기존주택의 취득일인 2002.5.1.로 보아야 한다.

신규주택은 B주택에 해당한다.

② 종전주택 취득일로부터 1년 이상이 지나 신규주택을 취득하였는지 여부

종전주택(A) 취득일인 2002.5.1.로부터 1년 이상이 지난 2007.3.1. 신규주택(B)을 취득하였으므로 요건을 충족한다.

③ 신규주택 취득일로부터 3년 이내에 종전주택을 양도하였는지 여부

종전주택(A)은 신규주택(B) 취득일인 2007.3.1.부터 3년 이내인 2010.5.10. 양도하였으므로 요건을 충족한다.

④ 양도하는 종전주택이 1세대 1주택 비과세 요건을 충족하였는지 여부

양도하는 재건축주택(A)은 보유기간이 2년 이상이고, 취득일이 2017.8.2. 이전이기 때문에 거주요건은 없다. 따라서 양도하는 재건축주택(A)은 1세대 1주택 비과세 요건을 충족하였다. 그러므로 일시적 1세대 2주택 비과세 특례규정 적용할 수 있다.

5) 용도변경과 일시적 2주택

① 업무용시설을 주택으로 용도변경한 경우

1세대 1주택자가 소유하던 상가를 용도변경하여 주택으로 사용하는 때에는 주택으로 용도변경한 때에 다른 주택을 취득한 것으로 보아 일시적 2주택 비과세 특례규정을 적용한다(집행기준 89-155-7). 이와 관련된 예규에서도 국내에 1주택(A주택)을 소유하는 1세대가 업무용시설인 오피스텔 1채를 취득하여 업무용시설 또는 주거용시설로 반복·변경하여 사용하는 경우에는 양도 직전 해당 오피스텔을 상시 주거용으로 사용하는 날부터 1년(현재는 3년) 이내에 주택을 양도하는 경우 1세대 1주택 특례규정을 적용할 수 있다고 해석하고 있다(서면인터넷방문상담5팀-406, 2008. 2. 29.).

② 다세대주택을 다가구주택으로 용도변경한 경우

다세대주택을 보유한 1세대가 신규주택을 취득한 후 다세대주택을 다가구주택으로 용도변경하는 경우로서 다가구주택을 용도변경한 날부터 2년 이상 보유하고 신규주택 취득일부터 3년 이내에 하나의 매매단위로 양도하는 경우 일시적 2주택 특례 적용이 가능하다(예규 서면2022법규재산-1143, 2023. 9. 11.).

6) 지역주택 조합원이 취득한 주택과 일시적 2주택

지역주택조합이 사업계획승인을 받은 경우 지역주택 조합원은 분양권을 취득하게 된다. 이러한 분양권은 2021. 1. 1. 이후부터 주택 수에 포함된다. 주택과 분양권을 소유하다 주택을 양도하는 경우 적용하는 비과세 요건은 소득세법 시행령 제155조 제1항 일시적 2주택 규정이 아니라 소득세법 시행령 제156조의3의 규정이 적용된다. 반면, 분양권을 소유하다 주택을 취득하고 주택을 양도하는 경우 적용하는 비과세 규정은 없다.

지역주택조합의 조합원이 2021. 1. 1. 전에 지역주택에 가입한 경우는 사업계획승인을 2021. 1. 1. 이후에 받은 경우에도 주택 수에 포함되는 분양권이 아니다(예규 사전2025법규재산-0563, 2025. 7. 25., 기획재정부재산-1037, 2023. 9. 1.). 이 경우 분양권으로 완성되는 주택에 대한 일시적 2주택 판단은 어떻게 하는 것일까? 아래의 사례로 살펴보기로 한다.

- 2019.7월 A주택 분양권 취득
- 2020.5월 B지역주택조합 가입
- 2022.3월 B지역주택조합 사업계획승인
- 2022.9월 A주택 취득(완공 및 잔금청산) 및 실거주
- 2026.3월 B지역주택조합 주택 취득(완공) 및 실거주 예정
- 2026.3월 이후 소득세법 시행령 제155조 제1항에 따른 종전주택 처분기한(3년) 내 A주택 양도 예정

위 사례와 관련된 예규를 살펴보면 2021.1.1. 전 「주택법」에 따른 지역주택조합에 가입하고 2021.1.1 이후 같은 법 제15조에 따라 사업계획승인을 받은 후 다른 주택(A)을 취득한 경우로서, 다른 주택(A)를 취득한 날부터 1년 이상이 지난 후 지역주택조합의 조합원으로 주택(B)을 공급받고 그날부터 3년 이내에 다른 주택(A)을 양도하는 경우 이를 1세대 1주택으로 본다고 해석하고 있다(기획재정부재산-1037, 2023.9.1.).

3. 상속주택

상속개시일 현재 동일세대가 아닌 상속인이 상속받은 주택과 그 밖의 주택(일반주택)을 국내에 각각 1개씩 소유하고 있는 1세대가 일반주택을 양도하는 경우에는 국내에 1개의 주택을 소유하고 있는 것으로 보아 1세대 1주택 비과세 규정을 적용한다(소령 제155조 제2항).

이처럼 상속주택에 대해 1세대 1주택의 특례규정을 적용하는 취지는 1세대 1주택을 보유하여 양도소득세가 과세되지 않게 되어 있는 자가 그의 의사나 선택에 의하지 아니하고 상속이라는 부득이한 사유로 본의 아니게 1세대 2주택이 됨으로써 양도소득세의 비과세 혜택이 소멸되는 불이익을 방지하려는 데 있다.

상속받은 주택에는 조합원입주권 또는 분양권을 상속받아 사업시행 완료 후 취득한 신축주택을 포함하며, 피상속인이 상속개시 당시 2 이상의 주택을 소유한 경우에는 선순위상속주택의 순위에 따른 1주택을 말한다. 상속인과 피상속인이 상속개시 당시 1세대인 경우에는 1주택을 보유하고 1세대를 구성하는 자가 직계존속을 동거봉양하기 위하여 세대를 합침에 따라 2주택을 보유하게 되는 경우로서 합치기 이전부터 보유하고 있었던 주택만 상속받은 주택으로 본다.

일반주택에는 상속개시 당시 보유한 주택 또는 상속개시 당시 보유한 조합원입주권이나 분양권에 의하여 사업시행 완료 후 취득한 신축주택만 해당하며, 상속개시일부터 소급하여 2년 이내에

피상속인으로부터 증여받은 주택 또는 증여받은 조합원입주권이나 분양권에 의하여 사업시행 완료 후 취득한 신축주택은 제외한다.

[일반주택과 상속주택의 범위]

일반주택의 범위	상속주택의 범위
• 상속개시 당시 보유한 주택 • 상속개시 당시 보유한 조합원입주권이나 분양권에 의하여 사업 시행 완료 후 취득한 신축주택 • 동거봉양합가주택은 합치기 이전부터 보유하고 있었던 주택 • 상속개시일부터 소급하여 2년 이내에 피상속인으로부터 증여받은주택 또는 증여받은 조합원입주권이나 분양권에 의하여 사업시행 완료 후 취득한 신축주택은 제외	• 상속개시 당시 2 이상의 주택인 경우 선순위 상속주택 • 조합원입주권 또는 분양권을 상속받아 사업시행 완료 후 취득한 신축주택 • 동거봉양합가주택은 합치기 이전부터 보유하고 있었던 주택

(1) 상속주택 특례 요건

아래애서는 일반주택과 상속주택을 보유하다 일반주택을 양도하는 경우 적용하는 상속주택 특례 요건을 조금 더 살펴보기로 한다.

1) 상속개시일 현재 피상속인과 동일세대가 아닌 상속인이 상속받은 주택이어야 한다

1세대 1주택의 특례가 적용되는 상속받은 주택(상속주택)이란 원칙적으로 상속개시일 현재 피상속인과 동일세대가 아닌 상속인이 상속받은 주택을 말한다. 다만, 아래의 동거봉양합가인 경우에는 예외적으로 동일세대라 하더라도 상속주택 특례가 적용된다.

2) 동일세대로부터 상속받은 주택이라 하더라도 동거봉양합가인 경우 상속주택 특례가 적용된다

상속인과 피상속인이 상속개시 당시 1세대인 경우에는 1주택을 보유한 1세대가 1주택을 보유하고 있는 60세 이상의 직계존속을 동거봉양하기 위하여 세대를 합침에 따라 2주택을 보유하게 되는 경우로서 직계존속의 사망으로 주택을 상속받은 경우에는 상속개시일 현재 동일세대라 하더라도 해당 상속주택은 특례주택 규정을 적용하여 상속받은 주택 외의 주택(일반주택)을 양도하는 경우 1세대 1주택 비과세 규정을 적용한다. 이때에는 합치기 이전부터 보유하고 있었던 주택만 상

속받은 주택으로 본다

직계존속에는 배우자의 직계존속을 포함하며, 세대를 합친 날 현재 직계존속 중 어느 한 사람 또는 모두가 60세 이상으로서 1주택을 보유하고 있는 경우만 해당한다.

위 세법의 내용 및 관련 예규를 살펴보면 합가 당시에는 부모만 1주택을 보유하다가 합가 후 자녀가 1주택을 취득하여 2주택이 된 상태에서 상속을 받고 자녀가 합가 후 취득한 일반주택을 양도하는 경우에는 상속주택 특례규정을 적용할 수 없다(사전2021법령해석재산-1566, 2021. 10. 29.).

3) 선순위상속주택 1채만 상속주택 특례가 적용된다

피상속인이 상속개시 당시 2채 이상의 주택을 소유한 경우에는 다음의 순위에 따른 1주택(선순위상속주택)을 상속주택으로 본다. 상속개시 당시 피상속인이 보유한 2채 이상의 주택에는 상속받은 1주택이 「도시 및 주거환경정비법」에 따른 재개발사업, 재건축사업 또는 「빈집 및 소규모주택 정비에 관한 특례법」에 따른 소규모재건축사업, 소규모재개발사업, 가로주택정비사업, 자율주택정비사업(소규모재건축사업등)의 시행으로 2채 이상의 주택이 된 경우도 포함된다.

① 피상속인이 소유한 기간이 가장 긴 1주택
② 피상속인이 거주한 기간이 가장 긴 1주택
③ 피상속인이 상속개시 당시 거주한 1주택
④ 기준시가가 가장 높은 1주택

상속개시 당시 피상속인이 2채 이상의 주택을 소유하다 상속이 된 경우 위 순서에 의한 선순위상속주택 1채만 상속주택 특례가 적용되고 나머지 주택은 상속주택 특례가 적용되지 않는다. 예를 들어 1주택을 보유한 상속인이 선순위상속주택이 아닌 주택을 상속받는 경우 상속주택특례를 적용받을 수 없어 상속개시일 현재 보유하는 주택을 양도할 때 비과세를 적용받지 못할 수 있다. 다만, 상속받은 주택을 신규주택으로 보아 일시적 2주택에 해당하는 경우 일시적 2주택 비과세 특례규정을 적용할 수 있다.

4) 상속개시 당시 보유한 일반주택을 양도하여야 한다

상속주택에 대한 1세대 1주택의 특례규정을 적용받으려면 상속주택이 아니라 상속개시 당시 보유한 일반주택을 양도하여야 한다. 일반주택이 아니라 상속주택을 먼저 양도하는 경우에는 비과세 특례가 적용되지 않는다.

일반주택에는 상속개시 당시 보유한 주택 또는 상속개시 당시 보유한 조합원입주권이나 분양권에 의하여 사업시행 완료 후 취득한 신축주택만 해당하며, 상속개시일로부터 소급하여 2년 이내에 피상속인으로부터 증여받은 주택 또는 증여받은 조합원입주권이나 분양권에 의하여 사업시행 완료 후 취득한 신축주택은 제외한다.

위의 규정은 상속받은 주택(또는 조합원입주권, 분양권)을 소유한 상태에서 일반주택을 수차례 취득·양도하는 경우 매번 비과세를 받을 수 있는 불합리한 점을 개선하기 위하여 2013.2.15. 이후 일반주택을 취득하여 양도하는 분부터 적용한다(부칙 대통령령 제24356호 제20조, 2013.2.15.). 따라서 개정규정이 시행되기 이전인 2013.2.15. 전에 일반주택을 취득하여 양도하는 경우에는 상속개시 당시 보유 여부와는 관계없이 상속주택 특례규정이 적용된다(예규 서면부동산2016-6045, 2016.12.22.).

| 참고 | 상속주택 및 일반주택의 범위에 포함되는 분양권

분양권이 일반주택 및 상속주택에 포함되는 개정규정은 2021.1.1. 이후 취득·양도하는 분양권부터 적용한다(부칙 대통령령 제31442호 2021.2.17.).

---

5) 양도하는 일반주택은 1세대 1주택 비과세 요건을 충족하여야 한다

양도하는 일반주택은 2년 이상 보유하고 취득당시 조정대상지역인 경우에는 2년 이상 거주요건을 충족하여야 한다.

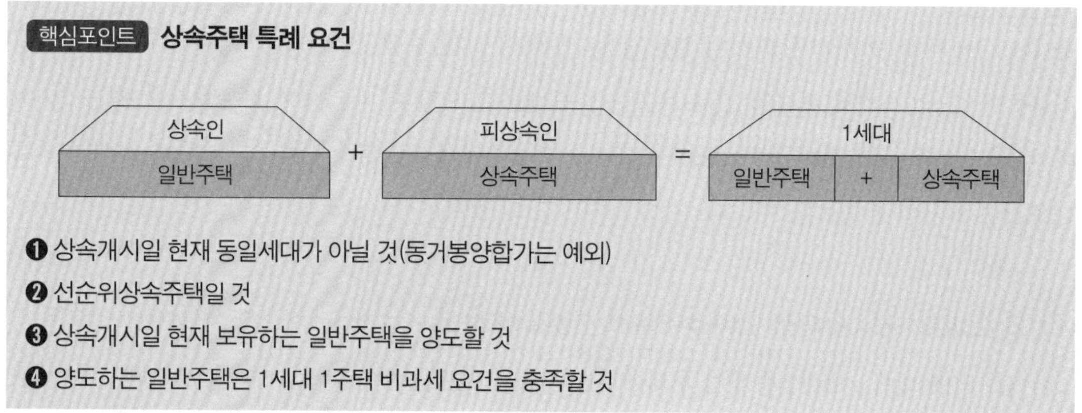

(2) 상속주택 관련 생각지도

아래에서는 상속주택에 대한 1세대 1주택의 특례 관련 내용을 예규 및 판례를 통하여 조금 더 살펴보기로 한다.

1) 상속주택을 멸실하고 새로운 주택을 신축한 경우

상속받은 주택을 멸실하고 새로운 주택을 신축한 경우 그 신축주택은 상속받은 주택의 연장으로 보아 1세대 1주택 비과세 특례규정을 적용한다(집행기준 89-155-10). 이와 관련된 예규에서도 소득세법 시행령 제155조 제2항의 상속주택 특례규정을 적용함에 있어 거주자가 상속받은 주택을 멸실하고 새로운 주택을 신축한 경우 그 새로운 주택은 상속받은 주택으로 본다고 해석하고 있다(재산세과-1811, 2008.7.21.). 다만, 상속주택을 멸실하고 상속받은 자 외의 명의로 신축한 경우 신축한 주택은 상속주택에 해당하지 않는다(예규 서면법규재산2021-2647, 2022.2.17.).

💡 생각정리 노트

위 집행기준 및 예규에 따르면 상속주택을 멸실하고 신축한 경우 그 신축한 주택은 종전 상속주택의 연장으로 보아 상속주택 특례규정을 적용한다. 따라서 상속개시 당시 보유한 일반주택을 양도하는 경우 비과세가 적용되는 것이므로 상속개시 후 신축 전에 취득한 일반주택이나 신축 후 취득한 일반주택을 양도하는 경우에는 비과세 특례규정을 적용받을 수 없다.

2) 일반주택을 멸실하고 새로운 주택을 신축한 경우

국내에 1주택(A)을 보유하던 1세대가 별도세대인 직계존속으로부터 1주택을 단독으로 상속받아 일반주택 1채(A)와 상속주택(B)을 보유하다가 일반주택(A)이 낡아 멸실하고 신축한 다음 양도할 예정이다. 이런 경우 1주택(A)과 별도세대인 직계존속으로부터 상속받은 주택(B)을 보유한 상태에서 일반주택을 멸실 후 신축한 다음 양도할 경우 상속주택 특례를 적용받을 수 있을까?

이와 관련된 예규를 살펴보면 상속개시 당시 별도세대인 피상속인으로부터 상속받은 주택과 일반주택을 국내에 각각 1개씩 소유하고 있는 1세대가 일반주택을 양도하는 경우에는 국내에 1개의 주택을 소유하고 있는 것으로 보아 1세대 1주택 비과세규정을 적용하게 된다. 이때 일반주택을 멸실하고 재건축한 경우에는 기존주택의 취득일을 일반주택의 취득일로 보아 상속주택 특례규정을 적용한다고 해석하고 있다(서면2021부동산-5845, 2023.3.23.). 따라서 상속개시 당시 보유한 일반주택을 상속개시 이후 신축하는 경우에도 그 신축주택을 양도하는 경우 상속개시 당시 보유하는 일반주택으로 보아 상속주택 특례규정을 적용할 수 있다.

3) 상속주택의 지분을 배우자에게 증여한 후 증여받은 배우자 소유의 일반주택을 양도한 경우

상속주택의 지분을 배우자에게 증여한 후 증여받은 배우자 소유의 일반주택을 양도한 경우 상속주택 특례를 적용할 수 있는지 여부는 예규와 판례가 다른 입장을 취하고 있다.

관련 예규에서는 상속받은 주택을 배우자에게 증여하고 그 밖의 주택을 양도하는 경우 배우자에게 증여한 주택은 소득세법 시행령 제155조 제2항의 규정이 적용되지 않는다고 해석하고 있다(서면부동산2015-1363, 2015.9.21., 서면4팀-256, 2007.01.18).

하지만 관련 판례에서는 1세대 1주택 등의 해당 여부는 하나의 주택을 기준으로 1세대별로 판단하는 것으로서 1세대를 구성하는 세대원이 1개의 주택을 각자 지분으로 공유하고 있다고 하여 1세대가 다주택을 보유하고 있는 것으로 볼 수 없으며, 동일 세대원인 배우자에게 주택의 1/2지분을 증여하였다고 하더라도 이는 증여되고 남은 주택지분과 함께 증여되기 전 주택을 구성하는 나머지 지분에 불과할 뿐 별도의 주택이라고 보기 어렵다(대법원2010두-6847, 2011.1.27.). 또한 상속주택의 1/2지분을 동일 세대원인 배우자에게 증여하였지만 1세대의 주택 수에는 변동이 없고, 소득세법령이 의도하는 1세대 1주택 특례 제도의 취지인 다른 사람들의 주택 취득 기회를 해하였다고도 볼 수 없으며(국심 2000서-3156, 2001.3.20.), 증여받은 배우자가 증여받은 상속주택 1/2지분은 증여받은 배우자를 기준으로 일반주택에 해당하는 것으로 볼 수도 있으나 1세대를 기준으로 볼 때 상속으로 취득한 주택이 세대 내에서 지분 변동만 발생하였을 뿐 그 실질은 여전히 상속주택에 해당함으로 상속주택 특례를 적용하여야 한다고 판단하고 있다(조심2023서-10059, 2024.7.9.).

4) 상속주택 특례와 일시적 2주택 특례의 중첩적용

상속받은 주택(A)과 상속개시일 현재 보유한 그 밖의 주택(일반주택, B)을 각각 1개씩 소유하고 있는 1세대가 일반주택(B)을 취득한 날부터 1년 이상이 지난 후 다른 주택(C)을 취득하고 그 다른 주택(C)을 취득한 날부터 3년 이내에 일반주택(B)을 양도할 때에는 이를 1세대 1주택으로 보아 비과세 규정을 적용한다(예규 서면부동산 2016-2944, 2016.3.31.).

4. 공동상속주택

　공동상속주택이란 상속으로 여러 사람이 공동으로 소유하는 1주택을 말하며, 피상속인이 상속 개시 당시 2채 이상의 주택(상속받은 1주택이 재개발사업, 재건축사업 또는 소규모재건축사업등의 시행으로 2채 이상의 주택이 된 경우를 포함한다)을 소유한 경우에는 앞에서 살펴본 선순위상속주택 순위에 따른 1주택을 말한다.

　1세대 1주택 비과세 규정(소득세법 시행령 제154조 제1항)을 적용할 때 공동상속주택 외의 다른 주택(일반주택)을 양도하는 때에는 해당 공동상속주택은 다음의 순서에서 정하는 사람이 그 공동상속주택을 소유한 것으로 본다(소령 제155조 제3항).

　① 상속지분이 가장 큰 상속인
　② 해당 주택에 거주하는 자
　③ 최연장자

　이 책에서는 위의 순서에 따라 공동상속주택을 소유한 것으로 보는 상속인을 최대지분자, 그 외의 상속인을 소수지분자라 하여 설명하기로 한다.

　위 규정에 따르면 소수지분자가 공동상속주택 외의 다른 주택(일반주택)을 양도하는 때에는 해당 공동상속주택은 소수지분자의 주택으로 보지 않는다. 다시 말해 공동상속주택 소수지분 이외의 일반주택을 양도하는 경우 그 일반주택이 1세대 1주택 비과세 요건을 충족한 경우 비과세한다는 것이다. 그러나 공동상속주택 소수지분을 먼저 양도하는 경우에는 비과세가 적용되지 않을 수 있으므로 주의하여야 한다.

| 참고 | 공동소유주택과 주택 수 계산

1주택을 여러 사람이 공동으로 소유한 경우 소득세법 시행령에 특별한 규정이 있는 것 외에는 주택 수를 계산할 때 공동 소유자 각자가 그 주택을 소유한 것으로 본다(소령 제154조의2). 공동상속주택은 소득세법 시행령에 특별한 규정이 있는 경우에 해당한다. 따라서 공동상속주택의 주택 수는 소득세법 시행령 제154조의2 규정이 아니라 소득세법 시행령 제155조 제3항 규정에 따라 주택의 소유자를 판정하여야 한다.

---

(1) 공동상속주택 규정의 역할

　공동상속주택 규정인 소득세법 시행령 제155조 제3항의 역할은 공동상속주택을 누구의 소유로 볼 것인지 정하는 데 있다고 볼 수 있다. 이 규정에 따라 최대지분자의 공동상속주택은 비과세규정을 적용함에 있어 같은 조 제2항의 상속주택 규정을 적용하여 판단한다. 이와 관련된 예규에서도 1세대 1주택 비과세 규정을 적용할 때 공동상속주택은 최대 상속지분을 소유한 상속인이 해당 공동상속주택을 소유한 것으로 보는 것이며, 해당 상속인이 해당 공동상속주택 외 다른 주택을 양도할 때에는 소득세법 시행령 제155조 제2항의 규정에 따라 1세대 1주택 비과세 여부를 판정한다고 해석하고 있다(서면2016부동산-4022, 2016.9.1.).

　공동상속주택의 소수지분자는 공동상속주택 소수지분 외의 다른 주택(일반주택)을 양도하는 때에는 소득세법 시행령 제155조 제3항에 따라 해당 공동상속주택 소수지분은 해당 거주자의 주택으로 보지 않고 1세대 1주택 비과세 규정을 적용할 수 있다.

💡 생각정리 노트

　일반적인 공동소유주택은 소유자 각자가 주택을 소유한 것으로 보지만, 공동상속주택은 소득세법 시행령 제155조 제3항에 따라 누구의 주택으로 볼 것인지 정한다. 소득세법 시행령 제155조 제3항에 따라 공동상속주택을 소유한 것으로 보는 상속인(최대지분자)은 소득세법 시행령 제155조 제2항에 따라 상속주택 특례규정 적용 여부를 판단하고, 소수지분자는 다른 주택 양도 시 소득세법 시행령 제155조 제3항에 따라 주택을 소유하지 않은 것으로 보아 비과세 여부를 판단할 수 있다.

핵심포인트 **소득세법 시행령 제155조 제2항에 따라 상속주택 특례가 적용되는 상속주택의 범위**

❶ 단독상속주택
❷ 공동상속주택 최대지분자의 상속주택

---

(2) 상속주택(제155조 제2항)과 공동상속주택(제155조 제3항) 규정의 비교

　앞에서 상속주택 특례규정과 공동상속주택 특례규정을 살펴보았다. 그러면 상속주택 특례규정과 공동상속주택 특례규정의 차이는 무엇일까? 아래에서는 소득세법 시행령 제155조 제2항의 상속주택(최대지분자의 상속주택 포함) 규정과 같은 조 제3항의 공동상속주택 소수지분자 규정을 비교하여 설명하기로 한다.

1) 상속개시 당시 동일세대 여부

소득세법 시행령 제155조 제2항의 단서규정을 보면, 상속주택은 상속개시 당시 동일세대가 아닌 경우(동거봉양합가 제외)로서 상속 당시 보유하던 일반주택을 양도하는 경우 상속주택 특례가 적용된다. 여기서 상속주택에는 공동상속주택 최대지분자의 상속주택도 포함된다. 그러면 공동상속주택 소수지분자도 상속개시 당시 동일세대가 아닌 경우에만 상속주택 특례가 적용되는 것일까?

이에 대해 예규와 판례에서는 상반된 견해를 보이고 있다. 예규에서는 동일세대가 아닌 경우에만 상속주택 특례가 적용되는 것으로 해석하고 있지만 조세심판원 판례에서는 동일세대인 경우에도 상속주택 특례가 적용 가능한 것으로 판단하고 있다. 관련 예규 및 판례를 살펴보면 다음과 같다.

① 예규: 동일세대가 아닌 경우에만 상속주택 특례 적용 가능

상속개시 당시 동일세대원이었던 상속인이 상속받은 소득세법 시행령 제155조 제3항에 따른 공동상속주택을 상속받은 후 그 공동상속주택 외의 다른 주택을 양도하는 경우, 해당 공동상속주택이 같은 조 제2항 단서(동일세대인 경우에는 동거봉양합가인 경우에만 상속주택 특례를 적용한다는 규정)에 해당하는 경우에만 거주자의 주택으로 보지 않는다(사전2021법령해석재산-199, 2021.5.31.). 예규에 따르면 공동상속주택의 최대지분자 및 소수지분자 모두 상속개시 당시 피상속인과 동일세대인 경우에는 동거봉양합가인 경우를 제외하고 상속주택 특례 및 공동상속주택 특례를 적용을 받을 수 없고, 상속개시 당시 별도세대인 경우에만 상속주택 및 공동상속주택 특례를 적용을 받을 수 있다.

② 판례: 동일세대인 경우에도 상속주택 특례 적용 가능

소득세법 시행령 제155조 제3항 본문에서 소수지분권자가 다른 주택을 양도하는 경우 공동상속주택을 소유하지 않은 것으로 본다고 명확히 규정한 이상 소수지분권자에게는 소득세법 시행령 제155조 제2항 단서(동일세대인 경우에는 동거봉양합가인 경우에만 상속주택 특례를 적용한다는 규정)를 적용하지 않는 것으로 해석하는 것이 타당해 보인다(조심2018중-424, 2018.4.19.). 판례에 따르면 소수지분권자인 경우 상속개시 당시 동일세대인지 여부를 불문하고 공동상속주택 특례를 적용받을 수 있다.

2) 선순위상속주택인지 여부

상속주택과 공동상속주택 소수지분자 모두 상속주택이 2채 이상인 경우 선순위상속주택 1채만 상속주택 또는 공동상속주택 특례가 적용된다. 예를 들어 2채의 상속주택을 모두 공동으로 상속받는 경우 선순위공동상속주택 1채는 소득세법 시행령 제155조 제3항의 규정을 적용하여 주택의 소유자를 결정하고 공동상속주택의 소유자로 보는 상속인은 소득세법 시행령 제155조 제2항의 상속주택 특례규정을 적용하고 소수지분자는 다른 주택을 양도하는 경우 선순위공동상속주택은 없는 것으로 본다. 나머지 공동상속주택은 소득세법 시행령 제154조의2(공동소유주택의 주택 수 계산) 규정을 적용하여 공동소유자 각자가 그 주택을 소유한 것으로 본다.

3) 상속개시 당시 보유한 일반주택인지 여부

소득세법 시행령 제155조 제2항의 상속주택은 상속개시 당시 보유한 일반주택을 양도하는 경우 비과세 특례가 적용된다고 규정하고 있다. 이에 반해 소득세법 시행령 제155조 제3항에서는 공동상속주택 소수지분인 경우 상속개시 당시 보유하던 일반주택을 양도하는 경우 비과세 특례를 적용한다는 명시적 규정이 없다.

이와 관련된 예규를 살펴보면 공동상속주택 소수지분을 소유한 1세대가 상속개시일 이후 일반주택(취득당시 조정대상지역 소재)을 취득한 경우로서 2년 이상 보유 및 거주한 해당 주택을 양도하는 경우 공동상속주택 소수지분은 해당 거주자의 소유주택으로 보지 아니하므로 1세대 1주택 비과세 적용이 가능하다고 해석하고 있다(서면법규재산2021-1901, 2022.6.21.).

[상속주택과 공동상속주택 소수지분자 비과세 특례규정 비교]

구분	상속주택(최대지분자 포함)	소수지분자
동일세대	별도세대(동거봉양합가 예외)	예규: 별도세대 판례: 동일세대 가능
선순위상속주택	선순위상속주택만 적용	선순위상속주택만 적용
일반주택	상속개시 당시 보유	상속개시 당시 보유 여부 불문

(3) 공동상속주택 특례 관련 생각지도

아래에서는 공동상속주택에 대한 1세대 1주택의 특례 관련 내용을 예규 및 판례 등을 통하여 조금 더 살펴보기로 한다.

1) 상속개시 후 공동상속주택의 지분이 변경되는 경우

공동상속 이후에 증여나 매매 등으로 지분 일부를 취득하여 지분이 변경되는 경우 누구의 주택으로 보는 것일까?

이와 관련하여 소득세법 집행기준을 살펴보면 상속개시일 이후 공동상속주택의 상속지분이 변경된다 하더라도 공동상속주택에 대한 소유자의 판정은 상속개시일을 기준으로 한다고 규정하고 있다(집행기준 89-155-13). 예를 들어 아래의 표와 같이 A가 상속개시 당시에는 상속지분이 가장 큰 상속인이었는데 지분 일부를 B에게 이전하여 양도 당시에는 B의 지분이 크다 하더라도 공동상속주택은 A가 소유한 것으로 본다.

상속인	상속인 보유주택	공동상속주택 상속지분		일반주택을 양도하는 경우
		상속개시일	일반주택 양도시	
A	일반주택	50%	30%	주택 수에 포함
B	일반주택	30%	50%	비과세 가능(소령 제155조 제3항)
C	일반주택	20%	20%	비과세 가능(소령 제155조 제3항)

2) 공동상속받은 주택의 소수지분자가 지분을 추가 취득하여 단독소유가 된 경우

공동으로 주택을 상속받은 이후 소유지분이 가장 큰 상속인이 아닌 상속인(소수지분자)이 다른 상속인의 소유 지분을 추가로 취득하여 공동으로 상속받은 주택을 단독으로 소유한 경우 해당 주택은 비과세 특례규정이 적용되는 소득세법 시행령 제155조 제2항의 상속주택에 해당한다(집행기준 89-155-14, 예규 기획재정부 재산세제과-1031, 2023. 9. 4.).

3) 공동상속주택의 소수지분자가 다른 상속인의 나머지 지분을 재상속받아 단독소유가 된 경우

무주택자인 상속인이 별도세대원인 피상속인으로부터 공동상속주택의 소수지분을 상속받은 이후에 일반주택을 취득하고, 다른 상속인의 공동상속주택 나머지 지분을 재상속받아 단독소유하게 된 경우로서, 나머지 지분을 상속받은 날 현재 보유하고 있는 그 일반주택을 양도하는 경우 소득세법 시행령 제155조 제2항에 따라 국내에 1개의 주택을 소유한 것으로 보아 비과세 적용 여부를 판단한다(예규 서면2019법령해석재산-3032, 2021.8.31.).

4) 공동상속주택을 멸실하고 새로운 주택을 신축한 경우

공동으로 상속받은 주택을 멸실하고 새로운 주택을 신축하여 상속인 공동명의로 소유권 보존등기한 경우 해당 신축주택은 공동상속주택으로 보며, 이 경우 공동상속주택의 소유자는 상속개시일을 기준으로 판정한다(예규 서면인터넷방문상담5팀-952, 2008.5.2.).

5) 상속주택을 협의분할하여 등기하지 못한 경우

상속주택 외의 주택을 양도할 때까지 상속주택을 「민법」에 따라 협의분할하여 등기하지 아니한 경우에는 법정상속비율에 따른 상속분에 따라 해당 상속주택을 소유하는 것으로 본다. 다만, 상속주택 외의 주택을 양도한 이후 국세부과의 제척기간 내에 상속주택을 협의분할하여 등기한 경우로서 등기 전 상속주택 특례를 적용받았다가 등기 후 적용을 받지 못하여 양도소득세를 추가 납부하여야 할 자는 그 등기일이 속하는 달의 말일부터 2개월 이내에 신고·납부하여야 한다(소령 제155조 제19항).

| 참고 | 상속주택 관련 세금 비교

구분	단독상속	공동상속 소수지분
양도소득세	· 일반주택 양도 시 비과세 특례	· 일반주택 양도 시 비과세 특례
취득세	· 무주택 상속인 취득세 감면 · 주택 수 제외(5년 이내) · 과세표준: 시가표준액	· 최대지분자가 무주택인 경우 취득세 감면 · 주택 수 제외(기간제한 없음) · 과세표준: 시가표준액
종합부동산세	· 주택 수 제외(5년 이내) · 저가 상속주택 주택 수 제외(수도권 6억원, 그 외 3억원, 기간제한 없음) ※ 과세표준에는 합산됨	· 저가 상속주택 주택 수 제외(수도권 6억원, 그 외 3억원, 기간제한 없음) · 상속주택 지분 40% 이하 주택 수 제외(기간제한 없음) ※ 과세표준에는 합산됨
상속세	· 동거주택 상속공제	· 동거주택 상속공제

5. 동거봉양합가주택

1주택을 보유하고 1세대를 구성하는 자가 1주택을 보유하고 있는 60세 이상의 직계존속을 동거봉양하기 위하여 세대를 합침으로써 1세대가 2주택을 보유하게 되는 경우 합친 날부터 10년 이내에 먼저 양도하는 주택은 이를 1세대 1주택으로 보아 비과세 규정을 적용한다(소령 제155조 제4항).

아래에서는 동거봉양합가주택에 적용하는 1세대 1주택의 특례 요건을 조금 더 구체적으로 살펴보기로 한다.

(1) 직계존속의 범위

1주택을 보유하고 있는 60세 이상의 직계존속에는 배우자의 직계존속으로서 60세 이상인 사람, 직계존속(배우자의 직계존속을 포함한다) 중 어느 한 사람이 60세 미만인 경우, 「국민건강보험법 시행령」에 따른 요양급여를 받는 60세 미만의 직계존속(배우자의 직계존속을 포함한다)으로서 기획재정부령으로 정하는 사람을 포함한다.

(2) 직계존속의 연령 판정 기준일

동거봉양합가주택에 대한 1세대 1주택의 비과세 특례를 적용하기 위해서는 직계존속의 연령이 60세 이상이어야 한다. 그러면 60세 이상인지 여부는 어느 시기를 기준으로 판정하는 것일까? 이와 관련된 예규를 살펴보면 직계존속의 연령 판정은 세대합가일을 기준으로 한다고 해석하고 있다(재산-291, 2009.9.23.). 그러면 세대합가 후 분가하여 별도세대를 구성하다 다시 세대합가하는 경우는 어느 시기를 기준으로 직계존속의 연령을 판정하는 것일까? 이와 관련된 판례에서는 재합가일을 기준으로 판정한다고 해석하고 있다(조심2016서-1393, 2016.7.4.).

(3) 동거봉양 합가 후 직계존속의 주택을 증여받은 경우

1주택을 보유하고 1세대를 구성하는 자(본인 세대)가 1주택을 보유하고 있는 직계존속을 동거봉양하기 위하여 세대를 합침으로써 1세대 2주택이 되어 「소득세법 시행령」 제155조 제4항(봉양합가 특례규정)을 적용함에 있어 그 합친 날부터 5년(현재는 10년) 이내에 해당 직계존속 소유 주택을 봉양합가 전 본인 세대가 증여받은 경우에는 증여받은 주택은 봉양합가 특례규정이 적용되지 않으나, 당초 본인 세대 주택은 봉양합가 특례규정이 적용된다(재산세과-894, 2009.3.13.). 예를 들어 동거봉양합가로 본인 세대 소유 주택(A)와 직계존속 소유 주택(B)를 보유하다 직계존속 소유 주택(B)를 본인 세대가 증여받은 경우 증여받은 주택(B)는 동거봉양합가 특례규정이 적용되지 않고, 합가 전 본인 세대 소유 주택(A)은 동거봉양합가 특례규정을 적용할 수 있다.

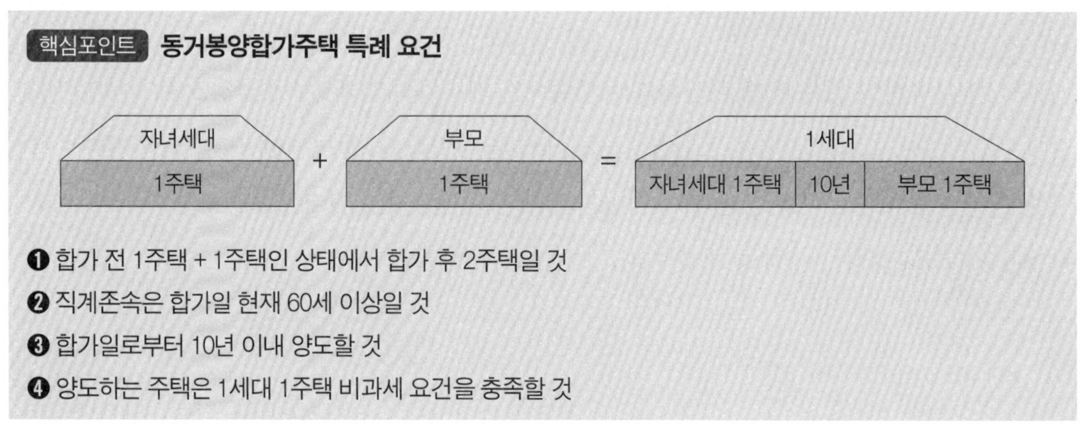

|참고| 동거봉양합가주택 관련 세금

구분	양도소득세	종합부동산세	취득세
연령 기준	60세 이상	60세 이상	65세 이상
기준일	합가일	과세기준일(6월 1일)	취득일
특례	합가일로부터 10년 이내 양도주택 비과세	합가일로부터 10년 동안 각각 1주택	취득일 현재 각각 1주택

6. 혼인합가주택

1주택을 보유하는 자가 1주택을 보유하는 자와 혼인함으로써 1세대가 2주택을 보유하게 되는 경우 혼인한 날부터 10년 이내에 먼저 양도하는 주택은 이를 1세대 1주택으로 보아 비과세 규정을 적용한다(소령 제155조 제5항).

아래에서는 혼인합가주택에 적용하는 1세대 1주택의 특례 요건을 조금 더 구체적으로 살펴보기로 한다.

(1) 다주택자와 혼인합가 특례

1) 혼인 전 1세대가 다주택인 경우

위 세법의 내용을 살펴보면 1주택을 보유하는 자가 1주택을 보유하는 자와 혼인함으로써 1세대가 2주택을 보유하는 경우로 표현되어 있다. 따라서 1주택을 보유하는 자녀A가 1주택을 보유하는 부모와 함께 거주하다 자녀A가 1주택을 보유하는 B와 혼인하여 별도세대를 구성하면 1세대가 2주택을 보유하게 된다. 이 경우에도 혼인합가주택 특례를 적용받을 수 있다.

2) 혼인 전 혼인 당사자가 다주택인 경우

혼인합가 특례는 세대별 주택 수가 아닌 혼인 당사자가 소유한 주택 수로 판정하여 각각 1주택인 경우 적용하는 규정이므로 혼인합가 당시 혼인 당사자가 다주택인 경우는 혼인합가 특례규정이 되지 않는다.

(2) 혼인합가주택의 판정 기준일

　혼인 당사자 각각 1주택을 소유하다 혼인한 것이 아니고 다주택인 상황에서 혼인하고 혼인 후 주택을 양도하여 각각 1주택을 소유한 경우 혼인합가주택 특례를 적용할 수 있을까? 예를 들어 혼인 전 2주택을 보유한 갑과 2주택을 보유한 을이 혼인하여 4주택이 된 상황에서 갑이 1주택을 과세로 양도하고 을이 1주택을 과세로 양도하여 갑과 을이 각각 1주택을 보유하다 갑이 1주택을 양도하는 경우 혼인합가주택 특례를 적용할 수 있을까?

　이와 관련된 예규를 살펴보면 혼인합가주택 특례의 혼인합가 요건인 1주택자가 1주택자와 혼인함으로써 2주택을 보유하게 되는 경우는 주택의 양도일 현재 기준이 아닌, 혼인합가 당시 주택수로 충족여부를 판정한다고 해석하고 있다(서면2023법규재산-887, 2024. 6. 25.).

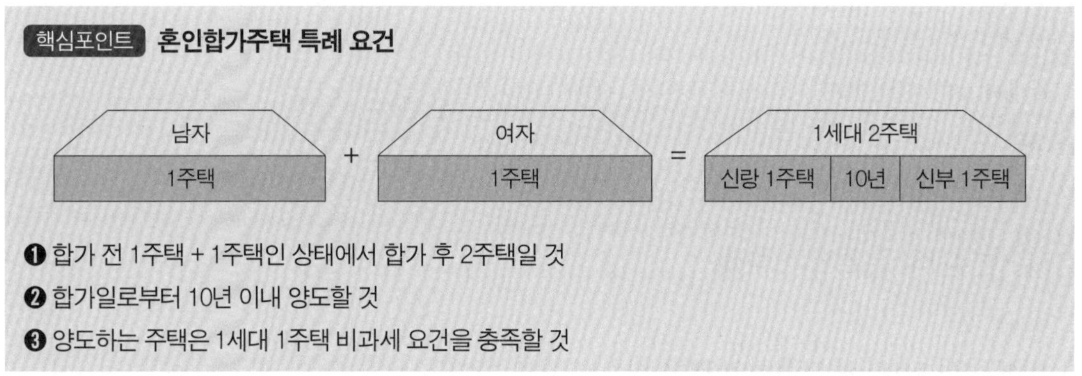

| 참고 | 혼인합가주택 관련 세금

구분	양도소득세	종합부동산세	취득세
특례	합가일로부터 10년 이내 양도주택 비과세	합가일로부터 10년 동안 각각 1주택	특례 없음

7. 문화재주택

지정문화재 및 국가등록문화재 주택과 그 밖의 주택(일반주택)을 국내에 각각 1개씩 소유하고 있는 1세대가 일반주택을 양도하는 경우에는 국내에 1개의 주택을 소유하고 있는 것으로 보아 비과세 규정을 적용한다(소령 제155조 제6항).

8. 농어촌주택

다음의 어느 하나에 해당하는 주택으로서 수도권 밖의 지역 중 읍지역(도시지역 안의 지역을 제외한다) 또는 면지역에 소재하는 주택(농어촌주택)과 그 외의 주택(일반주택)을 국내에 각각 1개씩 소유하고 있는 1세대가 일반주택을 양도하는 경우에는 국내에 1개의 주택을 소유하고 있는 것으로 보아 비과세 규정을 적용한다(소령 제155조 제7항).

① 상속받은 주택(피상속인이 취득 후 5년 이상 거주한 사실이 있는 경우에 한한다)
② 이농주택(이농인이 취득일 후 5년 이상 거주한 사실이 있는 경우에 한한다)
③ 귀농주택(영농 또는 영어의 목적으로 취득한 경우에 한한다)

농어촌주택을 특례주택으로 규정한 취지는 도·농 간 교류를 촉진하여 농어촌주택에 대한 수요를 유지하고 농어촌주택 정비를 촉진하는 것을 목적으로 한다.
아래에서는 농어촌주택 종류별로 특례 요건을 구체적으로 살펴보기로 한다.

(1) 농어촌상속주택

수도권 밖의 지역 중 읍지역(도시지역 안의 지역을 제외한다) 또는 면지역에 소재하는 상속주택(피상속인이 5년 이상 거주한 주택에 한함)과 일반주택을 각각 1개씩 소유하고 있는 1세대가 일반주택을 양도하는 경우에는 국내에 1개의 주택을 소유하고 있는 것으로 보아 1세대 1주택 비과세 규정을 적용한다. 농어촌상속주택에 대한 1세대 1주택의 특례규정을 앞에서 살펴본 소득세법 시행령 제155조 제2항에서 규정하고 있는 상속주택과 비교하여 살펴보면 다음과 같다.

1) 상속개시 당시 동일세대인 경우 특례 적용 여부

소득세법 시행령 제155조 제2항의 상속주택은 상속개시 당시 동일세대인 경우에는 특례규정을 적용받을 수 없다. 다만, 동거봉향합가인 경우에는 예외적으로 특례규정을 적용받을 수 있다. 농어촌상속주택 역시 동거봉양 목적의 합가 후 상속이 개시된 경우가 아니면 상속개시 당시 동일세대인 경우에는 특례규정을 적용받을 수 없다(예규 서면2017부동산-176, 2017.3.9.).

2) 선순위상속주택만 특례가 적용되는지 여부

소득세법 시행령 제155조 제2항의 상속주택은 피상속인의 상속주택이 2채 이상이면 선순위상속주택 1채만 상속주택 특례규정을 적용받을 수 있다. 그러나 농어촌상속주택은 선순위상속주택이 아니라도 특례규정을 적용받을 수 있다.

3) 상속개시일 현재 보유하는 일반주택을 양도해야 하는지 여부

소득세법 시행령 제155조 제2항의 상속주택은 상속개시일 현재 보유하는 일반주택을 양도하는 경우 특례규정을 적용받을 수 있다. 반면, 농어촌상속주택은 농어촌상속주택을 소유한 상태에서 일반주택을 수차례 취득·양도해도 1세대 1주택 비과세 특례규정을 계속 적용하는 것이 가능하다(예규 서면2017부동산-2045, 2017.8.28.). 다시 말해 농어촌상속주택을 먼저 취득하고 일반주택을 취득하여 그 일반주택을 양도하는 경우에도 농어촌상속주택 특례규정을 적용받을 수 있다.

(2) 이농주택

이농주택이라 함은 영농 또는 영어에 종사하던 자가 전업으로 인하여 다른 시·구(특별시 및 광역시의 구를 말한다)·읍·면으로 전출함으로써 거주자 및 그 배우자와 생계를 같이하는 가족 전부 또는 일부가 거주하지 못하게 되는 주택으로서 이농인이 소유하고 있는 주택을 말한다(소령 제155조 제9항). 다만, 이농인이 취득 후 5년 이상 거주한 주택에 한한다.

이농주택 특례는 이농주택을 먼저 취득하고 그 이후에 일반주택을 취득한 상태에서 일반주택을 양도하는 경우 적용된다. 그리고 이농주택을 소유한 상태에서 일반주택을 수차례 취득·양도해도 특례규정을 계속 적용하는 것이 가능하다.

(3) 귀농주택

1) 귀농주택의 요건

귀농주택이란 영농 또는 영어에 종사하고자 하는 자가 취득(귀농 이전에 취득한 것을 포함한다)하여 세대 전원이 이사(취학, 근무상의 형편, 질병의 요양, 그 밖에 부득이한 사유로 세대의 구성원 중 일부가 이사하지 못하는 경우를 포함)하여 거주하고 있는 주택을 말한다. 그 주택은 취득당시에 고가주택에 해당하지 않아야 하며, 대지면적이 660제곱미터 이내로서 영농 또는 영어의 목적으로 취득하는 것으로서 다음 중 어느 하나에 해당하는 주택을 말한다(소령 제155조 제10항).

① 1,000제곱미터 이상의 농지를 소유하는 자 또는 그 배우자가 해당 농지 소재지에 있는 주택을 취득하는 것일 것

② 1,000제곱미터 이상의 농지를 소유하는 자 또는 그 배우자가 해당 농지를 소유하기 전 1년 이내에 해당 농지소재지에 있는 주택을 취득하는 것일 것

2) 귀농주택 특례의 제한

① 귀농주택 특례는 그 주택을 취득한 날부터 5년 이내에 일반주택을 양도하는 경우에 한정하여 적용한다.

② 귀농으로 인하여 세대 전원이 농어촌주택으로 이사하는 경우에는 귀농 후 최초로 양도하는 1개의 일반주택에 한하여 귀농주택 특례규정을 적용한다.

③ 귀농주택 소유자가 귀농일로부터 계속하여 3년 이상 영농 또는 영어에 종사하지 아니하거나 그 기간 동안 해당 주택에 거주하지 아니한 경우 양도한 일반주택은 1세대 1주택으로 보지 않는다.

9. 부득이한 사유로 취득한 비수도권 소재 주택

취학, 근무상의 형편, 질병의 요양, 그 밖에 부득이한 사유로 취득한 수도권 밖에 소재하는 주택과 그 밖의 주택(일반주택)을 국내에 각각 1개씩 소유하고 있는 1세대가 부득이한 사유가 해소된 날부터 3년 이내에 일반주택을 양도하는 경우에는 국내에 1개의 주택을 소유하고 있는 것으로 보아 1세대 1주택 비과세 규정을 적용한다(소령 제155조 제8항).

부득이한 사유란 「초·중등교육법」에 따른 학교(초등학교 및 중학교를 제외한다) 및 「고등교육법」에 따른 학교에의 취학, 직장의 변경이나 전근 등 근무상의 형편, 1년 이상의 치료나 요양을 필요로 하는 질병의 치료 또는 요양, 「학교폭력예방 및 대책에 관한 법률」에 따른 학교폭력으로 인한 전학(같은 법에 따른 학교폭력대책자치위원회가 피해학생에게 전학이 필요하다고 인정하는 경우에 한한다)을 말한다.

위 세법의 내용을 살펴보면 부득이한 사유로 취득한 비수도권 소재 주택을 양도하는 것이 아니라 부득이한 사유가 해소된 날부터 3년 이내에 그 밖의 주택(일반주택)을 양도하는 경우 1세대 1주택 비과세 특례를 적용한다고 규정하고 있다.

10. 다가구주택

1세대 1주택 비과세 규정을 적용할 때 다가구주택은 한 가구가 독립하여 거주할 수 있도록 구획된 부분을 각각 하나의 주택으로 본다. 다만, 해당 다가구주택을 구획된 부분별로 양도하지 아니하고 하나의 매매단위로 하여 양도하는 경우에는 그 전체를 하나의 주택으로 본다(소령 제155조 제15항). 다시 말해 다가구주택은 원칙적으로 공동주택으로 보아 각 호를 1채의 주택으로 본다. 법조문 체계상 다가구주택이 소득세법 시행령 제155조 1세대 1주택의 특례 제15항에 규정되어 있는 이유도 다가구주택은 원칙적으로 공동주택으로 보기 때문이다. 다만, 다가구주택 전체를 하나의 매매단위로 하여 일괄양도하는 경우에는 1세대 1주택의 특례를 적용하여 1채의 주택으로 본다.

11. 주택임대사업자의 거주주택

장기임대주택 또는 단기임대주택과 그 밖의 1주택(거주주택)을 소유하고 있는 1세대가 2년 이상 거주한 주택을 양도하는 경우에는 국내에 1개의 주택을 소유하고 있는 것으로 보아 1세대 1주택 비과세 규정을 적용한다(소령 제155조 제20항). 이 규정의 취지는 임대주택공급 활성화 유도를 위해 주택임대사업에 따른 거주용 자가주택에 대한 양도소득세 부담을 완화하기 위한 것이다.

아래에서는 1세대 1주택 비과세 특례 요건을 거주주택 요건과 임대주택 요건으로 나누어 구체적으로 살펴보기로 한다.

(1) 거주주택 요건

1) 거주기간

양도하는 거주주택은 보유기간 중 거주기간이 2년 이상이어야 한다. 거주기간 요건은 거주주택의 소재지가 조정대상지역인지 여부 및 취득시기가 언제인지 여부를 불문하고 적용한다.

다가구주택의 경우에는 다가구주택과 임대주택을 보유하고 있는 1세대가 다가구주택의 일부에서 2년 이상 거주한 후 해당 다가구주택을 하나의 매매단위로 양도하면 국내에 1개의 주택을 소유한 것으로 보아 거주주택 비과세 특례규정을 적용한다(예규 서면2022부동산-2143, 2023.7.3.).

직전거주주택보유주택의 경우에는 소득세법에 따른 사업자등록과 「민간임대주택에 관한 특별법」에 따른 임대사업자 등록을 한 날 이후의 거주기간을 말한다. 직전거주주택보유주택의 개념은 아래 3)에서 살펴보기로 한다.

2) 거주주택의 반복 양도

주택임대사업자가 거주주택을 양도하는 경우 기존에는 생애 한 차례만 거주주택을 최초로 양도하는 경우에 한정하여 비과세를 적용하였으나 세법을 개정하여 2025.2.28. 이후 양도분부터는 거주주택을 횟수에 제한 없이 반복해서 비과세 특례를 적용받을 수 있다.

3) 임대주택을 거주주택으로 전환한 경우 비과세 범위

해당 거주주택을 「민간임대주택에 관한 특별법」에 따라 민간임대주택으로 등록한 사실이 있고 그 보유기간 중에 양도한 다른 거주주택(직전거주주택)이 있는 거주주택(직전거주주택보유주택)인 경우에는 직전거주주택의 양도일 후의 기간분에 대해서만 국내에 1개의 주택을 소유하고 있는 것으로 보아 1세대 1주택 비과세 규정을 적용한다(소령 제155조 제20항).

[직전거주주택 및 직전거주주택보유주택]

B주택	직전거주주택보유주택	
	임대주택	거주용 주택
		임대주택에서 거주주택으로 전환된 주택
	과세	비과세

A주택 양도

A주택	2년 이상 거주용 주택
	직전거주주택
	비과세

[직전거주주택보유주택 양도와 비과세]

C주택 양도

C주택	임대주택	거주용 주택
	과세	비과세

B주택 양도

B주택	임대주택	거주용 주택
	과세	비과세

2025.2.28. 세법개정

A주택 양도

A주택	거주용 주택
	비과세

위 세법의 내용에 따르면 A주택을 비과세로 신고하고 마지막 남은 B주택을 1세대 1주택 비과세 규정을 적용하는 경우 전체 양도차익에 대해 비과세를 적용하는 것이 아니라 직전거주주택의 양도일 후의 기간분에 대해서만 1세대 1주택 비과세 규정을 적용한다.

그러면 A주택의 비과세금액보다 B주택의 양도차익 전체를 비과세 적용하는 것이 납세자에게 유리한 경우 납세자가 A주택의 양도차익은 과세로 신고하고 B주택 전체 양도차익에 대해서 비과세를 적용하여 신고하는 것이 가능할까?

이와 관련된 예규를 살펴보면 소득세법 시행령 제155조 제20항에 따른 특례 요건을 갖춘 장기임대주택과 거주주택을 보유한 1세대가 거주주택을 양도하는 경우 양도하는 거주주택은 양도가액 12억원 범위 내에서 당연 비과세되는 것으로 비과세 적용 여부의 임의적 선택은 불가능하다고 해석하고 있다(사전-2023-법규재산-393, 2023. 7. 26., 사전2019법령해석재산-201, 2019. 9. 23.).

(2) 장기임대주택 요건

주택임대사업자의 거주주택 비과세 특례에 적용되는 임대주택은 소득세법 시행령 제167조의3(1세대 3주택 이상에 해당하는 주택의 범위) 제1항 2호의 장기임대주택과 단기임대주택을 말한다.

장기임대주택이란 양도일 현재 소득세법에 따라 관할 세무서에 사업자등록을 하고, 「민간임대주택에 관한 특별법」에 따라 민간임대주택으로 지방자치단체에 등록하여 임대하고 있으며, 임대보증금 또는 임대료(임대료 등)의 증가율이 5%를 초과하지 않는 주택을 말한다.

장기임대주택의 범위는 소득세법 시행령 제167조의3(1세대 3주택 이상에 해당하는 주택의 범위) 제1항 제2호에 열거된 아래의 임대주택을 말한다. 다만, 아래의 장기임대주택 중 1)의 민간매입임대주택 및 3)의 건설임대주택에 해당하는 주택의 경우에는 단서에서 정하는 기한(2018. 3. 31.)의 제한은 적용하지 않되, 2020. 7. 10. 이전에 「민간임대주택에 관한 특별법」 제5조에 따른 임대사업자등록 신청(임대할 주택을 추가하기 위해 등록사항의 변경 신고를 한 경우를 포함한다)을 한 주택으로 한정한다.

아래 5)의 장기일반민간매입임대주택에 해당하는 주택의 경우에는 1세대가 국내에 1주택 이상을 보유한 상태에서 2018. 9. 14. 이후 새로 취득한 조정대상지역에 있는 「민간임대주택에 관한 특별법」에 따른 장기일반민간매입임대주택은 포함하고, 2020. 7. 11. 이후 임대사업자등록 신청한 아파트, 종전의 단기민간임대주택을 2020.7.11. 이후 장기일반민간매입임대주택으로 변경 신고한 주택은 포함하지 않는다.

1) 민간매입임대주택

「민간임대주택에 관한 특별법」에 따른 민간매입임대주택을 1호 이상 임대하고 있는 거주자가 5년 이상 임대한 주택으로서 해당 주택의 기준시가가 해당 주택의 임대개시일 당시 6억원(수도권 밖의 지역인 경우에는 3억원)을 초과하지 않고 임대보증금 또는 임대료(임대료 등)의 증가율이 5%를 초과하지 않는 주택. 다만, 2018.3.31.까지 사업자등록 등을 한 주택으로 한정한다(소령 제167조의3 제1항 제2호 가목).

2) 기존매입임대주택

2003.10.29.(기존사업자기준일) 이전에 사업자등록 등을 하고 「주택법」에 따른 국민주택규모에 해당하는 「민간임대주택에 관한 특별법」에 따른 민간매입임대주택을 2호 이상 임대하고 있는 거주자가 5년 이상 임대한 주택으로서 해당 주택의 기준시가가 해당 주택의 취득당시 3억원을 초과하지 아니하는 주택

3) 건설임대주택

「민간임대주택에 관한 특별법」에 따라 대지면적이 298제곱미터 이하이고 주택의 연면적(공동주택의 경우에는 전용면적을 말한다)이 149제곱미터 이하인 건설임대주택을 2호 이상 임대하는 거주자가 5년 이상 임대하거나 분양전환(같은 법에 따라 임대사업자에게 매각하는 경우를 포함한다)하는 주택으로서 해당 주택의 기준시가가 해당 주택의 임대개시일 당시 6억원을 초과하지 않고 임대료 등의 증가율이 5%를 초과하지 않는 주택. 다만, 2018.3.31.까지 사업자등록 등을 한 주택으로 한정한다(소령 제167조의3 제1항 제2호 다목).

4) 수도권 밖 미분양매입임대주택

2008.6.10.까지 분양계약이 체결되지 아니하여 선착순 방법으로 공급하는 주택으로서 2008.6.11.부터 2009.6.30.까지 최초로 분양계약을 체결하고 계약금을 납부한 주택 중 일정한 요건을 갖춘 주택

5) 장기일반민간매입임대주택

「민간임대주택에 관한 특별법」에 따른 민간매입임대주택 중 장기일반민간임대주택으로 10년 이상 임대하는 주택으로서, 해당 주택의 기준시가가 해당 주택의 임대개시일 당시 6억원(수도권 밖의 지역인 경우에는 3억원)을 초과하지 않고, 임대료 등의 증가율이 5%를 초과하지 않는 주택. 다만, 다음 중 어느 하나에 해당하는 주택은 제외한다(소령 제167조의3 제1항 제2호 마목).

① 1세대가 국내에 1주택 이상을 보유한 상태에서 2018.9.14. 이후 새로 취득한 조정대상지역에 있는 「민간임대주택에 관한 특별법」에 따른 장기일반민간임대주택

② 2020.7.11. 이후 임대사업자등록 신청한 아파트

③ 종전의 단기민간임대주택을 2020.7.11. 이후 장기일반민간임대주택으로 변경 신고한 주택

💡 생각정리 노트

앞에서 살펴보았듯이 장기임대주택의 특례가 적용되는 범위에 마목의 장기일반민간매입임대주택의 경우 ①은 포함한다고 규정하고 있으므로 2018.9.14. 이후 조정대상지역에 취득한 장기일반민간매입임 대주택의 경우에는 중과대상에는 해당되지만 거주주택 비과세 특례규정의 적용은 가능하다. 하지만 ② 및 ③의 주택은 포함하지 않는다고 규정하고 있으므로 ② 및 ③의 장기일반민간매입임대주택은 중과대상 에 해당하고 거주주택 비과세 특례규정도 적용되지 않는다.

구분	거주주택특례	중과세
① 1세대가 국내에 1주택 이상을 보유한 상태에서 2018.9.14. 이후 새로 취득한 조정대상지역에 있는 「민간임대주택에 관한 특별법」에 따른 장기일반민간임대주택	○	○
② 2020.7.11. 이후 임대사업자등록 신청한 아파트	×	○
③ 종전의 단기민간임대주택을 2020.7.11. 이후 장기일반민간임대주택으로 변경 신고한 주택	×	○

6) 장기일반민간건설임대주택

「민간임대주택에 관한 특별법」에 따른 민간건설임대주택 중 장기일반민간임대주택으로서 대지 면적이 298제곱미터 이하이고, 주택의 연면적(공동주택의 경우에는 전용면적을 말한다)이 149제 곱미터 이하인 건설임대주택을 2호 이상 임대하는 거주자가, 10년 이상 임대하거나 분양전환(같

은 법에 따라 임대사업자에게 매각하는 경우를 포함한다)하는 주택으로서, 해당 주택의 기준시가가 해당 주택의 임대개시일 당시 9억원을 초과하지 않고, 임대료 등의 증가율이 5%를 초과하지 않는 주택.

국토해양부 예규에서는 임대주택법에 의한 건설임대주택을 소유권보존등기 전까지 임대사업자로 등록할 것을 요건으로 하고 있는바, 이 요건을 충족하지 못한 임대주택은 임대주택법에 의한 건설임대주택에 해당하지 않는다(판례 조심 2008서-1422, 2008.8.18.). 따라서 건설임대주택이 되기 위해서는 소유권보존등기일 전에 지방자치단체에 임대사업자 등록을 하여야 한다. 소유권보존등기일 이후에 등록하면 건설임대주택이 아니라 매입임대주택으로 본다.

---

(3) 단기민간임대주택 요건

단기민간임대주택이란 양도일 현재 소득세법에 따라 관할 세무서에 사업자등록을 하고, 「민간임대주택에 관한 특별법」에 따라 민간임대주택으로 지방자치단체에 등록하여 임대하고 있으며, 임대보증금 또는 임대료(임대료 등)의 증가율이 5%를 초과하지 않는 주택을 말한다. 이 규정은 2025.6.4. 이후 민간임대주택으로 등록한 단기민간임대주택을 양도하는 경우부터 적용한다.

단기민간임대주택의 범위는 소득세법 시행령 제167조의3(1세대 3주택 이상에 해당하는 주택의 범위) 제1항 제2호에 열거된 아래의 임대주택을 말한다.

1) 단기민간매입임대주택

단기민간매입임대주택이란 「민간임대주택에 관한 특별법」에 따른 민간매입임대주택 중 단기민간임대주택으로서 다음의 요건을 모두 충족하는 주택을 말한다(소령 제167조의3 제1항 제2호 아목). 다만, 아파트(「주택법」의 도시형 생활주택이 아닌 것을 말한다)는 제외한다(민간임대주택에 관한 특별법 제2조 제6호의2).

① 6년 이상 임대하는 것일 것

② 주택 및 이에 부수되는 토지의 기준시가의 합계액이 해당 주택의 임대개시일 당시 4억원(수

도권 밖의 지역인 경우에는 2억원) 이하일 것

③ 직전 임대차계약 대비 임대료 등의 증가율이 5%를 초과하지 않을 것

④ 1세대가 국내에 1주택 이상을 보유한 상태에서 세대원이 새로 취득한 조정대상지역에 있는 「민간임대주택에 관한 특별법」에 따른 단기민간임대주택이 아닐 것. 다만, 조정대상지역의 공고일(이미 공고된 조정대상지역의 경우 2018.9.13.을 말한다) 이전에 주택(주택을 취득할 수 있는 권리를 포함한다)을 취득하거나 주택(주택을 취득할 수 있는 권리를 포함한다)을 취득하기 위해 매매계약을 체결하고 계약금을 지급한 사실이 증명서류에 의해 확인되는 주택은 조정대상지역에 있는 주택으로 보지 않는다.

| 참고 | 1주택 이상 보유자가 조정대상지역에 취득한 단기민간매입임대주택

단기민간매입임대주택은 소득세법 시행령 제167조의3 제1항 제2호 아목에 규정되어 있으나 앞에서 살펴본 (2)의 5) 장기일반민간매입임대주택 규정처럼 소득세법 시행령 제155조 제20항에서 포함한다는 규정이 없으므로 거주주택 특례가 적용되지 않을 수 있다.

---

2) 단기민간건설임대주택

「민간임대주택에 관한 특별법」에 따른 민간건설임대주택 중 단기민간임대주택으로서 다음의 요건을 모두 갖춘 주택이 2호 이상인 경우 그 주택을 말한다(소령 제167조의3 제1항 제2호 자목).

① 대지면적이 298제곱미터 이하이고 주택의 연면적이 149제곱미터 이하일 것

② 6년 이상 임대하는 것일 것

③ 주택 및 이에 부수되는 토지의 기준시가의 합계액이 2호 이상의 주택의 임대를 개시한 날(2호 이상의 주택의 임대를 개시한 날 이후 임대를 개시한 주택의 경우에는 그 주택의 임대를 개시한 날) 당시 6억원 이하일 것

④ 직전 임대차계약 대비 임대료 등의 증가율이 5%를 초과하지 않을 것

구분	적용요건	
	단기민간매입임대주택	단기민간건설임대주택
사업자등록	지자체 + 세무서	좌동
임대기간	6년	좌동
공시가격	수도권 4억원(비수도권 2억원)	6억원
면적기준	없음	대지면적 298제곱미터 이하 주택 연면적 149제곱미터 이하
임대호수	1호	2호
임대료증가율	5% 이하	좌동
소재지	조정대상지역 제외	제한 없음
주택 유형	아파트 제외	-

※ 시행시기: 2025.6.4. 이후 등록분부터 적용

(4) 임대의무기간 요건

거주주택 비과세 특례가 적용되는 임대주택의 임대의무기간 요건은 여러 번 개정이 있었는데 그 변천 과정을 살펴보면 다음과 같다.

[임대의무기간 변천 과정]

구분	~ 2018.3.31.	2018.4.1. ~2020.7.10.	2020.7.11. ~2020.8.17.	2020.8.18. ~2025.6.3.	2025.6.4. ~	
임대의무기간	5년	5년	8년	10년	장기	10년
					단기	6년

1세대가 임대주택의 임대의무기간 요건을 충족하기 전에 거주주택을 양도하는 경우에도 해당 거주주택에 대해 1세대 1주택 비과세 특례규정을 적용한다(소령 제155조 제22항 제2호). 1세대가 이 규정을 적용받은 후에 임대기간요건을 충족하지 못하게 된(임대주택의 임대의무호수를 임대하지 않은 기간이 6개월을 지난 경우를 포함한다) 때에는 그 사유가 발생한 날이 속하는 달의 말일부터 2개월 이내에 양도소득세를 신고·납부해야 한다. 이 경우 아래 (5)의 임대기간요건 산정특례에 해당하는 경우에는 해당 규정에 따른다(소령 제155조 제22항 제2호).

(5) 임대기간요건 산정특례

1) 수용 또는 상속

「공익사업을 위한 토지 등의 취득 및 보상에 관한 법률」에 따른 수용 또는 상속으로 해당 임대기간요건을 충족하지 못하게 되거나 임대의무호수를 임대하지 아니하게 된 때에는 해당 임대주택을 계속 임대하는 것으로 본다(소령 제155조 제22항 제2호 가목).

2) 재개발·재건축사업 또는 소규모재건축사업등

재개발·재건축사업 또는 소규모재건축사업등의 사유가 있는 경우에는 임대의무호수를 임대하지 아니한 기간을 계산할 때 해당 주택의 관리처분계획인가일 전 6개월부터 준공일 후 6개월까지의 기간은 포함하지 아니한다(소령 제155조 제22항 제2호 나목).

재개발·재건축사업 또는 소규모재건축사업등으로 임대 중이던 당초의 장기임대주택이 멸실되어 새로 취득하거나 「주택법」에 따른 리모델링으로 새로 취득한 주택이 다음 중 어느 하나에 해당하여 임대기간요건을 갖추지 못하게 된 때에는 당초 주택(재건축 등으로 새로 취득하기 전의 주택을 말한다)에 대한 등록이 말소된 날 해당 임대기간요건을 갖춘 것으로 본다. 다만, 임대의무호수를 임대하지 않은 기간이 6개월을 지난 경우는 임대기간요건을 갖춘 것으로 보지 않는다(소령 제155조 제22항 제2호 마목).

① 새로 취득한 주택에 대해 2020.7.11. 이후 아파트를 임대하는 민간매입임대주택이나 단기민간임대주택으로 임대사업자등록 신청을 한 경우
② 새로 취득한 주택이 아파트(당초 주택이 단기민간임대주택으로 등록되어 있었던 경우에는 모든 주택을 말한다)인 경우로서 「민간임대주택에 관한 특별법」에 따른 임대사업자등록 신청을 하지 않은 경우

새로 취득하는 주택이 아파트인 경우에는 재건축으로 새로 취득하기 전 주택이 자진말소나 자동말소로 임대기간 요건을 갖추지 못한 경우에는 재건축 전 주택에 대한 등록이 자진말소 또는 자동말소된 날 임대기간요건을 갖춘 것으로 본다.

3) 리모델링 시행기간

「주택법」에 따른 리모델링 사유가 있는 경우에는 임대의무호수를 임대하지 않은 기간을 계산할 때 해당 주택의 사업계획승인일 또는 리모델링 허가일 전 6개월부터 준공일 후 6개월까지의 기간은 포함하지 않는다.

4) 자진말소 및 자동말소

장기임대주택이 폐지되는 민간임대주택 유형에 해당하여 자진말소 또는 자동말소로 등록이 말소되어 임대기간요건을 갖추지 못하게 된 때에는 그 등록이 말소된 날에 해당 임대기간요건을 갖춘 것으로 본다(소령 제155조 제22항 제2호 라목).

폐지되는 민간임대주택 유형이란 아파트를 임대하는 민간매입임대주택 및 단기민간임대주택(2025.6.4. 이후 등록분은 제외)을 말한다. 2020.7.10. 부동산대책으로 2020.8.18.부터 적용한다.

① 자진말소

자진말소란 임차인의 동의를 받아 임대사업자의 임대의무기간 내 등록 말소 신청으로 등록이 말소된 경우를 말하며, 민간임대주택에 관한 특별법에 따른 임대의무기간의 2분의 1 이상을 임대한 경우로 한정한다. 임대의무기간의 2분의 1 이상 임대한 시점을 산정하기 위한 기산일은 임대사업자의 임대사업자 등록일(임대사업자 등록 이후 임대가 개시되는 주택은 임대차계약서상의 실제 임대개시일)부터 기산한다(예규 서면2021부동산-7820, 2022.9.26.).

② 자동말소

자동말소란 민간임대주택에 관한 특별법에 따라 임대의무기간이 종료한 날 등록이 말소된 경우를 말한다.

(6) 자진말소 또는 자동말소와 거주주택 비과세

장기임대주택이 자진말소 또는 자동말소 중 어느 하나에 해당하여 등록이 말소된 경우에는 해당 등록이 말소된 이후(장기임대주택을 2호 이상 임대하는 경우에는 최초로 등록이 말소되는 장기임대주택의 등록 말소 이후를 말한다) 5년 이내에 거주주택을 양도하는 경우에 한정하여 임대기간요건을 갖춘 것으로 보아 거주주택 비과세 특례규정을 적용한다(소령 제155조 제23항). 아래에서는 이와 관련된 내용을 예규 및 판례와 함께 조금 더 살펴보기로 한다.

1) 장기임대주택 자진말소 또는 자동말소 후 거주주택 특례 요건을 계속 준수해야 하는지 여부

장기임대주택이 자진말소 또는 자동말소된 후 장기임대주택을 임대하고 있지 않은 경우, 임대료 증액 상한(5%)을 준수하지 않은 경우, 세무서 사업자등록을 유지하지 않은 경우 거주주택 비과세 특례가 적용 가능한지 여부에 대해 쟁점이 될 수 있다.

이와 관련된 예규를 살펴보면 장기임대주택이 자진·자동말소된 이후 특례 요건을 준수하지 않더라도 5년 이내 거주주택을 양도하는 경우에는 특례 적용이 가능하다고 해석하고 있다(기획재정부 재산세제과-151, 2022. 1. 24.).

2) 거주주택을 먼저 양도하고 비과세를 받은 후 임대의무기간의 2분의 1 이상을 임대한 장기임대주택에 대하여 자진말소한 경우 거주주택 특례 적용 여부

거주주택(A)과 장기임대주택(B, C)을 보유한 1세대가 장기임대주택(B, C)의 임대기간요건을 충족하기 전에 거주주택(A)을 먼저 양도하고 비과세를 받은 경우로서, 이후 「민간임대주택에 관한 특별법」에 따라 민간임대주택법에 따른 임대의무기간의 2분의 1 이상을 임대한 장기임대주택(C)에 대하여 임대의무기간 내 등록 말소 신청으로 등록이 말소되는 경우 그 등록이 말소된 날에 장기임대주택(C)의 해당 임대기간요건을 갖춘 것으로 본다(예규 사전2021법령해석재산-1755, 2021. 12. 23.).

3) 임대주택을 먼저 양도 후 거주주택 양도 시 특례적용 여부

주택임대사업자의 거주주택 비과세 특례규정은 해당 규정상 요건을 갖춘 장기임대주택과 거주주택을 소유하는 1세대가 해당 거주주택을 양도하는 경우에 적용되는 것으로서, 거주주택을 양도하기에 앞서 장기임대주택을 먼저 양도한 경우는 소득세법 시행령 제155조 제20항에 따른 1세대 1주택 특례 적용 대상에 해당하지 않는다(예규 사전2021법령해석재산-673, 2021. 11. 19.). 또한 임대등록이 자동말소된 임대주택 양도 후 거주주택 양도 시 거주주택 비과세 특례 적용 대상에 해당하지 않는다(예규 사전2021법령해석재산-1191, 2021. 12. 7.).

4) 자동말소된 장기임대주택 중 일부를 먼저 양도한 후 거주주택 양도 시 거주주택 특례 적용 여부

장기임대주택 임대등록이 2020.8.18. 「민간임대주택에 관한 특별법」에 따라 말소된 이후, 그 장기임대주택 중 일부를 양도하고 남은 장기임대주택과 거주주택을 보유한 상태에서 최초로 등록이 말소되는 장기임대주택의 등록말소 이후 5년 이내 거주주택을 양도하는 경우, 임대기간요건을 갖춘 것으로 보아 소득세법 시행령 제155조 제20항을 적용한다(예규 사전2021법령해석재산-710, 2021.6.30.). 거주주택 양도일 현재 최초로 등록이 말소되는 장기임대주택의 보유 여부를 불문한다(예규 서면부동산2021-5744, 2022.12.6.).

|참고| 포괄양수도와 임대기간

「민간임대주택에 관한 특별법」 제43조 제2항에 따라 임대주택을 포괄양수도하는 경우, 소득세법 시행령 제155조 제22항에는 양도·양수인 간 임대기간을 통산하도록 한다거나 이를 임대기간요건의 예외사항으로 규정하고 있지도 않으므로 임대기간을 통산할 수 없다(판례 조심 2024서-4634, 2025.3.6.).

---

(7) 기준시가 요건

거주주택 비과세 특례가 적용되는 장기임대주택이란 해당 주택 및 이에 부수되는 토지의 기준시가의 합계액이 해당 주택의 임대개시일 당시 6억원(수도권 밖의 지역인 경우에는 3억원)을 초과하지 않는 주택을 말한다. 다가구주택이 임대주택인 경우 임대개시일 현재 기준시가 6억원(수도권 밖의 지역 3억원) 요건 계산을 할 때에는 한 가구가 독립하여 거주할 수 있도록 구획된 부분을 각각 하나의 주택으로 보아 해당 주택 및 이에 부수되는 토지의 기준시가의 합계액이 임대개시일 당시 6억원(수도권 밖의 지역 3억원) 요건을 적용한다(예규 서면2015부동산-22301, 2015.3.11.).

단기임대주택의 경우는 해당 주택 및 이에 부수되는 토지의 기준시가의 합계액이 해당 주택의 임대개시일 당시 4억원(수도권 밖의 지역인 경우에는 2억원)을 초과하지 않는 주택을 말한다.

임대개시일이란 지방자치단체에 임대주택등록과 세무서에 사업자등록을 하고 실제로 임대를 개시한 날을 말한다(예규 부동산-689, 2020.6.10.).

(8) 임대료 등 5% 증액 제한 요건

거주주택 비과세 특례를 적용받기 위해서는 임대주택의 임대보증금 또는 임대료(임대료 등)의 증가율이 5%를 초과하지 않아야 한다. 이 경우 임대주택의 임대보증금 또는 임대료 상한 규정의 기준이 되는 최초의 임대차계약은 2019.2.12. 이후 최초로 체결(또는 갱신)한 표준임대차계약을 말한다(예규 서면2020부동산-3300, 2020.7.24.).

│참고│ **임대료 등의 증액 청구 제한**

임대료 등의 증액 청구는 임대차계약의 체결 또는 약정한 임대료 등의 증액이 있은 후 1년 이내에는 하지 못하고, 임대사업자가 임대료 등의 증액을 청구하면서 임대보증금과 월임대료를 상호 간에 전환하는 경우에는 「민간임대주택에 관한 특별법」 제44조 제4항의 전환 규정을 준용한다.

1세대 2주택 이상		
거주주택	+	임대주택
2년 이상 거주 (취득시기, 취득당시 조정대상지역 여부 불문)		장기임대주택 요건 단기임대주택 요건

■ 임대주택 요건

❶ 지자체 임대등록과 세무서 사업자등록
❷ 적용 제외
　· 2020.7.11.~2020.8.17. 단기임대주택을 장기임대주택으로 변경신고한 임대주택
　· 2020.7.11.~2020.8.17. 장기임대주택으로 등록신청한 아파트
❸ 의무임대기간 준수

구분	~ 2018.3.31.	2018.4.1. ~ 2020.7.10.	2020.7.11. ~ 2020.8.17.	2020.8.18. ~2025.6.3.	2025.6.4.~	
의무임대기간	5년	5년	8년	10년	장기	10년
					단기	6년

❹ 기준시가 요건
· 매입임대주택

구분	임대개시 당시 기준시가		임대 호수
	장기	단기	
수도권	6억원 이하	4억원 이하	1호 이상
수도권 외	3억원 이하	2억원 이하	

· 건설임대주택

구분	임대개시 당시 기준시가		면적	임대 호수
	장기	단기		
전국	9억원 이하	6억원 이하	주택 149제곱미터 대지 298제곱미터 이하	2호 이상

❺ 임대료 등 5% 증액 제한 준수

[1세대 1주택 특례주택 및 비과세주택]

특례주택 유형		비과세주택	관련 시행령
① 일시적 1세대 2주택	종전주택 + 신규주택	종전주택 양도	155조 1항
② 상속주택	일반주택 + 상속주택	일반주택 양도	155조 2항
③ 공동상속주택	일반주택 + 공동상속주택	일반주택 양도	155조 3항
④ 동거봉양합가주택	일반주택 + 일반주택	합가일로부터 10년 이내 먼저 양도하는 주택	155조 4항
⑤ 혼인합가주택	일반주택 + 일반주택	합가일로부터 10년 이내 먼저 양도하는 주택	155조 5항
⑥ 문화재주택	일반주택 + 문화재주택 문화재주택 + 일반주택	일반주택 양도	155조 6항
⑦ 농어촌주택	일반주택 + 농어촌주택	일반주택 양도	155조 7항
⑧ 부득이하게 취득한 비수도권 주택	일반주택 + 부득이한 비수도권 주택	일반주택 양도	155조 8항
⑨ 장기임대주택	거주주택 + 장기임대주택 장기임대주택 + 거주주택	거주주택 양도	155조 20항

12. 특례주택의 중첩적용

　지금까지 1세대 1주택의 특례가 적용되는 일시적 1세대 2주택 등 특례주택을 살펴보았다. 그러면 이러한 특례주택이 중첩되는 경우에 중복해서 특례를 적용할 수 있을까? 예를 들어 일시적 1세대 2주택과 상속주택을 동시에 보유하다 종전주택(일반주택)을 양도하는 경우 1세대가 3주택을 보유하다 양도하게 된다. 이 경우에도 양도하는 종전주택(일반주택)에 대해 비과세 적용을 받을 수 있는지가 쟁점이 될 수 있다.

　1세대 3주택이라 하더라도 일시적 2주택 등 특례주택(소득세법 시행령 제155조) 또는 조세특례제한법에 따른 다른 주택을 양도하는 경우 주택으로 보지 않는 감면주택 및 과세특례주택과 관련되는 주택이 있는 경우에는 1세대 1주택 비과세 특례규정이 적용될 수 있다. 이에 대한 내용을 기본통칙 89-155…2, 집행기준 89-155-26, 예규 및 판례를 통하여 살펴보기로 한다.

(1) 상속주택과 일시적 1세대 2주택

상속받은 주택(A)과 그 밖의 주택(일반주택·종전주택B)을 소유하고 있는 1세대가 일반주택(종전주택B)을 취득한 날부터 1년 이상이 지난 후 다른 주택(신규주택C)을 취득하고 다른 주택(신규주택C) 취득한 날부터 3년 이내에 일반주택(종전주택B)을 양도하는 때에는 1세대 1주택으로 보아 비과세 규정을 적용한다(예규 서면부동산2017-2328, 2017.12.21.). 이 경우 양도하는 일반주택은 상속개시일 현재 보유하는 주택으로서 2년 이상 보유하고 취득당시 조정대상지역인 경우 2년 이상 거주한 주택이어야 한다.

국내에 일반주택(A)을 보유한 1세대가 1주택(B)을 보유한 직계존속을 동거봉양하기 위하여 세대를 합친 후 직계존속의 사망에 따라 B주택(「소득세법 시행령」 제155조제2항에 따른 상속주택)을 상속받고 이후 다른 일반주택(C)을 취득하여 일시적으로 3주택을 보유하다 일반주택(A)을 양도하는 경우로서 A주택을 취득한 날부터 1년 이상이 지난 후 C주택을 취득하고, C주택을 취득한 날부터 3년 이내에 A주택을 양도하는 경우에는 이를 1세대 1주택으로 보아 비과세 규정을 적용한다(사전2023법규재산-178, 2023.6.19.).

(2) 동거봉양합가주택과 일시적 2주택

동거봉양합가로 2주택이 된 1세대가 동거봉양합가 후 신규주택을 취득하여 일시적 3주택이 된 경우 집행기준 89-155-26의 일시적 1세대 3주택 비과세특례 적용 사례를 살펴보면 합가일부터 10년 이내 및 신규주택 취득일로부터 3년 이내 양도하는 합가주택은 이를 1세대 1주택으로 보아 비과세 규정을 적용한다고 규정하고 있다.

(3) 혼인합가주택과 일시적 2주택

혼인합가로 2주택이 된 1세대가 혼인합가 후 신규주택을 취득하여 일시적 3주택이 된 경우 집행기준 89-155-26의 일시적 1세대 3주택 비과세특례 적용 사례를 살펴보면 합가일부터 10년 이내 및 신규주택 취득일로부터 3년 이내 양도하는 합가주택은 이를 1세대 1주택으로 보아 비과세 규정을 적용한다고 규정하고 있다.

(4) 주택임대사업자의 거주주택과 일시적 1세대 2주택 등

1) 거주주택과 일시적 1세대 2주택

거주주택(종전주택)을 취득한 날로부터 1년 이상이 지난 후에 신규주택을 취득하고, 신규주택을 취득한 날부터 3년 이내에 거주주택(종전주택)을 양도하는 경우로서 거주주택(종전주택)과 그 밖의 보유 중인 임대주택이 각각 소득세법 시행령 제155조 제20항 제1호의 거주주택 및 제2호의 장기임대주택 요건을 갖춘 경우에는 이를 1세대 1주택으로 보아 비과세 규정을 적용한다(예규 사전 2025법규재산-66, 2025. 3. 20., 예규 사전2019법령해석재산-721, 2020. 12. 28.).

2) 공동명의 임대주택의 경우 장기임대주택 특례와 일시적 1세대 2주택 특례의 중첩적용이 가능한지 여부

공동명의 장기임대주택의 경우에도 1세대 1주택 비과세 판정 시 장기임대주택 특례와 일시적 1세대 2주택 특례의 중첩 적용이 가능하다(예규 사전2020법령해석재산-317, 2020. 11. 30.).

3) 거주주택과 상속주택

거주주택과 장기임대주택을 소유하던 1세대가 별도세대인 피상속인으로부터 주택을 상속받은 후 거주주택을 양도하는 경우 이를 1세대 1주택으로 보아 비과세 규정을 적용한다(예규 기준2025법규재산-20, 2025. 6. 4., 예규 부동산거래관리과-10, 2012. 1. 3.).

(5) 일시적 2주택 등과 조세특례제한법의 감면 또는 과세특례주택

1) 일시적 2주택과 농어촌주택

종전주택을 취득하고 1년이 지난 후 신규주택을 취득하여 일시적 2주택을 보유한 1세대가 「조세특례제한법」 제99조의4에 따른 농어촌주택을 취득한 경우로서 일시적 1세대 2주택 중 종전주택을 신규주택 취득일부터 3년 이내에 양도하는 경우에는 국내에 1개의 주택을 소유하고 있는 것으로 보아 1세대 1주택 비과세 규정을 적용한다(예규 서면2021부동산-6220, 2022. 9. 14., 사전법령해석재산 2021-72, 2021. 2. 23.).

2) 일반주택, 상속주택, 조세특례제한법의 감면 또는 과세특례주택

일반주택, 상속주택, 조세특례제한법의 소유자 주택으로 보지 않는 감면주택을 보유한 거주자가 일반주택과 상속주택을 순차 양도하는 경우 감면주택은 소유주택으로 보지 않으므로 특례를 중첩 적용하여 1세대 1주택으로 보아 비과세 규정을 적용한다(예규 서면2021부동산-7235, 2022.4.21.). 이와 유사한 예규를 살펴보면 거주자가 주택(A)을 보유하고 있다가 별도세대인 부모로부터 주택(B)을 상속받고「조세특례제한법」제98조의3에 따른 양도소득세 과세특례 대상이 되는 주택(C)을 취득한 후 A주택을 양도하고 다시 B주택을 양도하는 경우, 해당 B주택에 대하여 1세대 1주택 비과세 규정을 적용함에 있어 C주택은 해당 거주자의 소유주택으로 보지 않는다고 해석하고 있다(서면법규과-1299, 2013.11.29.).

앞에서 살펴본 기본통칙 89-155…2, 집행기준 89-155-26과 예규 등을 토대로 1세대 3주택인 경우 비과세 특례가 적용되는 사례를 요약하면 아래와 같다.

[1세대 3주택 비과세 특례 적용 사례]

중첩 적용 사례	비과세 특례 적용 요건
일반주택(A) + 상속주택(B) + 다른 주택(C)	C주택 취득일부터 3년 이내 양도하는 A주택
일시적2주택(A, B) + 동거봉양합가주택(C) 또는 혼인합가주택(C)(2024.10.31. 개정 삭제)	① B주택 취득일부터 3년 이내 양도하는 A주택 ② A주택 양도 후 동거봉양 또는 혼인 합가일부터 10년 이내 양도하는 B주택 또는 C주택
동거봉양합가 2주택(A, B) 또는 혼인합가 2주택(A, B) + 다른 주택(C)	동거봉양 또는 혼인 합가일부터 10년 이내 및 C주택 취득일부터 3년 이내 양도하는 A주택 또는 B주택
거주주택(A) + 임대주택(B) + 다른 주택(C)	C주택 취득일부터 3년 이내 양도하는 2년 이상 거주한 A주택 양도
거주주택(A) + 임대주택(B) + 상속주택(C)	2년 이상 거주한 A주택 양도
일반주택(A) + 농어촌주택(B) + 다른 주택(C)	C주택 취득일부터 3년 이내 양도하는 A주택

◇　　　◇　　　◇

　지금까지 주택이 비과세되는 경우를 1세대 1주택 비과세, 일시적 1세대 2주택 등 1세대 1주택의 특례주택, 특례주택과 특례주택, 특례주택과 조세특례제한법의 감면 및 과세특례주택이 중첩되는 경우 비과세 규정에 대한 내용을 살펴보았다. 그 외 양도소득세가 비과세되는 종류는 조합원입주권을 양도하는 경우, 재개발·재건축과 관련 주택을 양도하는 경우, 주택과 분양권을 소유하다 주택을 양도하는 경우 등이 있다. 이와 관련된 내용은 제4장에서 다루기로 하고, 다음 장에서는 주택이 과세되는 경우 계산구조와 다주택자 중과세에 대한 내용을 살펴보기로 한다.

제3장

양도소득세 과세와 다주택자 중과세

제3장에서는 다음과 같은 내용을 살펴보기로 한다.

제1절 | 양도소득세 과세

1. 특수하게 양도소득세를 계산하는 유형

양도소득세 과세대상 자산을 양도하여 과세되는 경우 일반적인 계산구조는 제1장에서 살펴보았다. 이번 장에서는 일반적인 계산구조에서 변형되어 세금을 계산하는 유형 중 고가주택, 고가겸용주택에 대한 계산구조를 살펴보기로 한다. 재개발·재건축사업과 관련된 세금계산 구조는 제4장에서 다루기로 한다.

2. 고가주택의 계산구조

1세대 1주택이라 하더라도 비과세 요건을 충족하지 못하는 경우에는 양도소득세가 과세된다. 양도소득세가 과세되는 경우 계산구조는 제1장에서 이미 살펴보았듯이 양도가액에서 필요경비를 공제하여 양도차익을 계산하고 여기서 장기보유특별공제액을 차감하여 양도소득금액을 계산한다. 그런 후 양도소득금액에서 기본공제 금액을 차감한 과세표준에 세율을 적용하여 산출세액을 계산한다. 여기에 감면세액을 차감하고 가산세를 더하면 납부할 세액을 계산할 수 있다.

1세대 1주택 비과세 규정 적용 시 고가주택이란 주택 및 이에 딸린 토지의 양도당시 실지거래가액의 합계액이 12억원을 초과하는 주택을 말한다. 고가주택을 양도하는 경우에는 총양도차익 중에서 12억원이 양도가액에서 차지하는 비율(이 책에서는 비과세비율이라 한다)에 해당하는 양도차익에 대해서는 양도소득세를 과세하지 않는다. 즉, 총양도차익에 비과세비율을 곱하여 계산한 금액(비과세양도차익)은 양도소득세를 과세하지 않는다. 이를 다르게 말하면 총양도차익에 과세비율(양도가액에서 12억원을 초과하는 금액이 양도가액에서 차지하는 비율)을 곱하여 계산한 금액(과세양도차익)은 양도소득세를 과세한다는 것이다.

(1) 양도소득금액의 계산

고가주택에 대한 양도소득금액은 일반적인 경우와 조금 다르게 계산한다. 고가주택에 해당하는 자산의 양도소득금액은 아래의 방법으로 계산한 양도차익에서 장기보유특별공제액을 차감하여 계산한다(소령 제160조).

1) 양도차익의 계산

1세대 1주택 고가주택의 과세되는 양도차익은 총양도차익 중에서 양도가액에서 12억원을 초과하는 금액(양도가액 - 12억원)이 양도가액에서 차지하는 비율에 해당하는 금액을 말한다.

$$\text{총양도차익} \times \frac{\text{양도가액} - 12억원}{\text{양도가액}}$$

2) 장기보유특별공제액의 계산

고가주택의 과세되는 양도차익에서 공제되는 장기보유특별공제액은 총장기보유특별공제액 중에서 양도가액에서 12억원을 초과하는 금액(양도가액 - 12억원)이 양도가액에서 차지하는 비율에 해당하는 금액을 말한다.

$$\text{총장기보유특별공제액} \times \frac{\text{양도가액} - 12억원}{\text{양도가액}}$$

(2) 실무적용 시 계산구조

양도소득세 신고 시 제출하는 양도소득금액 계산명세서의 양도차익란을 살펴보면 고가주택의 경우 전체 양도차익, 비과세 양도차익, 과세대상양도차익으로 구분하여 기재하도록 되어 있다. 즉, 실무에서는 고가주택의 과세되는 양도차익은 전체 양도차익 중 비과세비율(양도가액 중 12억이 차지하는 비율)에 해당하는 양도차익에 대해서는 비과세되는 양도차익으로 하고, 전체 양도차익에서 비과세 양도차익을 공제한 나머지 양도차익을 과세대상양도차익으로 계산한다.

장기보유특별공제액은 과세양도차익에 장기보유특별공제율을 곱하여 계산한다.

양도소득금액은 과세양도차익에서 장기보유특별공제액을 차감하여 계산한다.

관리번호	-

양도소득금액 계산명세서

※ 관리번호는 적지 마십시오.

□ 양도소득금액 계산

구분	항목				
거래금액	⑪ 양 도 가 액				
	⑫ 취 득 가 액				
	취득가액 종류				
⑬ 기납부 토지초과이득세					
⑭ 기 타 필 요 경 비					
양도차익	전체 양도차익				
	비과세 양도차익				
	⑮ 과세대상양도차익				
⑯ 장 기 보 유 특 별 공 제(코드)			( )	( )	( )
⑰ 장기보유특별공제적용대상거주기간			년 이상 년 미만	년 이상 년 미만	년 이상 년 미만
⑱ 양 도 소 득 금 액					

위의 내용을 종합하여 실무에서 사용하는 고가주택의 계산구조를 살펴보면 다음과 같다.

[고가주택의 계산구조]

구분	계산구조
양도차익	**· 양도가액 - 매입가격 - 매입부대비용 - 자본적지출액 - 양도비**
(-) 비과세양도차익	· 양도차익 × (12억원 ÷ 양도가액)
(=) 과세양도차익	**· 양도차익 - 비과세양도차익**
(-) 장기보유특별공제액	· 과세양도차익 × 장기보유특별공제율
(=) 양도소득금액	**· 과세양도차익 - 장기보유특별공제액**
(-) 기본공제	· 250만원
(=) 과세표준	**· 양도소득금액 - 기본공제**
(×) 세율	· 기본세율
(=) 산출세액	**· 과세표준 × 세율**
(-) 감면세액	· 조세특례제한법의 감면세액
(=) 결정세액	**· 산출세액 - 감면세액**
(+) 가산세	· 무(과소)신고가산세 · 납부지연가산세
(=) 납부할 세액	**· 결정세액 + 가산세**

3. 고가겸용주택의 계산구조

겸용주택이란 하나의 건물이 주택과 주택 외의 부분으로 복합되어 있는 경우와 주택에 딸린 토지에 주택 외의 건물이 있는 경우를 말한다. 제2장에서 살펴보았듯이 겸용주택은 1세대 1주택 비과세 규정을 적용할 때 주택의 면적이 주택 외의 면적보다 큰 경우에는 전체를 주택으로 본다. 다만, 주택의 면적이 주택 외의 면적보다 작거나 같을 때에는 주택 외의 부분은 주택으로 보지 않는다.

고가겸용주택이란 하나의 건물이 주택과 주택 외의 부분으로 복합되어 있는 경우와 주택에 딸린 토지에 주택 외의 건물이 있는 경우로서 그 양도가액이 12억원 초과는 것을 말한다. 2022.1.1. 이후 양도하는 고가겸용주택은 주택 외의 부분은 주택으로 보지 않는다(소령 제160조 제1항). 즉, 2022.1.1. 이후 양도하는 고가겸용주택의 경우에는 면적 구분에 관계없이 주택 면적만 주택으로 본다. 따라서 주택의 면적이 주택 외의 면적보다 크다 하더라도 주택 면적만 주택으로 보아 1세대 1주택 비과세 규정을 적용한다. 이때 1세대 1주택이 고가주택인지의 여부는 총양도가액을 주택과 주택 이외의 가액으로 안분하여 주택으로 안분된 양도가액으로 판단한다.

고가 겸용주택은 주택부분만 주택으로 보아 양도차익 및 장기보유특별공제액을 계산한다(집행기준 95-160-1). 다시 말해 고가겸용주택에 대해서는 주택의 면적이 상가 면적보다 크다 하더라도 주택부분과 상가부분으로 구분하여 양도차익을 계산하고 장기보유특별공제율을 각각 적용하여야 한다. 아래에서는 1세대 1주택인 고가겸용주택의 양도소득세 계산구조에 대해 살펴보기로 한다.

(1) 양도소득금액의 계산

고가겸용주택에 대한 양도소득금액은 일반적인 경우와 조금 다르게 계산한다. 고가겸용주택에 해당하는 자산의 양도차익은 전체 양도가액 및 필요경비를 기준시가 등을 이용하여 주택부분과 상가부분으로 안분하여 계산한다(소법 제100조 제2항, 소령 제160조 제2항). 그리고 주택부분과 상가부분 각각으로 장기보유특별공제액을 계산하여 공제한다.

주택부분의 양도소득금액은 주택부분의 양도차익에서 주택부분의 장기보유특별공제액을 차감하여 계산하고, 상가부분의 양도소득금액은 상가부분의 양도차익에서 상가부분의 장기보유특별공제액을 차감하여 계산한다.

1) 주택부분의 양도소득금액 계산

고가겸용주택에 해당하는 주택부분의 양도소득금액은 아래의 방법으로 계산한 양도차익에서 장기보유특별공제액을 차감하여 계산한다.

① 주택부분의 양도차익

고가겸용주택의 양도차익을 계산하기 위해서는 먼저 전체 양도가액을 양도당시 기준시가 등을 이용하여 주택부분 양도가액과 상가부분 양도가액으로 안분계산 한다. 이렇게 안분한 주택부 분 양도가액이 12억원을 초과하지 않으면 주택부분의 양도차익은 비과세 된다. 필요경비도 기준시가 등을 이용하여 주택부분 필요경비와 상가부분 필요경비로 안분계산 한다.

주택부분의 양도가액이 12억원을 초과하면 앞에서 살펴본 고가주택의 양도소득세 계산구조를 이용하여 과세양도차익을 계산한다.

② 주택부분의 장기보유특별공제액

주택부분 장기보유특별공제액은 주택부분 과세양도차익에 장기보유특별공제율을 곱하여 계산한다. 주택부분에 적용되는 장기보유특별공제율은 주택부분의 과세양도차익에 [표1]의 일반공제율 또는 [표2]의 특례공제율을 적용한다.

2) 상가부분의 양도소득금액 계산

고가겸용주택에 해당하는 상가부분의 양도소득금액은 아래의 방법으로 계산한 양도차익에서 장기보유특별공제액을 차감하여 계산한다.

① 상가부분의 양도차익

상가부분의 양도차익은 상가부분으로 안분된 양도가액에서 필요경비를 공제하여 계산한다.

② 상가부분의 장기보유특별공제액

상가부분의 장기보유특별공제액은 상가부분의 양도차익에 [표1]의 일반공제율을 곱하여 계산한다.

(2) 실무적용 시 계산구조

위의 내용을 종합하여 실무에서 적용할 수 있는 고가겸용주택의 계산구조를 살펴보면 다음과 같다.

[고가겸용주택의 계산구조]

구분	계산구조	
	주택	상가
양도가액	**기준시가등으로 안분**	**기준시가등으로 안분**
(-) 필요경비	기준시가등으로 안분	기준시가등으로 안분
(=) 양도차익	**양도가액 - 필요경비**	**양도가액 - 필요경비**
(-) 비과세양도차익	양도차익 × (12억원 ÷ 양도가액)	없음
(=) 과세양도차익	**양도차익 - 비과세양도차익**	**양도차익 - 0**
(-) 장기보유특별공제액	과세양도차익 × 장기보유특별공제율[표1] 또는 [표2]	과세양도차익 × 장기보유특별공제율[표1]
(=) 양도소득금액	**과세양도차익 - 장기보유특별공제액**	**과세양도차익 - 장기보유특별공제액**
양도소득금액 합계	고가주택 양도소득금액 + 상가 양도소득금액	
(-) 기본공제	250만원	
(=) 과세표준	**양도소득금액 - 기본공제**	
(×) 세율	기본세율 등	
(=) 산출세액	**과세표준 × 세율**	
(-) 감면세액	조세특례제한법의 감면세액	
(=) 결정세액	**산출세액 - 감면세액**	
(+) 가산세	무(과소)신고가산세, 납부지연가산세	
(=) 납부할 세액	**결정세액 + 가산세**	

이번 절에서는 1세대 1주택 고가주택 및 고가겸용주택에 대한 세금 계산구조에 대해 살펴보았다. 다음 절에서는 다주택자에게 적용되는 중과제도에 대해 살펴보기로 한다.

1. 다주택자 중과세의 개요

1세대 2주택 이상자인 다주택자에 대해서는 주택에 대한 투기로 인한 이득을 세금으로 흡수하여 부동산 투기를 차단하고 부동산시장의 안정을 도모하기 위한 취지로 2018. 4. 1.부터 다주택자가 조정대상지역의 주택을 양도하는 경우 중과세율을 적용하다가 2022. 5. 10.부터 2026. 5. 9.까지 양도하는 경우에는 중과 유예하는 것으로 세법을 개정하였다. 2026. 5. 10. 이후에는 중과 유예를 연장하지 않고 기존 세법을 보완 개정하여 다주택자에 대한 중과세 규정을 적용한다.

중과세율 적용 대상은 조정대상지역에 소재하고 중과 규정에 해당하는 주택을 양도하는 경우로서 1세대가 2주택을 보유하다 양도하는 경우, 1주택과 조합원입주권 또는 분양권을 1개 보유하다 주택을 양도하는 경우, 3주택 이상에 해당하는 주택을 보유하다 양도하는 경우, 주택과 조합원입주권 또는 분양권을 보유한 경우로서 그 수의 합이 3 이상인 상태에서 양도하는 해당 주택의 경우로 규정하고 있다(소득세법 104조 7항).

다주택자가 양도하는 주택이 중과대상이 되면 세율 적용은 2주택자인 경우 기본세율에 20%를 가산하고, 3주택 이상자인 경우에는 기본세율에 30%를 가산하여 과세한다. 또한 중과세율 적용대상 주택이 되는 경우 장기보유특별공제 적용을 배제한다.

이번 절에서는 1세대 3주택 이상 중과세에 대한 내용을 살펴보고 다음 절에서 1세대 2주택 중과세에 대한 내용을 알아보기로 한다.

2. 1세대 3주택 이상 중과대상

다음 중 어느 하나에 해당하는 주택을 양도하는 경우 기본세율에 30%를 더한 세율을 적용하고 장기보유특별공제 적용을 배제한다(소법 제104조 제7항 제3호, 제4호).

① 조정대상지역에 있는 주택으로서 1세대 3주택 이상에 해당하는 주택
② 조정대상지역에 있는 주택으로서 1세대가 주택과 조합원입주권 또는 분양권을 보유한 경우
  로서 그 수의 합이 3 이상인 경우 해당 주택

분양권은 2021.1.1. 이후 공급계약, 매매 또는 증여 등의 방법으로 취득한 것부터 주택 수에 포
함된다.

|참고| 단기양도와 중과세

주택의 보유기간이 2년 미만인 경우에는 기본세율에 30%를 더한 세율을 적용하여 계산한 산출세액과
단기양도 세율을 적용하여 계산한 산출세액 중 큰 세액을 양도소득 산출세액으로 한다.

핵심포인트 다주택자 중과세와 조정대상지역

다주택자라 하더라도 조정대상지역이 아닌 지역에 소재하는 주택을 양도하는 경우에는 중과세 규정을 적용
하지 않는다.

3. 중과대상 주택 수 계산 시 제외하는 주택

중과대상이 되는 1세대 3주택 이상에 해당하는 주택이란 1세대가 국내에 주택을 3개 이상 소유
하고 있는 주택을 말한다. 다만, 아래에 해당하는 주택은 주택의 수를 계산할 때 산입하지 않는다
(소령 제167조의3 제1항).

(1) 수도권 및 광역시 · 특별자치시 외 기타지역의 저가주택

수도권 및 광역시 · 특별자치시 외의 지역(기타지역)에 소재하는 주택으로서 해당 주택의 기준
시가가 해당 주택 또는 그 밖의 주택 양도 당시 3억원을 초과하지 않는 주택은 다른 주택을 양도하

는 경우에 주택 수에 산입하지 않는다. 기타지역에는 경기도의 읍·면지역, 광역시에 소속된 군지역, 세종특별자치시의 읍·면에 해당하는 지역도 포함된다.

[중과대상 주택수 계산 방법]

지역기준					가액기준	중과대상 주택수
수도권			광역시	세종시		
서울	경기	인천	부산		모든 주택	모두 포함
			울산			
			대구			
			광주			
			대전			
기타지역 경기도 읍·면 지역 광역시(인천포함) 군 지역 세종시 읍·면 지역 도 지역					3억원 초과	포함
					3억원 이하	제외

| 참고 | **주택과 조합원입주권 또는 분양권의 기준시가 3억원 범위**

- 주택: 해당 주택의 개별주택가격 또는 공동주택가격
- 조합원입주권:「도시 및 주거환경정비법」제74조 제1항 제5호에 따른 종전주택가격
- 분양권: 주택에 대한 공급계약서의 공급가격(옵션가격은 제외)

(2) 소형 신축주택

2024. 1. 10. 부터 2027. 12. 31. 까지 취득하는 주택으로서 다음의 요건을 모두 갖춘 소형 신축주택은 다른 주택을 양도하는 경우에 주택 수에 산입하지 않는다(소령 제167조의3 제1항, 제12호 가목).

① 전용면적이 60제곱미터 이하일 것

② 취득가액이 6억원(수도권 밖의 지역에 소재하는 주택의 경우에는 3억원) 이하일 것

③ 2024. 1. 10. 부터 2027. 12. 31. 까지의 기간 중에 준공된 것일 것

④ 아파트(「주택법」에 따른 도시형 생활주택인 아파트는 제외한다)에 해당하지 않을 것

⑤ 그 밖에 기획재정부령으로 정하는 요건을 갖출 것

| 참고 | **기획재정부령으로 정하는 요건**

○ 양도자가 다음의 어느 하나에 해당할 것
　・「주택법」에 따른 사업주체 또는 「건축물의 분양에 관한 법률」에 따른 분양사업자
　・사업주체 또는 분양사업자로부터 주택의 공사대금으로 해당 주택을 받은 시공자
○ 양수자가 해당 주택에 대한 매매계약(주택공급계약 및 분양계약을 포함한다)을 최초로 체결한 자일 것
○ 양도자와 양수자가 해당 주택에 대한 매매계약을 체결하기 전에 다른 자가 해당 주택에 입주한 사실
　이 없을 것

---

(3) 수도권 밖의 준공후미분양주택

2024. 1. 10. 부터 2026. 12. 31. 까지 취득하는 주택으로서 다음의 요건을 모두 갖춘 준공후미분양주택은 다른 주택을 양도하는 경우에 주택 수에 산입하지 않는다(소령 제167조의3 제1항, 제12호 나목).

① 전용면적이 85제곱미터 이하일 것

② 취득가액이 7억원 이하일 것

③ 수도권 밖의 지역에 소재할 것

④ 그 밖에 기획재정부령으로 정하는 요건을 갖출 것

| 참고 | **기획재정부령으로 정하는 요건**

○ 양도자가 다음의 어느 하나에 해당할 것
　・「주택법」에 따른 사업주체 또는 「건축물의 분양에 관한 법률」에 따른 분양사업자
　・사업주체 또는 분양사업자로부터 주택의 공사대금으로 해당 주택을 받은 시공자
○ 양수자가 해당 주택에 대한 매매계약(주택공급계약 및 분양계약을 포함한다)을 최초로 체결한 자일 것
○ 「주택법」에 따른 사용검사(임시 사용승인을 포함한다) 또는 「건축법」에 따른 사용승인을 받은 날까지
　분양계약이 체결되지 않아 선착순의 방법으로 공급하는 주택(준공 후 미분양주택)일 것
○ 해당 주택의 소재지를 관할하는 시장·군수·구청장으로부터 해당 주택이 준공후 미분양주택이라는
　확인을 받은 주택일 것

---

(4) 인구감소지역소재주택

2026.1.1. 이후 취득하는 주택으로서 다음의 요건을 모두 갖춘 인구감소지역소재주택은 다른 주택을 양도하는 경우에 주택 수에 산입하지 않는다(소령 제167조의3 제1항, 제12호 다목).

① 취득 당시 「지방자치분권 및 지역균형발전에 관한 특별법」 제2조 제12호에 따른 인구감소지역에 소재할 것. 다만, 「접경지역 지원 특별법」 제2조 제1호에 따른 접경지역이 아닌 수도권 또는 광역시(광역시에 있는 군은 제외)에 소재하는 주택은 제외한다.
② 해당 주택 취득 전에 보유한 주택(해당 주택 취득 전에 조합원입주권 또는 분양권을 보유한 경우에는 해당 조합원입주권 또는 분양권을 통해 공급하는 주택)과 동일한 시·군·구에 소재하는 주택이 아닐 것
③ 주택 및 이에 딸린 토지의 기준시가 합계액이 해당 주택 취득일 현재 4억원(수도권 밖의 인구감소지역인 경우 9억원)을 초과하지 않을 것

(5) 인구감소관심지역소재주택

2026.1.1. 이후 취득하는 주택으로서 다음의 요건을 모두 갖춘 인구감소관심지역소재주택은 다른 주택을 양도하는 경우에 주택 수에 산입하지 않는다(소령 제167조의3 제1항, 제12호 라목).

① 취득 당시 수도권 밖의 지역으로서 「지방자치분권 및 지역균형발전에 관한 특별법」에 따른 인구감소관심지역에 소재할 것. 다만, 광역시(광역시에 있는 군은 제외)에 소재하는 주택은 제외한다.
② 해당 주택 취득 전에 보유한 주택(해당 주택 취득 전에 조합원입주권 또는 분양권을 보유한 경우에는 해당 조합원입주권 또는 분양권을 통해 공급하는 주택)과 동일한 시·군·구에 소재하는 주택이 아닐 것
③ 주택 및 이에 딸린 토지의 기준시가 합계액이 해당 주택 취득일 현재 4억원을 초과하지 않을 것

4. 중과배제 주택의 범위

양도소득세가 중과되는 1세대 3주택 이상에 해당하는 주택이란 조정대상지역에 있는 주택으로서 1세대 3주택 이상에 해당하는 주택 또는 주택과 조합원입주권 또는 분양권을 보유한 경우 그 수의 합이 3 이상인 경우 해당 주택으로서 다음 중 어느 하나에 해당하지 않는 주택을 말한다(소령 제167조의3 제1항). 즉, 다음에 해당하는 주택을 양도하는 경우에는 그 양도 주택이 조정대상지역에 있다 하더라도 중과되지 않는다.

(1) 수도권 및 광역시 · 특별자치시 외 기타지역의 저가주택

수도권 및 광역시 · 특별자치시 외의 지역(기타지역)에 소재하는 주택으로서 해당 주택의 기준시가가 해당 주택 또는 그 밖의 주택 양도 당시 3억원을 초과하지 않는 주택은 중과되지 않는다. 기타지역에는 경기도의 읍 · 면지역, 광역시에 소속된 군지역, 세종특별자치시의 읍 · 면에 해당하는 지역도 포함된다(소령 제167조의3 제1항 제1호). 따라서 기타지역의 기준시가 3억 이하에 해당하는 주택은 해당 주택을 양도하는 경우에 그 지역이 양도 당시 조정대상지역이라 하더라도 중과되지 않으며, 다른 주택을 양도하는 경우에도 주택수에 산입되지 않는다.

[중과배제 대상 지역기준 및 가액기준]

지역기준				가액기준	양도시 중과여부
수도권			광역시	세종시	
서울	경기	인천	부산		모든 주택	중과대상
			울산			
			대구			
			광주			
			대전			
기타지역 경기도 읍·면 지역 광역시(인천포함) 군 지역 세종시 읍·면 지역 도 지역					3억원 초과	중과대상
					3억원 이하	중과배제

1) 사례 1

· A주택: 서울시 강동구 소재(기준시가 6억원, 조정대상지역, 중과배제 주택 아님)

· B주택: 서울시 강남구 소재(기준시가 7억원, 조정대상지역)

· C주택: 경기도 하남시 소재(기준시가 2억원, 조정대상지역)

· D주택: 경기도 남양주시 퇴계원면 소재(기준시가 1억원, 조정대상지역 아님)

위 사례에서 A주택을 양도하는 경우 중과 여부 판단 순서를 살펴보면 아래와 같다.

Ⅰ 보유 주택수 ⇨ 4주택

Ⅱ 양도하는 주택의 소재지가 조정대상지역인지 확인 ⇨ 예

Ⅲ 양도하는 주택이 중과배제 주택인지 확인 ⇨ 아니오

Ⅳ 중과대상 주택수 확인(양도주택 포함) ⇨ 3주택

  A, B주택은 서울시에 소재하는 주택이므로 중과대상 주택수에 포함되고, C주택은 경기도의 시지역에 소재하는 주택이므로 중과대상 주택수에 포함되며, D주택은 경기도 읍·면지역의 3억원 이하 주택이므로 중과대상 주택수에서 제외된다.

Ⅴ 세율 확인 ⇨ 3주택 중과세율 적용

중과대상 주택수가 3주택이므로 A주택을 양도하는 경우 3주택 중과세율인 30%를 기본세율에 가산하여 적용하고 장기보유특별공제의 적용을 배제한다.

2) 사례 2

위 사례에서 C주택을 양도하는 경우 중과 여부 판단 순서를 살펴보면 아래와 같다.

Ⅰ 보유 주택수 ⇨ 4주택

Ⅱ 양도하는 주택의 소재지가 조정대상지역인지 확인 ⇨ 예

Ⅲ 양도하는 주택이 중과배제 주택인지 확인 ⇨ 아니오

   양도하는 C주택은 경기도의 3억원 이하 주택이라 하더라도 기타지역(경기도의 읍·면)에 소재하는 주택이 아니므로 중과배제 주택이 아니다.

Ⅳ 중과대상 주택수 확인(양도주택 포함) ⇨ 3주택

   A, B주택은 서울시에 소재하는 주택이므로 중과대상 주택수에 포함되고, C주택은 경기도의 시지역에 소재하는 주택이므로 중과대상 주택수에 포함되며, D주택은 경기도 읍·면지역의 3억원 이하 주택이므로 중과대상 주택수에서 제외된다.

Ⅴ 세율 확인 ⇨ 3주택 중과세율 적용

   중과대상 주택수가 3주택이므로 C주택을 양도하는 경우 3주택 중과세율인 30%를 기본세율에 가산하여 적용하고 장기보유특별공제 적용을 배제한다.

(2) 장기임대주택

임대주택의 공급활성화 및 주거안정 지원을 목적으로 일정한 요건을 충족하는 장기임대주택을 양도하는 경우에는 중과세율 적용대상에서 제외하고 있다. 즉, 장기임대주택을 양도하는 경우 해당 주택에 대해 중과세율을 적용하지 않는다. 하지만 다른 주택을 양도하는 경우 장기임대주택은 중과대상 주택수에는 포함될 수 있다.

장기임대주택이란 「민간임대주택에 관한 특별법」에 따라 지방자치단체에 주택임대사업자 등록과 관할세무서에 사업자등록을 한 거주자가 임대하는 아래의 어느 하나에 해당하는 주택을 말한다(소령 제167조의3 제1항 2호). 장기임대주택에 대한 내용은 제2장에서 살펴본 주택임대사업자의 거

주주택비과세 특례 요건 중 장기임대주택 요건과 대부분 동일하다.

1) 민간매입임대주택

「민간임대주택에 관한 특별법」에 따른 민간매입임대주택을 1호 이상 임대하고 있는 거주자가 5년 이상 임대한 주택으로서 해당 주택의 기준시가가 해당 주택의 임대개시일 당시 6억원(수도권 밖의 지역인 경우에는 3억원)을 초과하지 않고 임대보증금 또는 임대료(임대료 등)의 증가율이 5%를 초과하지 않는 주택. 다만, 2018.3.31.까지 사업자등록 등을 한 주택으로 한정한다(소령 제167조의3 제1항 제2호 가목).

2) 기존매입임대주택

2003.10.29.(기존사업자기준일) 이전에 사업자등록 등을 하고 「주택법」에 따른 국민주택규모에 해당하는 「민간임대주택에 관한 특별법」에 따른 민간매입임대주택을 2호 이상 임대하고 있는 거주자가 5년 이상 임대한 주택으로서 해당 주택의 기준시가가 해당 주택의 취득당시 3억원을 초과하지 아니하는 주택.

3) 건설임대주택

「민간임대주택에 관한 특별법」에 따라 대지면적이 298제곱미터 이하이고 주택의 연면적(공동주택의 경우에는 전용면적을 말한다)이 149제곱미터 이하인 건설임대주택을 2호 이상 임대하는 거주자가 5년 이상 임대하거나 분양전환(같은 법에 따라 임대사업자에게 매각하는 경우를 포함한다)하는 주택으로서 해당 주택의 기준시가가 해당 주택의 임대개시일 당시 6억원을 초과하지 않고 임대료 등의 증가율이 5%를 초과하지 않는 주택. 다만, 2018.3.31.까지 사업자등록 등을 한 주택으로 한정한다(소령 제167조의3 제1항 제2호 다목).

4) 수도권 밖 미분양매입임대주택

2008.6.10.까지 분양계약이 체결되지 아니하여 선착순 방법으로 공급하는 주택으로서 2008.6.11.부터 2009.6.30.까지 최초로 분양계약을 체결하고 계약금을 납부한 주택 중 일정한 요건을 갖춘 주택.

5) 장기일반민간매입임대주택

「민간임대주택에 관한 특별법」에 따른 민간매입임대주택 중 장기일반민간임대주택으로 10년 이상 임대하는 주택으로서, 해당 주택의 기준시가가 해당 주택의 임대개시일 당시 6억원(수도권 밖의 지역인 경우에는 3억원)을 초과하지 않고, 임대료 등의 증가율이 5%를 초과하지 않는 주택. 다만, 다음 중 어느 하나에 해당하는 주택은 제외한다(소령 제167조의3 제1항 제2호 마목). 즉, 다음의 어느 하나에 해당하는 주택은 중과세 규정을 적용한다.

① 1세대가 국내에 1주택 이상을 보유한 상태에서 2018.9.14. 이후 새로 취득한 조정대상지역에 있는 「민간임대주택에 관한 특별법」에 따른 장기일반민간임대주택
② 2020.7.11. 이후 임대사업자등록 신청한 아파트
③ 종전의 단기민간임대주택을 2020.7.11. 이후 장기일반민간임대주택으로 변경 신고한 주택

💡 생각정리 노트

제2장에서 살펴본 주택임대사업자의 거주주택비과세 특례규정에서는 장기임대주택의 특례가 적용되는 범위에 마목의 장기일반민간매입임대주택의 경우 위 ①은 포함한다고 규정하고 있으므로 2018.9.14. 이후 취득한 조정대상지역에 있는 장기일반민간매입임대주택의 경우에는 중과대상에는 해당되지만 거주주택 비과세 특례규정의 적용은 가능하다. 하지만 ② 및 ③의 주택은 포함하지 않는다고 규정하고 있으므로 ② 및 ③의 장기일반민간매입임대주택은 중과대상에 해당되고 거주주택 비과세 특례규정도 적용되지 않는다.

구분	거주주택특례	중과세
❶ 1세대가 국내에 1주택 이상을 보유한 상태에서 2018.9.14. 이후 새로 취득한 조정대상지역에 있는 「민간임대주택에 관한 특별법」에 따른 장기일반민간임대주택	○	○
❷ 2020.7.11. 이후 임대사업자등록 신청한 아파트	×	○
❸ 종전의 단기민간임대주택을 2020.7.11. 이후 장기일반민간임대주택으로 변경 신고한 주택	×	○

6) 장기일반민간건설임대주택

「민간임대주택에 관한 특별법」에 따른 민간건설임대주택 중 장기일반민간임대주택으로서 대지
면적이 298제곱미터 이하이고, 주택의 연면적(공동주택의 경우에는 전용면적을 말한다)이 149제
곱미터 이하인 건설임대주택을 2호 이상 임대하는 거주자가 10년 이상 임대하거나 분양전환(같은
법에 따라 임대사업자에게 매각하는 경우를 포함한다)하는 주택으로서, 해당 주택의 기준시가가
해당 주택의 임대개시일 당시 9억원을 초과하지 않고, 임대료 등의 증가율이 5%를 초과하지 않는
주택. 다만, 종전의 단기민간임대주택을 2020.7.11. 이후 장기일반민간임대주택으로 변경 신고한
주택은 중과 규정을 적용한다(소령 제167조의3 제1항 제2호 바목).

|참고| 건설임대주택이 되기 위한 요건

국토해양부 예규에서는 임대주택법에 의한 건설임대주택을 소유권보존등기 전까지 임대사업자로 등록
할 것을 요건으로 하고 있는바, 이 요건을 충족하지 못한 임대주택은 임대주택법에 의한 건설임대주택
에 해당하지 않는다(판례 조심 2008서-1422, 2008.8.18.). 따라서 건설임대주택이 되기 위해서는 소유권보존등
기일 전에 지방자치단체에 임대사업자 등록을 하여야 한다. 소유권보존등기일 이후에 등록하면 건설임
대주택이 아니라 매입임대주택으로 본다.

---

7) 임대의무기간 요건

위에서 살펴본 임대주택 규정에 의한 임대기간의 계산은 사업자등록 등을 하고 임대주택으로
등록하여 임대하는 날부터 임대를 개시한 것으로 본다(소령 제167조의3 제3항).

> **핵심포인트 임대개시일의 기준**
>
> 늦은 날 [❶ 지자체 주택임대사업자 등록일 ❷ 세무서 사업자등록일 ❸실제 임대일]

중과배제 규정이 적용되는 임대주택의 임대의무기간 요건은 여러 번 개정이 있었는데 그 변천
과정을 살펴보면 다음과 같다.

구분	~ 2018.3.31.	2018.4.1. ~2020.7.10.	2020.7.11. ~2020.8.17.	2020.8.18. ~
임대의무기간	5년	5년	8년	10년

8) 임대기간 산정특례

① 수용 또는 상속

「공익사업을 위한 토지 등의 취득 및 보상에 관한 법률」에 따른 수용 또는 상속으로 해당 임대기간요건을 충족하지 못하게 되거나 임대의무호수를 임대하지 아니하게 된 때에는 해당 임대주택을 계속 임대하는 것으로 본다(소령 제167조의3 제5항 제2호 가목).

② 재개발·재건축사업 또는 소규모재건축사업등

재개발·재건축사업 또는 소규모재건축사업등의 사유가 있는 경우에는 임대의무호수를 임대하지 아니한 기간을 계산할 때 해당 주택의 관리처분계획인가일 전 6개월부터 준공일 후 6개월까지의 기간은 포함하지 않는다(소령 제167조의3 제5항 제2호 나목).

재개발·재건축사업 또는 소규모재건축사업등으로 임대 중이던 당초의 장기임대주택이 멸실되어 새로 취득하거나 「주택법」에 따른 리모델링으로 새로 취득한 주택이 다음 중 어느 하나에 해당하여 임대기간요건을 갖추지 못하게 된 때에는 당초 주택(재건축 등으로 새로 취득하기 전의 주택을 말한다)에 대한 등록이 말소된 날 해당 임대기간요건을 갖춘 것으로 본다. 다만, 임대의무호수를 임대하지 않은 기간이 6개월을 지난 경우는 임대기간요건을 갖춘 것으로 보지 않는다(소령 제167조의3 제5항 제2호 마목).

ⓐ 새로 취득한 주택에 대해 2020.7.11. 이후 아파트를 임대하는 민간매입임대주택이나 단기민간임대주택으로 임대사업자등록 신청을 한 경우

ⓑ 새로 취득한 주택이 아파트(당초 주택이 단기민간임대주택으로 등록되어 있었던 경우에는 모든 주택을 말한다)인 경우로서 「민간임대주택에 관한 특별법」에 따른 임대사업자등록 신청을 하지 않은 경우

③ 리모델링 시행기간

「주택법」에 따른 리모델링 사유가 있는 경우에는 임대의무호수를 임대하지 않은 기간을 계산할 때 해당 주택의 사업계획승인일 또는 리모델링 허가일 전 6개월부터 준공일 후 6개월까지의 기간은 포함하지 않는다(소령 제167조의3 제5항 제2호 다목).

④ 자진말소

장기임대주택(폐지되는 임대주택으로 한정한다)이 「민간임대주택에 관한 특별법」 제6조 제1항 제11호에 따라 임대사업자의 임대의무기간 내 등록말소 신청으로 등록이 말소된 경우(같은 법 제43조에 따른 임대의무기간의 2분의 1 이상을 임대한 경우에 한정한다)로서 임대기간요건을 갖추지 못하게 된 때에는 그 등록이 말소된 날에 해당 임대기간요건을 갖춘 것으로 본다(소령 제167조의3 제5항 제2호 라목).

|참고| 폐지되는 임대주택 유형

· 아파트
· 단기민간임대주택(2020.7.10. 이전 등록)

---

(3) 단기민간임대주택

아래의 단기민간임대주택 규정은 2025.6.4. 이후 민간임대주택으로 등록한 단기민간임대주택을 양도하는 경우부터 적용한다.

1) 단기민간매입임대주택

단기민간매입임대주택이란 「민간임대주택에 관한 특별법」에 따른 민간매입임대주택 중 단기민간임대주택으로서 다음의 요건을 모두 충족하는 주택을 말한다(소령 제167조의3 제1항 제2호 아목). 다만, 아파트(「주택법」의 도시형 생활주택이 아닌 것을 말한다)는 제외한다(민간임대주택에 관한 특별법 제2조 제6호의2).

① 6년 이상 임대하는 것일 것

② 주택 및 이에 부수되는 토지의 기준시가의 합계액이 해당 주택의 임대개시일 당시 4억원(수
　도권 밖의 지역인 경우에는 2억원) 이하일 것

③ 직전 임대차계약 대비 임대료 등의 증가율이 5%를 초과하지 않을 것

④ 1세대가 국내에 1주택 이상을 보유한 상태에서 세대원이 새로 취득한 조정대상지역에 있는
　「민간임대주택에 관한 특별법」에 따른 단기민간임대주택이 아닐 것. 다만, 조정대상지역의
　공고일(이미 공고된 조정대상지역의 경우 2018.9.13.을 말한다) 이전에 주택(주택을 취득할
　수 있는 권리를 포함한다)을 취득하거나 주택(주택을 취득할 수 있는 권리를 포함한다)을 취
　득하기 위해 매매계약을 체결하고 계약금을 지급한 사실이 증명서류에 의해 확인되는 주택
　은 조정대상지역에 있는 주택으로 보지 않는다.

2) 단기민간건설임대주택

「민간임대주택에 관한 특별법」에 따른 민간건설임대주택 중 단기민간임대주택으로서 다음의
요건을 모두 갖춘 주택이 2호 이상인 경우 그 주택을 말한다(소령 제167조의3 제1항 제2호 자목).

① 대지면적이 298제곱미터 이하이고 주택의 연면적이 149제곱미터 이하일 것

② 6년 이상 임대하는 것일 것

③ 주택 및 이에 부수되는 토지의 기준시가의 합계액이 2호 이상의 주택의 임대를 개시한 날(2
　호 이상의 주택의 임대를 개시한 날 이후 임대를 개시한 주택의 경우에는 그 주택의 임대를
　개시한 날) 당시 6억원 이하일 것

④ 직전 임대차계약 대비 임대료 등의 증가율이 5%를 초과하지 않을 것

 장기임대주택 및 단기임대주택의 중과배제 요건

❶ 지자체 임대등록과 세무서 사업자등록

❷ 적용 제외
- · 1주택 이상을 보유한 상태에서 2018.9.14. 이후 새로 취득한 조정대상지역에 있는 장기일반민간임대주택
- · 2020.7.11.~2020.8.17. 단기임대주택을 장기임대주택으로 변경신고한 임대주택
- · 2020.7.11.~2020.8.17. 장기임대주택으로 등록신청한 아파트

❸ 의무임대기간 준수

구분	~ 2018.3.31.	2018.4.1. ~ 2020.7.10.	2020.7.11. ~ 2020.8.17.	2020.8.18. ~2025.6.3.	2025.6.4.~	
의무임대기간	5년	5년	8년	10년	장기	10년
					단기	6년

❹ 기준시가 요건
- · 매입임대주택

구분	임대개시 당시 기준시가		임대 호수
	장기	단기	
수도권	6억원 이하	4억원 이하	1호 이상
수도권 외	3억원 이하	2억원 이하	

- · 건설임대주택

구분	임대개시 당시 기준시가		면적	임대 호수
	장기	단기		
전국	9억원 이하	6억원 이하	주택 149제곱미터 대지 298제곱미터 이하	2호 이상

❺ 임대료 등 5% 증액 제한 준수

❻ 단기임대주택(6년)은 2025.6.4. 이후 등록분부터 적용

❼ 2020.8.18. 이후 아파트는 등록 제외

(4) 자진말소일로부터 1년 이내 양도하는 주택

앞에서 살펴본 장기임대주택의 범위 1) 및 3)부터 5)까지의 규정에 따른 장기임대주택 중 폐지되는 유형의 임대주택을 임차인의 동의를 받아 「민간임대주택에 관한 특별법」에 따라 임대의무기간 내 등록 말소 신청으로 등록이 말소된 경우(자진말소)로서 등록 말소 이후 1년 이내 양도하는 주택은 중과되지 않는다. 이 경우 「민간임대주택에 관한 특별법」에 따른 임대의무기간의 2분의 1

이상을 임대한 경우로 한정하며, 임대기간요건 외에 해당 장기임대주택의 다른 요건은 갖추어야 한다(소령 제167조의3 제1항 제2호 사목).

자동말소의 경우에는 양도기한에 제한없이 중과 규정을 적용하지 않는다.

핵심포인트 **등록말소와 중과배제 기간**

등록말소 유형	중과배제 기간
자진말소	1년
자동말소	기간 제한 없음

(5) 감면대상 장기임대주택

「조세특례제한법」 제97조, 제97조의2 및 제98조에 따라 양도소득세가 감면되는 임대주택으로서 5년 이상 임대한 국민주택을 양도하는 경우 중과되지 않는다.

(6) 장기사원용주택

종업원(사용자의 특수관계인을 제외한다)에게 무상으로 제공하는 사용자 소유의 주택으로서 해당 무상제공기간이 10년 이상인 주택은 중과되지 않는다.

(7) 감면대상 미분양주택 및 감면대상 신축주택 등

「조세특례제한법」 제77조, 제98조의2, 제98조의3, 제98조의5부터 제98조의8까지, 제99조, 제99조의2 및 제99조의3에 따라 양도소득세가 감면되는 주택은 중과되지 않는다.

(8) 국가유산주택

「문화유산의 보존 및 활용에 관한 법률」에 따른 지정문화유산, 「근현대문화유산의 보존 및 활용에 관한 법률」에 따른 국가등록문화유산 및 「자연유산의 보존 및 활용에 관한 법률」에 따른 천연기념물등 주택은 중과되지 않는다.

(9) 상속주택

소득세법 시행령 제155조 제2항에 해당하는 상속받은 주택으로서 상속받은 날부터 5년이 경과하지 아니한 경우는 중과되지 않는다(소령 제167조의3 제1항 제7호). 여기서 소득세법 시행령 제155조 제2항에 해당하는 상속받은 주택에는 선순위상속주택, 단독상속주택, 공동상속주택을 소유한 것으로 보는 상속인의 주택(최다지분자)을 포함한다.

공동상속주택 소수지분자의 주택을 양도하는 경우에는 기간의 제한 없이 중과세율이 적용되지 않는다(예규 서면2022부동산-6821, 2022.11.3.). 그리고 다른 주택을 양도하는 경우 공동상속주택 소수지분자의 주택은 중과세율 적용에 있어서는 주택수에 포함되지 않는다(판례 조심2019서-2010, 2019.12.16.).

| 참고 | 동거봉양 세대합가 후 동일세대원으로부터 상속받은 주택의 중과배제

2010.2.18. 이후 양도분부터 60세 이상 (2009.2.4. 이전 세대합가한 경우 母의 연령은 55세 이상) 노부모를 동거봉양하기 위하여 1세대 1주택자 간 합가한 후 같은 세대원으로부터 상속받은 주택은 상속개시일부터 5년이 경과하지 아니한 경우에는 중과 배제된다(집행기준 104-167의3-23).

---

(10) 저당권 실행 등으로 취득하는 주택

저당권의 실행으로 인하여 취득하거나 채권변제를 대신하여 취득한 주택으로서 취득일부터 3년이 경과하지 아니한 주택은 중과되지 않는다.

(11) 가정어린이집으로 사용하는 주택

「영유아보육법」에 따른 인가를 받아 운영하는 어린이집 또는 국가 또는 지방자치단체로부터 위

탁받아 운영하는 어린이집으로서 1세대의 구성원이 인가 또는 위탁을 받고 소득세법에 따른 고유
번호를 부여받은 후 5년 이상 어린이집으로 사용하고 어린이집으로 사용하지 않게 된 날부터 6개
월이 경과하지 않은 주택은 중과되지 않는다.

(12) 위 (1)부터 (11)까지 주택 이외 1개의 일반주택

1세대가 위 (1)부터 (11)까지에 해당하는 주택을 제외하고 1개의 주택(일반주택)만을 소유하고
있는 경우에 해당 주택은 중과되지 않는다(소령 제167조의3 제1항 제10호).

1세대가 장기임대주택·감면대상장기임대주택·장기사원용주택(장기임대주택 등)의 의무임대
기간 등의 요건을 충족하기 전에 일반주택을 양도하는 경우에도 해당 임대주택을 장기임대주택
등으로 보아 중과배제 규정을 적용한다(소령 제167조의3 제4항). 이 규정을 적용받은 1세대가 장기임
대주택 등의 의무임대기간의 요건을 충족하지 못하게 되는 사유(임대의무호수를 임대하지 않은
기간이 6개월을 지난 경우를 포함한다)가 발생한 때에는 그 사유가 발생한 날이 속하는 달의 말일
부터 2개월 이내에 양도소득세를 신고·납부해야 한다. 이 경우 앞에서 살펴본 임대기간 산정특례
에 해당하는 경우에는 해당 규정에 따른다(소령 제167조의3 제5항).

(13) 조정대상지역의 공고가 있는 날 이전에 양도계약을 체결한 주택

조정대상지역의 공고가 있는 날 이전에 해당 지역의 주택을 양도하기 위하여 매매계약을 체결
하고 계약금을 지급받은 사실이 증빙서류에 의하여 확인되는 주택은 중과되지 않는다.

(14) 소형 신축주택

2024. 1. 10.부터 2027. 12. 31.까지 취득한 소형 신축주택은 중과되지 않는다(소령 제167조의3 제1항
제12호 가목). 중과배제 요건은 앞에서 살펴본 중과대상 주택수 계산시 제외되는 주택에서 살펴본
요건과 동일하다. 따라서 소형 신축주택에 해당하는 주택은 해당 주택을 양도하는 경우 그 지역이
양도 당시 조정대상지역이라 하더라도 중과되지 않으며, 다른 주택을 양도하는 경우에도 주택수
에 산입되지 않는다.

(15) 수도권 밖의 준공후미분양주택

2024.1.10.부터 2026.12.31.까지 취득하는 주택으로서 수도권 밖의 준공후미분양주택은 중과되지 않는다(소령 제167조의3 제1항 제12호 나목). 중과배제 요건은 앞에서 살펴본 중과대상 주택수 계산 시 제외되는 주택에서 살펴본 요건과 동일하다. 따라서 수도권 밖의 준공후미분양주택에 해당하는 주택은 해당 주택을 양도하는 경우 그 지역이 양도 당시 조정대상지역이라 하더라도 중과되지 않으며, 다른 주택을 양도하는 경우에도 주택수에 산입되지 않는다.

(16) 인구감소지역소재주택

2026.1.1. 이후 취득하는 주택으로서 다음의 요건을 모두 갖춘 인구감소지역소재주택은 중과되지 않는다(소령 제167조의3 제1항 제12호 다목). 중과배제 요건은 앞에서 살펴본 중과대상 주택수 계산 시 제외되는 주택에서 살펴본 요건과 동일하다. 따라서 인구감소지역소재주택에 해당하는 주택은 해당 주택을 양도하는 경우 그 지역이 양도 당시 조정대상지역이라 하더라도 중과되지 않으며, 다른 주택을 양도하는 경우에도 주택수에 산입되지 않는다.

(17) 인구감소관심지역소재주택

2026.1.1. 이후 취득하는 주택으로서 다음의 요건을 모두 갖춘 인구감소관심지역소재주택은 중과되지 않는다(소령 제167조의3 제1항 제12호 라목). 중과배제 요건은 앞에서 살펴본 중과대상 주택수 계산시 제외되는 주택에서 살펴본 요건과 동일하다. 따라서 인구감소관심지역소재주택에 해당하는 주택은 해당 주택을 양도하는 경우 그 지역이 양도 당시 조정대상지역이라 하더라도 중과되지 않으며, 다른 주택을 양도하는 경우에도 주택수에 산입되지 않는다.

💡 생각정리 노트

수도권 및 광역시·특별자치시 외 기타지역의 저가주택, 소형 신축주택, 수도권 밖의 준공후미분양주택, 인구감소지역 또는 인구감소관심지역소재주택은 해당 주택을 양도하는 경우 그 지역이 양도 당시 조정대상지역이라 하더라도 중과되지 않으며, 다른 주택을 양도하는 경우에도 주택수에 산입되지 않는다.

(18) 2026.5.9.까지 양도 또는 매매계약을 체결하는 주택

보유기간이 2년(재개발사업, 재건축사업 또는 소규모재건축사업등을 시행하는 정비사업조합의 조합원이 해당 조합에 기존건물과 그 부수토지를 제공하고 관리처분계획등에 따라 취득한 신축주택 및 그 부수토지를 양도하는 경우의 보유기간은 기존건물과 그 부수토지의 취득일부터 기산한다) 이상인 주택으로서 다음의 어느 하나에 해당하는 주택은 중과되지 않는다(소령 제167조의3 제1항 제12호의2).

1) 2026.5.9.까지 양도하는 주택

2) 토지거래허가대상 주택부수토지에 정착된 주택

「부동산 거래신고 등에 관한 법률」에 따른 토지거래허가대상 주택부수토지에 정착된 주택으로서 다음의 요건을 모두 갖춘 주택은 중과되지 않는다.

① 해당 주택과 주택부수토지를 양도하기 위하여 토지거래허가를 받았을 것
② 해당 주택을 양도하기 위하여 2026.5.9. 이전에 매매계약을 체결하고 계약금을 지급받은 사실이 증빙서류에 의하여 확인될 것
③ ②에 따른 매매계약 체결일로부터 4개월(다음의 표에 따른 지역에 소재한 주택의 경우 6개월) 이내에 양도할 것

[신규 지정 조정대상지역]

서울특별시	성동구, 마포구, 강동구, 영등포구, 양천구, 동작구, 광진구, 중구, 종로구, 서대문구, 강서구, 노원구, 성북구, 구로구, 동대문구, 관악구, 은평구, 중랑구, 금천구, 강북구, 도봉구
경기도	수원시 장안구·팔달구·영통구, 성남시 수정구·중원구·분당구, 안양시 동안구, 과천시, 용인시 수지구, 광명시, 하남시, 의왕시

위 표의 지역은 2025.10.16. 신규 지정된 조정대상지역을 말한다. 다주택자가 신규 지정된 조정대상지역에 있는 주택을 2026.5.9. 이전에 매매계약을 체결하고 매매계약 체결일로부터 6개월 이내에 잔금을 지급받거나 등기를 접수하면 중과되지 않는다.

다주택자가 2025.10.15. 이전 기존 조정대상지역인 강남구 3구(강남구, 서초구, 송파구)와 용산구에 있는 주택을 2026.5.9. 이전에 매매계약을 체결하고 매매계약 체결일로부터 4개월 이내에 잔금을 지급받거나 등기를 접수하면 중과되지 않는다.

3) 토지거래허가 대상이 아닌 주택부수토지에 정착된 주택

토지거래허가 대상이 아닌 주택부수토지에 정착된 주택으로서 해당 주택을 양도하기 위하여 2026.5.9.까지 매매계약을 체결하고 계약금을 지급받은 사실이 증빙서류에 의하여 확인되고, 매매계약 체결일로부터 4개월(앞의 표에 따른 지역에 소재한 주택의 경우 6개월) 이내에 양도하는 주택은 중과되지 않는다.

핵심포인트 **2026.5.9. 이전 매매계약 체결 주택의 중과배제 요건**

구분	2026.5.9. 이전에 매매계약 체결		토지거래허가대상 아닌 경우
	토지거래허가대상인 경우		
	토지거래 허가를 받았을 것		
기존 조정대상지역	계약일로부터 4개월 이내 양도		좌동
신규 지정 조정대상지역	계약일로부터 6개월 이내 양도		좌동

| 참고 | 토지거래허가구역 주택 매수자의 실거주의무 관련 법령: 매수자에게 적용되는 법령

■ 기존 법령 및 국토교통부 보도자료

(부동산거래신고법 제17조 토지 이용에 관한 의무 등 제1항)
제11조에 따라 토지거래계약을 허가받은 자는 대통령령으로 정하는 사유가 있는 경우 외에는 5년의 범위에서 대통령령으로 정하는 기간에 그 토지를 허가받은 목적대로 이용하여야 한다.
(부동산거래신고법 시행령 제14조 제2항 제1호)
법 제17조 제1항에서 대통령령으로 정하는 기간이란 다음의 구분에 따른 기간을 말한다.
1. 법 제12조 제1호 가목부터 다목까지의 목적으로 허가를 받은 경우: 토지 취득일부터 2년

[국토교통부 「강남 서초 송파 용산구 일원 토지거래허가구역 지정」 관련 업무처리기준(2025. 4. 21. 보도 자료)] <- 기존 조정대상지역

(1) 주택 취득 후 입주시기

토지거래허가구역 내의 주택을 취득하는 경우 2년간 이용 의무(실거주) 는 원칙적으로 취득시점부터 발생한다. 이때, 허가 관청은 통상적인 거래 절차상 허가 신청 → 허가 → 계약 체결 → 잔금 완납 → 등기까지 4개월 정도 소요되는 점을 감안하여, 허가일로부터 4개월을 기준으로 신청인의 토지이용계획서상 입주시기에 대한 허가 여부를 판단할 수 있다.

* (예시) 허가일로부터 최대 4개월 이내 취득(등기)하고 취득일(등기일)부터 이용의무(실거주) 이행 가능 -> 허가일로부터 4개월 이내 등기·입주, 다만 토지(주택) 취득일이 그보다 빠를 경우 해당 토지(주택) 취득일부터 이용의무(실거주)를 이행하여야 함.

■ 중과유예 종료에 따른 보완 방안과 매수자 입주 유예

○ 임차인이 없는 경우

토지거래허가구역 + 조정대상지역	
구분	입주일
기존 조정대상지역	허가일로부터 4개월 이내
신규 지정 조정대상지역	허가일로부터 6개월 이내

(출처: 다주택자에 대한 양도소득세 중과 유예 종료 및 보완 추진 관계부처합동 보도자료 2026. 2. 12.)

○ 임차인이 있는 경우

다주택자와 무주택세대 구성원이 다음의 요건을 모두 충족하는 주택용지의 매매거래를 위하여 토지거래허가를 신청하여 2026. 5. 9. 이전에 토지거래에 대한 허가를 받은 경우에는 아래 2.에 따른 임대차계약 또는 전세권설정계약의 최초 종료일부터 2년 이내 입주하여야 한다(부동산 거래 신고 등에 관한 법률 시행령 제14조의2 신설).

1. 2026. 2. 12. 당시 임대 중이거나 전세권이 설정되어 있을 것

2. 위 1.에 따른 임대차계약이나 전세권설정계약이 다음의 구분에 따를 것

　가. 2025. 10. 16.에 지정·공고한 조정대상지역: 2026. 11. 10. 이후 2028. 2. 12. 이전에 최초 종료될 것

　나. 위 가. 외의 조정대상지역: 2026. 9. 10. 이후 2028. 2. 12. 이전에 최초 종료될 것

3. 조정대상지역에 위치할 것

4. 주택소유자가 주택용지 매매거래 계약 체결일 당시 2년 이상 보유했을 것

▶ 2026. 2. 12. 발표된 보도자료에는 임대 중인 주택의 경우 실거주 의무가 개정안 발표일(2026. 2. 12.) 현재 체결된 임대차계약상의 최초 계약 종료일까지 유예된다. 다만, 늦어도 2028. 2. 11.(발표일 이후 2년 내)까지는 실거주를 위해 입주해야 한다고 안내되었다.

(19) 1세대 1주택 비과세 요건을 충족하는 주택

소득세법 시행령 제155조 1세대 1주택 특례 또는 조세특례제한법에 따라 1세대가 국내에 1개의 주택을 소유하고 있는 것으로 보거나 1세대 1주택으로 보아 1세대 1주택 비과세 규정이 적용되는 주택으로서 비과세요건을 모두 충족하는 주택은 중과되지 않는다(소령 제167조의3 제1항 제13호). 이 규정은 1세대 1주택이나 1세대 1주택으로 보는 고가주택에 대하여 중과세를 배제하기 위하여 2021. 2. 17. 신설되었다.

5. 다가구주택 등의 주택수 계산 방법

다주택자 중과세 규정을 적용할 때 다가구주택, 공동상속주택, 부동산매매업자가 보유하는 재고자산인 주택, 혼인합가주택에 대한 주택수의 계산은 다음의 방법에 따른다(소득령 제167조의3 제2항).

(1) 다가구 주택

「건축법 시행령」 별표1 제1호 다목에 해당하는 다가구주택은 한 가구가 독립하여 거주할 수 있도록 구획된 부분을 각각 하나의 주택으로 보아 주택수를 계산한다. 다만, 해당 다가구주택을 구획된 부분별로 양도하지 아니하고 하나의 매매단위로 하여 양도하는 경우로서 거주자가 선택하는 경우에는 그 전체를 하나의 주택으로 본다.

(2) 공동상속주택

상속지분이 가장 큰 상속인의 소유로 하여 주택수를 계산하되, 상속지분이 가장 큰 자가 2인 이상인 경우에는 소득세법 시행령 155조 3항에서 정하는 순서에 의한 자가 해당 공동상속주택을 소유한 것으로 본다. 따라서 공동상속주택은 다음의 순서로 해당 공동상속주택을 소유한 것으로 보아 주택수를 계산한다.

① 상속지분이 가장 큰 상속인

② 해당 주택에 거주하는 자

③ 최연장자

[단독상속주택과 공동상속주택 소수지분자의 비과세 및 중과세 규정 비교]

구분	단독상속 공동상속 최다지분자		공동상속 소수지분자	
	비과세	중과배제	비과세	중과배제
별도세대 여부	별도세대	별도세대	별도세대	모두 적용
선순위 상속주택 여부	선순위	선순위	선순위	모든 상속주택
해당규정	일반주택 양도시 비과세	해당주택 양도시 중과배제(5년) 다른주택 양도시 주택수 포함	일반주택 양도시 비과세	해당주택 양도시 중과배제(기간제한 없음) 다른주택 양도시 주택수 제외
관련 법령	시행령 155조 2항	시행령 167조의3 제1항 7호	시행령 155조 3항	시행령 167조의3 제2항 2호

(3) 부동산매매업자가 보유하는 재고자산인 주택

부동산매매업자가 보유하는 재고자산인 주택은 주택수의 계산에 있어서 이를 포함한다.

(4) 혼인합가주택

1주택 이상을 보유하는 자가 1주택 이상을 보유하는 자와 혼인함으로써 혼인한 날 현재 1세대 3주택 이상에 해당하는 주택을 보유하게 된 경우로서 그 혼인한 날부터 5년 이내에 해당 주택을 양도하는 경우에는 양도일 현재 양도자의 배우자가 보유한 주택수를 차감하여 해당 1세대가 보유한 주택 수를 계산한다. 다만, 혼인한 날부터 5년 이내에 새로운 주택을 취득한 경우 해당 주택의 취득일 이후 양도하는 주택에 대해서는 이를 적용하지 아니한다(소령 167조의3 제9항).

[1세대 3주택 이상 중과배제 주택 범위]

구분	시행령 조문
수도권 및 광역시·세종시외의 지역에 소재하는 기준시가 3억 이하 주택 광역시 소속 군지역 및 경기도·세종시 읍·면지역 포함	167의3 ① 1호
민간매입임대주택	167의3 ① 2호 가목
기존매입임대주택	167의3 ① 2호 나목
건설임대주택	167의3 ① 2호 다목
수도권밖 미분양매입임대주택	167의3 ① 2호 라목
장기일반민간매입임대주택	167의3 ① 2호 마목
장기일반민간건설임대주택	167의3 ① 2호 바목
조특법 감면대상 장기임대주택 조특법 97조, 97조의2, 98조	167의3 ① 3호
장기사원용주택	167의3 ① 4호
조특법 감면대상 미분양주택 및 감면대상 신축주택 등 조특법 77조, 98조의 2, 98조의 3, 98조의 5, 98조의 6, 98조의 7, 98조의 8, 99조, 99조의 2, 99조의 3	167의3 ① 5호
국가유산주택	167의3 ① 6호
상속주택	167의3 ① 7호
저당권 실행 또는 대물변제 취득 주택	167의3 ① 8호
장기가정어린이집	167의3 ① 8호의 2
위 1호 ~ 8호의2에 해당하는 주택 외의 1주택	167의3 ① 10호
조정대상지역 공고 전 매매계약을 체결하고 계약금을 받은 사실이 확인되는 주택	167의3 ① 11호
소형 신축주택	167의3 ① 12호 가목
수도권 밖 준공후 미분양주택	167의3 ① 12호 나목
인구감소지역소재 주택	167의3 ① 12호 다목
인구감소관심지역소재 주택	167의3 ① 12호 라목
2026.5.9.까지 매매계약을 체결한 주택으로서 기존 조정대상지역: 계약일로부터 4개월 이내 양도 신규 지정된 조정대상지역: 계약일로부터 6개월 이내 양도	167의3 ① 12호의2
1세대 1주택 비과세 요건을 충족하는 주택	167의3 ① 13호
양도하는 주택의 소재지가 조정대상지역이 아닌 경우 중과배제	
양도당시 기준시가 1억 이하인 소형주택은 중과대상	

1. 1세대 2주택 중과대상

다음 중 어느 하나에 해당하는 주택을 양도하는 경우 기본세율에 20%를 더한 세율을 적용하고 장기보유특별공제를 배제한다(소법 제104조 제7항 제1호).

① 조정대상지역에 있는 주택으로서 1세대 2주택에 해당하는 주택

② 조정대상지역에 있는 주택으로서 1세대가 1주택과 조합원입주권 또는 분양권을 1개 보유한 경우의 해당 주택

분양권은 2021년 1월 1일 이후 공급계약, 매매 또는 증여 등의 방법으로 취득한 것부터 주택수에 포함된다.

│참고│ 단기양도와 중과세

주택의 보유기간이 2년 미만인 경우에는 기본세율에 20%를 더한 세율을 적용하여 계산한 산출세액과 단기양도 세율을 적용하여 계산한 산출세액 중 큰 세액을 양도소득 산출세액으로 한다.

핵심포인트 다주택자 중과세와 조정대상지역

다주택자라 하더라도 조정대상지역이 아닌 지역에 소재하는 주택을 양도하는 경우에는 중과세 규정을 적용하지 않는다.

2. 중과대상 주택 수 계산 시 제외하는 주택

중과대상이 되는 1세대 2주택에 해당하는 주택이란 국내에 주택을 2개 소유하고 있는 1세대가 소유하는 주택을 말한다. 다만, 아래에 해당하는 주택은 주택수를 계산할 때 산입하지 않는다(소령 제167조의10 제1항).

(1) 수도권 및 광역시·특별자치시 외 기타지역의 저가주택

수도권 및 광역시·특별자치시 외의 지역(기타지역)에 소재하는 주택으로서 해당 주택의 기준시가가 해당 주택 또는 그 밖의 주택 양도 당시 3억원을 초과하지 않는 주택은 다른 주택을 양도하는 경우에 주택수에 산입하지 않는다. 기타지역에는 경기도의 읍·면지역, 광역시에 소속된 군지역, 세종특별자치시의 읍·면에 해당하는 지역도 포함한다(소령 제167조의10 제1항 제1호).

[중과대상 주택수 계산 방법]

지역기준					가액기준	중과대상 주택수
수도권			광역시	세종시		
서울	경기	인천	부산		모든 주택	모두 포함
			울산			
			대구			
			광주			
			대전			
	기타지역 경기도 읍·면 지역 광역시(인천포함) 군 지역 세종시 읍·면 지역 도 지역				3억원 초과	포함
					3억원 이하	제외

- 주택: 해당 주택의 개별주택가격 또는 공동주택가격
- 조합원입주권: 도시 및 주거환경정비법 74조 1항 5호에 따른 종전주택가격
- 분양권: 주택에 대한 공급계약서의 공급가격(옵션가격은 제외)

---

(2) 1세대 3주택 이상 중과대상 주택수에서 제외되는 소형 신축주택 등

앞에서 살펴본 1세대 3주택 이상 중과대상 주택수에서 제외되는 소형 신축주택, 수도권 밖의 준공후미분양주택, 인구감소지역 또는 인구감소관심지역소재주택은 다른 주택을 양도하는 경우에 주택수에 산입되지 않는다(소령 제167조의10 제1항 제12호).

3. 중과배제 주택의 범위

양도소득세가 중과되는 1세대 2주택이란 국내에 주택(조합원입주권, 분양권 포함)을 2개 소유하고 있는 1세대가 소유하는 주택으로서 다음 중 어느 하나에 해당하지 않는 주택을 말한다(소령 제167조의10 제1항). 즉, 다음에 해당하는 주택을 양도하는 경우에는 그 양도 주택이 조정대상지역에 있다 하더라도 중과되지 않는다.

(1) 수도권 및 광역시 · 특별자치시 외 기타지역의 저가주택

수도권 및 광역시 · 특별자치시 외의 지역(기타지역)에 소재하는 주택으로서 해당 주택의 기준시가가 해당 주택 또는 그 밖의 주택 양도 당시 3억원을 초과하지 않는 주택은 중과되지 않는다. 기타지역에는 경기도의 읍 · 면지역, 광역시에 소속된 군지역, 세종특별자치시의 읍 · 면에 해당하는 지역도 포함된다(소령 167조의10 제1항 1호). 따라서 기타지역의 기준시가가 3억 이하에 해당하는 주택은 해당 주택을 양도하는 경우에 그 지역이 양도 당시 조정대상지역이라 하더라도 중과되지 않으며, 다른 주택을 양도하는 경우에도 주택수에 산입되지 않는다.

[중과배제 대상 지역기준 및 가액기준]

지역기준				가액기준	양도시 중과여부
수도권			광역시	세종시		
서울	경기	인천	부산 울산 대구 광주 대전		모든 주택	중과대상
기타지역 경기도 읍·면 지역 광역시(인천포함) 군 지역 세종시 읍·면 지역 도 지역					3억원 초과	중과대상
					3억원 이하	중과배제

1) 사례 1

· A주택: 서울시 강남구 소재(기준시가 10억원, 조정대상지역, 중과배제 주택 아님)

· B주택: 서울시 강동구 소재(기준시가 6억원, 조정대상지역, 중과배제 주택 아님)

· C주택: 경기도 남양주시 와부읍 소재(기준시가 2억원, 조정대상지역 아님)

위 사례에서 A주택을 양도하는 경우 중과 여부 판단 순서를 살펴보면 다음과 같다.

Ⅰ 보유 주택수 ⇨ 3주택

Ⅱ 양도하는 주택의 소재지가 조정대상지역인지 확인 ⇨ 예

Ⅲ 양도하는 주택이 중과배제 주택인지 확인 ⇨ 아니오

Ⅳ 중과대상 주택수 확인(양도주택 포함) ⇨ 2주택

    A, B주택은 서울시에 소재하는 주택이므로 중과대상 주택수에 포함되고, C주택은 경기도 읍·면지역의 3억원 이하 주택이므로 중과대상 주택수에서 제외된다.

Ⅴ 세율 확인 ⇨ 2주택 중과세율 적용

    중과대상 주택수가 2주택이므로 A주택을 양도하는 경우 2주택 중과세율인 20%를 기본세율에 가산하여 적용하고 장기보유특별공제의 적용을 배제한다.

2) 사례 2

위 사례에서 C주택을 양도하는 경우 중과 여부 판단 순서를 살펴보면 다음과 같다.

Ⅰ 보유 주택수 ⇨ 3주택

Ⅱ 양도하는 주택의 소재지가 조정대상지역인지 확인 ⇨ 아니오

　양도하는 C주택은 조정대상지역에 소재하는 주택이 아니므로 중과배제 주택에 해당된다. 따라서 기본세율을 적용하고 3년 이상 보유한 경우 장기보유특별공제를 적용한다.

(2) 1세대 3주택 이상자의 중과배제 주택의 범위에 해당하는 주택

앞에서 살펴본 1세대 3주택 이상자의 중과배제 주택의 범위에 해당하는 주택은 1세대 2주택 중과배제 주택에 해당한다.

💡 생각정리 노트

수도권 및 광역시·특별자치시 외 기타지역의 저가주택, 소형 신축주택, 수도권 밖의 준공후미분양주택, 인구감소지역 또는 인구감소관심지역소재주택은 해당 주택을 양도하는 경우 그 지역이 양도 당시 조정대상지역이라 하더라도 중과되지 않으며, 다른 주택을 양도하는 경우에도 주택수에 산입되지 않는다.

(3) 부득이한 사유로 취득하는 주택

1세대의 구성원 중 일부가 취학, 근무상의 형편, 질병의 요양, 그 밖에 부득이한 사유로 인하여 다른 시·군으로 주거를 이전하기 위하여 1주택(학교의 소재지, 직장의 소재지 또는 질병을 치료·요양하는 장소와 같은 시·군에 소재하는 주택으로서 취득 당시 기준시가의 합계액이 3억원을 초과하지 아니하는 것에 한정한다)을 취득함으로써 1세대 2주택이 된 경우의 해당 주택(취득 후 1년 이상 거주하고 해당 사유가 해소된 날부터 3년이 경과하지 아니한 경우에 한정한다)은 중과되지 않는다.

(4) 부득이한 사유로 취득하는 수도권 밖에 소재하는 주택

취학, 근무상의 형편, 질병의 요양, 그 밖에 부득이한 사유로 취득한 수도권 밖에 소재하는 주택
과 일반주택을 국내에 각각 1개씩 소유하고 있는 경우 수도권 밖에 소재하는 주택은 중과되지 않
는다.

(5) 소유권에 관한 소송관련 주택

주택의 소유권에 관한 소송이 진행 중이거나 해당 소송결과로 취득한 주택으로 소송으로 인한
확정판결일부터 3년이 경과하지 아니한 주택은 중과되지 않는다.

(6) 위 (1)부터 (5)까지 주택 외의 1개의 주택

1세대가 위 (1)부터 (5)까지 주택에 해당하는 주택을 제외하고 1개의 주택만을 소유하고 있는
경우 그 해당 주택은 중과되지 않는다(소령 167조의10 제1항 10호).

(7) 소형주택

주택의 양도 당시 기준시가가 1억원 이하인 주택은 중과되지 않는다. 다만, 「도시 및 주거환경정
비법」에 따른 정비구역으로 지정·고시된 지역 또는 「빈집 및 소규모주택 정비에 관한 특례법」에
따른 사업시행구역에 소재하는 주택(주거환경개선사업의 경우 해당 사업시행자에게 양도하는 주
택은 제외한다)은 제외한다(소령 167조의10 제1항 9호).

(8) 조정대상지역의 공고가 있은 날 이전에 양도계약을 체결한 주택

조정대상지역의 공고가 있은 날 이전에 해당 지역의 주택을 양도하기 위하여 매매계약을 체결
하고 계약금을 지급받은 사실이 증빙서류에 의하여 확인되는 주택은 중과되지 않는다.

(9) 2026.5.9.까지 양도 또는 매매계약을 체결하는 주택

보유기간이 2년(재개발사업, 재건축사업 또는 소규모재건축사업등을 시행하는 정비사업조합의 조합원이 해당 조합에 기존건물과 그 부수토지를 제공하고 관리처분계획등에 따라 취득한 신축주택 및 그 부수토지를 양도하는 경우의 보유기간은 기존건물과 그 부수토지의 취득일부터 기산한다) 이상인 주택으로서 1세대 3주택 이상 중과세에서 살펴본 요건을 충족하는 주택은 중과하지 않는다.

핵심포인트 **중과유예 종료에 따른 보완 방안**

구분	2026.5.9. 이전에 매매계약 체결		
	토지거래허가대상인 경우		토지거래허가대상 아닌 경우
	토지거래 허가를 받았을 것		
기존 조정대상지역	계약일로부터 4개월 이내 양도		좌동
신규 지정 조정대상지역	계약일로부터 6개월 이내 양도		좌동

(10) 1세대가 1개의 주택을 소유하고 있는 것으로 보거나 1세대 1주택으로 보는 주택

소득세법 제155조(1세대 1주택의 특례규정) 또는 조세특례제한법에 따라 1세대가 국내에 1개의 주택을 소유하고 있는 것으로 보거나 1세대 1주택으로 보아 제154조 제1항(1세대 1주택 비과세 규정)이 적용되는 주택으로서 같은 항의 요건을 모두 충족하는 주택은 중과하지 않는다(소령 167조의10 제1항 15호).

[1세대 2주택 중과배제 주택 범위]

구분	시행령 조문
수도권 및 광역시·세종시외의 지역에 소재하는 기준시가 3억 이하 주택 광역시 소속 군 지역 및 경기도·세종시 읍·면 지역 포함	167의10 ① 1호
3주택 이상자의 중과 제외 주택 167조의3 제1항 2호부터 8호의2까지 및 12호 중 어느 하나에 해당하는 주택	167의10 ① 2호, 12호
취학 등 부득이한 사유로 취득한 주택	167의10 ① 3호
부득이한 사유로 취득한 수도권 밖 소재 주택	167의10 ① 4호
소송결과로 취득한 주택(3년 이내)	167의10 ① 7호
1세대가 제1호부터 제7호까지의 규정에 해당하는 주택을 제외하고 1개의 주택만을 소유하고 있는 경우 그 해당 주택	167의3 ① 10호
양도당시 기준시가 1억원 이하인 저가주택	167의10 ① 9호
조정대상지역의 공고가 있은 날 이전에 해당 지역의 주택을 양도하기 위하여 매매계약을 체결하고 계약금을 지급받은 사실이 확인되는 주택	167의3 ① 11호
2026.5.9.까지 매매계약을 체결한 주택으로서 기존 조정대상지역: 계약일로부터 4개월 이내 양도 신규 지정된 조정대상지역: 계약일로부터 6개월 이내 양도	167의10 ① 12의2호
1세대가 1개의 주택을 소유하고 있는 것으로 보거나 1세대 1주택으로 보는 주택	167의3 ① 15호
양도하는 주택의 소재지가 조정대상지역이 아닌 경우 중과배제	

◇　　　◇　　　◇

　이번 장에서는 1세대 1주택 비과세, 일시적 1세대 2주택 등 1세대 1주택 특례주택, 비과세 특례규정의 중첩적용과 고가주택 및 고가겸용주택의 세금 계산구조, 다주택자 중과세에 대해서 살펴보았다. 다음 장에서는 재개발·재건축 정비사업 등과 관련된 비과세 특례 및 조합원입주권 또는 재개발·재건축 완성주택을 양도하여 과세되는 경우 세금 계산구조에 대해 살펴보기로 한다.

재개발·재건축사업 등과 양도소득세

제4장에서는 다음과 같은 내용을 살펴보기로 한다.

<table><tr><td>제1절</td><td>정비사업 및 정비사업 관련 비과세 개요</td></tr></table>

1. 정비사업의 정의

「도시 및 주거환경정비법」에 따라 진행하는 정비사업이란 「도시 및 주거환경정비법」에서 정한 절차에 따라 도시기능을 회복하기 위하여 정비구역에서 정비기반시설을 정비하거나 주택 등 건축물을 개량 또는 건설하는 사업을 말한다. 정비구역이란 정비사업을 계획적으로 시행하기 위하여 「도시 및 주거환경정비법」에 따라 지정·고시된 구역을 말한다.

「빈집 및 소규모주택정비에 관한 특례법」에 따라 진행하는 빈집정비사업이란 빈집을 개량 또는 철거하거나 효율적으로 관리 또는 활용하기 위한 사업을 말하며, 소규모주택정비사업이란 「빈집 및 소규모주택정비법」에서 정한 절차에 따라 노후·불량건축물의 밀집 등 일정한 요건에 해당하는 지역 또는 가로구역街路區域에서 시행하는 사업을 말한다. 빈집정비사업 또는 소규모주택정비사업을 시행하는 구역을 사업시행구역이라 한다.

2. 정비사업의 종류

정비사업의 종류는 「도시 및 주거환경정비법」에 근거하여 시행하는지 또는 「빈집 및 소규모주택정비에 관한 특례법」에 근거하여 시행하는지에 따라 아래와 같이 나누어진다.

(1)「도시 및 주거환경정비법」에 따른 종류

1) 주거환경개선사업

주거환경개선사업이란 도시저소득 주민이 집단거주하는 지역으로서 정비기반시설이 극히 열악하고 노후·불량건축물이 과도하게 밀집한 지역의 주거환경을 개선하거나 단독주택 및 다세대주택이 밀집한 지역에서 정비기반시설과 공동이용시설 확충을 통하여 주거환경을 보전·정비·개량하기 위한 사업을 말한다.

2) 재개발사업

재개발사업이란 정비기반시설이 열악하고 노후·불량건축물이 밀집한 지역에서 주거환경을 개선하거나 상업지역·공업지역 등에서 도시기능의 회복 및 상권활성화 등을 위하여 도시환경을 개선하기 위한 사업을 말한다.

3) 재건축사업

재건축사업이란 정비기반시설은 양호하나 노후·불량건축물에 해당하는 공동주택이 밀집한 지역에서 주거환경을 개선하기 위한 사업을 말한다.

(2) 「빈집 및 소규모주택정비에 관한 특례법」에 따른 종류

1) 빈집정비사업

빈집정비사업이란 빈집을 개량 또는 철거하거나 효율적으로 관리 또는 활용하기 위한 사업을 말한다.

2) 소규모주택정비사업

소규모주택정비사업이란 이 법에서 정한 절차에 따라 노후·불량건축물의 밀집 등 일정한 요건에 해당하는 지역 또는 가로구역街路區域에서 시행하는 다음의 사업을 말한다.

① 자율주택정비사업

자율주택정비사업이란 단독주택, 다세대주택 및 연립주택을 스스로 개량 또는 건설하기 위한 사업을 말한다.

② 가로주택정비사업

가로주택정비사업이란 가로구역街路區域에서 종전의 가로를 유지하면서 소규모로 주거환경을 개선하기 위한 사업을 말한다.

③ 소규모재건축사업

소규모재건축사업이란 정비기반시설이 양호한 지역에서 소규모로 공동주택을 재건축하기 위한 사업을 말한다.

④ 소규모재개발사업

소규모재개발사업이란 역세권 또는 준공업지역에서 소규모로 주거환경 또는 도시환경을 개선하기 위한 사업을 말한다.

|참고| 정비사업의 변천 과정

2003.7.1.~2012.8.1.		2012.8.2.~2018.2.8.		2018.2.9.~	
도시정비법		도시정비법		도시정비법	소규모주택정비법
주택재개발사업	⇒	주택재개발사업	⇒	재개발사업	
도시환경정비사업	⇒	도시환경정비사업			
주택재건축사업	⇒	주택재건축사업	⇒	재건축사업	
주거환경개선사업	⇒	주거환경개선사업	⇒	주거환경개선사업	
		주거환경관리사업			
		가로주택정비사업	⇒		가로주택정비사업
					자율주택정비사업
					소규모재건축사업
					소규모재개발사업

* 약어 정리
도시정비법 : 「도시 및 주거환경정비법」
소규모주택정비법 : 「빈집 및 소규모주택정비에 관한 특례법」

---

(3) 부동산세금의 생각지도에서 살펴보는 정비사업

위의 정비사업 종류 중 이 책에서는 「도시 및 주거환경정비법」의 재개발사업, 재건축사업 및 「빈집 및 소규모주택정비에 관한 특례법」의 자율주택정비사업, 가로주택정비사업, 소규모재건축사업, 소규모재개발사업과 관련된 세법의 내용을 살펴보기로 하며, 「빈집 및 소규모주택정비에 관한 특례법」의 자율주택정비사업, 가로주택정비사업, 소규모재건축사업, 소규모재개발사업은 소규모재건축사업등으로 하여 「도시 및 주거환경정비법」의 재개발사업, 재건축사업에 포함하여 살펴보기로 한다.

3. 정비사업 추진 절차

재개발·재건축 정비사업 진행 시 정비사업구역 내 토지 등 소유자는 재개발·재건축조합에 토지 등을 현물출자하고 조합은 출자받은 토지에 공동주택을 건축하여 조합원에게 먼저 분양하고 나머지는 일반분양한다. 그리고 사업이 완료되면 조합과 조합원은 정산하고 조합은 해산하는 과정을 거치게 된다.

「도시 및 주거환경정비법」에 따른 재개발·재건축사업 또는 「빈집 및 소규모주택정비에 관한 특례법」에 따른 소규모재건축사업등은 일반적으로 다음과 같은 절차에 따라 진행된다.

도시정비법	소규모주택정비법
정비구역지정	창립총회
▼	▼
조합설립인가	조합설립인가
▼	▼
사업시행계획인가	사업시행계획인가 (관리처분계획 포함)
▼	
조합원분양신청	
관리처분계획인가	
▼	▼
철거 및 착공 조합원분양 일반분양	철거 및 착공 조합원분양 일반분양
▼	▼
준공인가 입주	준공인가 입주
▼	▼
소유권이전고시 권리확정 및 등기	소유권이전고시 권리확정 및 등기
▼	▼
조합 청산 및 해산	조합 청산 및 해산

4. 정비사업 추진절차와 양도소득세

위의 재개발·재건축사업 또는 소규모재건축사업등 정비사업 추진절차 중에서 양도소득세와 관련된 내용을 살펴보면 다음과 같다.

(1) 현물출자와 환지처분

현물출자란 부동산 등 금전 이외의 재산을 출자의 목적으로 하는 것을 말한다. 재개발·재건축사업 또는 소규모재건축사업등의 사업구역 내 토지 등 소유자는 조합에 토지 등을 현물출자하게 된다. 현물출자의 경우 자산을 유상으로 사실상 이전하는 것으로 보아 양도에 해당한다. 다만, 「도시개발법」이나 그 밖의 법률에 따른 환지처분으로 지목 또는 지번이 변경되거나 보류지保留地로 충당되는 경우에는 양도로 보지 않는다(소법 제88조 제1호 가목).

환지처분이란 「도시개발법」에 따른 도시개발사업, 「농어촌정비법」에 따른 농업생산기반 정비사업, 그 밖의 법률에 따라 사업시행자가 사업완료 후에 사업구역 내의 토지 등 소유자 또는 관계인에게 종전의 토지 또는 건축물 대신 그 구역 내의 다른 토지 또는 사업시행자에게 처분할 권한이 있는 건축물의 일부와 그 건축물이 있는 토지의 공유지분으로 바꾸어 주는 것(사업시행에 따라 분할·합병 또는 교환하는 것을 포함한다)을 말한다(소령 제152조 제1항).

「도시 및 주거환경정비법」에 따른 재개발·재건축사업 또는 「빈집 및 소규모주택정비에 관한 특례법」에 따른 소규모재건축사업등의 조합원이 조합에 현물출자하는 토지 등은 환지처분으로 보아 양도에 해당되지 않으므로 양도소득세가 과세되지 않는다(소법 제88조 제1호 가목).

재개발·재건축사업 또는 소규모재건축사업등에서의 환지 개념은 입체환지에 가까워 재개발·재건축사업 또는 소규모재건축사업등으로 완성되는 주택은 종전주택의 연장으로 본다. 따라서 원조합원이 재개발·재건축사업 또는 소규모재건축사업등으로 완성된 주택을 취득하는 것은 환지처분에 해당함으로 종전부동산의 취득일을 완성주택의 취득시기로 본다.

(2) 사업시행계획인가일

사업시행계획인가일은 재개발·재건축사업 또는 소규모재건축사업등 기간 중 거주하기 위하여 취득하는 대체주택의 비과세 특례규정에서 대체주택을 언제부터 취득해야 비과세 특례를 적용받을 수 있는지에 대한 기산일이 된다.

(3) 관리처분계획인가일 등

관리처분계획이란 정비사업 시행구역에 있는 종전 토지 또는 건축물의 소유권과 지상권·전세권·임차권·저당권 등 소유권 이외의 권리를 사업시행계획에 따른 정비사업으로 조성한 토지와 축조한 건축시설에 관한 권리로 전환하여 배분하는 일련의 계획을 말한다.

관리처분계획인가란 사업시행자가 시장 또는 군수에게 신청한 관리처분계획 내용이 「도시 및 주거환경정비법」 및 조례에서 정한 관리처분계획의 기준 또는 정관에서 정한 분양 기준에 맞는지 여부를 해당 지방자치단체에서 결정하여 사업시행자에게 통보하는 절차를 말한다. 관리처분계획인가 시에는 그 내용을 해당 지방자치단체의 공보에 고시하여야 한다. 관리처분계획인가일의 의미는 「도시 및 주거환경정비법」에 따른 조합원입주권의 권리가 확정된 날로서 지방자치단체의 공보에 고시한 날을 말한다(집행기준 89-156의2-1).

「빈집 및 소규모주택 정비에 관한 특례법」에 따른 자율주택정비사업, 가로주택정비사업, 소규모재건축사업, 소규모재개발사업의 경우에는 관리처분계획인가라는 별도의 절차가 없고 사업시행계획인가시 관리처분계획인가를 함께 진행한다. 세법에서는 관리처분계획인가일 및 사업시행계획인가일을 관리처분계획인가일 등으로 표현하기도 한다.

1) 부동산에서 조합원입주권으로의 권리전환시기

재개발·재건축사업 또는 소규모재건축사업등의 진행 과정에서 부동산이 부동산을 취득할 수 있는 권리인 조합원입주권으로 전환하게 된다. 양도소득세에서는 그 시기가 매우 중요하다. 왜냐하면 부동산의 취득인지 조합원입주권의 취득인지에 따라 비과세, 장기보유특별공제, 세율 등의 규정이 다르게 적용되기 때문이다.

부동산에서 조합원입주권으로 전환되는 시기는 「도시 및 주거환경정비법」에 따른 재개발사업이나 재건축사업의 경우는 관리처분계획인가일, 「빈집 및 소규모주택 정비에 관한 특례법」에 따른 자율주택정비사업, 가로주택정비사업, 소규모재건축사업, 소규모재개발사업의 경우에는 사업시행계획인가일을 말한다.

관리처분계획인가일 또는 사업시행계획인가일부터 준공일까지는 조합원입주권이라는 부동산을 취득할 수 있는 권리를 보유하게 된다. 이 기간에 양도하는 것은 부동산이 아니라 조합원입주권을 양도하는 것이다. 또한 매수자는 부동산이 아니라 조합원입주권을 취득하는 것이다.

최초의 관리처분계획은 변경되기도 한다. 이 경우 조합원입주권의 취득시기는 최초 관리처분계획인가가 무효 또는 취소되지 않은 상태에서 재개발·재건축사업 내용의 변경으로 관리처분계획이 변경 인가된 경우 최초 관리처분계획인가일에 해당 조합원입주권을 취득한 것으로 본다(예규 사전2020법령해석재산-612, 2020.8.26.).

부동산에서 조합원입주권으로 권리가 전환되는 과정을 소득세법 집행기준 89-156의2-5를 통하여 살펴보면 아래의 표와 같다.

[부동산에서 조합원입주권으로의 전환과정]

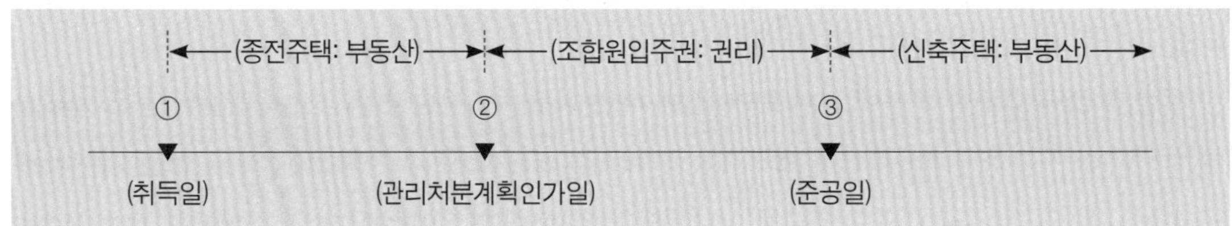

실무에서 관리처분계획인가일 또는 사업시행계획인가일 이후 주택이 멸실되지 않은 상태에서 매매하는 경우 매매계약서는 부동산 매매계약서를 작성한다고 하더라도 양도나 취득하는 자산은 부동산이 아니라 조합원입주권이라는 것에 유의하여야 한다.

| 참고 | 조합원입주권 권리전환시기 연혁

구분	2003.6.29. 이전	2003.6.30.~2005.5.30.	2005.5.31. 이후
재건축사업	사업계획승인일 (주택건설촉진법)	사업시행인가일 (도시정비법)	관리처분계획인가일 (도시정비법)
재개발사업	관리처분계획인가일 (도시재개발법)	관리처분계획인가일 (도시정비법)	관리처분계획인가일 (도시정비법)
소규모재건축사업	2018.2.9. 이후 사업시행인가일 (소규모주택정비법)		
자율주택정비사업 가로주택정비사업 소규모재개발사업	2022.1.1. 이후 사업시행인가일 (소규모주택정비법)		

| 참고 | 취득세 · 재산세 · 종합부동산세의 권리전환일

취득세 · 재산세 · 종합부동산세에서 부동산이 조합원입주권으로 권리가 전환되는 날은 건물 철거일이다.

2) 조합원입주권에 대하여

① 조합원입주권의 정의

조합원입주권이란 「도시 및 주거환경정비법」에 따른 관리처분계획의 인가 및 「빈집 및 소규모 주택 정비에 관한 특례법」에 따른 사업시행계획인가로 인하여 취득한 입주자로 선정된 지위를 말한다(소법 제88조 제9호).

② 조합원입주권의 범위

조합원입주권의 범위는 「도시 및 주거환경정비법」에 따른 재개발사업, 재건축사업 또는 「빈집 및 소규모주택 정비에 관한 특례법」에 따른 자율주택정비사업, 가로주택정비사업, 소규모재건축 사업 또는 소규모재개발사업을 시행하는 정비사업조합의 조합원으로서 취득한 것(그 조합원으로 부터 승계취득한 것을 포함한다)으로 한정하며, 이에 딸린 토지를 포함한다(소법 제88조 제9호).

　2022.1.1. 이후부터는 「빈집 및 소규모주택 정비에 관한 특례법」에 따른 자율주택정비사업, 가로주택정비사업, 소규모재개발사업(소규모재건축사업은 2018.2.9.)과 관련된 조합원입주권 및 주택에 대한 양도세 규정은 「도시 및 주거환경정비법」의 재개발·재건축사업 관련 양도세 규정과 동일하게 적용된다. 따라서 이 책에서는 재개발·재건축사업의 범위에는 「빈집 및 소규모주택 정비에 관한 특례법」에 따른 자율주택정비사업, 가로주택정비사업, 소규모 재건축사업 및 소규모재개발사업(소규모재건축사업등)을 포함하여 설명하기로 한다.

③ 원조합원과 승계조합원의 구분

　양도소득세에서 원조합원이란 관리처분계획인가일 등 이전에 부동산을 취득한 조합원을 말하며, 승계조합원이란 관리처분계획인가일 등 이후에 원조합원으로부터 조합원 지위를 양수받아 새롭게 지위를 취득한 조합원을 말한다.

　원조합원과 승계조합원의 양도소득세 관련 규정의 적용 범위를 요약 정리하면 다음과 같다.

구분	원조합원	승계조합원
조합원입주권 비과세	적용 ○	적용 ×
조합원입주권 + 신규주택 ⇨ 조합원입주권 양도시 비과세	적용 ○	적용 ×
종전주택 + 조합원입주권 ⇨ 종전주택 양도시 비과세	적용 ×(주1)	적용 ○
대체주택 비과세	적용 ○	적용 ×
완성주택 취득시기	종전주택 취득일	준공일(주2)
조합원입주권 양도시 장기보유특별공제	적용 ○	적용 ×
완성주택 장기보유특별공제 보유기간	·종전주택 취득일 ~ 양도일 ·관리처분계획인가일 ~ 양도일(주3)	준공일 ~ 양도일

(주1) 상가 또는 토지를 소유한 원조합원이 주택조합원입주권을 받은 경우에는 가능
(주2) 빠른 날(① 사용승인서교부일 ② 임시사용승인일 ③ 사실상사용일)
(주3) 청산금을 납부한 경우로서 관리처분계획인가후 청산금납부분양도차익

(4) 준공인가일

앞에서 살펴본 권리변환일 표(집행기준 89-156의2-5)에서도 알 수 있듯이 준공인가일은 조합원입주권이 부동산으로 전환되는 시기에 해당한다. 그리고 승계조합원의 완성주택 취득시기가 된다. 따라서 준공인가일 이후에는 조합원입주권이 아니라 부동산으로 보아 양도소득세 규정을 적용한다.

(5) 소유권이전고시일

소유권이전고시일의 다음날은 권리가액이 조합원분양가 보다 큰 경우 수령하는 청산금에 대한 양도시기가 된다. 그리고 소유권이전고시일 이후 소유권에 관한 등기가 가능하다.

|참고| 도시정비법과 건축법에 따른 사업절차 비교

5. 정비사업 관련 비과세 개요

주택, 조합원입주권, 분양권 관련 양도소득세 비과세 규정 중에서 이미 살펴본 내용은 1세대 1주택 비과세, 일시적 1세대 2주택 등 1세대 1주택의 특례주택에 대한 비과세 규정이었다. 지금부터 살펴보는 비과세 내용은 재개발·재건축사업 또는 소규모재건축사업등 정비사업과 관련된 비과세 특례규정에 대한 것이다. 아래에서는 재개발·재건축사업 또는 소규모재건축사업등 정비사업과 관련된 비과세 특례 유형을 살펴보고 그다음 각 유형별 비과세 요건에 대해 설명하기로 한다.

재개발·재건축사업 또는 소규모재건축사업등 정비사업과 관련하여 비과세되는 유형은 크게 두 가지로 구분할 수 있다.

첫째, 조합원입주권을 양도하는 경우 적용되는 비과세 특례 유형이다. 이 경우 적용되는 비과세 특례 유형은 다음과 같이 두 가지로 나누어 볼 수 있다.

① 1세대 1조합원입주권

이 유형은 1세대 1주택 비과세 규정과 과세형평을 맞추기 위한 비과세 특례규정이(소법 제89조 제1항 제4호 가목).

② 1세대 1조합원입주권 + 1주택

이 유형은 일시적 1세대 2주택 비과세 규정과 과세형평을 맞추기 위한 비과세 특례규정이다(소법 제89조 제1항 제4호 나목).

둘째, 재개발·재건축사업 또는 소규모재건축사업등 정비사업과 관련된 주택을 양도하는 경우 적용되는 비과세 특례규정이다. 이 경우 적용되는 비과세 특례 유형은 다음과 같이 두 가지로 나누어 볼 수 있다.

① 1세대 1주택 + 1조합원입주권

이 유형은 일시적 1세대 2주택 비과세 특례규정과 과세형평을 맞추고 조합원입주권을 실거주 목적으로 취득한 경우 적용하는 비과세 특례규정이다(소법 제89조 제2항, 소령 제156조의2 제3항 및 제4항).

② 대체주택

이 유형은 재개발·재건축사업 또는 소규모재건축사업등을 원활하게 진행하기 위해 재개발·재건축사업 또는 소규모재건축사업등의 공사기간 동안 거주할 주택을 취득하는 경우 적용하는 비과세 특례규정이다(소법 제89조 제2항, 소령 제156조의2 제5항).

[주택 및 조합원입주권 관련 비과세 유형]

비과세 원칙	1세대 1주택 특례	재개발·재건축 관련 특례		
		특례유형	관련법령	조합원구분
1세대 1주택 ⇨ 주택 양도	일시적 2주택 ⇨ 주택 양도	❶ 1조합원입주권 　⇨ 조합원입주권 양도	소법 제89조 제1항 제4호 가목	원조합원
		❷ 조합원입주권 + 주택 　⇨ 조합원입주권 양도	소법 제89조 제1항 제4호 나목	원조합원
		❸ 주택 + 조합원입주권 　⇨ 주택 양도	소법 제89조 제2항 소령 제156조의2 제3항 및 제4항	승계조합원(주1)
		❹ 대체주택 　⇨ 대체주택 양도	소법 제89조 제2항 소령 제156조의2 제5항	원조합원

(주1) 업무용시설, 토지 등 소유자가 주택조합원입주권을 취득하는 경우 포함

| 참고 | 일반분양자와 비과세 특례규정

재개발·재건축사업 또는 소규모재건축사업등 일반분양자뿐만아니라 그 밖의 분양자에게 적용되는 비과세 특례규정 유형은 위에서 살펴본 ❸ 주택 + 조합원입주권 ⇨ 주택 양도 유형과 과세형편을 맞추기 위하여 주택 + 분양주권 ⇨ 주택을 양도하는 경우 적용하는 비과세 특례규정이 있다(소법 제89조 제2항, 소령 제156조의3). 이에 대한 내용은 제6절에서 살펴보기로 한다.

재개발·재건축사업 또는 소규모재건축사업등과 관련된 양도소득세 규정은 크게 조합원입주권 양도 시 적용되는 비과세 특례 및 과세에 대한 내용, 재개발·재건축사업 또는 소규모재건축사업등과 관련된 주택의 양도 시 적용되는 비과세 특례 및 과세에 대한 내용으로 나눌 수 있다. 다음 절부터는 재개발·재건축사업 또는 소규모재건축사업등과 관련된 조합원입주권과 주택에 대한 비과세 규정을 살펴본다. 그런 다음 재개발·재건축사업 또는 소규모재건축사업등과 관련된 조합원입주권과 주택이 과세되는 경우 양도소득세 계산구조에 대해 살펴본다.

1. 비과세 특례 유형

조합원입주권을 양도하는 경우 적용되는 1세대 1주택 비과세 특례 유형은 조합원입주권을 1개 보유한 1세대가 그 조합원입주권을 양도하는 경우와 1조합원입주권 외에 1주택을 보유한 1세대가 조합원입주권을 양도하는 경우로 나누어 볼 수 있다.

[조합원입주권 비과세 특례]

비과세 특례 유형	관련법령	조합원구분
❶ 1조합원입주권 ⇨ 조합원입주권 양도	소법 제89조 제1항 제4호 가목	원조합원
❷ 1조합원입주권 + 1주택 ⇨ 조합원입주권 양도	소법 제89조 제1항 제4호 나목	원조합원

2. 1세대 1조합원입주권

(1) 비과세 특례 요건

양도일 현재 다른 주택 또는 분양권을 보유하지 아니하고 조합원입주권을 1개 보유한 1세대가 해당 조합원입주권을 양도하여 발생하는 소득에 대해서는 양도소득에 대한 소득세를 과세하지 않는다. 조합원입주권을 1개 보유한 1세대란「도시 및 주거환경정비법」에 따른 관리처분계획인가일 및「빈집 및 소규모주택 정비에 관한 특례법」에 따른 사업시행계획인가일(인가일 전에 기존주택이 철거되는 때에는 기존주택의 철거일) 현재 1세대 1주택 비과세 요건을 충족하는 기존주택을 소유한 세대를 말한다. 다만, 해당 조합원입주권의 양도 당시 실지거래가액이 12억원을 초과하는 경우에는 양도소득세를 과세한다(소법 제89조 제1항 제4호 가목).

이 규정은 1세대가 1주택을 양도하는 경우 비과세하는 규정과 과세형편을 맞추기 위한 특례규정으로 볼 수 있다.

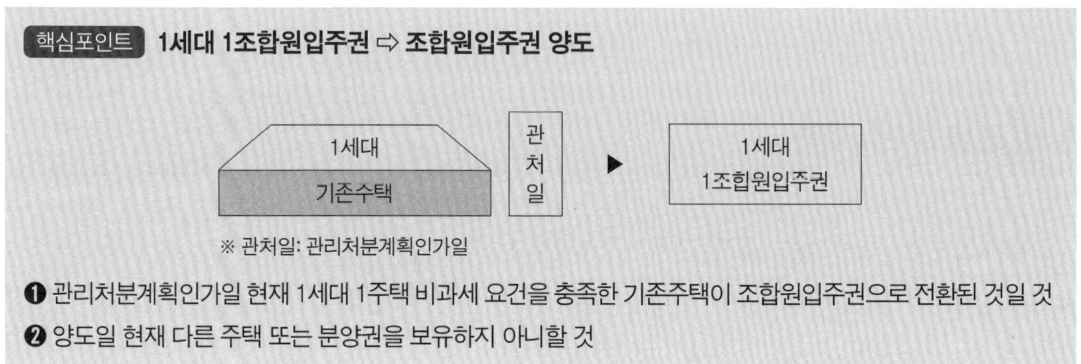

(2) 비과세 특례 관련 생각지도

아래에서는 1세대 1조합원입주권 양도 시 적용되는 비과세 특례 요건 중 쟁점이 될 수 있는 내용을 예규 및 판례를 통해 조금 더 살펴보기로 한다.

1) 관리처분계획인가일 현재 1주택이어야 하는지 여부

관리처분계획인가일 현재 1세대가 다주택을 소유하다 그중 1주택이 조합원입주권으로 전환되고 나머지 주택은 모두 양도한 후 마지막 남은 조합원입주권을 양도하는 경우 조합원입주권 비과세 특례규정을 적용할 수 있을까?

이와 관련된 예규를 살펴보면 관리처분계획인가일 현재 1주택이 아니어도 1조합원입주권 양도에 대한 비과세 특례 적용이 가능하다고 해석하고 있다(기획재정부 조세법령운용과-590, 2021.7.6., 서면2017부동산-1678, 2017.9.25.). 따라서 관리처분계획인가일 현재 다주택이라 하더라도 조합원입주권 양도일 현재 다른 주택이나 분양권이 없다면 비과세 특례규정을 적용할 수 있다.

2) 관리처분계획인가일 이후에도 철거되지 않고 주택으로 사용한 기존주택의 보유기간 및 거주기간 산정방법

관리처분계획인가일 이후에도 기존주택이 철거되지 않고 사실상 주거용으로 사용되고 있는 경우에는 해당 기간을 1세대 1주택 비과세 특례 적용을 위한 보유기간 및 거주기간에 합산한다(예규 사전2019법령해석재산-739, 2021.7.23.).

|참고| 관리처분계획인가일 이후 기존주택 거주기간의 장기보유특별공제 [표2] 판정 시 포함여부

관리처분계획인가일 이후 철거하지 않는 기존주택에 거주하는 경우, 해당 거주기간은 장기보유특별공제 [표2] 적용대상 여부를 판정함에 있어서는 포함하여 판정하는 것이나, [표2]의 거주기간별 공제율 산정 시에는 해당 거주기간을 제외한다(예규 사전법규재산2023-141, 2023.11.30.).

---

3) 다른 주택의 범위

1세대 1조합원입주권 비과세 특례 요건 중 양도일 현재 다른 주택 또는 분양권을 보유하지 않아야 한다는 요건이 있다. 아래에서는 조합원입주권 양도 시 다른 주택에서 제외되어 비과세 특례규정을 적용할 수 있는 주택과 다른 주택에서 제외되지 않아 비과세 특례규정을 적용할 수 없는 주택에 대해 살펴보기로 한다.

① 다른 주택에서 제외되는 주택

일시적 1조합원입주권과 1주택은 다른 주택의 범위에서 제외한다(소법 제89조 제1항 제4호 나목). 또한 조세특례제한법에서 다른 주택 양도 시 없는 것으로 보는 감면 또는 과세특례주택은 다른 주택의 범위에서 제외한다(예규 서면법령해석재산2018-1129, 2019.10.25.).

② 다른 주택에서 제외되지 않는 주택

상속주택(판례 조심2021인-3099, 2021.10.8., 조심2021서-1117, 2022.8.10.), 장기임대주택 등 1세대 1주택 특례주택은 다른 주택의 범위에서 제외하지 않는다. 예를 들어 장기임대주택과 관련된 판례를 살펴보면 양도일 현재 1조합원입주권을 보유한 1세대가 그 조합원입주권을 양도하는 경우 다른 주택을 보유하지 아니한 경우에만 양도소득세 비과세를 적용받을 수 있도록 규정하고 있는 바, 설령 다른 주택의 범위에 관한 구체적인 규정이 없다 하더라도 조합원입주권의 양도 당시 보유한 장기임대주택을 다른 주택에서 제외되는 것으로 볼 수 없다고 판단하고 있다(조심2021중-2683, 2021.7.14.). 따라서 양도일 현재 1조합원입주권과 장기임대주택을 보유하다 조합원입주권을 양도하는 경우 비과세 특례규정을 적용할 수 없다.

4) 동일세대원으로부터 상속받은 조합원입주권

예를 들어 A주택에 대한 관리처분계획의 인가로 취득한 A조합원입주권과 B주택을 보유하는 거주자甲가 사망하여 동일세대원乙이 A조합원입주권을 상속받고 별도세대원丙이 B주택을 상속받은 경우로서 동일세대원乙이 A조합원입주권 양도 당시 다른 주택(조합원입주권 및 분양권 포함)을 보유하지 않은 경우에는「소득세법」제89조 제1항 제4호에 따라 비과세를 적용한다. 이 경우 A주택이 관리처분계획인가일 현재 같은 법 시행령 제154조 제1항에 해당하는 주택이었는지 여부는 피상속인과 상속인이 동일세대로서 보유 및 거주한 기간을 통산하여 판단한다(예규 서면부동산 2023-4170, 2024.7.25.).

5) 1+1 조합원입주권

1세대 1주택자가 재개발·재건축 등 정비사업으로 2개의 조합원입주권을 배정받아 동시에 양도하는 경우 양도소득세 비과세 판단은 어떻게 해야 할까? 이와 관련된 예규에서는 관리처분계획인가에 따라 취득한 조합원입주권 2개를 같은 날 1인에게 모두 양도하는 경우 해당 거주자가 선택하여 먼저 양도하는 조합원입주권 1개는 양도소득세가 과세되는 것이며, 나중에 양도하는 조합원입주권 1개는 1세대 1주택 비과세 특례가 적용된다고 해석하고 있다(서면2016법령해석재산-2865, 2016.2.23.).

|참고| 1+1 입주권으로 완성된 주택의 전매제한

1+1 분양은 종전부동산 평가액의 범위 또는 종전 주택의 주거전용면적의 범위에서 2주택을 공급할 수 있고, 이 중 1주택은 주거전용면적을 60제곱미터 이하로 한다. 다만, 60제곱미터 이하로 공급받은 1주택은「도시 및 주거환경정비법」제86조 제2항에 따른 이전고시일 다음 날부터 3년이 지나기 전에는 주택을 전매(매매·증여나 그 밖에 권리의 변동을 수반하는 모든 행위를 포함하되 상속의 경우는 제외한다)하거나 전매를 알선할 수 없다(도시 및 주거환경정비법 제76조 관리처분계획의 수립기준 제1항 제7호 라목).

---

3. 일시적 1세대 1조합원입주권과 1주택

(1) 비과세 특례 요건

양도일 현재 1조합원입주권 외에 1주택을 보유한 경우(분양권을 보유하지 아니하는 경우로 한정한다)로서 해당 1주택을 취득한 날부터 3년 이내에 해당 조합원입주권을 양도하는 경우 양도소득세를 과세하지 않는다(소법 제89조 제1항 제4호 나목). 이 경우 양도하는 조합원입주권은 「도시 및 주거환경정비법」에 따른 관리처분계획인가일 및 「빈집 및 소규모주택 정비에 관한 특례법」에 따른 사업시행계획인가일(인가일 전에 기존주택이 철거되는 때에는 기존주택의 철거일) 현재 1세대 1주택 비과세 요건을 충족하는 기존주택이 조합원입주권으로 전환되어야 한다.

이 규정은 일시적 1세대 2주택 중 종전주택을 양도하는 경우 비과세 규정을 적용하는 것과 과세형평을 맞추기 위한 특례규정이다. 차이점은 일시적 1세대 2주택 비과세 규정에서는 종전주택을 취득한 날로부터 1년 이상이 지나 신규주택을 취득해야 하지만 일시적 1세대 1조합원입주권과 1주택 비과세 특례 요건에서는 이러한 규정이 없다.

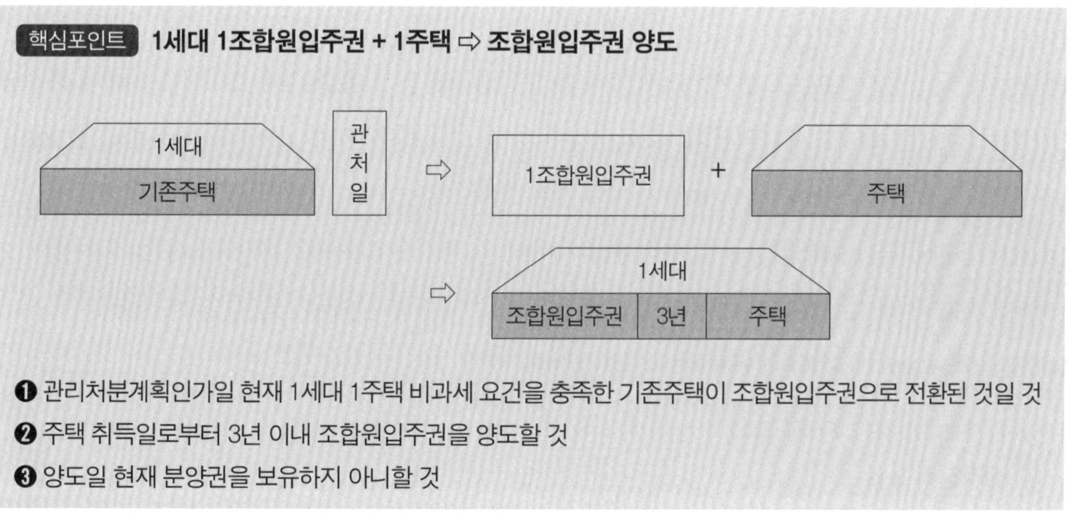

(2) 비과세 특례 관련 생각지도

아래에서는 1세대가 양도일 현재 1조합원입주권과 1주택을 보유하다 조합원입주권을 양도하는
경우 적용되는 비과세 특례 요건에 대한 내용을 예규 및 판례를 통해 조금 더 살펴보기로 한다.

1) 조합원입주권 승계취득 후 주택을 취득한 경우

조합원입주권을 승세취득하고 주택을 취득한 후 조합원입주권을 양도하는 경우에는 조합원입
주권 비과세 특례규정을 적용할 수 없다. 왜냐하면 관리처분계획인가일 현재 1세대 1주택 비과세
요건을 충족하는 기존주택이 조합원입주권으로 전환된 경우가 아니기 때문이다. 즉, 승계조합원
인 경우에는 조합원입주권 양도 시 비과세 특례규정이 적용되지 않는다.

2) 종전주택이 조합원입주권으로 전환된 후 조합원입주권을 승계취득하여 2개의 조합원입
주권을 보유한 경우 비과세 특례규정 적용 방법

1세대가 종전주택(A)이 관리처분계획인가에 따라 전환된 조합원입주권(A')의 양도일 현재 승계
받은 조합원입주권(B)을 포함하여 2개의 조합원입주권(A', B)을 보유한 경우로서, 승계받은 조합
원입주권(B)이 주택(B')으로 완성되기 전에 해당 조합원입주권(A')을 양도하는 경우, 「소득세법 시
행령」 제156조의2 제3항 또는 제4항(주택과 조합원입주권을 소유한 경우 1세대 1주택의 특례규
정) 및 소득세법 제89조 제1항 제4호(조합원입주권 양도)에 따른 비과세 특례를 적용받을 수 없다.

하지만 조합원입주권(A') 양도일 현재 승계받은 조합원입주권(B)이 주택(B')으로 완성된 경우로
서 해당 주택(B')의 취득일(준공일)부터 3년 이내에 동 조합원입주권(A')을 양도하는 경우에는 소
득세법 제89조 제1항 제4호 나목에 따른 조합원입주권 비과세 특례규정을 적용한다(예규 서면-2021-
법규재산-6289, 2023. 1. 12., 기획재정부재산-50, 2023. 1. 10).

💡 생각정리 노트

위 예규에 따르면 원조합원의 조합원입주권 + 승계조합원의 조합원입주권을 보유한 상태에서 원조합
원 조합원입주권을 양도하는 경우에는 비과세 특례규정을 적용할 수 없고, 승계취득한 조합원입주권이
주택으로 완공되어 원조합원의 조합원입주권 + 주택인 상태에서 주택 취득일(준공일)로부터 3년 이내에
양도하는 원조합원의 조합원입주권은 소득세법 제89조 제1항 제4호 나목(조합원입주권과 주택을 보유

한 상태에서 주택 취득일로부터 3년 이내에 조합원입주권을 양도하는 경우 적용되는 비과세 특례규정)에 따른 비과세 특례를 적용할 수 있다(예규 기획재정부재산-856, 2022.8.1.).

3) 분양권이 주택으로 완공된 후 조합원입주권을 양도하는 경우 비과세특례 적용 여부

조합원입주권의 양도일 현재, 조합원입주권 외에 분양권이 주택으로 전환된 1주택을 보유한 경우로서 그 주택을 취득한 날부터 3년 이내에 조합원입주권을 양도하는 경우에는 소득세법 제89조 제1항 제4호 나목의 비과세 특례규정 적용이 가능하다(예규 사전법규재산2024-398, 2024.6.17.).

|참고| 조합원입주권, 분양권 관련 규정의 적용시기

위의 1세대 1조합원입주권과 일시적 1조합원입주권 1주택의 조합원입주권 비과세 요건에서 분양권을 보유하지 아니한 경우로 한정하는 요건은 2022.1.1. 이후 취득하는 조합원입주권부터 적용한다. 그리고 분양권도 2022.1.1. 이후 취득한 분양권에 한한다(소법 부칙 법률 제18578호 제7조 2021.12.8.). 따라서 2021.12.31. 이전에 취득한 조합원입주권은 종전 규정에 따라 분양권을 갖고 있는 경우에도 비과세 특례규정을 적용할 수 있다.

지금까지 양도일 현재 1세대가 1조합원입주권을 보유하는 상태에서 조합원입주권을 양도하는 경우, 1조합원입주권과 1주택을 보유한 상태에서 조합원입주권을 양도하는 경우 적용되는 비과세 특례규정에 대해 살펴보았다. 다음 절에서는 재개발·재건축사업과 관련된 주택을 양도하는 경우 적용되는 비과세 특례규정을 살펴보기로 한다.

제3절 | **재개발·재건축사업 관련 주택의 양도와 비과세 특례**

1. 비과세 특례 유형

「도시 및 주거환경정비법」에 따른 재개발·재건축사업, 「빈집 및 소규모주택 정비에 관한 특례법」에 따른 자율주택정비사업·가로주택정비사업·소규모재건축사업·소규모재개발사업(소규모재건축사업등)과 관련된 주택을 양도하는 경우 원칙적으로 비과세 규정을 적용하지 않는다. 다만, 재개발·재건축사업 또는 소규모재건축사업등의 시행기간 중 거주를 위하여 주택을 취득하는 경우나 그 밖의 부득이한 사유가 있는 경우에는 1세대 1주택 비과세 규정을 적용한다(소법 제89조 제2항).

부득이한 사유 유형을 살펴보면 1주택을 소유한 1세대가 그 주택(종전의 주택)을 양도하기 전에 조합원입주권을 취득함으로써 일시적으로 1주택과 1조합원입주권을 소유하게 된 경우 또는 조합원입주권을 실거주 목적으로 취득한 경우, 1주택을 소유한 1세대가 그 주택에 대한 재개발·재건축사업 또는 소규모재건축사업등의 시행기간 동안 거주하기 위하여 다른 주택(대체주택)을 취득한 경우가 있다.

[재개발·재건축사업 관련 주택의 비과세 특례]

비과세 특례 유형	관련 법령	조합원 구분
❶ 종전주택 + 조합원입주권(완성주택) ⇨ 종전주택 양도	소법 제89조 제2항 소령 제156조의2 제3항 및 제4항	승계조합원(주1)
❷ 대체주택 ⇨ 대체주택 양도	소법 제89조 제2항 소령 제156조의2 제5항	원조합원

(주1) 토지나 상가 보유자가 조합으로부터 주택조합원입주권을 받은 경우 포함

그 외에도 재개발·재건축사업 또는 소규모재건축사업등을 시행하여 주택이 완성된 후 해당 주택을 양도하는 경우, 일시적 1세대 2주택을 비롯한 특례주택 등이 재개발·재건축과 관련되는 경우가 있을 수 있다. 아래에서는 비과세 유형별로 적용되는 비과세 특례 요건을 살펴보기로 한다.

2. 주택과 조합원입주권을 소유한 경우 1세대 1주택의 특례

1세대가 주택과 조합원입주권을 소유하다가 주택을 양도하는 경우 일시적 보유 목적 또는 실거주 목적에 해당하는 경우에는 1세대 1주택의 특례로서 비과세 규정을 적용한다.

비과세 특례 유형		관련 법령	
		법률	시행령
1주택 + 1조합원입주권 ⇨ 종전주택 양도	일시적 목적	제89조 제2항	제156조의2 제3항
	실거주 목적		제156조의2 제4항

(1) 비과세 특례 요건

1) 일시적 1주택과 1조합원입주권

국내에 1주택을 소유한 1세대가 그 주택(종전주택)을 양도하기 전에 조합원입주권을 취득함으로써 일시적으로 1주택과 1조합원입주권을 소유하게 된 경우 종전주택을 취득한 날부터 1년 이상이 지난 후에 조합원입주권을 취득하고, 그 조합원입주권을 취득한 날부터 3년 이내에 종전주택을 양도하는 경우에는 이를 1세대 1주택으로 보아 비과세 규정을 적용한다(소령 제156조의2 제3항). 이 규정은 일시적 1세대 2주택 비과세 규정과 과세형평을 맞추기 위한 특례규정으로 볼 수 있다.

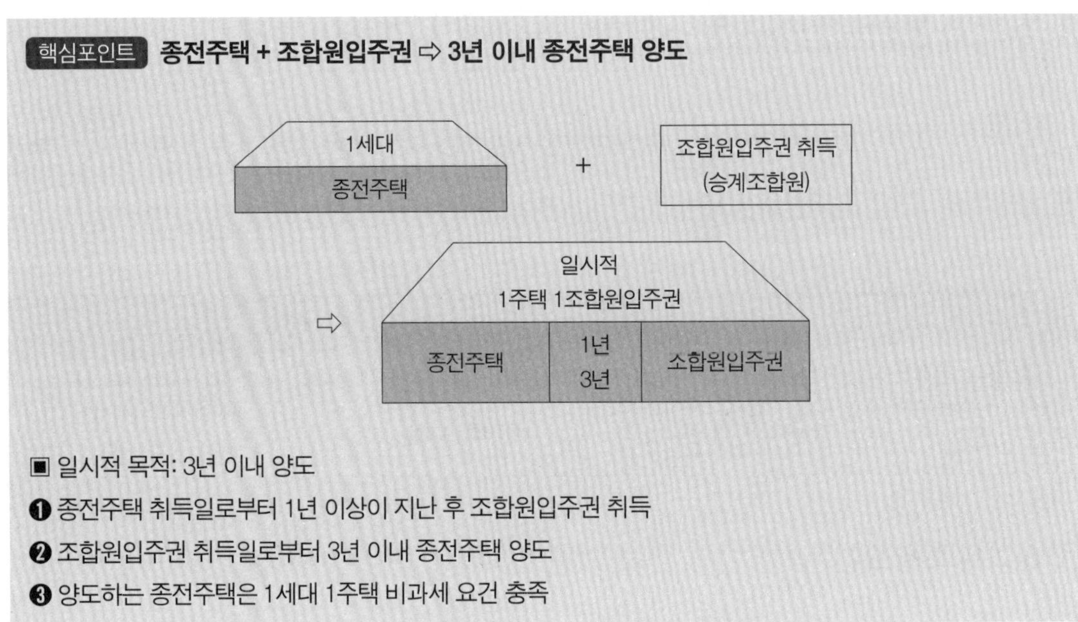

2) 실거주 목적의 조합원입주권

국내에 1주택을 소유한 1세대가 그 주택(종전주택)을 양도하기 전에 조합원입주권을 취득함으로써 일시적으로 1주택과 1조합원입주권을 소유하게 된 경우 종전주택을 취득한 날부터 1년이 지난 후에 조합원입주권을 취득하고 그 조합원입주권을 취득한 날부터 3년이 지나 종전주택을 양도하는 경우로서 다음의 요건을 모두 갖춘 때에는 이를 1세대 1주택으로 보아 비과세 규정을 적용한다(소령 제156조의2 제4항). 종전주택 취득 후 1년 이상이 지난 후에 조합원입주권을 취득하는 규정은 2022. 2. 15. 이후 취득하는 조합원입주권부터 적용한다(소령부칙 제32420호 제12조 2022. 2. 15.).

① 주택이 완성된 후 3년 이내 이사하여 1년 이상 계속 거주

재개발·재건축사업 또는 소규모재건축사업등의 관리처분계획등에 따라 취득하는 주택이 완성된 후 3년 이내에 그 주택으로 세대 전원이 이사(취학, 근무상의 형편, 질병의 요양 그 밖의 부득이한 사유로 세대의 구성원 중 일부가 이사하지 못하는 경우를 포함한다)하여 1년 이상 계속하여 거주해야 한다.

② 주택이 완성되기 전 또는 완성된 후 3년 이내에 종전주택 양도

재개발·재건축사업 또는 소규모재건축사업등의 관리처분계획등에 따라 취득하는 주택이 완성되기 전 또는 완성된 후 3년 이내에 종전주택을 양도해야 한다.

|참고| 신축주택의 완성일

위 요건에서 주택이 완성된 후 3년 이내 이사하여 1년 이상 계속 거주하여야 하고, 주택이 완성되기 전 또는 완성된 후 3년 이내에 종전주택을 양도하여야 하는데 여기서 완성일은 언제를 말하는 것일까? 이와 관련된 예규를 살펴보면 소득세법 시행령 제156조의2 제4항 제1호 요건을 판단함에 있어, 재개발·재건축사업 또는 소규모재건축사업등의 관리처분계획등에 따라 취득하는 주택의 완성일은 해당 주택의 사용승인서 교부일(사용승인서 교부일 전에 사실상 사용하거나 임시사용승인을 받은 경우에는 그 사실상의 사용일 또는 임시사용승인을 받은 날 중 빠른 날)을 말한다고 해석하고 있다(사전2021법령해석재산-1510, 2021.10.29.).

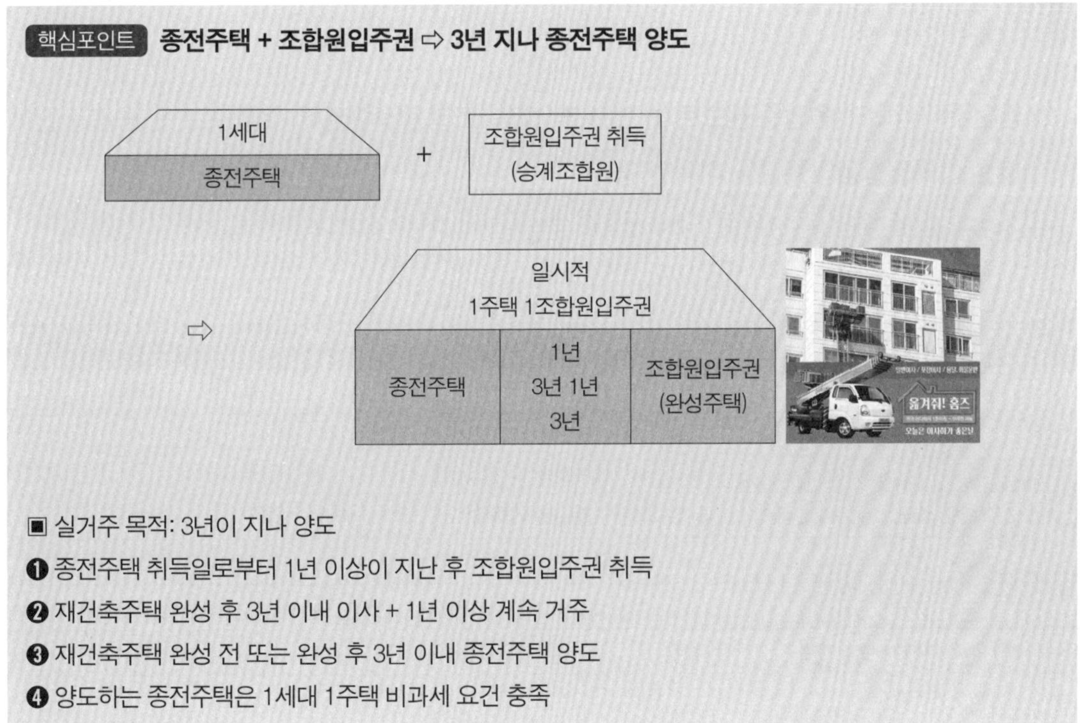

■ 실거주 목적: 3년이 지나 양도
❶ 종전주택 취득일로부터 1년 이상이 지난 후 조합원입주권 취득
❷ 재건축주택 완성 후 3년 이내 이사 + 1년 이상 계속 거주
❸ 재건축주택 완성 전 또는 완성 후 3년 이내 종전주택 양도
❹ 양도하는 종전주택은 1세대 1주택 비과세 요건 충족

(2) 비과세 특례 관련 생각지도

아래에서는 주택과 조합원입주권을 소유한 경우 1세대 1주택의 특례 요건을 예규 및 판례를 통하여 조금 더 살펴보기로 한다.

1) 1주택과 상가 또는 토지를 소유한 1세대가 상가 또는 토지가 조합원입주권으로 전환된 상태에서 주택을 양도하는 경우

1주택 소유 중 상가건물이나 나대지의 재개발로 주택조합원입주권을 취득함으로써 일시적으로 1주택과 1조합원입주권을 소유하게 된 경우 소득세법 시행령 제156조의2 제3항 또는 제4항의 요건을 충족하면 1세대 1주택으로 본다(예규 부동산거래관리-152, 2012.3.9., 재산-1708, 2008.7.16., 예규 재산-4030, 2008.12.1.).

2) 종전주택이 조합원입주권으로 변환된 후 해당 조합원입주권이 주택으로 완공되기 전에 다른 신규조합원입주권을 취득한 경우

아래의 사례와 같은 경우 1세대 1주택 1조합원입주권 비과세 특례규정을 적용할 수 있을까?

시기	주요 사건	보유 상황
2003.5	A주택 취득	1주택
2016.4	A주택 ⇨ B조합원입주권으로 전환 (관리처분계획인가)	1입주권
2017.7	입주권 취득(가)	2입주권
2020.12	B입주권 ⇨ C주택 완성	1주택 1입주권
2021.4	입주권(가) ⇨ 주택 완성(나)	2주택
2021. 이후	C주택 양도 예정	1주택

이와 관련된 예규를 살펴보면 종전주택이 소득세법 제88조 제9호에 따른 조합원입주권으로 변환된 후, 해당 조합원입주권이 주택으로 완성되기 전에 다른 신규조합원입주권을 취득, 신규조합원입주권 취득 후 3년이 지나 주택(종전주택이 조합원입주권으로 변환된 후 다시 주택으로 완성된 주택)을 양도하는 경우 소득세법 시행령 제156조의2 제4항이 적용될 수 있다고 해석하고 있다(기획재정부재산-856, 2022.8.1.).

3) 일시적 2주택 특례와 일시적 1주택 1조합원입주권 특례의 중복 적용 여부

동일한 성격인 일시적 2주택 특례와 일시적 1주택 1조합원입주권 특례는 중복하여 적용할 수 없다(예규 기획재정부재산-906, 2024.7.31.).

3. 대체주택 비과세 특례

대체주택이란 재개발·재건축사업 또는 소규모재건축사업등의 시행기간 동안 거주하기 위하여 취득한 주택을 말한다. 국내에 1주택을 소유한 1세대가 그 주택에 대한 재개발·재건축 사업 또는 소규모재건축사업등의 시행기간 동안 거주하기 위하여 대체주택을 취득한 경우로서 아래의 비과세 특례요건을 모두 갖추어 대체주택을 양도하는 때에는 이를 1세대 1주택으로 보아 비과세 규정을 적용한다(소령 제156조의2 제5항). 이 경우에는 보유기간 및 거주기간의 제한을 받지 않는다.

「빈집 및 소규모주택 정비에 관한 특례법」에 따른 자율주택정비사업, 가로주택정비사업, 소규모재개발사업의 경우에는 2022.1.1.(소규모재건축사업은 2018.2.9.) 이후 취득하는 조합원입주권부터 적용한다.

(1) 비과세 특례 요건

1) 사업시행인가일 이후 대체주택을 취득하여 1년 이상 거주

재개발·재건축사업 또는 소규모재건축사업등의 사업시행인가일 이후 대체주택을 취득하여 1년 이상 거주하여야 한다.

2) 대체주택 취득일 현재 1세대 1주택

대체주택에 대한 비과세 특례규정은 국내에 1주택을 소유한 1세대가 그 주택에 대한 재개발·재건축사업 또는 소규모재건축사업등의 시행기간 동안 거주하기 위하여 사업시행인가일 이후 대체주택을 취득한 경우 적용되는 규정이다. 여기서 1주택을 소유한 1세대의 판단 시점을 언제로 하여야 할까? 사업시행인가일에 1세대가 1주택을 소유하여야 하는 것일까? 아니면 대체주택 취득일에 1세대가 1주택을 소유하고 있어야 하는 것일까?

이와 관련된 기존 예규에서는 재건축대상 주택 사업시행인가일 현재 2주택 이상인 상태에서 취득하는 대체주택은 특례규정을 적용하지 않는다고 해석하였다. 하지만 판례에서는 대체주택에 대하여 사업시행인가일 이후 취득할 것을 요건으로 하고 있을 뿐 소득세법령 어디에도 사업시행인가일에 1세대가 2주택 이상을 보유한 경우 비과세대상 대체주택에서 제외한다는 규정이 없음을 감안하면, 사업시행인가일에 1세대 2주택인 경우는 비과세대상에서 제외된다고 해석하는 것은 조세법률주의에 부합하는 해석으로 보기 어렵다고 판단하였다(조심2021서-5174, 2022.11.07.).

위의 판례를 반영하여 예규를 변경하였다. 그 내용을 살펴보면 대체주택 비과세 특례규정은 대체주택 취득일을 기준으로 1주택을 소유한 1세대인 경우에 적용되는 것으로 대체주택 취득일 현재 2주택 이상을 소유한 경우에는 해당 특례규정이 적용되지 않으며, 동 해석은 회신일 이후 결정·경정하는 분부터 적용된다고 해석하고 있다(기획재정부재산-1270, 2023.10.23.).

3) 주택이 완성된 후 3년 이내 이사하여 1년 이상 계속 거주

재개발·재건축사업 또는 소규모재건축사업등의 관리처분계획등에 따라 취득하는 주택이 완성된 후 3년 이내에 그 주택으로 세대 전원이 이사하여 1년 이상 계속하여 거주(취학, 근무상의 형편, 질병의 요양, 그 밖에 부득이한 사유로 세대원 중 일부가 이사하지 못하는 경우를 포함)하여야 한다.

4) 주택이 완성되기 전 또는 완성된 후 3년 이내에 대체주택 양도

재개발·재건축사업 또는 소규모재건축사업등의 관리처분계획등에 따라 취득하는 주택이 완성되기 전 또는 완성된 후 3년 이내에 대체주택을 양도하여야 한다.

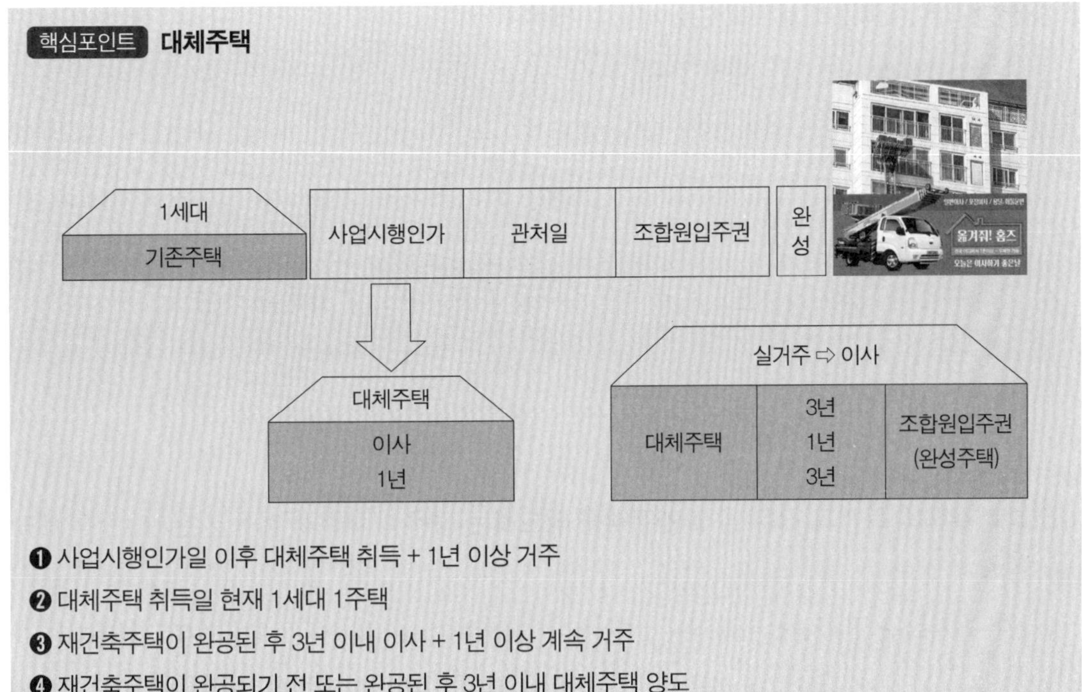

(2) 대체주택 관련 생각지도

아래에서는 대체주택 비과세 특례요건과 관련하여 쟁점이 될 수 있는 내용을 예규 및 판례를 통하여 조금 더 살펴보기로 한다.

1) 재개발·재건축사업 시행기간 전에 기존주택에서 거주하지 않은 경우

재개발·재건축사업 시행기간 중 거주하기 위하여 취득한 대체주택의 비과세 특례규정을 적용함에 있어 재개발·재건축사업 시행기간 전에 기존주택에서 거주하지 않은 경우에도 적용된다(예규 재산세과-2069, 2008.7.31.).

2) 조합원입주권을 승계취득한 후 대체주택을 취득하는 경우

조합원입주권을 승계취득한 경우는 대체주택 비과세 특례규정 적용 대상에 해당하지 않는다(판례 조심2021서-2348, 2021.12.7.).

3) 분양받은 주택을 대체주택으로 사용한 경우

주택 재건축사업 시행기간 전에 분양받은 아파트를 재개발·재건축사업 시행기간 중에 취득(잔금정산)하여 1년 이상 거주하다가 재건축 완공주택으로 세대전원이 이사하게 되는 경우 대체주택 비과세 특례규정을 적용할 수 있다(예규 서면4팀-1037, 2008.4.25.).

4) 다른 재건축조합원입주권으로 취득한 주택을 대체주택으로 사용한 경우

재개발·재건축사업 시행기간 중에 조합원입주권으로 주택을 취득한 경우 이를 대체주택을 취득한 경우로 볼 수 있다(판례 조심2008서-2973, 2009.1.19., 예규 재재산-110, 2008.1.24.).

5) 대체주택 취득일과 같은 날 일반주택을 양도하는 경우 대체주택 취득일 현재 1주택 해당 여부

대체주택 특례규정은 대체주택 취득일을 기준으로 1주택을 소유한 1세대인 경우에 적용되는 것이며, 같은 날에 대체주택(B)을 취득하고 기존주택(A)을 양도한 경우, 기존주택(A)을 먼저 양도하고 대체주택(B)을 취득한 것으로 보아 특례규정을 적용한다(예규 사전법규재산2024-141, 2024.3.27.).

6) 대체주택을 취득한 상태에서 주택을 상속받은 경우

1주택을 소유하고 있는 1세대가 재건축사업 시행기간 동안 거주하기 위하여 대체주택을 취득한 상태에서 소득세법 시행령 제155조 제2항에 따른 주택을 상속받은 경우로서 대체주택 요건을 충족하고 양도하는 경우에는 1세대 1주택 비과세 규정을 적용받을 수 있다(집행기준 89-156의2-13).

7) 장기임대주택과 조합원입주권을 보유한 경우 대체주택 특례적용 여부

장기임대주택과 조합원입주권을 소유한 1세대가 대체주택을 양도하는 경우에는 주택임대사업자의 거주주택 특례 요건 및 대체주택 비과세 특례 요건을 모두 충족하는 경우에 한하여 1세대 1주택 비과세 특례를 적용받을 수 있다(예규 서면2015부동산-22331, 2015.3.6.).

8) 사업시행인가일 이후 주택 2채를 취득하고 1채를 양도한 후 나머지 1주택을 양도한 경우

소득세법 시행령 제156조의2 제5항에 규정된 대체주택에 대한 비과세 특례를 적용함에 있어 사업시행인가일 이후 취득한 주택이 2개 이상인 경우 먼저 양도하는 주택은 양도소득세가 과세되는 것이며, 나머지 주택이 양도일 현재 대체주택에 대한 비과세 요건을 갖춘 경우 이를 1세대 1주택으로 보아 양도소득세가 비과세된다(예규 재산세과-191, 2009.9.11.).

9) 대체주택 취득 이후 분양권을 추가로 취득한 경우 대체주택 양도 시 비과세 가능 여부

국내에 1주택을 소유한 1세대가 그 주택(A)에 대한 재개발사업의 시행기간 동안 거주하기 위하여 대체주택(B)을 취득한 후, 대체주택(B)을 양도하기 전 추가로 분양권(C)을 취득하고 대체주택(B)을 양도하는 경우 「소득세법 시행령」 제156조의2 제5항과 같은 법 시행령 156조의3 제2항을 중첩 적용하여 「소득세법 시행령」 제154조 제1항을 적용할 수 없다(예규 서면법규재산2024-3166, 2025.3.24., 사전2024법규재산-614, 2024.11.21.). 즉, 대체주택 비과세 특례규정과 뒤에서 살펴보는 주택과 분양권을 소유하다 주택을 양도하는 경우 적용되는 비과세 특례규정을 중첩하여 적용할 수 없으므로 양도하는 대체주택은 비과세 규정을 적용할 수 없다.

|참고| 조합원입주권 또는 분양권 소유자 1세대 1주택 특례적용신고서

주택과 조합원입주권 또는 분양권을 소유하다 주택 양도 시 1세대 1주택 특례규정, 대체주택 특례규정을 적용하는 경우 조합원입주권 또는 분양권 소유자 1세대 1주택 특례적용신고서를 양도소득세 신고기한 내에 제출하여야 한다(소령 제156조의2 제12항). 다음 페이지에 해당 서식을 첨부하였다.

조합원입주권 또는 분양권 소유자 1세대 1주택 특례적용신고서

소 득 자	①성 명			②주민등록번호	
	③주 소				

	내 역 ＼ 주택구분		④양 도 주 택	⑤조합원입주권	⑥분양권
주택 및 조합 원입 주권 또는 분양 권의 명세	⑦소 재 지				
	⑧면 적 (㎡)	토 지			
		건 물			
	⑨소 유 자	성 명			
		주민등록번호			
		소득자와 관계			
	⑩취 득 일				
	⑪양 도 일				
	⑫거 주 기 간 (년 월 일 ~ 년 월 일)				
	⑬사 업 시 행 인 가 일				
	⑭관 리 처 분 계 획 인 가 일				
	⑮완 성 일				
	⑯ 양 도 가 액				

「소득세법 시행령」 제156조의2제12항 및 제156조의3제9항에 따라 신고서를 제출합니다.

년　　　　월　　　　일

신 고 인　　　(서명 또는 인)

세무대리인　　　(서명 또는 인)

(관리번호 :　　　　　　)

세무서장 귀하

구 비 서 류	신고인 제출서류	담당 공무원 확인사항 (담당 공무원의 확인에 동의하지 아니하는 경우 신고인이 직접 제출하여야 하는 서류)
	1. 조합원입주권으로 전환되기 전의 주택의 토지 및 건축물대장 등본 (대체주택 취득의 경우에만 해당합니다) 또는 주택 공급계약서(분양권의 경우에만 해당합니다) 2. 농어촌주택 소재지의 연고자임을 확인할 수 있는 서류 (농어촌주택 보유자 특례가 적용되는 경우로 한정합니다) 3. 어업인임을 확인할 수 있는 서류 (농어촌주택 보유자 특례가 적용되는 경우로 한정합니다)	1. 주민등록표 등본 또는 주민등록증 사본(주민등록표에 의하여 확인할 수 없는 경우로 한정합니다) 2. 양도하는 주택의 토지 및 건축물대장 등본 3. 농어촌주택의 토지 및 건축물대장 등본 (농어촌주택 보유자 특례가 적용되는 경우로 한정합니다)

본인은 이 건 업무처리와 관련하여 담당 공무원이 「전자정부법」 제36조제1항에 따른 행정정보의 공동이용을 통하여 위의 담당 공무원 확인사항 제1호를 확인하는 것에 동의합니다.

신고인　　　(서명 또는 인)

210mm×297mm[백상지 80g/㎡ 또는 중질지 80g/㎡]

작 성 방 법

1. ⑧, ⑬, ⑭, ⑮ 및 ⑯란의 음영으로 처리된 부분은 적지 않습니다.
2. 완성일
   사용승인일 또는 사용검사일을 적습니다. 다만, 사용승인(사용검사)전에 사실상 사용하거나 임시사용승인
   을 얻은 경우에는 그 사실상의 사용일 또는 임시사용승인일 중 빠른 날을 적습니다.
3. 양도가액: 양도 당시의 실지거래가액을 적습니다.

210mm×297mm[백상지 80g/㎡ 또는 중질지 80g/㎡]

4. 재개발·재건축사업으로 완성된 주택과 비과세

(1) 준공인가일과 과세대상 자산 구분

재개발·재건축사업 진행 과정에서 관리처분계획인가일부터는 부동산에서 조합원입주권으로 권리가 전환된다고 하였다. 그러면 조합원입주권에서 다시 부동산으로 전환되는 시기는 언제일까?

소득세법 집행기준 89-156의2-5의 부동산에서 조합원입주권으로의 전환과정을 살펴보면 준공인가일 이후 양도일까지는 신축주택으로 규정하고 있다.

[부동산에서 조합원입주권으로의 전환과정]

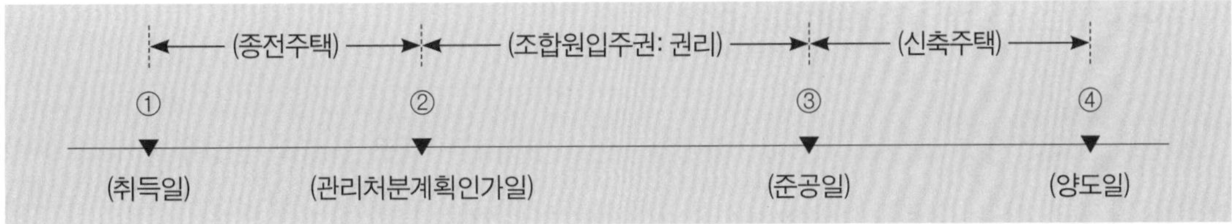

이와 관련된 예규를 살펴보면 재개발조합 아파트의 준공검사가 완료되고 해당 사업인가 기관의 촉탁등기 미이행으로 취득등기가 안된 경우는 1세대 1주택 비과세요건 판정 시 주택으로 보는 것이라고 해석하고 있다(재일46014-502, 1995.3.4.). 또 다른 예규에서는 소득세법 제94조 양도소득의 범위를 판정함에 있어 관리처분계획인가일부터 해당 재개발 또는 재건축아파트의 사용검사필증 교부일(사용검사 전에 사실상 사용하거나 사용승인을 얻은 경우에는 그 사실상의 사용일 또는 사용승인일)까지는 이를 부동산을 취득할 수 있는 권리로 보아 양도소득세를 과세하는 것이라고 해석

하고 있다(재산46014-20, 2001.1.4.). 위 집행기준 및 예규에 따르면 사용검사필증교부일(준공인가일) 후에는 부동산으로 볼 수 있다. 따라서 재개발·재건축사업과정에서 양도자산의 구분은 준공인가일을 기준으로 관리처분계획인가일부터 준공인가일까지는 조합원입주권, 준공인가일 후는 부동산으로 구분된다고 할 수 있다.

(2) 소유권이전고시와 등기

재개발·재건축사업으로 완공된 아파트의 경우 준공인가 후 바로 소유권등기를 할 수 있는 것은 아니다. 「도시 및 주거환경정비법」에서 사업시행자는 이전고시가 있은 때에는 지체 없이 대지 및 건축물에 관한 등기를 지방법원지원 또는 등기소에 촉탁 또는 신청하여야 한다고 규정하고 있다. 이전고시가 있어야 소유권보존등기가 가능하다. 그런데 실무에서 보면 준공인가일부터 이전고시일까지의 기간이 몇 개월에서 몇 년까지 걸리는 경우가 있다. 그러면 준공인가 후 이전고시일 전 소유권보존등기를 하지 않는 상태에서 양도하는 경우 미등기 양도자산에 해당하는 것일까?

이와 관련된 예규를 살펴보면 준공인가된 재건축아파트를 소유권이전고시 전에 양도하는 경우에는 법률의 규정 또는 법원의 결정에 의하여 양도당시 그 자산의 취득에 관한 등기가 불가능한 자산에 해당하므로 미등기 양도자산으로 보지 않는다고 해석하고 있다(부동산거래관리-10, 2010.1.5.).

(3) 완성주택의 1세대 1주택 비과세 요건

재개발·재건축사업 또는 소규모재건축사업등으로 완성된 주택을 양도하는 경우로서 그 주택이 양도일 현재 1세대 1주택 비과세 요건을 충족하는 경우에는 비과세 규정을 적용한다. 완성된 주택의 비과세 요건은 이미 살펴본 1세대 1주택 비과세 요건인 보유기간 2년 이상, 취득당시 조정대상지역인 경우 거주기간 2년 이상 요건을 말한다. 아래에서는 그중에서 보유기간 및 거주기간 요건을 원조합원인 경우, 승계조합원인 경우, 상속 받은 조합원입주권으로 완성된 주택으로 나누어 살펴보기로 한다.

1) 원조합원

원조합원의 1세대 1주택 비과세 요건 적용 시 보유기간은 멸실된 종전주택의 보유기간과 재건축 공사기간 및 재건축한 완성주택의 보유기간을 합산하는 것이며, 거주기간은 멸실된 종전주택에서의 거주기간과 완성주택에서의 거주기간을 통산하여 계산한다(예규 부동산거래관리과-447, 2010.3.23.).

핵심포인트 보유기간 및 거주기간의 계산 방법

구분	종전주택	공사기간	재건축주택
보유기간	포함	포함	포함
거주기간	포함	포함하지 않음	포함

|참고| 부수토지 및 건물 면적이 증가한 경우

재개발·재건축사업 또는 소규모재건축사업등의 조합원이 해당 조합에 기존주택과 부수토지를 이전하고 청산금을 납부하여 새로 주택을 분양받은 경우 해당 재개발·재건축사업 또는 소규모재건축사업등 주택의 부수토지 면적이 기존주택의 부수토지 면적보다 증가하거나 건물의 면적이 증가할 수 있다. 이 경우 그 증가된 부수토지는 재개발·재건축사업 또는 소규모재건축사업등에 따라 새로 취득한 것으로 보아 1세대 1주택 비과세 규정을 적용하며, 기존주택의 보유기간과 거주기간을 통산하지 않는다(예규 사전2021법규재산-1049, 2022.3.29.). 즉, 증가된 부수토지는 재개발·재건축사업 또는 소규모재건축사업등 주택의 사용검사필증 교부일(사용검사 전에 사실상 사용하거나 사용승인을 받은 경우에는 그 사실상 사용일 또는 사용승인일)부터 양도일까지 보유기간을 계산한다. 하지만 건물 면적이 증가한 경우에는 기존주택의 보유기간과 거주기간을 통산하여 1세대 1주택 비과세 규정을 적용한다.

2) 승계조합원

관리처분계획인가일 이후에 조합원의 지위를 승계취득한 승계조합원의 완성주택 취득시기는 해당 주택의 사용승인서 교부일(사용승인 전에 사실상 사용하거나 임시사용승인을 받은 경우에는 그 사실상의 사용일 또는 임시사용승인일)로 한다. 따라서 완성주택 양도 시 보유기간의 계산은 사용승인서 교부일(사용승인 전에 사실상 사용하거나 임시사용승인을 받은 경우에는 그 사실상의 사용일 또는 임시사용승인일)부터 양도일까지로 하는 것이며, 거주기간의 계산은 완성주택의 보유기간 중 전입일부터 전출일까지로 한다.

구분		취득시기
조합원분양	원조합원	재건축 전 종전주택 취득일
	승계조합원	빠른 날 [❶ 사용승인서 교부일(준공일) ❷ 임시사용승인일 ❸ 사실상 사용일]
일반분양		준공후 잔금시: 빠른 날(❶ 잔금일 ❷ 등기접수일)

3) 상속받은 조합원입주권으로 완성된 주택

① 동일세대원이 상속받은 경우

동일세대원이던 피상속인으로부터 재건축아파트의 조합원입주권을 상속받아 신축한 주택을 양도하는 경우에는 보유기간 및 거주기간을 합산하여 비과세 여부를 판단한다(예규 서면인터넷방문상담4팀-3075, 2006.9.6., 서면인터넷방문상담4팀-1743, 2004.10.28.).

② 별도세대원이 상속받은 경우

동일세대원이 아닌 피상속인으로부터 상속받은 조합원입주권으로 취득한 주택(그 부수 토지를 포함)을 양도하는 경우 1세대 1주택 비과세 규정의 적용과 장기보유특별공제액의 계산 및 세율을 적용함에 있어 보유기간 기산일은 해당 재건축아파트의 사용검사필증 교부일(사용검사 전에 사실상 사용하거나 사용승인을 얻은 경우에는 그 사실상의 사용일 또는 사용승인일)이 된다(예규 부동산거래관리과-284, 2011.3.29.).

💡 생각정리 노트

위 예규에 따르면 별도세대원이 조합원입주권을 상속받은 경우는 승계조합원으로 보아 취득시기를 판단할 수 있다.

5. 일시적 1세대 2주택 등 특례주택과 재개발·재건축

아래에서는 이미 살펴본 1세대 1주택 비과세 특례주택 중 일시적 2주택, 상속주택, 동거봉양합가주택, 혼인합가주택, 주택임대사업자의 거주주택 등이 재개발·재건축되는 경우 비과세 특례 적용 여부에 대해 살펴보기로 한다.

(1) 일시적 1세대 2주택과 재개발·재건축

국내에 1주택을 소유한 1세대가 종전주택을 양도하기 전에 신규주택을 취득함으로써 일시적으로 2주택이 된 경우 종전주택을 취득한 날부터 1년 이상이 지난 후 신규주택을 취득하고 신규주택을 취득한 날부터 3년 이내에 종전의 주택을 양도하는 경우에는 이를 1세대 1주택으로 보아 비과세 규정을 적용한다(소령 제155조 제1항). 이러한 종전주택 또는 신규주택이 재개발·재건축되는 경우 또는 승계취득한 조합원입주권으로 주택이 완성되어 일시적 2주택이 되는 경우에 적용 가능한 비과세 특례규정이 있을까?

1) 종전주택이 재개발·재건축되는 경우

① 조합원입주권을 양도하는 경우

아래의 사례처럼 일시적 1세대 2주택 상태에서 종전주택이 재개발·재건축되어 조합원입주권으로 전환된 후 그 조합원입주권을 양도하는 경우 적용 가능한 비과세 특례규정이 있을까?

이에 대해 관련 예규에서는 1세대가 종전주택과 신규주택을 보유한 상태에서 종전주택이 조합원입주권으로 전환된 이후 해당 조합원입주권을 양도하는 경우로서, 소득세법 제89조 제1항 제4호 나목(1세대 1조합원입주권 + 1주택 비과세 특례)의 요건을 충족하여 신규주택을 취득한 날부터 3년 이내에 해당 조합원입주권을 양도하는 경우 소득세법 제89조 제1항 제4호에 따른 비과세

특례를 적용받을 수 있다고 해석하고 있다(예규 서면2021법규재산-2140, 2022. 3. 29.).

② 종전주택이 조합원입주권으로 전환된 상태에서 신규주택을 취득하고 신축된 종전주택을 양
   도하는 경우

아래의 사례처럼 종전주택(A)이 관리처분계획인가로 조합원입주권으로 전환된 상태에서 신규
주택(B)을 취득하고 재건축으로 완공된 주택(A')을 양도하는 경우 적용 가능한 비과세 특례규정
이 있을까?

A주택 취득	A주택 조합원입주권전환	B주택 취득	A'주택 완성	A'주택 양도
▲	▲	▲	▲	▲
2015. 6.	2023. 12.	2024. 10.	2025. 9.	2026. 3

이에 대해 관련 예규에서는 1주택(A)을 가진 1세대가 해당 주택이 재건축으로 멸실되어 있는
상태에서 다른 주택(B)을 취득한 경우로서 해당 재건축주택(A')을 준공 후 양도하는 경우 재건축
한 주택은 기존주택의 연장으로 보아 소득세법 시행령 제155조 제1항에 따른 일시적 2주택 특례
규정을 적용한다고 해석하고 있다(서면부동산2020-4536, 2021. 9. 8., 부동산납세과-777, 2014. 10. 17.).

2) 신규주택이 재개발 · 재건축되는 경우

아래의 사례처럼 종전주택과 신규주택이 일시적 1세대 2주택 상태에서 신규주택이 조합원입주
권으로 전환된 후 종전주택을 양도하는 경우 적용 가능한 비과세 특례규정이 있을까?

A주택 취득	B주택 취득	B주택 관리처분계획인가	A주택 양도
▲	▲	▲	▲
2014. 5.	2022. 11.	2023. 10.	2024. 9.

이와 관련된 예규를 살펴보면 일시적으로 2주택이 된 상태에서 B주택(신규주택)이 「도시 및 주
거환경정비법」에 따른 재건축사업의 관리처분계획인가로 조합원입주권을 취득한 경우, B주택(신
규주택)을 취득한 날부터 3년 이내에 A주택(종전주택)을 양도하는 경우에는 소득세법 시행령 제

155조 제1항에 따른 일시적 2주택 비과세 특례가 적용된다고 해석하고 있다(서면2019부동산-1050, 2019.5.27.).

💡 생각정리 노트

위 예규를 살펴보면 비과세 특례 여부를 판단하는 세법의 규정이 소득세법 시행령 제156조의2 주택과 조합원입주권을 소유한 경우 1세대 1주택 비과세 특례규정이 적용되는 것이 아니라 소득세법 시행령 제155조 제1항 일시적 1세대 2주택 비과세 특례규정이 적용된다고 해석하고 있다. 따라서 이 경우 조합원입주권을 취득한 날로부터 3년이 아니라 신규주택을 취득한 날로부터 3년 이내 종전주택을 양도하여야 비과세 특례규정을 적용받을 수 있다.

3) 조합원입주권을 승계취득하고 주택을 순차로 취득한 경우

1세대가 A조합원입주권을 승계취득한 후에 B주택을 취득한 경우로서 A조합원입주권이 주택으로 완공된 이후 B주택을 양도하는 경우에는 일시적 1세대 2주택 비과세 특례규정에 해당하지 않는다(예규 기획재정부 재산세제과-37, 2020.1.14.).

💡 생각정리 노트

A조합원입주권이 완공되어 주택 + 주택을 보유하는 상황이지만 조합원입주권 취득당시 승계조합원의 조합원입주권 + 주택을 보유하는 상황이었으므로 이 경우 일시적 1세대 2주택 비과세 특례규정을 적용할 수 없다. 즉, 신규주택 취득일 현재 주택을 보유하고 있는 것이 아니라 조합원입주권을 보유하고 있어 소득세법 제155조 제1항의 일시적 1세대 2주택 비과세 특례규정을 적용할 수 없다.

4) 승계취득한 조합원입주권 2개가 순차로 완공된 경우

A, B 조합원입주권을 승계취득한 후 A, B 조합원입주권이 순차로 완공되어 일시적 1세대 2주택이 된 상태에서 A주택을 양도하는 경우 일시적 1세대 2주택 특례 및 주택과 조합원입주권을 소유한 경우 1세대 1주택 특례를 적용할 수 없다(예규 서면2021부동산-2376, 2021.9.3.).

위 예규를 살펴보면 A, B조합원입주권을 승계취득하여 취득당시 조합원입주권 + 조합원입주권인 상황에서 A주택 + B조합원입주권인 상황을 거쳐, A주택 + B주택인 상황에서 A주택을 양도하는 경우 적용되는 비과세 특례규정은 없다는 것을 알 수 있다.

5) 일시적 1세대 2주택 특례와 일시적 1주택과 조합원입주권 특례의 중복 적용 가능 여부

동일한 성격인 일시적 1세대 2주택 특례(소령 제155조 제1항)와 일시적 1주택과 조합원입주권(소령 제156조의2 제3항) 또는 분양권(소령 제156조의3 제3항) 비과세특례는 중복하여 적용할 수 없다(예규 기준법규재산2024-29, 2024.8.5., 기획재정부재산-906, 2024.7.31.).

(2) 상속주택과 재개발·재건축

상속받은 주택과 상속개시 당시 보유한 일반주택을 국내에 각각 1개씩 소유하고 있는 1세대가 일반주택을 양도하는 경우에는 국내에 1개의 주택을 소유하고 있는 것으로 보아 제154조 제1항의 1세대 1주택 비과세 규정을 적용한다(소령 제155조 제2항). 이러한 상속주택 또는 일반주택이 재개발·재건축되는 경우 적용 가능한 비과세 특례규정이 있을까?

1) 상속주택이 재개발·재건축되는 경우

일반주택 1개와 상속주택 1개를 소유한 1세대가 「도시 및 주거환경정비법」에 따른 관리처분계획인가로 상속주택이 조합원입주권으로 전환됨에 따라 1주택(일반주택)과 1조합원입주권을 소유하다가 1주택(일반주택)을 양도하는 경우 해당 주택에 대하여는 비과세 특례규정을 적용할 수 있다(예규 사전법령해석재산2015-439, 2016.5.4., 서면인터넷방문상담4팀-202, 2008.1.23.).

상속주택이 재개발·재건축으로 완성되는 경우 그 완성주택은 상속주택의 연장으로 봄으로 일반주택과 완성된 상속주택을 소유하다 일반주택을 양도하는 경우 비과세 특례규정을 적용할 수 있다.

2) 일반주택이 재개발·재건축되는 경우

일반주택 1개와 상속주택 1개를 소유한 1세대가 「도시 및 주거환경정비법」에 따른 재개발·재건축사업에 따라 일반주택이 재개발·재건축되는 경우 적용 가능한 비과세 특례규정이 있을까? 이 경우 조합원입주권을 양도하는 경우와 완성된 주택을 양도하는 경우로 나누어 살펴보기로 한다.

① 조합원입주권을 양도하는 경우

소득세법 시행령 제155조 제2항에 따른 상속주택 특례는 상속주택 외의 일반주택을 양도할 때 적용되는 규정이므로 상속주택 외의 조합원입주권을 양도하는 경우에는 상속주택 특례 적용 대상이 아니며, 또한 소득세법 제89조 제4항 나목에 따른 1세대 1조합원입주권 1주택 비과세 특례 적용 대상도 아니다(예규 서면부동산2015-1685, 2015.10.26.).

② 완성된 주택을 양도하는 경우

상속개시일 현재 보유하는 일반주택이 재개발·재건축사업 또는 소규모재건축사업등에 의해 완성되어 해당 주택을 양도하는 경우 완성된 주택은 일반주택의 연장으로 보아 소득세법 시행령 제155조 제2항 상속주택 특례규정을 적용할 수 있다(예규 서면부동산2021-5845, 2023.3.23.).

3) 상속주택과 일반주택 보유 중 일반주택의 재건축기간에 취득한 대체주택의 비과세 특례 적용 가능 여부

상속주택과 일반주택을 각각 1개씩 소유하고 있는 1세대가 일반주택의 재개발·재건축사업 시행기간 동안 거주하기 위하여 대체주택을 취득한 경우로서 소득세법 시행령 제156조의2 제5항 각 호의 요건(대체주택 비과세 특례 요건)을 모두 갖추어 대체주택을 양도하는 경우에는 비과세 특례규정을 적용한다(예규 재산-2969, 2008.9.29.).

4) 대체주택 취득 이후 공동상속주택의 소수지분을 상속받은 경우 대체주택 특례 적용 가능 여부

재건축사업의 시행기간 동안 거주하기 위하여 대체주택(B)을 취득하여 거주한 상태에서 공동상속주택의 소수지분을 상속받은 경우에도 소득세법 시행령 제156조의2 제5항(대체주택 비과세 특례규정)에서 규정하는 각 호의 요건을 모두 갖추어 대체주택을 양도하는 때에는 비과세 특례규정을 적용한다(사전법규재산2024-427, 2024.6.27.).

5) 조합원입주권을 상속받은 경우

그 밖의 주택(일반주택)과 상속받은 조합원입주권을 각각 1개씩 소유하고 있는 1세대가 일반주택을 양도하는 경우에는 국내에 1개의 주택을 소유하고 있는 것으로 보아 비과세 특례규정을 적용한다. 이 경우 상속받은 조합원입주권에는 피상속인이 상속개시 당시 주택 또는 분양권을 소유하지 않은 경우의 상속받은 조합원입주권만 해당한다. 일반주택에는 상속개시 당시 보유한 주택 또는 상속개시 당시 보유한 조합원입주권이나 분양권에 의하여 사업시행 완료 후 취득한 신축주택만 해당한다(소령 제156조2 제6항).

(3) 동거봉양합가와 재개발 · 재건축

1주택을 보유하고 1세대를 구성하는 자가 1주택을 보유하고 있는 60세 이상의 직계존속을 동거봉양하기 위하여 세대를 합침으로써 1세대가 2주택을 보유하게 되는 경우 합친 날부터 10년 이내에 먼저 양도하는 주택은 이를 1세대 1주택으로 보아 비과세 규정을 적용한다(소령 제155조 제4항). 그러면 동거봉양합가 후 1주택이 재개발 · 재건축되어 조합원입주권으로 전환된 후 해당 조합원입주권을 양도하는 경우 또는 완성된 주택을 양도하는 경우 적용 가능한 비과세 특례규정이 있을까?

1) 조합원입주권을 양도하는 경우

동거봉양합가의 경우 합친 날부터 10년 이내에 먼저 양도하는 주택은 이를 1세대 1주택으로 보아 비과세 규정을 적용한다. 위 세법의 내용을 살펴보면 동거봉양합가 후 10년 이내에 주택을 양도하는 경우 비과세 특례규정이 적용된다. 따라서 조합원입주권을 양도하는 경우는 비과세 특례규정이 적용되지 않을 수 있다.

2) 완성된 주택을 양도하는 경우

직계존속 동거봉양 합가에 따른 비과세 특례를 적용함에 있어 그 세대를 합친 날부터 10년 이내에 먼저 양도하는 주택(보유하던 주택이 재개발 · 재건축사업 또는 소규모재건축사업등이 시행되어 완공된 후 양도하는 주택 포함)은 이를 1세대 1주택으로 보아 비과세 여부를 판정한다(예규 부동산거래관리-82, 2010.1.19.). 재개발 · 재건축으로 취득한 주택은 종전주택의 연장으로 보기 때문이다.

3) 1주택자가 1조합원입주권을 소유한 자와 동거봉양합가한 경우

1주택자가 동거봉양을 위해 1조합원입주권을 가진 자와 합가를 한 경우 합가일로부터 10년 이내에 먼저 양도하는 주택은 비과세 적용이 가능하다(소령 제156조의2 제8항).

(4) 혼인합가와 재개발·재건축

1주택을 보유하는 자가 1주택을 보유하는 자와 혼인함으로써 1세대가 2주택을 보유하게 되는 경우 혼인한 날부터 10년 이내에 먼저 양도하는 주택은 이를 1세대 1주택으로 보아 비과세 규정을 적용한다(소령 제155조 제5항). 그러면 혼인합가 후 1주택이 재개발·재건축되어 조합원입주권으로 전환된 후 해당 조합원입주권을 양도하는 경우 또는 완성된 주택을 양도하는 경우에 적용 가능한 비과세 특례규정이 있을까?

1) 조합원입주권을 양도하는 경우

1주택을 보유하는 자가 다른 1주택을 보유하는 자와 혼인을 하여 1세대 2주택이 된 경우 해당 2주택 중 1주택이 조합원입주권으로 전환되어 해당 1세대가 1주택과 1조합원입주권을 보유하다가 그 혼인한 날로부터 5년(현재는 10년) 이내에 해당 조합원입주권을 먼저 양도한 경우 해당 조합원입주권을 1세대 1주택으로 보아 제154조 제1항 비과세 규정이 적용된다(예규 기획재정부재산-1410, 2009.9.10.). 관련 예규에 따르면 혼인합가주택을 양도하는 것이 아니라 조합원입주권을 양도하는 경우 비과세를 적용한다고 해석하고 있다. 기존 예규(서면4팀-3833, 2006.11.21., 재산-1220, 2009.6.19.)에서는 조합원입주권을 먼저 양도하는 경우 비과세 규정이 적용되지 않는다고 해석하였으나 해당 예규를 2012.4. 삭제하였고 비과세 규정이 적용된다는 예규(기획재정부재산-1410, 2009.9.10.)는 유지되고 있다.

2) 완성된 주택을 양도하는 경우

혼인합가에 따른 비과세 특례를 적용함에 있어 혼인한 날부터 10년 이내에 먼저 양도하는 주택(보유하던 주택이 재개발·재건축사업 또는 소규모재건축사업등이 시행되어 완공된 후 양도하는 주택 포함)은 이를 1세대 1주택으로 보아 비과세 여부를 판정한다.

3) 1주택자가 1조합원입주권을 소유한 자와 혼인합가한 경우

1주택자가 1조합원입주권을 소유한 다른 자와 혼인함으로써 1세대가 1주택과 1조합원입주권을 소유하게 되는 경우 혼인한 날부터 10년 이내에 먼저 양도하는 주택은 이를 1세대 1주택으로 보아 비과세 규정을 적용한다(소령 제156조의2 제9항).

(5) 주택임대사업자의 거주주택과 재개발 · 재건축

주택임대사업자의 임대주택과 2년 이상 거주한 그 밖의 1주택(거주주택)을 소유한 1세대가 거주주택을 양도하는 경우에는 1주택을 소유한 것으로 보아 1세대 1주택 비과세 규정을 적용한다. 그러면 거주주택이 재개발 · 재건축이 되거나 임대주택이 재개발 · 재건축되는 경우 적용할 수 있는 비과세 특례규정이 있을까?

1) 거주주택이 재개발 · 재건축되는 경우

거주주택이 재개발 · 제건축되는 경우 조합원입주권을 양도하는 경우와 완성된 주택을 양도하는 경우로 나누어 살펴보기로 한다.

① 조합원입주권을 양도하는 경우

장기임대주택과 거주주택을 국내에 소유하고 있는 1세대가 같은 영 제155조 제20항 각 호의 요건을 모두 충족하고 거주주택을 양도하는 경우로서 거주주택이 관리처분계획인가 후 조합원입주권으로 변경되어 그 조합원입주권을 양도하는 경우에는 비과세 대상에 해당하지 않는다(예규 서면법령해석재산2017-1581, 2018. 4. 18., 판례 조심2019중-2682, 2020. 4. 29.).

② 완성된 주택을 양도하는 경우

거주주택이 재건축된 후 해당 주택을 양도하는 경우 거주주택 특례규정을 적용하며, 거주기간은 멸실된 주택 및 신축한 주택에서의 실제 거주기간을 통산하여 계산한다(예규 서면2016부동산-5025, 2016. 10. 17.).

2) 임대주택이 재개발·재건축되는 경우

주택임대사업자의 경우 임대주택을 보유한 상태에서 2년 이상 거주한 주택을 양도하는 경우 비과세 특례규정을 적용할 수 있다. 따라서 거주주택 양도당시 임대주택이 없거나 임대주택을 양도한 경우는 비과세 특례 규정이 적용되지 않는다.

주택임대사업자의 임대주택이 재개발·재건축되는 경우 재개발·재건축 진행 절차에서 임대주택이 멸실되는 경우 지방자치단체에서 주택임대사업자의 임대등록을 말소(직권말소)하게 된다. 이러한 사정이 주택임대사업자의 거주주택 비과세 특례규정에 어떤 영향을 미치는 것일까?

① 거주주택을 먼저 양도한 후 장기임대주택이 직권말소되는 경우

거주주택과 장기임대주택을 보유하던 중 거주주택을 양도하여 거주주택 특례를 적용받은 후 장기임대주택의 임대의무기간 사후관리기간 중 재개발·재건축사업 또는 소규모재건축사업등으로 장기임대주택이 철거되어 임대등록이 직권말소되는 경우 비과세 특례 적용이 가능할까?

이와 관련된 예규를 살펴보면 장기임대주택이 재개발·재건축사업으로 멸실되는 경우 시·군·구청의 임대주택 등록말소(직권말소) 전까지 거주주택을 양도하는 경우 비과세 적용이 가능하다고 해석하고 있다(서면2024부동산-1331, 2024. 5. 3.).

이와 유사한 예규에서도 임대의무기간의 1/2 이상이 경과하지 않은 장기임대주택이 재개발·재건축사업으로 멸실되는 경우로서 해당 주택에 대한 시·군·구청의 등록말소(직권말소) 이전에 거주주택을 양도하는 경우 거주주택 비과세 특례를 적용받을 수 있다고 해석하고 있다(서면2021법규재산-6402, 2022. 3. 28., 사전2020법령해석재산-1237, 2021. 6. 23.).

② 장기임대주택이 직권말소된 후 거주주택을 양도하는 경우

재개발·재건축사업 또는 소규모재건축사업등으로 임대 중이던 당초의 장기임대주택이 멸실되어 새로 취득한 주택이 아파트에 해당하여 「민간임대주택에 관한특별법」에 따른 임대사업자 등록을 할 수 없는 경우로서 당초의 장기임대주택에 대한 등록이 말소(직권말소)된 후에 거주주택을 양도하는 경우에는 거주주택 비과세 특례를 적용받을 수 없다(예규 서면2022부동산-709, 2023. 4. 13., 서면법규재산2020-4847, 2022. 12. 13).

③ 장기임대주택이 직권말소되기 전 자진말소 또는 자동말소되는 경우

1세대가 장기임대주택(A, 임대의무기간의 2분의 1이상을 임대)을 「민간임대주택에 관한 특별법」에 따라 자진말소 신청하여 임대사업자등록이 말소된 경우로서, 해당 장기임대주택(A)이 「도시 및 주거환경정비법」에 따른 재건축사업의 관리처분계획인가에 따라 멸실된 상태(조합원입주권으로 전환) 또는 신축주택(A')으로 완공된 상태에서, 장기임대주택(A)의 등록이 말소된 날 이후 5년 이내에 거주주택(B)을 양도하는 경우에는 거주주택 비과세 특례를 적용받을 수 있다(예규 서면 2022법규제산-1283, 2023.8.8.).

지금까지 재개발·재건축사업 또는 소규모재건축사업등과 관련된 주택에 대한 비과세 특례규정을 주택과 조합원입주권을 소유한 상태에서 주택을 양도하는 경우, 대체주택을 양도하는 경우, 재개발·재건축사업 또는 소규모재건축사업등으로 완성된 1세대 1주택을 양도하는 경우, 일시적 1세대 2주택 등 특례주택이 재개발·재건축사업과 관련된 경우로 나누어 살펴보았다. 다음 절에서는 조합원입주권을 양도하여 과세되는 경우 및 재개발·재건축사업 또는 소규모재건축사업등으로 완성된 주택을 양도하여 과세되는 경우 양도소득세 계산구조에 대해 살펴보기로 한다.

<table>
<tr><td>제4절</td><td>조합원입주권 양도와 과세</td></tr>
</table>

1. 재개발 · 재건축사업과 양도소득세 계산구조

일반적인 경우의 양도소득세 계산구조는 제1장에서 살펴보았다. 하지만 재개발 · 재건축사업 또는 소규모재건축사업등의 경우 원조합원은 일반적인 양도소득세 계산구조와 다르게 양도소득세를 계산한다. 일반적인 경우 양도차익은 양도가액에서 필요경비를 공제하여 계산하지만 재개발 · 재건축 계산구조에서는 양도차익을 관리처분계획인가후 양도차익과 관리처분인가전 양도차익으로 나누어 계산한다. 이렇게 계산하는 이유는 각각의 양도차익에 적용하는 장기보유특별공제 규정이 다르기 때문이다.

재개발 · 재건축사업 또는 소규모재건축사업등과 관련하여 양도소득세가 과세되는 자산 종류를 살펴보면 조합원입주권, 지급받은 청산금, 완성된 주택으로 나누어 볼 수 있다.

승계조합원이 조합원입주권을 양도하는 경우 또는 완성주택을 양도하는 경우 납부할 세액은 일반적인 계산구조에 따라 계산한다.

이번 절에서는 먼저 원조합원이 조합원입주권을 양도하여 과세(양도가액이 12억원을 초과하는 고가입주권 포함)되는 경우 양도소득세 계산구조를 청산금을 납부한 경우와 청산금을 지급받은 경우로 나누어 살펴본다. 환급받은 청산금의 세금계산구조는 청산금을 지급받은 경우에서 함께 살펴보기로 한다. 그다음 승계조합원이 조합원입주권을 양도하는 경우 계산구조에 대해 알아보기로 한다.

다음 절에서 완성된 주택을 양도하여 과세되는 경우 양도소득세 계산구조를 청산금을 납부한 경우와 청산금을 지급받은 경우로 나누어 살펴보기로 한다.

| 참고 | **기존건물과 그 부수토지의 평가액과 청산금**

기존건물과 그 부수토지의 평가액이란 재개발·재건축사업 또는 소규모재건축사업등을 시행하는 정비
사업조합의 원조합원이 정비사업조합에 제공한 종전부동산의 가격(주로 감정평가액)에 비례율을 적용
하여 계산한 금액으로서「도시 및 주거환경정비법」에 따른 관리처분계획에 의하여 정하여진 가격을 말
하며, 권리가액이라고도 한다. 그 가격은 변경될 수 있으며, 변경된 때에는 변경된 가격으로 한다.
비례율이란 재개발·재건축 또는 소규모재건축사업등 완료 후 총수입에서 총사업비를 차감한 총이익을
분양 신청한 조합원이 제공한 종전부동산의 평가 총액으로 나눈 것을 말한다. 개발이익률이라고도 한다.
청산금이란 재개발·재건축사업 또는 소규모재건축사업등의 관리처분계획등에 따라 기존건물과 부수
토지를 평가한 가액(권리가액)과 조합원분양가가 다른 경우 그 차액을 말한다. 기존건물과 부수토지의
평가액이 조합원분양가에 미달하는 경우 즉, 조합원분양가가 권리가액보다 큰 경우 정비사업조합에 청
산금을 납부하고, 기존건물과 부수토지의 평가액이 조합원분양가를 초과하는 경우 즉, 조합원분양가가
권리가액보다 작은 경우 정비사업조합으로부터 청산금을 지급받는다.

■ 조합원분양가 > 권리가액 ⇨ 청산금 납부
■ 조합원분양가 < 권리가액 ⇨ 청산금 수령

아래에서는 재개발·재건축사업 또는 소규모재건축사업등을 시행하는 정비사업조합의 원조합
원이 조합원입주권을 양도하는 경우 양도소득세 계산구조를 청산금을 납부한 경우와 청산금을
지급한 경우로 나누어 살펴보기로 한다.

2. 청산금을 납부한 경우

조합원분양가가 권리가액보다 큰 경우 청산금을 납부하게 된다. 실무에서는 추가분담금이라고
도 한다. 청산금을 납부한 원조합원이 준공인가일 전에 조합원입주권을 양도하여 과세되는 경우
양도소득세 계산 방법을 양도차익의 계산, 장기보유특별공제, 실무적용 시 계산구조로 나누어 살
펴보기로 한다.

(1) 양도차익의 계산

일반적인 경우의 양도차익 계산은 이미 살펴본 바와 같이 양도가액에서 필요경비를 차감하여 계

산한다. 하지만 재개발·재건축사업 또는 소규모재건축사업등을 시행하는 정비사업조합의 원조합원이 청산금을 납부하여 관리처분계획등에 따라 취득한 조합원입주권을 양도하는 경우 양도차익은 관리처분계획인가 후 양도차익과 관리처분계획인가 전 양도차익으로 구분하여 계산한다(소령 제166조 제1항 제1호). 이렇게 계산하는 이유는 장기보유특별공제 규정을 적용하는 방법이 다르기 때문이다.

1) 관리처분계획인가 후 양도차익

관리처분계획인가 후 양도차익은 다음과 같이 계산한다.

> 양도가액 - (기존건물과 부수토지의 평가액 + 납부한 청산금) - 필요경비

① 양도가액

조합원입주권의 양도가액에는 양도일 이후 납입기일이 도래하여 양수자가 부담하는 추가 분담금액은 포함하지 아니하는 것이나, 양도자가 받은 이주비 및 대출금은 양도가액에서 차감하지 않는다(예규 서면인터넷방문상담4팀-1380, 2008.6.10.).

조합원입주권이 아래의 사례와 같이 거래되는 경우 양도가액은 얼마로 해야 할까?

- 조합원분양가: 10억원
- 권리가액(종전 부동산 평가액): 7억원
- 조합원 공급계약 약정 시 청산금(분담금) 총액: 3억원
- 양도일까지 실제 납부한 청산금: 1억원
- 양도일 이후 납부할 청산금: 2억원
- 양도당시 프리미엄: 4억원
- 양수자로부터 수령한 총금액: 12억원

이와 관련된 예규를 살펴보면 양도가액을 실지거래가액에 의하는 경우 실지거래가액이란 양도자와 양수자간에 실제로 거래한 가액(위 사례의 경우 12억원)을 말한다고 해석하고 있다(예규 재산-661, 2009.11.5.). 즉, 위 사례에서 조합원입주권 양도가액 12억원은 권리가액 7억원 + 프리미엄 4억원 + 실제 납부한 청산금 1억원으로 구성되어 있다.

 조합원입주권 양도가액

권리가액 + 프리미엄 + 실제 납부한 청산금 + 실제 납부한 옵션비용

실무에서 조합원이 정비사업조합과 조합원공급계약 후 조합원입주권을 매매하는 경우 조합원입주권 매매계약서와 부동산 매매계약서 두 장이 작성된다. 관리처분계획인가와 조합원공급계약 후 주택은 철거되었으나 공부가 폐쇄되기 전이면 조합원입주권 매매계약서와 부동산(주택) 매매계약서 두 장을 작성하고, 주택이 철거되고 공부도 폐쇄되었다면 조합원입주권 매매계약서와 부동산(토지) 매매계약서 두 장을 작성한다.

조합원입주권 매매계약서의 매매금액이 앞에서 계산한 양도가액과 차이가 발생할 수 있으므로 확인하여야 한다. 조합원입주권 매매계약서와 부동산(토지) 매매계약서는 뒤에 첨부하기로 한다.

② 필요경비

관리처분계획인가 후 양도차익계산시 양도가액에서 공제하는 필요경비의 예를 들면 옵션비용 지출액, 양도 관련 중개수수료, 양도소득세 신고 수수료 등이 있다.

2) 관리처분계획인가 전 양도차익

관리처분계획인가 전 양도차익은 종전부동산분 양도차익으로서 다음과 같이 계산한다.

기존건물과 그 부수토지의 평가액 - 기존건물과 부수토지의 취득가액 - 필요경비

기존건물과 부수토지의 취득가액에는 매입가격과 매입부대비용이 있다. 매입부대비용 및 기타 필요경비의 예를 들면 기존부동산의 취득세·등록세, 법무사 수수료, 취득 시 중개수수료, 자본적 지출액 등이 있다.

양도차익을 위에서 살펴본 것처럼 구분하여 계산하는 이유는 관리처분계획인가 후 양도차익과 관리처분계획인가 전 양도차익에 적용되는 장기보유특별공제에 대한 세법의 내용이 다르기 때문이다.

(2) 장기보유특별공제

1) 적용대상

장기보유특별공제는 3년 이상 보유한 토지·건물을 양도하는 경우에만 적용되고 부동산을 취득할 수 있는 권리(조합원입주권)에는 적용되지 않는다. 하지만 재개발·재건축사업 또는 소규모 재건축사업등의 관리처분계획인가 등 승인시점에 부동산을 보유한 자가 추후 조합원입주권 양도시 멸실 전 부동산분 양도차익에 대해서는 부동산이 조합원입주권으로 전환된 것으로 보아 장기보유특별공제를 적용한다(집행기준 95-166-1). 다시 말해 조합원입주권을 양도하는 경우 장기보유특별공제는 관리처분계획인가 후 양도차익에 대해서는 적용되지 않고, 관리처분계획인가 전 양도차익에 대해서만 적용한다. 따라서 승계조합원이 조합원입주권을 양도하는 경우에는 장기보유특별공제가 적용되지 않는다.

2) 공제율

조합원입주권을 양도하는 경우에는 「도시 및 주거환경정비법」에 따른 관리처분계획인가 및 「빈집 및 소규모주택 정비에 관한 특례법」에 따른 사업시행계획인가 전 3년 이상 보유한 토지분 또는 건물분의 양도차익에 [표1]에 따른 보유기간별 공제율을 곱하여 계산한 금액을 말한다. 다만, 소득세법 시행령 제159조의4에서 규정하는 1세대 1주택(이에 딸린 토지를 포함한다)에 해당하는 자산의 경우에는 그 자산의 양도차익에 [표2]에 따른 보유기간별 공제율을 곱하여 계산한 금액과 거주기간별 공제율을 곱하여 계산한 금액을 합산한 것을 말한다(소법 제95조 제2항).

3) 보유기간 및 거주기간의 계산

보유기간은 기존건물과 그 부수토지의 취득일부터 관리처분계획인가일까지의 기간으로 계산하고(소령 제166조 제5항 제1호). 거주기간은 기존주택의 전입일부터 전출일까지의 기간으로 계산한다. 그러면 관리처분계획인가일 이후 철거되지 않은 기존주택에 거주하는 경우 장기보유특별공제 적용 시 거주기간에 포함할 수 있는 것일까?

이와 관련된 예규를 살펴보면 1주택을 보유한 1세대가 해당 1주택의 「도시 및 주거환경정비법」에 따른 관리처분계획인가로 취득한 조합원입주권의 장기보유특별공제 [표2] 적용대상 여부를 판정함에 있어 「도시 및 주거환경정비법」에 따른 관리처분계획의 인가일 이후 철거되지 않은 기존주택에 거주하는 경우, 해당 거주기간을 포함하여 판정하는 것이나, [표2]의 거주기간별 공제율 산정시에는 해당 거주기간을 포함하지 않는다고 해석하고 있다(예규 사전2023법규재산-141, 2023.11.30.).

💡 생각정리 노트

위 예규에 따르면 [표2]의 특례공제율 적용대상인지 여부를 판단하기 위해 거주기간을 계산하는 경우에는 관리처분계획인가일 이후 철거되지 않은 기존주택에 거주한 기간을 포함하여 2년 이상인지 여부를 판정한 후 2년 이상이어서 장기보유특별공제율 [표2]를 적용하는 경우 거주기간 계산은 기존건물과 그 부수토지의 취득일부터 관리처분계획인가일까지의 기간 중 거주기간으로 한다는 것을 알 수 있다.

핵심포인트 **조합원입주권 양도 시 장기보유특별공제**

❶ 적용대상
   관리처분계획인가 전 기존부동산분 양도차익
❷ 보유기간
   기존부동산의 취득일 ~ 관리처분계획인가일
❸ 거주기간
   기존주택의 전입일 ~ 전출일

---

(3) 실무적용 시 계산구조

위의 내용을 종합하여 저자가 실무에서 사용하는 조합원입주권 양도 시 납부할 세액을 계산하는 구조를 살펴보면 다음과 같다.

1) 관리처분계획인가 후 양도차익 및 양도소득금액 계산

계산구조	비고
양도가액	**권리가액 + 프리미엄 + 실제 납부한 청산금 + 실제 납부한 옵션비용**
(-) 권리가액	기존건물과 부수토지의 평가액
(-) 필요경비	관리처분계획인가 후 지출 비용
· 납부한 청산금	실제 납부한 청산금
· 기타필요경비	실제 납부한 옵션비용, 매도 중개주수료 등
(=) 양도차익	**양도가액 - 권리가액 - 필요경비**
(-) 비과세양도차익	양도차익 × (12억 ÷ 양도가액)
(=) 과세양도차익	**양도차익 - 비과세양도차익**
(-) 장기보유특별공제액	장기보유특별공제는 적용하지 않음
(=) 양도소득금액	**(과세양도차익 - 0) (A)**

2) 관리처분계획인가 전 기존부동산 양도차익 및 양도소득금액 계산

계산구조	비고
권리가액	**기존건물과 부수토지의 평가액**
(-) 필요경비	기존부동산의 필요경비
· 취득가액	기존부동산에 대한 매입가격, 매입부대비용
· 기타필요경비	기존부동산에 대한 자본적지출액 등
(=) 양도차익	**권리가액 - 필요경비**
(-) 비과세양도차익	양도차익 × (12억 ÷ 양도가액)
(=) 과세양도차익	**양도차익 - 비과세양도차익**
(-) 장기보유특별공제액	과세양도차익 × 장기보유특별공제율
	· 보유기간: 기존부동산 취득일 ~ 관리처분계획인가일
	· 거주기간: 기존부동산 전입일 ~ 전출일
	· 장기보유특별공제율: 일반공제율[표1] 또는 특례공제율[표2]
(=) 양도소득금액	**(과세양도차익 - 장기보유특별공제액) (B)**

3) 납부할 세액 계산

계산구조	비고
양도소득금액 합계	**A + B**
(-) 기본공제	250만원
(=) 과세표준	**양도소득금액 합계 - 기본공제**
(×) 세율※	주택과 동일한 기본세율 및 단기양도세율
(=) 산출세액	**과세표준 × 세율**
(-) 세액감면	조세특례제한법 세액감면
(+) 가산세	무(과소)신고가산세, 납부지연가산세
(=) 납부할 세액	**산출세액 - 세액감면 + 가산세**

※ 조합원입주권에 적용되는 세율

구분	보유기간	세율
조합원입주권	2년 이상	기본세율
	2년 미만	60%
	1년 미만	70%

[조합원입주권 매매계약서]

매도인과 매수인 쌍방은 아래 표시부동산(조합원 입주권)에 대하여 다음 계약내용과 같이 매매계약을 체결한다.

1. 물건의 표시

소 재 지						TYPE	
계약면적	제곱미터	분양면적	제곱미터	전용면적	제곱미터	대지지분면적	제곱미터

2. 종전토지 및 분양금액·프리미엄 등에 관한 내역

소 재 지						
지 목		토지면적	제곱미터	대지권비율	분의	
분양금액	금	원정(₩	)			
권리가격	금	원정(₩	)			
추가분담금	금	원정(₩	)	납부 분담금	금	원정(₩)
옵션비용	금	원정(₩	)	납부 옵션비용	금	원정(₩)
프리미엄	금	원정(₩	)			

3. 계약내용

제1조 매수인은 매도인에게 위 조합원 입주권의 매매계약을 체결하고 아래와 같이 매매대금을 지급하기로 한다.

매매대금	금	원정(₩	) 조합원분양가 + 프리미엄 + 옵션비용		
계 약 금	금	원정(₩	)은 계약시 지급하고 영수함.	영수자( ) (인)	
대 출 금	금	원정(₩	)은 매수인이 승계한다.		
중 도 금	금	원정(₩	)은 년 월 일에 지급하며		
잔 금	금	원정(₩	)은 년 월 일에 지급한다.		
	위 잔금 중 금	원정(₩	)은 납부하여야 할 분담금 등으로 매수인이 승계하기로 한다.		

제2조 (소유권이전 등) 매도인은 잔금 수령과 동시에 매수인에게 조합원지위승계 및 소유권이전 등기에 관한 서류 일체를 교부하고 조합원지위승계 및 등기절차에 협력하며, 위 부동산의 인도일은 　년　월　일로 한다.

제3조 (제한물권 등의 소멸) 매도인은 위 부동산에 설정된 저당권, 지상권, 임차권 등 소유권의 행사를 제한하는 사유가 있거나, 제세공과 기타 부담금의 미납금 등이 있을 때에는 잔금 수수일까지 그 권리의 하자 및 부담 등을 제거하여 완전한 소유권을 매수인에게 이전한다. 다만 승계하기로 합의하는 권리 및 금액은 그러하지 아니하다.

제4조 (지방세 등) 위 부동산에 관하여 발생한 수익의 귀속과 제세공과금, 지연이자 등의 부담은 위 부동산의 인도일을 기준으로 하되, 지방세의 납부의무 및 납부책임은 지방세법에 따른다.

제5조 (채무불이행과 손해배상) 매도인 또는 매수인이 본 계약상의 내용을 불이행한 경우 그 상대방은 불이행한 자에 대하여 계약의 해제 및 손해배상을 청구할 수 있으며, 해제에 따른 손해배상은 별도의 약정이 없는 한 계약금을 기준으로 한다.

제6조 (중개보수) 개업공인중개사는 매도인 또는 매수인의 본 계약 불이행에 대하여 책임을 지지 않는다. 또한 중개보수는 본 계약체결과 동시에 계약 당사자 쌍방이 각각 지급하며, 개업공인중개사의 고의나 과실없이 본 계약이 무효, 취소 또는 해제 되어도 중개보수는 지급한다. 공동 중개인 경우에 매도인과 매수인은 자신이 중개 의뢰한 개업공인중개사에게 각각 중개보수를 지급한다.

제7조 (중개보수 외) 매도인 또는 매수인이 본 계약 이외의 업무를 의뢰한 경우 이에 관한 보수는 중개보수와는 별도로 지급하며, 그 금액은 합의에 따른다.

특약사항

본 계약을 증명하기 위하여 계약당사자가 이의 없음을 확인하고 각각 서명·날인 후 계약당사자 및 개업공인중개사는 매장마다 간인하여 각각 1통씩 보관한다.　　　　20 　년　　월　　일

매도인	주　　　소					인
	주민등록번호		전　화		성　명	
매수인	주　　　소					인
	주민등록번호		전　화		성　명	
개업공인중개사	사무소소재지		사무소소재지			
	사무소명칭		사무소명칭			
	대　　표	서명·날인 　　　　　인	대　　표	서명·날인 　　　　　인		
	등 록 번 호	전화	등 록 번 호	전화		
	소속공인중개사	서명·날인 　　　　　인	소속공인중개사	서명·날인 　　　　　인		

[부동산(토지) 매매계약서]

매도인과 매수인 쌍방은 아래 표시 부동산에 관하여 다음 계약 내용과 같이 매매계약을 체결한다.

1.부동산의 표시

소 재 지					
토 지	지 목		면 적	제곱미터	
건 물	구조·용도		면 적	제곱미터	

2. 계약내용

제1조 (목적) 위 부동산의 매매에 대하여 매도인과 매수인은 합의에 의하여 매매대금을 아래와 같이 지불하기로 한다.

매매대금	금		원정(₩	) 권리가액 + 프리미엄	
계 약 금	금		원정은 계약시에 지불하고 영수함. 영수자(	인)	
융 자 금	금	원정(은행)을 승계키로 한다.	임대보증금	총	원정 을 승계키로 한다.
중 도 금	금		원정은	년 월	일에 지불하며
	금		원정은	년 월	일에 지불한다.
잔 금	금		원정은	년 월	일에 지불한다.

제2조 (소유권 이전 등) 매도인은 매매대금의 잔금 수령과 동시에 매수인에게 소유권이전등기에 필요한 모든 서류를 교부하고 등기절차에 협력하며, 위 부동산의 인도일은 20   년   월   일로 한다.

제3조 (제한물권 등의 소멸) 매도인은 위의 부동산에 설정된 저당권, 지상권, 임차권 등 소유권의 행사를 제한하는 사유가 있거나, 조세공과 기타 부담금의 미납금 등이 있을 때에는 잔금 수수일까지 그 권리의 하자 및 부담 등을 제거하여 완전한 소유권을 매수인에게 이전한다. 다만, 승계하기로 합의하는 권리 및 금액은 그러하지 아니하다.

제4조 (지방세 등) 위 부동산에 관하여 발생한 수익의 귀속과 제세공과금 등의 부담은 위 부동산의 인도일을 기준으로 하되, 지방세의 납부의무 및 납부책임은 지방세법의 규정에 의한다.

제5조 (계약의 해제) 매수인이 매도인에게 중도금(중도금이 없을때에는 잔금)을 지불하기 전까지 매도인은 계약금의 배액을 상환하고, 매수인은 계약금을 포기하고 본 계약을 해제할 수 있다.

제6조 (채무불이행과 손해배상) 매도자 또는 매수자가 본 계약상의 내용에 대하여 불이행이 있을 경우 그 상대방은 불이행한자에 대하여 서면으로 최고하고 계약을 해제할 수 있다. 그리고 계약당사자는 계약해제에 따른 손해보상을 각각 상대방에게 청구할 수 있으며, 손해배상에 대하여 별도의 약정이 없는 한 계약금을 손해배상의 기준으로 본다.

제7조 (중개수수료) 부동산중개업자는 매도인 또는 매수인의 본 계약 불이행에 대하여 책임을 지지 않는다. 또한, 중개수수료는 본 계약체결과 동시에 계약 당사자 쌍방이 각각 지불하며, 중개업자의 고의나 과실없이 본 계약이 무효·취소 또는 해약되어도 중개수수료는 지급한다. 공동 중개인 경우에 매도인과 매수인은 자신이 중개 의뢰한 중개업자에게 각각 중개수수료를 지급한다.(중개수수료는 거래가액의 %로 한다.)

제8조 (중개대상물확인·설명서 교부 등)중개업자는 중개대상물 확인·설명서를 작성하고 업무보증관계증서(공제증서등) 사본을 첨부하여 20   년   월   일 거래당사자 쌍방에게 교부한다.

특약사항
....
....
....
....

본 계약을 증명하기 위하여 계약 당사자가 이의 없음을 확인하고 각각 서명·날인 후 매도인, 매수인 및 중개업자는 매장마다 간인하여야 하며, 각 1통씩 보관한다.   20   년   월   일

매도인	주 소			전 화		성 명		인
	주민등록번호							
	대 리 인	주 소		주민등록번호		성 명		
매수인	주 소			전 화		성 명		인
	주민등록번호							
	대 리 인	주 소		주민등록번호		성 명		
중개업자	사무소소재지			사무소소재지				
	사무소명칭			사무소명칭				
	대 표	서명·날인	인	서명·날인				인
	등 록 번 호		전화	등록번호		전 화		
	소속공인중개사	서명·날인	인	서명·날인				인

3. 청산금을 지급받은 경우

조합원분양가가 권리가액보다 작은 경우 정비사업조합으로부터 청산금을 지급받게 된다. 실무에서는 환지청산금이라고도 한다. 재개발·재건축사업 또는 소규모재건축사업등의 관리처분계획등에 따라 청산금을 지급받은 원조합원의 경우 먼저 지급받은 청산금에 대한 양도소득세 과세 문제부터 먼저 살펴보기로 한다. 그런 후 조합원입주권을 양도하여 과세되는 경우 납부할 세액의 계산구조를 살펴보기로 한다.

(1) 지급받은 청산금에 대한 양도소득세

1) 과세대상 판단

재개발·재건축사업 또는 소규모재건축사업등의 시행으로 조합원이 소유한 기존부동산을 조합에 현물출자하고 관리처분계획인가 등에 따라 조합원입주권, 상가분양권을 취득하는 것은 환지로 보아 양도에 해당하지 않는다. 그러나 청산금을 지급받은 경우 그 청산금은 기존부동산의 유상이전에 해당하여 양도로 본다(소법 제88조 제1호, 예규 서면부동산2018-1091, 2018.8.28.). 즉, 기존부동산의 일부를 분할하여 조합에 양도한 것으로 본다. 따라서 지급받은 청산금은 원칙적으로 과세대상이다. 다만, 지급받은 청산금의 양도시기 현재 1세대 1주택 비과세 요건을 충족한 주택 및 부수토지에 대한 청산금은 비과세 규정을 적용한다.

2) 1세대 1주택 비과세 요건

재개발·재건축사업 또는 소규모재건축사업등을 시행하는 정비사업조합의 조합원이 종전주택을 해당 조합에 제공하고 종전주택의 평가액과 신축건물 분양가액의 차이에 따른 청산금을 수령한 경우 그 청산금에 대한 1세대 1주택 비과세는 양도일 현재를 기준으로 적용하는 것이나(사전-2022-법규재산-1282, 2023.2.17), 정비사업조합의 조합원이 3년(현재는 2년) 미만 보유하던 종전주택을 해당 조합에 제공한 경우 그 청산금은 1세대 1주택 비과세 요건을 충족하지 아니하여 양도소득세가 과세된다(예규 부동산거래관리과-380, 2012.7.20., 부동산거래관리과-631, 2012.11.20.). 1세대 1주택 비과세 여부는 양도일 현재를 기준으로 판정하는 것으로서 청산금 양도시기인 소유권이전고시일 다음날 현재 재건축으로 완공된 주택과 그 외의 주택을 소유하고 있는 경우 청산금 수령액은 양도소득세가 과세된다(예규 재산-628, 2009.2.23.).

3) 양도시기

재개발·재건축조합으로부터 청산금을 교부받은 부분의 양도시기는 해당 부동산의 소유권이전 고시일의 다음 날이다(소득세 집행기준 98-162-14, 예규 사전2021법령해석재산-280, 2021.4.21.).

4) 양도차익 계산 방법

① 양도가액

청산금을 지급받아 양도소득세가 과세되는 경우 양도가액은 지급받은 청산금으로 한다.

② 필요경비

지급받은 청산금의 기존건물과 부수토지에 대한 필요경비는 기존건물과 그 부수토지의 취득가 액 및 기타필요경비를 기존건물과 부수토지의 평가액(권리가액) 중 지급받은 청산금에 해당하는 금액으로 안분하여 계산한다.

$$\text{청산금에 대한 필요경비} = (\text{기존건물과 그 부수토지의 취득가액} + \text{기타필요경비}) \times \frac{\text{지급받은 청산금}}{\text{기존건물과 부수토지의 평가액}}$$

기존건물과 부수토지에 대한 필요경비에서 지급받은 청산금으로 안분한 금액을 제외한 금액은 조합원입주권 또는 완성주택으로 안분되는 금액이 된다.

③ 양도차익

청산금을 지급받은 경우 양도차익은 위 양도가액에서 필요경비를 공제하여 계산하지만 다음과 같이 계산할 수도 있다.

$$\text{관리처분계획인가 전 양도차익(주1)} \times \frac{\text{지급받은 청산금}}{\text{기존건물과 부수토지의 평가액}}$$

(주1) 관리처분계획인가 전 양도차익 = 기존건물과 부수토지의 평가액 − 기존건물과 부수토지의 취득가액 − 기존건물과 부수토지의 기타필요경비

5) 장기보유특별공제 적용 시 보유기간 계산 방법

장기보유특별공제 적용 시 보유기간은 해당 자산의 취득일부터 양도일까지로 한다(예규 부동산거래관리과-380, 2012.7.20.).

6) 납세의무자

지급받은 청산금의 납세의무자는 기존부동산 소유자이다(예규 재산세과-628, 2009.2.23.).

(2) 조합원입주권 양도 시 계산구조

정비사업조합으로부터 청산금을 지급받은 원조합원이 준공인가일 전에 조합원입주권을 양도하여 과세되는 경우 양도소득세 계산 방법을 양도차익의 계산, 장기보유특별공제, 실무적용 시 계산구조로 나누어 살펴보기로 한다.

1) 양도차익의 계산

재개발·재건축사업 또는 소규모재건축사업등을 시행하는 정비사업조합의 원조합원이 청산금을 지급받고 관리처분계획 등에 따라 취득한 조합원입주권을 양도하는 경우 양도차익은 관리처분계획인가 후 양도차익과 관리처분계획인가 전 양도차익으로 구분하여 계산한다(소령 제166조 제1항 제2호).

① 관리처분계획인가 후 양도차익

관리처분계획인가 후 양도차익은 다음과 같이 계산한다.

양도가액 - (기존건물과 부수토지의 평가액 - 지급받은 청산금) - 필요경비

양도가액에서 공제하는 필요경비의 예를 들면 납부한 옵션비용, 양도 관련 중개수수료, 양도소득세 신고 수수료 등이 있다. 관리처분계획인가 후 지출하는 필요경비는 지급받은 청산금 해당 금액과 조합원입주권 해당 금액으로 안분할 필요가 없다.

② 관리처분계획인가 전 양도차익

관리처분계획인가 전 양도차익은 다음과 같이 계산한다.

$$(\text{기존건물과 부수토지의 평가액} - \text{기존건물과 부수토지의 취득가액} - \text{필요경비})$$
$$\times \frac{(\text{기존건물과 부수토지의 평가액} - \text{지급받은 청산금})}{\text{기존건물과 부수토지의 평가액}}$$

기존건물과 부수토지의 취득가액에는 매입가격과 매입부대비용이 있다. 매입부대비용 및 기타 필요경비의 예를 들면 기존부동산의 취득세·등록세, 법무사 수수료, 취득 시 중개수수료, 자본적 지출액 등이 있다. 관리처분계획인가전 지출한 필요경비는 지급받은 청산금 해당 금액과 조합원입주권 해당 금액으로 안분하여 조합원입주권 해당 금액만 필요경비로 공제된다.

양도차익을 위에서 살펴본 것처럼 구분하여 계산하는 이유는 관리처분계획인가 후 양도차익과 관리처분계획인가 전 양도차익에 적용되는 장기보유특별공제에 대한 세법의 내용이 다르기 때문이다.

2) 장기보유특별공제

① 적용대상

장기보유특별공제는 3년 이상 보유한 토지·건물을 양도하는 경우에만 적용되고 부동산을 취득할 수 있는 권리(조합원입주권)에는 적용되지 않는다. 하지만 재개발·재건축사업 또는 소규모 재건축사업의 관리처분계획인가 등 승인시점에서 부동산을 보유한 자가 추후 조합원입주권 양도 시 멸실 전 부동산분 양도차익에 대해서는 부동산이 조합원입주권으로 전환된 것으로 보아 장기보유특별공제를 적용한다(집행기준 95-166-1). 다시 말해 조합원입주권을 양도하는 경우 장기보유특별공제는 관리처분계획인가 후 양도차익에 대해서는 적용되지 않고, 관리처분계획인가 전 양도차익에 대해서만 적용한다. 따라서 승계조합원이 조합원입주권을 양도하는 경우에는 장기보유특별공제가 적용되지 않는다.

② 공제율

조합원입주권을 양도하는 경우에는 「도시 및 주거환경정비법」에 따른 관리처분계획인가 및 「빈집 및 소규모주택 정비에 관한 특례법」에 따른 사업시행계획인가 전 3년 이상 보유한 토지분 또는 건물분의 양도차익에 [표1]에 따른 보유기간별 공제율을 곱하여 계산한 금액을 말한다. 다만, 소득세법 시행령 제159조의4에서 규정하는 1세대 1주택(이에 딸린 토지를 포함한다)에 해당하는 자산의 경우에는 그 자산의 양도차익에 [표2]에 따른 보유기간별 공제율을 곱하여 계산한 금액과 거주기간별 공제율을 곱하여 계산한 금액을 합산한 것을 말한다(소법 제95조 제2항).

③ 보유기간 및 거주기간의 계산

보유기간은 기존건물과 그 부수토지의 취득일부터 관리처분계획인가일까지의 기간으로 계산하고(소령 제166조 제5항 제1호). 거주기간은 기존주택의 전입일부터 전출일까지의 기간으로 계산한다.

핵심포인트 **조합원입주권 양도 시 장기보유특별공제**

❶ 적용대상

관리처분계획인가 전 기존부동산 양도차익 부분

❷ 보유기간

기존부동산의 취득일 ~ 관리처분계획인가일

❸ 거주기간

기존주택의 전입일 ~ 전출일

3) 실무적용 시 계산구조

위의 내용을 종합하여 저자가 실무에서 사용하는 조합원입주권 양도 시 납부할 세액을 계산하는 구조를 살펴보면 다음과 같다.

① 관리처분계획인가 후 양도차익 및 양도소득금액 계산

계산구조	비고
양도가액	**권리가액 + 프리미엄 - 지급받은 청산금 + 납부한 옵션비용**
(-) 권리가액 - 지급받은 청산금	기존건물과 부수토지의 평가액 - 지급받은 청산금
(-) 기타필요경비	납부한 옵션비용, 매도중개수수료 등
(=) 양도차익	**양도가액 - (권리가액 - 지급받은 청산금) - 기타필요경비**
(-) 비과세양도차익	양도차익 × (12억 ÷ 양도가액)
(=) 과세양도차익	**양도차익 - 비과세양도차익**
(-) 장기보유특별공제액	장기보유특별공제는 적용하지 않음
(=) 양도소득금액	**(과세양도차익 - 0) (A)**

② 관리처분계획인가 전 양도차익 및 양도소득금액 계산

계산구조	총금액	조합원입주권 해당금액
권리가액		
(-) 취득가액		
(-) 기타필요경비		
(=) 양도차익	B	**B × [(권리가액 - 지급받은 청산금) ÷ 권리가액] (C)**
(-) 비과세양도차익		C × (12억 ÷ 양도가액) (D)
(=) 과세양도차익		**C - D**
(-) 장기보유특별공제액		과세양도차익 × 장기보유특별공제율
		· 보유기간: 기존부동산 취득일 ~ 관리처분계획인가일
		· 거주기간: 기존부동산 전입일 ~ 전출일
		· 장기보유특별공제율: 일반공제율[표1] 또는 특례공제율[표2]
(=) 양도소득금액		**(과세양도차익 - 장기보유특별공제액) (E)**

③ 납부할 세액 계산

계산구조	비고
양도소득금액 합계	**A + E**
(-) 기본공제	250만원
(=) 과세표준	**양도소득금액 합계 - 기본공제**
(×) 세율	주택과 동일한 기본세율 및 단기양도세율
(=) 산출세액	**과세표준 × 세율**
(-) 세액감면	조세특례제한법 세액감면
(+) 가산세	무(과소)신고가산세, 납부지연가산세
(=) 납부할 세액	**산출세액 - 세액감면 + 가산세**

4) 분담금환급예정액을 매수자가 조합으로부터 수령하는 경우 양도가액 결정 방법

위 조합원입주권 양도 시 계산구조는 매도자(원조합원)가 청산금을 조합으로부터 지급받는 경우의 계산구조다. 그러면 조합원입주권을 양도하면서 매도자가 청산금을 조합으로부터 지급받는 것이 아니라 매수자(승계조합원)가 조합으로부터 지급받기로 약정하고 그 금액(분담금환급예정액)을 매도자가 매수자로부터 지급받는 경우 즉, 분담금환급예정액이 양도가액에 포함된 경우 조합원입주권 양도차익 계산 시 분담금환급예정액을 양도가액에서 제외하여 별도로 양도소득세신고를 하여야 할까?

이와 관련된 판례를 살펴보면 청산금의 귀속시기를 소유권이전고시일 다음날로 보는 것은 재개발·재건축사업의 결과 수령한 청산금만큼의 재개발·재건축 대상 기존부동산의 양도차익이 이때 확정·실현되었기 때문에 이때를 그 귀속시기로 보기 위한 것으로 보이는 반면, 매도자가 양도한 것은 조합원입주권이며 그 양도가액에 청산금상당액(분담금환급예정액)이 포함되어 있으므로 분담금환급예정액을 「도시 및 주거환경정비법」 등에서 규정하고 있는 청산금으로 볼 수 없으며, 분담금환급예정액의 원천이 종전부동산이므로 관련 양도차익 계산 시 비과세 및 장기보유특별공제의 적용 등과 관련하여 구분계산할 필요가 있어 구분하고 있으나, 이를 새개발·재건축사업의 결과 수령한 청산금으로 보아 별도의 양도시기를 적용하기 위한 것으로 보기 어렵고, 매도자가 조합원입주권을 양도하면서 분담금환급예정액을 포함하여 대가를 수령하였으므로 분담금환급예정액의 양도시기는 조합원입주권 양도시기와 동일하여 조합원입주권 양도가액에서 분담금환급예정액을 차감하지 아니하고 양도차익을 계산하는 것으로 판단하고 있다(심사양도2024-27, 2024. 8. 14., 조심 2023서3442, 2023. 5. 8.).

4. 승계조합원의 조합원입주권양도 시 양도소득세 계산 방법

승계조합원이 취득한 조합원입주권을 준공 전에 조합원입주권 상태에서 양도하는 경우 양도소득세 계산 방법은 일반적인 양도소득세 계산구조와 동일하다.

(1) 양도차익의 계산

1) 양도가액

승계조합원의 조합원입주권 양도 시 양도가액은 매도자와 매수자간의 실제거래가액으로 권리가액에 매수자에게서 받는 프리미엄, 실제 납부한 청산금, 실제 납부한 옵션비용을 합계한 금액이 된다(예규 재산-661, 2009. 11. 5.).

> 양도가액 = 권리가액 + 매도 시 프리미엄 + 실제 납부한 청산금 + 실제 납부한 옵션비용

2) 필요경비

승계조합원이 조합원입주권을 승계취득한 경우 취득가액은 권리가액에 취득 시 매도자에게 지급한 프리미엄, 실제 납부한 청산금, 실제 납부한 옵션비용을 합한 금액이 된다.

> 취득가액 = 권리가액 + 매수 시 프리미엄 + 실제 납부한 청산금 + 실제 납부한 옵션비용

매입부대비용 및 기타필요경비는 승계조합원이 납부한 토지에 대한 취득세, 법무사 수수료, 조합원입주권 취득 시 중개수수료, 양도 시 중개수수료, 양도소득세 신고 수수료 등이다.

3) 양도차익

승계조합원이 조합원입주권을 양도한 경우 양도차익은 양도 시 수령한 프리미엄에서 취득 시 지급한 프리미엄의 차액에 기타필요경비를 차감하여 계산한 금액이 된다.

(2) 장기보유특별공제

승계조합원이 조합원입주권을 양도하는 경우 장기보유특별공제는 적용하지 않는다.

(3) 세율

승계조합원의 조합원입주권 양도 시 적용되는 세율은 다음 표와 같다. 세율 적용 시 보유기간의 계산은 조합원입주권 매수시 매수 잔금일부터 매도시 매도잔금일까지로 한다.

구분	보유기간	세율
조합원입주권	2년 이상	기본세율
	2년 미만	60%
	1년 미만	70%

◇　　　◇　　　◇

　지금까지 조합원입주권을 양도하여 과세되는 경우 양도소득세 계산구조를 청산금을 납부한 경우와 청산금을 지급받은 경우로 나누어 살펴보고 추가로 승계조합원이 조합원입주권을 양도하는 경우에 대해 살펴보았다. 다음 절에서는 재개발·재건축사업 또는 소규모재건축사업등으로 완성된 주택을 양도하여 과세되는 경우 양도소득세 계산구조에 대해 다루기로 한다.

제5절 | 재개발 · 재건축사업으로 완성된 주택의 양도와 과세

1. 완성주택의 계산구조

재개발 · 재건축사업 또는 소규모재건축사업등을 시행하는 정비사업조합의 원조합원이 해당 조합에 기존건물과 그 부수토지를 제공하고 관리처분계획인가 등에 따라 취득한 신축주택 및 그 부수토지를 양도하는 경우 실지거래가액에 의한 양도소득세 계산구조를 청산금을 납부한 경우와 청산금을 지급받은 경우로 나누어 볼 수 있다. 두 경우 모두 양도차익을 관리처분계획인가후 양도차익과 관리처분계획인가전 양도차익으로 구분하여 계산한다. 다만, 청산금을 납부한 경우의 관리처분계획인가 후 양도차익은 다시 청산금납부분 양도차익과 기존부동산분 양도차익으로 구분한다.

아래에서는 청산금을 납부한 원조합원이 완성된 주택을 양도하여 과세되는 경우(고가주택 포함) 세금계산구조를 살펴보고, 그다음 청산금을 지급받은 원조합원이 완성된 주택을 양도하여 과세되는 경우(고가주택 포함) 세금계산구조를 살펴보기로 한다.

2. 청산금을 납부한 경우

조합원분양가가 권리가액보다 큰 경우 청산금을 납부하게 된다. 실무에서는 추가분담금이라고도 한다. 청산금을 납부한 원조합원이 준공인가 후에 완성된 주택을 양도하여 과세되는 경우 양도소득세 계산 방법을 양도차익의 계산, 장기보유특별공제, 실무적용 시 계산구조로 나누어 살펴보기로 한다.

(1) 양도차익의 계산

일반적인 경우의 양도차익 계산은 이미 살펴본 바와 같이 양도가액에서 필요경비를 차감하여 계산한다. 하지만 재개발·재건축사업 또는 소규모재건축사업등을 시행하는 정비사업조합의 원조합원이 청산금을 납부하여 관리처분계획인가 등에 따라 취득한 신축주택 및 그 부수토지를 양도하는 경우 실지거래가액에 의한 양도차익은 관리처분계획인가 후 양도차익과 관리처분계획인가 전 양도차익으로 구분하여 계산한다. 이렇게 계산하는 이유는 장기보유특별공제 규정을 적용하는 방법이 다르기 때문이다.

1) 관리처분계획인가 후 양도차익

관리처분계획인가 후 양도차익은 다음과 같이 계산한다.

> 양도가액 - (기존건물과 부수토지의 평가액 + 납부한 청산금) - 필요경비

필요경비의 예를 들면 납부한 옵션비용, 소유권보존등기 시 취득세·등록세, 법무사 수수료, 양도 시 중개수수료, 양도소득세 신고 수수료 등이 있다.

그런데 청산금을 납부하여 완성된 주택을 양도하는 경우 적용되는 장기보유특별공제 규정에 따르면 양도차익을 청산금납부분 양도차익과 기존부동산분 양도차익으로 구분하여 다르게 적용하도록 규정하고 있다. 따라서 위에서 계산한 관리처분계획인가 후 양도차익은 다시 관리처분계획인가 후 청산금납부분 양도차익과 관리처분계획인가 후 기존부동산분 양도차익으로 구분하여야 한다(소령 제166조 제2항 제1호).

① 관리처분계획인가 후 청산금납부분 양도차익

$$\text{관리처분계획인가 후 양도차익} \times \frac{\text{납부한 청산금}}{\text{기존건물과 부수토지의 평가액 + 납부한 청산금}}$$

※ 기존건물과 부수토지의 평가액 = 권리가액

② 관리처분계획인가 후 기존부동산분 양도차익

$$\text{관리처분계획인가 후 양도차익} \times \frac{\text{기존건물과 부수토지의 평가액}}{\text{기존건물과 부수토지의 평가액 + 납부한 청산금}}$$

2) 관리처분계획인가 전 양도차익

관리처분계획인가 전 양도차익은 다음과 같이 계산한다. 관리처분계획인가 전 양도차익은 모두 기존부동산분 양도차익에 해당한다.

$$\text{기존건물과 부수토지의 평가액} - \text{기존건물과 부수토지의 취득가액} - \text{필요경비}$$

기존건물과 부수토지의 취득가액에는 매입가격과 매입부대비용이 있다. 매입부대비용 및 기타 필요경비의 예를 들면 기존부동산의 취득세·등록세, 법무사 수수료, 취득 시 중개수수료, 자본적 지출액 등이 있다.

위의 내용을 종합하여 원조합원이 청산금을 납부한 완성주택을 양도하는 경우 양도차익을 청산금납부분 양도차익과 기존부동산분 양도차익으로 정리하면 다음과 같다.

① 관리처분계획인가 후 청산금 납부분 양도차익

청산금 납부분 양도차익으로서 관리처분계획인가 후 양도차익에 납부한 청산금이 권리가액과 납부한 청산금을 합한 금액에서 차지하는 비율을 곱한 금액

② 관리처분계획인가 후 기존부동산분 양도차익

기존부동산분 양도차익으로서 관리처분계획인가 후 양도차익에 권리가액이 권리가액과 납부한 청산금을 합한 금액에서 차지하는 비율을 곱한 금액

③ 관리처분계획인가 전 기존부동산분 양도차익

기존부동산분 양도차익으로서 관리처분계획인가 전 기존부동산의 양도차익

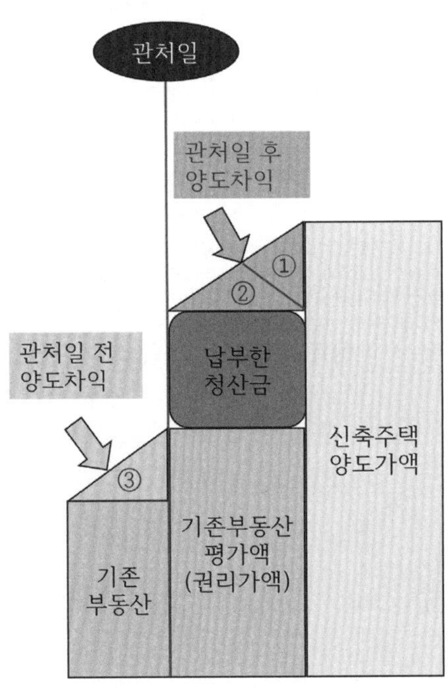

(2) 장기보유특별공제

청산금을 납부하여 관리처분계획에 따라 취득한 신축주택 및 그 부수토지를 양도하는 경우 적용되는 장기보유특별공제 규정의 보유기간 및 거주기간에 대한 내용을 관리처분계획인가 후 청산금 납부분 양도차익에서 장기보유특별공제액을 공제하는 경우와 기존부동산분 양도차익에서 장기보유특별공제액을 공제하는 경우로 나누어 살펴보면 아래와 같다.

1) 청산금 납부분 양도차익에서 장기보유특별공제액을 공제하는 경우

① 보유기간의 계산

청산금납부분 양도차익, 즉 위 생각정리 노트의 양도차익 구성에서 살펴본 ①의 양도차익에 적용되는 장기보유특별공제 규정의 보유기간은 관리처분계획등 인가일부터 신축주택과 그 부수토지의 양도일까지의 기간으로 계산한다(소령 제166조 제5항 제2호 가목).

② 거주기간의 계산

청산금납부분 양도차익, 즉 위 생각정리 노트의 양도차익 구성에서 살펴본 ①의 양도차익에 적용되는 장기보유특별공제 [표2]의 특례공제율을 적용하기 위한 거주기간의 계산은 준공일부터 양도일까지의 기간 중 전입일부터 전출일까지로 한다. 이 경우 재건축 전 기존주택에서는 2년 이상 거주하였으나 재건축 후 신축주택에서 2년 이상 거주하지 않은 경우 [표2]의 특례공제율을 적용할 수 있는지 여부가 쟁점이 될 수 있다.

이와 관련된 예규를 살펴보면 기존주택에서 2년 이상 거주하였으나 신축주택에서는 2년 이상 거주하지 않은 경우 청산금납부분양도차익에 대해서는 [표2]에 따른 보유기간별 공제율을 적용하지 않고 [표1]의 일반공제율을 적용한다고 해석하고 있다(서면2021부동산-1042, 2021. 3. 11.).

 관처일 후 청산금 납부분 양도차익에 적용할 장기보유특별공제 보유기간 및 거주기간의 계산

구분	종전주택	관처일 ~ 준공일	재건축주택
보유기간	포함 ×	포함 ○	포함 ○
거주기간	포함 ×	포함 ×	포함 ○

※ 관처일: 관리처분계획 등 인가일

2) 기존부동산분 양도차익에서 장기보유특별공제액을 공제하는 경우

① 보유기간의 계산

기존부동산분 양도차익, 위 생각정리 노트의 양도차익 구성에서 살펴본 ② 및 ③의 양도차익에 적용되는 장기보유특별공제 규정에서 보유기간은 기존건물과 그 부수토지의 취득일부터 신축주택과 그 부수토지의 양도일까지의 기간으로 계산한다(소령 제166조 제5항 제2호 나목). 즉, 멸실된 종전주택의 보유기간과 재건축기간 및 재건축한 완성주택의 보유기간을 통산하여 계산한다(예규 부동산거래관리과-447, 2010.3.23.).

② 거주기간의 계산

기존부동산분 양도차익, 위 생각정리 노트의 양도차익 구성에서 살펴본 ② 및 ③의 양도차익에 적용되는 장기보유특별공제 규정에서 특례공제율 [표2]를 적용하기 위한 거주기간의 계산은 재건축 전 기존주택의 전입일부터 전출일과 신축주택의 전입일과 전출일을 통산하여 계산한다.

 기존부동산분 양도차익에 적용할 장기보유특별공제 보유기간 및 거주기간의 계산

구분	종전주택	관처일 ~ 준공일	재건축주택
보유기간	포함 ○	포함 ○	포함 ○
거주기간	포함 ○	포함 ×	포함 ○

| 참고 | **부수토지면적 및 건물면적의 증가가 계산구조에 미치는 영향**

❶ 양도차익의 계산

1세대 1주택 비과세 요건을 충족한 주택을 소유하던 자가 재개발·재건축사업계획에 따라 추가로 청산금을 납부하고 종전주택과 그 부수토지의 면적보다 증가된 면적의 주택과 부수토지를 취득하여 양도하는 경우 증가된 부수토지의 양도차익 계산은 청산금납부분 양도차익에 증가된 토지의 기준시가가 증가된 토지와 건물의 기준시가에서 차지하는 비율을 곱하여 계산한다(예규 재산-3438, 2008. 10. 23.). 하지만 건물면적이 증가한 경우는 안분계산하지 않는다.

❷ 장기보유특별공제

재개발·재건축사업으로 주택의 부수토지가 증가한 경우 양도차익 및 장기보유특별공제는 소득세법시행령 제166조 제2항 및 제5항의 규정에 의해 산정한다(서면4팀-2702, 2007.9.14.). 즉, 양도차익은 위 예규 재산-3438, 2008. 10. 23.에 따라 계산하고, 장기보유특별공제는 앞에서 살펴본 청산금납부분 양도차익에서 장기보유특별공제액을 공제하는 경우 보유기간의 계산 내용에 따른다. 하지만 판례에서는 보유기간 기산일을 사용승인일로 판단하고 있으므로(조심2014서-4762, 2014.12.3.) 실무에서 적용 시 유의하여야한다.

❸ 세율

재개발·재건축사업으로 부수토지가 증가하는 경우 준공일부터 양도일까지의 기간이 2년 미만인 경우 증가된 부수토지의 양도차익에 대해서는 비과세 및 장기보유특별공제 규정이 적용되지 않을 뿐만 아니라 단기양도세율이 적용될 수 있으므로 유의하여야 한다.

(3) 실무적용 시 계산구조

위의 내용을 종합하여 저자가 실무에서 사용하는 완성주택 양도 시 납부할 세액을 계산하는 구조를 살펴보면 다음과 같다.

1) 관리처분계획인가 후 청산금 납부분 양도차익 및 양도소득금액 계산

구분	관리처분계획인가후 총양도차익	관리처분계획인가후 청산금납부분 양도차익(①) 및 양도소득금액	관리처분계획인가후 기존부동산분 양도차익(②)
양도가액			
(-) 권리가액 (A)			
(-) 납부한 청산금 (B)			
(-) 기타필요경비			
(=) 양도차익	C	C × [B ÷ (A + B)] (D)	C × [A ÷ (A + B)] (G)
(-) 비과세양도차익		D × (12억 ÷ 양도가액)	
(=) 과세양도차익		**(D - 비과세양도차익) (E)**	
(-) 장기보유특별공제액		E × 장기보유특별공제율	
·보유기간		·관리처분계획인가일 ~ 양도일	
·거주기간		·완성주택 전입일 ~ 전출일	
·장기보유특별공제율		·일반공제율[표1] 또는 특례공제율[표2]	
(=) 양도소득금액		F	

2) 기존부동산분 양도차익 및 양도소득금액 계산

관리처분계획인가전 기존부동산분 양도차익(③)	기존부동산분 양도차익 합계 및 양도소득금액	
권리가액 (A)		
(-) 취득가액		
(-) 기타필요경비		
(=) 양도차익 (H)	**[관리처분계획인가 전 양도차익 (H) + 관리처분계획인가 후 양도차익 (G)] (I)**	
	(-) 비과세양도차익	I × (12억 ÷ 양도가액)
	(=) 과세양도차익	**(I - 비과세양도차익) (J)**
	(-) 장기보유특별공제액	J × 장기보유특별공제율
	·보유기간	·기존부동산 취득일 ~ 양도일
	·거주기간	·기존주택 거주기간 + 완성주택 거주기간
	·장기보유특별공제율	·일반공제율[표1] 또는 특례공제율[표2]
	(=) 양도소득금액	K

3) 납부할 세액 계산

계산구조	비고
(=) 양도소득금액 합계	**관리처분계획인가후 청산금납부분 양도소득금액 (F) + 기존부동산분 양도소득금액 (K)**
(-) 기본공제	250만원
(=) 과세표준	**양도소득금액 합계 - 기본공제**
(×) 세율	기본세율 및 단기양도세율
(=) 산출세액	**과세표준 × 세율**
(-) 세액감면	조세특례제한법 세액감면
(+) 가산세	무(과소)신고가산세, 납부지연가산세
(=) 납부할 세액	**산출세액 - 세액감면 + 가산세**

| 참고 | 1+1조합원입주권으로 신축된 주택의 취득가액 및 보유기간 계산방법

재개발·재건축사업 또는 소규모재건축사업등으로 받은 조합원입주권 2개(1+1)로 신축된 주택의 취득
가액 및 보유기간 계산방법을 관련 예규의 사례 및 회신으로 살펴보면 다음과 같다.
○ 2000.9월 서울 소재 다가구주택(A주택) 취득
· 취득가액 2억원
· 취득 후부터 재개발사업 시행 전까지 계속 거주함
○ 2015.6월 A주택의 도시정비법에 따른 재개발사업시행으로 1+1 분양신청함
[1+1 조합원입주권 분양신청 내역]
· A주택 평가액 5.7억원
· B 조합원분양권 분양가액 5.5억원(84제곱미터): 분양가액과 평가액 상계
· C 조합원분양권 분양가액 5억원(59제곱미터): 잔여 평가액 초과분 4.8억원(5억원 - 0.2억원) 청산금
  추가 납부
○ 2018.11월 재개발주택 완공으로 B'주택, C'주택 취득

[질의내용]
(질의1) 구주택 평가액만으로 취득한 B'주택의 양도차익 계산방법
(제1안) 기존 건물 등의 취득가액(= 2억원)
(제2안) 기존 건물 등의 취득가액을 재개발사업시행으로 평가한 가액으로 안분한 금액(= 2억원 × 5.5억
    원 ÷ 5.7억원)
(질의2) 구주택 평가액과 추가분담금으로 취득한 C'주택의 양도차익 계산방법
(제1안) 분양가액(=5억원)

(제2안) 기존 건물등의 취득가액을 재개발사업시행으로 평가한 가액으로 안분한 금액과 추가분담금의
합[= (2억원 × 0.2억원 ÷ 5.7억원) + 4.8억원]
(질의3) B'주택의 장기보유특별공제 계산을 위한 보유기간 기산일
(제1안) 신축주택의 사용승인일
(제2안) 멸실된 구주택 취득일
(질의4) C'주택의 장기보유특별공제 계산을 위한 보유기간 기산일
(제1안) 신축주택의 사용승인일
(제2안) 멸실된 구주택 취득일

위 질의에 대한 회신으로 질의 1의 경우 취득가액은 제2안, 질의 2의 경우 취득가액은 제2안, 질의 3의
경우 보유기간 기산일은 제2안이 타당한 것으로 해석하였으며, 질의 4의 경우 소득세법 시행령 166조
제5항 제2호에 따라 기존주택분 양도차익에서 장기보유특별공제액을 공제하는 경우의 보유기간은 기
존주택의 취득일부터 신축주택의 양도일까지의 기간으로 하고, 청산금납부분 양도차익에서 장기보유
특별공제액을 공제하는 경우의 보유기간은 관리처분계획등 인가일부터 신축주택의 양도일까지의 기간
으로 한다고 해석하고 있다(기획재정부재산-627, 2023.5.2.).

3. 청산금을 지급받은 경우

조합원분양가가 권리가액보다 작은 경우 정비사업조합으로부터 청산금을 지급받게 된다. 실무
에서는 환지청산금이라고도 한다. 재개발·재건축사업 또는 소규모재건축사업등의 관리처분계
획등에 따라 청산금을 지급받은 원조합원의 경우 지급받은 청산금에 대한 양도소득세 과세 문제
는 이미 살펴보았으므로 여기서는 청산금을 납부한 원조합원이 준공인가 후에 완성된 주택을 양
도하여 과세되는 경우 양도소득세 계산 방법을 양도차익의 계산, 장기보유특별공제, 실무적용 시
계산구조로 나누어 살펴보기로 한다.

(1) 양도차익의 계산

재개발·재건축사업 또는 소규모재건축사업등을 시행하는 정비사업조합의 원조합원이 청산금
을 지급받고 관리처분계획등에 따라 취득한 신축주택 및 그 부수토지를 양도하는 경우 실지거래
가액에 의한 양도차익은 관리처분계획인가 후 양도차익과 관리처분계획인가 전 양도차익을 합한

금액으로 계산한다(소령 제166조 제2항 제2호). 이렇게 계산하는 이유는 관리처분계획인가 전 양도차익 계산 시 지급받은 청산금 부분에 해당하는 금액은 제외하고 완성주택 부분에 해당하는 금액을 산출해야 하기 때문이다.

1) 관리처분계획인가 후 양도차익

$$\text{양도가액} - (\text{기존건물과 그 부수토지의 평가액} - \text{지급받은 청산금}) - \text{필요경비}$$

필요경비의 예를 들면 완성주택 옵션비용, 소유권보존등기 시 취득세 · 등록세, 법무사 수수료, 양도 관련 중개수수료, 양도소득세 신고 수수료 등이 있다. 관리처분계획인가 후 지출하는 필요경비는 지급받은 청산금 해당 금액과 완성주택 해당 금액으로 안분할 필요가 없다.

2) 관리처분계획인가 전 양도차익

$$(\text{기존건물과 그 부수토지의 평가액} - \text{기존건물과 그 부수토지의 취득가액} - \text{필요경비})$$

$$\times \frac{(\text{기존건물과 그 부수토지의 평가액} - \text{지급받은 청산금})}{\text{기존건물과 그 부수토지의 평가액}}$$

기존건물과 부수토지의 취득가액에는 매입가격과 매입부대비용이 있다. 매입부대비용 및 기타 필요경비의 예를 들면 기존부동산의 취득세 · 등록세, 법무사 수수료, 취득 시 중개수수료, 자본적 지출액 등이 있다.

이러한 관리처분계획인가 전 지출한 필요경비는 지급받은 청산금 해당 금액과 완성주택 해당 금액으로 안분하여 완성주택 해당 금액만 필요경비로 공제된다.

(2) 장기보유특별공제

1) 보유기간의 계산

청산금을 지급받은 경우는 관리처분계획인가 후 양도차익과 관리처분계획인가 전 양도차익 모두 기존부동산분 양도차익이므로 관리처분계획인가 후 양도차익과 관리처분계획인가 전 양도차익을 합산한 금액에 적용하는 장기보유특별공제의 보유기간은 기존건물과 그 부수토지의 취득일부터 신축주택과 그 부수토지의 양도일까지의 기간으로 계산한다.

2) 거주기간의 계산

[표2]의 특례공제율 적용을 위한 거주기간은 기존주택의 거주기간과 완성주택의 거주기간을 통산하여 계산한다.

💡 생각정리 노트

위 세법의 내용을 살펴보면 청산금을 지급받은 경우 장기보유특별공제 적용시 보유기간 및 거주기간은 관리처분계획인가 후 양도차익이나 관리처분계획인가 전 양도차익에 동일한 기간으로 적용된다. 따라서 아래의 실무적용 시 계산구조에서는 과세양도차익까지만 나누어서 계산하고 있다.

(3) 실무적용 시 계산구조

위의 내용을 종합하여 저자가 실무에서 사용하는 완성주택 양도 시 납부할 세액을 계산하는 구조를 살펴보면 다음과 같다.

1) 관리처분계획인가 후 양도차익 계산

계산구조	비고
양도가액	**실지거래가액**
(-) 권리가액 - 지급받은 청산금	기존건물과 부수토지의 평가액 - 지급받은 청산금
(-) 기타필요경비	완성주택 옵션비용, 취득세·등록세, 매도중개수수료 등
(=) 양도차익	**양도가액 - (권리가액 - 지급받은 청산금) - 기타필요경비**
(-) 비과세양도차익	양도차익 × (12억 ÷ 양도가액)
(=) 과세양도차익	**(양도차익 - 비과세양도차익) (A)**

2) 관리처분계획인가 전 양도차익 계산

계산구조	총금액	완성주택 해당금액
권리가액		
(-) 취득가액		
(-) 기타필요경비		
(=) 양도차익	B	**B × [(권리가액 - 지급받은 청산금) ÷ 권리가액] (C)**
(-) 비과세양도차익		C × (12억 ÷ 양도가액)
(=) 과세양도차익		**(양도차익 - 비과세양도차익) (D)**

3) 양도소득금액 및 납부할 세액 계산

계산구조	비고
과세양도차익 합계	**관리처분계획인가 후 과세양도차익 (A) + 관리처분계획인가 전 과세양도차익 (D)**
(-) 장기보유특별공제액	과세양도차익 × 장기보유특별공제율
· 보유기간	· 기존부동산 취득일 ~ 양도일
· 거주기간	· 기존부동산 거주기간 + 완성주택 거주기간
· 장기보유특별공제율	· 일반공제율[표1] 또는 특례공제율[표2]
(=) 양도소득금액	**과세양도차익 합계 - 장기보유특별공제액**
(-) 기본공제액	250만원
(=) 과세표준	**양도소득금액 - 기본공제**
(×) 세율	기본세율 및 단기양도세율
(=) 산출세액	**과세표준 × 세율**
(-) 세액감면	조세특례제한법 세액감면
(+) 가산세	무(과소)신고가산세, 납부지연가산세
(=) 납부할 세액	**산출세액 - 세액감면 + 가산세**

승계조합원이 취득한 조합원입주권으로 완성된 주택을 양도하는 경우 양도소득세 계산구조는 일반적인 경우와 동일하다. 즉, 양도가액에서 필요경비를 공제하여 양도차익을 계산한다. 장기보유특별공제 적용 시 보유기간은 사용승인서 교부일(준공일), 임시사용승인일, 사실상 사용일 중 빠른 날부터 계산한다. 거주기간은 완성주택의 보유기간 중 전입일부터 전출일까지 계산한다.

이번 절에서는 조합원입주권, 재개발·재건축 완성주택을 양도하여 과세되는 경우 양도소득세 계산구조를 청산금을 납부한 경우와 청산금을 지급받은 경우로 나누어 살펴보았다. 다음 절에서는 부동산을 취득할 수 있는 권리 중 분양권에 대한 양도소득세 내용을 다루기로 한다.

제6절 | 분양권과 양도소득세

1. 분양권의 정의

분양권이란 「주택법」 등 대통령령으로 정하는 법률에 따른 주택에 대한 공급계약을 통하여 주택을 공급받는 자로 선정된 지위(해당 지위를 매매 또는 증여 등의 방법으로 취득한 것을 포함한다)를 말한다(소법 제88조 제10호).

2. 분양권의 범위

위에서 「주택법」 등 대통령령으로 정하는 법률이란 「건축물의 분양에 관한 법률」, 「공공주택 특별법」, 「도시개발법」, 「도시 및 주거환경정비법」, 「빈집 및 소규모주택 정비에 관한 특례법」, 「산업입지 및 개발에 관한 법률」, 「주택법」, 「택지개발촉진법」을 말한다(소령 제152조의4).

실무에서 분양권은 주택분양권과 업무용시설분양권으로 나누어 볼 수 있는데 열거된 법률에 따른 분양권은 주택분양권을 말한다. 아래에서는 주택 수에 포함되는 분양권과 주택 수에 포함되지 않는 분양권의 범위를 예규 및 판례를 통하여 조금 더 살펴보기로 한다.

(1) 분양권의 범위에 포함되는 경우

1) 지역주택조합

지역주택조합의 조합원이 「주택법」에 따른 주택에 대한 공급계약을 통하여 주택을 공급받는 자로 선정된 지위(해당 지위를 매매 또는 증여 등의 방법으로 취득한 것으로 포함함)는 「소득세법」 제88조 제10호에 따른 분양권에 해당한다(예규 서면2021법규재산-446, 2022. 2. 11.).

2) 도시형생활주택

도시형생활주택은 300세대 미만의 국민주택규모에 해당하는 주택으로서 아파트형 주택, 단지형 연립주택, 단지형 다세대주택으로 분류된다(주택법 제2조 제20호). 이러한 도시형생활주택 분양권은 주택 수에 포함되는 주택분양권에 해당한다.

(2) 분양권의 범위에 포함되지 않는 경우

1) 업무용시설분양권

업무용시설분양권은 주택 수에 포함되지 않는다. 따라서 업무용으로 취득한 오피스텔의 분양권인 경우 소득세법 제88조 제10호의 분양권에 해당하지 않고, 1세대 1주택 비과세 및 중과세율 적용 시 주택 수에 포함되지 않는다. 다만, 분양받은 업무용시설이 완공되어 주거용으로 사용하는 경우 주택 수에 포함된다.

2) 생활형숙박시설 분양권

생활형숙박시설을 공급받는 자로 선정된 지위는 소득세법 제88조 제10호에 따른 주택분양권에 해당하지 않는다(예규 서면-2021-법규재산-5635, 2022. 2. 25.).

3. 분양권이 주택 수에 포함되는 시기

분양권은 2021. 1. 1. 이후 공급계약, 매매 또는 증여 등의 방법으로 취득한 것부터 비과세 및 중과세를 적용할 때 주택 수에 포함된다(부칙 법률 제17477호, 2020. 8. 18.).

4. 분양권의 취득시기

분양권은 취득일이 2021. 1. 1. 이후인 분양권부터 주택 수에 포함된다. 그러면 분양권의 취득일은 언제일까? 아래에서는 분양권의 취득시기를 최초로 분양권을 취득하는 경우와 타인으로부터 그 권리를 인수받아(전매) 취득하는 경우로 나누어 살펴보고 분양잔금과의 관계에 대해 알아보기로 한다.

(1) 최초로 분양권을 취득하는 경우

1) 입주자 모집 공고에 따른 청약이 당첨되어 취득하는 경우

입주자 모집 공고에 따른 청약이 당첨되어 분양계약한 경우 「소득세법」 제88조 제10호에 따른 분양권의 취득시기는 청약당첨일이다(예규 기획재정부 재산세제과-85, 2022. 1. 14.).

2) 「주택공급에 관한 규칙」에 따른 선착순 방법으로 취득하는 경우

「주택공급에 관한 규칙」에 따른 선착순의 방법으로 취득하는 분양권의 취득시기는 해당 부동산을 분양받을 수 있는 권리가 확정된 날이며, 선착순의 방법으로 동·호수 등을 지정하고 당일날에 사업주체와 공급계약을 체결한 경우 해당 일자가 취득시기가 된다(예규 서면2021법규재산-7612, 2022. 6. 15.).

(2) 타인으로부터 그 권리를 인수받아 취득하는 경우

분양계약서의 분양가액에 대한 잔금청산 전에 명의변경(전매)으로 취득하는 경우 매수자는 전매계약한 매매금액을 지급하고 매도자가 불입하지 않은 분양가액의 나머지 분양대금을 불입한 후 아파트를 취득하게 된다.

이미 살펴보았듯이 자산의 취득시기는 원칙적으로 대금을 청산한 날이 되며 대금을 청산하기 전에 소유권이전등기를 한 경우에는 등기부·등록부 또는 명부 등에 기재된 등기접수일 또는 명의개서일이 된다. 하지만 아파트 분양권의 경우에는 등기·등록·명의개서를 요하는 자산에 해당하지 않는다(예규 서면2022부동산-2704, 2022. 7. 7.). 따라서 분양권을 전매로 취득하는 경우 취득시기는 전매대금을 청산한 날, 즉 전매잔금일이 된다.

(3) 분양대금과 취득시기

1) 분양아파트가 완공된 후 소유권보존등기 전에 분양대금을 완납하지 않은 상태에서 취득하는 경우

아파트는 완공되었지만 소유권보존등기 전이고 분양계약을 체결한 자가 분양대금도 완납하지 않은 상태인 경우에는 부동산의 취득시기가 도래하기 전이다. 이런 상황에서 매수자가 취득하는 것은 부동산이 아니라 부동산을 취득할 수 있는 권리인 분양권이다. 따라서 이 경우의 취득시기는 전매대금 잔금일이 된다.

2) 소유권보존등기 후 분양대금 완납 전에 취득하는 경우

아파트가 완공되어 분양회사 명의로 소유권보존등기도 되었지만 분양계약을 체결한 자가 분양대금을 완납하지 않은 상태인 경우에는 부동산의 취득시기가 도래하기 전이다. 이런 상황에서 매수자가 취득하는 것은 부동산이 아니라 부동산을 취득할 수 있는 권리인 분양권이다. 따라서 이경우의 취득시기는 전매대금 잔금일이 된다.

|참고| 분양받은 아파트의 잔금 중 일부를 지연납부한 경우 취득시기

분양받은 아파트가 완공된 후 잔금을 청산한 경우 해당 아파트의 취득시기는 잔금청산일이며, 잔금을 청산하기 전에 소유권이전등기를 한 경우에는 소유권이전등기 접수일을 취득시기로 본다. 이와 관련하여 사회통념상 대금의 거의 전부가 지급되었다고 볼만한 정도의 대금지급이 이행된 경우 대금을 청산한 것으로 보는 것으로, 잔금 중 일부를 지연납부한 경우 잔금청산일을 언제로 볼 것인지는 사실판단할 사항이다(예규 재산세과-2763, 2008.9.10.).

---

3) 분양받은 주택이 완공되고 분양대금 완납 후 취득하는 경우

분양계약을 체결한 자가 아파트가 완공되어 분양회사에 분양대금을 완납한 상태에서 취득하는 경우에는 부동산의 취득시기가 도래하였으므로 이런 상황에서 매수자가 취득하는 것은 부동산이다. 따라서 이 경우에는 분양권을 취득하는 것이 아니라 부동산을 취득하는 것이므로 취득시기는 분양대금 잔금일과 소유권이전등기접수일 중 빠른 날이 된다.

(4) 지역주택조합의 조합원

「주택법」에 따른 지역주택조합의 조합원의 지위는 같은 법에 따른 사업계획승인일 이후에 한하여 신규주택을 취득할 수 있는 권리에 해당한다(예규 기획재정부재산-40, 2022.1.7., 재일46014-1857, 1994.7.7.). 따라서 2021.1.1. 이후 사업계획승인을 받은 경우부터 주택 수에 포함되는 분양권으로 본다. 다만, 2021.1.1. 전「주택법」에 따른 지역주택조합에 가입하고 2021.1.1. 이후 같은 법에 따라 사업계획승인을 받은 경우에는 주택 수 에 포함되는 분양권으로 보지 않는다(예규 사전 2025법규재산-0563, 2025.7.25., 기획재정부재산-1037, 2023.9.1).

(5) 분양권의 증여와 주택 수

2020.12.31. 이전에 취득한 분양권 지분 일부를 배우자에게 증여한 경우 주택 수 포함하는 것일까? 이와 관련된 예규를 살펴보면 2020.12.31. 이전에 취득한 분양권의 지분을 2021.1.1. 이후 동일세대원인 배우자에게 증여하는 경우 해당 분양권은 주택 수에 포함하지 않는다고 해석하고 있다(서면2021법령해석재산-918, 2021.7.23.). 따라서 동일세대원이 아닌 자가 2021.1.1. 이후 증여받는 분양권은 주택 수에 포함한다.

5. 주택과 분양권을 소유한 경우 비과세 특례

분양권을 양도하는 경우에는 조합원입주권과는 달리 비과세 규정을 적용하지 않는다. 다만, 2021.1.1. 이후 취득하는 분양권이 주택 수에 포함됨에 따라 주택과 분양권을 소유하다 주택을 양도하는 경우 비과세 특례규정을 두고 있다. 이는 앞에서 살펴본 주택과 조합원입주권을 소유한 상태에서 주택을 양도하는 경우 비과세하는 특례규정과 과세형평을 맞추기 위한 규정으로 볼 수 있다.

(1) 비과세 특례 유형

주택과 분양권을 소유한 경우 1세대 1주택 비과세 특례가 적용되는 유형은 1세대가 일시적으로 1주택과 1분양권을 소유하다 주택을 양도하는 경우와 실거주목적으로 분양권을 취득한 경우로 나누어 볼 수 있다.

[1주택 + 1분양권 비과세 특례]

비과세 특례 유형		관련 법령	
		법	시행령
1주택 + 1분양권 ⇨ 종전주택 양도	일시적 목적	제89조 제2항	제156조의3 제2항
	실거주 목적		제156조의3 제3항

1) 일시적 목적의 1주택 1분양권

국내에 1주택을 소유한 1세대가 그 주택(종전주택)을 양도하기 전에 분양권을 취득함으로써 일시적으로 1주택과 1분양권을 소유하게 된 경우 종전주택을 취득한 날부터 1년 이상이 지난 후에 분양권을 취득하고 그 분양권을 취득한 날부터 3년 이내에 종전주택을 양도하는 경우에는 이를 1세대 1주택으로 보아 비과세 규정을 적용한다(소령 제156조의3 제2항).

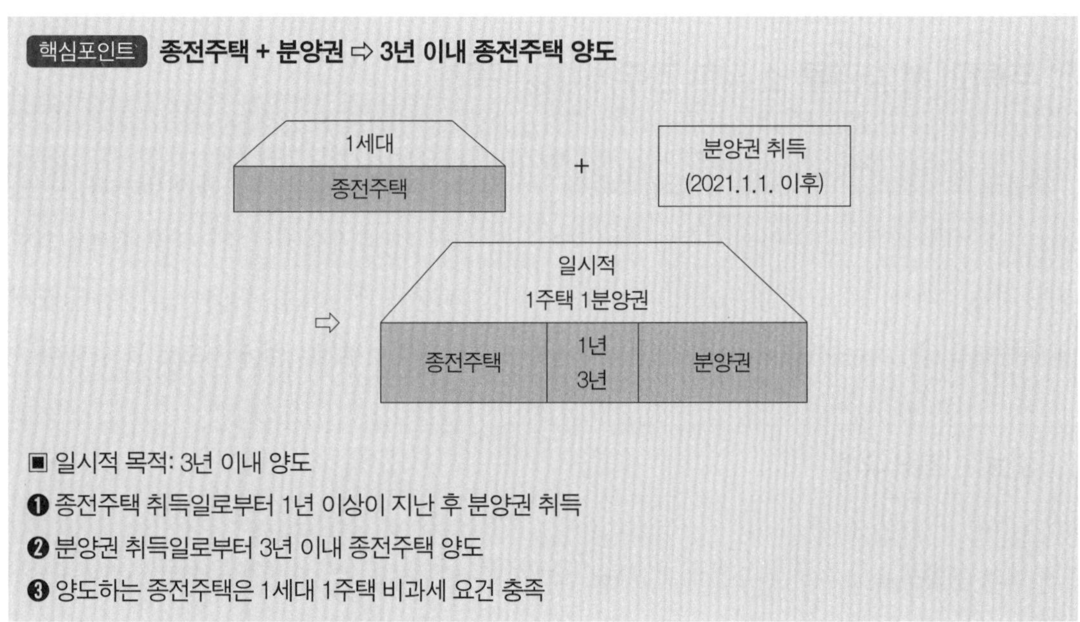

2) 실거주 목적의 1주택 1분양권

국내에 1주택을 소유한 1세대가 그 주택을 양도하기 전에 분양권을 취득함으로써 1주택과 1분양권을 소유하게 된 경우로서 분양권을 취득한 날부터 3년이 지나 종전주택을 양도하는 경우로서 다음의 요건을 모두 갖춘 때에는 이를 1세대 1주택으로 보아 비과세 규정을 적용한다(소령 제156조의3 제3항).

① 종전주택 취득 후 1년 이상이 지난 후에 분양권 취득

이 규정은 2022.2.15. 이후 취득하는 분양권부터 적용한다. 따라서 2022.2.14. 전에 취득한 분양권은 종전주택을 취득한 후 1년 내에 취득하는 경우라도 비과세 특례규정을 적용한다.

② 주택이 완성된 후 3년 이내 이사하여 1년 이상 계속 거주

분양권에 따라 취득하는 주택이 완성된 후 3년 이내에 그 주택으로 세대 전원이 이사하여 1년 이상 계속하여 거주하여야 한다. 거주하는 경우에는 취학, 근무상의 형편, 질병의 요양 그 밖의 부득이한 사유로 세대의 구성원 중 일부가 이사하지 못하는 경우를 포함한다.

③ 주택이 완성되기 전 또는 완성된 후 3년 이내에 종전주택 양도

분양권에 따라 취득하는 주택이 완성되기 전 또는 완성된 후 3년 이내에 종전주택을 양도하여야 한다.

| 참고 | 완성일

조합원입주권 또는 분양권 소유자 1세대 1주택 특례적용신고서(소법 시행규칙 별지 제83호의5서식, 2022.3.18. 개정)의 작성 방법을 살펴보면 완성일란은 사용승인일 또는 사용검사일을 기재한다. 다만, 사용승인(사용검사) 전에 사실상 사용하거나 임시사용승인을 얻은 경우에는 그 사실상의 사용일 또는 임시사용승인일 중 빠른 날을 기재한다고 안내되어 있다. 따라서 완성일이란 앞에서 살펴본 소득세법 시행령 제156조의2 제4항 주택과 조합원입주권을 소유한 경우 비과세 특례와 동일하게 사용승인서교부일, 임시사용승인일, 사실상사용일 중 빠른 날을 말하는 것으로 보인다.

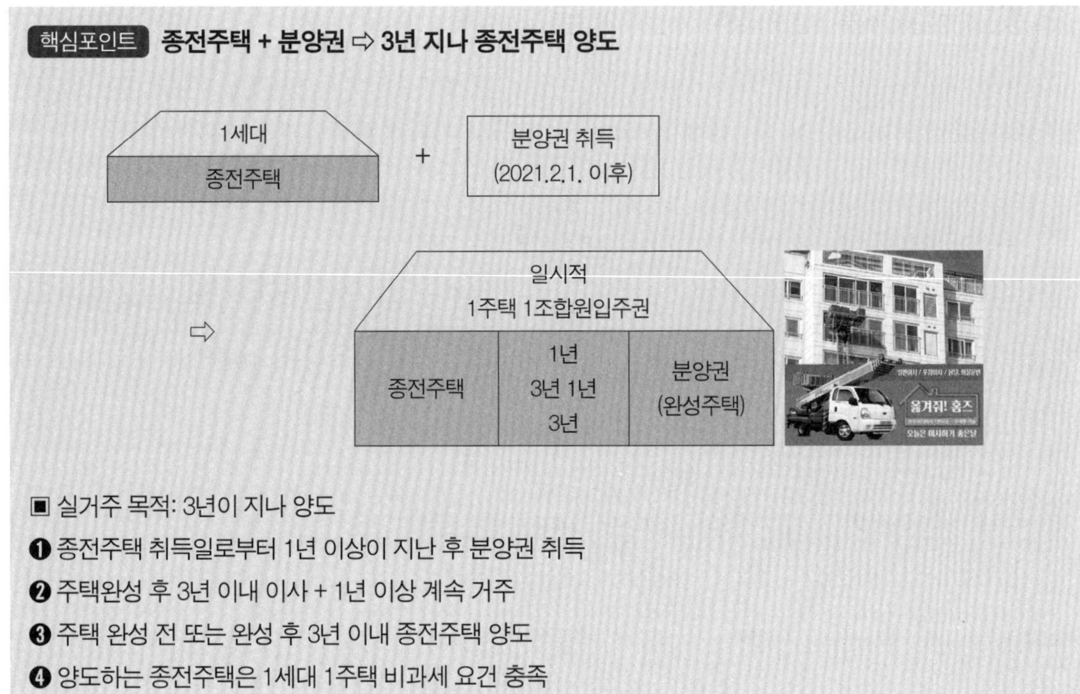

(2) 주택과 분양권을 소유한 경우 비과세 특례 관련 생각지도

아래에서는 주택과 분양권을 소유한 경우 비과세 특례규정과 관련된 내용을 예규 및 판례를 통하여 조금 더 살펴보기로 한다.

1) 2020.12.31. 이전 2개의 분양권으로 취득한 주택에 대하여 일시적 2주택 특례규정 적용 여부

2020.12.31. 이전 취득한 2개의 분양권으로 A주택과 B주택을 순차로 취득한 경우로서 A주택 취득일부터 1년 이상이 지난 후 B주택을 취득한 1세대가 B주택을 취득한 날부터 3년 이내에 A주택을 양도하는 경우 이를 1세대 1주택으로 보아 비과세 규정을 적용한다(예규 사전법규재산2025-584, 2025.7.16.).

2) 2021.1.1. 이후 분양권을 취득하고 주택을 순차로 취득한 경우

2021.1.1. 이후 분양권(A)과 주택(B)을 순차로 취득한 경우로서 해당 분양권(A)에 기한 주택

(A')이 완공된 후 B주택을 양도하는 경우, 일시적 1세대 2주택 특례규정(소득세법 시행령 제155조 제1항)이 적용되지 아니하는 것이며, 또한 일시적으로 1주택과 1분양권을 소유하게 된 경우(소령 제156의3 제2항 및 제3항)에도 해당하지 않으므로 동 규정 또한 적용되지 않는다(예규 서면2021법규재산-3071, 2023.2.23.).

3) 2021.1.1. 이후 일시적 2주택 상태에서 분양권을 취득하고 종전 주택을 양도하는 경우

소득세법 시행령 제155조 제1항(일시적 2주택 특례)과 같은 법 제156의3 제2항 및 제3항(일시적 1주택 1분양권 특례)은 중첩적용될 수 없으므로, 일시적 2주택(A,B)을 보유한 상태에서 분양권(C)을 취득한 후, 종전주택(A)을 양도하는 경우 1세대 1주택 비과세를 적용할 수 없다(예규 기획재정부 재산세제과-906, 2024.7.31.). 동일한 성격인 일시적 2주택 특례와 일시적 1주택·1분양권 특례는 중복하여 적용할 수 없다.

4) 동거봉양합가로 2주택이 된 후 분양권을 취득하고 종전주택을 양도하는 경우

국내에 1주택을 보유하는 1세대가 1주택을 보유하는 60세 이상의 직계존속을 동거봉양하기 위하여 세대를 합침으로써 1세대 2주택이 된 후 종전주택을 취득한 날부터 1년 이상 지난 상태에서 분양권을 취득(2021.1.1. 이후 취득)하고 그날로부터 3년 이내에 그리고 세대합가일부터 10년 이내에 합가 전 보유하던 종전주택을 양도할 때에는 같은 영 제156조의3 제2항(주택과 분양권을 소유한 경우 1세대 1주택의 특례규정) 및 같은 영 제155조 제4항(동거봉양합가주택 비과세 특례규정)에 따라 이를 1세대 1주택 비과세 특례규정을 적용한다(예규 서면-2021-부동산-5364, 2022.7.4.).

5) 주택과 분양권을 소유한 경우 1세대 1주택 특례규정을 적용하는 경우 제출 서류

주택과 분양권권을 소유한 경우 1세대 1주택 특례규정을 적용하는 경우 조합원입주권 또는 분양권 소유자 1세대 1주택 특례적용신고서를 양도소득세 과세표준 신고기한 내에 제출하여야 한다. 해당 서식은 앞에서 살펴보았다.

(3) 조합원입주권과 분양권의 비과세 특례규정 비교

구분		조합원입주권	분양권
일시적목적	근거법령	·소령 제156조의2 제3항	소령 제156조의3 제2항
	비과세 요건	·3년 이내 종전주택 양도	좌동
실거주목적	근거법령	·소령 제156조의2 제4항	소령 제156조의3 제3항
	비과세 요건	·3년이 지나 종전주택 양도 ·완공일로부터 3년 이내 이사 ·1년 이상 계속 거주 ·완공 전 또는 완공 후 3년 이내 종전주택 양도	좌동
대체주택	근거법령	소령 제156조의2 제5항	
	비과세 요건	(대체주택 요건) ·사업시행인가일 이후 취득 ·취득일 현재 1세대 1주택 ·1년 이상 거주 (사후관리 요건) ·완공일로부터 3년 이내 이사 ·1년 이상 계속 거주 ·완공 전 또는 완공 후 3년 이내 종전주택 양도	없음

(4) 주택 · 조합원입주권 · 분양권의 양도소득세 규정 비교

구분		주택	조합원입주권	주택분양권	업무용시설분양권
비과세 규정		적용가능	적용가능	없음	없음
1세대 1주택 비과세 판단시 주택수		포함 ○	포함 ○	포함 ○ (2021.1.1. 이후 취득)	포함 ×
다주택 중과시 주택수		포함 ○	포함 ○	포함 ○ (2021.1.1. 이후 취득)	포함 ×
중과세율 적용 여부		적용 ○	적용 ×	적용 ×	적용 ×
세율	2년 이상	기본세율		60%	기본세율
	1년 이상	60%			40%
	1년 미만	70%		70%	50%

지금까지 제1장에서는 양도소득세의 납부할 세액을 계산하는 구조 및 각 단계별 세법의 내용, 제2장에서는 1세대 1주택 비과세 요건, 1세대 1주택 비과세 특례주택에 대한 내용을 살펴보았으며, 제3장에서는 고가주택 및 고가겸용주택의 세금 계산구조 및 다주택자 중과세에 대한 내용을 살펴보았다. 제4장에서는 재개발·재건축사업 또는 소규모재건축사업등과 관련된 비과세 규정과 과세되는 경우 세금 계산구조에 대해 살펴보았으며, 분양권과 양도소득세에 대한 내용도 살펴보았다.

양도소득세에서는 납세자의 세금 부담을 줄여 주는 제도로 비과세 제도와 감면 또는 과세특례 제도를 두고 있다. 비과세는 과세권자가 과세권을 포기하는 것이고, 감면 또는 과세특례는 소득금액이나 산출세액을 줄여 주는 제도를 말한다. 양도소득세의 비과세는 소득세법에서 규정하고 있으나 감면 또는 과세특례는 조세특례제한법에서 규정하고 있다. 다음 장에서는 주택의 양도소득세와 관련된 조세특례제한법의 감면 또는 과세특례에 대한 내용을 요약정리하기로 한다.

조세특례제한법의 감면 및 과세특례주택

제5장에서는 다음과 같은 내용을 살펴보기로 한다.

제1절 임대주택에 대한 감면 및 과세특례

제2절 미분양주택에 대한 감면 및 과세특례

제3절 신축주택 등에 대한 감면 및 과세특례

제4절 농어촌주택에 대한 과세특례

제5절 인구감소지역 및 수도권 밖 준공후미분양주택에 대한 과세특례

<table>
<tr><td><h1>제1절</h1></td><td><h1>임대주택에 대한 감면 및 과세특례</h1></td></tr>
</table>

1. 장기임대주택에 대한 감면(조특법 제97조)

감면 요건 및 특례 내용			
·거주자가 아래 기간에 신축한 국민주택을 5호 이상 임대개시			
취득기간	**임대주택 유형**	**임대 기간**	**감면율**
·1986.1.1.~2000.12.31. 기간 중 신축된 주택 (1985.12.31. 이전에 신축된 공동주택으로서 1986.1.1. 현재 입주사실이 없는 주택 포함)	일반 임대주택	5년 이상	50%
		10년 이상	100%
	건설 임대주택	5년 이상	100%
·1995.1.1. 이후 취득 및 임대를 개시한 국민주택으로서 5호 이상의 주택(취득당시 입주사실이 없는 경우에 한함)	매입 임대주택	5년 이상	100%
·다른 주택의 1세대 1주택 비과세 판정 시 주택 수에서 제외함			
·농어촌특별세 과세(감면세액의 20%)			

※ 일반임대주택: 민간임대주택에 관한 특별법 또는 공공주택 특별법 적용대상이 아닌 주택

※ 건설임대주택, 매입임대주택: 민간임대주택에 관한 특별법 또는 공공주택 특별법 적용대상인 주택

(1) 지방자치단체 및 세무서 임대사업자등록과 감면 요건

다가구주택이 임대주택법에 의한 임대사업자등록이 불가하여 관할 지방자치단체에 임대사업자등록을 하지 못한 경우에도 5호 이상 임대한 사실을 관할세무서장에게 신고하고 5년 이상 임대하는 경우에는 동 법령을 적용받을 수 있다(예규 서면5팀-823, 2006.11.15.).

(2) 임대주택을 지분형태로 소유하는 경우의 임대주택 수 계산방법

임대주택을 지분형태로 소유하는 공동사업자의 경우에는 임대주택의 호수에 지분비율을 곱하여 5호 이상(예: 임대주택 10호를 공유하는 공동사업자 1인의 지분이 50%인 경우 5호를 보유하는

것으로 인정)이어야 감면규정이 적용된다(집행기준 97-97-4).

(3) 다가구주택에서 다세대주택으로 전환된 경우 주택임대기간 계산

임대 중이던 다가구주택을 당초 독립하여 거주할 수 있도록 구획된 각 가구에 대한 구조 및 지분의 변동 없이 다세대주택으로 전환한 경우 해당 임대주택의 임대기간 기산일은 당초 주택 임대를 개시한 날로 본다(집행기준 97-97-6).

(4) 장기임대주택이 조합원입주권으로 전환되어 양도하는 경우

장기임대주택의 감면요건을 갖춘 임대주택이 재건축 등으로 조합원입주권으로 전환되어 양도하는 경우 장기임대주택의 재건축사업계획승인일 현재의 양도차익에 대하여 양도소득세 감면규정이 적용된다(집행기준 97-97-7).

2. 신축임대주택에 대한 감면 특례(조특법 제97조의2)

감면 요건	
취득기간	① 건설임대주택 · 1999.8.20.~2001.12.31. 기간 중 신축주택 · 1999.8.19 이전 신축된 공동주택 · 1999.8.20. 현재 입주사실이 없는 주택 ② 매입임대주택 · 1999.8.20.~2001.12.31. 기간 중 신축주택 · 1999.8.19 이전 신축된 공동주택 · 1999.8.20. 현재 입주사실이 없는 주택 · 매매계약을 체결하고 계약금을 납부(완납)한 경우 포함
신축 임대주택	· 국민주택규모 이하 · 2호 이상의 임대주택을 5년 이상 임대 · 임대사업자로 등록할 것
감면 내용	
· 다른 주택의 1세대 1주택 비과세 판정 시 주택 수에서 제외함 · 양도소득세 면제(감면율 100%) · 농어촌특별세 과세(감면세액의 20%)	

3. 장기일반민간임대주택에 대한 양도소득세 과세특례(조특법 제97조의3)

(1) 과세특례 요건 및 특례 내용

과세 특례 요건	

특례 적용 기한	·2020.12.31.까지 등록(지자체 + 세무서) 다만, 민간건설임대주택의 경우 2027.12.31.까지 등록
	·적용 제외
	  2020.7.11.~2020.8.17. 단기임대주택을 장기임대주택으로 변경신고한 임대주택
	  2020.7.11.~2020.8.17. 장기임대주택으로 등록신청한 아파트

장기일반민간 임대주택	·면적기준: 국민주택규모 이하 ·가액기준: 임대개시일 당시 기준시가 6억원(수도권 밖 3억원) 이하 (2018.9.14. 이후 취득한 주택부터 적용) ·의무임대기간: 8년 ·임대료 등 5% 증액 제한 준수 ·1호 이상 임대

특례 내용

·장기보유특별공제 특례공제율 적용
  8년 이상 계속 임대 시: 50%
  10년 이상 계속 임대 시: 70%

(2) 장기보유특별공제 적용 방법

「소득세법」 제95조 제1항에 따른 장기보유 특별공제액을 계산할 때 법 제97조의3 제1항에 따라 50% 또는 70%의 공제율을 적용하는 경우에는 임대기간 중에 발생한 양도차익에 한정하여 적용하며, 임대기간 중 양도차익은 기준시가를 기준으로 산정한다(조특령 제97조 제5항). 다시 말해 주택의 보유기간 중 임대를 개시하여 조세특례제한법 제97의3에 따른 특례를 적용하는 경우 장기일반민간임대주택등의 장기보유특별공제액은 양도차익 중에서 임대기간 중에 발생한 양도차익에 50% 또는 70% 공제율을 곱하여 계산한 금액과 그 외 나머지 양도차익에 소득세법 제95조 제2항 및 제4항에 따른 자산의 보유기간별 공제율(표1 또는 표2 공제율)을 곱하여 계산한 금액을 합하여 산정한다(예규 사전법령해석재산2021-1392, 2021.10.28.). 임대기간 중 양도차익은 아래의 산식으로 계산한다.

$$\text{총양도차익} \times \frac{\text{임대종료일의 기준시가} - \text{임대개시일의 기준시가}}{\text{양도일의 기준시가} - \text{취득일의 기준시가}}$$

(3) 자동말소 · 자진말소와 과세특례

장기일반민간임대주택 중 아파트(도시형생활주택 제외)를 임대하는 민간매입임대주택 또는 단기민간임대주택은 임대사업자가 임대의무기간 내 등록 말소를 신청하거나 임대의무기간이 종료한 날 등록이 말소된다. 그러면 장기일반민간임대주택이 자동말소 또는 자진말소되는 경우 과세특례를 적용할 수 있을까? 이와 관련된 예규에서는 장기일반민간임대주택 중 아파트를 임대하는 민간매입임대주택이 자동말소되는 경우 해당 주택은 8년 동안 등록 및 임대한 것으로 보아 과세특례를 적용한다고 해석하고 있다(예규 사전2025법규재산-869, 2025.9.29., 서면2020법령해석재산-3286, 2021.5.11.). 의무임대기간이 8년인 장기일반민간임대주택이 자동말소되는 경우 10년 이상 계속하여 임대한 후 양도하는 경우에도 70%의 공제율 규정은 적용하지 않는다. 그리고 자진말소하는 경우에는 과세특례적용이 불가능하다(예규 서면법규재산2021-8176, 2023.7.21.).

(4) 임대기간 중 공실이 3개월을 초과하여 발생한 경우 과세특례 적용여부

아래의 사실관계와 같이 「민간임대주택에 관한 특별법」에 따른 임대사업자등록이 자동말소 된 때 장기일반민간임대주택이 공실인 경우 장기일반민간임대주택에 대한 과세특례 적용이 가능할까?

[사실관계]

· 2017.11. A아파트 취득
· 2017.12. 구청과 세무서 임대 사업자 등록 및 임대개시
* 준공공임대주택(8년)
· 2025.12. 7년 11개월 임대 후 공실인 상태에서 8년째 자동말소 되면 양도할 예정
* 자동말소당시 공실 외 다른 요건은 모두 충족 전제

이와 관련된 예규를 살펴보면 의무임대기간(8년)을 충족하여 자동말소되는 때 임대주택이 공실인 경우 조세특례제한법 제97의3 장기일반민간임대주택에 대한 과세특례 적용이 가능하다고 해석하고 있다(서면부동산2022-5342, 2023.3.28.). 이와 유사한 예규에서도 임대기간 중 공실이 3개월 이상 발생하고, 「민간임대주택에 관한 특별법」에 따른 임대사업자등록이 자동말소된 경우 조세특례

제한법 제97의3 장기일반민간임대주택에 대한 과세특례 적용이 가능한지 여부의 질의에서 임대의무기간이 종료하여 자동말소되는 경우에는 3개월을 초과하여 공실이 발생한 경우에도 조세특례제한법 제97의3 장기일반민간임대주택에 대한 과세특례 적용이 가능하다고 해석하고 있다(서면법령해석재산2020-4341, 2021.5.11.).

(5) 폐지되는 임대주택이 아닌 경우

아파트 및 단기임대주택 이외 폐지되는 임대주택 유형이 아닌 단독주택, 다가구주택, 다세대주택, 연립주택, 도시형생활주택, 오피스텔 등은 8년의 의무임대기간이 지나고 2년 이상을 임대하여 10년 이상 임대하는 경우 70%의 공제율 적용이 가능하다.

(6) 매입임대주택을 장기일반민간임대주택으로 변경등록시 임대기간 계산 방법

거주자가 주택을 「소득세법」에 따른 사업자등록과 「민간임대주택에 관한 특별법」에 따른 임대사업자등록을 하고 같은 법에 따른 매입임대주택으로 등록한 경우로서 임대의무기간 종료 전에 「민간임대주택에 관한 특별법」 제5조 제3항에 따라 같은 법 제2조 제5호의 장기일반민간임대주택으로 변경신고한 경우 「조세특례제한법」 제97의3에 따른 임대기간은 해당 매입임대주택의 임대사업자 등록일(다만, 임대사업자 등록 이후 임대가 개시되는 주택은 임대차계약서상의 실제 임대개시일로 함)부터 임대를 개시한 것으로 보아 계산한다(예규 서면부동산2023-2963, 2024.10.23.). 다만, 2019.2.12. 전에 단기매입임대주택을 준공공임대주택(현재 장기일반민간임대주택)으로 전환한 경우 2019.2.12. 개정 전 규정에 따라 단기매입임대주택으로 임대한 기간의 50%에 해당하는 기간을 임대기간에 포함하여 계산한다(예규 사전법규재산2021-1563, 2023.6.1.).

(7) 다가구주택의 장기일반민간임대주택 특례 적용

다가구주택을 호별로 「조세특례제한법」 제97조의3에 따른 장기일반민간임대주택으로 등록한 경우, 「조세특례제한법」 제97조의3의 요건을 충족한 임대가구는 과세특례가 적용된다(예규 서면부동산2020-826, 2020.4.17.).

다가구주택은 한 가구가 독립하여 거주할 수 있도록 구획된 부분을 각각 하나의 주택으로 보아 임대기간과 해당 주택의 임대개시일 당시 6억원(수도권 밖 3억원) 요건을 적용한다(예규 서면부동산 2015-22301, 2015.03.11.).

(8) 임대주택이 도시정비법상 관리처분계획인가로 조합원입주권으로 변경된 상태에서 양도하는 경우

거주자가 8년 이상 임대한 장기일반민간임대주택이 「민간임대주택에 관한 특별법」 제6조 제5항에 따라 등록이 말소된 이후 「도시 및 주거환경정비법」상 재건축사업에 따른 관리처분계획인가에 의해 조합원입주권으로 전환된 상태에서 그 조합원입주권을 양도하는 경우 과세특례를 적용받을 수 있다(예규 서면법규재산2023-2731, 2023.11.30.).

4. 장기임대주택에 대한 양도소득세의 과세특례(조특법 제97조의4)

과세 특례 요건	
특례적용기한	· 2018.3.31.까지 임대등록(지자체 + 세무서)하여 임대할 것
장기임대주택	· 가액기준: 임대개시일 당시 기준시가 6억원(수도권 밖 3억원) 이하 · 의무임대기간: 6년 이상 임대한 후 양도 · 임대료 등 5% 증액 제한 준수(2019.2.12. 이후 갱신 또는 신규분부터 적용)

특례 내용	
임대기간	장기보유특별공제율 추가
6년~7년	2%
7년~8년	4%
8년~9년	6%
9년~10년	8%
10년 이상	10%

임대의무기간이 종료한 날 자동말소된 경우로서 해당 자동말소된 장기임대주택을 양도하는 경우, 「조세특례제한법」 제97조의4에 따른 추가공제율 적용 시 임대기간은 임대개시일부터 자동말소일까지의 기간에 따라 산정하는 것으로, 자동말소된 장기임대주택을 자동말소일 이후에도 계속

하여 임대하더라도 자동말소일까지 6년 이상 임대기간요건을 충족하지 못하는 경우에는 특례를 적용받을 수 없다(예규 사전법규재산2023-43, 2023.3.8.).

그러면 임대개시일부터 자동말소일까지 6년 이상 임대한 경우 자동말소일 이후의 양도차익에 대하여 추가공제율을 적용할 수 있을까? 이와 관련된 예규를 살펴보면 산정된 추가공제율은 해당 장기임대주택을 양도함으로써 발생하는 전체 양도차익에 소득세법 제95조 제2항에 따른 보유기간별 공제율을 적용할 때 추가공제율을 더한 공제율로 적용한다고 해석하고 있다(사전법규재산2025-557, 2025.7.30.).

5. 장기일반민간임대주택 등에 대한 감면(조특법 제97조의5)

과세 특례 요건	
특례 적용 기한	· 2018년 12월 31일까지 민간매입임대주택 등을 취득(2018년 12월 31일까지 매매계약을 체결하고 계약금을 납부한 경우를 포함)하고, 취득일로부터 3개월 이내에 지자체와 세무서에 임대사업자등록
장기일반민간 임대주택 (준공공임대주택)	· 의무임대기간: 10년 이상 계속하여 임대한 후 양도 · 임대료 등 5% 증액 제한 준수

특례 내용
임대기간 중 발생한 양도소득에 대한 양도소득세의 100%에 상당하는 세액 감면

장기일반민간임대주택 중 아파트를 임대하는 민간매입임대주택이 「민간임대주택에 관한 특별법」에 따라 등록이 말소되는 경우에는 「조세특례제한법」 제97조의5 규정을 적용받을 수 없다(예규 서면-2021-법령해석재산-2824, 2021.12.20.).

<table>
<tr><td>제2절</td><td>미분양주택에 대한 감면 및 과세특례</td></tr>
</table>

1. 미분양주택에 대한 과세특례(조특법 제98조)

과세 특례 요건	
취득기간	· 1995.10.31. 현재 미분양주택으로서 1995.11.1.~1997.12.31. 기간에 취득한 주택 · 1998.2.28. 현재 미분양주택으로서 1998.3.1.~1998.12.31. 기간에 취득한 주택 · 매매계약을 체결하고 계약금을 납부(완납)한 경우 포함
미분양주택 요건	· 지역요건: 서울시 외의 지역 · 면적요건: 국민주택규모 이하 · 의무임대기간: 5년 이상 보유 · 임대 후 양도 ① 주택법에 따라 사업계획승인을 받아 건설한 주택 ② 주택건설사업자로부터 최초로 분양받은 주택(미입주 주택) · 미분양주택임을 확인하는 날인을 받은 매매계약서 사본 제출

특례 내용
양도소득세(20%)와 종합소득세 계산 방법 중 선택 적용 가능

2. 지방미분양주택 취득에 대한 과세특례(조특법 제98조의2)

과세 특례 요건	
취득기간	· 2008.11.3.~2010.12.31. 매매계약을 체결하고 계약금을 납부한 경우를 포함
미분양주택 요건	· 지역요건: 아래 ①, ②의 요건을 모두 갖춘 수도권 밖에 소재한 주택 ① 주택법에 따라 사업계획승인을 받아 건설한 주택으로서 주택 소재지를 관할하는 시장 · 군수 · 구청장이 2008.11.3. 현재 미분양주택임을 확인한 주택 ② 주택건설사업자로부터 최초로 분양받은 주택(미입주 주택) · 면적요건: 제한 없음 · 미분양주택임을 확인하는 날인을 받은 매매계약서 사본 제출

특례 내용
· 다른 주택의 1세대 1주택 비과세 판정 시 주택 수에서 제외함 · 장기보유특별공제액 양도차익에 「소득세법」 제95조 제2항 [표2]에 따른 보유기간별 특례공제율을 곱하여 계산한 금액 · 세율 보유기간 불문하고 「소득세법」 제104조 제1항 제1호에 따른 기본세율 적용

3. 미분양주택의 취득자에 대한 과세특례(조특법 제98조의3)

과세 특례 요건	
취득기간	·2009.2.12.~2010.2.11. 매매계약을 체결하고 계약금을 납부한 경우를 포함한다.
미분양주택 요건	·지역요건 서울시 밖의 지역 수도권과밀억제권역 안의 지역인 경우에는 대지면적이 660제곱미터 이내이고, 주택의 연면적이 149제곱미터(공동주택의 경우에는 전용면적 149제곱미터) 이내인 주택 ·미분양주택의 범위 ① 주택법에 따라 주택을 공급하는 사업주체가 공급하는 미분양주택 ② 주택법에 따른 사업계획승인(건축법에 따른 건축허가를 포함한다)을 받아 해당 사업계획과 주택법에 따라 사업주체가 공급하는 신규분양주택 ③ 주택건설사업자(20호 미만의 주택을 공급하는 자를 말한다)가 공급하는 주택 ④ 자기가 건설한 신축주택으로서 2009년 2월 12일부터 2010년 2월 11일까지의 기간 중에 공사에 착공하고, 사용승인 또는 사용검사(임시사용승인을 포함한다)를 받은 주택 ·최초로 매매계약을 체결 ·미입주주택 ·미분양주택임을 확인하는 날인을 받은 매매계약서 사본 제출

특례 내용

·다른 주택의 1세대 1주택 비과세 판정 시 주택 수에서 제외함
·취득일부터 5년 이내에 양도
100% 감면(수도권과밀억제권역인 경우에는 60%)
·취득일부터 5년이 지난 후에 양도
취득일부터 5년간 발생한 양도소득금액(수도권과밀억제권역인 경우에는 양도소득금액의 60%에 상당하는 금액)을 과세대상 소득금액에서 차감
·장기보유특별공제액
양도차익에 소득세법 제95조 제2항 [표1](같은 조 제2항 단서에 해당하는 경우에는 [표2])에 따른 보유기간별 공제율을 곱하여 계산한 금액 적용(다주택자인 경우에도 적용)
·세율
소득세법 제104조 제1항 제1호에 따른 세율 적용(단기 양도, 다주택자 불문)

4. 수도권 밖의 지역에 있는 미분양주택 취득자에 대한 과세특례(조특법 제98조의5)

과세 특례 요건	
취득기간	· 2010.5.14.~2011.4.30. 매매계약을 체결하고 계약금을 납부한 경우를 포함한다.
미분양주택 요건	· 지역요건: 수도권 밖의 지역 · 주택법에 따라 주택을 공급하는 사업주체가 공급하는 주택 등 · 최초로 매매계약을 체결 · 미입주주택 · 미분양주택임을 확인하는 날인을 받은 매매계약서 사본 제출

특례 내용
· 다른 주택의 1세대 1주택 비과세 판정 시 주택 수에서 제외함 · 취득일부터 5년 이내에 양도 　분양가격 인하율에 따른 감면율을 곱하여 계산한 세액을 감면 · 취득일부터 5년이 지난 후에 양도 　취득일부터 5년간 발생한 양도소득금액에 분양가격 인하율에 따른 감면율을 곱하여 계산한 금액을 감면

5. 준공후미분양주택의 취득자에 대한 과세특례(조특법 제98조의6)

과세 특례 요건	
취득기간	· 2011.3.29. 현재 미분양주택으로 2011.12.31.까지 취득·임대계약 체결 매매계약을 체결하고 계약금을 납부한 경우를 포함한다.
미분양주택 요건	· 거주자 또는 비거주자가 주택법에 따라 주택을 공급하는 사업주체 등이 준공후미분양주택을 2011년 12월 31일까지 임대계약을 체결하여 2년 이상 임대한 주택으로서 해당 사업주체 등과 최초로 매매계약을 체결하고 취득한 주택 · 거주자 또는 비거주자가 준공후미분양주택을 사업주체 등과 최초로 매매계약을 체결하여 취득하고 5년 이상 임대한 주택(소득세법에 따른 사업자등록과 민간임대주택에 관한 특별법에 따른 임대사업자등록을 하고 2011년 12월 31일 이전에 임대계약을 체결한 경우에 한정) 다만, 취득당시 기준시가가 6억원을 초과하거나 주택의 연면적(공동주택의 경우에는 전용면적)이 149제곱미터를 초과하는 주택은 제외 · 최초로 매매계약을 체결 · 미분양주택임을 확인하는 날인을 받은 매매계약서 사본 제출

특례 내용
· 다른 주택의 1세대 1주택 비과세 판정 시 주택 수에서 제외함 · 장기보유특별공제액 　다주택자인 경우에도 양도차익에 소득세법 제95조 제2항 [표1]의 일반공제율(1세대 1주택에 해당하는 경우에는 [표2]의 특례공제율)을 곱하여 계산한 금액 적용 · 세율 　단기양도, 다주택자 불문하고 기본세율 적용

6. 미분양주택의 취득자에 대한 과세특례(조특법 제98조의7)

과세 특례 요건	
취득기간	・2012.9.24.~2012.12.31. 　매매계약을 체결하고 계약금을 납부한 경우를 포함한다.
미분양주택 요건	・가액기준: 취득가액이 9억원 이하인 주택 ・주택법에 따라 주택을 공급하는 사업주체가 공급하는 미분양주택 ・최초로 매매계약을 체결 ・미입주주택 ・미분양주택임을 확인하는 날인을 받은 매매계약서 사본 제출

특례 내용
・다른 주택의 1세대 1주택 비과세 판정 시 주택 수에서 제외함 ・취득일부터 5년 이내에 양도 　100% 감면 ・취득일부터 5년이 지난 후에 양도 　취득일부터 5년간 발생한 양도소득금액을 과세대상소득금액에서 공제 ・농어촌특별세 과세(감면세액의 20%)

7. 준공후미분양주택의 취득자에 대한 과세특례(조특법 제98조의8)

과세 특례 요건	
취득기간	・2015.1.1.~2015.12.31. 　매매계약을 체결하고 계약금을 납부한 경우를 포함한다.
미분양주택 요건	・취득당시 취득가액이 6억원 이하이고 주택의 연면적(공동주택의 경우에는 전용면적)이 135제곱미터 이하 ・주택법에 따라 주택을 공급하는 사업주체가 공급하는 미분양주택 ・최초로 매매계약을 체결 ・의무임대기간: 5년 이상 임대한 주택(지자체등록 + 세무서사업자등록) ・미분양주택임을 확인하는 날인을 받은 매매계약서 사본 제출

특례 내용
・다른 주택의 1세대 1주택 비과세 판정 시 주택 수에서 제외함 ・취득일부터 5년간 발생하는 양도소득금액의 50% 감면 ・농어촌특별세 과세(감면세액의 20%)

신축주택 등에 대한 감면 및 과세특례

1. 신축주택의 취득자에 대한 감면(조특법 제99조)

감면 요건	
취득기간	· 다음의 기간까지 사용승인 도는 사용검사(임시사용승인 포함)를 받은 신축주택 1998.5.22.~1999.6.30. 국민주택은 1998.5.22.~1999.12.31.

신축주택
요건
	① 자기가 건설한 주택
	  (주택법에 따른 주택조합 또는 도시 및 주거환경정비법에 따른 정비사업조합을 통하여 조합원이 취득하는 주택을 포함한다)
	② 주택건설사업자로부터 취득하는 주택
	  · 최초로 매매계약을 체결
	    매매계약을 체결하고 계약금을 납부한 경우 포함
	  · 주택조합 등이 그 조합원에게 공급하고 남은 주택으로서 주택조합 등과 직접 매매계약을 체결하고 계약금을 납부한 자가 취득하는 주택
	  · 조합원이 주택조합 등으로부터 취득하는 주택으로서 신축주택 취득기간 경과 후에 사용승인 또는 사용검사를 받는 주택. 다만, 주택조합 등이 조합원 외의 자와 신축주택 취득기간 내에 잔여주택에 대한 매매계약(매매계약이 다수인 때에는 최초로 체결한 매매계약을 기준으로 한다)을 직접 체결하여 계약금을 납부받은 사실이 있는 경우에 한한다.
	③ 고가주택은 제외

감면 내용

· 취득한 날부터 5년 이내에 양도하는 경우
  신축주택을 취득한 날부터 양도일까지 발생한 양도소득금액공제
· 취득한 날부터 5년이 지난 후에 양도하는 경우
  신축주택을 취득한 날부터 5년간 발생한 양도소득금액공제
· 농어촌특별세 과세(감면세액의 20%)

2. 신축주택 등 취득자에 대한 과세특례(조특법 제99조의2)

과세 특례 요건	
취득기간	· 거주자 또는 비거주자가 2013.4.1.~2013.12.31. 기간에 취득한 주택 · 매매계약을 체결하고 계약금을 납부한 경우 포함

신축주택
미분양주택
1세대 1주택자의
주택 요건
	· 취득가액이 6억원 이하이거나 국민주택규모 이하인 주택
	· 신축주택
	· 미분양주택
	· 최초로 매매계약을 체결
	  ① 주택법에 따라 주택을 공급하는 사업주체가 공급하는 주택
	  ② 주택법에 따른 사업계획승인(건축법에 따른 건축허가를 포함)을 받아 해당 사업계획과 주택법
	     에 따라 사업주체가 공급하는 주택
	  ③ 주택건설사업자로부터 취득하는 주택
	  ④ 자기가 건설한 주택
	  ⑤ 오피스텔
	· 1세대 1주택자의 기존주택
	· 지자체로부터 감면대상주택임을 확인하는 날인을 받은 매매계약서 사본 제출

특례 내용

· 다른 주택의 1세대 1주택 비과세 판정 시 주택 수에서 제외함
· 취득한 날부터 5년 이내에 양도하는 경우
  100% 세액 감면
· 취득한 날부터 5년이 지난 후에 양도하는 경우
  해당 주택 취득일로부터 5년간 발생한 양도소득금액을 과세대상소득금액에서 공제
· 농어촌특별세 과세(감면세액의 20%)

(1) 조세특례제한법 제99조의2에 따른 감면주택과 상속주택을 소유하는 1세대가 상속주택을 양도하는 경우 1세대 1주택 비과세 적용 여부

「조세특례제한법」제99조의2 제1항에 따른 과세특례 대상이 되는 주택과 별도세대인 母로부터 상속받은 주택을 보유하는 거주자가 상속주택을 양도하는 경우, 해당 상속주택에 대하여「소득세법」제89조 제1항 제3호(1세대 1주택 비과세 규정)를 적용함에 있어 과세특례 대상이 되는 주택은 해당 거주자의 소유주택으로 보지 않는다(예규 서면2023부동산-197, 2023.06.22.).

(2) 조세특례제한법 제99조의2 적용을 받는 감면대상 주택을 소유한 상태에서 일반주택을 양도하여 비과세를 적용받은 후 감면대상 주택을 보유하다가 양도할 때 양도차익 전체에 대하여 비과세되는 것인지 여부

감면대상 주택의 양도 당시 1세대 1주택 비과세 요건에 해당하는 경우에는 「소득세법」 제89조 제1항 제3호에 따라 비과세를 적용하는 것이고, 양도하는 감면대상 주택이 1세대 1주택이면서 고가주택에 해당하는 경우에는 고가주택의 양도차익을 계산(소득세법 제95조 제3항 및 같은 법 시행령 제160조를 적용)한 후 「조세특례제한법」 제99조의2 규정을 적용한다(예규 서면2015법령해석재산-2017, 2015.12.7.). 다시 말해 비과세 규정과 감면 규정을 동시에 적용한다.

(3) 일반주택을 양도하면서 비과세를 받은 후 특례주택을 양도할 때 비과세 보유기간 기산일

일반주택과 조세특례제한법 제99조의2에 따른 특례주택을 보유하다 일반주택을 먼저 비과세 양도한 후 남은 조세특례제한법 제99조의2 특례주택을 양도할 때 비과세 보유기간은 특례주택 취득일부터 기산한다(예규 기획재정부 재산세제과-236, 2023.2.10.).

│참고│ 신축주택등 감면대상 기존주택임을 확인하는 날인

■ 조세특례제한법 시행규칙 [별지 제63호의14서식] 〈신설 2013.5.14〉

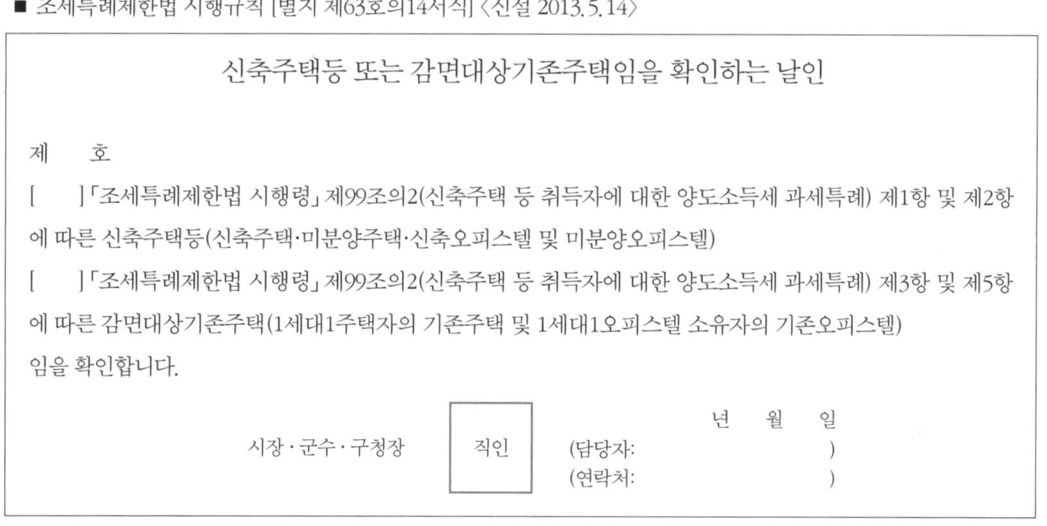

신축주택등 또는 감면대상기존주택임을 확인하는 날인

제　　호

[　　] 「조세특례제한법 시행령」 제99조의2(신축주택 등 취득자에 대한 양도소득세 과세특례) 제1항 및 제2항에 따른 신축주택등(신축주택·미분양주택·신축오피스텔 및 미분양오피스텔)

[　　] 「조세특례제한법 시행령」 제99조의2(신축주택 등 취득자에 대한 양도소득세 과세특례) 제3항 및 제5항에 따른 감면대상기존주택(1세대1주택자의 기존주택 및 1세대1오피스텔 소유자의 기존오피스텔)

임을 확인합니다.

시장·군수·구청장　　[직인]　　(담당자:　　　　　　)　년　월　일　　(연락처:　　　　　　)

160㎜×60㎜[백상지 80g/㎡(재활용품)]

---

3. 신축주택 취득자에 대한 과세특례(조특법 제99조의3)

과세 특례 요건	
취득기간	① 2000.11.1.~2001.5.22. 비수도권(국민주택 이하) ② 2001.5.23.~2002.12.31. 전국(고급주택 제외) ③ 2003.1.1.~2003.3.30. 서울, 과천, 5대 신도시 제외(양도 당시 고가주택 제외) ④ 2002.12.31. 이전에 착공하여 2003.6.30. 이전에 완공한 서울, 과천, 5대 신도시의 자가건설주택 · 매매계약을 체결하고 계약금을 납부한 경우 포함
신축주택 요건	① 주택건설사업자로부터 취득한 신축주택 · 주택법에 따른 주택조합 또는 도시 및 주거환경정비법에 따른 정비사업조합을 통하여 취득하는 주택 포함 ② 자기가 건설한 신축주택 · 주택법에 따른 주택조합 또는 도시 및 주거환경정비법에 따른 정비사업조합을 통하여 조합원(관리처분계획인가일 또는 주택법에 따른 사업계획의 승인일 현재의 조합원)이 취득하는 주택을 포함 ③ 그 주택에 딸린 토지로서 해당 건물 연면적의 2배 이내의 것을 포함

특례 내용
·취득한 날부터 5년 이내에 양도하는 경우 신축주택을 취득한 날부터 양도일까지 발생한 양도소득금액공제 ·취득한 날부터 5년이 지난 후에 양도하는 경우 해당 주택 취득일로부터 5년간 발생한 양도소득금액공제 ·농어촌특별세 과세(감면세액의 20%)

1. 농어촌주택 취득자에 대한 과세특례 요건(조특법 제99조의4)

과세 특례 요건	
취득기간	· 2003.8.1.~2028.12.31. · 매매계약을 체결하고 계약금을 납부한 경우 포함
지역 요건	·「지방자치분권 및 지역균형발전에 관한 특별법」에 따른 기회발전특구 ·「지방자치법」에 따른 읍·면 또는 인구 규모 등을 고려하여 대통령령으로 정하는 동에 소재할 것. 다만, 다음의 지역은 제외한다. ① 수도권지역. 다만, 접경지역은 과세특례를 적용한다. ② 국토의 계획 및 이용에 관한 법률에 따른 도시지역. 다만, 인구감소지역은 과세특례를 적용한다. ③ 조정대상지역 ④ 부동산 거래신고 등에 관한 법률에 따른 허가구역 ⑤ 관광진흥법에 따른 관광단지
농어촌주택 요건	· 취득의 범위: 유상 또는 무상 취득한 경우, 자기가 건설하여 취득한 경우, 기존에 취득한 토지에 신축하여 취득하는 경우 및 농어촌주택 취득기간 내에 취득하여 해당 기간 경과 후 멸실하고 재건축한 경우를 포함한다(집행기준 99의4-99의4-2). · 가액기준: 기준시가가 해당 주택 취득당시 3억원(한옥은 4억원)을 초과하지 아니할 것 · 취득 후 3년 이상 보유할 것
양도 요건	· 농어촌주택 취득 전에 보유하던 다른 주택(일반주택) 양도
특례 내용	
농어촌주택을 해당 1세대의 소유주택이 아닌 것으로 보아 1세대 1주택 비과세 규정을 적용한다.	

2. 농어촌주택 특례 가능 지역

농어촌주택에 해당하기 위해서는 다음의 지역에서 취득하는 주택을 말한다.

(1) 「지방자치분권 및 지역균형발전에 관한 특별법」에 따른 기회발전특구

취득당시 「지방자치분권 및 지역균형발전에 관한 특별법」에 따른 기회발전특구(인구감소지역 및 「접경지역 지원 특별법」에 따른 접경지역이 아닌 수도권과밀억제권역 안의 기회발전특구는 제외한다)

(2) 접경지역

수도권지역 중 접경지역인 경기도 연천군 및 가평군, 인천광역시 강화군 및 옹진군

(3) 인구감소지역 및 기업도시개발구역

「지방자치분권 및 지역균형발전에 관한 특별법」에 따른 인구감소지역, 「기업도시개발 특별법」에 따른 기업도시개발구역. 따라서 도시지역이라 하더라도 인구감소지역이나 기업도시개발구역에 소재하는 주택을 취득하는 경우 특례규정을 적용할 수 있다. 기업도시개발구역이란 영암·해남 관광레저형 기업도시개발구역, 태안 관광레저형 기업도시개발구역을 말한다.

(4) 읍·면 또는 인구 20만명 이하의 시의 동지역

「지방자치법」에 따른 읍·면 또는 조세특례제한법 별표 12에 따른 인구 20만명 이하의 시의 동지역. 다만, 수도권지역, 도시지역, 조정대상지역, 허가구역, 관광단지 등에 해당하는 지역은 제외한다.

구분	시 (26개)
충청북도	제천시
충청남도	계룡시, 공주시, 논산시, 보령시, 당진시, 서산시
강원특별자치도	동해시, 삼척시, 속초시, 태백시
전북특별자치도	김제시, 남원시, 정읍시
전라남도	광양시, 나주시
경상북도	김천시, 문경시, 상주시, 안동시, 영주시, 영천시
경상남도	밀양시, 사천시, 통영시
제주도	서귀포시

비고: 위 표는 「통계법」 제18조에 따라 국가데이터처장이 통계작성에 관하여 승인한 주민등록인구 현황 (2015년 12월 주민등록인구 기준)을 기준으로 인구 20만명 이하의 시를 열거한 것임(2025.10.1. 개정)

3. 개정 연도별 취득 당시 가액기준

주택 및 이에 딸린 토지의 가액(기준시가)의 합계액이 해당 주택 취득 당시 3억원(한옥은 4억원)을 초과하지 않아야 한다. 취득 당시 가액기준의 개정 내용을 살펴보면 아래와 같다.

① 2009.1.1.~2022.12.31.: 2억원(한옥은 4억원)

② 2008.1.1.~2008.12.31.: 1억5천만원

③ 2003.8.1.~2007.12.31.: 7천만원

4. 농어촌주택 취득자에 대한 과세특례 생각지도

(1) 농어촌주택 취득기간 전에 취득한 주택이 멸실되어 농어촌주택 취득기간 중에 다시 건축한 경우

1세대가 농어촌주택 취득기간 전에 취득한 주택이 멸실되어 농어촌주택 취득기간 중에 다시 건축한 경우 해당 주택은 농어촌주택에 해당하지 않는다.

(2) 농어촌주택과 일시적 1세대 2주택

1주택을 보유한 1세대가 새로이 1주택을 취득하여 일시적 1세대 2주택이 된 상태에서 농어촌주택을 취득하고 새로운 주택을 취득한 날부터 3년 이내에 종전의 주택을 양도하는 경우 1세대 1주택 비과세 판정 시 해당 농어촌주택은 1세대의 소유 주택으로 보지 않는다(집행기준 99의4-99의4-4, 예규 사전법령해석재산 2021-72, 2021. 2. 23).

1세대가 A주택(종전주택), B주택(「조세특례제한법」 제99조의4에 따른 농어촌주택), C주택(신규주택)을 순차적으로 취득하여 3주택이 된 상태에서 A주택을 양도하는 경우 해당 1세대가 3년 이상 보유한 B주택은 「조세특례제한법」 제99조의4 제1항에 따라 해당 1세대의 소유주택이 아닌 것으로 본다. 만약 C주택(신규주택)이 주거용 오피스텔인 경우에는 이를 취득하여 상시 주거용으로 사용한 날부터 3년 이내에 종전의 주택을 양도하는 경우에 「소득세법 시행령」 제155조 제1항에 따른 1세대 1주택 비과세 특례를 적용한다(예규 서면부동산2024-1967, 2025. 12. 17.).

인구감소지역 및 수도권 밖 준공후 미분양주택에 대한 과세특례

1. 인구감소지역주택 취득자에 대한 과세특례(조특법 제71조의2)

주택, 조합원입주권 또는 분양권 중 1채 또는 1개를 보유한 1세대가 2024. 1. 4.부터 2026. 12. 31. 까지의 기간 중에 인구감소지역 또는 수도권 밖의 인구감소관심지역에 소재하는 주택(인구감소 지역주택) 1채를 취득한 후 인구감소지역주택을 취득하기 전에 보유한 주택, 조합원입주권 또는 분양권을 양도하는 경우에는 그 인구감소지역주택을 해당 1세대의 소유주택이 아닌 것으로 보아 소득세법 제89조 제1항 제3호(주택 비과세 규정) 또는 제4호(조합원입주권 비과세 규정)를 적용 한다(조특령 제68조의2). 다시 말해 1주택을 보유한 1세대가 인구감소지역주택을 취득한 후 먼저 취 득한 1세대 1주택 비과세 요건을 충족한 인구감소지역 이외 소유 주택을 양도하는 경우 비과세 규 정을 적용하고, 2년 이상 거주한 경우 1세대 1주택 장기보유특별공제율 [표2]의 적용이 가능하다.

(1) 과세특례 요건

1) 취득 당시 인구감소지역 또는 수도권 밖 인구감소관심지역에 소재할 것

인구감소지역주택 취득자에 대한 양도소득세에 대한 과세특례를 적용하기 위해서는 취득 당시 인구감소지역 또는 수도권 밖의 인구감소관심지역(「지방자치분권 및 지역균형발전에 관한 특별법」 제2조 제12호의2)에 소재하는 주택을 취득하여야 한다. 다만, 다음의 어느 하나에 해당하는 지역에 소재하 는 주택은 제외한다.

① 수도권(「접경지역 지원 특별법」 제2조 제1호에 따른 접경지역은 제외한다)

② 광역시(광역시에 있는 군은 제외한다)

③ 해당 주택 취득 전에 보유한 주택(해당 주택 취득 전에 조합원입주권 또는 분양권을 보유한 경우에는 해당 조합원입주권 또는 분양권을 통해 공급하는 주택)과 동일한 시·군·구

2) 해당 주택 취득일 현재 기준시가가 다음의 구분에 따른 금액을 초과하지 않을 것

① 수도권 밖의 지역에 지정된 인구감소지역에 소재한 주택의 경우: 9억원(인구감소관심지역은 4억원)
② 수도권에 지정된 인구감소지역에 소재한 주택의 경우: 4억원

(2) 양도소득세 외 과세특례가 적용되는 세금

1) 종합부동산세 과세특례

1주택을 보유한 1세대가 2024. 1. 4. 부터 2026. 12. 31. 까지의 기간 중에 앞에서 살펴본 요건을 충족한 인구감소지역주택 1채를 취득한 경우에는 종합부동산세법 제8조 제1항 제1호(1세대 1주택자의 과세표준 계산 시 12억원 공제 규정)에 따른 1세대 1주택자로 본다(조특법 제71조의2).

2) 인구감소지역내 주택 취득세 감면

무주택자 또는 1가구 1주택을 소유한 자가 인구감소지역 또는 인구감소관심지역에서 주택을 유상거래(부담부증여는 제외한다)로 취득하는 경우에는 취득세의 25%를 2028. 12. 31. 까지 경감한다. 이 경우 지방자치단체의 장은 해당 지역의 재정 여건 등을 고려하여 25%의 범위에서 조례로 정하는 율을 추가로 경감할 수 있다(지방세특례제한법 제75조의5, 지방세특례제한법시행령 제35조의6).

(3) 인구감소지역과 인구감소관심지역의 범위

1) 인구감소지역의 범위

「국가균형발전 특별법」 시행령 제2조의3 규정에 따라 인구감소지역으로 지정·고시된 지역은 아래와 같다(행정안전부 고시 제2021-66호).

구분	인구감소지역(89개)
부산(총3개)	동구, 서구, 영도구
대구(총3개)	남구, 서구, 군위군
인천(총2개)	강화군, 옹진군
경기(총2개)	가평군, 연천군
강원(총12개)	고성군, 삼척시, 양구군, 양양군, 영월군, 정선군, 철원군, 태백시, 평창군, 홍천군, 화천군, 횡성군
충북(총6개)	괴산군, 단양군, 보은군, 영동군, 옥천군, 제천시
충남(총9개)	공주시, 금산군, 논산시, 보령시, 부여군, 서천군, 예산군, 청양군, 태안군
전북(총10개)	고창군, 김제시, 남원시, 무주군, 부안군, 순창군, 임실군, 장수군, 정읍시, 진안군
전남(총16개)	강진군, 고흥군, 곡성군, 구례군, 보성군, 신안군, 장흥군, 함평군, 담양군, 영광군, 영암군, 완도군, 장성군, 진도군, 해남군, 화순군
경북(총15개)	고령군, 문경시, 봉화군, 상주시, 성주군, 안동시, 영덕군, 영양군, 영주시, 영천시, 울릉군, 울진군, 의성군, 청도군, 청송군
경남(총11개)	거창군, 고성군, 남해군, 밀양시, 산청군, 의령군, 창녕군, 하동군, 함안군, 함양군, 합천군

2) 인구감소관심지역의 범위

「지방자치분권 및 지역균형발전에 관한 특별법 시행령」 제3조 제2항 규정에 따른 인구감소관심지역으로 지정·고시된 지역은 아래와 같다(행정안전부 고시 제2025-78호).

구분	인구감소관심지역(18개)
부산광역시(2)	금정구, 중구
인천광역시(1)	동구
광주광역시(1)	동구
대전광역시(3)	대덕구, 동구, 중구
경기도(2)	동두천시, 포천시
강원특별자치도(4)	강릉시, 동해시, 속초시, 인제군
전북특별자치도(1)	익산시
경상북도(2)	경주시, 김천시
경상남도(2)	사천시, 통영시

2. 수도권 밖의 준공후미분양주택 취득자에 대한 과세특례(조특법 제98조의9)

1주택을 보유한 1세대가 2024.1.10.부터 2026.12.31.까지 수도권 밖에 소재한 준공후미분양주택을 취득한 후 준공후미분양주택을 취득하기 전에 보유한 주택을 양도하는 경우에는 그 준공후미분양주택을 해당 1세대의 소유주택이 아닌 것으로 보아 같은 법 제89조 제1항 제3호(주택 비과세 규정)를 적용한다(조특령 제98조의8).

다시 말해 1주택을 보유한 1세대가 수도권 밖 준공후미분양주택을 취득한 후 1세대 1주택 비과세 요건을 충족한 수도권 밖 준공후미분양주택 이외 소유 주택을 양도하는 경우 비과세 규정을 적용하고, 2년 이상 거주한 경우 1세대 1주택 장기보유특별공제율 [표2]의 적용이 가능하다.

(1) 과세특례 요건

과세특례 적용을 위해서는 아래의 요건을 모두 충족하여야 하며, 양도소득과세표준신고와 함께 과세특례신고서, 준공후미분양주택 확인 날인을 받은 매매계약서 사본을 제출해야 한다.

① 전용면적이 85제곱미터 이하일 것
② 취득가액이 7억원 이하일 것
③ 양도자가 「주택법」에 따른 사업주체, 「건축물의 분양에 관한 법률」에 따른 분양사업자, 사업주체 또는 분양사업자로부터 주택의 공사대금으로 해당 주택을 받은 시공자에 해당할 것
④ 양수자가 해당 주택에 대한 매매계약(주택공급계약 및 분양계약을 포함)을 최초로 체결한 자일 것
⑤ 「주택법」에 따른 사용검사(임시 사용승인을 포함한다) 또는 「건축법」에 따른 사용승인을 받은 날까지 분양계약이 체결되지 않아 선착순의 방법으로 공급하는 것일 것

(2) 양도소득세 외 과세특례가 적용되는 세금

1) 종합부동산세 과세특례

1주택을 보유한 1세대가 2024. 1. 10.부터 2026. 12. 31.까지의 기간 중에 앞에서 살펴본 요건을 충족한 준공후미분양주택을 취득한 경우에는 같은 법 제8조 제1항 제1호(1세대 1주택자의 과세표준 계산 시 12억원 공제 규정)에 따른 1세대 1주택자로 본다(조특령 제98조의8).

2) 개인 취득자의 취득세 감면

다음의 요건을 모두 갖춘 아파트를 개인이 취득하는 경우 그 아파트에 대해서 취득세의 25%를 2026. 12. 31.까지 경감한다(지방세특례제한법 제33조의3 제4항). 지방자치단체의 장은 해당 지역의 재정 여건 등을 고려하여 25%의 범위에서 조례로 정하는 율을 추가로 경감할 수 있다.

① 사업주체가 「주택법」에 따른 사용검사 또는 「건축법」에 따른 사용승인(임시사용승인을 포함한다)을 받은 후 분양되지 아니한 아파트일 것
② 사업주체로부터 최초로 유상거래(부담부증여는 제외한다)로 취득하는 아파트로서 타인이 거주한 기간이 1년 미만일 것
③ 수도권 외의 지역에 있을 것
④ 전용면적이 85제곱미터 이하이고 취득 당시의 가액이 6억원 이하일 것

| 참고 | 다른 주택 양도 시 조세특례제한법 감면 또는 과세특례주택의 주택 수 포함 여부

구분	관련법령	포함여부
장기임대주택에 대한 감면	제97조	×
신축임대주택에 대한 감면 특례	제97조의2	×
장기일반민간임대주택 등에 대한 과세특례	제97조의3	○
장기임대주택에 대한 과세특례	제97조의4	○
장기일반민간임대주택등에 대한 감면	제97조의5	○
미분양주택에 대한 과세특례	제98조	○
지방미분양주택 취득에 대한 과세특례	제98조의2	×
미분양주택의 취득자에 대한 과세특례	제98조의3	×
비거주자의 주택 취득에 대한 과세특례	제98조의4	○
수도권 밖의 지역에 있는 미분양주택의 취득자에 대한 과세특례	제98조의5	×
준공후미분양주택의 취득자에 대한 과세특례	제98조의6	×
미분양주택의 취득자에 대한 과세특례	제98조의7	×
준공후미분양주택의 취득자에 대한 과세특례	제98조의8	×
신축주택의 취득자에 대한 양도소득세의 감면	제99조	○
신축주택 등 취득자에 대한 과세특례	제99조의2	×
신축주택의 취득자에 대한 과세특례	제99조의3	○
농어촌주택등 취득자에 대한 과세특례	제99조의4	×
인구감소지역 또는 인구감소관심지역 주택 취득자에 대한 과세특례	제71조의2	×
수도권 밖의 준공후미분양주택 취득자에 대한 과세특례	제98조의9	×

제6장

토지와 양도소득세

제6장에서는 다음과 같은 내용을 살펴보기로 한다.

제1절 농지의 비과세 및 자경농지의 감면
제2절 비사업용토지

제1절 | 농지의 비과세 및 자경농지의 감면

1. 농지의 비과세

일정한 요건을 충족하는 농지의 교환 또는 분합分合으로 인하여 발생하는 소득에 대해서는 양도소득세를 과세하지 않는다(소법 제89조 제1항 제2호).

(1) 비과세 대상 농지

다음의 어느 하나에 해당하는 농지를 교환 또는 분합하는 경우로서 교환 또는 분합하는 쌍방 토지가액의 차액이 가액이 큰 편의 4분의 1 이하인 경우를 말한다(소령 제153조 제1항).

① 국가 또는 지방자치단체가 시행하는 사업으로 인하여 교환 또는 분합하는 농지

② 국가 또는 지방자치단체가 소유하는 토지와 교환 또는 분합하는 농지

③ 경작상 필요에 의하여 교환하는 농지. 다만, 교환에 의하여 새로이 취득하는 농지를 3년 이상 농지소재지에 거주하면서 경작하는 경우에 한한다.

④ 「농어촌정비법」·「농지법」·「한국농어촌공사 및 농지관리기금법」 또는 「농업협동조합법」에 의하여 교환 또는 분합하는 농지

(2) 비과세 대상에서 제외되는 농지

① 주거지역·상업지역 또는 공업지역 안의 농지로서 편입된 날부터 3년이 지난 농지

양도일 현재 특별시·광역시(광역시에 있는 군을 제외한다)·특별자치시(특별자치시에 있는 읍·면지역은 제외한다)·특별자치도(「제주특별자치도 설치 및 국제자유도시 조성을 위한 특별법」에 따라 설치된 행정시의 읍·면지역은 제외한다) 또는 시지역(「지방자치법」에 의

한 도·농복합형태의 시의 읍·면지역을 제외한다)에 있는 농지 중「국토의 계획 및 이용에
관한 법률」에 의한 주거지역·상업지역 또는 공업지역 안의 농지로서 이들 지역에 편입된 날
부터 3년이 지난 농지는 비과세 대상에서 제외한다.

② 해당 농지에 대하여 환지처분 이전에 농지 외의 토지로 환지예정지의 지정이 있는 경우로서
그 환지예정지 지정일부터 3년이 지난 농지

(3) 농지소재지

경작상 필요에 의하여 교환하는 농지로서 교환에 의하여 새로이 취득하는 농지를 3년 이상 농
지소재지에 거주하면서 경작하는 경우에 한하여 비과세 규정을 적용한다. 이 경우농지소재지라
함은 다음의 어느 하나에 해당하는 지역을 말한다.

① 농지가 소재하는 시(특별자치시와「제주특별자치도 설치 및 국제자유도시 조성을 위한 특별
법」에 따라 설치된 행정시를 포함한다)·군·구 안의 지역
② ①의 지역과 연접한 시·군·구 안의 지역
③ 농지로부터 직선거리 30킬로미터 이내에 있는 지역

2. 자경농지의 감면

농지를 보유한 기간 중 8년 이상 농지소재지에 거주(재촌)하면서 직접 경작(자경)한 경우로서
양도일 현재 농지이면 자경농지 양도로 인하여 발생하는 소득에 대해서는 양도소득세의 100%에
상당하는 세액을 감면한다(조특법 제69조).

(1) 재촌의 지역기준

농지소재지에 거주하는 거주자란 8년 이상 다음 중 어느 하나에 해당하는 지역에 거주하면서
경작한 자를 말한다(조특령 제66조 제1항).

① 농지가 소재하는 시·군·구 안의 지역

② 농지소재지와 연접한 시·군·구 안의 지역

③ 농지소재지로부터 직선거리 30킬로미터 이내의 지역

다만, 다음의 지역에 소재하는 농지는 제외한다(조특령 제66조 제4항).

① 양도일 현재 특별시·광역시(광역시에 있는 군을 제외한다) 또는 시(「지방자치법」 제3조 제4항에 따라 설치된 도농都農 복합형태의 시의 읍·면 지역 및 「제주특별자치도 설치 및 국제자유도시 조성을 위한 특별법」 제10조 제2항에 따라 설치된 행정시의 읍·면 지역은 제외한다)에 있는 농지 중 「국토의 계획 및 이용에 관한 법률」에 의한 주거지역·상업지역 및 공업지역 안에 있는 농지로서 이들 지역에 편입된 날부터 3년이 지난 농지

② 「도시개발법」 또는 그 밖의 법률에 따라 환지처분 이전에 농지 외의 토지로 환지예정지를 지정하는 경우에는 그 환지예정지 지정일로부터 3년이 지난 농지

(2) 자경의 기준

1) 자경의 범위

직접 경작(자경)이란 다음 중 어느 하나에 해당하는 것을 말한다(조특령 제66조 제13항).

① 거주자가 그 소유농지에서 농작물의 경작 또는 다년생식물의 재배에 상시 종사하는 것

② 거주자가 그 소유농지에서 농작업의 2분의 1 이상을 자기의 노동력에 의하여 경작 또는 재배하는 것

2) 자경의 증빙자료

자경감면은 자경을 주장하는 납세자에게 그 입증책임이 있다. 따라서 재촌·자경하였다는 사실을 입증할 수 있는 서류를 준비하여야 한다. 이러한 서류에는 일반적으로 토지 등기부등본, 토지대장, 토지이용계획확인서, 주민등록등·초본, 농지원부와 자경증명(시·군·읍·면장이 교부 및 발급), 농업경영체등록확인서, 농산물 판매·출하내역서, 묘종·묘목구입비용 영수증, 농기계구입

비 및 농약구입비용 영수증 등이 있다. 그 외에도 농협 등의 조합원인 경우 조합원증명원, 농지소재지 농지위원장이 있는 경우 농지위원장이 확인한 자경농지사실확인서, 인우보증서 등이 있다.

(3) 경작기간 기준

8년 이상 자경기간 계산의 원칙은 농지 소유기간 동안 자경한 기간을 통산한다. 거주자가 농지를 취득하여 농지소재지에 거주하면서 8년 이상 자경한 사실이 확인되는 경우에는 양도당시 농지소재지에 거주하지 아니한 경우에도 감면 규정을 적용한다.

1) 상속으로 인한 자경기간의 통산

상속인이 상속받은 농지를 1년 이상 계속하여 경작하는 경우 다음의 기간은 상속인이 이를 경작한 기간으로 본다(조특령 제66조 제11항).

① 피상속인이 취득하여 경작한 기간

피상속인이 8년 이상 재촌·자경(직전 피상속인의 경작기간으로 한정한다)한 토지를 상속받아 상속인이 1년 이상 계속하여 경작하는 경우 양도소득세를 감면한다.

자경기간 = 피상속인의 자경기간 + 상속인의 자경기간

상속인이 1년 이상 재촌하면서 직접 경작했는지 여부는 그와 같은 사실을 주장하는 양도자가 각종 증빙 자료로 입증해야 한다. 다만, 피상속인(그 배우자를 포함) 또는 거주자의 근로소득(총급여), 사업소득(농업·축산업·임업 및 비과세 농가부업소득, 부동산임대소득 제외)의 합계액이 3,700만원 이상인 과세기간 또는 복식부기의무자 수입금액 기준 이상의 수입금액이 있는 과세기간은 해당 피상속인 또는 거주자가 경작한 기간에서 제외한다(조특령 제66조 제14항).

② 피상속인이 배우자로부터 상속받아 경작한 사실이 있는 경우에는 피상속인의 배우자가 취득
하여 경작한 기간

2) 상속인이 1년 이상 자경하지 않은 경우 통산 특례

다음의 경우에 해당하는 경우에는 상속인이 상속받은 농지를 1년 이상 계속하여 경작하지 아니하더라도 피상속인의 경작기간을 상속인의 경작기간으로 본다(조특령 제66조 제12항).

① 상속받은 날부터 3년이 되는 날까지 양도하는 경우

상속인이 상속받은 농지를 1년 이상 계속하여 경작하지 아니하더라도 상속받은 날부터 3년이 되는 날까지 양도하는 경우에는 피상속인의 경작기간을 상속인의 경작기간으로 본다.

② 협의매수 또는 수용되는 경우

2009.1.1. 이후 협의매수 또는 수용되는 경우로서 상속받은 날부터 3년이 되는 날까지 택지개발예정지구 등으로 지정(상속받은 날 전에 지정된 경우 포함)되는 경우에는 상속인이 자경하지 않은 경우에도 피상속인의 자경기간을 통산한다.

(4) 양도일 현재 농지

농지의 판정은 양도일 현재를 기준으로 하는 것이나, 양도일 이전에 매매계약조건에 따라 매수자가 형질변경, 건축착공 등을 한 경우에는 매매계약일 현재의 농지를 기준으로 판정하며, 환지처분 전에 해당 농지가 농지 외의 토지로 환지예정지 지정이 되고 그 환지예정지 지정일부터 3년이 경과되기 전의 토지로서 토지조성공사의 시행으로 경작을 못 하게 된 경우에는 토지조성공사 착수일 현재의 농지를 기준으로 판단한다(집행기준 69-66-21, 판례 조심 2022중-6511, 2022.10.26.).

(5) 감면 한도

　자경농지의 감면은 감면한도가 적용되는 다른 종류의 감면을 포함하여 과세기간별 1억원을 한도로 하며, 5개 과세기간의 감면합계액이 2억원을 초과하는 경우에는 2억원을 한도로 한다(조특법 제133조 제1항). 이 경우 토지를 분할(해당 토지의 일부를 양도한 날부터 소급하여 1년 이내에 토지를 분할한 경우를 말한다)하여 그 일부를 양도하거나 토지의 지분을 양도한 후 그 양도한 날로부터 2년 이내에 나머지 토지나 그 지분의 전부 또는 일부를 동일인이나 그 배우자에게 양도하는 경우에는 1개 과세기간에 해당 양도가 모두 이루어진 것으로 본다.

1. 비사업용토지 개요

토지란 인간이 삶을 영위하는 데 있어서 반드시 필요한 근본적인 생존기반이라 할 수 있다. 생존기반의 기초 자원 중 하나인 토지가 투기적 목적이 아니라 생산적이고 효율적으로 사용·관리될 수 있도록 정책적으로 뒷받침할 수 있는 제도들이 마련되어야 한다. 세법적 측면에서 보면 생산적이고 효율적으로 사용되는 토지는 사업용토지라 할 수 있고 그렇지 않은 토지를 비사업용토지라 할 수 있다.

토지의 양도에서는 사업용인지 비사업용인지의 구분이 중요하다. 비사업용토지인 경우 중과세율을 적용하여 규제하고 있기 때문이다.

소득세법에서는 비사업용토지가 어떤 토지인지에 대한 요건을 규정하고 있다. 하지만 이 책에서는 실무상 적용의 편의를 위해 사업용토지가 어떤 토지인지에 대해 설명하기로 한다.

사업용토지인지 여부는 크게 세 가지로 나누어 판단할 수 있다.

첫째, 무조건 사업용토지로 보는 토지다.

둘째, 일정한 기간 동안 사업용으로 사용한 경우 사업용토지로 인정해 주는 기간기준 요건을 충족한 토지다.

마지막으로 기간기준 요건을 충족한 토지라 하더라도 일정한 면적 이내의 토지만 사업용토지로 인정하는 면적기준이 있는 토지다.

아래에서는 무조건 사업용토지로 보는 토지를 살펴보고 기간기준 요건과 면적기준 요건은 기간기준 요건을 설명할 때 함께 살펴보기로 한다.

2. 무조건 사업용토지로 보는 토지

다음 중 어느 하나에 해당하는 토지는 사업용토지로 사용한 기간 요건을 충족했는지 여부와 관계없이 사업용토지로 본다(소법 제104조의3 제2항, 소령 제168조의14 제3항).

(1) 직계존속 등이 8년 이상 자경한 농지 · 임야 · 목장용지를 상속 · 증여받은 토지

직계존속 또는 배우자가 8년 이상 토지 소재지에 거주하면서 직접 경작한 농지 · 임야 및 목장용지로서 이를 해당 직계존속 또는 해당 배우자로부터 상속 · 증여받은 토지. 다만, 양도 당시 「국토의 계획 및 이용에 관한 법률」에 따른 도시지역(녹지지역 및 개발제한구역은 제외한다) 안의 토지는 제외한다(소령 제168조의14 제3항 제1의2호).

8년 이상 토지소재지에 거주하면서 직접 경작한 농지 · 임야 및 목장용지란 다음의 토지를 말한다(소칙 제83조의5 제3항)

① 농지의 소재지와 같은 시 · 군 · 구(자치구를 말한다), 연접한 시 · 군 · 구 또는 농지로부터 직선거리 30킬로미터 이내에 있는 지역에 사실상 거주하는 자가 자경한 농지
② 임야의 소재지와 같은 시 · 군 · 구, 연접한 시 · 군 · 구 또는 임야로부터 직선거리 30킬로미터 이내에 있는 지역에 사실상 거주하면서 주민등록이 되어 있는 자가 소유한 임야
③ 축산업을 영위하는 자가 소유하는 목장용지로서 가축별 기준면적과 가축두수를 적용하여 계산한 토지의 면적 이내의 목장용지

(2) 수용되는 토지

「공익사업을 위한 토지 등의 취득 및 보상에 관한 법률」 및 그 밖의 법률에 따라 협의매수 또는 수용되는 토지로서 다음 중 어느 하나에 해당하는 토지(소령 제168조의14 제3항 제3호)

① 취득일(상속받은 토지는 피상속인이 해당 토지를 취득한 날을 말하고, 배우자 등 증여에 대한 이월과세 규정을 적용받는 경우에는 증여한 배우자 또는 직계존비속이 해당 자산을 취득

한 날을 말한다)이 사업인정고시일부터 5년(2021.5.4. 전에 사업인정고시된 경우 2년) 이전
인 토지

② 사업인정고시일이 2006년 12월 31일 이전인 토지

(3) 농지로서 다음 중 어느 하나에 해당하는 토지

① 상속에 의하여 취득한 농지로서 그 상속개시일부터 5년 이내에 양도하는 토지
② 종중이 소유한 농지(2005년 12월 31일 이전에 취득한 것에 한한다)

3. 기간기준 요건을 충족하는 토지

양도소득세에서 사업용토지로 사용되는 경우 취득일부터 양도일까지 전체 기간을 사업용으로
사용하지 않는다 하더라도 일정기간 동안 사업용으로 사용하는 경우 중과세율을 적용하지 않는다.
다음의 ①, ②, ③ 기간 중 어느 하나가 사업용토지로 사용한 기간에 해당하는 경우 그 토지는 사
업용토지로 본다(소법 제104조의3 제1항, 소령 제168조의6).

① 양도일 직전 5년 중 3년 이상의 기간
② 양도일 직전 3년 중 2년 이상의 기간
③ 토지 소유기간의 60%에 상당하는 기간 이상의 기간(일수 계산, 초일불산입 말일산입)

아래에 해당하는 경우에는 사업용토지로 사용한 것으로 보아 사업용토지 사용기간에 포함하여
기간기준을 적용한다. 토지의 종류를 지목별로 농지, 임야, 목장용지, 기타토지인 경우로 나누어
살펴보기로 한다.

(1) 농지

소유자가 농지 소재지에 거주하(재촌)면서 자기가 경작(자경)한 기간은 사업용토지로 사용한
기간에 포함한다(소법 제104조의3 제1항 제1호, 소령 제168조의8). 이러한 농지가 위의 기간기준 요건을

충족하면 사업용토에 해당한다.

　소유자가 농지소재지에 재촌하면서 자경하는 농지란 농지소재지와 동일한 시·군·구(자치구인 구를 말한다), 연접한 시·군·구(행정구역상 동일한 경계선을 사이에 두고 서로 붙어 있는 시·군·구를 말하는 것으로 국립지리원이 발간한 지형도상의 해상경계선으로 연접되는 경우도 포함) 또는 농지로부터 직선거리 30킬로미터 이내의 지역에 사실상 거주(재촌)하는 자가 직접 경작(자경)하는 농지를 말한다. 다만, 시지역(읍·면지역 제외) 중 도시지역(녹지지역 및 개발제한구역은 제외)에 있는 농지는 비사업용토지로 본다. 이 경우에도 불구하고 소유자가 농지 소재지에 거주하며 스스로 경작하던 농지로서 특별시·광역시·특별자치시·특별자치도 및 시 지역의 도시지역에 편입된 날부터 3년이 지나지 아니한 농지의 자경기간은 사업용토지로 사용한 기간으로 본다(소법 제104조의3 제1항 제1호 나목).

　아래에서는 재촌자경에 대한 내용을 조금 더 살펴보기로 한다.

1) 재촌의 지역기준

① 농지가 소재하는 시·군·구 안의 지역

② 농지소재지와 연접한 시·군·구 안의 지역

③ 농지소재지로부터 직선거리 30킬로미터 이내의 지역

2) 자경의 기준

　직접 경작(자경)한 농지란 다음 중 어느 하나에 해당하는 것을 말한다(소령 제168조의8 제2항, 조특령 제66조 제13항).

① 거주자가 그 소유농지에서 농작물의 경작 또는 다년생식물의 재배에 상시 종사하는 것

② 거주자가 그 소유농지에서 농작업의 2분의 1 이상을 자기의 노동력에 의하여 경작 또는 재배하는 것

3) 재촌·자경하지 않는 경우에도 자경기간에 포함하는 경우

　「농지법」이나 그 밖의 법률에 따라 소유할 수 있는 농지로서, 상속에 의하여 취득한 농지로서 그 상속개시일부터 3년이 경과하지 아니한 토지, 이농 당시 소유하고 있던 농지로서 그 이농일부터

3년이 경과하지 아니한 토지, 종중이 소유한 농지(2005년 12월 31일 이전에 취득한 것에 한한다)에 해당하는 경우에는 사업용토지로 사용한 기간으로 인정한다. 그리고 소유자(생계를 같이하는 자 중 소유자와 동거하면서 함께 영농에 종사한 자를 포함한다)가 질병, 고령, 징집, 취학, 선거에 의한 공직 취임, 그 밖에 부득이한 사유로 인하여 자경할 수 없는 경우로서 다음의 요건을 모두 갖춘 토지에 해당하는 경우에도 사업용토지로 사용한 기간으로 인정한다.

① 해당 사유 발생일부터 소급하여 5년 이상 계속하여 재촌하면서 자경한 농지로서 해당 사유 발생 이후에도 소유자가 재촌하고 있을 것. 이 경우 해당 사유 발생 당시 소유자와 동거하고 생계를 같이하는 자가 농지 소재지에 재촌하고 있는 경우에는 그 소유자가 재촌하고 있는 것으로 본다.
②「농지법」에 따라 농지를 임대하거나 사용대할 것
③「지방세특례제한법」에 따른 사회복지법인 등, 학교 등, 종교·제사 단체 및 정당이 그 사업에 직접 사용하는 농지

4) 사업용토지로 인정하는 기간에서 제외하는 기간

피상속인(그 배우자를 포함) 또는 거주자의 근로소득(총급여), 사업소득(농업·축산업·임업 및 비과세 농가부업소득, 부동산임대소득 제외)의 합계액이 3,700만원 이상인 과세기간 또는 복식부기의무자 수입금액 기준 이상의 수입금액이 있는 과세기간은 해당 피상속인 또는 거주자가 경작한 기간에서 제외한다.

(2) 임야

다음에 해당하는 임야의 경우에는 사업용토지 사용기간에 포함하여 기간기준 요건 충족 여부를 판단한다(소법 제104조의3 제1항 제2호, 소령 제168조의9).

1) 재촌 임야의 소유기간

재촌 임야란 임야의 소재지와 동일한 시·군·구, 그와 연접한 시·군·구 또는 임야로부터 직선거리 30킬로미터 이내에 있는 지역에 주민등록이 되어 있고 사실상 거주하는 자가 소유하는 임야를 말한다. 이러한 재촌 임야의 소유기간은 사업용토지로 사용한 기간으로 본다.

2) 공익 또는 산림의 보호·육성을 위하여 필요한 임야

공익을 위하여 필요하거나 산림의 보호·육성을 위하여 필요한 임야로서 다음 중 어느 하나에 해당하는 임야로 사용한 기간은 사업용토지로 사용한 기간으로 본다.

① 「산림보호법」에 따른 산림보호구역, 「산림자원의 조성 및 관리에 관한 법률」에 따른 채종림採種林 또는 시험림

② 「산지관리법」에 따른 산지 안의 임야로서 다음 중 어느 하나에 해당하는 임야. 다만, 「국토의 계획 및 이용에 관한 법률」에 따른 도시지역(보전녹지지역을 제외한다) 안의 임야로서 도시지역으로 편입된 날부터 3년이 경과한 임야를 제외한다.

 ⓐ 「산림자원의 조성 및 관리에 관한 법률」에 따른 산림경영계획인가를 받아 시업施業 중인 임야

 ⓑ 「산림자원의 조성 및 관리에 관한 법률」에 따른 특수산림사업지구 안의 임야

③ 사찰림 또는 동유림洞有林

④ 「자연공원법」에 따른 공원자연보존지구 및 공원자연환경지구 안의 임야

⑤ 「도시공원 및 녹지 등에 관한 법률」에 따른 도시공원 안의 임야

⑥ 「문화재보호법」에 따른 문화재보호구역 안의 임야

⑦ 「전통사찰의 보존 및 지원에 관한 법률」에 따라 전통사찰이 소유하고 있는 경내지

⑧ 「개발제한구역의 지정 및 관리에 관한 특별조치법」에 따른 개발제한구역 안의 임야

⑨ 「군사기지 및 군사시설 보호법」에 따른 군사기지 및 군사시설 보호구역 안의 임야

⑩ 「도로법」에 따른 접도구역 안의 임야

⑪ 「철도안전법」에 따른 철도보호지구 안의 임야

⑫ 「하천법」에 따른 홍수관리구역 안의 임야

⑬ 「수도법」에 따른 상수원보호구역 안의 임야

3) 거주 또는 사업과 직접 관련이 있다고 인정할 만한 사유가 있는 임야

토지의 소유자, 소재지, 이용 상황, 보유기간 및 면적 등을 고려하여 거주 또는 사업과 직접 관련이 있다고 인정할 만한 상당한 이유가 있는 임야로서 다음 중 어느 하나에 해당하는 임야로 사용한 기간은 사업용토지로 사용한 기간으로 본다.

① 「임업 및 산촌 진흥촉진에 관한 법률」에 따른 임업후계자가 산림용 종자, 산림용 묘목, 버섯, 분재, 야생화, 산나물 그 밖의 임산물의 생산에 사용하는 임야

② 「산림자원의 조성 및 관리에 관한 법률」에 따른 종·묘생산업자가 산림용 종자 또는 산림용 묘목의 생산에 사용하는 임야

③ 「산림문화·휴양에 관한 법률」에 따른 자연휴양림을 조성 또는 관리·운영하는 사업에 사용되는 임야

④ 「수목원·정원의 조성 및 진흥에 관한 법률」에 따른 수목원을 조성 또는 관리·운영하는 사업에 사용되는 임야

⑤ 산림계가 그 고유 목적에 직접 사용하는 임야

⑥ 「지방세특례제한법」 제22조·제41조·제50조 및 제89조에 따른 사회복지법인 등, 학교 등, 종교·제사 단체 및 정당이 그 사업에 직접 사용하는 임야

⑦ 상속받은 임야로서 상속개시일부터 3년이 경과하지 아니한 임야

⑧ 종중이 소유한 임야(2005년 12월 31일 이전에 취득한 것에 한한다)

(3) 목장용지

특별시·광역시·특별자치시·특별자치도 및 시지역의 도시지역(녹지지역 및 개발제한구역은 제외)외의 지역(도시지역에 편입된 날부터 3년이 지나지 아니한 경우 포함)에서 축산업을 경영하는 자가 소유하는 목장용지는 사업용토지로 사용한 기간으로 보아 기간기준 요건 여부를 판단하고 가축별 기준면적과 가축두수를 적용하여 계산한 축산용토지의 기준면적 이내의 토지는 사업용토지로 본다(소법 제104조의3 제1항 제3호, 소령 제168조의10).

토지의 소유자, 소재지, 이용 상황, 보유기간 및 면적 등을 고려하여 거주 또는 사업과 직접 관련이 있다고 인정할 만한 상당한 이유가 있는 목장용지로서 다음 중 어느 하나에 해당하는 것은 사업용토지로 사용한 기간으로 본다.

① 상속받은 목장용지로서 상속개시일부터 3년이 경과하지 아니한 것

② 종중이 소유한 목장용지(2005년 12월 31일 이전에 취득한 것에 한한다)

(4) 농지 · 임야 및 목장용지 외의 토지

농지, 임야 및 목장용지 외의 토지로서 다음 중 어느 하나에 해당하는 토지는 사업용토지로 사용한 기간으로 보아 기간기준 요건 충족 여부를 판단한다(소법 제104조의3 제1항 제4호, 소령 제168조의11).

1) 「지방세법」 또는 관계 법률에 따라 재산세가 비과세되거나 면제되는 토지
2) 「지방세법」 제106조 제1항 제2호 및 제3호에 따른 재산세 별도합산과세대상 또는 분리과세대상이 되는 토지
3) 토지의 이용 상황, 관계 법률의 의무 이행 여부 및 수입금액 등을 고려하여 거주 또는 사업과 직접 관련이 있다고 인정할 만한 상당한 이유가 있는 토지로서 다음 중 어느 하나에 해당하는 것(소령 제168조의11)
① 주차장용토지로서 다음 중 어느 하나에 해당하는 것
    ⓐ 「주차장법」에 따른 부설주차장으로서 동법에 따른 부설주차장 설치기준면적 이내의 토지
    ⓑ 주차장운영업용토지
      주차장운영업을 영위하는 자가 소유하고, 「주차장법」에 따른 노외주차장으로 사용하는 토지로서 토지의 가액에 대한 1년간의 수입금액의 비율이 3% 이상인 토지

|참고| 수입금액의 비율 계산 방법

수입금액비율은 과세기간별로 계산하되, 다음의 비율 중 큰 것으로 한다. 이 경우 해당 토지에서 발생한 수입금액을 토지의 필지별로 구분할 수 있는 경우에는 필지별로 수입금액비율을 계산한다(소령 제168조의11 제2항).
a. 해당 과세기간의 연간수입금액을 해당 과세기간의 토지가액으로 나눈 비율
b. (해당 과세기간의 연간수입금액 + 직전 과세기간의 연간수입금액) ÷ (해당 과세기간의 토지가액 + 직전 과세기간의 토지가액)

---

② 하치장용 등의 토지
③ 화훼판매시설업용토지 등
    화훼판매시설업용토지, 조경작물식재업용토지, 자동차정비 · 중장비정비 · 중장비운전 또는

농업에 관한 과정을 교습하는 학원용토지, 그 밖에 이와 유사한 토지로서 토지의 가액에 대한 1년간의 수입금액의 비율이 일정 비율(조경작물식재업용토지 및 화훼판매시설업용토지는 7%) 이상인 토지

④ 무주택 1세대가 소유하는 주택을 신축할 수 있는 토지

주택을 소유하지 아니하는 1세대가 소유하는 1필지의 나지裸地로서 법령의 규정에 따라 주택의 신축이 금지 또는 제한되는 지역에 소재하지 아니하고, 그 지목이 대지이거나 실질적으로 주택을 신축할 수 있는 토지(660제곱미터 이내에 한한다)

(5) 주택부속토지

「지방세법」 제106조 제2항에 따른 주택부속토지 중 주택이 정착된 면적에 지역별로 적용배율을 곱하여 산정한 면적 이내에 해당하는 토지는 사업용토지로 사용한 기간으로 본다. 다만, 일정한 면적을 초과하는 토지는 비사용토지로 본다(소법 제104조의3 제1항 제5호).

[적용배율]

구분			적용배율
도시지역 내	수도권 내	주거·상업·공업지역	3배
		녹지지역	5배
	수도권 밖		5배
도시지역 밖			10배

(6) 법령에 따라 사용이 금지 또는 제한된 토지 등

다음 중 어느 하나에 해당하는 토지는 해당 기간 동안 사업용토지로 사용한 기간으로 보아 기간기준 요건 충족 여부를 판단한다(소령 제168조의14).

1) 토지를 취득한 후 법령에 따라 사용이 금지 또는 제한된 토지로서 사용이 금지 또는 제한된 기간

2) 토지를 취득한 후 「문화재보호법」에 따라 지정된 보호구역 안의 토지로서 보호구역으로 지정

된 기간

3) 위 1) 및 2)에 해당되는 토지로서 상속받은 토지는 상속개시일부터 위 1) 및 2)에 따라 계산한
기간

4) 그 밖에 공익, 기업의 구조조정 또는 불가피한 사유로 인한 법령상 제한, 토지의 현황·취득
사유 또는 이용 상황 등을 고려하여 다음의 부득이한 사유에 해당되는 토지로서 부득이한 사
유로 정하는 기간(소칙 제83조의5 제1항)

① 토지를 취득한 후 법령에 따라 해당 사업과 관련된 인가·허가(건축허가를 포함한다)·면허
등을 신청한 자가 「건축법」 제18조 및 행정지도에 따라 건축허가가 제한됨에 따라 건축을 할
수 없게 된 토지로서 건축허가가 제한된 기간

② 토지를 취득한 후 법령에 따라 해당 사업과 관련된 인가·허가·면허 등을 받았으나 건축자
재의 수급조절을 위한 행정지도에 따라 착공이 제한된 토지로서 착공이 제한된 기간

③ 사업장(임시 작업장을 제외한다)의 진입도로로서 「사도법」에 따른 사도 또는 불특정다수인
이 이용하는 도로로서 사도 또는 도로로 이용되는 기간

④ 「건축법」에 따라 건축허가를 받을 당시에 공공공지公共空地로 제공한 토지로서 해당 건축물의
착공일부터 공공공지로의 제공이 끝나는 날까지의 기간

⑤ 지상에 건축물이 정착되어 있지 아니한 토지를 취득하여 사업용으로 사용하기 위하여 건설
에 착공(착공일이 불분명한 경우에는 착공신고서 제출일을 기준으로 한다)한 토지로서 해당
토지의 취득일부터 2년 및 착공일 이후 건설이 진행 중인 기간(천재지변, 민원의 발생, 그 밖
의 정당한 사유로 인하여 건설을 중단한 경우에는 중단한 기간을 포함한다)

⑥ 저당권의 실행 그 밖에 채권을 변제받기 위하여 취득한 토지 및 청산절차에 따라 잔여재산의
분배로 인하여 취득한 토지로서 취득일부터 2년

⑦ 해당 토지를 취득한 후 소유권에 관한 소송이 계속 중인 토지로서 법원에 소송이 계속되거나
법원에 의하여 사용이 금지된 기간

⑧ 「도시개발법」에 따른 도시개발구역 안의 토지로서 환지방식에 따라 시행되는 도시개발사업
이 구획단위로 사실상 완료되어 건축이 가능한 토지로서 건축이 가능한 날부터 2년

⑨ 건축물이 멸실·철거되거나 무너진 토지로서 해당 건축물이 멸실·철거되거나 무너진 날부
터 2년

⑩ 거주자가 2년 이상 사업에 사용한 토지로서 사업의 일부 또는 전부를 휴업·폐업 또는 이전

함에 따라 사업에 직접 사용하지 아니하게 된 토지로 휴업·폐업 또는 이전일부터 2년

⑪ 천재지변, 그 밖에 이에 준하는 사유의 발생일부터 소급하여 2년 이상 계속하여 재촌하면서 자경한 자가 소유하는 농지로서 농지의 형질이 변경되어 황지荒地가 됨으로써 자경하지 못하는 토지로 해당 사유의 발생일부터 2년

⑫ 해당 토지를 취득한 후 ① 내지 ⑪의 사유 외에 도시계획의 변경 등 정당한 사유로 인하여 사업에 사용하지 아니하는 토지로서 해당 사유가 발생한 기간

4. 기간 기준 판정 사례

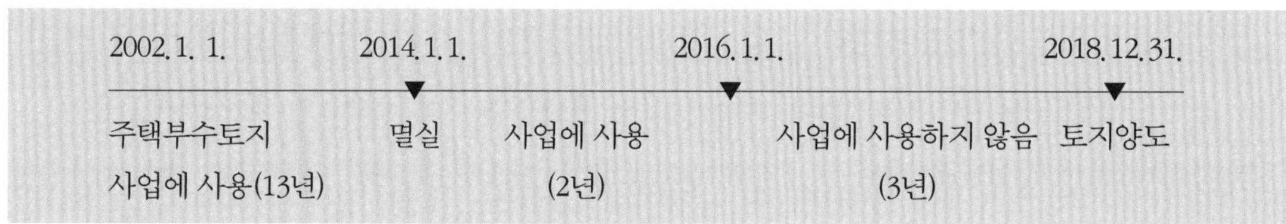

(1) 양도일 직전 5년 중 3년 이상인지 여부

양도일 전 5년 중 2년을 사업용에 사용하였으므로 사업용으로 사용한 기간이 3년 이상이 아니라서 사업용토지 아님(비사업용토지에 해당)

(2) 양도일 직전 3년 중 2년 이상인지 여부

양도일 전 3년 중 사업용에 사용한 기간이 없으므로 사업용토지 아님(비사업용토지에 해당)

(3) 총보유기간의 60% 이상인지 여부

총보유기간 18년 중 15년을 사업용토지로 사용하였으므로 사업용토지 사용 기간은 83%에 해당함(6,570일 중 5,475일). 따라서 총보유기간 중 60% 이상의 기간을 사업용토지로 사용함. 이 경우 보유기간은 일수로 계산하며, 초일은 불산입하고 말일은 산입한다.

(4) 최종 판정 : 사업용토지에 해당함

[별첨 1] 양도소득세 신고 시 필요한 서류 목록(일반적인 경우)

1. 매도 관련 서류

(1) 매도 시 매매계약서

(2) 매도 시 공인중개사 수수료 영수증

(3) 양도세 신고수수료 영수증

2. 취득 관련 서류

(1) 취득당시 매매계약서 또는 분양계약서

· 상속 취득 시 상속세신고서(분실 혹은 무신고 시 상속세결정내역서 발급)

· 증여 취득 시 증여세신고서(분실 혹은 무신고 시 증여세결정내역서 발급)

· 일반분양받은 경우 분양대금납부확인서

(2) 취득당시 취득세 · 등록세영수증

(분실 시 주민센터에서 취득연도 지방세세목별과세증명서 발급)

(3) 취득당시 법무사 수수료 영수증

(4) 취득당시 공인중개사 수수료 영수증

(5) 증축, 확장, 인테리어 등의 경우 관련 서류 및 통장지급내역

(6) 기타 필요경비 자료

3. 기타 필요 서류

(1) 주민등록등본

(2) 주민등록초본

(3) 주택임대사업자인 경우 지자체등록증, 세무서사업자등록증, 임대차계약서, 임대차계약 신고이력 확인서,
전입세대열람원

(4) 부동산 등기부등본

(5) 토지대장

(6) 건축물관리대장

(7) 멸실된 건축물이 있는 경우 폐쇄 등기부등본, 폐쇄 건축물관리대장

실무에서 소유권이전등기 시 매도자가 매수자에게 넘겨주는 등기권리증에는 양도 대상 자산의 매수 시 매매
계약서, 취득세 · 등록세 영수증, 법무사 영수증 등 자료가 함께 첨부되어 있는 경우가 있는데 이러한 자료는
양도자가 양도소득세 신고 시 필요한 서류이므로 확인하여야 한다.

1. 매도 관련 서류

(1) 매도 시 매매계약서

(2) 매도 시 공인중개사 수수료 영수증

(3) 양도세 신고수수료 영수증

2. 조합원 관련 서류

(1) 조합원공급계약서

(2) 완성주택 취득세 · 등록세 영수증, 법무사 영수증

(3) 완성주택 옵션비용 계약서 및 지급내역

(4) 승계조합원의 조합원입주권 취득 시 취득세 · 등록세 영수증, 법무사 영수증

(5) 관리처분계획인가고시 공고문

3. 재개발 · 재건축 전 기존주택 취득 관련 서류

(1) 취득당시 매매계약서

  · 상속 취득 시 상속세신고서(분실 또는 무신고 시 상속세결정내역서 발급)

  · 증여 취득 시 증여세신고서(분실 또는 무신고 시 증여세결정내역서 발급)

(2) 취득당시 취득세 · 등록세영수증

  (분실 시 주민센터에서 취득연도 지방세세목별과세증명서 발급)

(3) 취득당시 법무사 수수료 영수증

(4) 취득당시 공인중개사 수수료 영수증

(5) 증축, 확장, 인테리어 등의 경우 관련 서류 및 통장지급내역

(6) 기타 필요경비 자료

4. 기타 필요 서류

(1) 주민등록등본

(2) 주민등록초본

(3) 주택임대사업자인 경우 지자체등록증, 세무서사업자등록증, 임대차계약서, 임대차계약 신고이력 확인서,

  전입세대열람원

(4) 부동산 등기부등본

(5) 토지대장

(6) 건축물관리대장

(7) 멸실된 건축물이 있는 경우 폐쇄 등기부등본, 폐쇄 건축물관리대장

부동산의 취득과 취득세

제7장 취득세에 대하여
제8장 주택 등의 취득과 취득세

법령 명칭 요약

- 지방세법: 지법
- 지방세법 시행령: 지령
- 지방세법 시행규칙: 지칙

제7장

취득세에 대하여

제7장에서는 다음과 같은 내용을 살펴보기로 한다.

제1절 취득세의 개요
제2절 과세표준
제3절 세율 및 신고·납부

제1절 | 취득세의 개요

1. 취득세 과세대상 및 취득유형

(1) 과세대상

취득세는 취득이라는 행위를 과세대상으로 하는 세금이다. 취득행위에는 매매, 교환, 상속, 증여, 기부, 법인에 대한 현물출자, 건축, 개수, 공유수면의 매립, 간척에 의한 토지의 조성 등과 그밖에 이와 유사한 취득으로서 원시취득, 승계취득 또는 유상·무상의 모든 취득이 포함된다(지법 제6조 제1호). 그뿐만 아니라 토지의 지목변경, 과점주주의 주식취득, 선박·차량·기계장비의 종류변경, 건축물 개수 등의 행위도 취득으로 간주하여 취득세를 과세한다(지법 제7조 제4항, 제5항).

지방세법에서는 취득세가 과세되는 취득행위의 대상으로 부동산, 차량, 기계장비, 항공기, 선박, 입목, 광업권, 어업권, 양식업권, 골프회원권, 승마회원권, 콘도미니엄 회원권, 종합체육시설 이용회원권 또는 요트회원권(부동산 등)을 열거하고 있다(지법 제7조 제1항).

(2) 취득유형

취득세 과세대상이 되는 취득행위에는 원시취득, 승계취득 또는 유상·무상 등 일체의 취행위를 포함한다. 원시취득이란 타인의 권리에 기초함이 없이 새로이 특정의 권리를 취득하는 것을 말하며, 승계취득이란 타인의 권리에 기초한 권리의 취득을 말한다. 이러한 사실상의 취득뿐만 아니라 토지의 지목변경, 과점주주의 주식취득, 선박·차량·기계장비의 종류 변경, 건축물 개수 등의 간주취득에도 취득세를 과세한다.

1) 사실상의 취득

부동산을 취득하는 경우 취득세가 과세될 수 있는 유형을 살펴보면 부동산을 매매로 유상승계취득하는 경우뿐만 아니라 교환, 현물출자 등으로 유상 승계취득하는 경우에도 취득세가 과세된다. 그리고 부동산을 상속이나 증여로 무상 승계취득하거나 신축하여 소유권보존등기를 하는 경우에도 과세된다. 이러한 부동산의 취득은 등기를 하지 아니한 경우라도 사실상 취득하면 각각 취득한 것으로 보고 해당 취득물건의 소유자를 취득자로 한다(지법 제7조 제2항).

2) 간주취득

간주취득이란 위의 사실상의 취득은 아니지만 토지의 지목변경, 과점주주의 주식취득, 선박·차량·기계장비의 종류 변경, 건축물 개수 등으로 가치가 증가하는 경우 그 가치증가분을 취득한 것으로 보아 취득세를 과세하는 것을 말한다.

토지의 지목이 변경되는 경우 토지의 지목이 사실상 변경된 때를 기준으로 지목변경 전의 시가표준액과 지목변경 후의 시가표준액의 차액을 과세표준으로 하여 지목변경일로부터 30일 이내에 취득세를 자진신고·납부하여야 한다(예규 세무과-1179, 2009.8.25).

부동산법인의 과점주주가 주식을 추가 취득하는 경우에도 취득세가 과세될 수 있다. 과점주주란 주주 1명과 그의 특수관계인의 소유주식의 합계가 해당 법인의 발행주식 총수의 50%를 초과하면서 그에 관한 권리를 실질적으로 행사하는 자들을 말한다(지방세기본법 제46조 제2호). 이 경우에는 주식을 취득하는 그 자체에 취득세를 과세하는 것이 아니라 주식을 통하여 부동산 등을 간접적으로 취득하는 것에 대해 과세하는 것이다. 과점주주의 간주취득에 대해서는 뒤에서 살펴보는 가족법인과 취득세에서 설명하기로 한다.

[취득유형]

사실상의 취득	승계취득	유상취득	매매, 교환, 현물출자 등
		무상취득	상속, 증여
	원시취득		건축물 신축, 재축災築 등
간주취득	토지의 지목변경		
	건축물의 개수		
	차량, 기계장비, 선박의 종류 변경		
	과점주주의 주식취득		

2. 납세의무자

취득세는 부동산, 차량, 기계장비, 항공기, 선박, 입목, 광업권, 어업권, 양식업권, 골프회원권, 승마회원권, 콘도미니엄 회원권, 종합체육시설 이용회원권 또는 요트회원권(부동산 등)을 취득한 자가 납부하는 세금이다(지법 제7조 제1항).

「도시개발법」에 따른 도시개발사업과 「도시 및 주거환경정비법」에 따른 정비사업의 시행으로 해당 사업의 대상이 되는 부동산의 소유자(상속인을 포함한다)가 환지계획 또는 관리처분계획에 따라 공급받거나 토지상환채권으로 상환받는 건축물은 그 소유자가 원시취득한 것으로 보며, 토지의 경우에는 그 소유자가 승계취득한 것으로 본다. 이 경우 토지는 당초 소유한 토지 면적을 초과하는 경우로서 그 초과한 면적에 해당하는 부분에 한정하여 취득한 것으로 본다(지법 제7조 제16항).

3. 계산구조

[취득세 계산구조]

과세표준	· 사실상취득가격 등
(×) 세율	· 기본세율, 중과세율
(=) 산출세액	**· 과세표준 × 세율**
(-) 감면세액	· 조세특례제한법 감면세액
(+) 가산세	· 무(과소)신고가산세 · 납부지연가산세
(=) 납부할 세액	**· 산출세액 -감면세액 + 가산세**

다음 절부터는 취득세 계산구조의 구성 요소에 대한 세법의 내용을 과세표준, 세율, 신고·납부 순서대로 살펴보기로 한다.

제2절 | 과세표준

1. 과세표준의 개요

취득세 산출세액은 과세표준에 세율을 적용하여 계산한다.

$$\text{산출세액} = \text{과세표준} \times \text{세율}$$

취득세 과세표준은 취득당시의 가액으로 한다(지법 제10조). 취득당시의 가액이란 2023. 1. 1. 이후 납세의무가 성립하는 분부터 개인·법인 모두 유상승계취득 및 원시취득하는 경우 사실상의 취득가격(사실상취득가격)을 말한다.

$$\text{과세표준} = \text{취득당시의 가액} = \text{사실상취득가격}$$

무상승계취득의 경우에는 시가인정액을 취득당시의 가액으로 한다. 다만, 상속으로 취득하는 경우에는 시가표준액으로 한다.

$$\text{과세표준} = \text{취득당시의 가액} = \text{시가인정액 또는 시가표준액}$$

아래에서는 과세표준을 유상승계취득하는 경우, 무상승계취득하는 경우, 원시취득하는 경우로 나누어 살펴보기로 한다.

2. 유상승계취득

부동산 등을 유상거래(매매 또는 교환 등 취득에 대한 대가를 지급하는 거래를 말한다)로 승계 취득하는 경우 과세표준은 사실상취득가격으로 한다(지법 제10조의3 제1항).

(1) 사실상취득가격

사실상의 취득가격이란 취득시기 이전에 해당 물건을 취득하기 위하여 거래 상대방이나 제3자에게 지급하였거나 지급하여야 할 일체의 비용으로서 직접비용과 간접비용의 합계액을 말한다. 다만, 취득대금을 일시급 등으로 지급하여 일정액을 할인받은 경우에는 그 할인된 금액으로 한다(지령 제18조).

1) 사실상취득가격에 포함되는 비용

① 건설자금에 충당한 차입금의 이자 또는 이와 유사한 금융비용(개인은 제외)

② 할부 또는 연부年賦 계약에 따른 이자 상당액 및 연체료(개인은 제외)

③ 「농지법」에 따른 농지보전부담금, 「문화예술진흥법」에 따른 미술작품의 설치 또는 문화예술진흥기금에 출연하는 금액, 「산지관리법」에 따른 대체산림자원조성비 등 관계 법령에 따라 의무적으로 부담하는 비용

④ 취득에 필요한 용역을 제공받은 대가로 지급하는 용역비, 수수료(건축 및 토지조성공사로 수탁자가 취득하는 경우 위탁자가 수탁자에게 지급하는 신탁수수료를 포함한다)

⑤ 취득대금 외에 당사자의 약정에 따른 취득자 조건 부담액과 채무인수액

⑥ 부동산을 취득하는 경우 「주택도시기금법」에 따라 매입한 국민주택채권을 해당 부동산의 취득 이전에 양도함으로써 발생하는 매각차손

⑦ 「공인중개사법」에 따른 공인중개사에게 지급한 중개보수(개인은 제외)

⑧ 붙박이 가구·가전제품 등 건축물에 부착되거나 일체를 이루면서 건축물의 효용을 유지 또는 증대시키기 위한 설비·시설 등의 설치비용

⑨ 정원 또는 부속시설물 등을 조성·설치하는 비용

2) 사실상취득가격에 포함되지 않는 비용

① 취득하는 물건의 판매를 위한 광고선전비 등의 판매비용과 그와 관련한 부대비용

② 이주비, 지장물 보상금 등 취득물건과는 별개의 권리에 관한 보상 성격으로 지급되는 비용

③ 부가가치세

(2) 부당행위계산 부인

앞에서 살펴본 과세표준에 대한 세법의 내용에도 불구하고 지방자치단체의 장은 특수관계인 간의 거래로 그 취득에 대한 조세부담을 부당하게 감소시키는 행위 또는 계산을 한 것으로 인정되는 경우에는 시가인정액을 취득당시가액으로 결정할 수 있다(지법 제10조의3 제2항). 이를 부당행위계산 부인이라 한다.

부당행위계산 부인의 유형으로는 특수관계인으로부터 시가인정액보다 낮은 가격으로 부동산을 취득한 경우로서 시가인정액과 사실상취득가격의 차액이 3억원 이상이거나 시가인정액의 5%에 상당하는 금액 이상인 경우에는 시가인정액을 과세표준으로 한다는 규정이 있다(지령 제18조의2). 시가인정액에 대한 내용은 무상 승계취득에서 살펴보기로 한다.

취득세의 부당행위계산 부인 규정은 이미 살펴본 양도소득세의 부당행위계산 부인 유형 중 저가양도 규정과 유사하다. 아래 표에서 비교하기로 한다.

[취득세와 양도소득세의 부당행위계산 부인 비교]

구분	취득세 저가양수	양도소득세 저가양도
시가	시가인정액	시가
대가	거래가액	거래가액
차액	시가인정액 - 거래가액	시가 - 거래가액
기준금액	Min(① 3억원 ② 시가인정액 × 5%)	Min(① 3억원 ② 시가 × 5%)
판단기준	차액 ≥ 기준금액	차액 ≥ 기준금액
부인대상	과세표준: 시가인정액	양도가액: 시가
납세의무자	양수자	양도자
관련 법령	지방세법 시행령 제18조의2	소득세법 제101조, 시행령 제167조

(3) 배우자 또는 직계존비속 간의 부동산 유상취득과 증여간주

배우자 또는 직계존비속의 부동산 등을 취득하는 경우에는 증여로 취득한 것으로 본다. 다만, 다음 중 어느 하나에 해당하는 경우에는 그 취득한 부동산 등 전체를 유상으로 취득한 것으로 본다(지법 제7조 제11항).

1) 공매 등을 통하여 취득하는 경우

① 공매(경매를 포함한다)를 통하여 부동산 등을 취득한 경우

② 파산선고로 인하여 처분되는 부동산 등을 취득한 경우

③ 권리의 이전이나 행사에 등기 또는 등록이 필요한 부동산 등을 서로 교환한 경우

2) 해당 부동산 등의 취득을 위하여 그 대가를 지급한 사실이 다음 중 어느 하나에 의하여 증명되는 경우

① 그 대가를 지급하기 위한 취득자의 소득이 증명되는 경우

② 소유재산을 처분 또는 담보한 금액으로 해당 부동산을 취득한 경우

③ 이미 상속세 또는 증여세를 과세(비과세 또는 감면받은 경우를 포함한다)받았거나 신고한 경우로서 그 상속 또는 수증 재산의 가액으로 그 대가를 지급한 경우

④ ①부터 ③까지에 준하는 것으로서 취득자의 재산으로 그 대가를 지급한 사실이 입증되는 경우

3) 증여로 간주하는 경우

배우자 또는 직계존비속 간에 부동산 등을 유상으로 취득하는 경우에는 위 2)의 규정에도 불구하고, 즉 취득자의 재산으로 그 대가를 지급한 사실이 입증되는 경우에도 지급대가가 시가인정액보다 현저히 낮은 경우 증여로 간주한다(지법 제7조 제11항 제4호). 이 규정은 배우자·직계존비속 간 저가거래 등 조세회피를 방지하기 위한 것으로 2026. 1. 1. 이후 납세의무가 성립하는 분부터 적용한다.

여기서 대가가 현저히 낮은 경우란 그 대가와 시가인정액(시가인정액을 산정하기 어려운 경우에는 시가표준액)의 차액이 3억원 이상이거나 시가인정액의 30%에 상당하는 금액 이상인 경우를 말한다(지령 제11조의3, 2025. 12. 31. 신설). 이 규정은 제10장 부동산의 무상이전과 증여세에서 살펴보는 저가양수에 따른 이익의 증여 규정과 유사하다. 아래 표에서 비교하기로 한다.

[취득세 증여간주와 증여세의 저가양수 규정의 비교]

구분	취득세 증여간주	증여세 저가양수
시가	시가인정액	시가
대가	거래가액	거래가액
차액	시가 - 거래가액	시가 - 거래가액
기준금액	Min(① 3억원 ② 시가 × 30%)	Min(① 3억원 ② 시가 × 30%)
판단기준	차액 ≥ 기준금액	차액 ≥ 기준금액
해당규정	증여간주: 증여취득세율 적용	증여재산가액: (시가 - 대가) - 기준금액
납세의무자	양수자	양수자
관련 법령	지방세법 제7조 제11항, 시행령 제11조의3	상증세법 제35조, 시행령 제26조

3. 무상승계취득

부동산 등을 무상으로 승계취득하는 경우 취득당시의 가액이란 취득시기 현재 불특정 다수인 사이에 자유롭게 거래가 이루어지는 경우 통상적으로 성립된다고 인정되는 시가(시가인정액)를 말한다. 시가인정액에는 매매사례가액, 감정가액, 경매·공매가액 등 시가로 인정되는 가액을 포함한다(지법 제10조의2 제1항). 다만, 상속 등으로 무상승계취득하는 경우에는 시가표준액을 취득당시의 가액으로 한다.

> ·증여 과세표준 = 취득당시의 가액 = 시가 = 시가인정액
> ·상속 과세표준 = 취득당시의 가액 = 시가표준액

아래에서는 무상승계취득의 과세표준을 증여와 상속의 경우로 나누어 살펴보기로 한다.

(1) 증여

증여로 무상승계취득 시 과세표준은 시가인정액으로 한다. 다만, 시가표준액이 1억원 이하인 부동산 등을 무상취득(상속은 제외한다)하는 경우에는 시가인정액과 시가표준액 중에서 납세자가 정하는 가액으로 하고, 시가인정액을 산정하기 어려운 경우에는 시가표준액을 과세표준으로 한다(지법 제10조의2).

아래에서는 시가인정액의 산정, 평가기간의 판단기준일, 평가기간 외의 시가인정액에 대한 내용을 살펴보기로 한다.

1) 시가인정액의 산정

시가인정액이란 취득일 전 6개월부터 취득일 후 3개월 이내의 기간(평가기간)에 취득 대상이 된 부동산에 대하여 매매, 감정, 경매 또는 공매(매매 등)한 사실이 있는 경우의 가액으로서 다음의 구분에 따라 정하는 가액을 말한다(지령 제14조 제1항).

① 매매가액이 있는 경우

취득한 부동산의 매매사실이 있는 경우 그 거래가액을 시가인정액으로 한다. 다만, 특수관계인과의 거래 등으로 그 거래가액이 객관적으로 부당하다고 인정되는 경우는 제외한다.

② 감정가액이 있는 경우

취득한 부동산에 대하여 둘 이상의 감정기관이 평가한 감정가액이 있는 경우에는 그 감정가액의 평균액을 시가인정액으로 한다. 다만, 시가표준액이 10억원 이하인 부동산의 경우에는 하나의 감정기관으로 한다.

③ 경매 또는 공매가액이 있는 경우

취득한 부동산의 경매 또는 공매 사실이 있는 경우에는 그 경매가액 또는 공매가액을 시가인정액으로 한다.

위 규정에도 불구하고 납세자 또는 지방자치단체의 장은 취득일 전 2년 이내의 기간 중 평가기간에 해당하지 않는 기간에 매매 등이 있거나 평가기간이 지난 후에도 신고·납부기한의 만료일부터 6개월 이내의 기간 중에 매매 등이 있는 경우에는 지방세심의위원회에 해당 매매 등의 가액을 위 ①부터 ③의 가액으로 인정하여 줄 것을 심의요청할 수 있다(지령 제14조 제3항).

④ 유사부동산 시가인정액

위의 ①부터 ③까지의 규정에 따라 시가인정액으로 인정된 가액이 없는 경우에는 취득한 부동산 등의 면적, 위치, 종류 및 용도와 시가표준액이 동일하거나 유사하다고 인정되는 다른 부동산의 위의 ①부터 ③에 따른 가액을 해당 부동산 등의 시가인정액으로 본다. 다만, 유사부동산평가기간까지의 가액으로 한정한다. 유사부동산평가기간이란 취득일 전 1년부터 신고·납부기한의 만료일(취득세 과세물건을 취득한 자가 신고·납부기한 내에 신고한 경우에는 그 신고일)까지의 기간을 말한다(지령 제14조 제5항).

시가표준액이 동일하거나 유사하다고 인정되는 다른 부동산에 대한 판단기준을 공동주택과 공동주택 이외 부동산으로 나누어 살펴보면 다음과 같다(지칙 제4조의3).

ⓐ 공동주택

「부동산 가격공시에 관한 법률」에 따른 공동주택가격(새로운 공동주택가격이 고시되기 전에는 직전의 공동주택가격을 말한다)이 있는 공동주택의 경우 다음의 요건을 모두 충족하는 다른 공동주택은 유사성이 있다고 본다. 다만, 다음의 요건을 모두 충족하는 다른 공동주택이 둘 이상인 경우에는 산정대상 공동주택과 공동주택가격 차이가 가장 적은 다른 공동주택으로 한다.

가. 산정대상 공동주택과 동일한 공동주택단지 내에 있을 것
나. 산정대상 공동주택과의 주거전용면적 차이가 산정대상 공동주택의 주거전용면적을 기준으로 5% 이내일 것
다. 산정대상 공동주택과의 공동주택가격 차이가 산정대상 공동주택의 공동주택가격을 기준으로 5% 이내일 것

ⓑ 공동주택 외 부동산

공동주택 외의 부동산의 경우 다음의 요건을 모두 충족하는 부동산 등은 유사성이 있다고 본다.

가. 산정대상 부동산과 면적·위치·용도가 동일 또는 유사할 것
나. 산정대상 부동산과의 시가표준액 차이가 산정대상 부동산 등의 시가표준액을 기준으로 5% 이내일 것

위 ④의 규정에도 불구하고 납세자 또는 지방자치단체의 장은 부동산의 취득일 전 2년부터 신

고·납부기한의 만료일까지의 기간 중 유사부동산평가기간에 해당하지 않는 기간에 유사부동산의 매매 등이 있는 경우에는 지방세심의위원회에 해당 매매 등의 가액을 시가인정액으로 인정하여 줄 것을 심의요청할 수 있다(지령 제14조 제6항).

2) 평가기간의 판단 기준일

시가인정액이 평가기간 이내의 가액인지에 대한 판단은 다음의 구분에 따른 날을 기준으로 하며, 시가인정액이 둘 이상인 경우에는 취득일 전후로 가장 가까운 날의 가액(그 가액이 둘 이상인 경우에는 평균액을 말한다)을 적용한다(지령 제14조 제2항).

① 취득한 부동산의 매매사실이 있는 경우: 매매계약일

② 감정가액의 경우: 가격산정기준일과 감정가액평가서 작성일

③ 경매·공매의 경우: 경매가액 또는 공매가액이 결정된 날

| **참고** | **취득세의 시가인정액과 「상속세 및 증여세법」의 시가 비교**

취득세의 시가인정액 개념은 「상속세 및 증여세법」의 상속·증여재산 평가 방법의 시가에 포함되는 가액의 개념과 유사하다. 「상속세 및 증여세법」은 다음 장에서 다루기로 한다.

구분			취득세	상증세
	용어		시가인정액	시가
산정	해당 재산	범위	매매가액, 감정가액, 공매·경매가액	매매가액, 감정가액, 공매·경매가액, 수용가액
		평가기간 내	전 6개월~후 3개월	상속: 전·후 6개월 증여: 전 6개월 후 3개월
		평가기간 이외 (심의위원회)	전 2년~신고·납부기한 만료일부터 6개월	상속: 전 2년~결정기한(9개월) 증여: 전 2년~결정기한(6개월)
	유사 재산	범위	유사부동산의 매매가액 등	좌동
		평가기간 내	전 1년~신고납부기한 만료일 (신고한 경우 신고일)	전 6개월~신고일
		평가기간 이외 (심의위원회)	전 2년~신고납부기한 만료일	상속: 전 2년~결정기한(9개월) 증여: 전 2년~결정기한(6개월)

(2) 상속

상속에 따른 무상취득의 경우에는 시가표준액을 과세표준으로 한다(지법 제10조의2 제2항 제1호).

시가표준액이란 시가 그 자체는 아니지만 지방세 세목별 과세표준의 기준이 되는 물건의 적정가액으로서 지방자치단체의 장이 결정한 가액을 말한다. 부동산의 경우에는 다음의 가액을 시가표준액으로 한다(지법 제4조).

❶ 토지

「부동산 가격공시에 관한 법률」에 따라 공시된 개별공시지가

❷ 단독주택

「부동산 가격공시에 관한 법률」에 따라 공시된 개별단독주택공시가격

❸ 공동주택

「부동산 가격공시에 관한 법률」에 따라 공시된 공동주택공시가격

❹ 기타건축물

기타건축물(새로 건축하여 건축당시 개별주택가격 또는 공동주택가격이 공시되지 아니한 주택으로서 토지부분을 제외한 건축물을 포함한다) 시가표준액은 신축가격 기준가격에 종류, 구조, 용도, 경과연수 등 과세대상별 특성을 고려하여 지방자치단체의 장이 결정한 가액으로 한다.

○ 오피스텔의 시가표준액 계산 산식

$$표준가격기준액 \times 용도지수 \times 층지수 \times 가감산율 \times 면적$$

○ 오피스텔 외 기타건물의 시가표준액 계산 산식

$$건물신축가격기준액 \times 구조 \cdot 용도 \cdot 위치지수 \times 잔가율 \times 가감산율 \times 면적$$

■ 개별공시지가 및 주택공시가격 조회 방법

국토교통부 부동산공시가격 알리미(www.realtyprice.kr)

■ 기타건물시가표준액 조회 방법

· 서울시 소재 부동산

서울시 이택스 홈페이지 ⇨ ETAX 이용안내 ⇨ 조회 · 발급 ⇨ 주택 외 건물 시가표준액조회

· 서울시 외 소재 부동산

위택스 홈페이지 ⇨ 지방세정보 ⇨ 시가표준액조회

---

4. 원시취득

부동산 등을 원시취득하는 경우 과세표준은 사실상취득가격으로 한다. 법인이 아닌 자가 건축물을 건축하여 취득하는 경우로서 사실상취득가격을 확인할 수 없는 경우의 과세표준은 시가표준액으로 한다(지법 제10조의4).

핵심포인트 **취득 유형별 취득세 과세표준**

취득 유형				과세표준
사실상의 취득	승계취득	유상 승계취득	매매, 교환, 현물출자 등	사실상취득가격
		무상 승계취득	증여	시가인정액
			상속	시가표준액
			기타	시가표준액
	원시취득		소유권보존	사실상취득가격
간주취득	토지의 지목변경			증가한 가액
	건축물의 개수			
	차량, 기계장비, 선박의 종류 변경			
	과점주주의 주식취득			

◇　　　◇　　　◇

이번 절에서는 취득세의 과세표준에 대해 살펴보았다. 취득세의 납부할 세액은 취득세 과세표준에 세율을 곱하여 구한 산출세액에 감면세액을 차감하고 가산세를 더하여 계산한다. 그리고 신고·납부한다. 다음 절에서는 세율 및 신고·납부 방법에 대해서 살펴보기로 한다.

<table>
<tr><td>제3절</td><td>세율 및 신고 · 납부</td></tr>
</table>

1. 세율

(1) 취득세와 등록세의 통합 전 세율

취득세는 2011.1.1. 이후부터 등록세와 통합하여 운용되고 있다. 따라서 현재의 취득세 세율은 2010.12.31. 이전까지 분리하여 운용되던 등록세 세율이 합쳐진 세율을 말한다. 2010.12.31. 이전 취득세와 등록세의 일반적인 표준세율은 각각 2%였으며 주택을 취득하여 등기하는 경우에는 취득세와 등록세를 50% 감면하여 각각 1%를 적용하였다. 감면하는 취득세와 등록세 감면세액의 20%를 농어촌특별세로 과세하였다. 그리고 취득세율의 10%를 적용한 농어촌특별세(농특세)와 등록세율의 20%를 적용한 지방교육세를 부가하여 과세하였다. 국민주택규모 이하 주택의 취득에 대해서는 농어촌특별세를 비과세한다.

2010.12.31.까지 분리되어 운용되던 취득세와 등록세의 기본세율을 살펴보면 다음과 같다.

[통합 전 취득세 · 등록세 세율]

구분			취득세	농특세	등록세	교육세	합계
매매 등	주택	85㎡ 이하	1%	비과세	1%	0.2%	2.2%
		85㎡ 초과	1%	0.5%	1%	0.2%	2.7%
	주택 외		2%	0.2%	2%	0.4%	4.6%
증여			2%	0.2%	1.5%	0.3%	4.0%
상속	농지		2%	0.2%	0.3%	0.06%	2.56%
	농지 외		2%	0.2%	0.8%	0.16%	3.16%
신축			2%	0.2%	0.8%	0.16%	3.16%

(2) 취득세와 등록세 통합 후 취득세 세율

　2011.1.1. 이후에는 취득세와 등록세를 통합하여 취득세로 과세하고 있다. 통합 후 세율 구조를 살펴보면 아래와 같다. 이 책에서는 통합 후 주택에 대한 취득세 세율 중 유상으로 취득하는 첫 번째 주택 또는 조정대상지역이 아닌 곳에서 취득하는 두 번째 주택에 적용되는 세율을 기본세율이라 하고, 조정대상지역에서 취득하는 두 번째 주택 또는 3주택 이상 취득 시 적용되는 세율을 중과세율이라 하여 설명하기로 한다. 아래의 세율 중 주택에 대한 취득세 세율은 다음 장에서 구체적으로 살펴보기로 한다.

[통합 후 취득세 세율]

구분				취득세		농어촌 특별세		지방 교육세		합계	
유상취득	주택 세대합산	1주택	6억원 이하 85㎡ 이하	1%		비과세		0.1%		1.1%	
			6억원 이하 85㎡ 초과			0.2%		0.1%		1.3%	
			6억원 초과 9억원 이하 85㎡ 이하	1~3%		비과세		0.2%		1.2~3.4%	
			6억원 초과 9억원 이하 85㎡ 초과			0.2%		0.2%			
			9억원 초과 85㎡ 이하	3%		비과세		0.3%		3.3%	
			9억원 초과 85㎡ 초과			0.2%		0.3%		3.5%	
		중과세율		조정	비조정	조정	비조정	조정	비조정	조정	비조정
		2주택		8%	1~3%	0.6%	0.2%	0.4%	0.1~0.3%	9.0%	1.1~3.3%
		3주택		12%	8%	1%	0.6%	0.4%	0.4%	13.4%	9.0%
		4주택		12%		1%		0.4%		13.4%	
	주택 외			4.0%		0.2%		0.4%		4.6%	
무상취득	증여	주택 중과		12.0%	3.5%	1.0%	0.2%	0.4%	0.3%	13.4%	4.0%
		그 외		3.5%		0.2%		0.3%		4.0%	
	상속	농지외		2.8%		0.2%		0.16%		3.16%	
		농지		2.3%		0.2%		0.06%		2.56%	
원시취득(신축)				2.8%		0.2%		0.16%		3.16%	

※ 국민주택 규모(주거전용면적이 1호 또는 1세대당 85㎡, 수도권을 제외한 도시지역이 아닌 읍 또는 면 지역은 100㎡) 이하 주택 취득 시 농어촌특별세 비과세

2. 신고·납부

(1) 신고·납부기한

1) 일반적인 경우

취득세 과세물건을 취득한 자는 그 취득한 날부터 60일 이내에 신고하고 납부하여야 한다. 다만, 증여로 취득한 경우는 취득일이 속하는 달의 말일부터 3개월, 상속으로 취득한 경우는 상속개시일이 속하는 달의 말일부터 6개월(외국에 주소를 둔 상속인이 있는 경우에는 9개월) 이내에 신고·납부하여야 한다(지법 제20조).

2) 일반세율 신고·납부 후에 중과세율 적용대상이 되는 경우

취득세 과세물건을 취득한 후에 그 과세물건이 중과세율의 적용대상이 되었을 때에는 그 사유 발생일부터 60일 이내에 중과세율을 적용하여 산출한 세액에서 이미 납부한 세액을 공제한 금액을 세액으로 하여 신고·납부하여야 한다.

3) 비과세, 과세면제 또는 경감받은 후에 부과대상 또는 추징 적용대상이 되는 경우

취득세를 비과세, 과세면제 또는 경감받은 후에 해당 과세물건이 취득세 부과대상 또는 추징대상이 되었을 때에는 그 사유 발생일부터 60일 이내에 부과대상에 해당하는 세액을 신고·납부하여야 한다.

4) 일시적 2주택자가 처분기한 내 종전주택을 처분하지 못한 경우

일시적 2주택자가 처분기한 내 종전주택을 처분하지 못하여 중과세율의 적용대상이 되었을 때에는 그 사유 발생일부터 60일 이내에 중과세율을 적용하여 산출한 세액에서 이미 납부한 세액을 공제한 금액을 세액으로 하여 신고·납부하여야 한다.

(2) 가산세

1) 신고불성실가산세

① 무신고가산세
무신고납부세액 × 20%(부당무신고는 40%)

② 과소신고가산세
과소신고납부세액 × 10%(부당과소신고는 40%)

2) 납부지연가산세
납부하지 아니한 세액 또는 과소납부한 세액 × 법정납부기한의 다음 날부터 납부일까지의 기간 × 0.022%

2023.1.1. 이후 취득세 과세표준에 시가인정액이 도입됨에 따라 납세의무자가 신고기한까지 취득세를 시가인정액으로 신고한 후 지방자치단체의 장이 세액을 경정하기 전에 그 시가인정액을 수정신고한 경우에는 과소신고가산세 및 납부지연가산세는 부과하지 않는다(지법 제21조 제3항). 다만, 납부지연가산세 면제는 2026.1.1. 이후 납세의무가 성립하는 경우부터 적용한다.

지금까지 취득세 과세대상 및 취득유형, 납세의무자, 과세표준, 세율, 신고 · 납부에 대해 살펴보았다. 다음 장에서는 주택 취득과 관련된 취득세 내용을 다루고, 주택 외의 부동산을 취득하는 경우 적용되는 과세표준과 세율 및 가족법인이 부동산을 취득하는 경우 적용되는 취득세 내용에 대해 살펴보기로 한다.

제8장

주택 등의 취득과 취득세

제8장에서는 다음과 같은 내용을 살펴보기로 한다.

제1절 | 1세대 1주택

1. 개인의 주택 취득과 취득세

개인이 주택을 취득하는 경우 적용되는 취득세는 유상거래로 취득하는지 무상거래로 취득하는지 또는 1세대가 보유하는 주택수가 몇 채인지 그리고 취득하는 주택의 소재지가 조정대상지역인지에 따라 세율이 다르게 적용된다. 반면에 법인이 주택을 취득하는 경우에는 주택 수 및 지역에 상관없이 12%의 세율을 적용한다.

아래에서는 개인이 주택을 취득하는 경우 적용되는 세법의 규정 중 1세대, 주택 및 주택 수에 대한 내용을 살펴보기로 한다.

2. 1세대

(1) 1세대의 개념

1세대란 주택을 취득하는 사람과 「주민등록법」에 따른 세대별 주민등록표에 함께 기재되어 있는 가족(동거인은 제외한다)을 말한다. 다만, 주택을 취득하는 사람의 배우자, 취득일 현재 미혼인 30세 미만의 자녀 또는 부모는 주택을 취득하는 사람과 같은 세대별 주민등록표에 기재되어 있지 않더라도 1세대에 속한 것으로 본다(지령 제28조의3 제1항).

위 세법의 내용에 따르면 1세대란 주택을 취득하는 사람과 세대별 주민등록표에 함께 기재되어 있는 가족으로 구성된 세대를 말한다고 규정하고 있으므로 1세대인지의 여부는 「주민등록법」상 세대별 주민등록표의 기재에 따라 획일적으로 판단하는 것으로서 생계를 같이하는지 여부는 고려대상이 아니라고 할 수 있다(판례 조심2021지-2723, 2022.6.22., 조심2020지-3312, 2021.6.24.).

위의 판례에 따르면 취득세에서 1세대 판단 시 주민등록표에 함께 기재되어 있으면 생계를 같이 하는지 여부와 관계없이 1세대로 본다. 반면 양도소득세에서는 주민등록표에는 함께 기재되어 있지만 생계를 같이하지 않는 경우 1세대로 보지 않지만, 주민등록표에는 함께 기재되어 있지 않더라도 생계를 같이하는 경우에는 1세대로 본다.

(2) 1세대의 범위

1) 배우자

주택을 취득하는 사람의 배우자는 주택을 취득하는 사람과 같은 세대별 주민등록표에 기재되어 있지 않더라도 1세대에 속한 것으로 본다. 배우자에는 사실혼은 제외하며, 법률상 이혼을 했으나 생계를 같이하는 등 사실상 이혼한 것으로 보기 어려운 관계에 있는 사람은 포함한다.

법률혼인 배우자는 주민등록표에 함께 기재되어 있지 않더라도 항상 1세대로 본다.

2) 미혼인 30세 미만의 자녀

취득일 현재 미혼인 30세 미만의 자녀는 원칙적으로 그 자녀가 주택을 취득하는 경우 또는 부모가 주택을 취득하는 경우 주택을 취득하는 사람과 같은 세대별 주민등록표에 기재되어 있지 않더라도 1세대에 속한 것으로 본다. 다만, 아래의 별도세대로 보는 경우에 해당하는 경우에는 그러하지 아니한다.

(3) 별도세대로 보는 경우

다음 중 어느 하나에 해당하는 경우에는 각각 별도의 세대로 본다(지령 제28조의3 제2항).

1) 미혼인 30세 미만의 자녀가 소득이 있고 주민등록이 분리된 경우

부모와 같은 세대별 주민등록표에 기재되어 있지 않은 미혼인 30세 미만의 자녀로서 주택 취득일이 속하는 달의 직전 12개월 동안 발생한 소득으로서 행정안전부장관이 정하는 소득이 「국민기초생활 보장법」에 따른 기준 중위소득을 12개월로 환산한 금액의 40% 이상이고, 소유하고 있는 주택을 관리·유지하면서 독립된 생계를 유지할 수 있는 경우에는 각각 별도의 세대로 본다. 다만, 미성년자인 경우는 제외한다.

🖣 생각정리 노트

소득이 없는 미혼인 30세 미만의 자녀는 주민등록표에 함께 기재되어 있지 않더라도 항상 1세대로 본다.

| 참고 | **2026년 기준중위소득**

구분	1인가구	2인가구	3인가구	4인가구	5인가구
금액(월)	2,564,238	4,199,292	5,359,036	6,494,738	7,556,719

※ 1인가구의 기준중위소득을 12개월로 환산한 금액의 40%는 12,308,343원에 해당한다.

| 참고 | **별도세대 판단 소득의 범위(행정안전부고시 제2022-3호, 2022. 1. 1.)**

❶ 앞의 세법 내용에서 행정안전부장관이 정하는 소득이란 부모와 같은 세대별 주민등록표에 기재되어 있지 않은 30세 미만의 자녀(미성년자는 제외한다)로서 주택 취득일 현재 근로를 제공하거나, 사업을 영위하는 등 경제활동을 하는 사람이 주택을 취득하는 경우 그 주택의 취득일이 속하는 달의 직전 12개월 동안 발생한 소득으로, 다음에 따른 소득을 합한 금액을 말한다.
  1. 「소득세법」에 따른 사업소득. 이 경우 비과세소득 및 필요경비를 차감한다.
  2. 「소득세법」에 따른 근로소득. 이 경우 비과세소득은 차감한다.
  3. 「소득세법」에 따른 기타소득 중 저작자 이외의 자가 받는 저작권수입, 원고료, 강연료 등의 인적 용역의 대가. 이 경우 비과세소득 및 필요경비를 차감한다.
  4. 그 밖에 제1호부터 제3호에 준하는 소득으로서 경상적, 반복적으로 발생하는 소득
❷ 위에도 불구하고 계속하여 소득이 있던 사람이 일시적인 휴직, 휴업 등으로 기준 중위소득을 12개월로 환산한 금액의 40% 이상을 충족하기 어려운 경우에는 주택의 취득일이 속하는 달의 직전 24개월 동안 발생한 소득을 행정안전부장관이 정하는 소득으로 볼 수 있다.

---

2) 동거봉양 세대합가한 경우

취득일 현재 65세 이상의 직계존속(배우자의 직계존속을 포함하며, 직계존속 중 어느 한 사람이 65세 미만인 경우를 포함한다)을 동거봉양하기 위하여 30세 이상의 직계비속, 혼인한 직계비속

또는 위 1)에 따른 소득요건을 충족하는 성년인 직계비속이 합가한 경우에는 각각 별도의 세대로 본다.

| 참고 | 동거봉양합가주택 관련 세금

구분	취득세	양도소득세	종합부동산세
연령 기준	65세 이상	60세 이상	60세 이상
기준일	취득일	합가일	과세기준일(6월 1일)
특례	취득일 현재 각각 1주택	합가일로부터 10년 이내 양도주택 비과세	합가일로부터 10년 동안 각각 1주택

※ 혼인합가주택에 대한 취득세 규정은 없음

---

3) 취학 또는 근무상의 형편 등으로 세대 전원이 출국하는 경우

취학 또는 근무상의 형편 등으로 세대 전원이 90일 이상 출국하는 경우로서 「주민등록법」에 따라 해당 세대가 출국 후에 속할 거주지를 다른 가족의 주소로 신고한 경우에는 각각 별도의 세대로 본다.

4) 주택을 취득한 날부터 60일 이내에 그 취득한 주택으로 주소지를 이전하는 경우

별도의 세대를 구성할 수 있는 사람이 주택을 취득한 날부터 60일 이내에 세대를 분리하기 위하여 그 취득한 주택으로 주소지를 이전하는 경우에는 각각 별도의 세대로 본다.

(4) 1세대의 판정 시기

1세대에 해당하는지 여부는 주택 취득일 현재를 기준으로 주민등록표에 함께 기재되어 있는지에 따른다.

3. 주택

주택을 취득하는 경우 주택을 취득하는 자가 속하는 1세대가 주택을 몇 채 소유하고 있는지에 따라 취득세 세율이 다르게 적용된다. 아래에서는 주택의 개념, 주택 수의 판단 범위, 주택 수 산정 방법에 대해 살펴보기로 한다.

(1) 주택의 개념

취득세에서 주택이란 「주택법」 제2조 제1호에 따른 주택으로서 「건축법」에 따른 건축물대장·사용승인서·임시사용승인서 또는 「부동산등기법」에 따른 등기부에 주택으로 기재된 주거용 건축물과 그 부속토지를 말한다(지법 제11조 제1항 제8호). 주택법 제2조 제1호에 따른 주택이란 세대의 구성원이 장기간 독립된 주거생활을 할 수 있는 구조로 된 건축물의 전부 또는 일부 및 그 부속토지를 말한다.

주택의 개념에는 주택의 공유지분이나 부속토지만을 소유하거나 취득하는 경우에도 주택을 소유하거나 취득한 것으로 본다(지법 제13조의2 제1항). 따라서 주택 부속토지를 취득하는 경우에도 주택의 취득으로 보아 해당 세율을 적용하고, 다른 주택을 취득할 때 해당 세대가 보유하고 있는 주택 부속토지도 주택 수에 포함된다.

이와 관련된 판례에서도 주택의 부속토지만을 취득한 경우에도 주택을 취득한 것으로 본다고 판단하고 있다(조심2021지-596, 2021. 4. 6., 조심2021지-1576, 2021. 11. 2.).

(2) 주택 수의 판단 범위

다음 어느 하나에 해당하는 경우에는 세대별 소유 주택 수에 가산한다. 다만, 조합원입주권, 주택분양권, 재산세를 주택으로 부과하는 오피스텔은 2020. 8. 12. 이후 취득하는 분부터 적용한다(지법 제13조의3).

1) 신탁주택

「신탁법」에 따라 신탁된 주택은 위탁자의 주택 수에 가산한다.

2) 조합원입주권

「도시 및 주거환경정비법」에 따른 재건축사업 또는 재개발사업, 「빈집 및 소규모주택 정비에 관한 특례법」에 따른 소규모재건축사업을 시행하는 정비사업조합의 조합원으로서 취득한(그 조합원으로부터 취득한 것을 포함한다) 조합원입주권은 해당 주거용 건축물이 멸실된 경우라도 해당 조합원입주권 소유자의 주택 수에 가산한다.

3) 주택분양권

「부동산 거래신고 등에 관한 법률」에 따른 부동산에 대한 공급계약을 통하여 주택을 공급받는 자로 선정된 지위인 주택분양권은 해당 주택분양권을 소유한 자의 주택 수에 가산한다. 주택분양권에는 매매 또는 증여 등의 방법으로 취득한 것을 포함한다.

4) 재산세를 주택으로 과세하는 오피스텔

재산세를 주택으로 과세하는 오피스텔은 해당 오피스텔을 소유한 자의 주택 수에 가산한다. 아래에서는 재산세를 주택으로 과세하는 오피스텔을 오피스텔이라 하여 설명한다.

(3) 주택 수의 산정 방법

취득세 중과세율 적용 기준이 되는 1세대의 주택 수는 주택 취득일 현재 취득하는 주택을 포함하여 1세대가 국내에 소유하는 주택, 조합원입주권, 주택분양권 및 오피스텔의 수를 말한다.

조합원입주권 또는 주택분양권에 의하여 취득하는 주택의 경우에는 조합원입주권 또는 주택분양권의 취득일(분양사업자로부터 주택분양권을 취득하는 경우에는 분양계약일을 말하고, 주택분양권의 매매·교환 및 증여를 통하여 1세대 내에서 동일한 주택분양권에 대한 취득일이 둘 이상이 되는 경우에는 가장 빠른 주택분양권의 취득일을 말한다)을 기준으로 해당 주택 취득 시의 세대별 주택 수를 산정한다(지령 제28조의4 제1항).

그러면 아래의 사례1에서 주택분양권으로 완성주택을 취득하는 경우 취득세 적용을 위한 주택 수는 몇 채로 보아야 할까?

(사례1)

- 갑은 2017. 8. 16. A주택(비조정대상지역)을 취득하였다.
- 을은 2019. 7. 16. B주택(조정대상지역)을 취득하였다.
- 갑은 2021. 3. 9. C주택분양권을 취득하였다.
- 갑은 2021. 6. 25. A주택을 매각하였다.
- 갑은 2022. 7. 18. 을과 혼인신고를 하였다.
- 갑은 2022. 11. 25. C주택분양권의 완성된 주택(D 비조정대상지역)을 취득하였다.

이와 관련된 판례를 살펴보면 갑은 2021. 3. 9. 주택분양권(C)을 취득하였고, 그 당시 갑은 을과 혼인신고 전이므로 1세대 3주택이 아니라 단독 세대로서 A주택까지 포함하여 1세대 2주택이 되었다고 보는 것이 타당하다고 판단하고 있다(조심2023지-456, 2024. 1. 31.).

(사례2)

- 2017. 8. 16. A주택(비조정대상지역)을 취득하였다.
- 2019. 7. 16. B주택(조정대상지역)을 취득하였다.
- 2021. 3. 9. C주택분양권을 취득하였다(2020. 8. 12. 이후 취득분).
- 2021. 6. 25. A주택을 매각하였다.
- 2022. 7. 18. C주택분양권을 배우자에게 증여하였다.
- 2022. 11. 25. C주택분양권의 완성된 주택(D 비조정대상지역)을 취득하였다.

위 사례처럼 비조정구역 내 기존 2주택을 소유하고 있던 납세자가 분양사업자로부터 분양권 계약을 체결한 후 기존 1주택을 매도하고 배우자에게 그 분양권을 증여하여 그 배우자가 분양 주택을 취득할 때 해당 세대의 주택 수를 산정하는 경우 주택 수 산정 기준일은 언제일까?

이와 관련된 세법의 내용을 살펴보면 주택분양권의 매매·교환 및 증여를 통하여 1세대 내에서 동일한 주택분양권에 대한 취득일이 둘 이상이 되는 경우에는 가장 빠른 주택분양권의 취득일을 기준으로 해당 주택 취득 시의 세대별 주택 수를 산정한다고 규정하고 있으므로 사례2의 경우 주택 수 산정기준일은 2021. 3. 9.이 된다. 따라서 C분양권으로 완성된 주택(D)는 1세대 3주택에 해당한다.

(4) 취득하는 주택을 제외하고 주택 수를 판정하는 주택

앞에서 살펴본 세법의 내용에 따르면 주택 수는 주택 취득일 현재 취득하는 주택을 포함한 주택 수를 말한다. 다만, 다음 중 어느 하나에 해당하는 주택을 취득하는 경우 세율 적용의 기준이 되는 1세대의 주택 수는 주택 취득일 현재 취득하는 주택을 제외하고 1세대가 국내에 소유하는 주택, 조합원입주권, 주택분양권 및 오피스텔의 수를 말한다(지령 제28조의4 제2항). 예를 들어 아래의 주택을 취득하기 전 2주택을 소유하고 있는 1세대가 아래의 주택을 취득하여 3주택이 되었다 하더라도 3주택에 해당하는 세율을 적용하는 것이 아니라 2주택에 해당하는 세율을 적용한다는 것이다.

1) 소형 신축주택

2024. 1. 10. 부터 2027. 12. 31까지 「주택법」에 따른 사용검사 또는 「건축법」에 따른 사용승인(임시 사용승인을 포함한다)을 받은 신축 다가구주택, 연립주택, 다세대주택, 도시형 생활주택을 같은 기간 내에 최초로 유상승계취득하는 경우로서 전용면적이 60제곱미터 이하이고 취득당시가액이 수도권은 6억원(그 외 지역은 3억원) 이하인 주택.

위에서 최초로 유상승계취득하는 경우란 2024. 1. 10. 부터 2027. 12. 31. 까지 준공된 주택을 같은 기간 내에 사업주체 또는 건축주 등 주택을 건축하여 원시취득한 자로부터 최초로 유상거래를 원인으로 승계취득하는 경우를 의미한다. 원시취득자가 신탁법에 따라 신탁회사 등에 위탁(신탁등기가 병행된 경우만 해당)하여 주택을 판매한 경우에도 원시취득자가 직접 판매한 것으로 본다(지방세법 시행령 운영요령 소형주택 등 주택 수 제외 관련 2024.3.26.).

2) 소형 기축임대주택

2024. 1. 10. 부터 2027. 12. 31. 까지 유상승계취득하는 다가구주택, 연립주택, 다세대주택 또는 도시형 생활주택으로서 전용면적이 60제곱미터 이하, 취득당시가액이 수도권은 6억원(그 외 지역은 3억원) 이하이고 임대사업자가 해당 주택을 취득한 날부터 60일 이내에 「민간임대주택에 관한 특별법」에 따라 임대주택으로 등록하거나 임대사업자가 아닌 자가 해당 주택을 취득한 날부터 60일 이내에 임대사업자로 등록한 임대주택

3) 지방미분양아파트

2024. 1. 10. 부터 2026. 12. 31. 까지 최초로 유상승계취득하는 「주택법」에 따른 사업주체가 사용검사를 받은 후 분양되지 않은 수도권 외의 지역에 있는 전용면적 85제곱미터 이하이고 취득당시가액이 6억원 이하인 아파트

(5) 특수한 주택 등

1) 공동소유

1세대 내에서 1개의 주택, 조합원입주권, 주택분양권 또는 오피스텔을 세대원이 공동으로 소유하는 경우에는 1개의 주택, 조합원입주권, 주택분양권 또는 오피스텔을 소유한 것으로 본다(지령 제28조의4 제4항). 따라서 동일세대가 공동으로 소유하는 경우에는 1개로 보지만 동일세대가 아닌 경우에는 각자 소유한 것으로 본다.

2) 공동상속

상속으로 여러 사람이 공동으로 1개의 주택, 조합원입주권, 주택분양권 또는 오피스텔을 소유하는 경우 지분이 가장 큰 상속인, 그 주택 또는 오피스텔에 거주하는 사람, 나이가 가장 많은 사람의 순서에 따라 그 주택, 조합원입주권, 주택분양권 또는 오피스텔의 소유자를 판정한다(지령 제28조의4 제5항).

3) 동시에 2개 이상 취득하는 경우

주택, 조합원입주권, 주택분양권 또는 오피스텔을 동시에 2개 이상 취득하는 경우에는 납세의무자가 정하는 바에 따라 순차적으로 취득하는 것으로 본다(지령 제28조의4 제3항).

지금까지 주택 수 산정 시 적용되는 1세대, 1주택, 주택 수의 판단 범위, 주택 수 산정방법 등에 대해 살펴보았다. 다음 절에서는 중과에서 제외되는 주택 및 주택 수에서 제외되는 주택에 대해 알아보기로 한다.

<table>
<tr><td>제2절</td><td>중과제외 주택 및 주택 수에서
제외되는 주택</td></tr>
</table>

1. 해당 주택 취득 시 중과대상에서 제외되는 주택

중과대상에서 제외되는 주택은 해당 주택 취득 시 중과에서 제외되는 주택을 말한다. 아래에서는 먼저 해당 주택을 취득하는 경우 중과대상에서 제외되는 주택에 대해 살펴보고, 그다음 다른 주택 취득 시 주택수에서 제외되는 주택에 대해 알아보기로 한다.

취득세 중과세율을 적용할 때 다음 중 어느 하나에 해당하는 주택을 취득하는 경우에는 중과대상으로 보지 않는다(지령 제28조의2). 즉, 1세대가 보유하는 주택수에 관계없이 다음의 주택을 취득하는 경우 중과대상이 아니다.

(1) 저가주택

시가표준액 1억원(수도권 외의 지역 2억원) 이하인 주택은 취득 시 중과에서 제외한다. 다만, 「도시 및 주거환경정비법」에 따른 정비구역으로 지정·고시된 지역 또는 「빈집 및 소규모주택 정비에 관한 특례법」에 따른 사업시행구역에 소재하는 주택은 제외한다.

(2) 공공매입임대주택

「공공주택 특별법」에 따라 지정된 공공주택사업자가 같은 법에 따라 공공매입임대주택으로 공급하기 위하여 취득하는 주택은 취득 시 중과에서 제외한다. 다만, 정당한 사유 없이 그 취득일부터 2년이 경과할 때까지 공공매입임대주택으로 공급하지 않거나 공공매입임대주택으로 공급한 기간이 3년 미만인 상태에서 매각·증여하거나 다른 용도로 사용하는 경우는 제외한다.

(3) 노인복지주택

「노인복지법」에 따른 노인복지주택으로 운영하기 위하여 취득하는 주택은 취득 시 중과에서 제
외한다. 다만, 정당한 사유 없이 그 취득일부터 1년이 경과할 때까지 해당 용도에 직접 사용하지
않거나 해당 용도로 직접 사용한 기간이 3년 미만인 상태에서 매각·증여하거나 다른 용도로 사용
하는 경우는 제외한다.

(4) 문화재주택

「문화재보호법」에 따른 지정문화재 또는 등록문화재에 해당하는 주택은 취득 시 중과에서 제외
한다.

(5) 공공지원민간임대주택

「민간임대주택에 관한 특별법」에 따른 임대사업자가 공공지원민간임대주택으로 공급하기 위하
여 취득하는 주택은 취득 시 중과에서 제외한다.

(6) 가정어린이집

「영유아보육법」에 따른 가정어린이집으로 운영하기 위하여 취득하는 주택. 다만, 정당한 사유
없이 그 취득일부터 1년이 경과할 때까지 해당 용도에 직접 사용하지 않거나 해당 용도로 직접 사
용한 기간이 3년 미만인 상태에서 매각·증여하거나 다른 용도로 사용하는 경우는 제외하되, 가정
어린이집을 「영유아보육법」에 따른 국공립어린이집으로 전환한 경우는 당초 용도대로 직접 사용
하는 것으로 본다.

(7) 부동산투자회사가 취득하는 주택

「주택도시기금법」에 따른 주택도시기금과 「한국토지주택공사법」에 따라 설립된 한국토지주택

공사가 공동으로 출자하여 설립한 부동산투자회사 또는 「한국자산관리공사 설립 등에 관한 법률」에 따라 설립된 한국자산관리공사가 출자하여 설립한 부동산투자회사가 취득하는 주택으로서 취득당시 일정한 요건을 모두 갖춘 주택은 취득 시 중과에서 제외한다.

(8) 멸실 목적으로 취득하는 주택

다음 중 어느 하나에 해당하는 주택으로서 멸실시킬 목적으로 취득하는 주택은 취득 시 중과에서 제외한다(지령 제28조의2 제8호).

1) 공익사업을 위하여 취득하는 주택

「공공기관의 운영에 관한 법률」에 따른 공공기관 또는 「지방공기업법」에 따른 지방공기업이 「공익사업을 위한 토지 등의 취득 및 보상에 관한 법률」에 따른 공익사업을 위하여 취득하는 주택은 취득 시 중과에서 제외한다.

2) 주택건설사업을 위하여 취득하는 주택

다음 중 어느 하나에 해당하는 자가 주택건설사업을 위하여 취득하는 주택은 취득 시 중과에서 제외한다.

① 「도시 및 주거환경정비법」에 따른 사업시행자

「도시 및 주거환경정비법」에 따른 사업시행자가 주택건설사업을 위하여 취득하는 주택은 취득 시 중과에서 제외한다. 다만, 정당한 사유 없이 그 취득일부터 3년이 경과할 때까지 해당 주택을 멸실시키지 않거나 그 취득일부터 7년이 경과할 때까지 주택을 신축하지 않은 경우는 제외한다.

② 「빈집 및 소규모주택 정비에 관한 특례법」에 따른 사업시행자

「빈집 및 소규모주택 정비에 관한 특례법」에 따른 사업시행자가 주택건설사업을 위하여 취득하는 주택은 취득 시 중과에서 제외한다. 다만, 정당한 사유 없이 그 취득일부터 3년이 경과할 때까지 해당 주택을 멸실시키지 않거나 그 취득일부터 7년이 경과할 때까지 주택을 신축하지 않은 경우는 제외한다.

③「주택법」에 따른 주택조합

「주택법」에 따른 주택조합(같은 법에 따른 주택조합설립인가를 받으려는 자를 포함한다)이 주택건설사업을 위하여 취득하는 주택은 취득 시 중과에서 제외한다. 다만, 정당한 사유 없이 그 취득일부터 3년이 경과할 때까지 해당 주택을 멸실시키지 않거나 그 취득일부터 7년이 경과할 때까지 주택을 신축하지 않은 경우는 제외한다.

④「주택법」에 따라 등록한 주택건설사업자

「주택법」에 따라 등록한 주택건설사업자가 주택건설사업을 위하여 취득하는 주택은 취득 시 중과에서 제외한다. 다만, 정당한 사유 없이 그 취득일부터 3년이 경과할 때까지 해당 주택을 멸실시키지 않거나 그 취득일부터 7년이 경과할 때까지 주택을 신축하지 않은 경우는 제외한다.

⑤「민간임대주택에 관한 특별법」에 따른 공공지원민간임대주택 개발사업 시행자

「민간임대주택에 관한 특별법」에 따른 공공지원민간임대주택 개발사업 시행자가 주택건설사업을 위하여 취득하는 주택은 취득 시 중과에서 제외한다. 다만, 정당한 사유 없이 그 취득일부터 2년이 경과할 때까지 해당 주택을 멸실시키지 않거나 그 취득일부터 6년이 경과할 때까지 주택을 신축하지 않은 경우는 제외한다.

⑥ 주택신축판매업을 영위할 목적으로「부가가치세법」에 따라 사업자등록을 한 자

주택신축판매업[한국표준산업분류에 따른 주거용 건물 개발 및 공급업과 주거용 건물 건설업(자영건설업으로 한정한다)을 말한다]을 영위할 목적으로「부가가치세법」에 따라 사업자등록을 한 자가 주택건설사업을 위하여 취득하는 주택은 취득 시 중과에서 제외한다. 다만, 정당한 사유 없이 그 취득일부터 1년이 경과할 때까지 해당 주택을 멸실시키지 않거나 그 취득일부터 3년이 경과할 때까지 주택을 신축하지 않은 경우 또는 그 취득일부터 5년이 경과할 때까지 신축 주택을 판매하지 않은 경우는 제외한다.

(9) 대물변제주택

주택의 시공자가 해당 주택의 공사대금으로 취득한 미분양주택. 다만,「건축법」제11조에 따른

허가를 받은 자로부터 취득한 주택으로서 자기 또는 임대계약 등 권원을 불문하고 타인이 거주한 기간이 1년 이상인 경우는 제외한다.

(10) 저당권의 실행 또는 채권변제로 취득하는 주택

「은행법」에 따른 은행 등에 해당하는 자가 저당권의 실행 또는 채권변제로 취득하는 주택은 취득 시 중과에서 제외한다. 다만, 취득일부터 3년이 경과할 때까지 해당 주택을 처분하지 않은 경우는 제외한다.

(11) 농어촌주택

농어촌주택이란 다음의 요건을 갖춘 농어촌주택과 그 부속토지를 말한다(지령 제28조의2 제11항).

1) 읍 또는 면에 있을 것
2) 다음의 어느 하나에 해당하는 지역에 있지 아니할 것
   ① 광역시에 소속된 군 지역 또는 수도권 지역
   ② 「국토의 계획 및 이용에 관한 법률」에 따른 도시지역 및 「부동산 거래신고 등에 관한 법률」에 따른 허가구역
   ③ 조정대상지역
   ④ 관광단지 등 부동산가격안정이 필요하다고 인정되는 지역
3) 대지면적이 660제곱미터 이내이고 건축물의 연면적이 150제곱미터 이내일 것
4) 건축물의 시가표준액이 6천500만원 이내일 것

(12) 사원 임대용 주택

사원에 대한 임대용으로 직접 사용할 목적으로 취득하는 주택으로서 1구의 건축물의 전용면적이 60제곱미터 이하인 공동주택은 취득 시 중과에서 제외한다.

2. 다른 주택 취득 시 주택 수의 산정에서 제외되는 주택

1세대의 주택 수를 산정할 때 다음 중 어느 하나에 해당하는 주택, 조합원입주권, 주택분양권, 오피스텔은 소유 주택 수에서 제외한다(지령 제28조의4 제6항). 다시 말해 다음에 해당하는 주택은 다른 주택 취득 시 제외하고 주택 수를 산정한다.

(1) 취득 시 중과에서 제외되는 주택 중 다음에 해당하는 주택

앞에서 살펴본 취득 시 중과에서 제외되는 주택 중 다음의 주택은 그 주택을 취득하는 경우 중과에서 제외할 뿐 아니라 다른 주택 취득 시 주택 수에서도 제외된다.

1) 저가주택

주택 수 산정일 현재 해당 주택의 시가표준액 1억원(수도권 외의 지역 2억원) 이하인 주택은 소유 주택 수에서 제외한다. 다만, 「도시 및 주거환경정비법」에 따른 정비구역으로 지정·고시된 지역 또는 「빈집 및 소규모주택 정비에 관한 특례법」에 따른 사업시행구역에 소재하는 주택은 제외한다.

2) 노인복지주택, 공공지원민간임대주택, 가정어린이집, 사원 임대용 주택

노인복지주택, 공공지원민간임대주택, 가정어린이집주택, 사원용주택에 해당하는 주택으로서 주택 수 산정일 현재 해당 용도에 직접 사용하고 있는 주택은 소유 주택 수에서 제외한다.

3) 문화재주택

「문화재보호법」에 따른 지정문화재 또는 등록문화재에 해당하는 주택은 다른 주택 취득 시 소유 주택 수에서 제외한다.

4) 주택법에 따라 등록한 주택건설사업자 등이 멸실시킬 목적으로 취득하는 주택 또는 주택의 시공자가 공사대금으로 취득한 미분양주택

주택법에 따라 등록한 주택건설사업자 등이 멸실시킬 목적으로 취득하는 주택 또는 주택의 시

공자가 공사대금으로 취득한 미분양주택은 소유 주택 수에서 제외한다.

5) 농어촌주택

농어촌주택은 다른 주택 취득 시 소유 주택 수에서 제외한다.

(2) 주거용 건물 건설업 등을 영위하는 자가 신축하여 보유하는 주택

주거용 건물 건설업 또는 주거용 건물 개발 및 공급업을 영위하는 자가 신축하여 보유하는 주택은 주택 수에서 제외한다. 다만, 자기 또는 임대계약 등 권원을 불문하고 타인이 거주한 기간이 1년 이상인 주택은 제외한다.

(3) 상속으로 취득한 주택, 조합원입주권, 주택분양권 또는 오피스텔

상속을 원인으로 취득한 주택, 조합원입주권, 주택분양권 또는 오피스텔로서 상속개시일부터 5년이 지나지 않은 주택, 조합원입주권, 주택분양권 또는 오피스텔은 주택 수에서 제외한다. 다만, 2020.8.12. 전에 상속을 원인으로 취득한 주택, 조합원입주권, 주택분양권 또는 오피스텔에 대해서는 2020.8.12. 이후 5년 동안 주택 수 산정 시 소유주택 수에서 제외한다.

상속으로 여러 사람이 공동으로 1개의 주택, 조합원입주권, 주택분양권 또는 오피스텔을 소유하는 경우 지분이 가장 큰 상속인, 그 주택 또는 오피스텔에 거주하는 사람, 나이가 가장 많은 사람(소수지분자)의 순서에 따라 그 주택, 조합원입주권, 주택분양권 또는 오피스텔의 소유자를 판정한다. 이 경우, 미등기 상속 주택 또는 오피스텔의 소유지분이 종전의 소유지분과 변경되어 등기되는 경우에는 등기상 소유지분을 상속개시일에 취득한 것으로 본다(지령 제28조의4 제5항). 따라서 소수지분자의 공동상속주택 등은 상속개시일로부터 5년이 경과하였다고 하더라도 다른 주택 취득 시 소유주택 수에서 제외할 수 있다.

(4) 저가 오피스텔

주택 수 산정일 현재 시가표준액(지분이나 부속토지만을 취득한 경우에는 전체 건축물과 그 부속토지의 시가표준액을 말한다)이 1억원 이하인 오피스텔은 주택 수에서 제외한다.

(5) 저가 주택부수토지

주택 수 산정일 현재 시가표준액이 1억원 이하인 부속토지만을 소유한 경우 해당 부속토지는 주택 수에서 제외한다.

(6) 혼인 전 소유 주택분양권으로 취득하는 주택의 경우 다른 배우자의 혼인 전 주택

혼인한 사람이 혼인 전 소유한 주택분양권으로 주택을 취득하는 경우 다른 배우자가 혼인 전부터 소유하고 있는 주택은 주택 수에서 제외한다.

(7) 소형주택 및 지방미분양아파트

앞에서 살펴본 세율 적용 시 취득하는 주택을 제외하고 주택 수를 판정하는 주택에 해당하는 소형신축주택 및 소형기축임대주택, 지방미분양아파트는 주택 수에서 제외한다.

(8) 소형 신축오피스텔

2024. 1. 10.부터 2027. 12. 31.까지 「건축법」에 따른 사용승인(임시사용승인을 포함한다)을 받은 신축 오피스텔을 같은 기간 내에 최초로 유상승계취득하는 경우로서 전용면적이 60제곱미터 이하이고 취득당시가액이 수도권은 6억원(그 외 지역은 3억원) 이하에 해당하는 오피스텔은 주택 수에서 제외한다.

(9) 소형 기축임대오피스텔

2024. 1. 10.부터 2027. 12. 31.까지 유상승계취득하는 오피스텔(신축 후 최초로 유상승계취득한 오피스텔은 제외한다)로서 다음의 요건을 모두 갖춘 오피스텔은 주택 수에서 제외한다. 다만, 임

대사업자가 「민간임대주택에 관한 특별법」에 따른 임대의무기간에 임대 외의 용도로 사용하는 경우 또는 매각ㆍ증여하는 등의 경우에는 주택 수에 포함한다.

① 전용면적이 60제곱미터 이하이고 취득당시가액이 수도권은 6억원(그 외 지역은 3억원) 이하일 것
② 임대사업자가 해당 오피스텔을 취득한 날부터 60일 이내에 「민간임대주택에 관한 특별법」에 따라 임대주택으로 등록하거나 임대사업자가 아닌 자가 해당 오피스텔을 취득한 날부터 60일 이내에 임대사업자로 등록하고 그 오피스텔을 임대주택으로 등록할 것

[해당 주택 취득 시 중과 제외 주택 및 다른 주택 취득 시 주택 수 제외 주택]

해당 주택 취득 시 중과 제외	다른 주택 취득 시 주택 수 제외 여부
저가주택	○
공공매입임대주택	×
노인복지주택	○
문화재주택	○
공공지원민간임대주택	○
가정어린이집	○
한국토지주택공사 등이 출자한 부동산투자회사가 취득하는 주택	×
주택신축판매업자 등이 멸실 목적으로 취득하는 주택	○
대물변제주택	○
저당권의 실행 또는 채권변제로 취득하는 주택	×
농어촌주택	○
사원 임대용 주택	○
물적분할로 취득하는 미분양주택	×
리모델링주택조합이 취득하는 주택	×
	주택신축판매업자가 신축하여 보유하는 주택
	상속으로 취득한 주택 등
	저가 오피스텔
	저가 주택부수토지
취득하는 주택을 제외하고 주택 수를 판정하는 주택	혼인 전 소유 주택분양권으로 취득하는 주택
소형 신축주택	○
소형 기축임대주택	○
지방미분양아파트	○
	소형 신축오피스텔
	소형 기축임대오피스텔
	일시적 2주택

1. 주택수와 조정대상지역

주택을 유상거래로 취득하는 경우 취득세 세율은 1세대가 취득하는 주택수와 취득하는 주택이 조정대상지역에 소재하는지 여부에 따라 다르게 적용된다. 조정대상지역 지정고시일 이전에 주택에 대한 매매계약(공동주택분양계약을 포함한다)을 체결한 경우에는 조정대상지역으로 지정되기 전에 주택을 취득한 것으로 본다. 이 경우 계약을 체결한 경우란 계약금을 지급한 사실 등이 증빙서류에 의하여 확인되는 경우에 한정한다(지법 제13조의2 제4항). 아래에서는 취득하는 주택이 몇 번째 주택인지 그리고 소재하는 지역이 조정대상인지 여부로 구분하여 일반세율이 적용되는 경우와 중과세율이 적용되는 경우에 대해 살펴보기로 한다.

2. 1세대 1주택

무주택자가 1주택을 취득하는 경우에는 취득가액에 따라 다음 표의 일반세율을 적용한다.

구분				취득세	농특세	지방교육세	합계
유상취득	1세대 1주택	6억원 이하	85㎡ 이하	1%	비과세	0.1%	1.1%
			85㎡ 초과		0.2%	0.1%	1.3%
		6억원 초과 9억원 이하	85㎡ 이하	1~3%	비과세	0.2%	1.2~3.4%
			85㎡ 초과		0.2%	0.2%	
		9억원 초과	85㎡ 이하	3%	비과세	0.3%	3.3%
			85㎡ 초과		0.2%	0.3%	3.5%

[6~9억원 구간 주택 유상거래 세율]

취득가격	세율	취득가격	세율	취득가격	세율	취득가격	세율
6억원	1.00%	7억원	1.67%	8억원	2.33%	9억원	3.00%
6.1억원	1.07%	7.1억원	1.73%	8.1억원	2.40%		
6.2억원	1.13%	7.2억원	1.80%	8.2억원	2.47%		
6.3억원	1.20%	7.3억원	1.87%	8.3억원	2.53%		
6.4억원	1.27%	7.4억원	1.93%	8.4억원	2.60%		
6.5억원	1.33%	7.5억원	2.00%	8.5억원	2.67%		
6.6억원	1.40%	7.6억원	2.07%	8.6억원	2.73%		
6.7억원	1.47%	7.7억원	2.13%	8.7억원	2.80%		
6.8억원	1.53%	7.8억원	2.20%	8.8억원	2.87%		
6.9억원	1.60%	7.9억원	2.27%	8.9억원	2.93%		

※ 지방교육세 및 농어촌특별세 별도이며, 국민주택 규모 이하의 주택을 취득하는 경우 농어촌특별세는 비과세된다.

(1) 생애최초 주택 구입에 대한 취득세 감면

주택 취득일 현재 본인(대한민국 국민으로 한정한다) 및 배우자(「가족관계의 등록 등에 관한 법률」에 따른 가족관계등록부에서 혼인이 확인되는 외국인 배우자를 포함한다)가 주택을 소유한 사실이 없는 경우로서 본인이 거주할 목적으로 취득당시가액이 12억원 이하인 주택을 유상거래(부담부증여는 제외한다)로 취득하는 경우에는 2028. 12. 31.까지 지방세를 감면한다. 다만, 취득자가 미성년자인 경우는 제외한다(지방세특례제한법 제36조의3).

1) 감면 범위

위 규정에도 불구하고 다음의 어느 하나에 해당하는 주택에 대해서는 산출세액이 300만원 이하인 경우에는 취득세를 면제하고, 산출세액이 300만원을 초과하는 경우에는 산출세액에서 300만원을 공제한다.

① 전용면적이 60제곱미터 이하이고 취득당시가액이 6억원(수도권 이외는 3억원)이하인 공동주택(아파트는 제외한다) 및 「주택법」에 따른 도시형 생활주택

② 취득당시가액이 6억원(수도권 이외는 3억원) 이하인 단독주택 중 다가구주택으로서 건축물

대장에 호수별로 전용면적이 구분되어 기재되어 있는 다가구주택(전용면적이 60제곱미터
이하인 호수 부분으로 한정한다)
③ 인구감소지역에 소재하는 주택

위 외의 주택에 대해서는 산출세액이 200만원 이하인 경우에는 취득세를 면제하고, 산출세액이
200만원을 초과하는 경우에는 산출세액에서 200만원을 공제한다.

2) 감면세액의 추징
취득세를 감면받은 사람이 해당 주택을 취득한 날부터 3년 이내에 해당 주택을 매각·증여(배우
자에게 지분을 매각·증여하는 경우는 제외한다)하거나 다른 용도(임대를 포함한다)로 사용하는
경우에는 감면된 취득세를 추징한다.

(2) 출산·양육을 위한 주택 취득에 대한 취득세 감면

2028.12.31까지 자녀를 출산한 부모(미혼모 또는 미혼부를 포함한다)가 해당 자녀와 거주할 목
적으로 출산일부터 5년 이내에 취득 당시의 가액이 12억원 이하인 주택(자녀 1명당 먼저 감면을
신청하는 1개의 주택으로 한정한다)을 취득하는 경우(출산일 전 1년 이내에 주택을 취득한 경우
를 포함한다)로서 다음의 요건을 모두 충족하는 경우에는 취득세 산출세액이 500만원 이하인 경
우에는 취득세를 면제하고, 500만원을 초과하는 경우에는 산출세액에서 500만원을 공제한다(지방
세특례제한법 제36조의5).

① 가족관계등록부에서 자녀의 출생 사실이 확인될 것
② 해당 주택이 1가구 1주택에 해당할 것(해당 주택을 취득한 날부터 3개월 이내에 1가구 1주택
이 되는 경우를 포함한다)

위 규정에 따라 취득세를 감면받은 사람이 해당 주택을 취득한 날부터 3년 이내에 해당 주택을
매각·증여(배우자에게 지분을 매각·증여하는 경우는 제외한다)하거나 다른 용도(임대를 포함한
다)로 사용하는 경우에는 감면된 취득세를 추징한다.

3. 1세대 2주택

1주택을 보유한 1세대가 1주택을 추가 취득하여 1세대가 2주택(일시적 2주택은 제외한다)에 해당하는 주택을 취득하는 경우에는 취득하는 주택의 소재지가 조정대상인지 여부에 따라 다음 표의 세율을 적용한다. 국민주택 규모 이하의 주택은 농어촌특별세를 비과세한다.

구분	취득세		농어촌특별세		지방교육세		합계	
	조정	비조정	조정	비조정	조정	비조정	조정	비조정
2주택	8%	1~3%	0.6%	0.2%	0.4%	0.1~0.3%	9.0%	1.1~3.3%

(1) 일시적 2주택

위 세법의 내용에도 불구하고 일시적 2주택에 해당하는 경우에는 1세대 1주택에 해당하는 일반세율을 적용한다. 일시적 2주택이란 국내에 주택, 조합원입주권, 주택분양권 또는 오피스텔을 1개 소유한 1세대가 그 주택, 조합원입주권, 주택분양권 또는 오피스텔(종전주택 등)을 소유한 상태에서 이사·학업·취업·직장이전 및 이와 유사한 사유로 다른 1주택(신규주택)을 추가로 취득한 후 3년 이내에 종전주택 등을 처분하는 경우 해당 신규주택을 말한다. 이 경우 처분하는 종전주택 등에는 신규주택이 조합원입주권 또는 주택분양권에 의한 주택이거나 종전주택 등이 조합원입주권 또는 주택분양권인 경우에는 신규주택을 포함한다

조합원입주권 또는 주택분양권을 1개 소유한 1세대가 그 조합원입주권 또는 주택분양권을 소유한 상태에서 신규주택을 취득한 경우에는 해당 조합원입주권 또는 주택분양권에 의한 주택을 취득한 날부터 일시적 2주택 기간을 기산한다.

종전주택 등이 「도시 및 주거환경정비법」에 따른 관리처분계획의 인가 또는 「빈집 및 소규모주택 정비에 관한 특례법」에 따른 사업시행계획인가를 받은 주택인 경우로서 관리처분계획인가 또는 사업시행계획인가 당시 해당 사업구역에 거주하는 세대가 신규주택을 취득하여 그 신규주택으로 이주한 경우에는 그 이주한 날에 종전주택 등을 처분한 것으로 본다(지령 제28조의5).

(2) 인구감소지역내 주택 취득세 감면

무주택자 또는 1가구 1주택을 소유한 자가 인구감소지역 또는 인구감소관심지역에서 아래의 요건을 충족하는 주택을 유상거래(부담부증여는 제외한다) 또는 신축으로 취득하는 경우에는 취득세의 25%를 2028. 12. 31. 까지 경감한다. 이 경우 지방자치단체의 장은 해당 지역의 재정 여건 등을 고려하여 25%의 범위에서 조례로 정하는 율을 추가로 경감할 수 있다. 다만, 법률에 따른 감면은 75만원을 한도로 하며 조례로 추가감면시 150만원을 한도로 한다(지방세특례제한법 제75조의5 제4항).

① 취득당시가액이 3억원(수도권을 제외한 인구감소지역에 소재하는 주택의 경우에는 12억원) 이하인 주택일 것

② 인구감소지역 중 수도권(접경지역은 제외한다), 광역시(군 지역은 제외한다) 및 특별자치시를 제외한 지역에 소재하는 주택일 것

③ 인구감소관심지역 중 수도권, 광역시 및 특별자치시를 제외한 지역에 소재하는 주택일 것

④ 조정대상지역에 소재하는 주택이 아닐 것

⑤ 1가구 1주택을 소유한 자의 경우 해당 1가구 1주택과 동일한 시·군·구의 관할구역에 소재하는 주택이 아닐 것

위 규정에 따라 취득세를 경감받은 자가 해당 주택을 취득일부터 3년 이내에 매각·증여하는 경우에는 경감된 취득세를 추징한다.

|참고| 2026년 경제성장전략에 따른 개정 예정 내용

정부에서 2026. 1. 9. 발표한 2026년 경제성장전략 보도자료에 따르면 다주택자가 인구감소지역(인구감소관심지역 포함)주택을 취득하는 경우에도 위 과세특례규정을 적용한다는 내용이 포함되어 있으므로 향후 세법 개정 내용을 확인하여야 한다.

---

4. 1세대 3주택 이상 및 법인에 대한 중과세율

2주택을 보유한 1세대가 1주택을 추가 취득하여 3주택이 되거나 3주택 이상을 보유한 1세대가 1주택을 추가 취득하여 4주택 이상이 되는 경우 및 법인이 주택을 취득하는 경우에는 다음 표의 세율을 적용한다. 국민주택 규모 이하의 주택은 농어촌특별세를 비과세한다. 법인이 부동산을 취득하는 경우 적용되는 취득세에 대해서는 뒤에서 살펴보는 가족법인과 취득세에서 추가로 설명하기로 한다.

구분	취득세		농특세		지방교육세		합계	
	조정	비조정	조정	비조정	조정	비조정	조정	비조정
3주택	12%	8%	1%	0.6%	0.4%	0.4%	13.4%	9.0%
4주택 이상	12%		1%		0.4%		13.4%	
법인	12%		1%		0.4%		13.4%	

|참고| 지방 준공후미분양아파트 개인 구입자 취득세 감면

다음의 요건을 모두 갖춘 아파트에 대해서는 취득세의 25%를 2026. 12. 31.까지 경감한다(지방세특례제한법 제33조의3).

❶ 사업주체가 「주택법」에 따른 사용검사 또는 「건축법」에 따른 사용승인(임시사용승인을 포함한다)을 받은 후 분양되지 아니한 아파트일 것
❷ 사업주체로부터 최초로 유상거래(부담부증여는 제외한다)로 취득(법인·단체가 취득하는 경우는 제외한다)하는 아파트로서 실제 입주한 기간이 1년 미만인 아파트일 것
❸ 수도권 외의 지역에 있을 것
❹ 전용면적이 85제곱미터 이하이고 취득 당시의 가액이 6억원 이하일 것

제4절 | 부동산의 상속 · 증여 및 신축과 취득세

1. 무상거래와 과세표준

2023.1.1. 이후 납세의무가 성립되는 경우부터는 부동산 등을 무상취득하는 경우 취득세 과세 표준은 매매사례가액, 감정가액, 공매가액 등 시가인정액으로 하되, 시가인정액을 산정하기 어려운 경우에는 시가표준액으로 한다(지법 제10조의2). 다만, 상속으로 취득하는 경우에는 시가표준액으로 한다.

2. 부동산의 상속과 취득세

(1) 농지와 농지외

부동산을 상속으로 취득하는 경우 취득세 세율은 농지와 농지외 부동산으로 나누어 다음 표와 같은 세율을 적용한다.

구분	취득세	농어촌특별세	지방교육세	합계
농지	2.3%	0.2%	0.06%	2.56%
농지외	2.8%	0.2%	0.16%	3.16%

(2) 주택

주택을 상속으로 무상취득하는 경우에는 과세표준에 농지외의 세율을 적용한다. 다만, 무주택 자가 상속으로 취득하는 1가구 1주택(고급주택은 제외)에 대해서는 2%를 차감한 세율을 적용한다(지법 제15조 제1항 제2호 가목). 예를 들어 국민주택규모 이하의 상속주택을 무주택자인 상속인이 취득하는 경우 취득세는 0.96%(3.16% - 취득세 2% - 농특세 0.2%)가 된다.

　공동상속주택은 지분이 가장 큰 상속인을 그 주택의 소유자로 본다. 이 경우 지분이 가장 큰 상속인이 두 명 이상일 때에는 그 주택에 거주하는 사람, 최연장자 순서에 따라 그 주택의 소유자를 판정한다. 따라서 공동상속주택의 경우 무주택자인 상속인의 지분비율이 1%라도 높은 경우 공동상속주택은 무주택자가 상속받은 주택으로 보아 다른 상속인들도 2%가 감면된 세율을 적용할 수 있다.

구분	취득세	농어촌특별세	지방교육세	합계
주택 상속	2.8%	0.2%	0.16%	3.16%

※ 국민주택규모 이하의 주택을 취득하는 경우 농어촌특별세는 비과세된다.

3. 부동산의 증여와 취득세

　개인이 부동산을 증여로 취득하는 경우 취득세 세율은 주택과 주택외 부동산으로 나누어 다음 표와 같은 세율을 적용한다.

구분	취득세		농특세		지방교육세		합계	
	조정	비조정	조정	비조정	조정	비조정	조정	비조정
주택	12%	3.5%	1%	0.2%	0.4%	0.3%	13.4%	4.0%
주택외	3.5%		0.2%		0.3%		4%	

(1) 주택의 증여와 취득세

　조정대상지역에 있는 주택으로서 취득당시 공시가격이 3억원 이상인 주택을 증여로 무상 취득하는 경우에는 12% 중과세율을 적용한다. 다만, 1세대 1주택자가 소유한 주택을 배우자 또는 직계존비속이 증여로 취득하는 경우는 중과에서 제외한다(지법 제13조의2, 지령 제28조의6).

(2) 부담부증여와 취득세

부담부증여란 부동산을 증여할 때 해당 부동산의 담보대출금 또는 전세보증금 등의 부채를 포함하여 이전하는 것을 말한다. 배우자 또는 직계존비속 간에 주택을 부담부증여 시 증여받는 사람이 소득이 있음을 증명하는 경우 부담부분에 대해 유상거래 세율을 적용할 수 있고, 증여재산가액에서 부담하는 채무액을 제외한 증여부분에 대해서는 무상거래로 보아 증여 취득세율을 적용한다.

1) 과세표준

증여자의 채무를 인수하는 부담부증여의 경우 유상으로 취득한 것으로 보는 채무액에 상당하는 부분(채무부담액)에 대해서는 유상승계취득에서의 과세표준을 적용하고, 취득물건의 시가인정액에서 채무부담액을 뺀 잔액에 대해서는 무상취득에서의 과세표준을 적용한다(지법 제10조의2 제6항).

부담부증여의 경우 유상으로 취득한 것으로 보는 채무부담액에 상당하는 부분의 범위는 시가인정액을 그 한도로 한다(지령 제14조의4). 채무부담액은 취득자가 부동산의 취득일이 속하는 달의 말일부터 3개월 이내에 인수한 것을 입증한 채무액으로서 다음의 금액으로 한다.

① 등기부등본으로 확인되는 부동산에 대한 저당권, 가압류, 가처분 등에 따른 채무부담액
② 금융기관이 발급한 채무자 변경 확인서 등으로 확인되는 금융기관의 금융채무액
③ 임대차계약서 등으로 확인되는 부동산에 대한 임대보증금액
④ 그 밖에 판결문, 공정증서 등 객관적 입증 자료로 확인되는 취득자의 채무부담액

2) 세율 적용 방법

① 채무액이 시가인정액보다 적은 경우

채무액에 대하여는 유상취득에 적용하는 취득세 세율을 적용하고 시가인정액에서 채무액을 차감한 금액에 대해서는 무상취득에 적용하는 취득세 세율을 적용한다.

② 채무액이 시가인정액과 동일한 경우

채무액에 대하여 유상취득에 적용하는 취득세 세율을 적용한다.

③ 채무액이 시가인정액보다 큰 경우

채무액에 대하여 유상취득에 적용하는 취득세 세율을 적용한다.

3) 부담부증여 시 유상취득에 적용하는 세율의 결정기준

부담부증여시 유상취득에 적용하는 세율을 결정하는 기준이 되는 취득당시가액이란 유상으로 취득하는 부분의 가액인 인수하는 채무액만을 의미하는 것일까 아니면 주택 전체의 가액을 의미하는 것일까? 예를 들어 무주택자가 부담부증여받는 주택의 시가인정액이 10억원이고 유상취득으로 보는 인수하는 채무액이 5억원인 경우 5억원에 해당하는 일반세율 1%를 적용해야 할까? 아니면 10억원에 해당하는 일반세율 3%를 적용해야 할까?

이와 관련된 판례에서는 취득당시가액이란 취득하려는 부동산 전체의 가액을 의미한다고 판단하고 있다(조심 2023지-4991, 2024. 1. 30.). 판례에 따르면 위의 사례에서 적용되는 세율은 3%의 일반세율이다.

핵심포인트 **부담부증여와 취득세**

구분	채무인수액	증여재산가액 - 채무인수액
과세표준	채무인수액	시가인정액 - 채무인수액
세율	매매 취득세율	증여 취득세율
납세의무자	수증자	

4. 신축과 취득세

(1) 일반적인 신축과 취득세

건축물을 신축한 경우 취득세의 과세표준은 사실상취득가액인 건물 신축에 소요된 비용(공사대금 등)을 말하며, 여기에 적용되는 취득세 세율은 2.8%, 농어촌특별세 0.2%, 지방교육세 0.16% 합계 3.16%로 한다.

구분	취득세	농어촌특별세	지방교육세	합계
신축(소유권보존)	2.8%	0.2%	0.16%	3.16%

(2) 재개발·재건축사업과 취득세

「도시 및 주거환경정비법」에 따른 정비사업의 시행으로 해당 사업의 대상이 되는 부동산의 소유자(상속인을 포함한다)가 관리처분계획에 따라 공급받는 건축물은 그 소유자가 원시취득한 것으로 보며, 토지의 경우에는 그 소유자가 승계취득한 것으로 본다. 이 경우 토지는 당초 소유한 토지 면적을 초과하는 경우로서 그 초과한 면적에 해당하는 부분에 한정하여 취득한 것으로 본다(지법 제7조 제16항).

아래에서는 원조합원인 경우와 승계조합원인 경우로 나누어 취득세의 과세표준과 세율에 대해 살펴보기로 한다.

1) 원조합원

재개발·재건축사업에서 취득세의 과세표준도 사실상취득가액인 건물 신축에 소요된 비용(공사대금 등)을 말한다. 즉, 재건축사업의 원조합원인 경우 총 공사비에서 신축되는 주택 중 본인이 받는 주택의 면적만큼 취득세를 부담하게 된다. 그리고 「도시 및 주거환경정비법」에 따른 관리처분계획인가를 2023.1.1. 이후 받은 재개발사업의 원조합원인 경우에도 재건축주택과 동일하게 총 공사비에서 신축되는 주택 중 본인이 받는 주택의 면적만큼 취득세를 부담하게 된다.

「도시 및 주거환경정비법」에 따른 재건축사업의 원조합원이 소유권보존등기를 하는 경우 앞에서 살펴본 신축에 적용되는 동일한 세율이 적용된다. 즉, 취득세 세율은 2.8%, 농어촌특별세

0.2%, 지방교육세 0.16% 합계 3.16%로 한다.

따라서 재개발사업이나 재건축사업의 원조합원이 완성주택에 대한 소유권보존등기를 하는 경우 총 건물신축공사비에 건물 전체면적에서 조합원 분양면적에 해당하는 과세표준에 총 3.16%의 세율을 적용하여 취득세를 납부한다. 다만, 국민주택 규모이하인 주택은 농어촌특별세를 비과세하여 2.96%의 세율을 적용한다.

| 참고 | **재개발사업과 취득세 감면**

재개발사업의 정비구역지정 고시일 현재 부동산의 소유자(상속인을 포함한다)가 재개발사업의 시행으로 주택을 취득함으로써 1가구 1주택이 되는 경우(취득당시 일시적으로 2주택이 되는 경우를 포함한다)에는 다음에서 정하는 바에 따라 취득세를 2028.12.31.까지 경감한다(지방세특례제한법 제74조 제5항 제3호).
❶ 전용면적 60제곱미터 이하의 주택을 취득하는 경우에는 취득세의 75%를 경감한다.
❷ 전용면적 60제곱미터 초과 85제곱미터 이하의 주택을 취득하는 경우에는 취득세의 50%를 경감한다.

---

2) 승계조합원

① 토지

재개발·재건축사업의 승계조합원은 멸실된 주택의 부속토지에 대하여는 기존조합원으로부터 승계취득한 것이므로 승계조합원이 기존조합원으로부터 토지를 취득한 것을 원시취득으로 볼 수 없고, 토지에 대하여 「지방세법」 제11조 제1항 제7호 나목의 세율(4%)을 적용한 취득세를 납부하여야 한다(판례 조심2021지-2304, 2022.5.18.).

구분		취득세	농어촌특별세	지방교육세	합계
유상승계취득	주택 외	4.0%	0.2%	0.4%	4.6%

② 완성주택

완성주택에 대한 소유권보존등기를 하는 경우에는 원조합원과 동일한 방법으로 과세한다. 즉, 총 건물신축공사비에 건물 전체면적에서 조합원 분양면적에 해당하는 과세표준에 총 3.16%의 세율을 적용하여 취득세를 납부해야 한다. 다만, 국민주택 규모이하인 주택은 농어촌특별세를 비과세하여 2.96%의 세율을 적용한다.

(3) 일반분양자가 취득하는 주택과 취득세

일반분양자가 취득하는 주택의 경우 유상거래이므로 앞에서 살펴본 주택을 유상취득하는 경우와 동일한 방법으로 취득세가 과세된다.

| 참고 | 주택 외 부동산의 취득세율

구분			취득세	농어촌특별세	지방교육세	합계
승계취득		유상취득	4.0%	0.2%	0.4%	4.6%
	무상취득	증여	3.5%	0.2%	0.3%	4.0%
		상속 농지	2.3%	0.2%	0.06%	2.56%
		상속 농지 외	2.8%	0.2%	0.16%	3.16%
원시취득		신축(소유권보존)	2.8%	0.2%	0.16%	3.16%

<table><tr><td>제5절</td><td>가족법인과 취득세</td></tr></table>

1. 가족법인의 개요

법인이란 개인 즉, 자연인自然人과 비교되는 법률용어로서 법률에 의해 인격法人格이 부여되어 법률상 권리·의무의 주체가 된 단체를 말한다. 가족법인이란 주식회사 설립 시 주주를 본인, 배우자, 자녀 등 가족으로 구성하는 회사를 말한다. 가족법인이라는 용어는 법률상 용어가 아니라 실무상 용어에 해당한다. 따라서 일반법인과 다른 절차를 거쳐 설립하는 것이 아니라 상법상 일반법인과 동일한 설립절차와 방법을 따르면 된다.

지방세법에서는 부동산 등을 개인이 취득하는 경우와 법인이 취득하는 경우 다르게 적용하는 규정들이 있다. 아래에서는 가족법인이 주택을 취득하는 경우, 주택외 부동산을 취득하는 경우, 과점주주가 주식을 취득하는 경우 취득세에 대한 내용을 살펴보기로 한다.

2. 가족법인의 부동산 취득세

(1) 주택 취득과 중과세율

법인이 매매로 주택을 취득하는 경우 부담하는 취득세는 주택 수 및 조정대상지역 여부에 불문하고 12%의 취득세 세율을 적용한다. 그리고 농어촌특별세 1%(국민주택 규모 이하인 경우에는 비과세), 지방교육세 0.4%를 추가로 부담한다. 따라서 법인이 국민주택 규모 이하의 주택을 취득하는 경우 총 12.4%, 국민주택 규모를 초과하는 주택을 취득하는 경우에는 총 13.4%의 취득세 등을 부담하여야 한다.

(2) 주택외 부동산 취득

가족법인이 주택외 부동산을 취득하는 경우 부담하는 취득세는 기본세율이 적용되는 경우와 중과세율이 적용되는 경우로 나누어 볼 수 있다.

1) 기본세율

기본세율이 적용되는 경우는 개인에게 적용되는 세율과 동일하다. 즉, 매매로 취득하는 경우 4%의 취득세 세율을 적용한다. 그리고 농어촌특별세 0.2%, 지방교육세 0.4%를 추가로 부담한다. 따라서 총 4.6%의 취득세 등을 부담한다.

2) 중과세율

법인이 업무용 부동산 취득 시 중과세율이 적용되는 경우는 과밀억제권역내 본점이나 주사무소의 사업용으로 신·증축하는 부동산 취득 및 과밀억제권역내 공장 신·증설에 따른 부동산 취득(지법 제13조 제1항), 대도시내에서 법인을 설립하거나 지점 또는 분사무소를 설치하는 경우 및 법인의 본점·주사무소·지점 또는 분사무소를 대도시 밖에서 대도시로 전입함에 따라 대도시의 부동산을 취득하는 경우(그 설립·설치·전입 이후의 부동산 취득을 포함한다)(지법 제13조 제2항 제1호), 대도시에서 공장 신설·증설에 따른 부동산 취득(지법 제13조 제2항 제2호) 등이 있다.

이 중에서 대도시내에서 법인을 설립하거나 지점 또는 분사무소를 설치하는 경우 및 법인의 본점·주사무소·지점 또는 분사무소를 대도시 밖에서 대도시로 전입함에 따라 대도시의 부동산을 취득하는 경우(그 설립·설치·전입 이후의 부동산 취득을 포함한다)에 대한 중과세 내용을 살펴보기로 한다.

① 대도시 내 법인의 설립 등에 따른 부동산의 취득

중과세율이 적용되는 대도시란 과밀억제권역 중에서 산업단지를 제외한 지역을 말한다.

대도시에서 법인을 설립(휴면법인을 인수하는 경우를 포함)하거나 지점 또는 분사무소를 설치함에 따라 대도시의 부동산을 취득(그 설립·설치 이후의 부동산 취득을 포함한다)하는 경우 적용하는 중과세는 둘로 나누어 볼 수 있다.

첫째는 대도시에서 법인을 설립(휴면법인을 인수하는 경우를 포함한다)하거나 지점 또는 분사무소를 설치함에 따라 대도시의 부동산을 취득하는 경우다(지법 제13조 제2항 제1호).

대도시에서 법인 설립, 지점·분사무소 설치에 따른 부동산 취득은 해당 법인이 그 설립·설치 이전에 법인의 본점·주사무소·지점 또는 분사무소의 용도로 직접 사용하기 위한 부동산 취득으로 한다(지령 제27조 제3항).

둘째는 대도시에서 법인을 설립하거나 지점 또는 분사무소를 설치 후 5년 이내 대도시의 부동산을 취득하는 경우다(지법 제13조 제2항 제1호).

대도시에서 법인 설립·설치 이후의 부동산 취득은 법인 또는 사무소 등이 설립·설치 이후 5년 이내에 하는 업무용·비업무용 또는 사업용·비사업용의 모든 부동산 취득으로 한다. 이 경우 부동산 취득에는 공장의 신설·증설, 공장의 승계취득, 해당 대도시에서의 공장 이전 및 공장의 업종 변경에 따르는 부동산 취득을 포함한다(지령 제27조 제3항).

적용되는 중과세율의 예를 들면 대도시내에서 법인설립 후 5년 이내 부동산을 매매로 취득하는 경우 8%(구 취득세 2% + 구 등록세 2% × 3배 또는 4% × 3배 - 2% × 2배)의 취득세 세율을 적용한다. 그리고 농어촌특별세 0.2%와 지방교육세 1.2%를 추가로 부담한다. 따라서 총 9.4%의 취득세 등을 부담한다.

② 법인 본점·지점 등의 대도시 내 전입에 따른 부동산의 취득

법인의 본점·주사무소·지점 또는 분사무소를 대도시 밖에서 대도시로 전입(「수도권정비계획

법」 제2조에 따른 수도권의 경우에는 서울특별시 외의 지역에서 서울특별시로의 전입도 대도시로의 전입으로 본다)함에 따라 대도시의 부동산을 취득(그 전입 이후의 부동산 취득을 포함한다)하는 경우 적용되는 중과세는 둘로 나누어 볼 수 있다.

첫째는 법인의 본점·주사무소·지점 또는 분사무소를 대도시 밖에서 대도시로 전입(「수도권정비계획법」 제2조에 따른 수도권의 경우에는 서울특별시 외의 지역에서 서울특별시로의 전입도 대도시로의 전입으로 본다)함에 따라 대도시의 부동산을 취득하는 경우다(지법 제13조 제2항 제1호).

법인의 본점·주사무소·지점·분사무소의 대도시 전입에 따른 부동산 취득은 해당 법인이 그 전입 이전에 법인의 본점·주사무소·지점 또는 분사무소의 용도로 직접 사용하기 위한 부동산 취득으로 한다(지령 제27조 제3항).

둘째는 법인의 본점·지점 등을 대도시 밖에서 대도시로 전입(수도권의 경우 서울특별시 외의 지역에서 서울특별시로의 전입도 대도시로의 전입으로 본다) 후 5년 이내 대도시의 부동산을 취득하는 경우다(지법 제13조 제2항 제1호).

법인의 본점·주사무소·지점·분사무소의 대도시 전입 이후의 부동산 취득은 법인 또는 사무소등이 전입 이후 5년 이내에 하는 업무용·비업무용 또는 사업용·비사업용의 모든 부동산 취득으로 한다. 이 경우 부동산 취득에는 공장의 신설·증설, 공장의 승계취득, 해당 대도시에서의 공장 이전 및 공장의 업종변경에 따르는 부동산 취득을 포함한다(지령 제27조 제3항).

대도시내로의 전입 유형별 중과 여부를 요약 정리하면 다음 표와 같다.

[대도시내로의 전입과 중과 여부]

구분	중과여부
대도시 외 ⇨ 대도시 내	○
대도시 외 ⇨ 서울특별시	○
대도시 내 ⇨ 서울특별시	○
대도시 내 ⇨ 대도시 내	×
서울특별시 ⇨ 서울특별시	×
서울특별시 ⇨ 서울특별시 외 대도시	×
산업단지 ⇨ 서울특별시	○
산업단지 ⇨ 대도시 내	○
대도시 내 ⇨ 대도시 외 ⇨ 대도시 내	○
서울특별시 ⇨ 다른 대도시 ⇨ 서울특별시	○

■ 중과 유형

❶ 대도시내에서 법인 설립, 지점 설치에 따른 대도시의 부동산 취득 및 설립·설치 후 5년 이내 대도시의 부동산 취득

❷ 법인의 본점·지점을 대도시 밖에서 대도시로 전입에 따른 대도시의 부동산 취득 및 전입 후 5년 이내 대도시의 부동산 취득

■ 대도시 내 법인설립 등에 따른 부동산 취득 시 세율 비교

구분	기본세율	중과세율
취득세	4%	8%
농어촌특별세	0.2%	0.2%
지방교육세	0.4%	1.2%
합계	4.6%	9.4%

과밀억제권역(수도권정비계획법 시행령 제9조 별표 1)

1. 서울특별시
2. 인천광역시
   강화군, 옹진군, 서구 대곡동·불로동·마전동·금곡동·오류동·왕길동·당하동·원당동, 인천경제자유구역 및 남동 국가산업단지는 제외
경기도
3. 의정부시
4. 구리시
5. 남양주시(호평동, 평내동, 금곡동, 일패동, 이패동, 삼패동, 가운동, 수석동, 지금동 및 도농동만 해당한다)
6. 하남시
7. 고양시
8. 수원시
9. 성남시
10. 안양시
11. 부천시
12. 광명시
13. 과천시
14. 의왕시
15. 군포시
16. 시흥시(반월특수지역은 제외)
대도시란 과밀억제권역 중 산업단지를 제외한 지역을 말한다.

3. 과점주주의 주식 취득과 간주취득세

과점주주란 주주 1명과 그의 특수관계인 소유주식의 합계가 해당 법인의 발행주식 총수의 50%를 초과하는 자를 말한다(지령 제10조의2). 과점주주가 되면 그 주주가 해당 법인을 실질적으로 지배하여 법인의 재산을 사실상 임의 처분하거나 관리 운용할 수 있는 지위에 서게 되어 실질적으로 법인의 재산을 직접 소유하는 것과 크게 다를 바 없다. 이에 따라 법인의 주식을 취득함으로써 과점주주가 되었을 때에는 그 과점주주가 해당 법인의 부동산 등을 취득한 것으로 보아 취득세를 과세하는데 이를 간주취득세라 한다. 다만, 법인 설립 시에 발행하는 주식을 취득함으로써 과점주주가 된 경우에는 취득으로 보지 않는다(지법 제7조 제5항).

부동산을 소유하는 가족법인의 주주가 주식을 매매 등으로 취득하거나 법인이 증자를 하는 경우에는 과점주주의 주식 취득에 대한 간주취득세 문제를 반드시 검토하여야 한다. 아래에서는 과점주주가 되는 유형에 따라 간주취득세 과세 방법을 살펴보기로 한다.

(1) 최초로 과점주주가 된 경우

법인의 과점주주가 아닌 주주가 다른 주주의 주식을 취득하거나 증자 등으로 최초로 과점주주가 된 경우에는 최초로 과점주주가 된 날 현재 해당 과점주주가 소유하고 있는 법인의 주식 등을 모두 취득한 것으로 보아 취득세를 부과한다(지령 제11조 제1항).

(2) 과점주주가 주식을 추가 취득하는 경우

이미 과점주주가 된 주주가 해당 법인의 주식을 취득하여 해당 법인의 주식 총액에 대한 과점주주가 가진 주식의 비율이 증가된 경우에는 그 증가분을 취득으로 보아 취득세를 부과한다. 다만, 증가된 후 주식의 비율이 해당 과점주주가 이전에 가지고 있던 주식의 최고비율보다 증가되지 아니한 경우에는 취득세를 부과하지 아니한다(지령 제11조 제2항).

(3) 과점주주였으나 과점주주가 아니었다가 다시 과점주주가 된 경우

과점주주였으나 주식의 양도, 해당 법인의 증자 등으로 과점주주에 해당되지 아니하는 주주가 된 자가 해당 법인의 주식을 취득하여 다시 과점주주가 된 경우에는 다시 과점주주가 된 당시의 주식 비율이 그 이전에 과점주주가 된 당시의 주식 비율보다 증가된 경우에만 그 증가분만을 취득으로 보아 취득세를 부과한다(지령 제11조 제3항).

[별첨] 부동산소유권이전등기 시 필요한 서류

1. 매매로 소유권이전등기 시 필요 서류

◆ 매도인 준비 서류
① 매도용 인감증명서
② 인감도장
③ 주민등록초본(주소변동내역 포함)
④ 등기권리증
⑤ 신분증 사본

◆ 매수인 준비 서류
① 주민등록등본
② 가족관계증명서(매수인이 2인 이상인 경우 각 중심으로 각 1통)
③ 매매계약서 원본
④ 신분증 사본
※ 모든 서류는 발행일로부터 3개월 이내의 것
◆ 생애최초 취득세 감면이 적용되는 경우
소득금액증명원, 원천징수영수증 추가
☞ 등본상 세대원도 같이 준비, 소득이 없으면 무소득 증명원으로 대체
① 3개월 이내 전입신고 및 상시거주 시작
② 3년 이내에 매매, 증여, 임대하면 가산금을 포함하여 추징

2. 증여로 소유권이전등기 시 필요 서류

◆ 증여자 준비 서류
① 인감증명서(본인이 발급한 것. 대리인 발급×)
② 인감도장
③ 주민등록등본(주소변동내역 포함)
④ 가족관계증명서
⑤ 등기권리증
⑥ 신분증 사본

◆ 수증자 준비 서류

① 주민등록등본

② 가족관계증명서

③ 도장

④ 신분증 사본

※ 모든 서류는 발행일로부터 3개월 이내의 것

3. 협의분할상속으로 소유권이전등기 시 필요 서류

◆ 피상속인(망자)준비 서류

① 기본증명서

② 가족관계증명서

③ 말소자초본(주소변동내역 포함)

④ 혼인관계증명서

⑤ 입양관계증명서

⑥ 친양자입양관계증명서

⑦ 제적등본

⑧ 전제적등본

◆ 상속인 준비 서류

① 기본증명서

② 가족관계증명서

③ 주민등록등본

④ 신분증 사본

⑤ 인감도장

⑥ 인감증명서

※ 모든 서류는 발행일로부터 3개월 이내의 것

부동산의 무상 이전과 상속세 및 증여세

법령 명칭 요약

- 상속세 및 증여세법: 상증법
- 상속세 및 증여세법 시행령: 상증령
- 상속세 및 증여세법 시행규칙: 상증칙

부동산의 무상 이전과 상속세

제9장에서는 다음과 같은 내용을 살펴보기로 한다.

1. 상속세의 개요

(1) 상속과 상속세

상속이란 사망하는 사람의 재산을 받게 되는 것을 말하며 유증, 사인증여, 특별연고자 상속재산 분여, 유언대용신탁, 수익자연속신탁을 포함한다(상증법 제2조). 상속재산을 남기고 사망하는 사람을 피상속인이라 하고, 상속재산을 받게 되는 사람을 상속인이라 한다.

상속세란 피상속인의 사망으로 상속재산이 무상으로 이전되는 경우 그 재산을 취득한 상속인 등에게 부과되는 세금을 말한다.

상속세를 과세하는 방식은 피상속인의 상속재산 전체를 기준으로 과세하는 유산세 과세방식과 상속인이 실제 취득하는 상속재산에 대해 과세하는 유산취득세 과세방식이 있다. 현재 우리나라의 상속세 과세방식은 유산세 과세방식을 취하고 있다.

(2) 과세대상

상속세는 피상속인이 거주자인 경우에는 국내외 모든 상속재산, 비거주자인 경우에는 국내에 있는 모든 상속재산에 대하여 부과한다(상증법 제3조). 상속재산의 범위에 대해서는 다음 절에서 자세히 살펴보기로 한다.

(3) 납세의무자 및 연대납세의무자

상속인 또는 수유자는 상속재산 중 각자가 받았거나 받을 재산을 기준으로 상속세 납부의무가 있다. 수유자란 유언이나 증여계약 후 증여자의 사망으로 재산을 취득하는 자를 말한다. 상속세는 상속인 또는 수유자 각자가 받았거나 받을 재산을 한도로 연대하여 납부할 의무를 진다(상증법 제3조의2). 따라서 상속세 납세의무자 등 일부가 상속세를 납부하지 아니한 경우에는 다른 상속세 납세의무자들이 미납된 상속세에 대하여 자기가 받았거나 받을 재산을 한도로 연대 납부할 책임이 있다.

또한 상속인 중 상속순위가 선순위인 단독상속인 또는 동 순위의 공동상속인 전원이 「민법」에 따라 상속을 포기함으로써 그다음 순위에 있는 상속인(후순위상속인)이 재산을 상속받게 되는 경우에는 후순위상속인이 받았거나 받을 상속재산의 점유비율에 따라 상속세를 납부할 의무를 지며, 증여세는 과세하지 아니한다(상증법 기본통칙 3의2-0…1).

(4) 상속인의 범위

상속인이란 혈족인 법정상속인과 대습상속인, 사망자(피상속인)의 배우자 등을 말하며, 납세의무가 있는 상속포기자, 특별연고자도 포함된다(상증법 제2조 제4호).

1) 법정상속인

법정상속인은 다음과 같은 순위로 정해지고(민법 제1000조), 피상속인의 법률상 배우자는 직계비속과 같은 순위로 공동상속인이 되며, 직계비속이 없는 경우에는 2순위 상속인인 직계존속과 공동상속인이 되며, 직계비속과 직계존속이 없는 경우에는 단독 상속인이 된다(민법 제1003조).

[상속인의 순위]

순위	피상속인과의 관계	상속인 해당 여부
1순위	직계비속과 배우자	항상 상속인
2순위	직계존속과 배우자	직계비속이 없는 경우 상속인
3순위	형제자매	1, 2순위가 없는 경우 상속인
4순위	4촌 이내의 방계혈족	1, 2, 3순위가 없는 경우 상속인

위 내용에 따르면 피상속인의 자녀와 배우자가 있는 경우 피상속인의 자녀와 배우자가 상속인이 되며, 그 외의 자는 상속인 외의 자가 된다.

2) 대습상속인

대습상속인이란 상속인이 될 직계비속 또는 형제자매(피대습인)가 상속개시 전에 사망하거나 결격자가 된 경우에 사망하거나 결격된 사람의 순위에 갈음하여 상속인이 되는 피대습인의 직계비속 또는 배우자를 말한다(민법 제1001조).

(5) 법정상속비율

동 순위의 상속인이 수인인 때에는 그 상속분은 균분으로 한다. 다만, 피상속인의 배우자의 상속분은 직계비속과 공동으로 상속하는 때에는 직계비속 상속분의 5할을 가산하고, 직계존속과 공동으로 상속하는 때에는 직계존속 상속분의 5할을 가산한다(민법 제1009조). 예를 들어 상속인으로 피상속인의 배우자 및 자녀가 2명인 경우 배우자의 법정상속비율은 1.5 ÷ 3.5이며, 자녀는 각각 1 ÷ 3.5가 된다. 그리고 대습상속인의 상속분은 사망 또는 결격된 자의 상속분에 의한다(민법 제1010조).

(6) 유류분

유류분遺留分이란 상속재산 가운데 상속받은 사람이 마음대로 처리하지 못하고 상속인을 위하여 법률상 반드시 남겨 두어야 할 일정 부분을 말한다. 「민법」은 유언을 통한 재산 처분의 자유를 인정하고 있으므로 피상속인이 유언으로 타인이나 상속인 일부에게만 유증을 하면 그 외 상속인에게 상속재산이 이전되지 않을 수 있다. 따라서 상속재산 처분의 자유를 무제한 인정하게 되면 가족생활의 안정을 해치고, 피상속인 사망 후 상속인의 생활 보장이 침해될 수 있다. 이러한 이유로 「민법」은 유류분제도를 인정하고 있다.

유류분을 가지는 사람인 유류분 권리자는 피상속인의 직계비속, 피상속인의 직계존속, 피상속인의 형제자매 또는 배우자인 상속인이다(민법 제1112조). 대습상속인도 유류분 권리자가 될 수 있다. 그러나 상속을 포기한 사람은 상속인이 아니므로 유류분반환청구를 할 수 없다. 유류분 권리자의 유류분 비율을 살펴보면 다음과 같다.

[유류분 비율]

순위	유류분 권리자	유류분 비율
1순위	피상속인의 직계비속	법정상속분 × 1 ÷ 2
2순위	피상속인의 직계존속	법정상속분 × 1 ÷ 3
3순위	형제자매	법정상속분 × 1 ÷ 3

※ 피상속인의 배우자가 있는 경우에는 1순위 또는 2순위 유류분 권리자와 함께 유류분 권리를 갖게 되며, 그의 유류분율은 법정상속분의 1 ÷ 2이다.

(7) 상속재산의 분할

공동상속인이 있는 경우 원칙적으로 상속이 개시되면 상속재산은 공동상속인의 공유가 된다. 다만, 상속재산을 상속인 각자의 재산으로 분할할 필요가 있을 때는 분할 할 수 있는데 이를 상속재산의 분할이라고 한다. 상속재산의 분할에는 공동상속인 전원이 참여해야 한다. 상속재산 분할 방법에는 지정분할, 협의분할, 심판분할이 있다.

1) 지정분할

지정분할이란 피상속인이 상속재산의 분할 방법을 유언으로 정하거나 또는 유언으로 상속인 이외의 제3자에게 분할 방법을 정할 것을 위탁하는 경우에 그에 따라 행해지는 분할을 말한다(민법 제1012조).

2) 협의분할

협의분할이란 피상속인의 분할금지의 유언이 없는 경우에 공동상속인이 협의로 분할하는 것을 말한다(민법 제1013조). 협의분할을 할 때에는 당사자 전원의 합의가 있으면 되고, 그에 관한 특별한 방식은 필요 없다. 상속재산의 협의분할은 일종의 계약으로 상속인 사이에 구두로 할 수도 있지만, 분쟁을 피하기 위해 분할 협의서를 작성하는 것이 좋다. 배우자가 상속받은 재산에 대해 배우자상속공제를 받는 경우 상속재산분할 협의서를 작성하는 것이 과세관청과 분쟁을 줄일 수 있는 방법이다.

3) 심판분할

심판분할이란 공동상속인 사이에 분할의 협의가 이루어지지 않은 경우에 가정법원에 청구하는 분할 방법을 말한다(민법 제269조). 상속재산의 심판분할을 위해 반드시 조정을 거쳐야 하며 조정이 성립하지 않은 경우에만 가정법원의 심판분할절차가 진행된다.

상속재산분할 협의서

　20○○년 ○월 ○일 서울특별시 서초구 서초대로(서초동)에서 홍길동의 사망으로 인하여 개시한 상속에 있어 공동상속인 김미녀, 홍일남, 홍이남은 다음과 같이 상속재산을 분할하기로 협의한다.

　1. 부동산의 표시
　　가. 서울특별시 서초구 서초동　　　　　대 150제곱미터
　　나. 서울특별시 서초구 서초동
　　　　[도로명주소] 서울특별시 서초구 서초대로
　　　　　　　　　시멘트 벽돌조 슬래지붕 단층주택 80제곱미터
　　위 부동산은 홍일남의 소유로 한다.
　2. 상속재산 중 ○○주식회사의 보통주식 ○○주는 홍이남의 소유로 한다.
　3. 상속재산 중 ○○은행 ○○동 지점에 예금된 금 5억원, ○○은행 ○○동 지점에 예금된 금 5억원은 김미녀의 소유로 한다.
　4. (기타사항)

　위 협의의 성립을 증명하기 위하여 이 협의서 3통을 작성하고 아래에 각자 기명날인하여 1통씩 보관한다.

20　　년　　월　　일

　　　　　　　　공동상속인　　김미녀　㊞
　　　　　　　　　　　　　　　(000000-0000000)
　　　　　　　　　　　　　　　서울특별시 서초구 서초대로(서초동)
　　　　　　　　공동상속인　　홍일남　㊞
　　　　　　　　　　　　　　　(000000-0000000)
　　　　　　　　　　　　　　　서울특별시 서초구 서초대로(서초동)
　　　　　　　　공동상속인　　홍이남　㊞
　　　　　　　　　　　　　　　(000000-0000000)
　　　　　　　　　　　　　　　서울특별시 서초구 서초대로(서초동)

(8) 상속의 승인과 포기

상속인은 피상속인의 재산뿐만 아니라 채무도 상속을 받아야 한다. 이 경우 상속재산과 상속채무를 비교하여 상속의 승인 또는 포기 여부를 결정하여야 한다. 상속의 승인 포기의 종류에는 단순승인, 한정승인, 상속의 포기가 있다.

1) 상속의 승인

① 단순승인

단순승인이란 상속의 효과를 거부하지 않는다는 의사표시를 말한다. 상속인이 단순승인을 한 때에는 제한 없이 피상속인의 권리의무를 승계한다. 이러한 단순승인은 상속인이 한정승인도 상속의 포기도 하지 않은 상태에서 3개월의 고려기간이 경과하면 모두 단순승인을 한 것으로 본다. 즉, 단순승인의 의사표시는 특별한 형식을 필요로 하지 않으며 법원에 대한 신고를 필요로 하지 않는다.

② 한정승인

한정승인이란 상속인이 상속으로 취득하게 될 재산의 한도에서 피상속인의 채무를 변제할 것을 조건으로 상속을 승인하려는 의사표시를 말한다. 상속인이 한정승인을 한 때에는 상속채무가 상속재산을 초과하는 경우에도 상속인 본인의 재산으로 이를 변제할 의무가 없다.

한정승인은 상속개시가 있음을 안 날로부터 3개월 이내에 법원에 신청해야 한다. 상속의 한정승인이 되면 상속재산의 한도에서 상속채무를 변제하면 되지만, 상속인은 여전히 상속인으로 남는다. 따라서 한정승인자도 단순승인을 한 상속인과 마찬가지로 상속세를 부담한다.

2) 상속의 포기

상속의 포기란 상속인이 상속의 효력을 소멸하게 할 목적으로 하는 의사표시를 말한다(민법 제1041조). 상속의 포기는 상속인으로서의 자격을 포기하는 것으로 상속재산 전부의 포기만이 인정되며 일부 또는 조건부 포기는 허용되지 않는다.

상속인이 상속을 포기할 때에는 상속개시가 있음을 안 날로부터 3개월 이내에 상속개시지의 가정법원에 포기의 신고를 해야 한다. 상속을 포기하면 그 상속인은 더 이상 상속인이 되지 않는다. 그러나 상속재산은 다음 순위의 상속인에게 넘어가게 된다. 따라서 자신이 상속을 포기했다고 해서 피상속인의 채무가 모두 소멸하는 것은 아니고, 후순위의 상속인이 이를 상속받을 수 있음을 주의해야 한다. 즉, 채무가 많아 상속을 포기할 때에는 후순위 상속인까지 모두 상속을 포기하는 것이 좋다.

2. 상속세 계산구조

상속세 납부할 세액을 계산하기 위해서는 먼저 상속세 과세가액을 계산해야 한다. 상속세 과세가액에서 상속공제와 감정평가수수료를 차감하면 과세표준이 된다. 과세표준에 세율을 적용한 금액을 산출세액이라 한다. 산출세액에서 세대생략할증세액을 가산하고 신고세액공제를 공제한 후 가산세를 더하면 상속세 납부할 세액을 계산하게 된다. 상속세는 신고로서 확정되는 세금은 아니지만 세법에서 납세의무자에게 신고·납부의무를 부여하고 있다. 신고·납부 절차를 알아야 한다. 그렇지 않으면 가산세 등의 불이익이 생길 수 있다.

이처럼 상속세 계산구조에서 납부할 세액의 계산은 네 단계를 거치게 된다.

첫 번째 단계는 상속세 과세가액을 계산하는 단계다.

두 번째 단계에서 과세표준을 계산한다.

세 번째 단계에서 과세표준에 세율을 곱하여 산출세액을 계산한다.

마지막 네 번째 단계에서 납부할 세액을 계산하여 신고·납부한다.

[상속세 계산구조]

상속재산가액	· 본래의 상속재산 · 상속재산으로 보는 보험금 · 신탁재산 · 퇴직금 등(간주상속재산) · **추정상속재산** · **원칙: 시가평가** · **예외: 기준시가 등 보충적평가**
(-) 비과세 상속재산	· 금양임야 등
(-) 공과금 · 장례비용 · 채무	· 장례비용 500만원~1,000만원 · 봉안시설 · 자연장지 비용 한도 500만원
(+) 사전증여재산	· 상속인 10년 이내 · 상속인 외 5년 이내
(=) 상속세 과세가액	**· 상속재산가액 - 비과세 상속재산 - 공과금 · 장례비용 · 채무 + 사전증여재산**
(-) 상속공제	· 기초공제 등과 일괄공제(5억) 중 큰 금액 · 배우자 상속공제 · 금융재산 상속공제 · 동거주택 상속공제
(-) 감정평가수수료	· 500만원 한도
(=) 과세표준	**· 상속세 과세가액 - 상속공제 - 감정평가수수료**
(×) 세율	· 증여세와 동일
(=) 산출세액	**· 과세표준 × 세율**
(+) 세대생략할증세액	· 증여세와 동일
(-) 신고세액공제 등	· 신고세액공제: (산출세액 + 세대생략할증세액) × 3%
(+) 가산세	· 무(과소)신고가산세 · 납부지연가산세
(=) 납부할 세액	**· 산출세액 + 세대생략할증세액 - 신고세액공제 등 + 가산세**

1. 상속세 과세가액의 개요

상속세 계산구조의 목적지는 상속세의 납부할 세액을 계산하여 신고·납부하는 것이다. 그러기 위해서는 먼저 상속세 과세가액을 계산해야 한다. 상속세 과세가액은 상속재산가액에서 비과세 상속재산 등과 공과금·장례비·채무를 공제하고 피상속인이 상속인이나 상속인 외의 자에게 사전에 증여한 재산가액을 합하여 계산한다.

상속세 과세가액 = 상속재산가액 - 비과세 상속재산 - 공과금·장례비용·채무 + 사전증여재산

따라서 상속세 과세가액을 계산하기 위해서는 먼저 상속재산가액을 알아야 한다. 그러자면 피상속인의 상속재산에 포함되는 것이 무엇인지 범위를 파악하고, 상속재산을 평가하여 그 가액을 측정해야 한다.

아래에서는 상속세 과세가액 구성 항목에 대해 순서대로 살펴보기로 한다.

2. 상속재산의 범위

상속재산이란 피상속인에게 귀속되는 재산으로서 금전으로 환산할 수 있는 경제적 가치가 있는 모든 물건과 재산적 가치가 있는 법률상 또는 사실상의 모든 권리를 포함한다. 다만, 피상속인의 일신에 전속하는 것으로서 피상속인의 사망으로 인하여 소멸되는 것은 제외한다(상증법 제2조 제3호).

상속세 및 증여세법에서 상속재산은 크게 세 가지로 나누어 볼 수 있다. 민법에서 규정하는 상속재산인 본래의 상속재산과 민법에서는 상속재산이 아니지만 상속세 및 증여세법에서 상속재산으로 보는 간주상속재산 및 상속재산으로 추정하는 추정상속재산이 있다.

(1) 본래의 상속재산

민법상 상속재산인 본래의 상속재산에는 피상속인이 사망할 당시 소유하고 있는 동산, 부동산 및 주식 등의 재산으로 채권, 특허권·실용신안권·의장권·상표권·저작물에 관한 권리 등의 무체재산권뿐만 아니라 물건에 대한 소유권·점유권·지상권·지역권·전세권·유치권·질권·저당권 등의 물권과 같은 권리도 포함된다.

|참고| 매도 계약 이행 중인 부동산이 상속재산을 구성할 경우 상속세 과세가액 산정 방식

피상속인이 부동산에 대한 매도 계약을 맺고 계약금 및 중도금만 지급받은 상태로 사망하여 상속이 개시되었고 해당 계약이 유효하다면, 기수령한 계약금 및 중도금은 해당 부동산 이외의 다른 상속재산을 구성하는 등의 형태로 총상속재산가액 산정에 반영되어 있을 것이므로, 상속재산은 잔금 상당액이라고 보는 것이 타당하다(판례 심사상속2021-0004, 2021. 8. 18.).

---

(2) 간주상속재산

간주상속재산이란 본래의 상속재산은 아니지만 재산취득의 결과가 상속과 동일한 경제적 이익이 발생하므로 실질과세를 위해 상속재산으로 보는 보험금, 신탁재산 및 퇴직금 등을 말한다.

1) 보험금

피상속인의 사망으로 인하여 받는 생명보험 또는 손해보험의 보험금으로서 피상속인이 보험계약자인 보험계약에 의하여 받는 것은 상속재산으로 본다. 보험계약자가 피상속인이 아닌 경우에도 피상속인이 실질적으로 보험료를 납부하였을 때에는 피상속인을 보험계약자로 보아 상속재산에 포함한다(상증법 제8조, 판례 조심2022서-1444, 2022. 7. 20.).

2) 신탁재산

피상속인이 신탁한 재산은 상속재산으로 본다. 피상속인이 신탁으로 인하여 타인으로부터 신탁의 이익을 받을 권리를 소유하고 있는 경우에는 그 이익에 상당하는 가액을 상속재산에 포함한다(상증법 제9조).

3) 퇴직금 등

피상속인에게 지급될 퇴직금, 퇴직수당, 공로금, 연금 또는 이와 유사한 것이 피상속인의 사망으로 인하여 지급되는 경우 그 금액은 상속재산으로 본다. 다만, 다음 중 어느 하나에 해당하는 것은 상속재산으로 보지 아니한다(상증법 제10조).

① 「국민연금법」에 따라 지급되는 유족연금 또는 사망으로 인하여 지급되는 반환일시금
② 「공무원연금법」, 「공무원재해보상법」 또는 「사립학교교직원연금법」에 따라 지급되는 퇴직유족연금, 장해유족연금, 순직유족연금, 직무상유족연금, 위험직무순직유족연금, 퇴직유족연금부가금, 퇴직유족연금일시금, 퇴직유족일시금, 순직유족보상금, 직무상유족보상금 또는 위험직무순직유족보상금
③ 「군인연금법」 또는 「군인재해보상법」에 따라 지급되는 퇴역유족연금, 상이유족연금, 순직유족연금, 퇴역유족연금부가금, 퇴역유족연금일시금, 순직유족연금일시금, 퇴직유족일시금, 장애보상금 또는 사망보상금
④ 「산업재해보상보험법」에 따라 지급되는 유족보상연금·유족보상일시금·유족특별급여 또는 진폐유족연금
⑤ 근로자의 업무상 사망으로 인하여 「근로기준법」 등을 준용하여 사업자가 그 근로자의 유족에게 지급하는 유족보상금 또는 재해보상금과 그 밖에 이와 유사한 것

(3) 추정상속재산

추정상속재산이란 피상속인이 상속개시일 전 일정 기간 내에 소유재산 처분, 예금인출 또는 채무를 부담한 경우로서 소유재산 처분, 예금인출 또는 부담한 채무의 사용처를 상속인이 입증하지 못하는 경우에는 이를 상속인이 상속받은 것으로 추정하여 상속세 과세가액에 산입하는 것을 말한다(상증법 제15조).

1) 추정상속재산의 범위

① 상속개시일 전 재산을 처분하여 받은 금액 또는 재산에서 인출한 금액

피상속인이 재산을 처분하여 받은 금액이나 피상속인의 재산에서 인출한 금액이 상속개시일 전 1년 이내에 재산종류별로 계산하여 2억원 이상인 경우와 상속개시일 전 2년 이내에 재산종류별로 계산하여 5억원 이상인 경우로서 용도가 객관적으로 명백하지 아니한 경우에는 상속세 과세가액에 가산한다.

재산종류별이란 현금·예금 및 유가증권, 부동산 및 부동산에 관한 권리, 기타재산의 구분에 따른 것을 말한다(상증령 제11조 제5항).

② 상속개시일 전 부담한 채무

피상속인이 부담한 채무를 합친 금액이 상속개시일 전 1년 이내에 2억원 이상인 경우와 상속개시일 전 2년 이내에 5억원 이상인 경우로서 용도가 객관적으로 명백하지 아니한 경우에는 상속세 과세가액에 가산한다.

2) 추정상속재산가액의 계산

추정상속재산에 해당하는 경우에는 사용처의 용도를 상속인이 소명해야 한다. 하지만 피상속인이 생전에 처분한 재산 등의 사용처를 상속인이 정확하게 입증하는 것이 현실적으로 쉽지 않다. 따라서 입증되지 아니한 금액이 다음의 금액 중 적은 금액에 미달하는 경우에는 용도가 객관적으로 명백하지 아니한 것으로 추정하지 아니하며, 그 금액 이상인 경우에는 다음의 금액 중 적은 금액을 차감한 금액을 용도가 객관적으로 명백하지 아니한 것으로 추정하여 상속재산에 가산한다(상증령 제11조 제4항).

① 피상속인이 재산을 처분하여 받은 금액이나 피상속인의 재산에서 인출한 금전 등 또는 채무를 부담하고 받은 금액의 20%에 상당하는 금액
② 2억원

입증되지 아니한 금액(미소명금액)이 재산처분·채무부담·인출가액의 20%와 2억원 중 적은

금액에 미달하는 경우에는 상속세로 과세되는 금액은 없다. 하지만 미소명금액이 재산처분·채무부담·인출가액의 20%와 2억원 중 적은 금액을 초과하는 경우에는 미소명금액에서 처분재산·채무부담·인출가액의 20%와 2억원 중 적은 금액을 차감한 금액을 상속재산가액에 포함한다. 예를 들어 피상속인의 통장에서 인출한 금액이 1년 이내 3억원인 경우 미소명금액이 6천만원 이하이면 추정상속재산가액은 없다. 하지만 만약 미소명금액이 8천만원이면 2천만원이 추정상속재산가액이 된다.

추정상속재산가액 = 미소명금액 - Min(① 재산처분·채무부담·인출가액 × 20% ② 2억)

실무에서는 피상속인의 통장에서 인출된 사용처의 용도를 소명할 때 거래와 관련되는 각종 증빙으로 소명하게 되는데 만약 상속개시일 전 2년 이내 인출된 사용처가 불분명한 금액을 객관적인 증빙 없이 추정상속재산에서 제외할 수 있을까?

이와 관련된 판례를 살펴보면 상속세 및 증여세법에서 규정한 추정상속재산의 산정과 관련하여 경험칙상 비용 발생이 명백하거나 채무의 존재나 재산출연의 원인관계가 구체적으로 확인되며 사회통념상 그 지출 사실도 인정되는 경우라면 그와 같은 비용 상당의 예금인출액은 용도가 객관적으로 명백하지 아니한 경우라고 보기 어렵다. 따라서 추정상속재산가액에서 제외하는 것이 타당하다. 비록 위와 같은 금액에 관한 기초적 사실관계 대부분이 납세의무자의 지배영역 안에 있는 것이기는 하나, 시일의 경과와 사정 변경 등으로 입증이 곤란한 경우가 충분히 생길 수가 있으므로 이러한 경우 납세의무자의 입증이 없거나 필요한 증빙서류가 불충실하다 하여 이와 같은 비용 상당의 예금인출액을 모두 추정상속재산가액에 포함하여 상속세를 부과하는 것은 부당하다고 판단하고 있다(서울행정법원2019구합-54207, 2020.7.16.). 하지만 실무적으로 보면 피상속인의 사망 전에 미리 통장 입금 거래의 원천과 출금 거래의 사용처에 대한 내용과 관련 증빙을 확인 준비하여야 과세관청과 쟁점을 줄일 수 있다.

3. 비과세 상속재산

다음의 재산에 대해서는 상속세를 부과하지 않는다.

(1) 국가, 지방자치단체 또는 공공단체에 유증한 재산

(2) 제사를 주재하는 상속인을 기준으로 다음에 해당하는 재산

    ① 피상속인이 제사를 주재하고 있던 선조의 분묘에 속한 9,900제곱미터 이내의 금양임야

    ② 분묘에 속한 1,980제곱미터 이내의 묘토인 농지

    ③ 족보와 제구

        다만, ① 및 ②의 재산가액의 합계액이 2억원을 초과하는 경우에는 2억원을 한도로 하고,
③의 재산가액의 합계액이 1천만원을 초과하는 경우에는 1천만원을 한도로 한다.

(3) 「정당법」에 따른 정당에 유증 등을 한 재산

(4) 「근로복지기본법」에 따른 사내근로복지기금이나 우리사주조합, 공동근로복지기금 및 근로복지진흥기금에 유증 등을 한 재산

(5) 사회통념상 인정되는 이재구호금품, 치료비 및 불우한 자를 돕기위하여 유증한 재산

(6) 상속재산 중 상속인이 상속세 신고기한까지 국가, 지방자치단체 또는 공공단체에 증여한 재산

4. 상속재산의 평가

상속재산의 범위를 확인했으면 그 상속재산을 평가하여 상속재산가액을 산정해야 한다. 상속재산은 원칙적으로 시가로 평가한다. 시가로 인정하는 범위에는 해당 상속재산의 매매가액, 감정가액, 수용가액, 공매·경매가액을 포함하고, 해당 상속재산과 동일하거나 유사한 재산의 매매가액, 감정가액, 수용가액, 공매·경매가액을 포함한다. 이러한 시가를 산정하기 어려운 경우에는 부동산의 기준시가 등 보충적 평가 방법으로 평가한다. 구체적인 평가방법은 다음 장 증여세편의 상속·증여재산의 평가 부분에서 설명하기로 한다.

상속재산의 평가와 관련하여 실무에서 유의할 점은 상속세 신고 후 결정기간 이내에 상속받은 재산을 처분하는 경우, 대출을 받기 위해 또는 그 밖의 이유로 감정평가를 받는 경우, 수용되는 경우, 공매·경매가 있는 경우는 당초 신고한 상속재산가액이 변경될 수 있다는 것이다.

|참고| 상속재산의 평가와 양도소득세 취득가액

상속으로 취득한 부동산을 양도하는 경우 양도차익 계산 시 양도가액에서 공제하는 취득가액은 상속세 및 증여세법에 따라 평가한 가액으로 한다. 따라서 양도차익이 많이 발생할 것으로 예상되는 상속받는 부동산은 기준시가로 평가할 수 있다하더라도 감정평가를 받아 상속재산 평가액을 높게 신고하는 것이 유리할 수 있다. 하지만 상속재산가액을 높게 평가하면 상속세가 증가할 수 있으므로 상속세 증가 금액과 양도소득세 감소 금액을 비교하여 의사결정하여야 한다.

---

1. 상속재산가액에서 공제하는 취지

상속세 과세가액 계산 시 공과금·장례비용·채무는 상속재산가액에서 공제한다. 상속세는 피상속인의 상속재산을 기초로 하여 과세되는 세금인데 공과금이나 채무는 피상속인이 상속재산으로 납부하거나 상환할 것이 상속인에게 승계되어 상속재산가액을 감소시킨다. 따라서 공과금이나 채무를 상속재산에서 공제하지 않으면 상속인의 상속세 부담능력이 감소하게 되는데 이를 해소하기 위해 상속재산가액에서 공제한다. 장례비용은 상속에 수반하여 지출하는 직접비용에 해당되기 때문에 공제한다.

2. 공과금

상속재산가액에서 공제되는 공과금은 상속개시일 현재 피상속인이 납부할 의무가 있는 것으로서 상속인에게 승계된 조세·공공요금 기타 이와 유사한 것을 말한다(상증법 제14조 제1항 제1호, 상증령 제9조 제1항).

3. 장례비용

상속재산가액에서 공제되는 장례비용은 다음의 구분에 의한 금액을 합한 금액으로 한다(상증법 제14조 제1항 제2호, 상증령 제9조 제2항).

(1) 피상속인의 사망일부터 장례일까지 장례에 직접 소요된 금액

피상속인의 사망일부터 장례일까지 장례에 직접 소요된 일반장례비는 그 금액이 500만원 미만인 경우에는 500만원으로 하고 그 금액이 1천만원을 초과하는 경우에는 1천만원으로 한다. 장례에 직접 소요된 금액에는 시신의 발굴 및 안치에 직접 소요된 비용과 묘지구입비(공원묘지 사용료를 포함한다), 비석, 상석 등 장례에 직접 소요된 비용을 포함한다. 봉안시설 또는 자연장지의 사용에 소요된 금액은 이 항목에는 포함하지 않고 아래의 항목으로 하여 추가로 공제한다.

(2) 봉안시설 또는 자연장지의 사용에 소요된 금액

봉안시설 또는 자연장지의 사용에 소요된 금액은 그 금액이 500만원을 초과하는 경우에는 500만원으로 한다.

4. 채무

상속재산가액에서 공제하는 채무는 명칭 여하에 불구하고 상속개시 당시 확정된 피상속인의 채무로서 상속인이 실제로 부담하는 사실이 입증되는 모든 부채를 말한다. 다만, 상속개시일 전 10년 이내에 피상속인이 상속인에게 진 증여채무와 상속개시일 전 5년 이내에 피상속인이 상속인이 아닌 자에게 진 증여채무는 제외한다(상증법 제14조 제1항 제3호).

(1) 채무의 입증 방법

위 규정에서 상속인이 실제로 부담하는 사실이 입증되는 채무란 다음 중 어느 하나의 방법으로 증명되는 것을 말한다(상증법 제14조 제4항, 상증령 제10조).

① 국가·지방자치단체 및 금융회사 등에 대한 채무는 해당 기관에 대한 채무임을 확인할 수 있는 서류
② 위 외의 자에 대한 채무는 채무부담계약서, 채권자확인서, 담보설정 및 이자지급에 관한 증빙 등에 의하여 그 사실을 확인할 수 있는 서류

(2) 임대보증금

피상속인의 임대보증금은 상속재산가액에서 공제한다. 이 경우 사실상 임대차계약이 체결된 건물에 있어서 토지와 건물의 소유자가 다른 경우에는 실지 임대차계약 내용에 따라 임대보증금의 귀속을 판정하며, 건물소유자만이 임대차계약을 체결한 경우 해당 임대보증금은 건물소유자에게 귀속되는 것으로 한다(집행기준 14-9-8).

|참고| **상속재산가액을 초과하는 채무인수와 증여세**

상속인 중 1인이 그가 상속받은 재산가액을 초과하는 채무를 인수함으로써 다른 상속인이 얻은 이익에 대하여는 상속세 및 증여세법 제36조(채무면제 등에 따른 증여)에 따라 증여세 과세대상에 해당한다(예규 서면법령해석재산2014-20602, 2015.7.22.).

---

(3) 부채의 사후관리

과세관청에서는 상속재산에서 공제되는 채무가 있는 경우에 국세청 전산시스템NTIS에 입력하여 사후관리를 하게 된다. 그리고 상속 후 상속인에게 부채상환금액과 상환자금출처에 대한 해명자료 제출 안내문을 발송한다. 그러므로 상속채무의 이자지급 및 원금상환, 보증금을 상환하는 경우에는 금융거래내역과 상환자금의 출처에 대한 자료를 미리 준비하여 소명요청에 대비하여야 한다. 그리고 상속개시일 현재의 임대차계약서와 그 후 갱신되는 임대차계약서도 잘 보관하여야 한다.

채무를 승계한 상속인 외의 자가 상속채무를 상환하는 경우 추가적으로 증여세가 과세될 수 있으므로 유의하여야 한다.

제4절 | 사전증여재산

1. 사전증여재산의 범위

피상속인이 상속인이나 상속인이 아닌 자에게 상속이 개시되기 전 다음의 기간 이내에 증여한 재산은 상속세 과세가액에 가산한다(상증법 제13조). 그 취지는 상속될 재산을 사전에 증여함으로써 고율의 누진세율인 상속세를 경감 또는 회피하는 것을 방지하기 위한 것이다.

① 상속개시일 전 10년 이내에 피상속인이 상속인에게 증여한 재산가액
② 상속개시일 전 5년 이내에 피상속인이 상속인이 아닌 자에게 증여한 재산가액

여기서 상속인의 범위는 제1절에서 살펴본 상속인과 동일하다. 따라서 상속개시일 현재 자녀와 배우자가 있는 경우에는 그 자녀와 배우자가 상속인이고 그 외의 자는 상속인이 아닌 자에 해당한다. 따라서 손자, 손녀, 사위나 며느리는 상속인이 아니다. 그러므로 피상속인이 손자, 손녀, 사위나 며느리에게 사전증여한 재산은 상속개시일 전 5년 이내에 증여한 재산만 상속세 과세가액에 가산한다.

사전증여재산은 증여당시에 증여재산가액이 증여재산공제금액에 미달하여 증여세는 과세되지 않는다 하더라도 상속재산에는 가산하여야 한다.

2. 사전증여재산가액의 기준

상속재산가액에 가산하는 증여재산은 증여일 현재의 시가에 따른다(상증법 제60조 제4항). 상속개시 전 증여가 부담부증여인 경우에는 증여재산가액에서 수증자가 인수한 채무를 차감한 금액을 가산한다(집행기준 13-0-7).

3. 상속세 과세가액에 합산하는 사전증여재산에 대한 과세방법

(1) 사전증여당시 증여세를 신고한 경우

사전증여당시 증여세를 이미 신고한 경우 그 증여재산가액을 상속세 과세가액에 가산하고 납부한 증여세상당액은 기납부세액으로 공제한다.

(2) 사전증여당시 증여세를 무신고한 경우

상속세 과세가액에 합산하는 사전증여재산에 대하여 증여세가 부과되지 아니한 경우에는 해당 증여재산에 대하여 증여세를 먼저 과세하고 그 증여재산가액을 상속세 과세가액에 합산하여 상속세를 부과하며 증여세 상당액을 기납부세액으로 공제한다(집행기준 13-0-8). 즉, 아래의 두 단계로 나누어 살펴볼 수 있다.

1차로 상속인에게 증여세 과세 문제가 발생한다. 증여세가 과세되는 경우 본세뿐만 아니라 무신고(또는 과소신고)가산세와 납부지연가산세도 함께 부과된다.

2차로 피상속인의 상속세 계산 시 사전증여재산으로 상속세 과세가액에 가산하여 상속세를 계산하고, 1차로 증여세가 과세되어 납부한 증여세 산출세액은 상속세 산출세액에서 공제하여 정산하게 된다(상증법 제28조).

4. 가족 간 자금거래와 사전증여재산

상속세는 신고로서 확정되는 세금이 아니다. 과세관청에서 상속세를 조사하여 결정해야 확정되는 세금이다. 실무에서 상속세 신고 시 주된 업무 중 하나는 상속개시 전 피상속인의 10년 간 금융거래내역에 대한 사용처를 파악하는 것이다. 이 과정에서 피상속인이 상속인 또는 상속인 아닌 자에게 송금하거나 현금으로 지급한 금액을 수증자가 증여세 신고에서 누락한 경우를 발견하게 된다. 또한 과세관청의 상속세 조사 시 쟁점이 되는 내용 중 하나도 피상속인의 10년 간 금융거래내역에 대한 사용처를 소명하는 과정에서 발생하는 사전증여재산에 대한 것이다. 이때 상속개시 전 상속인 또는 상속인이 아닌 자에게 송금하거나 현금으로 지급한 거래가 사전증여재산에 해당하는 경우 이는 증여세와 상속세에 동시에 영향을 미치게 된다.

아래에서는 피상속인이 생전에 가족에게 송금하거나 현금으로 지급한 것에 대해 사전증여재산에 해당하는지 여부에 대한 쟁점을 판례를 통하여 조금 더 살펴보기로 한다.

(1) 피상속인이 상속인의 계좌로 입금한 경우 입증책임

피상속인이 상속인의 계좌로 입금한 거래와 관련된 판례를 살펴보면 과세관청에 의하여 증여자로 인정된 자(피상속인) 명의의 예금이 인출되어 상속인 명의의 예금계좌 등으로 예치된 사실이 밝혀진 이상, 그 예금은 상속인에게 증여된 것으로 추정되고, 해당 이체액이 증여가 아닌 다른 목적으로 행하여진 것이라는 등 특별한 사정이 있다면 이에 대한 입증의 필요는 상속인에게 있다고 판단하고 있다(조심2021서-0959, 2022.1.26., 대법원 99두4082, 2001.11.13.).

(2) 피상속인과 직계존비속 간 입금과 출금의 금융거래

피상속인과 직계존비속 간 입금과 출금의 금융거래가 있는 경우 자금의 입·출금 대응관계가 비교적 명확하고 금융거래 자료로 입증되고 있는 경우에는 사전증여재산으로 보지 않는다(조심 2017서-422, 2017.5.25., 조심2020서-1087, 2020.12.29.). 한편 피상속인의 계좌에서 상속인에게 입금 거래와 출금 거래가 함께 있는 경우 쌍방 증여(재차 증여)로 볼 수 있는데 증여가 아닌 다른 목적으로 이체되었다는 것을 납세자가 입증하는 경우에는 증여재산에서 제외한다는 판례도 있으므로 유의하여야 한다(조심2010전-1418, 2011.5.19.).

(3) 피상속인과 배우자의 금융거래

부부는 생활과 소비의 공동체여서 부부간 자금이체는 경험칙상 증여 외에 공동생활비 및 간병비 등 다양한 원인이 존재하므로 부부간에 자금이 이체되었다는 사정만으로 이체된 자금 전체를 곧바로 증여라고 단정하는 것은 합리적이지 않다. 이와 관련된 판례에서도 피상속인의 통장금액 중 일부가 매월 생활비 명목으로 별도 관리해 온 배우자의 생활비계좌로 이체되고 그 금액 등이 이후 실제로 배우자의 통신비·신용카드대금·공과금 납부에 사용된 것으로 확인되는 이상, 이 부분은 배우자 간 공동생활비 등의 목적으로 지급된 것으로 보아 사전증여재산가액에서 제외하는 것이 타당하다 판단하고 있다(조심 2022서-5251, 2022. 9. 13.).

💡 생각정리 노트

피상속인의 상속개시 전에 통장 거래내역 중 가족 간 자금거래를 한 경우 과세관청에서는 사전증여재산으로 볼 수 있으므로 통장 입금거래의 원천 및 출금거래의 사용처에 대한 증빙 자료를 잘 준비해 놓아야 상속세 신고나 조사 시 어려움을 겪지 않을 것으로 보인다. 또한 사전증여는 상속세에 영향을 미치므로 증여자의 연령이나 재산구성 등을 고려하여 장기적인 관점에서 상속 대비 증여계획을 세워야 한다.

지금까지 상속세의 납부할 세액을 계산하는 단계에서 상속세 과세가액을 계산하는 단계까지 살펴보았다. 다음 단계는 상속세 과세표준을 계산하는 단계다. 상속세 과세표준은 상속세 과세가액에서 상속공제와 감정평가수수료를 차감하여 계산한다. 다음 절에서는 상속공제에 대한 내용을 살펴보기로 한다.

<table><tr><td>제5절</td><td>상속공제</td></tr></table>

1. 상속공제의 개요

상속세 납부할 세액을 계산하기 위한 두 번째 단계는 과세표준을 계산하는 것이다. 상속세 과세표준은 상속세 과세가액에서 상속공제와 감정평가수수료를 차감하여 계산한다. 감정평가수수료는 지출금액을 공제하되 한도는 5백만원으로 한다.

상속세 과세표준 = 상속세 과세가액 - 상속공제 - 감정평가수수료

상속세는 피상속인이 일생 동안 일구어 놓은 상속개시 당시의 재산을 기초로 하여 최고세율 50%의 고율로 과세하는 세금이다. 따라서 고율에 해당하는 상속세를 과세하는 경우 상속인의 생활에 곤란을 초래하는 경우가 생길 수 있으므로 상속세 과세표준을 낮추어 상속세를 감소시켜 주어야 상속인이 안정적인 생활을 유지할 수 있다. 이런 취지로 상속세 과세가액에서 공제하는 항목들이 있다. 이를 상속공제라 한다.

상속공제는 기초공제와 인적공제, 배우자공제 및 물적공제로 구분할 수 있다.

기초공제와 인적공제 금액은 상속공제의 실효성을 높이기 위해 일괄공제금액과 비교하여 일괄공제금액보다 적은 경우 일괄공제금액을 공제해 준다.

피상속인의 배우자가 있는 경우 배우자공제를 적용한다.

물적공제에는 금융재산상속공제, 동거주택상속공제가 있다.

아래에서는 상속공제에 대한 내용을 구체적으로 살펴보기로 한다.

2. 기초공제

거주자나 비거주자의 사망으로 상속이 개시되는 경우에는 상속세 과세가액에서 2억원을 공제한다(상증법 제18조 제1항).

3. 인적공제

거주자의 사망으로 상속이 개시되는 경우로서 다음 중 어느 하나에 해당하는 경우에는 해당 금액을 상속세 과세가액에서 공제한다(상증법 제20조).

① 자녀 1명에 대해서는 5천만원
② 상속인(배우자는 제외한다) 및 동거가족 중 미성년자에 대해서는 1천만원에 19세가 될 때까지의 연수를 곱하여 계산한 금액
③ 상속인(배우자는 제외한다) 및 동거가족 중 65세 이상인 사람에 대해서는 5천만원
④ 상속인 및 동거가족 중 장애인에 대해서는 1천만원에 상속개시일 현재 「통계법」 제18조에 따라 통계청장이 승인하여 고시하는 통계표에 따른 성별·연령별 기대여명期待餘命의 연수를 곱하여 계산한 금액

4. 일괄공제

거주자의 사망으로 상속이 개시되는 경우에 상속인이나 수유자는 기초공제와 인적공제를 합친 금액과 5억원 중 큰 금액으로 공제받을 수 있다. 다만, 신고가 없는 경우에는 5억원을 공제한다(상증법 제21조 제1항). 하지만 피상속인의 배우자가 단독으로 상속받는 경우에는 기초공제와 인적공제를 합친 금액으로만 공제하고 일괄공제는 적용하지 않는다(상증법 제21조 제2항). 피상속인의 배우자가 단독으로 상속받는 경우라 함은 피상속인의 상속인이 배우자 외에는 존재하지 않는 경우를 말한다.

5. 배우자 상속공제

배우자상속공제를 앞에서 살펴본 인적공제로 공제하지 않고 별도의 공제항목으로 공제하는 취지는 피상속인이 상속재산을 형성하기까지 배우자가 기여한 부분을 인정하고 상속 후 배우자의 생활을 보장할 뿐만 아니라 배우자에게 상속하는 것은 세대 간 이전이 아니라 수평적 이동으로서 상속받은 배우자가 사망 시 다시 상속세가 과세되는 점을 고려한 것이다.

(1) 공제금액의 계산

거주자의 사망으로 상속이 개시되어 배우자가 실제 상속받은 금액이 있는 경우 실제 상속받은 금액은 배우자법정상속분으로 계산한 금액과 30억원 중 작은 금액을 한도로 상속세 과세가액에서 공제한다(상증법 제19조 제1항).

피상속인의 배우자가 다른 공동상속인 없이 단독으로 재산을 상속받아 상속재산의 분할이 발생하지 아니하고, 또한 배우자 아닌 상속인이 배우자 상속공제를 적용받을 우려가 전혀 없는 경우에는 상속세를 무신고한 경우에도 30억한도에서 배우자 상속공제를 적용한다(판례 조심2008서-2780, 2008.12.18.).

배우자가 실제 상속받은 금액이 없거나 상속받은 금액이 5억원 미만이면 5억원을 공제한다(상증법 제19조 제4항).

1) 배우자가 실제 상속받은 금액의 계산

배우자의 총상속재산가액

- 10년 이내 배우자가 사전증여받은 재산가액
- 배우자의 추정상속재산가액
- 배우자가 승계하기로 한 공과금 및 채무액
- 배우자 상속재산 중 비과세 재산가액
- 배우자 상속재산 중 과세가액불산입액

2) 배우자 법정상속분의 계산

총상속재산가액(주1)

+ 상속개시일 전 10년 이내 피상속인이 상속인에게 증여한 증여재산가액(주2)

- 상속인이 아닌 자가 유증·사인증여받은 재산가액(주3)

- 공과금·채무액(주4)

- 비과세되는 상속재산가액

- 과세가액 불산입액

= A

A × 배우자의 법정상속비율

- 배우자가 10년 이내 사전증여받은 재산에 대한 증여세 과세표준

(주1) 총상속재산가액에는 본래의 상속재산, 유증·사인증여한 재산뿐만 아니라 간주상속재산, 추정상속재산도 포함한다.

(주2) 상속개시 전 5년 이내 상속인이 아닌 자에게 증여한 재산가액은 합산하지 않는다.

(주3) 상속인에게 유증·사인증여한 재산은 차감하지 않는다.

(주4) 장례비는 차감하지 않는다.

핵심포인트 **배우자 상속공제**

Max [Min (❶ 배우자가 실제 상속받은 금액 ❷ 배우자 법정 상속분 ❸ 30억), 5억]

(2) 배우자 상속공제 요건

배우자 상속공제를 적용받기 위해서는 배우자상속재산분할기한까지 ① 상속재산분할 협의 ② 등기·등록·명의개서 등이 필요한 상속재산인 경우 상속재산분할 협의에 따른 등기·등록·명의개서 ③ 상속재산분할 사실을 신고하여야 한다(판례 서울고등법원2017나-2052963, 2018. 2. 1.).

(3) 배우자상속재산분할기한

배우자 상속공제는 상속세 과세표준신고기한의 다음 날부터 9개월이 되는 날(배우자상속재산분할기한)까지 배우자의 상속재산을 분할(등기·등록·명의개서 등이 필요한 경우에는 그 등기·등록·명의개서 등이 된 것에 한정한다)한 경우에 적용한다. 이 경우 상속인은 상속재산의 분할 사실을 배우자상속재산분할기한까지 납세지 관할 세무서장에게 신고하여야 한다(상증법 제19조 제2항).

위 규정에도 불구하고 부득이한 사유로 배우자상속재산분할기한까지 배우자의 상속재산을 분할할 수 없는 경우로서 배우자상속재산분할기한의 다음 날부터 6개월이 되는 날까지 상속재산을 분할하여 신고하는 경우에만 배우자상속재산분할기한까지 분할한 것으로 본다. 이 경우는 상속인이 부득이한 사유를 입증할 수 있는 서류와 함께 배우자 상속재산 미분할 신고서를 배우자상속재산분할기한까지 납세지 관할세무서장에게 신고하는 경우에 한정한다(상증법 제 19조 3항).

| 참고 | 상속등기 원인과 배우자 상속공제

실무에서 상속세 신고 업무를 하다 보면 법정지분으로 부동산을 상속받는 경우 소유권이전등기시 등기원인을 '협의분할에 의한 상속'이 아니라 '상속'으로 하여 등기한 경우를 볼 수 있다. 그러면 이 경우 상속재산분할 협의를 한 것이 아니라서 배우자 상속공제를 받을 수 없는 것일까? 이와 관련된 예규를 살펴보면 상속인 간 협의분할한 경우로서 배우자 상속공제 적용 시, 등기원인이 '협의분할에 의한 상속'으로 한정되지 않는다고 해석하고 있다(서면2019법령해석재산-4492, 2020.9.8.). 예규에 따르면 등기원인이 상속으로 되어 있는 경우에도 상속인 간 협의분할한 경우에 배우자 상속공제를 적용할 수 있다고 해석하고 있다. 따라서 법정상속비율로 상속을 받는다 하더라도 상속재산분할 협의서는 작성을 하여야 과세관청과 쟁점을 줄일 수 있다.

---

6. 금융재산 상속공제

거주자의 사망으로 상속이 개시되는 경우로서 상속개시일 현재 상속재산가액 중 금융재산의 가액에서 금융채무를 뺀 가액(순금융재산의 가액)이 있으면, 순금융재산의 가액이 2천만원 이하인 경우 순금융재산가액 전액, 순금융재산의 가액이 2천만원을 초과하는 경우 순금융재산가액의 20% 또는 2천만원 중 큰 금액을 공제한다. 다만, 그 금액이 2억원을 초과하면 2억원을 공제한다(상증법 제22조). 여기서 금융재산이란 금융회사 등이 취급하는 예금·적금·부금·계금·출자금·신탁재산(금전신탁재산에 한한다)·보험금·공제금·주식·채권·수익증권·출자지분·어음 등의 금전 및 유가증권을 말한다(상증령 제19조).

7. 동거주택 상속공제

동거주택 상속공제는 부모와의 동거봉양을 장려하기 위하여 마련한 제도로서 거주자의 사망으로 상속이 개시되는 경우 다음의 요건을 모두 갖춘 경우에는 상속주택가액(상속개시일 현재 해당 주택 및 주택부수토지에 담보된 피상속인의 채무액을 뺀 가액을 말한다)의 100%에 상당하는 금액을 상속세 과세가액에서 공제한다. 다만, 그 공제할 금액은 6억원을 한도로 한다(상증법 제23조의2, 상증령 제20조의2).

① 피상속인과 직계비속 또는 직계비속의 사망 등으로 대습상속을 받은 직계비속의 배우자가 상속개시일부터 소급하여 10년 이상(상속인이 미성년자인 기간은 제외한다) 계속하여 하나의 주택에서 동거할 것
② 피상속인과 상속인이 상속개시일부터 소급하여 10년 이상 계속하여 1세대를 구성하면서 1세대 1주택에 해당할 것. 이 경우 무주택인 기간이 있는 경우에는 해당 기간은 1세대 1주택에 해당하는 기간에 포함한다.
③ 상속개시일 현재 무주택자이거나 피상속인과 공동으로 1세대 1주택을 보유한 자로서 피상속인과 동거한 상속인이 상속받은 주택일 것

8. 상속공제 적용의 한도

상속세 과세가액에서 공제하는 기초공제, 가업·영농상속공제, 배우자상속공제, 기타 인적공제, 일괄공제, 금융재산 상속공제, 재해손실공제, 동거주택 상속공제 등의 합계액은 다음의 금액을 한도로 공제한다. 다만 ③은 상속세 과세가액이 5억원을 초과하는 경우만 적용한다(상증법 제24조).

|참고| 사전증여재산으로 상속재산공제가 줄어들 수 있다

상속재산에 합산되는 사전증여재산은 상속공제 한도 계산 시 상속세 과세가액에서 사전증여재산가액(증여재산가액에서 증여재산공제를 차감한 금액)을 차감함으로 상속공제 금액이 줄어들어 상속세가 증가할 수 있다.

지금까지 상속세의 납부할 세액을 계산하기 위해서 상속세 과세가액에서 공제하는 상속공제에 대한 내용을 살펴보았다. 상속세 과세가액에서 상속공제액을 차감하고 감정평가수수료를 공제하면 상속세 과세표준을 구할 수 있다. 감정평가수수료는 지출금액을 공제하되 한도는 5백만원으로 한다. 이렇게 구한 상속세 과세표준에 세율을 적용하면 산출세액을 계산할 수 있다. 다음 절에서는 과세표준에 적용되는 세율 및 상속세의 신고·납부 등에 대해서 알아보기로 한다.

<table>
<tr><td>제6절</td><td># 세율 및 신고·납부</td></tr>
</table>

1. 상속세 세율

상속세의 납부할 세액은 과세표준에 세율을 곱하여 구한 산출세액에 세대생략할증세액을 가산하고 신고세액공제 등을 차감한 후 가산세를 더하여 계산한다.

> 납부할 세액 = 상속세 과세표준 × 세율 + 세대생략할증세액 - 신고세액공제 등 + 가산세

상속세 산출세액은 상속세 과세표준에 다음의 세율을 적용하여 계산한 금액으로 한다(상증법 제26조). 상속세의 세율구조는 증여세와 동일하다. 아래의 세율표는 실무에서 적용하는 세율구조다.

과세표준	세율	누진공제
1억원 이하	10%	
1억원 초과 5억원 이하	20%	10,000,000
5억원 초과 10억원 이하	30%	60,000,000
10억원 초과 30억원 이하	40%	160,000,000
30억원 초과	50%	460,000,000

2. 세대를 건너뛴 상속에 대한 할증과세

상속인이나 수유자가 피상속인의 자녀를 제외한 직계비속인 경우에는 상속세 산출세액에 상속재산(상속재산에 가산한 증여재산 중 상속인이나 수유자가 받은 증여재산을 포함한다) 중 그 상속인 또는 수유자가 받았거나 받을 재산이 차지하는 비율을 곱하여 계산한 금액의 30%(피상속인의 자녀를 제외한 직계비속이면서 미성년자에 해당하는 상속인 또는 수유자가 받았거나 받을 상

속재산의 가액이 20억원을 초과하는 경우에는 40%)에 상당하는 금액을 가산한다. 예를 들어 부모가 있는 손자나 손녀가 할아버지로부터 상속을 받는 경우에는 세대생략할증세액을 가산한다. 다만, 「민법」 제1001조에 따른 대습상속의 경우에는 할증과세하지 않는다(상증법 제27조).

3. 증여세액공제

상속재산에 가산한 증여재산에 대한 증여세액(증여 당시의 그 증여재산에 대한 증여세산출세액을 말한다)은 상속세 산출세액에서 공제한다. 이 경우 그 증여재산의 수증자가 상속인이거나 수유자이면 일정한 금액을 한도로 각자가 납부할 상속세액에서 공제한다. 다만, 사전증여재산에 대하여 「국세기본법」에 따른 국세부과 제척기간 만료로 인하여 증여세가 부과되지 아니하는 경우와 상속세 과세가액이 5억원 이하인 경우에는 공제되지 않는다(상증법 제28조).

4. 단기 재상속세액공제

상속개시 후 10년 이내에 상속인이나 수유자의 사망으로 다시 상속이 개시되는 경우에는 전前의 상속세가 부과된 상속재산(상속재산에 가산하는 증여재산 중 상속인이나 수유자가 받은 증여재산을 포함한다) 중 재상속되는 상속재산에 대한 전의 상속세 상당액을 상속세 산출세액에서 공제한다(상증법 제30조).

5. 신고세액공제

상속세 과세표준을 신고기한 내에 신고한 경우에는 상속세 산출세액(세대를 건너뛴 상속에 대한 할증세액 포함)의 3%에 상당하는 금액을 공제한다.

6. 상속세의 신고 · 납부

(1) 신고 · 납부기한

상속세 납부의무가 있는 상속인 또는 수유자는 상속개시일이 속하는 달의 말일부터 6개월 이내에 납세지 관할 세무서장에게 신고 · 납부하여야 한다. 다만, 피상속인이나 상속인이 외국에 주소를 둔 경우에는 9개월로 한다(상증법 제67조). 상속인이 외국에 주소를 둔 경우란 외국에 주소를 둔 상속인이 있는 경우를 말한다(기본통칙 67-0…1).

(2) 분납

상속세로 납부할 금액이 1천만원을 초과하는 경우에는 납부할 금액의 일부를 납부기한이 지난 후 2개월 이내에 분할납부할 수 있다.

(3) 연부연납

납세지 관할 세무서장은 상속세 납부세액이 2천만원을 초과하는 경우에는 납세의무자의 신청을 받아 연부연납을 허가할 수 있다(상증법 제71조). 상속인 전부가 연부연납을 신청하되, 연부연납을 신청하려는 상속인이 다른 공동상속인에게 공동신청을 요청하였으나 그 공동상속인의 거부 또는 주소불명 등의 사유로 공동신청이 곤란하다고 인정되는 경우에는 상속인이 상속재산 중 본인이 받았거나 받을 재산에 대한 상속세를 한도로 연부연납을 신청할 수 있다(예규 서면2015상속증여-1673, 2015. 9. 15.).

연부연납의 기간은 연부연납 허가일부터 10년의 범위에서 해당 납세의무자가 신청한 기간으로 한다. 다만, 각 회분의 분할납부 세액이 1천만원을 초과하도록 연부연납기간을 정하여야 한다.

$$연부연납\ 금액 = 연부연납\ 대상금액 \div (연부연납기간 + 1)$$

연부연납을 신청하는 경우 납세의무자는 납세담보를 제공하여야 하며, 각 회분의 분할납부세액에 3.1%의 가산율을 곱한 연부연납가산금을 가산하여 납부하여야 한다(상증법 제72조, 국세기본법 시행규칙 제19조의3).

(4) 물납

납세지 관할 세무서장은 다음의 요건을 모두 갖춘 경우에는 납세의무자의 신청을 받아 물납을 허가할 수 있다. 다만, 물납을 신청한 재산의 관리·처분이 적당하지 아니하다고 인정되는 경우에는 물납허가를 하지 아니할 수 있다(상증법 제73조).

① 상속재산(상속재산에 가산하는 증여재산 중 상속인 및 수유자가 받은 증여재산을 포함한다) 중 부동산과 유가증권의 가액이 해당 상속재산가액의 2분의 1을 초과할 것
② 상속세 납부세액이 2천만원을 초과할 것
③ 상속세 납부세액이 상속재산가액 중 금융재산의 가액을 초과할 것

(5) 가산세

1) 신고불성실가산세

① 무신고가산세
무신고납부세액 × 20%(부당무신고는 40%)

② 과소신고가산세
과소신고납부세액 × 10%(부당과소신고는 40%)

2) 납부지연가산세
납부하지 아니한 세액 또는 과소납부분 세액 × 법정납부기한의 다음 날부터 납부일까지의 기간 × 0.02%

(6) 과세관청의 법정결정기한

상속세는 납세의무자가 신고하는 때 납세의무가 확정되는 세금이 아니라 과세관청에서 조사하여 결정하는 때 납세의무가 확정된다. 과세관청은 상속세과세표준 신고기한부터 9개월 이내에 과세표준과 세액을 결정하여야 한다.

제10장

부동산의
무상 이전과 증여세

제10장에서는 다음과 같은 내용을 살펴보기로 한다.

<table><tr><td>제1절</td><td>증여세의 개요 및 계산구조</td></tr></table>

1. 증여세의 개요

(1) 증여와 증여세

민법에서 증여란 당사자 일방(증여자)이 무상으로 재산을 상대방(수증자)에 수여하는 의사를 표시하고 상대방이 이를 승낙함으로써 성립하는 계약을 말한다(민법 제55조).

상속세 및 증여세법에서는 그 행위 또는 거래의 명칭·형식·목적 등과 관계없이 직접 또는 간접적인 방법으로 타인에게 무상으로 유형·무형의 재산 또는 이익을 이전(현저히 낮은 대가를 받고 이전하는 경우를 포함한다)하거나 타인의 재산가치를 증가시키는 것을 증여에 포함한다. 다만, 유증·사인증여·유언대용신탁 및 수익자연속신탁은 제외한다(상증법 제2조 제6호).

증여세란 증여자로부터 재산이나 이익을 무상 또는 현저히 낮은 대가로 증여받은 경우 그 재산이나 이익을 증여받은 자(수증자)가 부담하는 세금을 말한다.

(2) 과세대상 및 증여재산의 범위

1) 과세대상

수증자가 무상으로 이전받는 증여재산에 대해서는 증여세를 부과한다.

2) 증여재산의 범위

증여재산이란 증여를 원인으로 수증자에게 귀속되는 모든 재산 또는 이익을 말하며, 금전으로 환산할 수 있는 경제적 가치가 있는 모든 물건, 재산적 가치가 있는 법률상 또는 사실상의 모든 권리, 금전으로 환산할 수 있는 모든 경제적 이익을 포함한다(상증법 제2조 제7호). 증여세 과세대상인 주요 증여재산의 범위를 살펴보면 다음과 같다(상증법 제4조).

① 무상으로 이전받는 재산 또는 이익

② 현저히 낮은 대가나 높은 대가로 이전받는 재산 또는 이익

현저히 낮은 대가를 주고 재산 또는 이익을 이전받음으로써 발생하는 이익이나 현저히 높은 대가를 받고 재산 또는 이익을 이전함으로써 발생하는 이익에 대해서는 증여세를 부과한다. 다만, 특수관계인이 아닌 자 간의 거래인 경우에는 거래의 관행상 정당한 사유가 없는 경우로 한정한다.

③ 재산취득자금 등의 증여 추정

④ 부동산의 저가양수 또는 고가양도에 따른 이익의 증여

⑤ 금전 무상대출 등에 따른 이익의 증여

⑥ 명의신탁재산의 증여 의제

⑦ 증여자가 대신 납부하는 수증자의 증여세

⑧ 상속재산의 지분이 확정된 후 재협의분할로 상속지분이 변경된 상속재산

상속개시 후 상속재산에 대하여 등기·등록·명의개서 등으로 각 상속인의 상속분이 확정된 후, 그 상속재산에 대하여 공동상속인이 협의하여 분할한 결과 특정 상속인이 당초 상속분을 초과하여 취득하게 되는 재산은 그 분할에 의하여 상속분이 감소한 상속인으로부터 증여받은 것으로 보아 증여세를 부과한다. 다만, 상속세 과세표준 신고기한까지 분할에 의하여 당초 상속분을 초과하여 취득한 경우 또는 당초 상속재산의 분할에 대하여 무효 또는 취소 등 일정한 사유가 있는 경우에는 증여세를 부과하지 아니한다.

3) 증여재산의 반환과 과세 방법

수증자가 증여재산(금전은 제외한다)을 당사자 간의 합의에 따라 증여세 과세표준 신고기한까지 증여자에게 반환하는 경우(반환하기 전에 과세표준과 세액을 결정받은 경우는 제외한다)에는 처음부터 증여가 없었던 것으로 보며, 증여세 과세표준 신고기한이 지난 후 3개월 이내에 증여자에게 반환하거나 증여자에게 다시 증여하는 경우에는 그 반환하거나 다시 증여하는 것에 대해서는 증여세를 부과하지 아니한다(상증법 제4조 제4항).

[증여재산의 반환과 과세 방법]

구분	반환시기	당초증여	반환증여
금전	시기 불문	과세	과세
금전 외	증여일이 속하는 달의 말일로부터 3개월 이내(신고기한 내) 반환	과세 제외	과세 제외
	신고기한 경과 후 3개월 이내 반환	과세	과세 제외
	신고기한 경과 후 3개월 경과 반환	과세	과세

※ 증여재산이 취득세 과세대상인 경우 취득세는 시기와 관계없이 당초증여와 반환 모두 과세된다.

금전의 경우에는 그 시기에 관계없이 당초증여 및 반환에 대해 모두 과세한다. 증여재산의 반환과 관련하여 현금을 증여한 후 3개월 이내에 그 현금을 돌려받은 것을 재증여로 보아 증여세를 과세한 판례가 있으므로 유의하여야 한다(조심2014전-4866, 2014. 12. 4.).

(3) 납세의무자 및 연대납세의무

1) 납세의무자

타인으로부터 재산을 무상으로 받은 수증자는 다음의 구분에 따른 증여재산에 대하여 증여세를 신고·납부할 의무가 있다(상증법 제4조의2).

① 수증자가 거주자인 경우
증여세 과세대상이 되는 국내외에 있는 모든 증여재산
② 수증자가 비거주자인 경우
증여세 과세대상이 되는 국내에 있는 모든 증여재산. 다만, 거주자로부터 증여받은 국외에 있는 모든 증여재산은 증여자가 납부할 의무가 있다.

위 규정에도 불구하고 증여재산에 대하여 수증자에게 「소득세법」에 따른 소득세 또는 「법인세법」에 따른 법인세가 부과되는 경우에는 증여세를 부과하지 아니한다.

영리법인이 증여받은 재산 또는 이익에 대하여 「법인세법」에 따른 법인세가 부과되는 경우 해당 법인의 주주 등에 대해서는 제45조의3(특수관계법인과의 거래를 통한 이익의 증여 의제), 제45조의4(특수관계법인으로부터 제공받은 사업기회로 발생한 이익의 증여 의제), 제45조의5(특정법인과의 거래를 통한 이익의 증여 의제)의 규정에 따른 경우를 제외하고는 증여세를 부과하지 아니한다.

2) 연대납세의무자

증여자는 다음의 어느 하나에 해당하는 경우에는 수증자가 납부할 증여세를 연대하여 납부할 의무가 있다(상증법 제4조의2 제6항).

① 수증자의 주소나 거소가 분명하지 아니한 경우로서 증여세에 대한 조세채권을 확보하기 곤란한 경우
② 수증자가 증여세를 납부할 능력이 없다고 인정되는 경우로서 강제징수를 하여도 증여세에 대한 조세채권을 확보하기 곤란한 경우
③ 수증자가 비거주자인 경우

(4) 상속세와 증여세의 관계

재산이 무상으로 이전되는 경우 관련된 세금은 증여세 이외에도 상속세가 있다. 증여세는 증여자가 생전에 재산을 무상으로 이전시키는 경우 그 재산을 취득한 수증자에게 부과하는 세금이며, 상속세는 피상속인의 사망으로 상속재산이 무상으로 이전되는 경우 그 재산을 취득한 상속인 등에게 부과되는 세금을 말한다.

증여세나 상속세는 재산이 무상으로 이전되는 것에 대해서 부과되는 세금이라는 공통점이 있으며, 세율은 동일한 초과누진세율이 적용된다. 우리나라 세법은 상속세와 증여세를 「상속세 및 증여세법」에서 함께 규정하고 있다.

과세방법에서는 차이가 있다.

증여세는 수증자별로 자기가 증여받은 재산을 기준으로 세금을 계산한다. 유산취득세 과세방식이라 한다. 상속세는 피상속인의 모든 상속재산을 합산하여 세금을 계산한다. 유산세 과세방식이라 한다. 피상속인이 상속인에게 10년 이내(상속인 외의 자인 경우에는 5년 이내) 증여한 재산(사전증여재산)이 있는 경우에는 사전증여재산을 상속재산에 가산하여 상속세를 계산한다. 이 경우 증여세로 납부한 금액은 상속세 계산 시 상속세액에서 차감한다. 따라서 사전증여재산이 상속재산에 합산되지 않기 위해서는 미리 증여계획을 세워야 한다.

2. 증여세 계산구조

　증여세 납부할 세액을 계산하기 위해서는 먼저 증여세 과세가액을 계산해야 한다. 증여세 과세가액에서 증여재산공제와 감정평가수수료를 차감하면 과세표준이 된다. 과세표준에 세율을 적용한 금액을 산출세액이라 한다. 산출세액에서 세대생략할증세액을 가산하고 신고세액공제 등을 차감한 후 가산세를 더하면 증여세 납부할 세액을 계산하게 된다.

　증여세는 신고로서 확정되는 세금은 아니지만 세법에서 납세의무자에게 신고·납부의무를 부여하고 있다. 신고·납부 절차를 알아야 한다. 그렇지 않으면 가산세 등의 불이익이 생길 수 있다.

　이처럼 증여세 계산구조에서 납부할 세액의 계산은 네 단계를 거치게 된다.

　첫 번째 단계는 증여세 과세가액을 계산하는 단계다.

　두 번째 단계에서 과세표준을 계산한다.

　세 번째 단계에서 과세표준에 세율을 곱하여 산출세액을 계산한다.

　마지막 네 번째 단계에서 납부할 세액을 계산하여 신고·납부한다.

[증여세 계산구조]

증여재산가액	· 원칙: 시가평가 · 예외: 기준시가 등 보충적평가
(-) 비과세 증여재산	· 사회통념상 인정되는 치료비, 피부양자의 생활비, 교육비 등
(-) 부담부증여 시 인수한 채무액	· 증여재산에 담보된 임대보증금, 금융기관 채무 등 수증자가 인수한 금액
(+) 증여재산가산액(사전증여재산)	· 해당 증여일 전 동일인으로부터 10년 이내에 증여받은 재산 (증여자가 직계존속인 경우 그 배우자 포함)
(=) 증여세 과세가액	· 증여재산가액 - 비과세증여재산 - 채무인수액 + 사전증여재산
(-) 증여재산공제	수증자가 다음의 증여자로부터 증여받는 경우(10년간 누적액) · 배우자 6억원 · 직계존속 5천만원(수증자가 미성년자인 경우 2천만원) + 결혼이나 자녀 출생시 1억원 추가 · 직계비속 5천만원 · 기타 친족 1천만원
(-) 감정평가수수료	· 500만원 한도
(=) 과세표준	· 증여세 과세가액 - 증여재산공제 - 감정평가수수료
(×) 세율	· 10%~50% 5단계초과누진세율
(=) 산출세액	· 과세표준 × 세율
(+) 세대생략할증세액	· 수증자가 증여자의 자녀가 아닌 직계비속이면 30% 할증 (미성년자가 20억원을 초과하여 증여받는 경우에는 40% 할증)
(-) 신고세액공제 등	· 신고세액공제: (산출세액 + 세대생략할증세액) × 3%
(+) 가산세	· 무(과소)신고가산세 · 납부지연가산세
(=) 납부할 세액	· 산출세액 + 세대생략할증세액 - 신고세액공제 등 + 가산세

1. 증여세 과세가액의 개요

증여세 계산구조의 목적지는 증여세의 납부할 세액을 계산하여 신고·납부하는 것이다. 그러기 위해서는 먼저 증여세 과세가액을 계산해야 한다. 증여세 과세가액은 증여재산가액에서 비과세 증여재산 및 부담부증여의 경우 수증자가 인수한 채무액을 공제하고, 수증자가 동일인으로부터 해당 증여일 전 10년 이내 사전증여받은 재산이 있는 경우 그 증여재산가액을 가산하여 계산한다.

증여세 과세가액 = 증여재산가액 - 비과세증여재산 - 부담부증여 시 인수한 채무액 + 사전증여재산

따라서 증여세 과세가액을 계산하기 위해서는 먼저 증여재산가액을 알아야 한다. 그러자면 수 증인의 증여재산에 포함되는 것이 무엇인지 범위를 파악하고, 증여재산을 평가하여 그 가액을 측 정해야 한다.

아래에서는 증여세 과세가액 구성 항목에 대해 순서대로 살펴보고 증여재산 평가에 대해서는 마지막 절에서 살펴보기로 한다.

2. 증여재산가액

증여재산가액이란 증여재산의 가치에 상당하는 금액을 말한다(상증법 제31조). 증여재산 가치에 상당하는 금액의 계산 방법은 재산 또는 이익을 무상으로 이전받은 경우에는 증여재산의 시가상 당액으로 계산한다. 증여재산 시가상당액이란 증여재산의 평가액을 말한다. 증여재산평가에 대 한 내용은 뒤에서 구체적으로 설명하기로 한다.

재산을 유상으로 이전하면서 재산 또는 이익을 현저히 낮은 대가를 주고 이전받거나 현저히 높

은 대가를 받고 이전한 경우에는 시가와 대가의 차액을 증여재산가액으로 계산한다. 다만, 시가와 대가의 차액이 3억원 이상이거나 시가의 30% 이상인 경우로 한정한다.

「상속세 및 증여세법」에 별도의 규정이 있는 경우에는 해당 규정에 따라 증여재산가액을 계산한다.

3. 비과세되는 증여재산

다음 중 어느 하나에 해당하는 금액에 대해서는 증여세를 부과하지 아니한다(상증법 제46조, 상증령 제35조).

(1) 국가 또는 지방자치단체로부터 증여받은 재산의 가액

(2) 사회통념상 인정되는 이재구호금품·치료비·피부양자의 생활비·교육비, 기타 이와 유사한 것으로서 다음의 어느 하나에 해당하는 가액

　① 학자금 또는 장학금 기타 이와 유사한 금품

　② 기념품·축하금·부의금 기타 이와 유사한 금품으로서 통상 필요하다고 인정되는 금품

　③ 혼수용품으로서 통상 필요하다고 인정되는 금품

　④ 불우한 자를 돕기 위하여 언론기관을 통하여 증여한 금품

(3) 장애인을 수익자로 한 보험의 보험금으로서 연간 4천만원 이하의 보험금

|참고| 생활비·교육비·혼수용품·결혼축하금과 증여

■ 생활비·교육비

부양의무가 없는 자가 부담하는 생활비·교육비는 비과세증여재산에 해당하지 않는다. 예를 들어 부양의무가 없는 조부가 손자의 생활비 또는 교육비를 부담한 경우는 비과세되는 증여재산에 해당하지 않는 것으로 조부가 손자를 부양할 의무가 있는지 여부는 부모의 부양능력 등 구체적인 사실을 확인하여 판단할 사항이다(예규 재산세과-292, 2011.6.17.).

피부양자가 생활비 또는 교육비의 명목으로 받은 후 해당 재산을 예·적금하거나 주식, 부동산 등의 매입자금 등으로 사용하는 경우에는 증여세가 과세된다(집행기준46-35-2).

■ 혼수용품

혼수용품은 일상생활에 필요한 가사용품에 한하며, 호화·사치용품이나 주택·차량 등은 포함되지 않는다(집행기준46-35-2).

■ 결혼축하금

결혼축하금은 혼사가 있을 때 일시에 많은 비용이 소요되는 혼주인 부모의 경제적 부담을 덜어 주려는 목적에서 그들과 친분 관계에 있는 하객들이 부모에게 성의의 표시로 조건 없이 무상으로 건네는 금품을 가리킨다고 볼 수 있으므로, 그 결혼축하금 중 결혼 당사자의 친분 관계에 기초하여 결혼 당사자에게 직접 건네진 것이라고 볼 부분을 제외한 나머지는 혼주인 부모에게 귀속된다고 보는 것이 알맞고, 혼주인 부모에게 귀속되는 금액을 결혼 당사자가 사용하였다면 결혼 당사자가 부모로부터 해당 금액을 증여받은 것이므로 증여세 과세대상에 해당된다(판례 조심2016서-1353, 2017. 2. 8.).

4. 부담부증여 시 인수한 채무액

(1) 부담부증여의 개념 및 관련 세금

부담부증여란 증여재산에 담보된 증여자의 채무를 수증자가 인수한 경우를 말한다. 부담부증여에서 수증자가 인수한 채무는 증여재산의 가액에서 차감되며, 증여자는 채무액만큼 재산을 유상으로 양도한 것으로 본다. 따라서 인수한 채무상당액에 대해서는 증여자에게 양도소득세가 과세된다. 부담부증여에 따른 양도소득세는 제1장에서 살펴보았다. 증여재산가액에서 인수한 채무상당액을 차감한 금액에 대해서는 수증자에게 증여세가 과세된다. 또한 수증자에게는 취득세가 과세된다. 부담부증여에 따른 취득세는 제7장에서 살펴보았다.

[부담부증여 관련 세금]

▶ 양도소득세 · 증여세

구분	채무인수액	증여재산가액 - 채무인수액
거래유형	유상거래	무상거래
관련세금	양도소득세	증여세
납세의무자	증여자	수증자

▶ 취득세

구분	채무인수액	시가인정액 - 채무인수액
과세표준	채무인수액	시가인정액 - 채무인수액
세율	매매 취득세율	증여 취득세율
납세의무자	수증자	

(2) 공제되는 채무의 범위

증여재산가액에서 공제할 수 있는 채무란 해당 증여재산에 담보된 증여자의 채무(증여자가 해당 재산을 타인에게 임대한 경우의 해당 임대보증금 포함)로서 수증자가 인수한 채무를 말한다.

배우자 또는 직계존비속 간의 부담부증여에 대해서는 수증자가 증여자의 채무를 인수한 경우에도 그 채무액은 수증자에게 인수되지 않은 것으로 추정한다. 다만, 그 채무액이 국가 및 지방자치단체에 대한 채무 등으로 객관적으로 인정되는 것인 경우에는 증여재산가액에서 공제할 수 있다(상증법 제47조, 상증령 제36조).

(3) 채무의 입증 방법

앞에서 말하는 객관적으로 인정되는 채무란 다음 중 어느 하나의 서류로 입증되는 것을 말한다(상증법 제10조).

① 국가 · 지방자치단체 및 금융회사 등에 대한 채무는 해당 기관에 대한 채무임을 확인할 수 있는 서류

② 위 외의 자에 대한 채무는 채무부담계약서, 채권자확인서, 담보설정 및 이자지급에 관한 증
　빙 등에 의하여 그 사실을 확인할 수 있는 서류

💡 생각정리 노트

위의 서류로 입증되는 채무를 수증자가 사실상 인수하고 수증자의 이자 및 원금 지급 사실이 확인되는 경우에는 증여계약서 등에 채무인수 약정이 없는 경우 또는 부담부증여 조건이 없는 경우에도 부담부증여가 성립할 수 있다. 하지만 증여계약서에 인수하는 채무액 등 부담부증여 조건을 기재하여 사실관계를 정확히 하는 것이 채무를 입증하기에 유리할 것으로 판단된다.

(4) 수증자의 채무 상환 능력

증여재산가액에서 공제되는 채무는 수증자가 인수한 채무이어야 한다. 이 말은 수증자가 채무를 인수한 후 이자를 납부하고 원금 또는 보증금을 수증자의 자금원천으로 상환할 능력이 있어야 한다는 것이다(판례 조심2018부-3058, 2019.7.3.).

(5) 인수한 채무의 사후관리

국세청에서는 증여재산에서 공제되는 채무가 있는 경우 전산시스템NTIS에 입력하여 사후관리를 하게 된다. 수증자가 인수한 채무에 대한 이자를 수증자가 납부하는지, 원금 또는 보증금을 수증자의 자금으로 상환하는지 여부 등을 사후관리 한다. 만약 수증자가 부담해야 할 이자나 원금 또는 보증금을 수증자 외의 자가 대신 부담하거나 반환하는 경우에는 가공채무로 보아 공제를 부인하고 추가적으로 증여세를 과세할 수 있다. 그러므로 수증자가 이자 및 원금, 보증금 등 공제된 채무를 상환하는 경우에는 금융거래내역과 상환자금의 출처에 대한 자료를 미리 확인하여 소명요청에 대비하여야 한다.

5. 증여재산가산액

해당 증여일 전 10년 이내에 동일인으로부터 받은 증여재산(사전증여재산)가액의 합계액이 1천만원 이상인 경우에는 그 가액을 증여세 과세가액에 합산하여 신고하여야 한다. 동일인에는 증여자가 직계존속인 경우 그 직계존속의 배우자를 포함한다(상증법 제47조 제2항).

생부와 이혼한 생모는 동일인으로 보지 않는다. 따라서 생부와 이혼한 생모로부터 증여받은 재산가액은 생부의 증여재산가액에 합산하지 않는다(예규 서면인터넷방문상담4팀-3535, 2007.12.11.). 또한 생부와 계모는 동일인으로 보지 않는다(예규 재산세과-399, 2010.6.16.).

부모와 조부모 또는 외조부모로부터 증여받은 경우 직계존속이라 하더라도 동일인이 아니어서 증여재산가액을 합산하지 않는다(예규 서면4팀-731, 2007.2.27.). 그리고 장인, 장모로부터 증여받는 경우 장인, 장모는 동일인이 아니어서 합산하지 않는다(예규 서면상속증여2016-3372, 2016.04.26.).

증여일전 10년 이내에 부와 모로부터 받은 증여재산가액의 합계액이 1천만원 이상인 경우에는 그 가액을 증여세 과세가액에 가산하는 것이나, 해당 증여일 전에 부 또는 모가 사망한 경우에는 그 사망한 사람의 생전에 증여받은 재산은 합산하지 않는다(예규 재삼46014-1228, 1999.6.25.).

│참고│ 사전증여재산이 상속세에 미치는 영향

증여자가 사망한 경우 사전증여재산은 다음과 같이 상속세에 영향을 미치게 된다.

첫째, 사전증여재산은 상속재산에 가산한다.
피상속인이 사전증여한 재산이 다음에 해당하는 경우에는 상속재산에 가산하여 상속세를 계산한다(상증법 제13조).
❶ 상속개시일 전 10년 이내에 피상속인이 상속인에게 증여한 재산가액
❷ 상속개시일 전 5년 이내에 피상속인이 상속인이 아닌 자에게 증여한 재산가액
따라서 사전증여재산이 상속재산에 합산되지 않기 위해서는 생전에 10년이나 5년의 장기 계획으로 증여를 고려하여야 한다.
둘째, 상속재산에 합산하는 사전증여재산은 증여당시의 가액으로 평가한다.
사전증여재산은 증여당시의 시가(시가를 알 수 없는 경우 기준시가 등 보충적평가방법)로 평가하여 상속재산에 합산한다(상증법 제60조 제4항). 따라서 증여 후 재산가치가 상승할 것이 예상되는 재산의 경우에는 가능한 빠른 시기에 사전증여하는 것을 고려하여야 한다.

셋째, 사전증여재산으로 상속재산공제가 줄어들 수 있다.

상속재산에 합산되는 사전증여재산 과세표준은 상속공제 한도 계산 시 차감되므로 상속공제 금액이 줄어들어 상속세가 증가할 수 있다.

이처럼 사전증여재산은 동일인으로부터 다시 증여받는 경우 증여세 과세가액에 합산될 뿐만 아니라 증여자가 사망하는 경우 상속재산에 합산되어 상속세에도 영향을 미치므로 증여자의 연령이나 재산구성 등을 고려하여 증여계획을 세워야 한다.

사전증여재산을 확인하는 방법은 세무서 재산세과를 방문하여 확인하거나 국세청 홈택스에 로그인하여 세금신고 ⇨ 증여세신고 ⇨ 신고도움 자료 조회 ⇨ 증여세 결정정보 조회에서 확인할 수 있다.

지금까지 증여세의 납부할 세액을 계산하기 위한 첫 번째 단계인 증여세 과세가액을 계산하기 위해서 증여재산가액, 비과세되는 증여재산, 부담부증여 시 인수한 채무액, 사전증여재산에 대해 살펴보았다. 다음 단계는 증여세 과세표준을 계산하는 단계다. 증여세 과세표준은 증여세 과세가액에서 증여재산공제와 감정평가수수료를 차감하여 계산한다. 다음 절에서는 증여재산공제에 대한 내용을 살펴보기로 한다.

<table><tr><td>제3절</td><td>증여재산공제</td></tr></table>

1. 증여재산공제 개요

증여세 납부할 세액을 계산하기 위한 두 번째 단계는 과세표준을 계산하는 것이다. 증여세 과세표준은 증여세 과세가액에서 증여재산공제와 감정평가수수료를 차감하여 계산한다.

> 증여세 과세표준 = 증여세 과세가액 - 증여재산공제 - 감정평가수수료

아래에서는 증여세 과세가액에서 차감되는 증여재산공제를 일반적인 증여재산공제와 혼인·출산 증여재산공제로 나누어 살펴보고 증여자의 범위와 증여재산공제 방법을 설명하기로 한다.

2. 일반적인 증여재산공제

거주자가 배우자, 직계존비속, 기타친족 중 어느 하나에 해당하는 사람으로부터 증여를 받은 경우 아래의 구분에 따른 금액을 증여세 과세가액에서 공제한다. 증여재산공제는 거주자에게 적용하는 것으로 수증자가 비거주자인 경우에는 적용하지 않는다.

증여를 받는 자(수증자)를 기준으로 그 증여를 받기 전 10년 이내에 공제받은 금액이 아래의 구분에 따른 금액을 초과하는 경우에는 그 초과하는 부분은 공제하지 않는다(상증법 제53조).

① 배우자로부터 증여를 받은 경우: 6억원

② 직계존속으로부터 증여를 받은 경우: 5천만원

　　다만, 미성년자가 직계존속으로부터 증여를 받은 경우에는 2천만원으로 한다.

③ 직계비속으로부터 증여를 받은 경우: 5천만원

④ 기타친족으로부터 증여를 받은 경우: 1천만원

3. 혼인 · 출산 증여재산공제

(1) 혼인증여재산공제

거주자가 직계존속으로부터 혼인일(「가족관계의 등록 등에 관한 법률」에 따른 혼인관계증명서상 신고일) 전후 2년 이내에 증여를 받는 경우에는 위의 일반적인 증여재산공제와 별개로 1억원을 증여세 과세가액에서 공제한다(상증법 제53조의2).

혼인증여재산공제를 받은 후 약혼자의 사망, 「민법」의 약혼해제 사유, 그 밖에 혼인할 수 없는 중대한 사유가 발생하여 해당 증여재산을 그 사유가 발생한 달의 말일부터 3개월 이내에 증여자에게 반환하는 경우에는 처음부터 증여가 없었던 것으로 본다.

혼인 전에 혼인증여재산공제를 받은 거주자가 증여일부터 2년 이내에 혼인하지 아니한 경우로서 증여일부터 2년이 되는 날이 속하는 달의 말일부터 3개월이 되는 날까지 수정신고 또는 기한 후 신고를 한 경우에는 가산세의 전부 또는 일부를 부과하지 아니하되, 이자상당액을 증여세에 가산하여 부과한다.

증여재산공제를 받은 거주자가 혼인이 무효가 된 경우로서 혼인무효의 소에 대한 판결이 확정된 날이 속하는 달의 말일부터 3개월이 되는 날까지 수정신고 또는 기한 후 신고를 한 경우에는 가산세의 전부 또는 일부를 부과하지 아니하되, 이자상당액을 증여세에 가산하여 부과한다.

(2) 출산증여재산공제

거주자가 직계존속으로부터 자녀의 출생일(「가족관계의 등록 등에 관한 법률」에 따른 출생신고서상 출생일) 또는 입양일(「가족관계의 등록 등에 관한 법률」에 따른 입양신고일)부터 2년 이내에 증여를 받는 경우에는 혼인증여재산공제 및 일반적인 증여재산공제와 별개로 1억원을 증여세 과세가액에서 공제한다. 이 경우 출산증여재산공제로서 증여세 과세가액에서 공제받을 금액과 수증자가 이미 혼인증여재산공제에 따라 공제받은 금액을 합한 금액이 1억원을 초과하는 경우에는 그 초과하는 부분은 공제하지 아니한다.

(3) 공제한도

혼인증여재산공제와 출산증여재산공제로 증여세 과세가액에서 공제받았거나 받을 금액을 합한 금액이 1억원을 초과하는 경우에는 그 초과하는 부분은 공제하지 아니한다.

4. 증여자의 범위

일반증여재산공제는 수증자를 기준으로 증여자가 누구인지에 따라 공제금액이 달라진다. 이 책에서는 증여자의 범위를 배우자, 직계존비속, 기타친족 그룹별로 나누고, 같은 그룹 내의 증여자를 동일그룹이라 하여 살펴본다. 예를 들어 자녀가 부모로부터 증여받고 다시 조부모로부터 증여받는 경우 직계존속으로 동일그룹에 해당한다.

(1) 배우자

증여재산공제 대상이 되는 배우자는 「민법」의 혼인으로 인정되는 혼인관계에 있는 자를 말한다. 즉, 법률혼을 기준으로 공제대상자를 판정한다.

(2) 직계존비속

직계존비속은 「민법」에 의한 수증자의 직계존속과 직계비속인 혈족으로서 직계존속은 부모, 조부모 및 외조부모를 말한다. 계부·계모와 자식 간의 증여 시에도 직계존비속으로 보아 기타친족이 아닌 직계존비속 공제액이 적용된다.

(3) 기타친족

기타친족은 배우자 및 직계존비속을 제외하고 수증자를 기준으로 4촌 이내의 혈족, 3촌 이내의 인척을 말한다. 예를 들어 며느리가 시부모로부터 증여받은 경우 또는 사위가 장인이나 장모로부터 증여받은 경우에도 기타친족으로 보아 1천만원을 공제한다.

5. 증여재산공제 방법

(1) 동일그룹으로부터 증여받는 경우

증여재산공제는 수증자를 기준으로 증여를 받기 전 10년 이내에 공제받은 금액과 해당 증여가액에서 공제받을 금액을 합친 금액이 동일그룹별 공제한도액을 초과하는 경우 초과하는 부분은 공제하지 않는다. 즉, 동일그룹으로부터 증여받는 경우 10년 이내 공제 금액을 합산하여 증여재산공제 한도를 적용한다. 예를 들어 성년인 자녀가 아버지로부터 먼저 증여를 받고 그 후 할아버지로부터 다시 증여를 받는 경우 아버지와 할아버지는 직계존속으로 동일그룹이므로 합산하여 증여재산공제 한도를 적용한다.

(2) 둘 이상의 증여를 받는 경우

1) 증여시기가 다른 경우

둘 이상의 증여가 그 증여시기를 달리하는 경우 증여재산공제는 둘 이상의 증여 중 최초의 증여세 과세가액에서부터 순차로 공제한다.

2) 동시에 증여받는 경우

둘 이상의 증여가 동시에 있는 경우에는 각각의 증여세 과세가액에 대하여 안분하여 공제한다. 예를 들어 미성년자가 아닌 갑이 2024.3.10. 아버지로부터 9천만원, 어머니로부터 4천만원, 할아버지로부터 7천만원을 동시에 증여받는 경우 증여재산공제액은 다음과 같다.

구분	부모	할아버지
증여재산 공제액	50,000,000 × [130,000,000 ÷ (130,000,000 + 70,000,000)] = 32,500,000	50,000,000 - 32,500,000 = 17,500,000

증여재산공제를 적용할 때 부모와 할아버지는 직계존속으로서 동일그룹에 해당한다. 따라서 둘 이상의 증여가 동시에 있는 경우이므로 증여재산공제 금액을 부모의 증여세 과세가액과 할아버

지의 증여세 과세가액 비율로 안분하여 공제한다.

하지만 증여자가 동일그룹이라 하더라도 수증자가 다른 경우 수증자별로 증여재산공제 금액을 각각 적용한다. 예를 들어 아버지가 자녀인 갑, 을, 병에게 동시에 5천만원씩 증여한 경우 증여재산공제액은 수증자별로 계산하므로 자녀 갑, 을, 병 모두 5천만원씩 각각 공제 가능하다.

성년인 거주가가 직계존속으로부터 증여받는 경우 수증자를 기준으로 해당 증여 전 10년 이내에 공제받은 금액과 해당 증여가액에서 공제받을 금액의 합계액은 5천만원을 초과할 수 없는 것이며, 이혼한 부모로부터 동시에 증여를 받는 경우 증여재산공제 규정에 의하여 5천만원을 각각의 증여세 과세가액에 대하여 안분하여 공제한다(조심2011서-556, 2011. 3. 16.). 즉, 증여재산공제 한도는 합산하여 계산한다.

---

6. 증여재산가산액의 동일인과 증여재산공제의 동일그룹

앞에서 살펴본 증여재산가산액 규정에서 해당 증여일 전 10년 이내에 '동일인'으로부터 받은 증여재산(사전증여재산)가액의 합계액이 1천만원 이상인 경우에는 그 가액을 증여세 과세가액에 합산한다. 여기서 살펴본 증여재산공제 규정에서 증여재산공제는 '동일그룹'으로부터 증여받는 경우 10년 이내 공제받은 금액을 합산하여 적용한다.

두 규정의 차이는 무엇일까? 그리고 사전증여재산가산과 증여재산공제는 어떻게 적용해야 할까? 이에 대한 내용을 아래의 사례로서 구체적으로 설명하기로 한다.

(사례1) 아버지로부터 2억원을 1차 증여받고 10년 이내 어머니로부터 1억원을 2차 증여받는 경우
(사례2) 아버지로부터 2억원을 1차 증여받고 10년 이내 할아버지로부터 1억원을 2차 증여받는 경우

부모는 동일인이고 동일그룹이지만 부모와 조부모는 동일인은 아니지만 직계존속으로 동일그룹에는 해당한다.

(사례1)에서 아버지로부터 2억원을 1차 증여를 받고 10년 이내 어머니로부터 1억원을 2차 증여

를 받는 경우 2차 증여세 과세가액 계산 시 부모는 동일인이므로 1차 증여재산가액 2억원을 합산한다. 2차 증여세 과세가액은 3억원이다.

증여재산공제 한도 적용 시 부모는 직계존속으로 동일그룹이므로 합산하여 5천만원을 공제한다. 따라서 2차 증여 시 과세표준은 2억 5천만원(3억원 - 5천만원)으로 계산할 수 있다.

1차 증여 시 납부한 증여세는 2차 증여세 계산 시 기납부세액으로 공제한다.

(사례2)에서 아버지로부터 2억원을 1차 증여를 받고 할아버지로부터 1억원을 2차 증여를 받는 경우 2차 증여세 과세가액 계산 시 아버지와 할아버지는 동일인이 아니므로 아버지로부터 증여받은 1차 증여재산가액 2억원은 합산하지 않는다. 2차 증여세 과세가액은 1억원이다.

증여재산공제 한도 적용 시 아버지와 할아버지는 직계존속으로 동일그룹이므로 합산하여 5천만원을 공제한다. 이 경우에는 아버지로부터 1차 증여 시 5천만원을 이미 공제하였으므로 할아버지로부터 1억원을 2차 증여받는 경우에는 공제할 수 없다. 따라서 2차 증여 시 과세표준은 1억원(할아버지의 증여재산가액 1억원 - 0원)으로 계산할 수 있다.

지금까지 증여세의 납부할 세액을 계산하기 위해서 증여세 과세가액에서 공제하는 증여재산공제에 대해 살펴보았다. 증여세 과세가액에서 증여재산공제액을 차감하고 감정평가수수료를 공제하여 증여세 과세표준을 계산하였다. 감정평가수수료는 지출금액을 공제하되 한도는 5백만원으로 한다. 이렇게 구한 과세표준에 세율을 적용하면 증여세 산출세액을 계산할 수 있다. 다음 절에서는 과세표준에 적용되는 세율 및 증여세의 신고 · 납부 등에 대해서 알아보기로 한다.

제4절 │ 세율 및 신고 · 납부

1. 세율

증여세의 납부할 세액은 과세표준에 세율을 곱하여 구한 산출세액에 세대생략할증세액을 가산하고 신고세액공제 등을 차감하여 계산한다.

> 납부할 세액 = 증여세 과세표준 × 세율 + 세대생략할증세액 - 신고세액공제 등

증여세 산출세액은 증여세 과세표준에 다음의 세율을 적용하여 계산한 금액으로 한다(상증법 제26조). 증여세의 세율구조는 상속세와 동일하다. 아래의 세율표는 실무에서 적용하는 세율구조다.

[상속세 및 증여세 세율표]

과세표준	세율	누진공제
1억원 이하	10%	
1억원 초과 5억원 이하	20%	10,000,000
5억원 초과 10억원 이하	30%	60,000,000
10억원 초과 30억원 이하	40%	160,000,000
30억원 초과	50%	460,000,000

2. 직계비속에 대한 증여의 할증과세

수증자가 증여자의 자녀가 아닌 직계비속인 경우에는 증여세 산출세액에 30%(수증자가 증여자의 자녀가 아닌 직계비속이면서 미성년자인 경우로서 증여재산가액이 20억원을 초과하는 경우에는 40%)에 상당하는 금액을 가산한다(상증법 제57조). 예를 들어 부모가 있는 손자나 손녀가 할아버지로부터 증여받는 경우에는 세대생략할증세액을 가산한다.

3. 기납부세액공제

증여세 과세가액에 가산한 증여재산의 가액(둘 이상의 증여가 있을 때에는 그 가액을 합친 금액을 말한다)에 대하여 납부하였거나 납부할 증여세액(증여 당시의 해당 증여재산에 대한 증여세산출세액을 말한다)은 증여세산출세액에서 공제한다(상증법 제58조). 이 경우에 공제할 증여세액은 증여세산출세액에 해당 증여재산의 가액과 가산한 증여재산의 가액을 합친 금액에 대한 과세표준에 대하여 가산한 증여재산의 과세표준이 차지하는 비율을 곱하여 계산한 금액을 한도로 한다.

4. 신고세액공제

증여세 과세표준을 신고기한 내에 신고한 경우에는 증여세 산출세액의 3%에 상당하는 금액을 공제한다. 공제대상 증여세 산출세액은 세대생략할증세액을 포함한 금액으로 한다(상증법 제69조 제2항).

5. 증여세의 신고 · 납부

(1) 신고 · 납부기한

증여세 납부의무가 있는 자는 증여받은 날이 속하는 달의 말일부터 3개월 이내에 납세지 관할 세무서장에게 신고 · 납부하여야 한다.

(2) 분납

증여세로 납부할 금액이 1천만원을 초과하는 경우에는 납부할 금액의 일부를 납부기한이 지난 후 2개월 이내에 분할납부할 수 있다. 연부연납을 허가받은 경우에는 분납할 수 없다(상증법 제70조).

(3) 연부연납

납세지 관할 세무서장은 증여세 납부세액이 2천만원을 초과하는 경우에는 납세의무자의 신청을 받아 연부연납을 허가할 수 있다. 연부연납의 기간은 연부연납 허가일부터 5년의 범위에서 해당 납세의무자가 신청한 기간으로 한다. 따라서 신고·납부기한의 납부분을 포함하면 6회로 나누어 납부할 수 있다. 다만, 각 회분의 분할납부 세액이 1천만원을 초과하도록 연부연납기간을 정하여야 한다(상증법 제71조).

$$연부연납\ 금액 = 연부연납\ 대상금액 \div (연부연납기간 + 1)$$

연부연납을 신청하는 경우 납세의무자는 납세담보를 제공하여야 하며, 각 회분의 분할납부세액에 3.1%의 가산율을 곱한 연부연납가산금을 가산하여 납부하여야 한다(상증법 제72조, 국세기본법 시행규칙 제19조의3).

6. 가산세

(1) 신고불성실가산세

1) 무신고가산세

무신고납부세액 × 20%(부당무신고는 40%)

2) 과소신고가산세

과소신고납부세액 × 10%(부당과소신고는 40%)

(2) 납부지연가산세

납부하지 아니한 세액 또는 과소납부분 세액 × 법정납부기한의 다음 날부터 납부일까지의 기간 × 0.022%

7. 과세관청의 법정결정기한

　　증여세는 납세의무자가 신고하는 때 납세의무가 확정되는 세금이 아니라 과세관청에서 조사하여 결정하는 때 납세의무가 확정된다. 과세관청은 증여세 과세표준 신고기한부터 6개월 이내에 과세표준과 세액을 결정하여야 한다.

◇　　　◇　　　◇

　　지금까지 증여세의 납부할 세액을 어떻게 계산하고 증여세는 언제까지 신고 · 납부하는지에 대한 내용을 살펴보았다. 다음 절부터는 증여재산의 유형 중 재산취득자금 또는 채무상환자금의 증여추정, 주택취득자금 조달 및 입주계획서, 가족 간 차입거래와 증여, 가족 간 부동산거래와 증여에 대한 내용을 살펴보고 마지막 절에서 상속 · 증여재산의 평가방법에 대해 다루기로 한다.

<table>
<tr><td>제5절</td><td>재산취득자금 등의 증여추정</td></tr>
</table>

1. 증여추정의 개요

재산취득자의 직업, 연령, 소득 및 재산 상태 등으로 볼 때 재산을 자력으로 취득하였다고 인정하기 어려운 경우 또는 채무를 자력으로 상환하였다고 인정하기 어려운 경우에는 그 재산을 취득한 때 또는 채무를 상환한 때에 그 재산의 취득자금 또는 채무의 상환자금을 그 재산취득자 또는 채무자가 증여받은 것으로 추정하여 이를 그 재산취득자 또는 채무자의 증여재산가액으로 한다(상증법 제45조). 재산취득자금 또는 채무상환자금의 증여추정 규정은 재산취득 또는 채무상환이 있을 때마다 그 해당 여부를 판단한다.

2. 증여추정의 입증책임

재산취득자금 또는 채무상환자금을 그 재산취득자 또는 채무자가 증여받은 것으로 추정하는 경우 이러한 추정을 번복하기 위해서는 증여받은 것으로 추정되는 납세자가 해당 재산취득자금 또는 채무상환자금의 출처를 밝혀야 할 입증책임이 있다(판례 조심2021서-1104, 2021.5.20.).

3. 증여추정의 배제

재산취득자금 또는 채무상환자금의 증여추정 규정은 재산취득자금 또는 채무상환자금의 출처에 관한 충분한 소명이 있는 경우와 재산취득자금 또는 채무상환자금이 직업, 연령, 소득, 재산 상태 등을 고려하여 자금출처 증여추정의 배제 기준금액 이하인 경우에는 적용하지 않는다(상증법 제45조). 다만, 재산취득자금 또는 채무상환자금이 타인으로부터 증여받은 사실이 확인될 경우에는 증여세 과세대상이 된다.

(1) 자금출처에 관한 충분한 소명이 있는 경우

재산취득자금 또는 채무상환자금이 재산취득자나 채무상환자의 자기자금으로 취득하거나 상환하였다는 것을 충분히 소명하는 경우에는 증여추정이 배제된다. 재산취득자금 또는 채무상환자금이 충분히 소명된 경우란 입증되지 아니하는 금액이 취득재산의 가액 또는 채무상환금액의 20%에 상당하는 금액과 2억원 중 적은 금액에 미달하는 경우를 말한다(상증령 제34조 제1항).

증여 추정 배제요건
입증하지 못한 금액 〈 Min(① 재산취득가액 또는 채무상환금액 × 20% ② 2억원)

입증하지 못한 금액이 재산취득가액 또는 채무상환금액의 20%에 상당하는 금액과 2억원 중 적은 금액 이상인 경우에는 입증하지 못한 금액을 증여재산가액으로 한다. 이러한 세법의 내용을 다르게 표현하면 부동산 취득자금이 10억원 미만이면 취득자금의 80%를 초과한 금액을 입증하는 경우 증여추정이 배제되고, 부동산 취득자금이 10억원 이상이면 취득자금에서 2억원을 차감한 금액을 초과하는 금액을 입증하는 경우 증여추정이 배제된다는 것이다. 사례를 살펴보면 다음과 같다.

[증여추정 배제 사례]

재산취득자금(채무상환)	입증 금액	미입증 금액	증여 추정 배제 요건	증여 추정여부
8억원	7억원	1억원	Min(8억 × 20%, 2억원) = 1.6억원	배제
9억원	6.5억원	2.5억원	Min(9억 × 20%, 2억원) = 1.8억원	2.5억원
15억원	13.5억원	1.5억원	Min(15억 × 20%, 2억원) = 2억원	배제
19억원	16.5억원	2.5억원	Min(19억 × 20%, 2억원) = 2억원	2.5억원

재산취득자금 및 채무상환자금이 증여추정에서 제외되기 위해서 자금출처를 입증해야 하는 데, 그 원천 및 금액을 살펴보면 다음과 같다(소령 제34조 제1항).

① 신고하였거나 과세(비과세 또는 감면받은 경우를 포함한다)받은 소득금액

② 신고하였거나 과세받은 상속 또는 수증재산의 가액

③ 재산을 처분한 대가로 받은 금전이나 부채를 부담하고 받은 금전으로 해당 재산의 취득 또는

해당 채무의 상환에 직접 사용한 금액

그 외 자금출처로 인정되는 사례를 살펴보면 다음과 같다(기본통칙 45-34…1).

① 본인 소유재산의 처분사실이 증빙에 따라 확인되는 경우 그 처분금액에서 양도소득세 등 공
   과금 상당액을 뺀 금액
② 기타 신고하였거나 과세받은 소득금액은 그 소득에 대한 소득세 등 공과금 상당액을 뺀 금액
③ 농지경작소득
④ 재산취득일 이전에 차용한 부채로서 입증된 금액. 다만, 원칙적으로 배우자 및 직계존비속
   간의 소비대차(차입거래)는 인정하지 아니한다.
⑤ 재산취득일 이전에 자기재산의 대여로서 받은 전세금 및 보증금
⑥ ① 내지 ⑤ 이외의 경우로서 자금출처가 명백하게 확인되는 금액

(2) 자금출처 증여추정 배제 기준금액 이하인 경우

재산취득자금의 재산 취득일 전 또는 채무상환자금의 채무 상환일 전 10년 이내에 해당 재산취
득자금 또는 채무상환자금의 합계액이 5천만원 이상으로서 연령·직업·재산상태·사회경제적
지위 등을 고려하여 재산 취득일 전 또는 채무 상환일 전 10년 이내에 주택과 기타재산의 취득가
액 및 채무상환금액이 각각 아래 기준에 미달하고, 주택취득자금, 기타재산취득자금 및 채무상환
자금의 합계액이 총액한도 기준에 미달하는 경우에는 자금출처 증여 추정을 적용하지 않는다. 다
만, 아래 금액과 관계없이 재산취득자금 또는 채무상환금액이 타인으로부터 증여받은 사실이 확
인될 경우에는 증여세 과세대상이 된다(상증령 제34조 제2항, 상증법 사무처리규정 제42조).

[증여추정 배제 기준금액]

구분	취득재산		채무상환	총액한도
	주택	기타재산		
30세 미만	5천만원	5천만원	5천만원	1억원
30세 이상	1억 5천만원	5천만원	5천만원	2억원
40세 이상	3억원	1억원	5천만원	4억원

<table><tr><td>제6절</td><td>주택취득자금 조달 및 입주계획서</td></tr></table>

1. 제출대상

　주택취득자금 조달계획서(조달계획서) 제출대상은 개인의 경우 규제지역(투기과열지구·조정대상지역)에서 거래하는 주택은 모두 제출 대상이며, 비규제지역은 6억원 이상 주택 거래인 경우 제출 대상이다(부동산 거래신고 등에 관한 법률 시행령 제3조 제1항 별표1 제3호). 조합원입주권이나 분양권의 공급계약이나 전매계약도 제출 대상에 해당한다. 매수인이 여러 명일 경우에는 인별로 작성해야 한다. 오피스텔은 제출 대상이 아니다.

　투기과열지구에 소재하는 주택의 거래계약을 체결한 경우 매수자는 자금의 조달계획을 증명하는서류(부동산 거래신고 등에 관한 법률 시행규칙 제2조 제7항)를 첨부해야 한다. 비규제지역인 경우 주택취득자금 조달계획서만 제출한다.

　법인이 매수한 주택은 지역이나 금액에 불구하고 모두 제출대상이다.

2. 제출시기

　주택취득자금 조달계획서는 거래계약 체결일로부터 30일 이내에 부동산거래신고서와 함께 지방자치단체에 제출해야 한다. 부동산거래신고서와 주택취득자금 조달계획서가 모두 제출되어야 소유권이전등기 신청 시 필요한 부동산거래신고필증이 발급된다.

3. 서식 및 작성방법

　주택취득자금 조달계획서의 서식 및 작성방법은 아래에 첨부한 「부동산 거래신고 등에 관한 법률」 시행규칙 별지 제1호의3 서식을 참고하면 될 것으로 보인다. 서식의 내용 중 주택취득자금 조달계획서의 자기자금 ④란에 증여·상속 항목이 있으며 증여하는 자와 증여받는 자의 관계뿐만 아니라 금액과 신고 여부도 기재하게 되어 있고, 차입금 등 ⑪란에 그 밖의 차입금 항목이 있어 자금을 빌려주는 자와 차용하는 자의 관계를 기재하게 되어 있다.

4. 재산취득자금 출처 조사와 자금조달계획서

재산취득자금의 출처와 관련하여 실무에서 검토하여야 할 내용이 주택을 취득하는 경우 지방자치단체에 제출하는 자금조달계획서라 할 수 있다. 제출한 자금조달계획서는 국세청 등 관계기관에 통보되어 신고내역 조사 및 관련 세법에 따른 조사 시 참고 자료로 활용되기 때문이다. 국세청에서는 국토교통부로부터 수집한 자금조달계획서를 국세청이 보유한 재산·소득 등 다양한 과세자료와 연계하여 탈루 여부를 분석하고 있으며, 자금조달계획서상 기재 내용이 사실과 다르거나 자금출처가 불분명하여 탈세가 의심되는 경우에는 자금출처조사 대상으로 선정해 실제 자금흐름을 추적하고 탈루된 세금을 추징하고 있다. 따라서 자금조달계획서 작성 시 재산취득자금 출처에 대한 증여추정 및 가족 간 차입거래와 관련된 증여세에 유의하여야 한다.

주택취득자금 조달 및 입주계획서

※ 색상이 어두운 난은 신청인이 적지 않으며, [ ]에는 해당되는 곳에 √표시를 합니다.　　　(앞쪽)

접수번호		접수일시		처리기간	

제출인 (매수인)	성명(법인명)		주민등록번호(법인·외국인등록번호)	
	주소(법인소재지)		(휴대)전화번호	

① 자금 조달계획	자기 자금	② 금융기관 예금액　　　　　　원	③ 주식·채권·가상화폐 매각대금　　　　　　원
		해외예금을 국내 송금한 경우 (해외 금융기관명:　　　　)　　원	[ ]주식·채권 매각대금　　　　원 [ ]가상화폐 매각대금　　　　원
		④ 증여·상속 [ ]증여(금액:　　　　　　　원) 　증여세 신고 여부: [ ]신고 [ ]미신고 [ ]상속(금액:　　　　　　　원) 　상속세 신고 여부: [ ]신고 [ ]미신고	⑤ 현금 등 그 밖의 자금　　　　원 [ ]외화(금액:　　　　　　　원) 　외화반입 신고 여부: [ ]신고 [ ]미신고
		[ ] 부부 [ ] 직계존비속(관계:　　) [ ] 그 밖의 관계(　　　　　　　)	[ ] 보유 현금 [ ] 그 밖의 자산(종류:　　　　)
		⑥ 부동산 처분대금 등　　　　원 [ ] 주택·토지　　　　　　　원 [ ] 임대보증금(취득주택 외)　원 [ ] 기타(종류:　　　)　　　원	⑦ 소계　　　　　　　　　　원
	차입금 등	⑧ 금융기관 대출액 합계	주택담보대출 / (금융기관명:　　)원
			신용대출 / (금융기관명:　　)원
			사업자대출 / (금융기관명:　　)원
		원	해외 금융기관 대출 / (금융기관명:　　)원
			그 밖의 대출 / (대출 종류:　　)원
		기존 주택 보유 여부 (주택담보대출이 있는 경우만 기재) [ ] 미보유 [ ] 보유 (　건)	
		⑨ 취득주택의 임대보증금　　원	⑩ 회사지원금·사채 [ ] 회사지원금　　　　　　원 [ ] 사채　　　　　　　　　원
		⑪ 그 밖의 차입금　　　　　원 [ ] 부부 [ ] 직계존비속(관계:　　) [ ] 그 밖의 관계(　　　　　　)	⑫ 소계　　　　　　　　　　원
	⑬ 합계		원

⑭ 조달자금 지급방식	총 거래금액	원
	⑮ 계좌이체 금액	원
	⑯ 보증금·대출 승계 금액	원
	⑰ 현금 및 그 밖의 지급방식 금액	원
	지급 사유 (　　　　　　　　　　　　　　　　　)	

⑱ 입주 계획	[ ] 본인입주 [ ] 본인 외 가족입주 (입주 예정 시기:　　년　월)	[ ] 임대 (전·월세)	[ ] 그 밖의 경우 (재건축 등)

「부동산 거래신고 등에 관한 법률 시행령」 별표 1 제2호나목, 같은 표 제3호가목 전단, 같은 호 나목, 같은 표 제3호의2가목 전단, 같은 호 나목 및 같은 법 시행규칙 제2조제6항·제7항·제9항·제10항에 따라 위와 같이 주택취득자금 조달 및 입주계획서를 제출합니다.

년　　월　　일

제출인　　　　　　　　　　　　　　　(서명 또는 인)

시장·군수·구청장 귀하

210mm×297mm[백상지(80g/㎡) 또는 중질지(80g/㎡)]

유의사항

1. 제출하신 주택취득자금 조달 및 입주계획서는 국세청 등 관계기관에 통보되어, 신고내역 조사 및 관련 세법에 따른 조사 시 참고자료로 활용됩니다.
2. 주택취득자금 조달 및 입주계획서(첨부서류 제출대상인 경우 첨부서류를 포함합니다)를 계약체결일부터 30일 이내에 제출하지 않거나 거짓으로 작성하는 경우 「부동산 거래신고 등에 관한 법률」 제28조제2항 또는 제3항에 따라 과태료가 부과되오니 유의하시기 바랍니다.
3. 이 서식은 부동산거래계약 신고서 접수 전에는 제출이 불가하오니 별도 제출하는 경우에는 미리 부동산거래계약 신고서의 제출여부를 신고서 제출자 또는 신고관청에 확인하시기 바랍니다.

첨부서류	투기과열지구에 소재하는 주택의 거래계약을 체결한 경우나 「부동산 거래신고 등에 관한 법률」 제11조제1항에 따른 허가 및 변경허가를 받아 같은 법 제10조에 따른 토지거래허가구역에 소재하는 주택의 거래계약을 체결하는 경우에는 다음 각 호의 구분에 따른 서류를 첨부해야 합니다. 이 경우 주택취득자금 조달 및 입주계획서의 제출일을 기준으로 주택취득에 필요한 자금의 대출이 실행되지 않았거나 본인 소유 부동산의 매매계약이 체결되지 않은 경우 등 항목별 금액 증명이 어려운 경우에는 그 사유서를 첨부해야 합니다. 　1. 금융기관 예금액 항목을 적은 경우: 예금잔액증명서 등 예금 금액을 증명할 수 있는 서류 　2. 주식·채권 매각대금 항목을 적은 경우: 주식거래내역서 또는 예금잔액증명서 등 주식·채권 매각 금액을 증명할 수 있는 서류 　3. 증여·상속 항목을 적은 경우: 증여세·상속세 신고서 또는 납세증명서 등 증여 또는 상속받은 금액을 증명할 수 있는 서류 　4. 현금 등 그 밖의 자금 항목을 적은 경우: 다음 각 목의 서류 　　가. 소득금액증명원 또는 근로소득 원천징수영수증 등 소득을 증명할 수 있는 서류 　　나. 외국환신고(확인)필증 또는 지급수단등의 수출입(변경)신고서 등 외국환의 반입을 증명할 수 있는 서류(외국환의 반입을 신고한 경우만 해당합니다) 　5. 부동산 처분대금 등 항목을 적은 경우: 부동산 매매계약서 또는 부동산 임대차계약서 등 부동산 처분 등에 따른 금액을 증명할 수 있는 서류 　6. 금융기관 대출액 합계 항목을 적은 경우: 금융거래확인서, 부채증명서 또는 금융기관 대출신청서 등 금융기관으로부터 대출받은 금액을 증명할 수 있는 서류 　7. 임대보증금 항목을 적은 경우: 부동산 임대차계약서 　8. 회사지원금·사채 또는 그 밖의 차입금 항목을 적은 경우: 금전을 빌린 사실과 그 금액을 확인할 수 있는 서류

작성방법

1. ① "자금조달계획"에는 해당 주택의 취득에 필요한 자금의 조달계획(부동산 거래신고를 하기 전에 부동산 거래대금이 모두 지급된 경우에는 조달방법)을 적고, 매수인이 다수인 경우 각 매수인별로 작성해야 하며, 각 매수인별 금액을 합산한 총 금액과 거래신고된 주택거래금액이 일치해야 합니다.
2. ② ~ ⑥에는 자기자금을 종류별로 구분하여 중복되지 않게 적습니다.
3. ② "금융기관 예금액"에는 금융기관에 예치되어 있는 본인명의의 예금(적금 등)을 통해 조달하려는 자금을 적습니다. 해외 금융기관에서 국내 금융기관으로 자금을 이체한 경우에는 송금한 해외 금융기관명 및 자금도 적습니다.
4. ③ "주식·채권·가상화폐 매각대금"에는 본인 명의 주식·채권 및 각종 유가증권 매각 등을 통해 조달하려는 자금을 적습니다.
5. ④ "증여·상속"에는 가족 등으로부터 증여 받거나 상속받아 조달하는 자금 및 증여세·상속세 신고 여부와 금액을 적고, 자금을 제공한 자와의 관계를 해당 난에 √표시를 하며, 부부 외의 경우 해당 관계를 적습니다.
6. ⑤ "현금 등 그 밖의 자금"에는 현금으로 보유하고 있는 자금 및 자기자금 중 다른 항목에 포함되지 않는 그 밖의 본인 자산을 통해 조달하려는 자금(금융기관 예금액 외의 각종 금융상품 및 간접투자상품을 통해 조달하려는 자금 포함)을 적고, 해당 자금이 보유하고 있는 현금일 경우 "보유 현금"에 √표시를 하고, 현금이 아닌 경우 "그 밖의 자산"에 √표시를 하고 자산의 종류를 적습니다.
7. ⑥ "부동산 처분대금 등"에는 본인 소유 부동산의 매도, 기존 임대보증금 회수 등을 통해 조달하려는 자금 또는 재건축, 재개발시 발생한 종전 부동산 권리가액 등을 적습니다.
8. ⑦ "소계"에는 ② ~ ⑥의 합계액을 적습니다.
9. ⑧ ~ ⑪에는 자기자금을 제외한 차입금 등을 종류별로 구분하여 중복되지 않게 적습니다.
10. ⑧ "금융기관 대출액 합계"에는 금융기관으로부터 대출을 통해 조달하려는 자금 또는 매도인의 대출금 승계 자금을 적고, 주택담보대출·신용대출·사업자대출·해외 금융기관 대출인 경우 각 해당 난에 대출액과 금융기관명을 적으며, 그 밖의 대출인 경우 대출액 및 대출 종류를 적습니다. 또한 주택담보 대출액이 있는 경우 "기존 주택 보유 여부"의 해당 난에 √표시를 합니다. 이 경우 기존 주택은 신고하려는 거래계약 대상인 주택은 제외하고, 주택을 취득할 수 있는 권리와 주택을 지분으로 보유하고 있는 경우는 포함하며, "기존 주택 보유 여부" 중 "보유"에 √표시를 한 경우에는 기존 주택 보유 수(지분으로 보유하고 있는 경우에는 각 건별로 계산합니다)를 적습니다.
11. ⑨ "임대보증금"에는 취득 주택의 신규 임대차 계약 또는 매도인으로부터 승계한 임대차 계약의 임대보증금 등 임대를 통해 조달하는 자금을 적습니다.
12. ⑩ "회사지원금·사채"에는 금융기관 외의 법인, 개인사업자로부터 차입을 통해 조달하려는 자금을 적습니다.
13. ⑪ "그 밖의 차입금"에는 ⑧ ~ ⑩에 포함되지 않는 차입금 등을 적고, 자금을 제공한 자와의 관계를 해당 난에 √표시를 하고 부부 외의 경우 해당 관계를 적습니다.
14. ⑫에는 ⑧ ~ ⑪의 합계액을, ⑬에는 ⑦과 ⑫의 합계액을 적습니다.
15. ⑭ "조달자금 지급방식"에는 조달한 자금을 매도인에게 지급하는 방식 등을 각 항목별로 적습니다.
16. ⑮ "계좌이체 금액"에는 금융기관 계좌이체로 지급했거나 지급 예정인 금액 등 금융기관을 통해서 자금지급 확인이 가능한 금액을 적습니다.
17. ⑯ "보증금·대출 승계 금액"에는 종전 임대차계약 보증금 또는 대출금 승계 등 매도인으로부터 승계했거나 승계 예정인 자금의 금액을 적습니다.
18. ⑰ "현금 및 그 밖의 지급방식 금액"에는 ⑮, ⑯ 외의 방식으로 지급했거나 지급 예정인 금액을 적고 계좌이체가 아닌 현금(수표) 등의 방식으로 지급하는 구체적인 사유를 적습니다.
19. ⑱ "입주 계획"에는 해당 주택의 거래계약을 체결한 이후 첫 번째 입주자 기준(다세대, 다가구 등 2세대 이상인 경우에는 해당 항목별 중복하여 적습니다)으로 적으며, "본인입주"란 매수자 및 주민등록상 동일 세대원이 함께 입주하는 경우를, "본인 외 가족입주"란 매수자와 주민등록상 세대가 분리된 가족이 입주하는 경우를 말하며, 이 경우에는 입주 예정 시기 연월을 적습니다. 또한 재건축 추진 또는 멸실 후 신축 등 해당 주택에 입주 또는 임대하지 않는 경우 등에는 "그 밖의 경우"에 √표시를 합니다.

제7절 | **가족 간 차입거래와 증여**

1. 부동산 취득자금과 가족 간 차입거래

부동산을 취득할 때 취득자금이 부족한 경우 가족으로부터 조달하는 경우를 볼 수 있다. 특히 자녀가 부동산을 취득하면서 부모로부터 자금을 조달하는 경우가 대표적이다. 자금조달 유형은 자녀가 증여를 받는 방법과 차입하는 방법으로 나누어 볼 수 있다. 이러한 내용은 주택취득자금 조달계획서에 기재되어 제출하게 된다. 그러면 차입거래인 경우 세법 등은 어떻게 규정하고 있을까?

상속세법 및 증여세법 기본통칙 45-34…1을 살펴보면 재산취득일 이전에 차용한 부채로서 입증된 금액은 자금출처로 인정하고 있다. 다만, 원칙적으로 배우자 및 직계존비속 간의 소비대차는 인정하지 아니한다고 규정하고 있다. 이와 관련된 판례에서도 취득자가 재산을 자력으로 취득하였다고 인정하기 어려운 때에 증여사실을 추정하고 원칙적으로 긴밀한 친족관계에 있는 당사자들은 조세부담의 회피라는 공통된 이해관계하에서 외형적인 형식만을 임의로 만들어 낼 우려가 있기 때문에 배우자 및 직계존비속 사이에 소비대차관계를 입증하는 듯한 문서가 작성되었다고 하더라도 그러한 문서의 존재 외에 그 내용이 진실하다는 점이 객관적인 자료를 통하여 추가적으로 입증될 필요가 있다고 보고 있다.

또한 외형적으로 직계존비속 간의 금전소비대차계약이 존재한다는 이유로 이를 인정하게 된다면 증여세를 회피하기 위해 악용할 여지가 상당하므로 원칙적으로 자금출처 인정에 있어 배우자 및 직계존비속 간의 금전소비대차계약은 특별한 사정이 있지 아니하는 한 이를 인정하기 어렵다고 판단하고 있다(서울고법2020누-55178, 2021. 4. 21., 조심2021서-6614, 2022. 6. 22.).

실무에서 보면 과세관청에서 배우자 및 직계존비속 간의 차입(금전소비대차)거래에 대해 소명을 요구하는 경우가 발생하는데, 이때 납세자는 증여거래가 아니라 차입거래라는 것을 입증하여야 한다. 차입거래로 인정받지 못하는 경우 원금 전체에 대해 증여세가 과세될 수 있다.

가족 간의 자금거래가 증여가 아니라 차입거래라는 것을 주장하기 위해서는 어떤 자료로 입증해야 하는지 예규 및 판례를 통하여 살펴보기로 한다.

(1) 예규를 통해 살펴보는 가족 간 차입거래

가족 간에 자금거래를 하는 경우 금전소비대차계약(차용증)을 체결하지 않으면 해당 거래가 차입거래라는 것을 입증하기가 쉽지 않다. 그러면 차용증을 작성하면 항상 차입거래로 인정하는 것일까? 예를 들어 부모와 자식 간에 아래와 같은 금전소비대차계약서(차용증)를 작성하고 공증을 받은 경우 해당 금전거래를 증여가 아니라 차입거래로 인정할 수 있을까?

(금전소비대차 계약 사례)
· 계약종류: 금전대차계약 공정증서
· 대출금액: 7억원
· 대출기간: 360개월(30년)
· 대출금리: 3%(시중 대출금리)
· 상환주기: 1개월
· 상환방법: 원리금균등상환
· 총이자: 315,875,000원
· 월평균상환금: 2,821,875원 = 1,944,444원(납입원금) + 877,431(월평균이자액)

위 사례와 관련된 예규를 살펴보면 배우자 또는 직계존비속 간의 금전거래가 금전소비대차 또는 증여에 해당되는지 여부는 당사자 간 계약, 이자지급사실, 차입 및 상환 내역, 자금출처 및 사용처 등 해당 자금거래의 구체적인 사실을 종합하여 판단할 사항이라고 해석하고 있다(서면2016상속증여-4496, 2016. 7. 26.). 즉, 과세관청에서 차입거래와 관련된 소명자료를 받아 확인 후 결정할 사항이라는 것이다. 위 사례의 경우 대출기간이 30년이라는 것은 제3자와 차입거래를 하는 경우와 비교하여 일반적인 자금거래가 아니라서 증여추정에 대한 쟁점이 발생할 수 있다.

(2) 판례를 통해 살펴보는 가족 간 차입거래

1) 차입거래로 인정하지 않은 사례

가족 간 차입거래를 인정하지 않은 판례의 사실관계 중 차용증의 내용을 살펴보면 원금의 경우 차용일부터 10년이 지난 시점부터 15년간 변제하기로 되어 있고, 이자는 10년간 지급하기로 한 것으로 나타나는데, 이는 사인 간의 통상적인 금전소비대차거래와 비교하여 원금상환이나 이자지급의 시기 및 방법에 있어 차이가 있다. 또한 차용인의 소득 현황을 보면 소비지출 금액이 소득금액보다 더 큰 것으로 나타나고 있다. 이 경우 아파트 취득당시 차용인의 소득 정도나 다른 재산 상황에 비추어 아파트를 자기 자금으로 취득한 것으로 보기 어렵다고 판단하고 있다(조심2021중-2986, 2021. 10. 13.).

다른 판례의 소비대차계약 사례를 살펴보면 원금의 경우 차입일로부터 5년 및 10년 후 변제하기로 되어 있고, 이자는 만기에 일시로 상환하는 것으로 나타나는데, 이는 사인 간의 통상적인 금전소비대차거래와 비교하여 이자지급의 시기 및 방법에 차이가 있어 소비대차계약이 금전소비대차와 관련하여 작성된 것이라고 보기 어렵다고 판단하고 있다(조심2021서-6614, 2022. 6. 22.).

2) 차입거래로 인정한 사례

가족 간 차입거래를 인정한 판례의 사실관계 중 차용증, 원리금 상환 내역 등을 살펴보면 대여인으로부터 차용하기로 약정하면서 연 3%의 이자를 매월 초 지급하기로 한 것으로 나타나며, 차용인 명의 예금계좌 거래내역에는 실제로 매월 초에 이자를 대여인 계좌에 지급한 것으로 확인되고 있다. 이 경우 차용인이 대여인으로부터 차용하였다는 사실을 충분히 인정할 수 있어 보인다고 판단하고 있다(조심2019인-4125, 2019. 12. 24., 심사증여2024-0041, 2025. 2. 19.).

💡 생각정리 노트

위의 예규 및 판례를 살펴보면 가족 간 차입거래를 통하여 재산취득자금이나 채무상환자금을 조달하는 경우 다음과 같은 내용에 유의해야 할 것으로 보인다.

❶ 차용인의 소득이나 재산상황 등 변제능력을 고려한다.

❷ 차용증은 차용일에 작성한 후 내용증명을 발송하거나 확정일자 또는 공증을 받아두어야 한다.

❸ 이자율은 가능하면 무상으로 하지 않도록 한다.

❹ 이자율은 법정이자(4.6%)와 금융기관 이자율을 고려하여 약정한다.

❺ 이자금액은 차용증에 기재된 이자지급일에 빠지지 않고 지급하고 금융거래 증빙 등 지급 근거를 남겨둔다.

❻ 원금에 대한 상환 근거를 남겨둔다.

❼ 차입기간은 너무 장기로 하지 않는다.

❽ 금전소비대차거래에 대한 사후관리(이자 지급과 원금 상환에 대한 관리)는 원금을 모두 상환할 때까지 해야 한다.

2. 금전 무상대출 또는 저리대출에 따른 이익의 증여

가족 간 차입거래를 하여 과세관청으로부터 차입거래로 인정받은 경우에도 이자를 무상이나 적정이자율보다 낮은 이자율로 차입한 경우 그 이자의 차액에 대해 증여세를 과세할 수 있다.

타인으로부터 금전을 무상으로 또는 적정 이자율보다 낮은 이자율로 대출받은 경우에는 그 금전을 대출받은 날에 다음의 구분에 따른 이자금액을 그 금전을 대출받은 자의 증여재산가액으로 한다(상증법 제41조의4, 상증령 제31조의4). 특수관계인이 아닌 자 간의 거래인 경우 거래의 관행상 정당한 사유가 있다고 인정되는 경우에는 제외한다.

① 무상으로 대출받은 경우: 대출금액에 적정 이자율을 곱하여 계산한 금액
② 적정 이자율보다 낮은 이자율로 대출받은 경우: 대출금액에 적정 이자율을 곱하여 계산한 금액에서 실제 지급한 이자 상당액을 뺀 금액

다만, 위의 구분에 따른 이자금액이 1천만원 미만인 경우는 제외한다. 즉, 세법에서 정한 이자율(4.6%)로 계산한 이자금액과 실제로 주고받은 이자금액의 차이가 연 1천만원을 넘지 않으면 이자 차액에 대한 증여세는 과세하지 않는다.

[금전 무상대출에 따른 이익의 증여]

구분	내용
과세요건	① 대출조건이 무상 혹은 적정 이자율보다 낮은 이자율일 것 ② 타인으로부터 1년 내 증여이익이 1천만원 이상이 되는 금전을 대출받을 것
납세의무자	금전을 대출받은 자
증여시기	금전 대출일
증여세 과세가액	① 무상 금전대출 　증여재산가액 = 대출금액 × 적정 이자율 ② 적정 이자율 미만의 금전대출 　증여재산가액 = 대출금액 × 적정 이자율 - 실제 지급한 이자 상당액

※ 적정 이자율: 4.6%

　위 세법의 내용과는 별도로 금전을 대여하는 자가 이자를 받은 경우에는 이자소득으로 소득세가 과세된다. 종합소득세 신고 시 차입자가 이자를 지급하면서 원천징수(비영업대금의 이자 원천징수세율 지방소득세 포함 27.5%) 신고를 한 경우에는 이자와 배당소득(금융소득)의 합계가 2,000만원을 초과하는 경우 다른 소득과 합산하여 신고하여야 하며, 차입자가 이자 지급 시 원천징수 신고를 하지 않은 경우에는 금융소득 금액이 2,000만원을 초과하는지 여부와 관계없이 다른 소득과 합산하여 신고하여야 한다.

기 관 명

부채 상환에 대한 해명자료 제출 안내

문서번호 : 재산세과 –

○ 수신자 　○○○ 귀하

안녕하십니까? 항상 국세행정에 협조하여 주신데 대하여 감사드립니다.

20 ． ． ． 귀하의 상속세(증여세) 결정(또는 자금출처조사) 당시 인정(확인)된 부채에 대하여 상환여부를 확인하고자 하니 20 ． ． ．까지 아래의 해명자료를 제출하여 주시기 바랍니다. (제출 요청 근거 :「상속세 및 증여세법」 제84조)

해명 요청 사항	해명 사항에 대한 증거 서류
– 상환일자 : – 상환금액 : – 상환수단 : – 상환자금 출처 :	

년 　월 　일

기 관 장

위 내용과 관련한 문의사항은 담당자에게 연락하시면 친절하게 상담해 드리겠습니다.

◆ 담당자 : ○○세무서 ○○○과 ○○○ 조사관(전화 : 　　　　, 전송 : 　　　　)

백상지(80g/㎡) 또는 중질지(80g/㎡)

국세청
National Tax Service

기 관 명

제출 채무에 대한 사후관리 사항 안내

문서번호 : 재산세과 –

_________________귀하

안녕하십니까? 채무내역 제출에 협조해 주셔서 감사드립니다.

　귀하께서 제출한 채무내역과 관련하여 사후관리대상 채무내역과 향후 이자지급 등 채무사후관리 사항을 아래와 같이 알려드립니다.

○ 사후관리대상 채무내역

채권자	채무금액	발생일	만기일

○ 채무 사후관리 사항

이 자 지 급	○ 금전을 무상 또는 낮은 이자율로 빌린 경우에는 증여세가 과세될 수 있습니다. – 이자로 지급한 금액이 적정 이자율('21년 현재 4.6%)로 계산한 금액보다 1년간 1천만원 이상* 적은 경우에는 증여세 과세대상에 해당 　* 차입금액 × (적정이자율 – 지급이자율) ≥ 1천만원 ○ 이자지급 중단 시 채무에 대해 증여세가 과세될 수 있습니다. – 채무에 대한 약정이자의 지급을 중단하고 채권자가 권리 행사를 하지 않은 경우에는 금전을 무상 이전받는 것과 동일한 경제적 효익 발생
채 무 상 환	○ 채무를 타인이 대리상환한 경우에는 증여세가 과세됩니다. ○ 원금 및 이자 만기일시상환 약정 후 불이행시 채무에 대해 증여세가 과세될 수 있습니다. – 채무의 만기도래 시점에 이자 및 원금의 상환 없이 차입기간을 계속 연장하거나 상환시기를 특정하지 못하는 경우에는 사실상 금전을 무상 이전받는 것과 동일한 경제적 효익 발생

년　 월　 일

기 　관 　장　　　　　(관 인 생 략)

위 내용과 관련한 문의사항은 담당자에게 연락하시면 친절하게 상담해 드리겠습니다.

◆ 담당자 : ○○세무서 ○○○과 ○○○ 조사관(전화 :　　　　　, 전송 :　　　　)

제8절 | 가족 간 부동산거래와 증여

1. 배우자 또는 직계존비속에게 양도한 재산의 증여추정

배우자 또는 직계존비속에게 양도한 재산은 양도자가 그 재산을 양도한 때에 그 재산의 가액을 배우자 등이 증여받은 것으로 추정하여 이를 배우자 등의 증여재산가액으로 한다(상증법 제44조 제1항). 다만, 배우자 등에게 대가를 받고 양도한 사실이 명백히 인정되는 경우로서 다음의 경우에는 증여추정을 배제한다(상증령 제33조 제3항).

① 권리의 이전이나 행사에 등기 또는 등록을 요하는 재산을 서로 교환한 경우
② 해당 재산의 취득을 위하여 이미 과세(비과세 또는 감면받은 경우를 포함한다)받았거나 신고한 소득금액 또는 상속 및 수증재산의 가액으로 그 대가를 지급한 사실이 입증되는 경우
③ 해당 재산의 취득을 위하여 소유재산을 처분한 금액으로 그 대가를 지급한 사실이 입증되는 경우

2. 저가양수에 따른 이익의 증여

위 규정에 따라 증여추정이 배제된다 하더라도 배우자나 직계존비속 또는 일정한 친족을 포함하여 특수관계인 간에 재산을 시가보다 낮은 가액으로 양수(저가양수)한 경우로서 그 대가와 시가의 차액이 기준금액 이상인 경우에는 해당 재산의 양수일을 증여일로 하여 그 대가와 시가의 차액에서 기준금액을 뺀 금액을 그 이익을 얻은 자의 증여재산가액으로 하여 증여세가 과세될 수 있다(상증법 제35조 제1항). 여기서 기준금액이란 다음 중 적은 금액을 말한다(상증령 제26조 제2항).

① 시가(상증법 제60조부터 제66조까지의 규정에 따라 평가한 가액)의 30%에 상당하는 가액
② 3억원

특수관계인 간에 부동산을 시가보다 저가로 양도하는 경우 저가양수인에게는 상속세 및 증여세법의 저가양수에 따른 이익의 증여 규정이 적용되고, 저가양도인에게는 소득세법의 부당행위계산부인 규정이 적용된다. 양도소득세에 대한 내용은 제1장에서 이미 살펴보았다. 두 세법의 내용을 비교 정리하면 다음과 같다.

[증여세의 저가양수와 양도소득세의 부당행위계산 부인 규정의 비교]

구분	증여세 저가양수	양도소득세 저가양도
시가	상증세법 60조 ~ 66조에 의하여 평가한 가액 (증여일 전 6개월~후 3개월)	상증세법 60조 ~ 66조에 의하여 평가한 가액 (양도일 또는 취득일 전후 3개월)
대가	거래가액	거래가액
차액	시가 - 거래가액	시가 - 거래가액
기준금액	Min(① 3억원 ② 시가 × 30%)	Min(① 3억원 ② 시가 × 5%)
판단기준	차액 ≥ 기준금액	차액 ≥ 기준금액
해당규정	증여재산가액: (시가 - 대가) - 기준금액	양도가액: 시가
납세의무자	양수자	양도자
관련 법령	상증세법 제35조, 시행령 제26조	소득세법 제101조, 시행령 제167조

💡 생각정리 노트

위 세법의 내용에 따르면 배우자 또는 직계존비속에게 부동산을 양도하는 경우 먼저 배우자 또는 직계존비속에게 양도한 재산의 증여추정 규정을 적용하여 대가를 받았는지 입증하게 된다. 대가를 입증하지 못하는 경우 위 세법의 내용이 적용되는 것이 아니라 양수한 배우자 또는 직계존비속에게 양수한 가액 전체에 대해 증여세가 과세된다. 대가에 대한 수수가 입증되었다 하더라도 양수자는 상속세 및 증여세법의 저가양수에 따른 이익의 증여 규정에 따른 증여세 과세 문제, 양도자는 소득세법의 부당행위계산부인 규정에 따른 양도소득세 과세 문제를 검토하여야 한다.

양수자가 저가로 부동산을 양수하는 경우 양수자가 부담하는 취득세 규정에서도 양도소득세의 부당행위계산부인(저가양도) 규정과 유사한 규정이 적용된다. 즉, 취득세의 부당행위계산부인 규정이 적용되는 경우 거래가액에 대해 취득세를 과세하는 것이 아니라 시가인정액(시가)에 대해 과세한다.

또한 배우자 또는 직계존비속 간에 부동산의 유상거래에 따른 매매가액이 취득자의 재산으로 그 대가를 지급한 사실이 입증되는 경우에도 지급대가가 현저히 낮은 경우 증여로 간주한다. 이 규정은 증여세의 저가양수 규정과 유사하다. 이에 대한 내용은 제7장 취득세 편에서 살펴보았다.

3. 부동산 무상사용 이익에 따른 이익의 증여

실무에서 보면 부모 소유 주택에 자녀가 전제로 거주하거나 자녀 소유 주택에 부모가 전세로 거주하는 경우를 볼 수 있다. 이러한 상황은 부모나 자녀 소유 주택을 가족이 무상으로 사용하는 것이 된다. 이처럼 가족의 부동산을 무상으로 사용하는 경우 증여세를 과세하는 규정이 있을까?

상속세 및 증여세법 제37조의 내용을 살펴보면 타인의 부동산(그 부동산 소유자와 함께 거주하는 주택과 그에 딸린 토지는 제외한다)을 무상으로 사용함에 따라 이익을 얻은 경우에는 그 무상사용을 개시한 날을 증여일로 하여 그 이익에 상당하는 금액을 부동산 무상 사용자의 증여재산가액으로 한다. 다만, 그 이익에 상당하는 금액이 1억원 미만인 경우는 제외한다고 규정하고 있다(상증법 제37조 제1항).

위 규정에 따른 증여재산가액은 아래 ①의 계산식에 따라 계산한 각 연도의 부동산 무상사용이익을 ②의 방법에 따라 환산한 가액으로 한다. 이 경우 해당 부동산에 대한 무상사용 기간은 5년으로 하고, 무상사용 기간이 5년을 초과하는 경우에는 그 무상사용을 개시한 날부터 5년이 되는 날의 다음 날에 새로 해당 부동산의 무상사용을 개시한 것으로 본다.

① 무상사용이익(연간 임대료)

부동산 가액(상속세 및 증여세법에 따라 평가한 가액을 말한다) × 1년 간 부동산 사용료를 고려하여 기획재정부령으로 정하는 율(2%)

② 증여재산가액

　연간 임대료인 무상사용이익을 5년 동안 10%의 이자로 할인한 가액이 증여재산가액이 된다. 세법에서는 증여재산가액을 계산하는 산식을 규정하고 있지만 실무에서는 간편법으로 연간 임대료에 3.7908을 곱하여 계산할 수 있다. 이 금액과 1억원을 비교하여 1억원 이상이면 증여세가 과세되고 1억원 미만이면 과세되지 않는다.

◇　　　◇　　　◇

　지금까지 재산취득자금 등의 증여 추정, 주택취득자금 조달 및 입주계획서, 가족 간 차입거래와 증여, 가족 간 부동산거래와 증여에 대한 내용을 살펴보았다. 다음 절에서는 상속·증여재산의 평가와 시가의 범위에 대해 다루기로 한다.

제9절 | 상속 · 증여재산의 평가

1. 상속 · 증여재산 평가의 개요

상속세나 증여세는 재산을 무상으로 이전하는 경우 그 재산을 이전받는 자에게 과세되는 세금이다. 그 재산이 무상으로 이전되기 때문에 당사자 간에 형성되는 가액이 없다. 상속세와 증여세는 상속받거나 증여받은 재산이 가지고 있는 경제적 가치를 화폐액으로 결정하고 이를 기초로 과세하는 세금이다. 그러므로 상속세나 증여세를 계산하기 위해서는 상속받거나 증여받은 재산이 가지고 있는 경제적 가치를 화폐액으로 측정해야 한다. 이를 상속 · 증여재산의 평가라 한다.

상속세 및 증여세법에서는 제60조 제1항에서 상속 · 증여재산 시가평가의 원칙을 규정하고, 제2항에서 시가의 정의 및 범위를 기술하고 있다. 그런 다음 제3항에서 시가를 산정하기 어려운 경우에는 해당 재산의 종류, 규모, 거래 상황 등을 고려하여 제61조부터 제65조까지에 규정된 방법으로 평가한 가액을 시가로 보도록 하는 시가의 보충적 평가 방법에 대해 규정하고 있다. 마지막으로 제66조에서는 저당권 등이 설정된 재산의 평가특례에 대해 규정하고 있다.

[상속 · 증여재산 평가 관련 상증법 체계]

상증법 제60조	제1항 시가평가 원칙	
	제2항 시가의 정의 및 범위	
	제3항 보충적 평가 방법	제61조 부동산 등의 평가 제62조 선박 등 그 밖의 유형자산 평가 제63조 유가증권 등의 평가 제64조 무채재산권의 가액 제65조 그 밖의 조건부권리 등의 평가
제66조 저당권 등이 설정된 재산의 평가 특례		

상속세 및 증여세법의 시가에 대한 내용은 상속세 및 증여세뿐만 아니라 법인세, 소득세, 취득세 등 여러 세금에 영향을 미친다. 특히, 양도소득세에서는 상속이나 증여로 취득한 재산에 대한 취득가액, 부담부증여 시 취득가액, 부당행위계산 부인, 저가양도 등에 영향을 미친다. 그리고 취득세에서는 시가인정액 개념이 상속세 및 증여세법 규정의 시가 개념과 유사하다.

2. 평가의 원칙: 시가 평가

상속·증여재산의 평가는 상속개시일 또는 증여일 현재의 시가에 따른다(상증법 제60조 제1항). 상속의 경우 상속개시일, 증여의 경우 증여일을 평가기준일이라 한다.

시가란 불특정 다수인 사이에 자유로이 거래가 이루어지는 경우에 통상 성립된다고 인정되는 가액을 말하는 것으로서 수용가격·공매가격 및 감정가격 등 시가로 인정되는 것을 포함한다(상증법 제60조 제2항).

수용가격·공매가격 및 감정가격 등 시가로 인정되는 것이란 상속재산의 경우 평가기준일 전후 6개월(증여재산의 경우에는 평가기준일 전 6개월부터 평가기준일 후 3개월) 이내의 기간 중 매매·감정·수용·경매 또는 공매(매매 등)가 있는 경우에 매매가액·감정가액·보상가액·경매가액 또는 공매가액을 말한다. 상속재산의 경우 평가기준일 전후 6개월(증여재산의 경우에는 평가기준일 전 6개월부터 평가기준일 후 3개월)을 평가기간이라 한다.

다만, 평가기간에 해당하지 않는 기간으로서 평가기준일 전 2년 이내의 기간 중에 매매 등이 있거나 평가기간이 경과한 후부터 상속세 또는 증여세 결정기한(상속은 상속세과세표준 신고기한부터 9개월, 증여는 증여세과세표준 신고기한부터 6개월)까지의 기간 중에 매매 등이 있는 경우에도 평가기준일부터 시가 적용 시 판단 기준일에 해당하는 날까지의 기간 중에 시간의 경과 및 주위환경의 변화 등을 고려하여 가격변동의 특별한 사정이 없다고 보아 납세자, 지방국세청장 또는 관할세무서장이 신청하는 때에는 평가심의위원회의 심의를 거쳐 해당 매매 등의 가액을 시가에 포함시킬 수 있다(상증령 제49조 제1항).

해당 재산의 매매 등 가액이 평가기간 이내에 해당하는지는 다음의 구분에 따른 날을 기준으로 하여 판단하며, 시가로 보는 가액이 둘 이상인 경우에는 평가기준일을 전후하여 가장 가까운 날에 해당하는 가액(그 가액이 둘 이상인 경우에는 그 평균액)을 적용한다(상증령 제49조 제2항).

① 매매가액: 매매계약일

② 감정가액: 가격산정기준일과 감정가액평가서 작성일

③ 수용·보상·경매 또는 공매가액: 가액 결정일

위 세법 내용에 따라 시가로 인정되는 가액이 평가기간 이내의 기간에 확인되는 경우와 평가기간 이외의 기간에 확인되는 경우로 나누어 살펴보기로 한다.

(1) 평가기간 이내인 경우 시가의 범위

평가기간 이내라 함은 상속재산의 경우 평가기준일 전후 6개월까지의 기간을 말하고, 증여재산의 경우 평가기준일 전 6개월부터 평가기준일 후 3개월까지의 기간을 말한다(상증령 제49조 제1항 본문).

1) 해당 재산에 대한 시가의 범위

평가기간 이내의 기간 중 해당 재산에 대한 매매·감정·수용·경매 또는 공매(매매 등)가 있는 경우에 다음 중 어느 하나에 따라 확인되는 가액은 시가로 인정한다(상증령 제49조 제1항 본문).

① 해당 재산의 매매가액

해당 재산에 대해 매매사실이 있는 경우 그 거래가액은 시가에 포함한다. 다만, 특수관계인과의 거래 등으로 그 거래가액이 객관적으로 부당하다고 인정되는 경우는 제외한다(상증령 제49조 제1항 제1호).

② 해당 재산의 감정가액

해당 재산에 대하여 둘 이상의 공신력 있는 감정기관이 평가한 감정가액이 있는 경우 그 감정가액의 평균액은 시가로 인정한다. 다만, 해당 재산의 기준시가가 10억원 이하인 경우에는 하나 이상의 감정기관의 감정가액도 가능하다(상증법 제60조 제5항, 상증령 제49조 제1항 제2호).

일정한 조건이 충족될 것을 전제로 해당 재산을 평가하는 등 상속세 및 증여세의 납부목적에 적합하지 아니한 감정가액, 평가기준일 현재 해당 재산의 원형대로 감정하지 아니한 경우의 해당 감정가액은 제외한다.

실무에서 금융회사 등에서 대출을 담보할 목적으로 평가한 감정가액이 시가에 포함되는지 여부가 쟁점이 될 수 있다. 이와 관련된 판례를 살펴보면 상속세 및 증여세법에서는 시가로 인정하는 감정가격에 대하여 특정한 목적으로 평가한 가액으로 한정한다는 등의 명문규정은 두고 있지 않으므로 금융기관이 부동산에 대한 담보가치를 평가할 목적으로 감정평가기관에 의뢰하여 감정평가를 받은 가액은 시가로 인정된다고 판단하고 있다(조심 2023부-7877, 2023.9.12.).

③ 해당 재산의 수용·경매 또는 공매가액

해당 재산에 대하여 수용·경매 또는 공매 사실이 있는 경우 그 보상가액·경매가액 또는 공매가액은 시가로 인정한다(상증령 제49조 제1항 제3호).

💡 생각정리 노트

위에서 살펴본 시가의 범위는 상속재산 또는 증여재산에 해당하는 재산의 매매가액, 감정가액, 수용·경매 또는 공매가액에 대한 규정이다. 그러면 상속재산 또는 증여재산에 해당하는 재산의 매매가액, 감정가액, 수용·경매 또는 공매가액을 확인할 수 없는 경우에는 어떻게 평가해야 할까? 이 경우 적용하는 규정이 아래 2)에서 살펴보는 동일하거나 유사한 재산에 대한 시가의 범위에 대한 내용이다. 따라서 해당 재산의 매매 등의 가액이 있는 경우에는 아래에서 살펴보는 동일하거나 유사한 재산에 대한 시가에 대한 규정은 적용하지 않는다(상증령 제49조 제2항).

2) 동일하거나 유사한 재산에 대한 시가의 범위

시가평가의 원칙에 대한 규정을 적용할 때 해당 재산과 면적·위치·용도·종목 및 기준시가가 동일하거나 유사한 다른 재산에 대한 매매가액·감정가액·수용·경매 또는 공매가액(이 책에서는 유사매매사례가액이라 한다)이 있는 경우에는 해당 가액을 시가로 본다. 이 경우 상속세 또는 증여세 과세표준을 신고한 경우 유사매매사례가액은 평가기준일 전 6개월부터 평가기간 이내의 신고일까지의 가액을 말한다(상증령 제49조 제4항).

그러면 해당 재산과 면적·위치·용도·종목 및 기준시가가 동일하거나 유사하다는 것에 대한 판단기준은 무엇일까? 그 내용을 공동주택인 경우와 공동주택 외의 재산인 경우로 나누어 살펴보면 다음과 같다.

① 공동주택

　동일하거나 유사한 공동주택이란 평가대상 주택과 동일한 공동주택단지 내에 있는 것으로서 평가대상주택과 주거전용면적의 차이가 평가대상주택의 주거전용면적의 5% 이내이고 평가대상주택과 공동주택가격의 차이가 평가대상주택의 공동주택가격의 5% 이내인 공동주택을 말한다. 이에 해당하는 주택이 둘 이상인 경우에는 평가대상 주택과 공동주택가격 차이가 가장 작은 주택을 말한다(상증칙 제15조 제3항). 평가대상 주택과 공동주택가격 차이가 가장 작은 주택이 둘 이상인 경우 평가기준일을 전후하여 가장 가까운 날에 해당하는 가액을 시가로 적용한다(판례 조심 2023중6852, 2023.6.19.).

핵심포인트　공동주택의 유사성 판단 기준

■ 아래의 요건을 모두 충족하는 공동주택
❶ 동일 단지 내
❷ 전용면적 5% 이내
❸ 공동주택가격 5% 이내
■ 둘 이상인 경우 적용 순서
공동주택가격 차이가 가장 작은 것 ⇨ 평가기준일과 가장 가까운 것

| 참고 | 유사매매사례가액 확인방법 및 주의사항

실무에서 유사매매사례가액을 확인하는 방법은 일반적으로 두 가지가 있다.

첫째, 국세청 홈택스에서 확인하는 방법이다.

국세청 홈택스 세금신고란 ⇨ 증여세신고 또는 상속세 신고 ⇨ 재산평가하기 · 모의계산 ⇨ 상속 · 증여재산 평가하기에서 조회하는 방법이다. 이때 유사매매사례가액에 대한 주의사항을 확인할 수 있는데 그 내용은 다음과 같다.

① 조회일 현재 기준 약 2개월 이전 유사재산 매매사례가액을 제공하고 있으며, 이에 따라 과세관청의 상속 · 증여세 처리 시 다른 사례가액 등으로 결정될 수 있다.

② 아울러, 본 시스템을 이용하여 유사재산 매매사례를 확인한 경우 등기부등본을 열람하여 매매가액등의 확인을 권장한다.

③ 공동주택에 대한 상속 · 증여는 평가대상주택과 공동주택가격(기준시가) 차이가 가장 작은 주택이 유사매매사례 물건이므로 추가 확인하여야 한다(2019.3.20. 이후, 「상속증여세법 시행규칙」 제15조 개정).

---

④ 위 ③번에 따른 시가가 둘 이상인 경우 평가기준일을 전후하여 가장 가까운 날에 해당하는 가액을 시
　　가로 적용한다.
둘째, 국토교통부 실거래가 공개시스템에서 조회하는 방법이다.
여기에서 공개되는 실거래가 자료도 실거래가 신고와 자료공개에 시간 차이가 존재하기 때문에 완전성
을 담보하는 자료라 할 수는 없다.

위 내용을 살펴보면 국세청 홈택스나 국토교통부 실거래가 공개시스템에서 확인되는 유사매매사례가
액은 완전성을 담보할 수 없는 자료이므로 유사매매사례가액으로 신고한 후 다른 가액으로 결정될 수
있음에 유의하여야 한다.

② 공동주택 외의 재산

평가대상 재산과 면적 · 위치 · 용도 · 종목 및 기준시가가 동일하거나 유사한 다른 재산을 말한다.

(2) 평가기간 이외의 기간인 경우 시가의 범위

평가기간 이외의 기간이란 평가기간에 해당하지 않는 기간으로서 평가기준일 전 2년 이내의 기
간 중에 매매 등이 있거나 평가기간이 경과한 후부터 상속세 또는 증여세 결정기한(상속세는 신
고 · 납부기한 종료일로부터 9개월, 증여세는 신고 · 납부기한 종료일로부터 6개월)까지의 기간을
말한다. 이를 확장된 평가기간이라고도 한다.

1) 시가 인정 방법

평가기간 이외의 기간 중에 매매 등이 있는 경우에도 평가기준일부터 매매계약일 등 시가 적용 판
단기준일에 해당하는 날까지의 기간 중에 시간의 경과 및 주위 환경의 변화 등을 고려하여 가격 변
동의 특별한 사정이 없다고 보아 납세자, 지방국세청장 또는 관할 세무서장이 신청하는 때에는 평가
심의위원회의 심의를 거쳐 해당 매매 등의 가액을 시가에 포함시킬 수 있다(상증령 제49조 제1항 단서).

2) 재산평가심의위원회

재산평가심의위원회란 매매 등의 가액에 대한 시가 인정 여부, 비상장주식 가액의 평가 및 평가
의 적정성 여부 등을 심의하기 위하여 법에 의해 국세청, 각 지방국세청에 설치한 심의기구를 말
한다(상증령 제49조의2).

① 심의대상 기간

증여의 경우 평가기간에 해당하지 아니하는 기간으로서 증여일 전 2년 이내의 기간과 평가기간이 경과한 후부터 증여세 결정기한(증여세 신고기한 후 6개월)까지의 기간을 심의대상 기간으로 한다.

상속의 경우 평가기간에 해당하지 아니하는 기간으로서 상속개시일 전 2년 이내의 기간과 평가기간이 경과한 후부터 상속세 결정기한(상속세 신고기한 후 9개월)까지의 기간을 심의대상 기간으로 한다.

② 신청시기

상속·증여받은 재산의 시가에 대한 평가위원회의 평가심의를 받고자 하는 납세자는 상속세 과세표준 신고기한 만료 4개월 전(증여의 경우 증여세 과세표준 신고기한 만료 70일 전)까지 납세지 관할 지방국세청장 또는 국세청장에게 신청하여야 한다. 다만, 평가기간이 경과한 후부터 상속세 또는 증여세의 결정기한까지의 기간 중에 매매 등이 있는 경우에는 해당 매매 등이 있는 날부터 6개월 이내에 납세지 관할 지방국세청장 또는 국세청장에게 신청하여야 한다(상증령 제49조의2 제5항).

|참고| 국세청 감정평가사업 관련 사무처리 규정

제72조 [감정평가 대상 및 절차]
① 지방국세청장 또는 세무서장은 상속세 및 증여세가 부과되는 재산에 대해 시행령 제49조 제1항에 따라 감정기관에 의뢰하여 평가할 수 있다. 다만, 부동산 감정평가 사업의 대상은 부동산등(상속세 및 증여세법 제63조 제1항 제1호 나목에 따라 비상장주식을 평가하는 경우로서 시행령 제54조 제2항 및 제55조 제1항의 순자산가치를 산출하기 위해 시가 평가가 필요한 부동산 등 포함)으로 한다.
② 지방국세청장 또는 세무서장은 다음의 사항을 고려하여 부동산 감정평가 대상을 선정할 수 있으며, 이 경우 대상 선정을 위해 5개 이상의 감정평가법인에 의뢰하여 추정시가(최고값과 최소값을 제외한 가액의 평균값)를 산정할 수 있다.
1. 추정시가와 법 제61조부터 제66조까지 방법에 의해 평가한 가액(보충적 평가액)의 차이가 5억원 이상인 경우
2. 추정시가와 보충적 평가액 차이의 비율이 10%이상[(추정시가 - 보충적평가액) ÷ 추정시가]인 경우
위 규정에 따라 부동산 감정평가 대상을 선정한 경우 지방국세청장 또는 세무서장은 감정기관에 의뢰하여 산정된 감정가액에 대하여 평가심의위원회에 시가 인정 심의를 신청하여야 하며, 시가 인정 심의에 관한 사항은 「평가심의위원회 운영규정」에 따른다.

---

3. 예외: 보충적 평가

앞에서 살펴본 방법으로 시가를 산정하기 어려운 경우에는 해당 재산의 종류·규모·거래 상황 등을 감안하여 상속세 및 증여세법에서 규정된 방법(보충적 평가 방법)에 따라 평가한 가액을 시가로 본다(상증법 제60조 제3항). 아래에서는 부동산의 보충적 평가 방법에 대해 알아보기로 한다.

(1) 기준시가

부동산에 대한 기준시가는 다음 중 어느 하나에서 정하는 방법으로 한다(상증법 제61조, 상증령 제50조).

1) 토지

「부동산 가격공시에 관한 법률」에 따른 개별공시지가. 다만, 개별공시지가가 없는 토지의 가액은 납세지 관할세무서장이 인근 유사 토지의 개별공시지가를 고려하여 평가한 금액으로 하고 한다.

2) 일반건물

일반건물은 신축가격기준액·구조·용도·위치·신축연도·개별건물의 특성 등을 참작하여 매년 1회 이상 국세청장이 산정·고시하는 가액

3) 오피스텔 및 상업용 건물

국세청장이 지정하는 지역에 소재하면서 국세청장이 토지와 건물에 대하여 일괄하여 산정·고시한 가액이 있는 경우 그 고시한 가액

4) 주택

「부동산 가격공시에 관한 법률」에 따른 개별주택가격 및 공동주택가격(고시주택가격). 다만, 해당 주택의 고시주택가격이 없는 경우에는 납세지 관할세무서장이 인근 유사주택의 고시주택가격을 고려하여 평가한 금액으로 한다.

(2) 부동산을 취득할 수 있는 권리

부동산을 취득할 수 있는 권리(건물이 완성되는 때에 그 건물과 이에 부수되는 토지를 취득할 수 있는 권리를 포함한다)의 가액은 평가기준일까지 납입한 금액(조합원입주권의 경우 조합원권리가액과 평가기준일까지 납입한 계약금, 중도금 등을 합한 금액으로 한다)과 평가기준일 현재의 프리미엄에 상당하는 금액을 합한 금액으로 한다(상증법 제61조 제3항, 상증령 제51조 제2항). 따라서 조합원입주권 또는 분양권은 부동산을 취득할 수 있는 권리로서 그 가액의 평가는 평가기준일의 시가에 의하는 것이나, 시가를 산정하기 어려운 경우에는 보충적 평가방법 규정인 상속세 및 증여세법 제61조 제3항 및 같은 법 시행령 제51조 제2항(부동산을 취득할 수 있는 권리의 평가)에 따라 산정한다(서면상속증여2020-2764, 2020.9.9.).

1) 조합원입주권

조합원입주권의 평가는 상속·증여일 현재 감정가액, 유사매매사례가액 등 시가에 의하는 것이나, 시가를 산정하기 어려운 경우에는 보충적 평가방법(상증법 제61조 제3항, 상증령 제51조 제2항)으로 평가기준일까지 불입한 금액과 평가기준일 현재의 프리미엄에 상당하는 금액을 합한 금액으로 평가한다. 이 경우 평가기준일까지 불입한 금액은 조합원으로서 출자한 토지와 건물의 감정가액 등을 감안하여 재개발·재건축조합이 산정한 조합원의 권리가액과 평가기준일까지 불입한 계약금, 중도금 등을 합한 금액이며, 평가기준일 현재의 프리미엄에 상당하는 금액은 그 당시 불특정 다수인간의 거래에 있어서 통상 지급되는 프리미엄을 말한다(예규 재산세과-202, 2012.5.24.).

2) 분양권

분양권의 평가도 상속·증여일 현재 감정가액, 유사매매사례가액 등 시가에 의하는 것이나, 시가를 산정하기 어려운 경우에는 보충적 평가방법(상증법 제61조 제3항, 상증령 제51조 제2항)으로 평가기준일까지 불입한 금액과 평가기준일 현재의 프리미엄에 상당하는 금액을 합한 금액으로 평가한다(예규 서면상속증여2019-3941, 2020.4.21.). 이 경우 증여받은 분양권의 증여재산가액을 같은 아파트의 비교분양권의 매매가액을 감안하여 산정할 수 있을까? 이와 관련된 판례를 살펴보면 비교분양권은 증여받은 분양권의 아파트와 동일한 단지 내에 위치하고 동일한 면적의 아파트에 대한 분양권이고 최초 공시된 기준시가 또한 동일하며 분양가액의 차액도 크지 않은 등 비교분양권의 매매가액으로 증여받은 분양권 관련 증여재산가액을 산정할 수 있다고 판단하고 있다(조심2022중-5946, 2022. 12. 13.).

❶ 시가를 알 수 있는 경우
 · 시가(감정가액, 유사매매사례가액 등 포함)
❷ 시가를 알 수 없는 경우
 · 조합원입주권: 권리가액 + 평가기준일까지 분담금 불입액 + 프리미엄
 · 분양권: 평가기준일까지 불입액 + 프리미엄

(3) 임대료 등 환산가액

사실상 임대차계약이 체결되거나 임차권이 등기된 재산의 경우에는 임대료 등을 기준으로 하여 평가한 가액(임대료 등 환산가액)과 기준시가 등 보충적 평가방법에 따라 평가한 가액 중 큰 금액을 그 재산의 가액으로 한다(상증법 제61조 제5항, 상증령 제50조 제7항).

Max(① 기준시가 평가가액 ② 임대료 등 환산가액)

※ 임대료 등 환산가액: 임대보증금 + (1년간 임대료 합계액 ÷ 12%)
※ 1년간 임대료 합계액 계산: 평가기준일이 속하는 월의 임대료에 12월을 곱하여 계산

[표1] 부동산 평가 시 시가 적용 순서

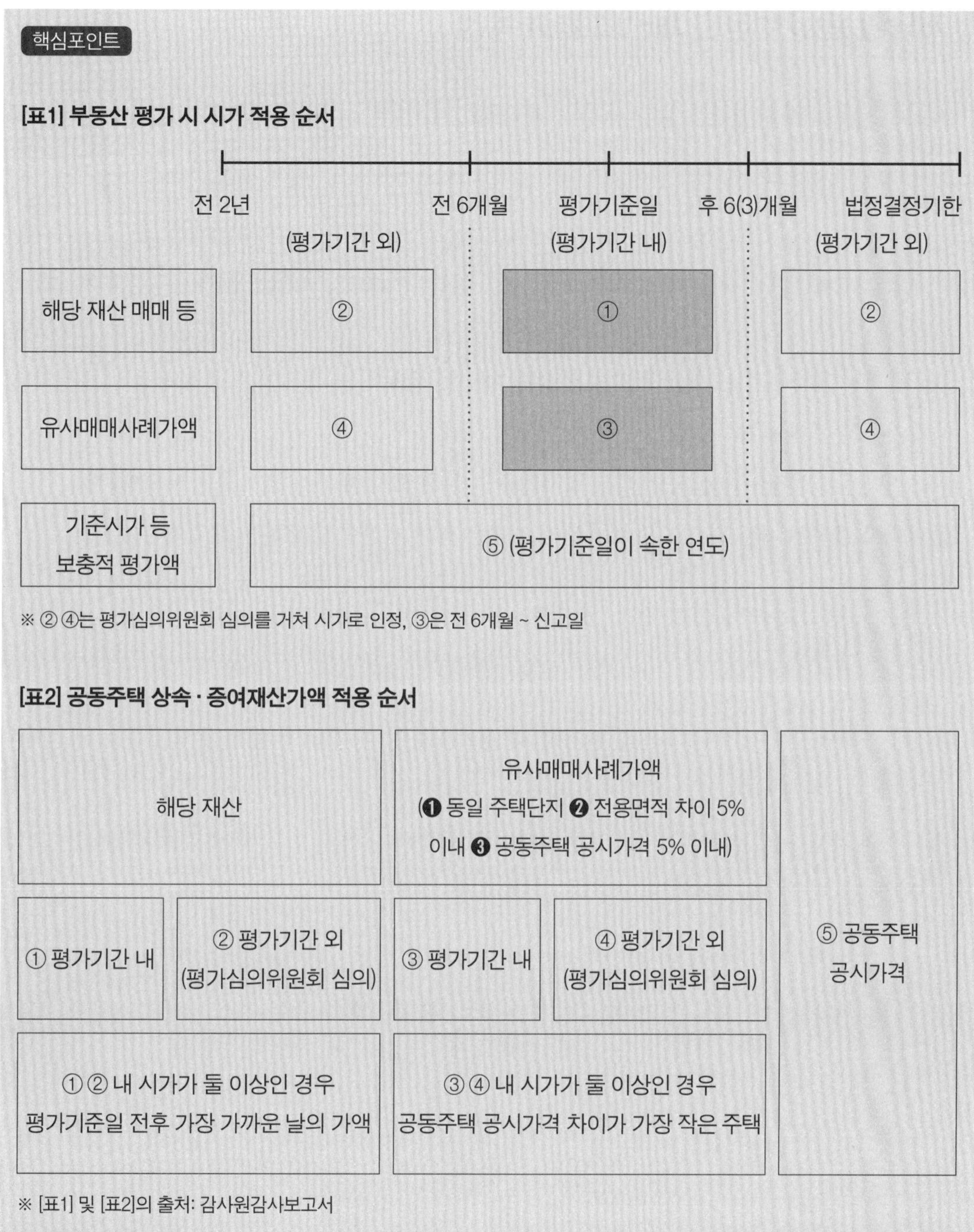

※ ②④는 평가심의위원회 심의를 거쳐 시가로 인정, ③은 전 6개월 ~ 신고일

[표2] 공동주택 상속 · 증여재산가액 적용 순서

※ [표1] 및 [표2]의 출처: 감사원감사보고서

[시가 적용 순서 요약]

해당 재산의 매매가액, 감정가액, 수용 · 경매 또는 공매가액 ⇨ 유사매매사례가액 ⇨ 기준시가

4. 저당권 등이 설정된 재산의 평가 특례

저당권 등이 설정된 재산의 평가는 시가 또는 보충적 평가 방법에 따라 평가한 가액과 다음의 규정에 의한 평가액 중 큰 금액을 평가가액으로 한다(상증법 제66조, 상증령 제63조).

① 저당권(공동저당권 및 근저당권을 제외함)이 설정된 재산의 가액은 해당 재산이 담보하는 채권액.
② 공동저당권이 설정된 재산의 가액은 당해 재산이 담보하는 채권액을 공동저당된 재산의 평가기준일 현재의 가액으로 안분하여 계산한 가액
③ 근저당권이 설정된 재산의 가액은 평가기준일 현재 해당 재산이 담보하는 채권액
④ 질권이 설정된 재산 및 양도담보재산의 가액은 당해 재산이 담보하는 채권액
⑤ 전세권이 등기된 재산의 가액은 등기된 전세보증금(임대보증금을 받고 임대한 경우에는 임대보증금)

위에서 근저당권이 설정된 재산을 평가할 때 평가기준일 현재 해당 재산이 담보하는 채권액이란 평가기준일 현재 남아 있는 채권액을 말하는 것이며(예규 재산상속46014-152, 2000.2.2.), 동일한 재산이 다수의 채권(전세금채권과 임차보증금채권을 포함한다)의 담보로 되어 있는 경우에는 그 재산이 담보하는 채권액의 합계액으로 한다(상증령 제63조 제2항).

저당권 등이 설정된 재산 평가액
Max(❶ 시가 ❷ 보충적 평가액 ❸ 그 재산이 담보하는 채권의 합계액)

[별첨] 현금증여계약서 양식

(현금)증여계약서

증여인　　　　을(를) '갑'이라 하고, 수증인　　　　을(를) '을'이라 하여 다음과 같은 내용의 증여계약을 체결한다.

[증여재산의 표시]

　1. 현금: 일금　　　　　　　　정(₩　　　　　　　원)

　위 현금은 증여인의 소유인 바 이를 수중인　　　에게 증여할 것을 약정하고, 수증자는 이를 수락하였으므로 이를 증명하기 위해 이 계약서를 작성하고 기명날인하여 각자 1부씩 보관하기로 한다.

20　　년　　월　　일

증여인(갑)
　주　　　　소:
　주민등록번호:
　성　　　　명:　　　　(인)
　연　락　처:

수증인(을)
　주　　　　소:
　주민등록번호:
　성　　　　명:　　　　(인)
　연　락　처:

※ 위 양식은 예시이므로 일반적인 증여계약서와 다를 수 있음

(부담부증여)증여계약서

증여인   을(를) '갑'이라 하고, 수증인   을(를) '을'이라 하여 다음과 같은 내용의 증여계약을 체결한다.

[부동산의 표시]
  1. 소재지:
  2. 면적:
  3. 대지권비율:

[부담부 담보목록]
  1. 임차보증금(금   원)
  2024.7.1. 일자 임대차계약의 임대보증금
  임차인:
  2. 대출금(금   원)
  채권자:

  위의 부동산은 증여인   의 소유인 바 이를 수증인   에게 위 부동산의 담보목록에 대한 채무를 부담하는 조건으로 증여할 것을 약정하고 수증인는 이를 수락하였음으로 본 계약서를 작성하고 기명날인 후 각각 1부씩 보관하기로 한다.

20   년   월   일

증여인(갑) 주   소:
          주민등록번호:
          성   명: (인)

수증인(을) 주   소:
          주민등록번호:
          성   명: (인)

부동산의 보유와 보유세

제**11장** 부동산의 보유와 재산세
제**12장** 부동산의 보유와 종합부동산세

법령 명칭 요약

- 종합부동산세법: 종부법
- 종합부동산세법 시행령: 종부령
- 종합부동산세법 시행규칙: 종부칙

제11장

부동산의 보유와 재산세

제11장에서는 다음과 같은 내용을 살펴보기로 한다.

제1절 재산세의 개요
제2절 재산세와 종합부동산세의 관계

<table>
<tr><td>제1절</td><td>재산세의 개요</td></tr>
</table>

1. 과세대상

과세대상으로 하는 특정 자산을 보유한 사실에 대해 과세하는 조세를 보유세라 한다. 대표적으로 재산세와 종합부동산세가 있다. 재산세는 토지, 건축물, 주택, 항공기 및 선박을 과세대상으로 한다. 주택은 토지와 건물을 통합하여 주택분 재산세로 부과하고, 주택외의 건축물에 대하여는 건물분 재산세로, 나대지나 일반건축물 부속토지 등에 대하여는 토지분 재산세로 부과한다. 선박 및 항공기에 대하여는 기타 재산세로 부과한다. 토지는 다음과 같이 분리과세대상, 별도합산과세대상, 종합합산과세대상으로 구분하여 과세한다(지법 제106조).

1) 분리과세대상 토지

분리과세대상 토지란 과세기준일 현재 납세의무자가 소유하고 있는 토지 중 국가의 보호·지원이 필요한 것은 저율로 과세하고 규제가 필요한 것은 고율로 과세하는 토지로서 다음 중 어느 하나에 해당하는 토지를 말한다.

① 전·답·과수원·공장용지 및 목장용지

② 산림의 보호육성을 위하여 필요한 임야 및 종중 소유 임야

③「산업집적활성화 및 공장설립에 관한 법률」에 따른 공장의 부속토지로서 개발제한구역의 지정이 있기 이전에 그 부지 취득이 완료된 토지

④ 국가 및 지방자치단체 지원을 위한 특정 목적 사업용토지

⑤ 에너지·자원의 공급 및 방송·통신·교통 등의 기반시설용토지

⑥ 국토의 효율적 이용을 위한 개발사업용토지

⑦ 골프장용토지와 고급오락장용토지

2) 별도합산과세대상 토지

별도합산과세대상 토지란 과세기준일 현재 납세의무자가 소유하고 있는 토지로서 다음 중 어느 하나에 해당하는 토지를 말한다.

① 공장용 건축물의 부속토지
② 차고용토지, 보세창고용토지, 시험·연구·검사용토지, 물류단지시설용토지 등 공지상태空地 狀態나 해당 토지의 이용에 필요한 시설 등을 설치하여 업무 또는 경제활동에 활용되는 토지
③ 철거·멸실된 건축물 또는 주택의 부속토지

3) 종합합산과세대상 토지

종합합산과세대상 토지란 과세기준일 현재 납세의무자가 소유하고 있는 토지로서 분리과세대상 또는 별도합산과세대상 토지를 제외한 토지를 말한다.

2. 납세의무자

과세기준일(매년 6월 1일) 현재 사실상 재산을 소유하고 있는 자는 재산세 납세의무자가 된다. 이때 주택의 건물과 부속토지의 소유자가 다른 경우에는 그 주택에 대한 산출세액을 건축물과 그 부속토지의 시가표준액 비율로 안분계산하여 각 부분에 대해 그 소유자를 납세의무자로 한다. 따라서 주택의 부속토지를 소유하고 있는 자는 주택분으로 재산세가 부과된다.

과세기준일이 6월 1일이므로 부동산 매매계약 시 매매잔금일을 6월 1일 이전으로 하는 경우에는 부동산을 취득한 매수자가 납세의무자가 되며, 6월 2일 이후로 하는 경우에는 6월 1일 현재 소유자인 매도자(전 소유자)가 납세의무자가 된다. 따라서 매매잔금을 과세기준일인 6월1일에 주고 받은 경우에는 새로 부동산을 취득한 매수자에게 납세의무가 있다.

상속이 개시된 재산으로서 상속등기가 이행되지 아니하고 사실상의 소유자를 신고하지 아니하였을 때에는 상속지분이 가장 높은 사람을 납세의무자로 하되, 상속지분이 가장 높은 사람이 두 명 이상이면 그중 나이가 가장 많은 사람을 납세의무자로 한다.

3. 계산구조

시가표준액	· **주택 공시가격, 토지 개별공시지가, 건축물 시가표준액**
(×) 공정시장가액비율	· 주택 60%, 토지 · 건축물 70%
(=) 과세표준	· **시가표준액 × 공정시장가액비율**
(×) 세율	· 과세대상별 상이
(=) 산출세액	· **과세표준 × 세율**
(-) 세부담상한초과액	세부담 상한 · 주택 3억원 이하 105%, 3억원~6억원 110%, 6억원 초과 130% · 토지 · 건축물 150%
(-) 감면세액	· 주택임대사업자에 대한 재산세감면 등
(=) 납부할 세액	· **산출세액 - 세부담상한초과액 - 감면세액**

4. 세율

(1) 주택

과세표준	세율	누진공제
6천만원 이하	0.1%	-
6천만원 초과 1억 5천만원 이하	0.15%	30,000
1억 5천만원 초과 3억원 이하	0.25%	180,000
3억원 초과	0.4%	630,000

(2) 토지

구분		과세표준	세율	누진공제
분리과세대상	농지 · 목장용지 · 임야	단일저율	0.1%	-
	공장용지	단일저율	0.2%	-
	골프장 · 고급오락장용	단일고율	4%	-
별도합산과세대상		2억원 이하	0.2%	-
		2억원 초과 10억원 이하	0.3%	50,000
		10억원 초과	0.4%	250,000
종합합산과세대상		5,000만원 이하	0.2%	-
		5,000만원 초과 1억원 이하	0.3%	200,000
		1억원 초과	0.5%	1,200,000

(3) 건축물

구분	세율
골프장 및 고급오락장용 건축물	4%
공장용건축물	0.5%
기타건축물	0.25%

|참고| **주택임대사업자에 대한 재산세감면**

① 전용면적 85제곱미터 이하(다가구주택은 건축물대장에 호수별 전용면적 구분기재, 모든 임대호수 40제곱미터 이하)

② 공동주택(아파트 제외) 2호 이상, 오피스텔 2호 이상, 다가구주택 1호 이상

③ 가액기준
- 공동주택: 과세기준일 시가표준액 6억원(비수도권 3억원) 이하
- 오피스텔: 과세기준일 시가표준액 4억원(비수도권 2억원) 이하

④ 지자체에 임대주택등록

⑤ 의무임대기간 10년 이상

⑥ 임대료 및 임대보증금 5% 증액 제한

⑦ 일몰기한: 2027.12.31.

⑧ 감면율
- 전용면적 40제곱미터 이하 30년 이상 임대목적 공동주택: 면제(재산세액 50만원 초과시 85% 경감율 적용)
- 전용면적 60제곱미터 이하 임대목적 공동주택 또는 오피스텔: 50%
- 전용면적 60제곱미터 초과 85제곱미터 이하 임대목적 공동주택 또는 오피스텔: 25%

⑨ 감면받은 재산세의 추징
임대사업자 등록이 말소된 매각·증여의 경우 감면사유 소멸일로부터 소급하여 5년 이내 감면된 재산세 추징

5. 납부기간

재산세는 지방자치단체에서 고지서를 발송하면 다음의 기간에 납부한다.

① 주택분 재산세의 50%와 건축물분 재산세: 7월 16일 ~ 7월 31일

② 주택분 재산세의 50%와 토지분 재산세: 9월 16일 ~ 9월 30일

<table><tr><td>제2절</td><td>재산세와 종합부동산세의 관계</td></tr></table>

1. 보유세의 과세구조

재산세와 종합부동산세는 보유세로서 선행적으로 지방자치단체에서 재산세가 과세되고 재산세 과세대상 중에서 주택과 토지에 대해 국가에서 종합부동산세를 과세한다. 재산세와 종합부동산세의 이중과세를 완화하기 위해 종합부동산세의 과세대상 중 재산세로 납부한 금액은 종합부동산세 계산 시 공제할 재산세액으로 공제해준다. 이런 구조 때문에 재산세와 종합부동산세는 유사점을 가지고 있으나 차이점도 존재한다.

2. 유사점

(1) 과세기준일 및 납세의무자

재산세와 종합부동산세의 과세기준일은 매년 6월 1일로 동일하고, 종합부동산세의 납세의무자는 재산세 납세의무자를 기준으로 한다(종부법 제7조 제1항). 따라서 주택의 부속토지를 소유하고 있는 자는 주택분으로 재산세가 부과되므로 종합부동산세 납세의무자가 될 수 있다.

(2) 과세대상

부동산 중 재산세의 과세대상은 주택, 토지, 건축물로 하고 종합부동산세에서는 그중에서 과세기준금액을 초과하는 주택 및 토지를 과세대상으로 한다.

종합부동산세는 재산세의 후행세목이라고 할 수 있다. 1차로 부동산 소재지 관할 시·군·구에서 관내 부동산을 과세유형별로 구분하여 재산세를 부과하고, 2차로 각 유형별 공제액을 초과하는 부분에 대하여 주소지 관할 세무서에서 종합부동산세를 부과한다.

(3) 공정시장가액비율 및 세부담 상한 적용

재산세와 종합부동산세 모두 과세대상금액에 공정시장가액비율을 적용하여 과세표준을 산정한다. 또한 세부담 상한의 적용을 받는다.

3. 차이점

(1) 과세관할

재산세는 부동산 소재지 관할 지방자치단체에서 부과하는 지방세다. 종합부동산세는 부동산 소유자의 주소지 관할 세무서에서 부과하는 국세에 해당한다.

(2) 과세방법

재산세는 주택과 건축물은 물건별로 과세하고, 토지는 지방자치단체 내의 토지를 합산하여 과세한다. 종합부동산세는 주택분과 토지분에 대해 각각 인별로 합산하여 과세한다.

(3) 세율

재산세의 세율은 주택, 별도합산토지, 종합합산토지에 대해 누진세율체계를 갖고 있으며, 분리과세대상 토지는 단일 세율을 적용한다. 종합부동산세의 세율은 주택의 경우 주택 수에 따라 다른 누진세율을 적용하고, 토지의 경우 별도합산토지, 종합합산토지 각각에 대해 다른 누진세율을 적용하고 있다.

[부동산 재산세와 종합부동산세의 비교]

구분	재산세	종합부동산세
과세대상	주택·별도합산대상토지·종합합산대상토지	주택·별도합산대상토지·종합합산대상토지
납세 의무자	6.1. 현재 소유자	6.1. 현재 소유자 · 주택: 9억원(1세대 1주택 12억원) 초과자 · 별도합산대상 토지: 80억원 초과자 · 종합합산대상 토지: 5억원 초과자
과세권자	재산 소재지 관할 시장·군수·구청장	주소지 관할세무서장
과세방법	· 주택(부속토지): 물건별 과세 · 별도·종합합산대상토지: 관내 합산과세	· 주택·별도·종합합산대상토지 구분 · 인별 전국 합산과세
과세표준	**시가표준액 × 공정시장가액비율**	(공시가격 - 기본공제) × 공정시장가액비율
세율	· 주택: 4단계 누진세율 · 별도·종합합산대상토지: 3단계 누진세율 · 분리과세대상토지: 단일세율	· 주택: 주택수별 7단계 누진세율 · 별도·종합합산대상토지: 3단계 누진세율
납부기한	· 주택: 7.16.~7.31(50%), 9.16.~9.30(50%) · 건축물: 7.16.~7.31. · 토지: 9.16.~9.30.	12.1~12.15
징수방법	부과징수	부과징수 또는 신고·납부
세부담 상한액	직전년도 세액상당액의 105% 등	전년도 세액상당액의 150%

이번 장에서는 보유세 중 하나인 재산세에 대한 내용과 재산세와 종합부동산세의 유사점과 차이점에 대해 살펴보았다. 다음 장에서는 종합부동산세 과세대상 중에서 주택에 대한 종합부동산세의 계산구조, 과세표준의 계산, 세율 및 납부 방법에 대해 알아보기로 한다.

제12장

부동산의 보유와 종합부동산세

제12장에서는 다음과 같은 내용을 살펴보기로 한다.

제1절 종합부동산세의 개요
제2절 합산배제주택과 합산배제 신고

1. 과세대상

종합부동산세란 과세기준일(매년 6월 1일) 현재 국내에 소재한 재산세 과세대상인 주택 및 토지를 유형별로 구분하여 인별로 공시가격을 합산하여 그 합계액이 각 유형별 공제금액을 초과하는 경우 그 초과분에 대하여 과세하는 세금을 말한다.

종합부동산세는 지방세법상 재산세 과세대상 부동산 중 주택과 종합합산과세대상 토지, 별도합산 과세대상 토지를 과세대상으로 한다.

[재산세 및 종합부동산세 과세대상 유형]

재산세 과세대상 유형		종합부동산세 과세대상 유형
주택(부속토지 포함)		○
토지	별도합산과세	○
	종합합산과세	○
	분리과세	×
건축물		×

위 종합부동산세 과세유형에 해당한다 하더라도 기본공제금액을 초과하는 경우 종합부동산세가 과세된다. 종합부동산세 과세대상 유형 및 기본공제금액은 아래 표와 같다. 다만, 법인이 보유하는 주택은 2021.1.1. 이후부터 공제되는 금액이 없다.

[과세대상 유형 및 기본공제금액]

과세대상 유형	기본공제금액
주택(부수토지 포함)	9억원 다만, 1세대 1주택자 또는 부부공동명의 1주택 신청자는 12억원 법인이 보유하는 주택은 공제금액 없음
별도합산과세 토지(상가·사무실 등 부속토지)	80억원
종합합산과세 토지(나대지 등)	5억원

이 책에서는 종합부동산세 과세대상 유형 중에서 주택에 대해 적용되는 세법의 내용에 대해서 살펴보기로 한다.

2. 납세의무자

과세기준일 현재 주택 또는 토지분 재산세의 납세의무자로서 과세대상 유형별 공제금액을 초과하는 자는 종합부동산세를 납부할 의무가 있다(종부법 제7조). 따라서 과세기준일이 6월 1일이므로 부동산 매매계약 시 매매잔금을 6월 1일 이전으로 하는 경우에는 부동산을 취득한 매수자가 납세의무자가 되며, 6월 2일 이후로 하는 경우에는 6월 1일 현재 소유자인 매도자(전 소유자)가 납세의무자가 된다. 따라서 매매잔금을 과세기준일인 6월 1일에 주고 받은 경우에는 새로 부동산을 취득한 매수자에게 납세의무가 있다.

과세기준일 이전에 상속이 개시되었으나 상속등기하지 아니한 경우 납세의무자는 상속지분이 가장 높은 자, 연장자를 순차적으로 적용한다.

「신탁법」에 따른 수탁자의 명의로 등기 또는 등록된 신탁재산으로서 주택(신탁주택)의 경우에는 위 규정에도 불구하고 위탁자(「주택법」에 따른 지역주택조합 및 직장주택조합이 조합원이 납부한 금전으로 매수하여 소유하고 있는 신탁주택의 경우에는 해당 지역주택조합 및 직장주택조합을 말한다)가 종합부동산세를 납부할 의무가 있다. 이 경우 위탁자가 신탁주택을 소유한 것으로 본다.

3. 계산구조

주택에 대한 종합부동산세 계산구조에서 납부할 세액의 계산은 네 단계를 거치게 된다.

첫 번째 단계는 과세표준을 계산하는 단계다.

두 번째 단계에서 과세표준에 세율을 곱하여 종합부동산세액을 계산한다.

세 번째 단계에서는 종합부동산세액에서 공제할 재산세액을 차감하여 산출세액을 계산한다.

마지막 네 번째 단계에서 산출세액에 세액공제 및 세부담상한초과세액을 차감하여 납부할 세액을 계산한다.

[주택분 종합부동산세 계산구조]

공시가격 합계	· 소유자별 공시가격 합산
(-) 기본공제	· 9억원(1세대 1주택 12억원)
(×) 공정시장가액비율	· 60%
(=) 과세표준	**· (공시가격 합계 - 기본공제) × 공정시장가액비율**
(×) 세율	· 기본세율 · 중과세율: 3주택 이상이고 과세표준 12억원 초과
(=) 종합부동산세액	**· 과세표준 × 세율**
(-) 공제할 재산세액	· 주택분 재산세 부과액의 합계액 중 주택분 과세표준에 해당하는 재산세액
(=) 산출세액	**· 종합부동산세액 - 공제할 재산세액**
(-) 세액공제	· 고령자세액공제, 장기보유세액공제
(-) 세부담상한초과세액	· 직전년도 해당 주택 총세액상당액 × 150%
(=) 납부할 세액	**· 산출세액 - 세액공제 - 세부담상한초과세액**

4. 과세표준

주택에 대한 종합부동산세의 과세표준은 납세의무자별로 주택의 공시가격을 합산한 금액에서 기본공제금액 9억원을 차감한 금액에 공정시장가액비율을 곱한 금액으로 계산한다. 다만, 과세기준일 현재 세대원 중 1인이 해당 주택을 단독으로 소유한 경우로서 1세대 1주택자 또는 공동명의 1주택자로 신청한 경우에는 기본공제금액에 3억원을 추가하여 12억원을 공제한다(종부법 제8조 제1항).

> 과세표준 = [소유자별 주택공시가격 합계 - 9억원(1세대 1주택자 또는 부부공동명의 1주택 선택자 12억
> 원)] × 공정시장가액비율

아래에서는 과세표준 계산 시 주택공시가격을 합산하지 않는 주택의 종류, 1세대 1주택자, 공정시장가액비율에 대한 내용을 차례로 살펴보기로 한다.

(1) 과세표준 계산 시 주택공시가격을 합산하지 않는 주택

다음 중 어느 하나에 해당하는 주택은 과세표준 계산 시 주택공시가격 합산대상 주택의 범위에 포함하지 않는다(종부법 제8조 제2항).

1) 합산배제 임대주택

「민간임대주택에 관한 특별법」에 따른 민간임대주택, 「공공주택 특별법」에 따른 공공임대주택 또는 다가구 임대주택으로서 임대기간, 주택의 수, 가격, 규모 등을 고려하여 정하는 주택(종부법 제8조 제2항 제1호, 종부령 제3조).

2) 합산배제 사원용주택 등

제1호의 주택 외에 종업원의 주거에 제공하기 위한 기숙사 및 사원용주택, 주택건설사업자가 건축하여 소유하고 있는 미분양주택, 가정어린이집용 주택, 수도권 외 지역에 소재하는 1주택 등 종합부동산세를 부과하는 목적에 적합하지 아니한 주택(종부법 제8조 제2항 제2호, 종부령 제4조).

위에 해당하는 주택을 보유한 납세의무자는 9월 16일부터 9월 30일까지 관할 세무서에 해당 주택의 보유 현황을 신고하여야 한다. 합산배제주택 및 합산배제 신고에 대해서는 다음 절에서 구체적으로 살펴보기로 한다.

(2) 1세대 1주택자

1세대 1주택자란 세대원 중 1명만이 주택분 재산세 과세대상인 1주택만을 소유한 경우로서 그

주택을 소유한 거주자를 말한다. 이러한 1세대 1주택자는 종합부동산세의 과세표준을 계산할 때 기본공제금액인 9억원을 공제하는 것이 아니라 12억원을 공제한다.

아래에서는 1세대의 개념, 1세대의 특례, 1세대 1주택자 여부를 판단할 때 주택 수에서 제외되는 주택, 1세대 2주택 특례주택, 주택부속토지를 소유한 경우 1세대 1주택자 판단에 대한 내용을 살펴보기로 한다.

1) 1세대의 개념

1세대라 함은 주택 또는 토지의 소유자 및 그 배우자와 그들과 생계를 같이하는 가족을 말한다(종부법 제2조 제8호). 이 경우 가족이라 함은 주택 또는 토지의 소유자와 그 배우자의 직계존비속(그 배우자를 포함한다) 및 형제자매를 말하며, 취학, 질병의 요양, 근무상 또는 사업상의 형편으로 본래의 주소 또는 거소를 일시퇴거한 자를 포함한다. 다음의 어느 하나에 해당하는 경우에는 배우자가 없는 때에도 1세대로 본다(종부령 제1조의2).

① 30세 이상인 경우

② 배우자가 사망하거나 이혼한 경우

③「소득세법」제4조에 따른 소득이「국민기초생활 보장법」제2조 제11호에 따른 기준중위소득의 40% 이상으로서 소유하고 있는 주택 또는 토지를 관리·유지하면서 독립된 생계를 유지할 수 있는 경우. 다만, 미성년자의 경우를 제외한다.

2) 1세대의 특례

① 동거봉양합가

동거봉양하기 위하여 합가함으로써 과세기준일 현재 60세 이상의 직계존속(직계존속 중 어느 한 사람이 60세 미만인 경우를 포함한다)과 1세대를 구성하는 경우에는 합가한 날부터 10년 동안(합가한 날 당시는 60세 미만이었으나, 합가한 후 과세기준일 현재 60세에 도달하는 경우는 합가한 날부터 10년의 기간 중에서 60세 이상인 기간 동안) 주택 또는 토지를 소유하는 자와 그 합가한 자별로 각각 1세대로 본다.

② 혼인합가

혼인함으로써 1세대를 구성하는 경우에는 혼인한 날부터 10년 동안은 주택 또는 토지를 소유하는 자와 그 혼인한 자별로 각각 1세대로 본다.

3) 1세대 1주택자 여부를 판단할 때 주택 수에서 제외되는 주택

1세대 1주택자 여부를 판단할 때 다음의 주택은 1세대가 소유한 주택 수에서 제외한다(종부령 제2조의3 제2항).

① 합산배제 임대주택의 어느 하나에 해당하는 주택으로서 합산배제 신고를 한 주택. 다만, 합산배제 임대주택 외의 주택을 소유하는 자가 과세기준일 현재 그 주택에 주민등록이 되어 있고 실제로 거주하고 있는 경우에 한정하여 적용한다.

② 합산배제 사원용주택 등으로서 합산배제 신고를 한 주택

4) 1세대 2주택 특례주택

1주택을 소유한 1세대가 다음 중 어느 하나에 해당하는 경우에는 1세대 1주택자로 본다(종부법 제8조 제4항).

① 1주택과 다른 주택의 부속토지를 소유한 경우

1주택(주택의 부속토지만을 소유한 경우는 제외한다)과 다른 주택의 부속토지(주택의 건물과 부속토지의 소유자가 다른 경우의 그 부속토지를 말한다)를 함께 소유하고 있는 경우

② 일시적 2주택

일시적 2주택이란 1세대 1주택자가 보유하고 있는 1주택(종전주택)을 양도하기 전에 다른 1주택(신규주택)을 대체취득(자기가 건설하여 취득하는 경우를 포함한다)하여 일시적으로 2주택이 된 경우로서 과세기준일 현재 신규주택을 취득한 날부터 3년이 경과하지 않은 경우를 말한다.

③ 상속주택

1주택과 상속받은 주택(조합원입주권 또는 분양권을 상속받아 사업시행 완료 후 취득한 신축주

택을 포함한다)을 함께 소유하고 있는 경우로서 과세기준일 현재 상속개시일부터 5년이 경과하지 않은 주택, 지분율이 40% 이하인 주택(기간제한 없음), 지분율에 상당하는 공시가격이 6억원(수도권 밖의 지역에 소재하는 주택의 경우에는 3억원) 이하인 주택(기간제한 없음)을 말한다.

④ 지방 저가주택

지방 저가주택이란 1주택과 수도권 밖의 지역으로서 광역시 및 특별자치시가 아닌 지역, 광역시에 소속된 군, 「세종특별자치시 설치 등에 관한 특별법」에 따른 읍·면 지역에 소재하는 공시가격이 4억원 이하의 주택을 말한다.

⑤ 인구감소지역주택

1주택을 보유한 1세대가 2024.1.4.부터 2026.12.31.까지의 기간 중에 인구감소지역 또는 수도권 밖의 인구감소관심지역에 소재하는 주택(인구감소지역주택) 1채를 취득한 경우에는 1세대 1주택자로 본다(조특법 제71조의2 제2항). 이 규정을 적용받으려는 납세의무자는 아래의 요건을 충족하여야 하며, 해당 연도 9월 16일부터 9월 30일까지 관할 세무서장에게 신청하여야 한다.

ⓐ 취득 당시 인구감소지역 또는 수도권 밖 인구감소관심지역에 소재할 것

인구감소지역주택 취득자에 대한 양도소득세에 대한 과세특례를 적용하기 위해서는 취득 당시 인구감소지역 또는 수도권 밖의 인구감소관심지역(「지방자치분권 및 지역균형발전에 관한 특별법」 제2조 제12호의2)에 소재하는 주택을 취득하여야 한다. 다만, 다음의 어느 하나에 해당하는 지역에 소재하는 주택은 제외한다.

- 수도권(「접경지역 지원 특별법」 제2조 제1호에 따른 접경지역은 제외한다)
- 광역시(광역시에 있는 군은 제외한다)
- 해당 주택 취득 전에 보유한 주택(해당 주택 취득 전에 조합원입주권 또는 분양권을 보유한 경우에는 해당 조합원입주권 또는 분양권을 통해 공급하는 주택)과 동일한 시·군·구

ⓑ 해당 주택 취득일 현재 기준시가가 다음의 구분에 따른 금액을 초과하지 않을 것

- 수도권 밖의 지역에 지정된 인구감소지역에 소재한 주택의 경우: 9억원
- 수도권에 지정된 인구감소지역에 소재한 주택의 경우: 4억원

⑥ 수도권 밖 준공후미분양주택

1주택을 보유한 1세대가 2024. 1. 10. 부터 2026. 12. 31. 까지의 기간 중에 수도권 밖의 지역에 소재하는 전용면적 85제곱미터 이하이고 취득가액 7억원 이하인 준공후미분양주택을 취득하는 경우에는 종합부동산세에 대한 과세특례를 적용한다(조특법 제98조의9 제2항). 이 규정을 적용받으려는 납세의무자는 해당 연도 9월 16일부터 9월 30일까지 관할 세무서장에게 신청하여야 하며, 준공후미분양주택 확인 날인을 받은 매매계약서 사본을 관할세무서장에게 제출해야 한다.

💡 **생각정리 노트**

위의 일시적 2주택 등 1세대 1주택자 판단 시 주택 수 산정에서 제외하는 주택의 의미는 1세대가 1주택과 위의 특례주택을 보유하고 있는 경우 주택 수에서 제외하여 1주택으로 보아 공시가격의 합계에서 12억원을 공제한다는 것이다. 따라서 소유자별 주택공시가격은 특례주택을 포함하여 합산한다. 이런 측면에서 과세표준 계산 시 주택공시가격을 합산하지 않는 주택과 차이가 있다. 즉, 임대주택 등 과세표준 계산 시 주택공시가격을 합산하지 않는 주택은 그 공시가격은 제외하고 과세표준을 계산한다.

5) 주택부속토지 소유와 1세대 1주택자 판단

종합부동산세의 과세표준 계산 시 소유자별 주택공시가격 합계에서 12억원을 공제할 수 있는 1세대 1주택자란 세대원 중 1명만이 주택분 재산세 과세대상인 1주택만을 소유한 거주자를 말한다(종부령 제2조의3 제1항). 이 경우 주택의 부속토지를 소유하고 있는 경우에는 그 부속토지도 주택분으로 재산세가 부과된다. 따라서 주택 건물 소유자와 부속토지 소유자가 다른 경우 부속토지 소유자도 원칙적으로 1주택을 소유하고 있는 것으로 보아야 한다. 이에 대한 내용을 본인이 1주택과 다른 주택의 부속토지를 소유한 경우와 본인이 1주택을 소유하고 동일세대원이 다른 주택의 부속토지만 소유한 경우로 나누어 살펴보기로 한다.

① 본인이 1주택과 다른 주택의 부속토지를 소유한 경우

앞의 1세대 2주택 특례주택에서 살펴보았듯이 1주택(주택의 부속토지만을 소유한 경우는 제외한다)과 다른 주택의 부속토지(주택의 건물과 부속토지의 소유자가 다른 경우의 그 부속토지를 말한다)를 함께 소유하고 있는 경우에는 1세대 1주택자로 본다고 규정하고 있다(종부법 제8조 제4항).

② 본인이 1주택을 소유하고 동일세대원이 다른 주택의 부속토지만 소유한 경우

해당 주택의 소유자가 속한 세대의 다른 세대원이 다른 주택의 부속토지를 소유하고 있는 경우 그 부속토지는 주택분 재산세의 과세대상인 주택에 포함된다고 보아야 하므로 그 주택의 소유자는 종합부동산세법상 1세대 1주택자에 해당하지 않는다(판례 대법원2010두-23910, 2012.6.28, 예규 종부-6, 2011.2.25.).

💡 생각정리 노트

위 세법의 규정과 예규 및 판례를 살펴보면 주택의 소유자가 속한 세대의 다른 세대원이 다른 주택의 부속토지를 소유하고 있는 경우에는 주택 수에 포함되므로 세대원 중 1명만이 주택분 재산세 과세대상인 1주택만을 소유하는 경우에 해당하지 않게 된다. 예를 들어 1주택은 본인이 소유하고 다른 주택의 부수토지는 배우자가 소유하는 경우는 1세대 1주택자에 해당하지 않는다.

6) 1세대 1주택자 판단 시 주택 수 산정 제외 신청

1세대 1주택자의 적용을 신청하려는 납세의무자는 1세대 1주택자 판단 시 주택 수 산정 제외 신청서를 해당 연도 9월 16일부터 9월 30일까지 관할 세무서에 제출해야 한다.

(3) 공정시장가액비율

공정시장가액비율이란 재산세 또는 종합부동산세를 부과할 때 주택가격의 시세와 지방재정 여건, 납세자의 세금부담 능력 등을 고려하여 과세표준을 계산하기 위하여 시가표준액 또는 공시가격에 곱하는 비율을 말한다. 주택에 대한 종합부동산세 과세표준을 계산하기 위해서 적용하는 공정시장가액비율은 60%를 말한다(종부령 제2조의4).

5. 세율 및 납부

(1) 세율

주택분 종합부동산세액은 납세의무자가 소유한 주택 수에 따라 과세표준에 다음의 세율을 적용하여 계산한 금액을 그 세액으로 한다(종부법 제9조).

[주택분 종합부동산세 세율]

과세표준	2주택 이하		3주택 이상	
	세율	누진공제	세율	누진공제
3억원 이하	0.5%		0.5%	
3억원 초과 6억원 이하	0.7%	600,000	0.7%	600,000
6억원 초과 12억원 이하	1%	2,400,000	1%	2,400,000
12억원 초과 25억원 이하	**1.3%**	**6,000,000**	**2%**	**14,400,000**
25억원 초과 50억원 이하	1.5%	11,000,000	3%	39,400,000
50억원 초과 94억원 이하	2%	36,000,000	4%	89,400,000
94억원 초과	2.7%	101,800,000	5%	183,400,000
법인	2.7%		5%	

※ 농어촌특별세: 납부할 종합부동산세액의 20%

1) 중과세율 적용대상

3주택 이상을 소유한 경우로서 과세표준이 12억원을 초과하는 경우에는 중과세율을 적용한다. 따라서 3주택 이상이라 하더라도 공시가격 합계액이 29억원 이하이면 과세표준이 12억원 이하가 되어 중과세율이 적용되지 않는다.

2) 세율 적용 시 주택 수 산정 방법

세율 적용 시 주택 수는 다음과 같이 계산한다(종부령 제4조의3 제3항).

① 공동소유주택

1주택을 여러 사람이 공동으로 소유한 경우 공동소유자 각자가 그 주택을 소유한 것으로 본다.

② 다가구주택

「건축법 시행령」 별표 1 제1호 다목에 따른 다가구주택은 1주택으로 본다.

3) 세율 적용 시 주택 수에서 제외하는 주택

세율 적용 시 합산배제 임대주택, 합산배제 사원용주택 등, 상속주택, 일시적 2주택, 지방 저가주택, 소형 신축주택, 지방준공후미분양주택은 주택 수에 포함하지 않는다(종부령 제4조의3 제3항 제3호). 합산배제 임대주택, 합산배제 사원용주택 등은 제2절에서 구체적으로 살펴보고, 상속주택, 일시적2주택, 지방 저가주택은 1세대 2주택 특례주택에서 이미 살펴보았으므로 여기서는 소형 신축주택과 지방 준공 후 미분양주택에 대해서만 살펴보기로 한다.

① 소형 신축주택

2024. 1. 10. 부터 2027. 12. 31. 까지 취득하는 주택으로서 다음의 요건을 모두 갖춘 소형 신축주택은 세율 적용 시 주택 수에 포함하지 않는다(종부령 제4조의3 제3항 제3호 바목 1)).

㉮ 2024. 1. 10. 부터 2027. 12. 31. 까지의 기간 중에 준공된 것일 것

㉯ 전용면적이 60제곱미터 이하일 것

㉰ 취득가액이 6억원(수도권 밖의 지역인 경우에는 3억원) 이하일 것

㉱ 아파트에 해당하지 않을 것

㉲ 양도자가 「주택법」에 따른 사업주체, 「건축물의 분양에 관한 법률」에 따른 분양사업자, 사업주체 또는 분양사업자로부터 주택의 공사대금으로 해당 주택을 받은 시공자에 해당할 것

㉳ 양수자가 해당 주택에 대한 매매계약(주택공급계약 및 분양계약을 포함한다)을 최초로 체결한 자일 것

㉴ 양도자와 양수자가 해당 주택에 대한 매매계약을 체결하기 전에 다른 자가 해당 주택에 입주한 사실이 없을 것

② 지방 준공후미분양주택

2024. 1. 10. 부터 2026. 12. 31. 까지 취득하는 주택으로서 다음의 요건을 모두 갖춘 준공 후 미분양주택은 세율 적용 시 주택 수에 포함하지 않는다(종부령 제4조의3 제3항 제3호 바목 2)).

㉮ 전용면적이 85제곱미터 이하일 것

㉯ 취득가액이 7억원 이하일 것

㉰ 수도권 밖의 지역에 소재할 것

㉱ 양도자가 「주택법」에 따른 사업주체, 「건축물의 분양에 관한 법률」에 따른 분양사업자, 사업주체 또는 분양사업자로부터 주택의 공사대금으로 해당 주택을 받은 시공자에 해당할 것

㉲ 양수자가 해당 주택에 대한 매매계약(주택공급계약 및 분양계약을 포함한다)을 최초로 체결한 자일 것

㉳ 양도자와 양수자가 해당 주택에 대한 매매계약을 체결하기 전에 다른 자가 해당 주택에 입주한 사실이 없을 것

㉴ 입주자 모집공고에 따른 입주자의 계약일 또는 분양 광고에 따른 입주예정일까지 분양계약이 체결되지 않아 선착순의 방법으로 공급하는 주택(준공후미분양주택)일 것

㉵ 해당 주택의 소재지를 관할하는 시장·군수·구청장으로부터 해당 주택이 준공후미분양주택이라는 확인을 받은 주택일 것

③ 인구감소지역소재주택

2026.1.1. 이후 취득하는 주택으로서 다음의 요건을 모두 갖춘 인구감소지역소재주택(종부령 제4조의3 제3항 제3호 바목 3). 따라서 인구감소지역소재주택에 해당하는 주택은 해당 주택을 양도하는 경우 그 지역이 양도 당시 조정대상지역이라 하더라도 중과되지 않으며, 다른 주택을 양도하는 경우에도 주택수에 산입되지 않는다.

ⓐ 취득 당시 「지방자치분권 및 지역균형발전에 관한 특별법」 제2조 제12호에 따른 인구감소지역에 소재할 것. 다만, 「접경지역 지원 특별법」 제2조 제1호에 따른 접경지역이 아닌 수도권 또는 광역시(광역시에 있는 군은 제외)에 소재하는 주택은 제외한다.

ⓑ 해당 주택 취득 전에 보유한 주택(해당 주택 취득 전에 조합원 입주권 또는 분양권을 보유한 경우에는 해당 조합원 입주권 또는 분양권을 통해 공급하는 주택)과 동일한 시·군·구에 소재하는 주택이 아닐 것

ⓒ 주택 및 이에 딸린 토지의 기준시가 합계액이 해당 주택 취득일 현재 4억원(수도권 밖의 인구감소지역인 경우 9억원)을 초과하지 않을 것

④ 인구감소관심지역소재 주택

2026년 1월 1일 이후 취득하는 주택으로서 다음의 요건을 모두 갖춘 인구감소관심지역 소재 주택(종부령 제4조의3 제3항 제3호 바목 4). 따라서 인구감소지역소재 주택에 해당하는 주택은 해당 주택을 양도하는 경우 그 지역이 양도 당시 조정대상지역이라 하더라도 중과되지 않으며, 다른 주택을 양도하는 경우에도 주택수에 산입되지 않는다.

ⓐ 취득 당시 수도권 밖의 지역으로서 「지방자치분권 및 지역균형발전에 관한 특별법」에 따른 인구감소관심지역에 소재할 것. 다만, 광역시(광역시에 있는 군은 제외)에 소재하는 주택은 제외한다.
ⓑ 해당 주택 취득 전에 보유한 주택(해당 주택 취득 전에 조합원 입주권 또는 분양권을 보유한 경우에는 해당 조합원 입주권 또는 분양권을 통해 공급하는 주택)과 동일한 시·군·구에 소재하는 주택이 아닐 것
ⓒ 주택 및 이에 딸린 토지의 기준시가 합계액이 해당 주택 취득일 현재 4억원을 초과하지 않을 것

세율 적용 시 주택 수에서 제외 적용을 받으려는 자는 해당 연도 9월 16일부터 9월 30일까지 세율 적용 시 주택 수 산정 제외 신청서를 관할 세무서장에게 제출해야 한다.

핵심포인트 합산배제임대주택 등의 주택 수 포함 여부

구분	과세표준	1세대 1주택	중과세율	세액공제
합산배제임대주택	제외	제외	제외	제외
일시적2주택	포함	제외	제외	포함
상속주택	포함	제외	제외	포함
지방 저가주택	포함	제외	제외	포함

(2) 재산세액공제

종합부동산세는 재산세와 더불어 보유세로서 선행적으로 지방자치단체에서 재산세가 과세되

고 재산세 과세대상 중에서 기본공제금액을 초과하는 주택과 토지에 대해 국가에서 종합부동산세를 과세한다. 따라서 기본공제금액을 초과하는 일정한 가액에 대해서는 재산세와 종합부동산세가 이중과세된다. 이러한 이중과세를 완화하기 위해 주택분 재산세 부과액의 합계 중 주택분 과세표준에 해당하는 재산세액을 종합부동산세액에서 공제해준다.

(3) 세액공제

1) 고령자세액공제

1세대 1주택자 또는 공동명의 1주택 신청자로서 과세기준일 현재 만 60세 이상인 자는 다음 표에 따른 연령별 공제율을 적용하여 세액공제 한다(종부법 제9조 제6항).

연령	공제율
만 60세 이상~만 65세 미만	20%
만 65세 이상~만 70세 미만	30%
만 70세 이상	40%

2) 장기보유자세액공제

1세대 1주택자 또는 공동명의 1주택 신청자로서 해당 주택을 과세기준일 현재 5년 이상 보유한 자는 다음 표에 따른 보유기간별 공제율을 적용하여 세액공제 한다(종부법 제9조 제8항).

보유기간	공제율
5년 이상~10년 미만	20%
10년 이상~15년 미만	40%
15년 이상	50%

※ 고령자 및 장기보유자 세액공제는 80% 범위 내에서 중복하여 적용 가능

(4) 세부담의 상한

종합부동산세의 납세의무자가 해당 연도에 납부하여야 할 주택에 대한 총세액상당액으로서 직

전년도에 해당 주택에 부과된 주택에 대한 총세액상당액에 150%의 비율을 곱하여 계산한 금액을 초과하는 경우에는 그 초과하는 세액에 대해서는 이를 없는 것으로 본다(종부법 제10조).

(5) 납부기간 및 분납

1) 납부기간

관할세무서장은 납부하여야 할 종합부동산세의 세액을 결정하여 해당 연도 12월 1일부터 12월 15일까지 부과·징수한다. 다만, 종합부동산세를 신고납부방식으로 납부하고자 하는 납세의무자는 종합부동산세의 과세표준과 세액을 해당 연도 12월 1일부터 12월 15일까지 관할세무서장에게 신고하여야 한다. 이 경우 관할세무서장의 결정은 없었던 것으로 본다(종부법 제16조).

2) 분납

세액의 납부는 일시납부가 원칙이나 분할납부도 가능하다. 납부할 세액이 250만원을 초과하는 경우에는 납부할 세액의 일부를 납부기한 경과 후 6개월 이내에 납부한다. 분할납부세액은 다음과 같다.

① 250만원 초과 500만원 이하: 250만원 초과 금액
② 500만원 초과: 납부할 세액의 50% 이하의 금액

제2절 | 합산배제주택과 합산배제 신고

1. 합산배제주택

합산배제주택이란 과세표준 계산, 1세대 1주택자 여부 판단, 세율 적용 시 주택 수에서 제외하는 주택을 말한다. 합산배제주택의 종류를 임대주택, 다가구임대주택, 기타주택으로 나누어 살펴보기로 한다.

(1) 임대주택

임대주택이란 「공공주택 특별법」에 따른 공공주택사업자 또는 「민간임대주택에 관한 특별법」에 따른 임대사업자로서 과세기준일(매년 6월 1일) 현재 「소득세법」 또는 「법인세법」에 따른 주택임대업 사업자등록을 한 자가 과세기준일 현재 임대하거나 소유하고 있는 다음 중 어느 하나에 해당하는 주택을 말한다. 이 경우 과세기준일 현재 임대를 개시한 자가 합산배제 신고기간 종료일까지 임대사업자로서 사업자등록을 하는 경우에는 해당 연도 과세기준일 현재 임대사업자로서 사업자등록을 한 것으로 본다(종부령 제3조 제1항).

1) 건설임대주택

「민간임대주택에 관한 특별법」에 따른 민간건설임대주택과 「공공주택 특별법」에 따른 공공건설임대주택으로서 다음의 요건을 모두 갖춘 주택이 2호 이상인 경우 그 주택. 다만, 「민간임대주택에 관한 특별법」에 따른 민간건설임대주택의 경우에는 2018.3.31. 이전에 같은 법에 따른 임대사업자 등록과 사업자등록을 한 주택으로 한정한다(종부령 제3조 제1항 제1호). 2018.4.1. 이후 임대등록한 경우에는 아래 7)의 장기일반민간건설임대주택 규정을 따른다.

① 전용면적이 149제곱미터 이하로서 2호 이상의 주택의 임대를 개시한 날 또는 최초로 합산배
   제 신고를 한 연도의 과세기준일의 공시가격이 9억원 이하일 것
② 5년 이상 계속하여 임대하는 것일 것
③ 임대보증금 또는 임대료(임대료 등)의 증가율이 5%를 초과하지 않을 것

임대료 등 증액 청구는 임대차계약의 체결 또는 약정한 임대료 등의 증액이 있은 후 1년 이내에
는 하지 못하고, 임대사업자가 임대료 등의 증액을 청구하면서 임대보증금과 월임대료를 상호 간
에 전환하는 경우에는 「민간임대주택에 관한 특별법」 제44조 제4항 및 「공공주택 특별법 시행령」
제44조 제3항에 따라 정한 기준을 준용한다. 임대료 등 증액 5% 상한 규정은 2019. 2. 12. 이후 최초
체결하는 표준임대차계약을 기준으로 이후 임대차계약을 갱신하거나 체결하는 분부터 적용한다.

2) 매입임대주택

「민간임대주택에 관한 특별법」에 따른 민간매입임대주택과 「공공주택 특별법」에 따른 공공매입
임대주택으로서 다음의 요건을 모두 갖춘 주택. 다만, 「민간임대주택에 관한 특별법」에 따른 민간매
입임대주택의 경우에는 2018. 3. 31. 이전에 사업자등록 등을 한 주택으로 한정한다(종부령 제3조 제1항
제2호). 2018. 4. 1. 이후 임대등록한 경우에는 아래 8)의 장기일반민간매입임대주택 규정을 따른다.

① 해당 주택의 임대개시일 또는 최초로 합산배제 신고를 한 연도의 과세기준일의 공시가격이
   6억원(수도권 밖의 지역인 경우에는 3억원) 이하일 것
② 5년 이상 계속하여 임대하는 것일 것
③ 임대료 등의 증가율이 5%를 초과하지 않을 것

3) 2005.1.5. 이전부터 임대한 기존임대주택

임대사업자가 2005. 1. 5. 이전부터 임대하고 있던 임대주택으로서 다음의 요건을 모두 갖춘 주
택이 2호 이상인 경우 그 주택

① 국민주택규모 이하로서 2005년도 과세기준일의 공시가격이 3억원 이하일 것
② 5년 이상 계속하여 임대하는 것일 것

4) 미임대 민간건설임대주택

「민간임대주택에 관한 특별법」에 따른 민간건설임대주택으로서 다음의 요건을 모두 갖춘 주택

① 전용면적이 149제곱미터 이하일 것

② 합산배제 신고를 한 연도의 과세기준일 현재의 공시가격이 9억원 이하일 것

③ 「건축법」에 따른 사용승인을 받은 날 또는 「주택법」에 따른 사용검사 후 사용검사필증을 받은 날부터 과세기준일 현재까지의 기간 동안 임대된 사실이 없고, 임대되지 아니한 기간이 2년 이내일 것

5) 부동산투자회사의 매입임대주택

「부동산투자회사법」에 따른 부동산투자회사 또는 「간접투자자산 운용업법」에 따른 부동산간접투자기구가 2008.1.1.부터 2008.12.31.까지 취득 및 임대하는 매입임대주택으로서 일정 요건을 갖추고 5호 이상 임대하는 경우의 그 주택

6) 미분양매입임대주택

미분양주택으로서 2008.6.11.부터 2009.6.30.까지 최초로 분양계약을 체결하고 계약금을 납부한 주택 중 일정한 요건을 모두 갖춘 매입임대주택

7) 장기일반민간건설임대주택

건설임대주택 중 「민간임대주택에 관한 특별법」에 따른 공공지원민간임대주택 또는 같은 법에 따른 장기일반민간임대주택으로서 다음의 요건을 모두 갖춘 주택이 2호 이상인 경우 그 주택. 다만, 종전의 「민간임대주택에 관한 특별법」에 따른 단기민간임대주택으로서 2020.7.11. 이후 같은 법에 따라 공공지원민간임대주택 또는 장기일반민간임대주택으로 변경신고한 주택은 제외한다 (종부령 제3조 제1항 제7호).

① 전용면적이 149제곱미터 이하로서 2호 이상 주택의 임대를 개시한 날 또는 최초로 합산배제 신고를 한 연도 과세기준일의 공시가격이 9억원 이하일 것

② 10년 이상 계속하여 임대하는 것일 것

③ 임대료 등의 증가율이 5%를 초과하지 않을 것

이러한 건설임대주택이 되기 위해서는 소유권보존등기일 이전에 임대사업자 등록을 하여야 한다. 그 이후에 등록하는 경우에는 매입임대주택으로 본다.

8) 장기일반민간매입임대주택

매입임대주택 중 장기일반민간임대주택으로서 다음의 요건을 모두 갖춘 주택은 합산배제주택으로 한다(종부령 제3조 제1항 제8호).

① 해당 주택의 임대개시일 또는 최초로 합산배제 신고를 한 연도 과세기준일의 공시가격이 6억원(수도권 밖의 지역인 경우에는 3억원) 이하일 것
② 10년 이상 계속하여 임대하는 것일 것
③ 임대료 등의 증가율이 5%를 초과하지 않을 것

다만, 다음에 해당하는 주택에 대해서는 종합부동산세를 합산과세한다.

① 1주택 이상을 보유한 상태에서 2018.9.14. 이후 새로 취득한 조정대상지역에 있는 장기일반민간임대주택

1세대가 국내에 1주택 이상을 보유한 상태에서 2018.9.14. 이후 세대원이 새로 취득한 조정대상지역에 있는 장기일반민간임대주택은 합산과세한다. 다만, 2018.9.13. 이전에 취득하거나 취득하기 위하여 매매계약을 체결하고 계약금을 지급한 사실이 증빙서류에 의하여 확인되는 경우는 합산배제를 적용한다(부칙 제29243호, 2018.10.23.). 또한 조정대상지역의 공고가 있은 날 이전에 주택(주택을 취득할 수 있는 권리를 포함한다)을 취득하거나 취득하기 위하여 매매계약을 체결하고 계약금을 지급한 사실이 증빙서류에 의하여 확인되는 경우 합산배제를 적용한다.
② 2020.7.11. 이후 등록 신청한 아파트
③ 단기민간임대주택으로서 2020.7.11. 이후 장기일반민간임대주택으로 변경신고한 주택

9) 단기민간건설임대주택

「민간임대주택에 관한 특별법」에 따른 민간건설임대주택 중 단기민간임대주택으로서 다음의 요건을 모두 갖춘 주택이 2호 이상인 경우 그 주택을 말한다(종부령 제3조 제1항 제10호).

① 전용면적이 149제곱미터 이하로서 2호 이상의 주택의 임대를 개시한 날(2호 이상의 주택의 임대를 개시한 날 이후 임대를 개시한 주택의 경우에는 그 주택의 임대를 개시한 날을 말한다) 또는 최초로 합산배제신고를 한 연도의 과세기준일의 공시가격이 6억원 이하일 것
② 6년 이상 임대하는 것일 것
③ 임대료 등의 증가율이 100분의 5를 초과하지 않을 것

10) 단기민간매입임대주택

단기민간매입임대주택이란 「민간임대주택에 관한 특별법」에 따른 민간매입임대주택 중 단기민간임대주택으로서 다음의 요건을 모두 충족하는 주택을 말한다(종부령 제3조 제1항 11호). 다만, 아파트(「주택법」의 도시형 생활주택이 아닌 것을 말한다)는 제외한다(민간임대주택에 관한 특별법 제2조 제6호의2).

① 해당 주택의 임대를 개시한 날 또는 최초로 제9항에 따른 합산배제신고를 한 연도의 과세기준일의 공시가격이 해당 주택의 소재지가 수도권인 경우 4억원, 수도권 밖의 지역인 경우 2억원 이하일 것
② 6년 이상 임대하는 것일 것
③ 임대료 등의 증가율이 100분의 5를 초과하지 않을 것
④ 1세대가 국내에 1주택 이상을 보유한 상태에서 세대원이 새로 취득한 조정대상지역에 있는 「민간임대주택에 관한 특별법」에 따른 단기민간임대주택이 아닐 것. 다만, 조정대상지역의 공고일(이미 공고된 조정대상지역의 경우 2018.9.13.을 말한다) 이전에 주택(주택을 취득할 수 있는 권리를 포함한다)을 취득하거나 주택(주택을 취득할 수 있는 권리를 포함한다)을 취득하기 위해 매매계약을 체결하고 계약금을 지급한 사실이 증명서류에 의해 확인되는 주택은 조정대상지역에 있는 주택으로 보지 않는다.

 합산과세하는 주택

❶ 2018.9.14. 이후 취득하여 등록한 조정대상지역 주택

❷ 2020.7.11. 이후 등록 신청한 아파트

❸ 2020.7.11. 이후 단기에서 장기로 변경 신고한 주택

 장기임대주택 요건

❶ 지자체 등록 + 세무서 사업자등록

❷ 임대료 등 5% 증액 제한 준수

❸ 등록시기에 따른 의무임대기간

2018.3.31. 이전	2018.4.1.~2020.8.17.	2020.8.18. 이후
5년	8년	10년

❹ 2018.9.14. 이후 취득·등록

구분	조정대상지역	이외지역
매입임대주택	합산과세	합산배제
건설임대주택	합산배제	

❺ 임대개시일 또는 최초 합산배제 신고한 연도의 과세기준일 현재 기준시가 요건

구분	수도권	이외지역
매입임대주택	6억원	3억원
건설임대주택	9억원	

❻ 면적요건

구분	면적요건
매입임대주택	없음
건설임대주택	전용면적 149제곱미터 이하

❼ 임대호수 1호, 건설임대는 2호 이상

❽ 등록말소

구분	합산과세 여부
자동말소	말소일 이후 합산과세
자진말소	소급 추징 배제

구분	적용요건	
	단기민간매입임대주택	단기민간건설임대주택
사업자등록	지자체 + 세무서	좌동
임대기간	6년	좌동
공시가격	수도권 4억원(비수도권 2억원)	6억원
면적기준	없음	대지면적 298제곱미터 이하 주택 연면적 149제곱미터 이하
임대호수	1호	2호
임대료증가율	5% 이하	좌동
소재지	조정대상지역 제외	제한 없음
주택 유형	아파트 제외	-

※ 시행시기: 2025.6.4. 이후 등록분부터 적용

(2) 다가구임대주택

다가구임대주택이란 시장·군수 또는 구청장에게 임대사업자 등록 및 「소득세법」에 따른 사업자등록을 한 자가 임대하는 「건축법 시행령」 별표 1 제1호 다목에 따른 다가구주택을 말한다(종부법 제8조 제2항 제1호, 종부령 제3조 제2항).

(3) 합산배제 기타주택

다음 중 어느 하나에 해당하는 주택은 과세표준 합산의 대상이 되는 주택의 범위에 포함되지 아니하는 것으로 본다(종부법 제8조 제2항 제2호, 종부령 제4조).

1) 사원용주택 및 기숙사

종업원에게 무상이나 저가로 제공하는 사용자 소유의 주택으로서 국민주택규모 이하이거나 과세기준일 현재 공시가격이 3억원 이하인 사원용주택, 건축법에 따른 일반기숙사 및 임대형기숙사

2) 미분양주택

과세기준일 현재 사업자등록을 한 자 중 다음 중 어느 하나에 해당하는 자가 건축하여 소유하는 주택으로서 기획재정부령이 정하는 미분양주택

① 「주택법」 제15조에 따른 사업계획승인을 얻은 자
② 「건축법」 제11조에 따른 허가를 받은 자

기획재정부령이 정하는 미분양주택이란 주택을 신축하여 판매하는 자가 소유한 다음의 어느 하나에 해당하는 미분양주택을 말한다.

① 「주택법」에 따른 사업계획승인을 얻은 자가 건축하여 소유하는 미분양주택으로서 2005.1.1. 이후에 주택분 재산세의 납세의무가 최초로 성립하는 날부터 5년이 경과하지 아니한 주택
② 「건축법」에 따른 허가를 받은 자가 건축하여 소유하는 미분양주택으로서 2005.1.1. 이후에 주택분 재산세의 납세의무가 최초로 성립하는 날부터 5년이 경과하지 아니한 주택

3) 어린이집

어린이집으로 사용하는 주택으로서 세대원이 「소득세법」에 따른 고유번호를 부여받은 후 과세기준일 현재 5년 이상 계속하여 어린이집으로 운영하는 주택

4) 주택의 시공자가 공사대금으로 받은 미분양주택

주택의 시공자가 해당 주택의 공사대금으로 받은 미분양주택으로서 해당 주택을 공사대금으로 받은 날 이후 해당 주택의 주택분 재산세의 납세의무가 최초로 성립한 날부터 5년이 경과하지 아니한 주택만 해당한다.

5) 등록문화재주택 및 노인복지주택

6) 주택건설사업용 멸실 목적 주택

다음에 해당하는 자가 주택건설사업을 위하여 멸실시킬 목적으로 취득하여 그 취득일부터 3년

이내에 멸실시키는 주택. 다만, 정당한 사유로 3년 이내에 멸실시키지 못한 주택을 포함한다(종부령 제4조 제1항 제21호).

① 「공공주택 특별법」에 따라 지정된 공공주택사업자

② 「도시 및 주거환경정비법」에 따른 사업시행자

③ 「도시재생 활성화 및 지원에 관한 특별법」에 따라 지정된 혁신지구재생사업의 시행자

④ 「빈집 및 소규모주택 정비에 관한 특례법」에 따른 사업시행자

⑤ 「주택법」에 따른 주택조합 및 같은 법에 따라 등록한 주택건설사업자

💡 생각정리 노트

위의 주택건설사업용 멸실 목적으로 보유하는 주택이 합산배제주택이 되기 위한 법률을 살펴보면 주택법에 따라 등록한 주택건설사업자(20세대 이상, 도시형생활주택은 30세대 이상 건설)는 열거되어 있지만 주택법에 따른 등록 대상이 아닌 19세대 이하를 건축할 수 있는 소규모 주택건설사업자는 열거되어 있지 않다. 따라서 소규모 주택건설사업자가 주택을 신축하기 위해서 멸실 목적으로 보유하는 주택은 합산배제하지 않는 것으로 보인다.

2. 합산배제 신고

합산배제주택을 보유한 납세의무자는 해당 연도 9월 16일부터 9월 30일까지 납세지 관할 세무서장에게 해당 주택의 보유 현황을 신고하여야 한다(종부법 제8조 제3항). 다만, 신고기간에 신고하지 못한 경우에는 12월 정기신고 기간에 신고할 수 있다. 최초의 합산배제 신고를 한 연도의 다음 연도부터는 그 신고한 내용 중 변동이 없는 경우에는 신고하지 않을 수 있다.

(1) 대상 물건

합산배제 신고 대상은 앞에서 살펴본 임대주택, 다가구임대주택, 기타주택과 주택건설 사업자가 주택 건설을 위해 취득한 토지이다.

(2) 신고 유형

1) 추가 신고

최초로 합산배제 신고를 하거나, 추가로 합산배제 대상에 포함하려는 물건이 있는 경우에는 대상 물건을 추가(과세대상 제외)하는 신고를 하면 된다.

2) 변동 신고

기존에 합산배제 신고서를 제출한 사실이 있는 납세자는 기존 신고 내용에 변동사항(소유권·면적)이 없는 경우에는 별도로 신고할 필요가 없으나, 과세대상 물건에 변동사항이 있는 경우 변동내역을 반영하여 합산배제 신고를 하여야 한다.

3) 제외 신고

기존 합산배제 신고된 임대주택이 「민간임대주택에 관한 특별법」에 따라 자동말소 또는 자진말소한 경우 합산배제 제외(과세대상 포함) 신고를 하여야 한다. 또한 5%를 초과하여 임대료를 갱신하는 등 합산배제 요건을 충족하지 못하게 된 경우에는 제외(과세대상 포함) 신고를 하여야 한다. 합산배제 제외신고를 하지 않은 경우 추후 가산세를 포함하여 경감된 세액이 추징될 수 있다.

3. 부부공동명의 1주택자 신청

부부공동명의 1주택자란 과세기준일인 6월 1일 현재 거주자인 부부가 1주택만을 공동으로 소유하고, 다른 세대원은 주택을 소유하지 않은 경우를 말한다. 과세기준일 현재 세대원 중 1인이 그 배우자와 공동으로 1주택을 소유하고 다른 주택을 소유하지 아니한 경우에는 공동명의 1주택자를 해당 1주택에 대한 납세의무자로 신청할 수 있다(종부법 제10조의2 제1항).

(1) 공동명의 1주택자의 납세의무자

이 경우 납세의무자는 해당 1주택을 소유한 세대원 1명과 그 배우자 중 공동 소유자간 합의로 정한 사람을 말한다(종부령 제5조의2 제3항).

(2) 부부공동명의 1주택자에 대한 특례

1) 과세표준 계산에 관한 특례

부부공동명의 1주택자를 신청한 경우에는 공동명의 1주택자를 1세대 1주택자로 보아 주택의 공시가격을 합산한 금액에서 12억원을 공제한다.

2) 세액공제 적용에 관한 특례

부부공동명의 1주택자를 신청한 경우에는 공동명의 1주택자를 1세대 1주택자로 보아 고령자세액공제 및 장기보유자세액공제를 적용한다.

핵심포인트 **특례 적용과 미적용 시 차이점**

구분	특례 적용	특례 미적용
납세의무자	지분율이 큰 자 (같은 경우 선택)	각각 납세의무자
공제금액	12억원	각각 9억원
세액공제	가능 납세의무자 연령 및 보유기간 기준	불가능

(3) 부부공동명의 1주택자의 신청 기간

부부공동명의 1주택자 적용을 받으려는 납세의무자는 해당 연도 9월 16일부터 9월 30일까지 관할 세무서장에게 신청하여야 한다. 다만, 최초 신청한 연도의 다음 연도부터는 신청한 내용 중 변동이 없는 경우에는 신청하지 않을 수 있다.

[별첨 1] 일자별 부동산대책 주요 내용 요약

일자	주요내용
2017.8.2.	▶ 양도세 · 1세대 1주택 비과세 거주요건 없음(계약은 무주택 세대주)
2017.8.3.	▶ 양도세 · 1세대 1주택 비과세 2년 거주요건 있음
2018.3.31.	▶ 양도세 · 임대주택 중과배제 의무임대기간 5년 이상
2018.4.1.	▶ 임대주택 의무임대기간 8년 ▶ 양도세 · 중과배제 8년 이상 · 다주택자 중과 ▶ 종부세 · 합산배제 8년 이상 ▶ 조특법 · 제97조의4 장특공제 적용 불가
2018.9.13.	▶ 양도세 · 일시적2주택 중복보유기간 3년
2018.9.14.	▶ 양도세 · 일시적 2주택 중복보유기간 2년(2023.1.12. 3년으로 개정) · 1주택 보유자 조정대상지역 내 취득·임대등록주택 양도세 중과 ▶종부세 · 1주택 보유자 조정대상지역 내 취득·임대등록주택 종부세합산과세 ▶ 장기일반민간임대주택 가액기준(수도권 6억원, 그 외 3억원)
2019.2.11.	▶ 임대료 등 5% 상한율 적용하지 않음 ▶ 양도세 · 거주주택 비과세 횟수 제한 없음
2019.2.12.	▶ 임대차계약체결·갱신분 임대료 등 5% 상한율 적용함 ▶ 양도세 · 거주주택 비과세 횟수 제한: 생애 1회(2025.2. 삭제)
2019.12.16.	▶ 양도세 · 일시적 2주택 중복보유기간 2년(2023.1.12. 3년으로 개정)
2019.12.17.	▶ 양도세 · 일시적 2주택 1년 이내 양도·이사·전입신고 폐지(2022.5.10. 삭제) · 조정대상지역 내 등록임대주택 비과세 요건에 거주기간요건 추가 · 다주택자 양도세 중과 한시적 배제(2019.12.17.~2020.6.30.)
2020.1.1.	▶ 양도세 · 장기보유특별공제 2년 거주요건

2020.7.10.	▶ 아파트 임대등록, 단기에서 장기변경 임대주택 · 양도세 중과세 · 종부세 합산과세		
2020.8.12.	▶ 취득세 · 취득세 중과 · 입주권, 주택분양권, 주택분 재산세 부과된 오피스텔 주택 수 산입		
2020.8.18.	▶ 폐지되는 임대주택 유형: 아파트 및 단기임대		
	자동말소	▶ 양도세 · 거주주택 비과세 말소일로부터 5년 이내 양도 · 말소일 이후 양도 중과 제외	
		▶ 종부세 · 말소일 이후 합산과세	
	자진말소	▶ 양도세 · 거주주택 비과세 말소일로부터 5년 이내 양도 · 말소일로부터 1년 이내 양도 중과 제외	
		▶ 종부세 · 말소일 이후 합산과세	
	▶ 임대주택 의무임대기간 10년		
2021.1.1.	▶ 양도세 · ~~1세대 1주택 비과세 보유기간 2년 재계산거산 폐지~~(2022.5.10. 삭제) · 분양권 주택 수 포함		
	▶ 조특법 · 제97조의3 장특공제 50%(70%) 적용 배제		
2021.2.17.	▶ 양도세 · ~~보유·거주기간 재계산 적용 시 증여, 용도변경 포함~~(2022.5.10. 삭제)		
2021.12.8.	▶ 양도세 · 고가주택(입주권) 기준금액 9억원에서 12억원으로 상향		
2022.1.1.	▶ 양도세 · 고가상가주택 주택 면적만 주택으로 봄 · 입주권의 범위에 자율주택정비사업, 가로주택정비사업, 소규모재개발사업 포함		
2022.5.10.	▶ 양도세 · 다주택자 중과유예(2020.5.10.~2026.5.9.) · 1세대 1주택 비과세 보유기간 재계산 폐지 · 일시적 2주택 1년 이내 양도·이사·전입신고 폐지		
2022.6.1.	▶ 종부세 · 1세대 1주택 판정시 일시적2주택, 상속주택, 지방저가주택 주택 수 제외		
2022.10.21.	▶ 양도세 · 용도변경시 주택 판정 기준일 양도일로 예규 변경		

2022.12.20.	▶ 양도세 · 멸실시 주택 판정 기준일 양도일로 예규 변경
2023.1.1.	▶ 양도세 · 이월과세 및 부당행위계산 부인 5년에서 10년으로 확대 ▶ 취득세 · 증여 취득 시 과세표준 시가인정액 적용 ▶ 종부세 · 기본공제 9억원 · 1세대 1주택 12억원 공제 · 3주택 이상으로서 과세표준 12억원 초과시 중과세율 적용 ▶ 종합소득세 · 주택임대소득의 고가주택 기준 9억원→12억원으로 확대
2023.1.5.	▶ 조정대상지역 해제 · 다만, 서초구, 강남구, 송파구, 용산구(4개구) 해제에서 제외됨
2023.1.12.	▶ 양도세 · 일시적 2주택 종전주택 처분기한 3년으로 통일(2023.1.12. 양도분부터 소급 적용) ※ 취득세, 종부세도 동일하게 적용 · 주택과 조합원입주권을 소유한 경우 1세대 1주택 비과세 특례 처분기한 등 3년으로 연장
2024.1.1.	▶ 증여세 · 혼인 · 출산증여재산공제 신설
2024.1.10.	▶ 취득세 · 소형 신축주택 취득하는 주택을 제외하고 주택 수 판정, 다른 주택 취득시 주택 수 제외 · 소형 기축임대주택 취득하는 주택을 제외하고 주택 수 판정, 다른 주택 취득시 주택 수 제외 · 지방준공후미분양아파트 취득하는 주택을 제외하고 주택 수 판정, 다른 주택 취득시 주택 수 제외
2024.11.12.	▶ 양도세 · 혼인에 대한 1세대 1주택 특례 적용기간 10년으로 확대 · 상생임대주택 적용기간 2026.12.31.까지 연장 · 다주택자 중과유예 2026.5.9.까지 연장
2025.1.1.	▶ 양도세 · 인구감소지역 주택 1세대 1주택 특례 적용 · 비수도권 소재 준공 후 미분양주택 1세대 1주택 특례 적용 · 주택으로 용도변경 시 장기보유특별공제율 각 용도기간별 보유 · 거주기간별 공제율을 합산하여 계산 · 양도소득세 이월과세 적용대상에 주식 추가(증여일로부터 1년 이내 양도) · 토지 · 건물 일괄 취득 · 양도 시 안분계산 예외 신설 ▶ 종부세 · 인구감소지역 주택 1세대 1주택 특례 적용 · 비수도권 소재 준공 후 미분양주택 1세대 1주택 특례 적용

	▶ 법인세
	· 부동산임대업이 주업인 법인 등 성실신고확인대상 법인 세율 인상
	과세표준 200억원 이하 19%
2025.2.	▶ 양도세
	· 매매계약에 따라 주택에서 상가 등 주택 외 용도로 변경한 경우 1세대 1주택 비과세 및 장기보유특별공제(최대 80%) 적용시 1주택 여부 판정 기준 시점 매매계약일
	· 거주주택 + 장기임대주택에서 거주주택 비과세 횟수 제한 폐지
	▶ 종부세
	· 1세대 1주택 특례가 적용되는 지방저가주택 공시가격 3억원-> 4억원
2025.6.4.	▶ 6년 단기민간임대주택 신설(아파트 제외)
	· 2025.6.4. 이후 등록분부터 적용
2025.10.16.	▶ 토지거래허가구역, 투기과열지구, 조정대상지역 신규 지정
	▶ 양도세
	· 1세대 1주택 비과세 요건 중 거주요건 있음
	· 2018.9.14. 이후 취득·등록한 임대주택 중과세
	▶ 취득세
	· 매매취득시 다주택자 중과세율 적용
	· 증여취득시 중과세율 적용
	▶ 종합부동산세
	· 2018.9.14. 이후 취득·등록한 임대주택 합산과세
2026.5.9.	▶ 양도세
	· 다주택자 중과 유예 종료
	다만, 2026.6.9. 이전 매매계약 + 종전 조정대상지역 매매계약 체결일로 4개월 이내 양도
	2025.10.16. 신규 지정된 조정대상지역 매매계약 체결일로부터 6개월 이내 양도

[별첨 2] 세목별 세율표

1. 양도소득세

(1) 기본세율(종합소득세 세율과 동일)

보유기간	과세표준	세율	누진공제
2년 이상	1,400만원 이하	6%	
	1,400만원 초과 5,000만원 이하	15%	1,260,000
	5,000만원 초과 8,800만원 이하	24%	5,760,000
	8,800만원 초과 1억 5천만원 이하	35%	15,440,000
	1억 5천만원 초과 3억원 이하	38%	19,940,000
	3억원 초과 5억원 이하	40%	25,940,000
	5억원 초과 10억원 이하	42%	35,940,000
	10억원 초과	45%	65,940,000

(2) 단기양도세율

구분	보유기간	세율
주택 및 주택입주권	1년 이상 2년 미만	60%
	1년 미만	70%
주택 및 주택입주권 외 (분양권 제외)	1년 이상 2년 미만	40%
	1년 미만	50%

(3) 주택분양권 양도세율

보유기간	세율
1년 이상	60%
1년 미만	70%

(4) 업무용분양권 양도세율

보유기간	세율
2년 이상	기본세율
1년 이상	40%
1년 미만	50%

(5) 중과세율

구분	세율
2주택	기본세율 + 20%(중과유예 2022.5.10.~2026.5.9.)
3주택 이상	기본세율 + 30%(중과유예 2022.5.10.~2026.5.9.)
비사업용토지	기본세율 + 10%

(6) 미등기 양도세율: 70%

2. 부동산 취득세

구분				취득세		농어촌 특별세		지방 교육세		합계	
유상취득	주택 개인은 세대 합산	6억원 이하	85㎡ 이하	1%		비과세		0.1%		1.1%	
			85㎡ 초과			0.2%		0.1%		1.3%	
		6억원 초과 9억원 이하	85㎡ 이하	1~3%		비과세		0.2%		1.2~3.4%	
			85㎡ 초과			0.2%		0.2%			
		9억원 초과	85㎡ 이하	3%		비과세		0.3%		3.3%	
			85㎡ 초과			0.2%		0.3%		3.5%	
		중과세율		조정	비조정	조정	비조정	조정	비조정	조정	비조정
		2주택		8%	1~3%	0.6%	0.2%	0.4%	0.1~0.3%	9.0%	1.1~3.3%
		3주택		12%	8%	1%	0.6%	0.4%	0.4%	13.4%	9.0%
		4주택 및 법인		12%	12%	1%	1.0%	0.4%	0.4%	13.4%	13.4%
		주택 외		4.0%		0.2%		0.4%		4.6%	
무상취득	증여	주택 중과		12.0%	3.5%	1.0%	0.2%	0.4%	0.3%	13.4%	4.0%
		그 외		3.5%		0.2%		0.3%		4.0%	
	상속	농지		2.3%		0.2%		0.06%		2.56%	
		농지 외		2.8%		0.2%		0.16%		3.16%	
신축				2.8%		0.2%		0.16%		3.16%	

※ 국민주택규모 이하는 농특세 비과세

3. 상속 · 증여세

과세표준	세율	누진공제
1억원 이하	10%	
1억원 초과 5억원 이하	20%	10,000,000
5억원 초과 10억원 이하	30%	60,000,000
10억원 초과 30억원 이하	40%	160,000,000
30억원 초과	50%	460,000,000

4. 종합부동산세

과세표준	2주택 이하		3주택 이상	
	세율	누진공제	세율	누진공제
3억원 이하	0.5%		0.5%	
3억원 초과 6억원 이하	0.7%	600,000	0.7%	600,000
6억원 초과 12억원 이하	1%	2,400,000	1%	2,400,000
12억원 초과 25억원 이하	1.3%	6,000,000	2%	14,400,000
25억원 초과 50억원 이하	1.5%	11,000,000	3%	39,400,000
50억원 초과 94억원 이하	2%	36,000,000	4%	89,400,000
94억원 초과	2.7%	101,800,000	5%	183,400,000
법인	2.7%		5%	

5. 법인세

(1) 일반법인

과세표준	세율	누진공제
2억원 이하	10%	-
2억원 초과 200억원 이하	20%	2,000만원
200억원 초과 3,000억원 이하	22%	4억2,000만원
3,000억원 초과	25%	94억2,000만원

(2) 성실신고확인대상 소규모 법인

과세표준	세율	누진공제
200억원 이하	20%	-
200억원 초과 3,000억원 이하	22%	4억원
3,000억원 초과	25%	94억원

2026
부동산 세금의
생각지도

ⓒ 박남석, 2026

개정3판 1쇄 발행 2026년 2월 27일

지은이   박남석
펴낸이   이기봉
편집   좋은땅 편집팀
펴낸곳   도서출판 좋은땅
주소   서울특별시 마포구 양화로12길 26 지월드빌딩 (서교동 395-7)
전화   02)374-8616~7
팩스   02)374-8614
이메일   gworldbook@naver.com
홈페이지 www.g-world.co.kr

ISBN 979-11-388-5525-9 (13320)